中旅教育

全国高等院校旅游管理专业教材

中国旅游文化

第四版

潘宝明 编著

中国旅游出版社

责任编辑：张　旭
责任印制：冯冬青
封面设计：中文天地

图书在版编目（CIP）数据

中国旅游文化 / 潘宝明编著 . -- 4 版 . -- 北京：中国旅游出版社，2020.6（2023.1 重印）
ISBN 978 – 7 – 5032 – 6482 – 5

Ⅰ. ①中…　Ⅱ. ①潘…　Ⅲ. ①旅游文化—中国—高等学校—教材　Ⅳ. ① F592

中国版本图书馆 CIP 数据核字（2020）第 077489 号

书　　名：中国旅游文化（第四版）
CHINESE CULTUER OF TOURISM

作　　者：潘宝明 编著
出版发行：中国旅游出版社
（北京静安东里 6 号　邮编：100028）
http://www.cttp.net.cn　E-mail: cttp@mct.gov.cn
营销中心电话：010–57377108，010–57377109
读者服务部电话：010–57377151
排　　版：北京中文天地文化艺术有限公司
经　　销：全国各地新华书店
印　　刷：三河市灵山芝兰印刷有限公司
版　　次：2020 年 6 月第 4 版　2023 年 1 月第 5 次印刷
开　　本：720 毫米 ×920 毫米　1/16
印　　张：28
字　　数：533 千
定　　价：48.00 元
I S B N　978-7-5032-6482-5

目　录

前　言

本书为中国旅游文化概览，在篇章展开之前，首先对全书的核心概念、涉及范围、编撰意义等问题作一说明，是为前言。

第一节　中国旅游文化界说

一、文化与旅游文化

人类的文明包括认知、伦理、审美三大领域，正是在这三大领域的衍化中，人性诞生和发展起来。

文化本义见仁见智颇多，国内诸多著述多从词源学上追溯罗列，其实文化实质性的含义就是“人化”或者“人类化”，凡是超越本能的、人类有意识地作用于自然和社会的一切活动及其结果都属于文化，自然的人化即文化。《英国大百科全书》（1974）将文化界定为：“总体的人类社会遗产，是一种源于历史的生活结构的体系，这种体系往往为集团的成员所共有……它包括这一集团的语言、传统、习惯和制度，包括有激励作用的思想、信仰和价值以及它们在物质工具和制造物中的体现。”这一概念颇为全面，一是它指出了文化是人的创造而非自然物，是社会现象而非自然现象，但文化对自然又不是排斥的，只要是对原始的自然按人类的规则加工以后，自然也就有了文化。二是它指出了文化是人类社会活动所创造的，有社会普遍性，而不包括专属个人思想和行为的某些特殊的东西。三是它指出了文化是人类智慧和劳动的创造，这种创造包括物质产品和精神产品。

关于旅游文化，1977 年，美国学者罗伯特·麦金托什和夏希肯特·格波特的《旅游学——要素、实践、基本理论》一书，用“旅游文化”作为书中一章的标题，指出旅游文化“实际上概括了旅游的各个方面，人们可以借助它来了解彼此之间的生活和思想”，它是“在吸引和接待游客与来访者的过程中，游客、旅游设施、东道国政府和接待团体的相互影响所产生的现象与关系的总和”。

1984年出版的《中国大百科全书·人文地理学》对“旅游文化”的界定是：“旅游与文化有着不可分割的关系，而旅游本身就是一种大规模的文化交流，从原始文化到现代文化都可以成为吸引游客的因素。游客不仅吸取游览地的文化，同时也把所在国的文化带到游览地，使地区间的文化差别日益缩小。绘画、雕刻、工艺作品是游人乐于观赏的项目。戏剧、舞蹈、音乐、电影又是安排旅游者夜晚生活的节目。诗词、散文、游记、神话、传说、故事又可将旅游景物描绘得栩栩如生。”

尽管有人对此界定提出一些异议，但是它既注意了传统文化和现代文明都是旅游客体，能够满足游客食、住、行、游、购、娱的需求，又注意了游客在游玩过程中对异国异地文化的吸收和对自身文化的传播。

我国的旅游活动古已有之，人们离开常住地，从事旅行、游览活动，改变生活节律，探奇求知，使其精神文化需求得到满足。最初，人类为了生存而迁徙，主要为寻找食生产和食生活，而在空间上拓展出生存环境；时代的发展，人类由求生存而谋生计进行远足活动，但最终仍回归出发地，叶落归根，是有意无意地旅游、旅行，享受其中的愉悦，如商人经商后的游玩休闲、仕子为求学访师的游学、天子官员视察巡游，宗教人士的取经弘法，当然壮丁辗转征途的军旅、商贩异地奔波的商旅，仕者的罪谪贬迁当排斥在外。时代在发展，人类富贵阶层人群生存之上的娱乐消闲需要，严格意义上的旅游活动便登上历史舞台。但是由于政治、经济、文化等因素的影响，旅游真正作为一种广泛的社会活动，旅游业真正作为产业当从20世纪80年代以后，旅游逐步从最初的劳作的功利性转为观赏、交往、休闲的享受性；从生产、经商、出征、赴任、政治视察之余游览的附带性转为专为观赏游览的专题性；从皇帝、宦官、富商、大贾、雅士的少数人的高端性转为普通百姓都可参与的广泛性。“食必常饱，然后求美；衣必常暖，然后求丽；居必常安，然后求乐。”人类的要求不仅是物质的，还有高层次的精神需求。旅游的迅速发展与经久不衰，正是人类对精神生活要求日益增长的一种反映，是人类提高生活品质的方法和途径之一。

20世纪80年代，由于我国旅游业以前所未有的速度飞速发展，自然就激励了学术界对旅游文化的研究，围绕着旅游三要素，即旅游主体——游客，旅游客体——旅游资源，旅游介体——旅游业的文化研究异常活跃，而且都肯定旅游文化就是三者相互作用所产生的物质和精神的成果，三者中又以自然旅游资源和人文旅游资源的文化内涵为重心。文化是人们在一定时空阶段中积极展开生命活动的类化物，蕴含三种主要关系：人与自然的物质交换关系、人与社会的行为转化关系、人与自身的自我意识关系。其中，人与自然的物质交换关系，人与社会的行为转化关系中因物感生的精神部分就形成旅游客体文化关系。应该说游客之所以青睐旅游目的地，必然是受异地旅游资源的吸引。旅游业不仅自身具有文化性质，更重要的是它充分利用当地的旅游文化资源为其发展服务。它所介绍给游人的景观、饮食、工艺商品、娱乐项目本身就是旅游文化资源的一部分，而如何挖掘、培育、开发文化资源，使之为旅游业的发展服务，就是中国旅游业今天面临的和永远面临的伟大而艰巨的任务。

既然旅游文化是以一般文化的内在价值因素为依据，以旅游诸要素为依托而作用于旅游生活过程中的一种特殊的文化形态，是旅游过程中物质文明和精神文明的总和，那么中国的传统文化和现代文明凡是能为旅游直接服务或间接服务的都应纳入中国旅游文化的范围。旅游是人类文明的体现，是广义的文化活动，它是文化的消费，又是文化的创造。所以说旅游最本质的特征就是旅游者变换原有的文化环境，探奇求知，变换生活节律，以吸取其他地域的文化。无论是有意识还是无意识，旅游活动都是为了满足文化精神的需求。

二、文化层面与中国旅游文化

文化包括广义的文化，即以人类与非人类的分野作为立论的依据；更多的是狭义文化，专指人类的精神创造，它着重人的心态部分，是以人的精神活动为中心，即使观察物化世界，也是以其中的人文精神为内核的。它关注的不是个别人的精神活动，而是经历史传承凝聚积累的、共有的、成体系的人文精神，它关注的不仅是全人类普遍共性，而且更关注不同民族、阶层、集团人文精神的特点。

文化通常有四个层面，物化力量构成的物态文化层，即人类最基本的生存需求，如衣食住行；各种社会构成的制度文化层，如经济、婚姻、家族、政法、宗教社团、教育、科技的相关制度及准则；人际交往中约定俗成的习惯性定式构成的行为文化层，如社会行为、风尚习俗；社会实践和意识中长期化育出来的价值观念、审美情趣、思维方式构成的心态文化层，如文学、艺术、哲学、宗教等。中国传统文化以儒家思想为主，儒道互补，构成中国传统文化的主要部分。它是强调群体性和牺牲性的精神、崇拜权力和英雄的文化。这种文化在改造自然和改造社会的过程中形成中国文化的风格特征：长于概括，重于精神；贵含蓄表现手法；遒劲之风，刚健之骨；对称平衡风格；综合性极强；融合和相互作用；看重汉语与传统文化关系；文化与文字表现的结合；程式化风格。这些在中国旅游文化中都有着很具体的表现。

1992 年，《中国旅游资源普查规范》中，旅游资源分为：自然旅游资源——地文景观类、水域风光类、生物景观类；人文旅游资源——古迹建筑类、消闲求知健身类、购物类，大部分按人工建设单元分类，小部分按旅游活动的方式和结果分类。可以说旅游六要素中的食、住、行、游、购、娱与文化水乳交融，密不可分。人们之所以愿意花费财力、物力和体力、心力去尝试“在家千日好，出门一时难”的旅游活动，就是因为在付出的同时，满足了探奇求知的需求，而探奇求知的核心又在于探求不同文化。这实际上是人们的物质文明提高以后比较复杂的高层次需求。了解和体验其他国家（地区）和民族的文化历史、社会经济生活、风土民情、民族传统习惯，以及欣赏民族的文化艺术等，都属于这种了解和体验异地异族文化的需求。因此满足游客日益增长的文化需求，引导游客欣赏、了解旅游文化也是旅游工作者的责任和义务。

中华文化圈分布在欧亚大陆的东端，是中国旅游文化体系的基础，中国旅游文化孕育发生于先秦时期，形成于秦汉时期，进步和发展于隋唐时期，创造了亚洲地区辉煌文明。汉文化不仅与中华各民族文化在不同层次融合，而且东渐西传，对日本、朝鲜、韩国、越南的文化产生了巨大影响，甚至通过海上丝绸之路与陆上丝绸之路把中国文化传播到亚洲、非洲、欧洲、北美，尤其是明代郑和下西洋，中国旅游文化便开始了跨越海洋，联结南亚、中亚大文化圈，可惜却与欧洲、美洲文化圈的联系失之交臂。尽管物质方面的丝绸、瓷器、铁器、漆器、茶叶、四大发明等受到了欧洲、美洲的欢迎；器物、科技、制造、作物、创造、发明对世界有影响；制度文化方面的文官制度、科举制度，精神文化方面的原始文化的神学、夏商周的小学（又称中国传统语文学，包括分析字形的文字学，研究字音的音韵学，解释字义的训诂学，围绕阐释和解读先秦典籍来展开研究，因此又被称为经学的附庸）、春秋战国的子学、两汉的经学、魏晋的玄学、隋唐的佛学、宋明的理学、清代的朴学、近代的新学都引起东西方文化和学术的交流、碰撞与融合，直到近代，中国外交家和留学生的游历、游学，使中国的传统旅游发生了新的飞跃，但是因为欧洲是处于高势能文化，所以中国旅游文化对欧洲的影响是较为有限的。直到现代中国的改革开放之后，中国旅游文化才逐渐渗入世界。

中国的旅游文化内涵十分丰富，有人曾将亚洲主要旅游目的地分为三类：第一类是具有交通优势地区，如新加坡；第二类是工业国，如日本；第三类是拥有特殊旅游资源的国家。我国当属第三类，因为我国旅游文化资源源远流长，博大精深，自成体系。西方学者曾概括指出：“在近代以前的所有文明中，没有一个国家的文明比中国文明更发达，更先进。”

我国是一个旅游文化资源十分丰富的国家，拥有壮丽的山，秀丽的江、泉、瀑，雄伟的古代建筑艺术，奇特的动植物，还拥有文物古迹、名胜园林、文学艺术、民俗风情、科技思想。人文景观与自然景观有机融合，众多的世界自然与文化遗产、物质和非物质遗产更是闪烁着中国人民的智慧和勤劳的光芒。国家自然保护区、优秀旅游城市、国家园林城市、国家级生态示范区、国家文化旅游示范区、工农业旅游示范点、国家级重点文物保护单位、全国旅游度假区、国家文化产业示范区、A 级景区都是旅游精品文化集中之地。构成以古老东方文化为特色的国度形象，决定了我国旅游发展必然带有浓厚的传统文化色彩。古代文化和现代文明的交相辉映，也为东西方旅游文化的双向对流提供了广阔的天地。

我们应该在中华旅游这个大舞台上，保护传承、开拓创新中华文化，使中华文化成为中国旅游发展的基石、旅游业的灵魂。

第二节　中国旅游与文化的关系

中国旅游与文化从来是密不可分的，旅游的本质是旅游者的文化精神的追求。

一、旅游文化的分类

旅游文化的内涵十分丰富，外延也相当宽泛。一般认为它是由旅游主体文化、旅游客体文化与旅游介体文化共同组成的物质财富与精神财富的总和，由景观文化、服务文化和审美文化三个层次的内容构成。旅游客体文化是旅游文化的基础，也是旅游业赖以生存和发展的依托。从旅游客体的构成来看，旅游客体文化可分为旅游山水文化、旅游聚落文化、旅游园林文化、旅游建筑文化、旅游宗教文化、旅游民俗文化、旅游饮食文化、旅游诗词文赋文化等。从旅游主客体与旅游介体行为角度来看，分为旅游消费行为文化、旅游审美文化、旅游企业文化、旅游经营文化、旅游管理文化等。

（一）旅游主体文化

旅游主体文化指旅游者在旅游过程中形成的一套相对独特的观念和行为模式。旅游主体文化与旅游者隶属国度、民族的文化形态、思想信仰、文化素质、职业和经济状况、心理、性格爱好、生活方式、消费习惯有关。旅游主体文化具有鲜明的地域民族性和个性，并具有不同的文化价值观。主要包括旅游主体的消费文化、审美文化和休闲文化等内容。

（二）旅游客体文化

旅游客体的旅游资源是旅游业赖以生存和发展的物质基础和条件。自然旅游资源和人文旅游资源体现出的不同美学价值就是旅游资源的文化内涵。这种美学价值就是吸引旅游者的最基本条件。狭义的旅游客体文化即旅游资源文化。对于中国旅游文化来说，山水文化、聚落文化、园林文化、建筑文化、宗教文化、民俗文化、饮食文化、诗词文赋文化、书画雕塑文化、花鸟虫鱼文化等都是旅游客体文化的“原材料”。广义的旅游客体文化还包括旅游设施和旅游产品文化。旅游客体文化是相对于旅游主体感知而言的，游客只有懂得审美，才会欣赏旅游客体的美，才可获得旅游的乐趣。

（三）旅游介体文化

旅游介体是帮助旅游主体顺利完成旅游活动的中介组织，即向旅游主体提供各种服务的旅游部门和企业，如旅行社、旅游饭店、旅游交通等。相应地，旅游介体文化就包括旅游行业文化和旅游企业文化。形成旅游行业文化的主要途径有健全有关行业管理的行规会约，营造有利于旅游企业健康发展的外部环境和合理规划旅游企业的布局、规模和风格。旅游企业文化包括旅游企业价值观、旅游企业道德、旅游企业精神、旅游企业经营管理作风和旅游从业者的文化人格等。

旅游介体文化是旅游主体文化和客体文化的媒介，是主客体文化交互的桥梁。在旅游活动的全过程中，旅游介体文化起着重要的作用。没有旅游介体文化，旅游主客体文化无法交流。旅游介体与旅游主体、旅游客体三者之间相互依存、相互制约、紧密结合，共同构成了现代旅游业这一复杂的综合体。

二、旅游客体与文化的关系

本书重在对旅游的客体文化研究阐述，涉及山水文化等自然资源，园林文化等人文资源，聚落文化等民俗资源，对其与旅游的关系予以概括及阐述。

（一）山水文化与旅游

从表面上看，山水似乎是自然物，山岳江河、湖泊海滨、森林溶洞、瀑布悬泉，乃至生活其间的花鸟虫鱼确实都是自然物，它们具有形象美、色彩美、形态美、气味美、声音美等。然而，中国景观中的自然美和人工美总是结合得那样和谐，传统的名山胜水不仅以日月星辰、烟岚云霞、树木花草等自然景色取胜，受“天人合一”哲学思想的影响，尊崇自然成了中国古代艺术的一个重要的审美观念，人们在旅游中渴望与自然达成高度的和谐，在自然中陶冶自己的审美情操，升华自己的思想境界。而且这些景观只要一经游客发现，或以文记，或以口传，并给名山名水的个性定位，如黄山之奇、泰山之雄、华山之险、嵩山之峻、峨眉之秀、青城之幽等为大家认同。自然美和人们的审美之间是如此的契合，人们对自然的认同是如此精到，甚至将情感好恶寄情于自然，赋予山水以仁智等道德人格，这就是“比德”，即山川名胜人化的过程。穷探造化奥秘，善于欣赏自然，正是我们民族可贵的心理特征。曹操的“山不厌高，水不厌深”，王恽的“山以贤称，境缘人胜”，天人合一，天人感应，由悦耳、悦目到悦心、悦意，再到悦志、悦神，将名山大川作为宇宙灵气所钟，而人则是山川灵气之凝结，自然之景和人文之赏分明已融为一体。经历代志士仁人、能工巧匠的努力，这些由人们知识、态度、价值观构成的山水的“隐在文化”逐渐地转化为显露在外的，人们可触、可摸、可感的“显在文化”，于是山水形胜中有了寺庙观庵、楼台亭阁、磴道古桥、摩崖碑刻、诗词对联、逸闻传说，这些显在文化尽管自身有其丰厚的文化内涵，但是它们的内蕴只有置放于相应的山水中才有其个性魅力。而围绕着山水进行的登山、游泳、渔猎、划船、冲浪更是充满了刺激和愉悦，使沉寂的山水成为游客的天堂，达到物我统一，物我两忘的境界。

山水文化是不断创造的过程，它既然是人类与自然之间建立起来的亲善和谐关系的特殊体现，那么人们对山水的审美需求和审美能力就会不断发展，在山水文化形成过程中就会不断丰满、完善。以宗教活动和文学艺术为例，几乎历代的人们都依傍山水或以山水为表现对象，积累了中国旅游文化的宝贵的经验财富。推而广之，实用的、认知的、宗教的、审美的多层面的积淀，都不断给山水打上人的印记，使山水文化人化、物化、诗化和史化。可以说山水文化就是人化的山水，是人的本质力量对象化的结晶。而人与山水的关系极致就是人与自然的和谐精神。与儒家的“比德游”不同的是道家的“逍遥游”，他们更强调旅游中的个性解放，自我愉悦。《庄子·天道》说：“与人和者，谓之人乐；与天和者，谓之天乐。”这是在儒家强调的“人和”之外提出了“天和”，即人与自然界的和谐。这种朴素的哲学思想反映了世界的普遍规律，越来越为人们所认识，并将之作为中华民族的人文精神，和谐社会的圭臬，它要求人们必须懂得人是天地生成的，人的生活必须服从自然界的普遍规律和人类道德的最高原则，不仅具有历史价值，而且具有时代价值。

随着环保观念日益深入人心和可持续发展战略的实施，生态旅游在我国获得了长足的发展。和谐社会需要和谐产业，生态文明呼唤生态旅游。发展生态旅游存在时代必然性、市场可行性及工作紧迫性，已经成为我国经济社会可持续发展战略和基本国策的重要组成部分，具有重要的现实意义和广阔前景。

我国的国家级自然保护区是“对有代表性的自然生态系统、珍稀濒危野生动植物物种的天然集中分布区、有特殊意义的自然遗迹等保护对象所在的陆地、陆地水体或者海域，依法划出一定面积予以特殊保护和管理的区域”。从 1995 年开始“国家级生态示范区”由国家环境保护总局在全国组织开展建设，以可持续发展的基本国策为依据，对一定区域内的生态旅游资源进行全面规划，优化配置，实现区域内生态环境和旅游产业的协调发展。

（二）聚落文化与旅游

人文旅游资源其美学特征是美与善的统一，情与理的统一，人与自然的统一，认知与直觉的统一。作为人群聚居之地，都市、城镇与乡村都是旅游的热点。依山傍水之地，交通便利之区，生态旅游资源和文化旅游资源丰厚之所总是立体、多维地满足游客的要求，都是聚落文化的渊源。我国幅员辽阔，东南西北中，地域不同，地质地貌有别，政治、经济、文化的侧重不同，在民族、语言、历史、宗教诸方面各具特点，形成了区域性很强的文化中心和覆盖区域，这就是聚落文化的区域特征和民族特征。

历史文化名城是我国悠久历史的缩影，也是民族灿烂文化的橱窗，无论是历史沿革、地理概况，还是名胜古迹、风景园林、风物特产、城市建设等方面都无愧于历史文化名城的桂冠。以政治文化为特点的北京型，以沿海开放为特点的上海、广州型，以风景秀丽为特点的杭州、桂林型，以区域中心为特点的沈阳、南京型，这些名城都努力发展固有的地域风貌完善城市的个性特色。正是以它们为依托，我国才无愧于“文明古国”的称号。值得庆幸的是，一些小的县城、古镇，由于注意保护，其历史文化的价值越来越被看好，如山西平遥是我国境内保存最完整的明清时期古代县城的原形。1997 年 12 月，它以古代城墙、官衙、街市、民居、寺庙作为整体被列入《世界遗产名录》。江苏的同里、周庄、角直都是很有名的小镇，它们是典型的江南水乡古镇，钟灵毓秀，人杰地灵。

可喜的是少数民族村寨成为展现民族风情的场所，贵州红枫湖的侗寨、黑土的苗寨、安顺的布依族村落，还有海南通什的黎苗村寨、四川凉山的彝族村寨等，都以其特有的吃喝穿住、婚丧嫁娶成为极具魅力的旅游项目。

（三）园林文化与旅游

我国园林历史悠久，风格独特，在世界园林史上享有盛誉，深受海内外游客的青睐。尽管不少学者就“园林”的释名常起硝烟干戈，但是园林无非是人造景观，运用工程技术和艺术手法，通过筑山叠石、理水引泉，营造厅堂、栽花植卉，反映主人的追求、园艺家的技艺，形成人工景观和自然风景的和谐。

我国的园林强调“随势造形”，朝代不同园林风格固然不同，地域不同园林形式各异，甚至一个地区内也流派纷呈。以北京、承德、曲阜为代表的皇家园林气势恢宏，北京的颐和园、承德的避暑山庄、曲阜的孔府花园都以规模宏大、装饰豪华著称。因为这些园林是理政祭祀所在，因而范围大，强调对称，景色兼收并蓄，极尽富丽堂皇，充满了皇家气概。江南一带多私家园林，杭州西湖的园林，扬州瘦西湖的园林，苏州拙政园、狮子林，上海豫园，占地不大，园中亭台楼阁，配以山水花木，以素雅精巧、小中见大的风格取胜，体现出浓重的书卷之气。1997 年和 2000 年，苏州园林中的拙政园、留园、网师园、环秀山庄、沧浪亭、狮子林、艺圃和退思园相继被列入《世界遗产名录》。岭南园林虽效法江南园林、北方园林，却能将精美灵巧与庄重集于一身，广东的四大名园晖园、可园、十二石斋、余荫山房，福建的鼓浪屿都有着凭海临风、融合中外的特点。“虽由人作，宛自天开”，中国的园林之所以能本于自然，高于自然，正是因为中国古典园林审美趣味和艺术风格明显地受到人的风格、人的品格和文化修养的影响。

近年来形成的主题公园，引进、借鉴国外乐园的经验，又将中国传统园林与现代科技交融结合，给中国园林吹来新鲜的风，为旅游文化研究提出新课题。

近年来，我国大力推进“国家园林城市”建设，突出城市文化和民族特色，保护历史文化，保护景观环境，形成林荫路系统，道路绿化、美化，且具有本地区特点。江、河、湖、海等水体沿岸良好绿化，具有特色，形成城市特有的风光带。城市公共绿地、居住区绿地、单位附属绿地、防护绿地、生产绿地、风景林地及道路绿化布局合理、功能健全，形成有机的完整系统。到 2019 年年底全国已有 376 个城市获得这一殊荣。城市大园林，中国大园林，正成为国度形象。

（四）建筑文化与旅游

“盖建筑活动与民族文化之动向实相牵连，互为因果者”（梁思成），我国的建筑是民族科学技术、艺术才能和审美情趣的结晶。建筑物的环境、装饰既具有物质的一面，同时也反映精神文化的一面。它的造型、形象所产生的精神功能和美的观念成为构成建筑文化的重要因素。中国建筑自身以木结构为主体，形成完备的木构架系统；环境注意以“院”为单位组合，有主从也有韵律，有严整的对称又有灵活的安排，注意变化又追求和谐；装饰能因地采用石、砖、木、金属、琉璃等质材，将雕塑、彩绘糅合其中，造成鲜艳浓烈或淡雅朴素的视觉效果，内部装饰中的精致家具、精细雕刻、名贵字画，诸种艺术的精华恰到好处地安排其中。这种种特点使建筑有了凝固的音乐、立体的诗画之称。

我国建筑类型多样，名城古镇、宫殿坛庙、各地民居、陵寝祠墓、佛寺窟塔、园林亭台，形成蔚为大观的建筑艺苑，反映出各民族、各地区的历史文化、社会政治经济、伦理道德观念、审美情趣，可以说各时期建筑本身就构成了一部国家民族的文明史。观赏多姿多彩的建筑文化景观，风格迥异、造型独特、气势不凡的建筑使游人叹为观止。徜徉小桥古镇、街坊民居又让你感到情趣盎然。在悬卧江上的大桥上极目，在高耸入云的楼阁上引吭，那是雄伟、壮丽，那是联想绵绵，思绪悠悠。

（五）宗教文化与旅游

伟大的革命先行者孙中山先生说过：“佛学是哲学之母，研究佛学可补科学之偏。”宗教是人类文化的最初源泉，它随着人类历史的发展，并随着不同社会形态和不同历史时期，宗教的内容、性质和形式都有不同程度的变化。经过千百年积累发展，形成独特、灿烂的宗教文化，其中包括哲学、神学、文学、音乐、美术、建筑以及修持制度和风俗习尚。历史上，宗教对文化产生过较大的影响，我国人民对宗教信仰有两个明显的特点，一是采取兼容并蓄的态度，二是外来宗教进入中国后迅速本土化、地方化。特别是明清以后，宗教走向世俗化，直接影响着中国的文化、旅游，佛教的寺庙、造像，道教的宫观、壁画都成了稀世珍宝，在国内外享有盛誉，凡有这些存在的地方，无不成了海内外知名的旅游胜地。今天，应对宗教的性质、作用和演变规律做出科学的说明，发扬宗教中有积极意义的传统文化，促进宗教与旅游的协调发展。

季羡林先生曾和冯定讨论宗教前途，究竟是宗教先消灭，还是国家、阶级先消灭？结论是宗教后消灭。季先生指出："宗教是有宗教需要的人们所创造的，宗教需要有多种含义，真正的需要，虚幻的需要，甚至麻痹的需要，都属于需要的范畴，其性质大相径庭，其为需要则一也。否认这一点，不是一个唯物主义者。"如何在宗教需要的多种含义中择善而从，为我所用，当是旅游开发需要十分注意的。

（六）民族文化与旅游

原国家旅游局局长刘毅同志曾为《中国民俗·旅游丛书》题词："民族文化，民俗风情，是具有强大吸引力的旅游产品，要努力开发它、完善它、精化它。"我国是多民族的国家。民族具有共同语言、共同地域、共同社会生活方式、共同文化特点、共同心理素质、共同的社会民俗文化现象，这种文化的共同性是民族群众智慧的结晶创造，同时又供人民群众享受和利用，传承于民间的大部分民俗文化活动，都带有极其浓厚的娱乐性质，尤其是节日民俗文化和竞技民俗文化最为突出。

（七）民俗文化与旅游

民俗文化的范围很广，民族成员的居住、服饰、饮食、生产、交换、交通、工艺、家庭、村落、结盟、社会结构、岁时风俗、婚丧嫁娶、道德礼仪、禁忌习俗、口头文学、心理特征、宗教信仰、审美情趣，方方面面都反映了各个民族的特点。地域风俗、时令风俗、行为风俗，在时间上传承，在空间上的播布，形成了风俗的类型或模式，民俗的社会性、稳定性、传播性、变异性对游客很有吸引力，原因是各地的民俗对游客有一种新奇感，与生活贴近，十分有趣，最易使游客产生认同，便于他们参与，亲身体验异地的文化特征，自然感到新奇而又高兴。对民俗文化的开发、完善与深化就是对健康的、具有进步意义的良俗发扬光大，对那些严重摧残、伤害人们身心健康的陋俗加以革除。这样民俗就可以成为最活跃的旅游资源，而与民俗相关的食、住、行、游、购、娱的方方面面就会发挥综合作用，使之成为与山水、文物古迹并驾齐驱的重要旅游产品。1999 年，在昆明世界园艺博览会上、2010 年上海世博会上，每个省都尽情展示民俗风情中最具吸引力的民居建筑、饮食、工艺，尤其是少数民族歌舞，成为中国少数民族歌舞的大展示、大比武。欢歌笑语使中外嘉宾备受感染，这是中国民俗发挥综合性效益的最成功的尝试。

（八）饮食文化与旅游

著名作家王蒙指出，“中国文化的三大支柱是中国文字、中华饮食、中国人思考问题的方法”。我国饮食文化历史悠久，烹饪文化、酒文化、茶文化独具魅力，成为最有吸引力的旅游产品之一。中国的烹饪技艺强调因时而食，春夏秋冬一年四季饮食应时而变，物重其才，海产、河鲜、蔬果、山货物尽其用，因料而烹，味重调和，烹法多变，菜式丰富，形色皆美。江海河湖之鲜，四时干鲜蔬果、畜禽肉蛋之美，高山峻岭的奇珍皆可入菜，且因地域不同又烹法多变。清末徐珂在《清稗类钞·饮食类·各省特色之肴馔》中说：“肴馔之有特色者，如京师、山东、四川、广东、福建、江宁、苏州、镇江、扬州、淮安。”不仅讲究菜肴美，而且讲究食具、食礼、食法、食趣，是视觉、听觉、味觉、嗅觉全方位的立体的享受。

茶是传统饮食文化的瑰宝，是我国对世界饮食的一大贡献，从古到今茶事极为兴盛。林语堂先生说：“饮茶为整个国民的日常生活增色不少。它在这里的作用，超过了任何一项同类型的人类发明，饮茶还促进了人们的生活。”甚至饮茶成为中国人国籍的象征。饮茶对游客来说不仅是一种精神享受，更是一门高深的学问，茶之品、茶之具、茶之水自然要精心考究，而且有茶之经、茶之道、茶之戏，茶逐渐雅化，成为文人特有的志趣性情。道德操守也融合其中，昔日是“从来名士能评水，自古高僧爱斗茶”，今日所有游客都从茶事中体会到“酷爱和平，清心宁静”的中国传统美德。

酒原本非日常生活所必需的奢侈之物，带有富裕享乐颐养的性质，但是“百礼之会，非酒不行”，婚丧嫁娶、走亲访友都需要有酒助兴，以酒寄情。中国的酒文化是如此丰富，几乎每一旅游胜地，尤其是名人故居、宫廷园囿都有闻不够的酒香，听不完的酒事和酒具、酒品、酒规、酒戏、酒论等。酒既是人人都爱的俗文化，也是名人雅士喜好的雅文化，酒是高尚的天醁，风雅文化的精华。

（九）诗词文赋文化与旅游

西方一直将诗文与绘画、书法、建筑、雕塑等艺术门类等同，我国古代却已形成特定的思维：诗文最高，绘画书法次之，建筑雕塑更次之，至于戏剧、工艺则是认为戏子、匠人所为。这种对诗文的特别青睐，无疑使古往今来的文人雅士乐于游记诗文，涉猎游记的专业和业余作者之多，篇目之繁，内容之无所不包，风格之百花齐放都是其他文学体裁所难以企及的。这自然是因为我国江山多娇，风格万千，而文人雅士竞相歌咏山水名胜提高了景观的文化品位，促进了旅游活动的繁荣。

对联匾额是风景名胜中装点景观和景观文学中不可缺少的项目。明清时进入极盛，不仅百姓、文人雅士喜好，帝王大臣也纷纷参与，一显才华，它是名胜古迹的最好表现方式之一。好的对联不仅准确地描述出景物的妙处，能由景抒发情感，并能使人进行深邃的思考。

山水名胜的传说逸闻非常丰富，尽管流布广、随意性强、错乱年代、张冠李戴、移花接木的情况屡见不鲜，但它是笔记小说和广大群众口头创作的结合，是历史真实和艺术真实的结合，褒扬着民族最可宝贵的精神。

（十）书画雕塑文化与旅游

巴尔扎克说过，“中国艺术有一种无边无涯的富饶性，中国神秘而又多彩的艺术，曾使几代西方哲人和艺术家为之倾倒”。作为艺术子系统的绘画、书法、雕塑具有独特的民族风格和民族气派，是旅游文化资源的重要组成部分，具有永久的魅力。书法、绘画、雕塑都是布置厅堂的重要饰品。书法和绘画又常和雕塑结合，其中碑刻和摩崖石刻都是艺术家、工匠以山石为纸，锤凿为笔，在自然赋予的天地间尽情显露他们的豪情壮志，将“逝者如斯夫”的岁月化为山川灵秀中的永恒。中国特有的书法碑刻、摩崖石刻壁画、摩崖造像、汉画像石都是恰当利用地形地物、刻意雕琢，精益求精，风格各异，使原本精巧秀雅的名胜古迹平添无限风韵。书法绘画的名人故地，与名人的经历和书画有自然的关系，使游人浮想联翩，流连忘返。

雕塑有佛像雕塑、建筑雕塑、工艺雕塑、陵墓雕塑等，种类极其丰富。汉、唐、宋、元、明、清各个朝代的雕塑有石刻、砖刻、木刻、金属塑、泥塑等各种质料，人物、动物、山水、花草、树木、佛像等不同题材的雕塑都是旅游景观中的华彩乐章。

（十一）戏曲歌舞文化与旅游

戏剧、曲艺、歌舞作为表演艺术是旅游中“娱”的主要内容。首先，它们有很强的观赏性。中国戏剧无论是京剧还是地方剧种，都是文学、音乐、舞剧、美术、武术、杂技及人物扮演等各种因素的综合艺术，是长期以来劳动人民和戏剧作者的伟大创造。丰富多彩的形式，被公认为是极具中华民族特色的文化品种。我国曲艺形式多样，分布地域宽广，种类丰富，且流派纷呈都是其他国家的曲艺难以比拟的。我国各民族能歌善舞，从最初的和劳动相连，描写佳山秀水，憧憬爱情，歌唱家乡，表现勤劳勇敢，终于加工升华，走向艺术殿堂。尤其是我国的歌舞始终注重自娱性、群体性和民族性，其中的秧歌、花鼓、花灯、旱船、耍龙、舞狮、踩高跷，都是群体参与，大方健美，自娱自乐的形式，民俗味极浓，不仅为当地百姓喜闻乐见，也是异地他国游客情不自禁地参与项目。

（十二）工艺美术文化与旅游

这一独特的艺术品种，在我国各种美术形式中历史最为悠久。元、明、清时，各种工艺美术进入百花齐放的时代，无论产品之精，还是品类之繁，无不超越前人，达到叹为观止的地步。昔日工艺美术的精品已成为游客向往的观赏精品。历代保存下来的瓷器、景泰蓝、漆器、玉器、织绣、金银器、青铜器、象牙雕、犀角雕、家具工艺、民间泥塑都以独特的民族风格而成为稀世珍品。如今很多在全国各大博物馆展出，吸引着海内外宾朋慕名一睹为快。我国的旅游工艺品门类十分丰富，既有高档质料的，如玉器、漆器、金银器，又有普通质料的，如竹、藤、草、柳、棕的编织工艺。质料虽有名贵普通之别，但制作技艺却各有高招，剪、扎、编、织、绣、雕、绘，勤劳智慧的中国人在长期丰富的艺术实践中，在体现实用和审美结合、工艺技术与艺术设计相结合方面，创造了许多优秀的范例，形成我国工艺美术优秀而深厚的艺术传统，尤其是青铜、陶瓷、漆器、玉器、织绣等工艺，在世界物质文化史上具有重要地位，在世界旅游工艺品市场中也具有举足轻重的作用。可喜的是专题工艺品生产城市、特色工艺作坊、乡村手工艺场所、少数民族手工艺村寨都成为游客喜爱造访之地。

（十三）花鸟虫鱼文化与旅游

我国是花的国度，素有“世界园林之母”之称，而园林是靠花鸟虫鱼装扮的。我国人民历来有莳花种草的习惯，他们不断地发现，又不断地培育品种，才形成了今天春夏秋冬四时鲜花，梅兰竹菊百种花卉，乃至水中的花——鱼、空中的花——鸟、草中的花——虫也异彩纷呈，它们装点着园林环境，成为极具吸引力的旅游资源。在长期培育中，花鸟虫鱼因自然淘汰和人工驯化，花木有了盆景，鱼有了金鱼，鸟有了笼鸟，虫有了盆虫，这是对花鸟虫鱼的精化、雅化、艺术化。

艺术家是独具慧眼的，书法、绘画、雕塑、工艺、建筑无不以花鸟虫鱼为题材，写花之多，用花之巧，摹花之工，拟花之切，为我们留下艺术之花的瑰宝。托花寓意、缘花抒情，花神、花仙、花翁、花姑，一个个美好形象使人难以忘怀；花容、花颜、花韵、花趣，一缕缕高雅情思给人以美的享受。可以说，无论是从多样性还是从特色性上看，花文化已成为我国的旅游资源，尤其是生态旅游资源的重要组成部分，挖掘花文化的内涵是我们义不容辞的责任。

第三节　中国旅游文化的特征

中国旅游文化的演化进程从未被外来文化阻断过，相反在保持中华民族原生文化的同时，不断吸收外国先进文化的精华，既无私地把中国旅游文化东渐西传，也吸吮国外文化的甘甜乳汁，因而才使中国旅游文化成为世界旅游文化的重要组成部分。

中国旅游文化博大精深，其基本特征有地域性、民族性、承袭性、时代性、变异性、多元性、交融性、互补性诸说。本书着重从一般性特征——时间上的承袭性；空间上的地域性；以及各种文化的交融性三方面阐述中国旅游文化的基本特征。并延伸扩展为特殊性特征。

一、一般性特征

（一）承袭性

旅游文化的承袭性是指文化代代相传沿袭的特性，这是从时间方面纵向感受其发展的。一定的时代必然有一定的文化，但不同时代旅游主体的旅游文化观念和行为方式是有差别的。从我国旅游主体的旅游性格上看，古代表现为拘谨、内向，现代尤其是青年旅游者则表现出开放和外向的性格；从旅游主体的构成上看，古代休闲旅游者多为上层贵族，现代则以大众为主。任何现存的旅游文化都是从旧文化脱胎而来，“站在前人的肩膀上”，继承前辈创造的文化成果，在新的历史条件下进行新的文化创造，使文化的垂直沉淀不断积累、丰富、变化。比如，“江南佳丽地，金陵帝王州”。在南京旅游，如同翻开金陵的文学史，它曾做过“六朝古都”和“十朝都会”，某一段时期，它的庙堂文化在中华文化中占有统治地位。庙堂文化为主文化的同时，亚文化还有市井文化、农耕文化、商业文化。如果考察一下从古到今的金陵文化遗存，历史线索中的文化之珠便有六朝及南唐君主的偏安文化、亡国文化，明清的“秦淮风月”“六朝金粉”的享乐文化。只有在中山陵上远眺，在渡江战役纪念碑前瞻仰，才能感受到金陵文化历史主线却是“愿乘长风破万里浪”的进取精神、争胜意识和爱国热情。

实际上我们民族的价值观念、思维习惯、情感模式和行为规范的承袭性，不仅在于沿袭，更重要的在于变化和演进。“请君莫奏前朝曲，听唱新翻《杨柳枝》”就是对这一现象的生动写照。比如，在我国将历史文化分为“原始文化”“农业文化”“现代文化”三个阶段，代表“原始社会”“传统社会”和“工业化社会”的特征，这种文化的变化和前进在旅游过程中随时可以感受到，即使像西藏这样的雪域山地，一方面我们介绍佛教藏传密宗文化对当代人的影响，另一方面如何将其展现给游客，使其真正了解中华民族，当是旅游工作者义不容辞的职责。

（二）地域性

旅游文化的地域性是从空间横的方面探求不同地域的旅游文化特质。差异正是旅游吸引物的魅力，而强化这种差异，形成地域个性才可使这种魅力永存。“五里不同风，十里不同俗”，是最精辟的概括。林语堂先生在《吾土吾民》中曾指出，“南方与北方的中国人被文化纽带连在一起，成为一个民族，但他们在性格、体魄、习俗上区别之大，不亚于地中海人与北欧日耳曼人的区别”。我国的地域广阔，社会环境、自然环境差别很大，必然造成闲暇生活、交往生活、宗教生活的结构、范围和对象的不同，因此专家学者正是依据着地域的差异，将中华旅游文化划分为京华大观、中原览古、朔漠风光、雄关内外、东南形胜、荆楚游望、川滇山水、闽粤览胜、唐蕃古道、丝绸之路、中华宝岛十一大区域。每一区域的历史、文学、文字、地理、宗教、科学、建筑、园林、书法、绘画、民俗、掌故等旅游文化都是那样丰富、厚重。这种地域性文化形成的社会环境的因素之一就是民族环境。民族分布的地域性又是文化地域性形成的原因之一，这种民族文化代代传承，成为稳定性的因素，沉淀于一个民族之中，成为民族强有力的黏合剂和内聚力。探究文化的民族性、地域性，既可以满足游人的好奇心理，更可以为科学旅游考察提供实物资料。必须看到地域文化一方面会吸引游客，而游客的到来又可以缩小文化的地域差异，尤其是边陲地区的文化习俗和昔日相比已经有了很大的改变，草原地区和农耕地区的文化差异在逐渐淡化，而城市文化和乡村文化的距离分明也在拉近，甚至不同国度、不同洲际的文化也在打破地域和民族的限制而走上交融大同之路。

（三）交融性

中国旅游文化和传统文化一样是源远流长的，这不仅包括时间上的传承，也包括地域上的多元、交融和互补。如果将中华民族文化视为大群体文化、那么这文化纲下之目就有内陆地区文化、沿海地区文化，城市文化、乡村文化，企业文化、校园文化，汉族文化、藏族文化、满族文化，京派文化、海派文化，还有老北京文化、新北京文化等。实际上文化之间的内涵和外延都有融合和交叉，呈现出你中有我，我中有你，相互影响，相互渗透的现象。以民族文化为例，各民族在长期的历史发展过程中所创造出来的带有该民族特点、反映该民族历史和社会生活的文化。民族性是旅游文化的独特个性，是吸引旅游者的魅力所在，从某种意义上说，民族性是旅游文化的灵魂。以旅游文化的阶层性为例，同一社会中的不同阶层的旅游者，由于不同的经济地位、教育程度、职业性质、居住环境、闲暇时间、思维方式、价值观念、行为模式、兴趣爱好而呈现出不同的特征。同一阶层的旅游者，具有相同或类似的心理特征及旅游偏好，这有利于旅游客源市场的细分，进而开发出适合不同阶层旅游者的个性化旅游产品。再以饮食文化为例，我们可以把鲁菜作为宫廷菜，淮扬菜作为文人菜，四川菜作为平民菜，粤菜作为商贾菜。但是每个菜系中都有许多菜无法截然区分，原料既可以就地取材，也可以南来北往，烧烤未必是京鲁的专利，火锅也并非不准淮扬菜使用，尤其是现代社会交通网的形成，交通工具的便捷快速，文化的固守一隅已成“明日黄花”，吸取交融反而成为当今的“焦点访谈”。实际上今天的交融迅捷也是有历史原因的，吴文化和越文化之间，齐文化和鲁文化之间，楚文化和汉文化之间都是潜移默化的，正是在相互的交流、互补中，保持了区域文化的传统特色，又孕育出新的文化因素和新的文化特征。历史上南北文化的多次交流，今日的东部沿海和西北开发的互相配合支持，改革开放，中外交流的加强，都从政治、经济、文化、风俗、语言等多方面取长补短，共同前进，而旅游当是促进这种文化融合的好方式。

二、特殊性特征

（一）大众性

旅游是一种广泛的社会活动，现在旅游活动在世界各地各个阶层都普遍开展起来，旅游参加者的范围已扩展到普通民众，参加的人数越来越多，旅游的去处越来越远，具有鲜明的群体性和群众性。

（二）娱乐性

旅游本质上主要是一种以获得愉悦为目的的审美过程和自娱过程，是人类社会发展到一定阶段时人类最基本的活动之一。因此，旅游文化从本质上讲应是一种和谐欢乐的文化，现代旅游活动从来都是一种旅游者心甘情愿的自主自觉的娱乐性活动。

（三）多元二重性

作为一个特殊的文化现象，旅游文化的特征突出表现在矛盾运动对立统一的多个方面。它是旅游消费文化与旅游经营文化的对立统一，是文化求异与认同的统一，是文化求雅与娱众的统一，是文化求新与守真的统一，是暂时性与延续性的统一。

（四）双向扩散性

在跨空间的旅游活动中。旅游者既是文化产品的消费者，又是大众传播的媒介。一方面，旅游者无意或有意地将客源地的文化跳跃式地传入旅游接待地，而引起接待地文化的变化；另一方面，旅游接待地的文化也会被旅游者带回客源地，进而导致客源地文化的潜移默化。这种因旅游活动所引起的文化双向扩散就是旅游文化的双向扩散性，它是旅游目的地文化变迁的重要动因。

第四节　中国旅游业与旅游文化

我国旅游业的20年，是飞速发展的20年。进入21世纪以后，我国旅游业以前所未有的速度更加迅猛地发展，任重道远。

一、旅游文化是中国旅游业发展的基石

回顾以往的历程，我国旅游业发展都是依托丰厚的旅游文化资源。尤其是进入20世纪90年代，我国旅游部门每年都推出活动方案，山水风光游、文物古迹游、民俗风情游，在“1997中国旅游年”时，把国家的旅游王牌景点以绝无仅有、奇特罕见、美好休闲、胜名非凡的特点推出：其中五绝是万里长城、紫禁皇城、秦俑兵马、丝路敦煌、布达拉宫；五奇是黄山四景、武陵峰林、长白天池、九寨黄龙、长江三峡；五美是椰风三亚、北海银滩、海上大连、绿色青岛、西子湖畔；二十胜是珠江三角、黄浦闹市、儒家曲阜、桂林山水、苏锡江南、滇池风情、承德庄庙、佛家五台、海河清风、龙门少林、黄果瀑布、湄洲妈祖、鼓浪厦门、瓷都景德、呼伦草原、天池戈壁、沙湖芦荡、天湖青海、黄河壶口、冰雪哈尔滨。并将中国旅游专线精选公布，包括神州掠影游、长江三峡游、黄河风情游、丝绸之路游、江南水乡游、西南少数民族风情游、冰雪风光游、青少年修学游、穆斯林风情游。其中每条专线又有许多子专线与之相配，仅以中国文物古迹游为例，就有孔子周游列国线、秦始皇东巡线、三国战略线、成吉思汗转战线、文成公主进藏线、唐僧取经线、鉴真和尚东渡线、唐诗宋词碑记线、马可·波罗旅游线、徐霞客旅游线、李自成进京线、乾隆皇帝南巡线、末代皇帝线。可以说这些线路全方位地展现了我国历史文化的方方面面，正如主题口号揭示的“尧天舜日华夏地，秦皇汉武古今情”。纵横展示，使游客“道不尽华夏历史五千载，看不完古迹文物遍九州”。对国人的启示是“保护文物古迹，促进旅游发展”“保护与开发并举，历史与未来同在”。对境外游客的吸引力是：“中国古老文明神秘、奇特、深奥，永远探究不尽。”

根据国际规律，人均GDP超过1000美元时，国民的旅游消费将进入启动期；人均GDP达到3000～5000美元时，就将进入休闲消费、旅游消费的爆发性

增长期。中国2001年年末人均GDP首次突破1000美元大关，从旅游行业收入数据看，2002年起中国旅游消费启动的迹象已经比较明显；2008年人均GDP首次超过3000美元，“十一五”期末接近4000美元，已触及休闲、旅游消费爆发性增长的中低线，中国旅游行业将进入新一轮快速增长周期。2019年中国的GDP已接近100万亿元人民币，人均GDP迈上了1万美元的台阶。中国经济实力的提高表明新的旅游春天的到来。

2009年12月1日，《国务院关于加快发展旅游业的意见》（国发〔2009〕41号）（以下简称《意见》）明确提出了新时期旅游业在国民经济和社会发展中的新的战略地位和任务要求，这就是“要把旅游业培育成为国民经济战略性支柱产业和人民群众更加满意的现代服务业”。《意见》高屋建瓴地指出，“旅游业是战略性产业，资源消耗低，带动系数大，就业机会多，综合效益好。改革开放以来，我国旅游业快速发展，产业规模不断扩大，产业体系日趋完善。当前我国正处于工业化、城镇化快速发展时期，日益增长的大众化、多样化消费需求为旅游业发展提供了新的机遇”。社会发展到现阶段，精神需求、健康需求已经成为广大人民群众生活的基本需求，旅游是人们生活质量提升的标志，旅游业是社会发展阶段的标志性产业，应充分发挥旅游业在保增长、扩内需、调结构等方面的积极作用。2015年，旅游市场规模进一步扩大，国内旅游人数达33亿人次，年均增长10%；入境过夜游客人数达9000万人次，年均增长8%；出境旅游人数达8300万人次，年均增长9%。旅游消费稳步增长，城乡居民年均出游超过2次，旅游消费相当于居民消费总量的10%；经济效益、社会效益更加明显，旅游业总收入年均增长12%以上，旅游业增加值占全国GDP的比重提高到4.5%，占服务业增加值的比重达到12%；每年新增旅游就业50万人；旅游服务质量明显提高，市场秩序明显好转，可持续发展能力明显增强。2019年前三季度，全国5.6万家规模以上文化及相关产业企业实现营业收入62187亿元，同比增长7.6%。2019年全国文化及相关产业增加值达到4.37万亿元，预计2022年全国文化及相关产业增加值将突破6万亿元，并预测在2023年全国文化及相关产业增加值将增长至6.65万亿元，2019～2023年年均复合增长率约为11.07%。力争到2020年我国旅游产业规模、质量、效益基本达到世界旅游强国水平。这个目标是里程碑式的。

值得提出的是，加快全国旅游度假产品发展建设具有战略意义。我国的旅游度假区是旅游休闲文化的集中体现，过去的发展建设走过了艰难的历程，既取得了很多成就，也面临着很多的困难。目前，我国已进入或快速进入度假休闲时代，面对民众的消费结构转型、经济发展方式转型、旅游方式本身转型的三个转型期，加快全国旅游度假区发展建设具有战略意义。

形势令人鼓舞，前途无限辉煌，研究培育开发中国旅游文化资源的任务必将进入新的时期，出现崭新的面貌。

二、新时期旅游业发展对中国旅游文化创新提出的要求

中国已入世，旅游业已对境外开放，这是新的机遇和挑战。形势的高要求与我国旅游业经营的粗放型以及从业人员的低素质是很不相配的。仅以中国旅游文化的开发和应用为例，有些地方对旅游文化不是努力开发健康高雅的精华，而是打着旅游文化商品化的招牌，急功近利，使文化商品流于媚俗和庸俗，甚至狭邪文化——黄赌毒也粉墨登场，使游客在不知不觉中消解着文化意识，对人的发展产生负面影响。而一些导游人员讲解单调生硬，杜撰史实，张冠李戴，胡言乱语，有损于我国旅游服务的声誉，影响我国旅游业的发展。未来的旅游，游客对文化与环保将更加重视，人们除了利用旅游消遣、度假、休息之外，还会利用出游机会吸收目的地文化中的有益知识，提高自身的文化修养和知识含量。这就使我国旅游业的发展面临两大亟须解决的课题：一是如何通过走出去和请进来，认识世界文化。在世界上各个民族的互依性、共生性空前加强时，我们必须理性地汲取世界上最具人类普遍性和时代性的文化，以反思、丰富、充实我们民族自身的文化。二是如何创造新的旅游文化，一方面，我们反对阿 Q 式的，以“老子先前比你们阔多了”的精神胜利法而“嗜古成癖”；另一方面，也不赞成数典忘祖妄自菲薄的虚无主义态度。现代旅游文化已走到了各国和各民族旅游文化相互整合的阶段，但是这种整合是以保持各自的民族精神为前提的，按照“和而不同”的整合方法，由各国和各民族将自己优秀的旅游文化贡献给世界，形成既能适应各国具体情况又具有世界普泛性的富有弹性的新的旅游文化。可喜的是，2009 年相关部门开展了“国家文化旅游示范区”的活动。要求风景区要以坚持发展文化旅游为基本导向，坚持高标准优化，高水平建设，高效能管理，进一步细化文化与旅游的结合点，提升产业的软实力，提高企业的核心竞争力。该年 9 月授予扬州蜀冈·瘦西湖风景区为第一个国家文化旅游示范区，标志着 21 世纪旅游业发展对中国旅游文化创新提出的要求。中国传统文化是今日我国旅游业前进的基石，我们只有对中国旅游文化进行理智而不是浮躁的，深入而不是肤浅的历史反省和进行科学总结才能使中国的旅游业在现代化轨道上腾飞。只有旅游业乃至全民族重视文化，使所有旅游业的从业人员都是“文化人”，富于很强的主体意识、人文精神，有较高的思想境界，才能在实践中反思现有文化的缺陷或局限，创造新的包容古今、吸取中外，符合时代要求，顺应历史发展的中国旅游文化，这样我国的旅游业才能蒸蒸日上，跻身世界旅游强国的行列。

但比起先进国家，仍有很大的差距，2017 年，美国旅游收入占世界旅游市场份额 19.4%，中国占 12.8%，德国占 7%，英国占 4.7%，日本占 4.3%。在

欣喜之余，我们当有危机意识。从绝对数上看，我们和美国相差颇大，而从相对数上看，我国的人口、旅游资源都是德国、英国、日本无法比拟的。我们还有很多潜力可挖，还有很长的路要走。

新时期的旅游业只用了40多年的时间，就走完了欧美一个多世纪所走的路程。尽管是初生的、有待成熟的产业，在世界旅游市场所占的份额与我国的旅游资源并不相适应，但有目共睹，40多年来中国旅游业发展的速度远远高于世界旅游业发展的平均速度，也高于中国国民经济发展的速度，创造了世界旅游发展的奇迹，成为横空出世的朝阳产业，中国旅游业的春天到来了。

三、新时期旅游文化研究

旅游是一种文化现象和跨文化的交流活动，这决定了研究上的文化视角取向，从而产生旅游文化学。旅游文化学是研究旅游与文化的关系、旅游文化构成体系以及旅游文化形成发展规律的学科。

（一）研究对象

根据旅游文化的定义，旅游文化研究的对象包括：①旅游客源地文化；②旅游目的地文化；③旅游主体、旅游客体和旅游介体发生关系时产生的文化现象。通过研究，它主要回答旅游者、旅游客体、旅游服务者凭什么吸引人，为什么同样景点不可能吸引所有人这样的一些问题。对旅游经营者而言，它回答开发什么样的吸引物才能得到旅游者的认同，提供什么样的服务才能让旅游者满意等问题。

（二）研究内容

旅游文化学研究的内容主要包括以下6个方面：

1. 旅游主体文化研究，内容包括旅游主体文化属性分析、旅游动机的文化分析、旅游审美行为的文化分析、旅游消费行为的文化分析、旅游活动对旅游主体文化人格的塑造的研究等；

2. 旅游客体文化研究，内容包括旅游景观的旅游文化鉴赏与旅游文化分析以及文化开发研究等；

3. 旅游介体文化研究，内容包括旅游企业文化以及旅游服务文化、旅游管理文化研究等；

4. 旅游区域文化研究或旅游文化的空间分析；

5. 旅游跨文化研究，内容包括旅游与文化交流、中西旅游文化比较、旅游文化的冲突与整合、跨文化与旅游活动及旅游经营等方面的研究；

6. 旅游接待地文化变迁与调适研究。

前4个方面主要涉及旅游与文化的关系并表述旅游文化构成体系，最后两个方面主要涉及旅游文化的发展变化规律。因此，有人试图将旅游文化学的研究视阈归纳为旅游文化构成体系、旅游跨文化和旅游接待地文化三大部分，研究核心和重点是旅游主体文化与旅游客体文化。

（三）研究意义

研究旅游文化具有的意义：

1. 有助于弘扬民族文化，提高国民素质，促进旅游业发展；

2. 有助于解释人类的旅游行为，揭示旅游活动发生发展的规律；

3. 有助于构建旅游学科体系，丰富旅游学和文化学的研究内容，推动社会科学发展。

（四）研究现状

从国际来看，主要是从旅游社会学、旅游人类学和休闲学的视角来研究旅游对目的地社会文化的影响及其变迁的原因和本质、人们的旅游动机、旅游体验及人类思想史演变等。关注旅游活动的精神属性，研究旅游的文化本质，是近年来国际旅游学界的一大趋向。这一趋向有助于将旅游学研究从实用层面提升到精神与文化层面。

旅游文化也是我国旅游研究中最活跃的领域之一。旅游文化研究主要集中在旅游文化开发、旅游文化变迁和中国传统旅游文化研究等领域。在专项旅游文化开发研究方面侧重于历史文化、民族文化、宗教文化、节庆文化和服务文化等。在区域旅游文化开发研究方面涉及大区域、城市、旅游区和乡村等不同的空间单元。在旅游地文化变迁研究方面，受西方旅游人类学的影响，学者们更加关注旅游对目的地社会文化的影响和社会文化变迁机制的研究，特别是旅游对民族地区与乡村地区民族文化、乡村文化的影响。

旅游文化的基础理论研究，当对旅游文化概念、特征、内容及其结构体系等基本理论问题的研究达成共识，以建设和完善学科体系。

旅游文化更应重视运用研究。旅游当注重文化的实用，尤其对当代大学生，应从经院、课堂中迈出，这就需要我们的教学工作更新思维：贯彻科研成果应用化和教学心得理论化相结合的原则；创造意识培养和创新能力训练相结合的原则；基本学科原理和行业、产业实际相结合的原则。在普及中国旅游文化知识的同时，对与旅游有关的自然资源、人文资源、社会资源进行分析，而且对如何合理保护开发提出建议，对过度开发、极端开发、毁祖宗业、夺子孙饭的功利性开发进行抨击。将传统文化不是作为木乃伊，而是看作活化石，寻找传统与现实的结合点，使中国文化的传统优势转化为现实优势，资源优势转化为产业优势，文化优势转化为效益优势。

四、研究东西方文化的差异

中国旅游发展无论是世界各国的朋友来中国观光考察，还是中国公民走出去观光体验，都要面对东西方文化的差异，除有形的物质差异，对无形的精神观念方面的差异当有清醒认识。

思维方面，中国人重人际、重伦理、重直觉、重内省、重先验理性与伦理精神，是封闭的价值体系；西方文化则重自然本质、重实验、重事实、重逻辑与科学发展，是哲学价值体系。价值观方面，中国重社会、重整体、重志向，轻功利；西方人重自然、重个人、重利益、重功效。逻辑方面，中国的逻辑哲学重政治伦理、重人生问题；西方逻辑哲学的重点是纯科学、宇宙论、自然规律。自由观方面，中国人多侧重于向内探求，以认识自身、完善自身为获得自由的途径，因而谨慎、内敛、自省；西方人多侧重于向外探求，以发展世界、改造世界为获得自由的途径，因而勇敢、探求、开放。科学方法论方面，中国文化是以人文文化为主体的类型，是整体思维方式；西方文化是以科学文化为主体的类型，是形式思维方式。了解了这些差异，无论是对于个人的旅游休闲的探奇求知，还是对旅游行业的发展都是大有裨益的。

本书各专题，都对中西方文化进行具体比较分析，这对于旅游人才的培养无疑是高屋建瓴之举。

中国旅游文化是旅游学科中的一个重要分支，自20世纪80年代我国旅游新时期肇始，30多年来关于旅游文化的研究方兴未艾，相关的书籍、文章无论是内容和形式都是另辟蹊径，见仁见智，2001年始，《中国旅游文化》第一版出版，此次第四次再版，充分考虑广大读者，尤其是旅游专业的大学生、研究生的需求，做了改动、充实、提升。考虑到不同读者的要求，在体例上既注意“面”的轮廓勾勒，更注意“点”的具体剖析；既注意理论归纳，又注意实际应用；既注意每一文化门类的历史沿革“纵”的剖析，又注意地域区别“横”的比较。既展示传统人文文化层，又展现自然文化层，并尽可能表现近现代文化层；既注意高雅文化层，又注意通俗文化层。并以散文的笔调写成，力求新鲜、形象、生动、直观，有独到见解，以科学性、知识性、趣味性见长，以拥有较多的读者群。使读者感到中国旅游文化不是空洞的、神秘的，而是具体的、可触可摸的，是我们身边的科学；重在运用。20年来，应阅读本书的高校、中专校旅游专业师生、旅游从业人员、旅游者的要求多次增删，反复再版、重印，本书一直坚持尝试自己的路径：侧重对我国旅游客体文化的内涵深入挖掘，旅游主体对旅游客体文化的感知研究，对大江南北、长城内外、白山黑水、西北草原、西南边陲、唐蕃古道独特的旅游资源中蕴含的文化进行较全面的审视和研究，并进行相关的中外文化及其审美差异比较，择善而从，为我所用。

第一章 山水文化

〔内容提要〕

中国景观中的自然美和人工美总是结合得那样和谐，传统的山水名胜不仅以日月星辰、岚烟云霞、花草树木的自然景色取胜，阴晴雨露、早晚晨昏、千变万化，而且这些只要一经旅游者发现，或以文记，或以口传，或以影视拍摄，总是精心描摹独特的美，抒发欣赏美的感受，并给名山名水的个性定位，且为大家所认同，如黄山之奇、泰山之雄、华山之险、嵩山之峻、峨眉之秀、青城之幽，自然美和人们的审美之间是如此契合，人们对自然的认同是如此精到，甚至将自己的情感好恶寄情于自然，这就是山川形胜人化的过程。穷探造化奥秘，善于欣赏自然，正是我们民族可贵的心理特征，有别于西人的实用主义态度。曹操的“山不厌高，海不厌深”，王恽的“山以贤称，境缘人胜”，天人合一，将名山大川作为宇宙灵气所钟，而人则是山川灵气之凝结，自然之景和人文之赏分明已融为一体。经历代志士仁人、能工巧匠的努力，这些由人们知识、态度、价值观构成的山水的“隐在文化”逐渐地转化为显露在外的，人们可触可摸可感的“显在文化”，于是山川形胜中有了寺庙观庵、亭台楼阁、磴道古桥、摩崖碑刻、诗词联对、逸闻传说，这些“显在文化”尽管自身有其丰厚的文化内涵，但是它们的内蕴只有置放于相应的山水中才有其个性魅力。而围绕着山水进行的登山、游泳、渔猎、划船、冲浪更是充满了刺激和愉悦，使沉寂的山水成为游客的天堂。

〔学习要点〕

- 山水景观的特征。
- 山水景的“比德”现象。
- 山水文化的形成和丰富。
- 山水景与风水。
- 山岳文化。
- 江河文化。
- 湖泊水域文化。
- 海滨文化。
- 森林风景文化。
- 石林溶洞瀑布文化。
- 中西方山水文化审美比较。

〔思考题〕

1. 简述山水景观的特征。
2. 什么是山水景的“比德”现象？
3. 山水文化是如何形成和丰富的？
4. 简述山水景与风水。
5. 我国有哪些名山，各自的文化特点如何？
6. 我国江河中有哪些著名景观，各自的文化特点如何？
7. 我国湖泊水域中有哪些著名景观，各自的文化特点如何？
8. 我国海滨中有哪些著名景观，各自的文化特点如何？
9. 我国森林中有哪些著名景观，各自的文化特点如何？
10. 我国石林溶洞瀑布中有哪些著名景观，各自的文化特点如何？
11. 比较中西方山水文化审美异同。

自然景观在旅游文化中占有重要的地位，它是旅游审美客观对象的重要组成部分。它不仅自身拥有独特的魅力，而且还同时参与社会美和艺术美的构成。尤其是随着社会经济的发展，城市化的加剧，会越来越彰显出它的魅力，越来越受到旅游者的青睐。

地文景观包括山岳、石林、溶洞、海岸、岛礁、森林、动植物等多种类型。这是地质地貌条件与环境形成的旅游景观。山或山岳是指在地貌学上，一般绝对高度在500米以上的地貌。坡度大而峻陡、主峰明显、群峰簇拥的山岳称为高山风景。高山是和峻山、飞云、流瀑、奇松、巧石连在一起的，自然界的鬼斧神工，使得因为地壳运动形成的景观，天然具有了雄伟高大、拔地通天的气势，又具有经日晒雨淋、风化剥蚀的岩块形成的千姿百态的奇形怪石。可喜的是我国的风景名山不仅以绚丽的自然景色取胜，而且以文化底蕴很深的人文景观见长。有形的亭台楼阁、磴道古桥、摩崖碑刻；无形的诗词联对、逸闻传说给自然山川增加了丰厚的文化底蕴，成为全人类的珍贵遗产。“山因水活，水因山转”，山水是密不可分的，其美的特质也是互相交融的。由于游客对水的特殊青睐，观水、品水、戏水总是情趣无限，游泳、划船、舢板、帆船、冲浪、漂流、潜水、滑水、垂钓，水总是使人感觉刺激和愉悦。

现代兴起的生态旅游的理念倡导人与自然的和谐相处，让人在回归自然的过程中重新认识自我，关注自然，寻求自然与自然的和谐，人与自然的和谐，以及最终的可持续发展。自然山水本身也向人类揭示了山水对立和谐关系，旅游者无不为碧水青山的美所折服，这是人与自然的和谐。

第一节　山水景观的特征

“山川之美，古来共谈。”人们对山水的美感，首先是来源于山水千姿百态的自然形态。中国幅员辽阔、地形复杂，水景观的多样性分外突出。从宏观上分类，大致可分为“北雄南秀”两种审美形态。“雄”指地域上长江以北广大地域的水景壮美，包括“长河落日圆”的黄河流域和“风吹草低见牛羊”的塞北大草原，包括中原山川的雄壮之美，西北山川的浑厚之美；“秀”即婉约秀丽，地域上指长江以南的广大地域，包括“杏花春雨江南”的阴柔之美和“小桥流水人家”的恬淡之美；西南的灵秀之美；华南的华丽之美。“北雄南秀”的形成，大致有两大原因：一是客观的地理因素。我国北方植被稀疏、辽阔空旷，山峦高大、线条粗硬、裸露明显，故构成山高水长，“大漠孤烟直”式的以阳刚美为基本特征的景观。我国南方雨量充沛、植被茂密、四季常青，山丘低垂平缓、线条圆润、隐蔽幽深，故构成山清水秀、小桥流水式的以阴柔美为基本特征的景观。二是主观的人文因素。历代帝王的封禅祭祀场所大多分布于北方的名山大川，高大恢宏的山川景观，借助于帝王的显赫至尊地位，显得更为雄壮。如依山傍水的北方的人文建筑，往往具有富丽堂皇的皇家气派，建筑将山川衬托得更为高大壮观。相形之下，江南的人文建筑，大都是地方官宦和文人所建，其财力决定了其建筑体量较小，形态纤细，色彩朴拙，加之山地植被茂盛，使人文建筑大多借助山川自然的景秀，处于“幽”的位置和“隐”的状态，强化了秀美的成分。

地质地貌景观、水体景观、天文气象景观、动植物景观，其美的第一要素是形象美，按中国自然景观的审美观念，形象美从微观上分为雄伟美、秀丽美、险峻美、奇幻美、幽静美、旷达美。第二要素是季节美，水景和山景都是特定时空的凝固物，当在不同的时令，用不同心境去寻觅，春景烟云连绵人欣欣，夏景嘉木繁荫人坦坦，秋景明净摇落人萧萧，冬景阴霾翳塞人寂寂。这种灵动变幻之美无疑给人们观赏山水之景带来了更多的情趣和享受。第三要素是色彩美，色彩是物质的基本属性之一，给人的视觉感官以最强烈的刺激，自然景观跃入眼帘的第一信号是色彩，其次才是形象。姹紫嫣红的花草树木、绚丽斑斓的鸟兽虫鱼、光彩夺目的旭日晚霞、速现速离的海市蜃楼和极光……种种奇观莫不以其色彩特色来吸引游人。色彩象征人的性格，调动人的情绪，是生机的表征。红色使人激动，绿色使人清新，白色使人轻松，紫色使人神秘，黑色使人沉重，五彩缤纷使人赏心悦目。无论是峡谷中有层次的绿色（淡绿、中绿，渐至墨绿，直至融入背景），还是在夕阳周围的晚霞（黄、红、橙、紫，直至青、灰、黑），色彩使景色的纵深感加强，色彩也使静物产生动感。风景中的色彩美是万象纷呈，极其丰富的。这些色彩主要是由花草树木、江河湖海、岚烟云霞及阳光构成的。五彩缤纷的自然色彩会给旅游者带来欢乐和幸福，带来赏心悦目的美感，乃至令人振奋和神往。第四要素是听觉美，声音是大自然山水景的又一个吸引因素，有的来自水体，水体自身的流动或受外力冲击，都会发出响声。由于水体大小不同、流速不同、落差不同、拍击的物体不同，形成游客不同的感受。巨大的水体会发出雷鸣般的声响，“禹门三级浪，平地一声雷”。黄河壶口，“四时雾雨迷壶口，两岸波涛撼孟门”，未见其面先闻其声，几里地外便震人心肺，黄河咆哮在壶口表现得最为激奋。河底石岩被冲刷成一巨沟，滚滚黄水奔腾至此，倒悬倾注，犹如万头猛兽束入笼中，千条蛟龙困于一牢，惊涛怒吼，拍岸击石，其声如雷，数里可闻。观赏者大有“岸在云雾中，人在浪中行”之感。细小的水体会发出细柔的声响，使自然山水增添诱人的效应。古人形容黄山鸣弦泉“弦中有流水，石上发清音”，落泉拍击空石，发出动听的琴瑟之音。无锡八音涧、普陀山潮音洞都是因水的声音借助于周围山体、树木、洞穴之间交互作用而发出抑扬顿挫的声响，会使人陶然若醉。古今中外多少诗文在赞颂着水体景观的音响。第五要素是气味美，自然景观素以清新、淡香的气味吸引游客，气味美中最典型、最普通的是花香，无一山水景周围不栽花种树，水润花更香，花香映水香。确实植物的茎、叶、果，甚至皮都有发出香气的。大自然中有香山，北京的香山花木满山，尤其是秋天，黄栌换装，清香阵阵，漫山红遍，如火如荼。陕西耀州区的香山，松柏成林，香韵庄重。大自然中还有香河、香泉、香溪。

第二节 山水景的“比德”现象

我国古代的类比思维中，有“观物比德”之说，即人与物的类比，用物的外部特征与内在属性类比人的品德、志行。“观物比德”在上古运用十分普遍，《论语·雍也》：“子曰：智者乐水，仁者乐山。智者动，仁者静。智者乐，仁者寿。”可知“水”是类比智者“动”“乐”之德的，“山”是类比仁者“静”、“寿”之德的。“乐”不仅是自我快乐，“寿”也不是人的“长寿”，而是指“山”“水”可用于耕畴、生长，为万物为民众提供衣食之源，表明山水有“正德、利用、厚生”的“生生”之“德”。子贡问曰：“君子见大水必观焉，何也？”孔子曰：“夫水者，君子比德焉。遍予而无私，似德；所及者生，似仁；其流卑下句倨皆循其理，似义；浅者流行，深者不测，似智；其赴百仞之谷不疑，似勇；绵弱而微达，似察；受恶不让，似包；蒙不清以入，鲜洁以出，似善化；至量必平，似正；盈不求概，似度；其万折必东，似意；是以君子见大水观焉尔也。”“夫智者何以乐水也？”曰：“泉源溃溃，不释昼夜，其似力者；循理而行，不遗小间，其似持平者；动而之下，其似有礼者；赴千仞之壑而不疑，其似勇者；障防而清，其似知命者；不清以入，鲜洁而出，其似善化者；众人取平，品类以正，万物得之则生，失之则死，其似有德者；淑淑渊渊，深不可测，其似圣者；通润天地之间，国家以成；是智者所以乐水也。《诗》云：‘思乐泮水，薄采其茆，鲁侯戾止，在泮饮酒。’乐水之谓也。”

与这一思想相似，同样是谈水和山等景物的美，古希腊哲学家毕达哥拉斯亲近自然，从而总结出了“整个宇宙是一部和谐的乐章”的观点；俄国的车尔尼雪夫斯基说：“水由于它的形状而显现出美，辽阔的、一平如镜的、宁静的水在我们心里产生宏伟的形象。奔腾的瀑布，它的气势是令人震惊的，它的奇怪特殊的形象也是令人神往的。水，还由于它的灿烂透明，它的淡青色光辉而令人迷恋，水把四周的一切如画地反映出来，把这一切屈曲地摇曳着，我们看到的水是第一流的写生画家。”在他们的眼中，山水就是自然物，自然界的和谐就是美，无自然和人的“比德”可言。只有在我国，因“仁”和“智”都是儒家极高的理想人格境界，而孔子将观赏山水与仁智境界的实现合而为一。

这种见解对后世的中国旅游文化产生了两方面的深远影响：一方面，为旅游这一文化娱乐活动在人生中的崇高地位的形成奠定了哲学、伦理学和美学的基础。2000多年来，中国人几乎无不受到孔子这两句话的影响，旅游在中国文化中之所以源远流长，根深叶茂，热爱山水之所以会形成历久不衰的传统，孔子见解的影响是不可低估的。另一方面，由孔子所总结的周人山水欣赏的“比德”传统，代代相续，流传至今，构成了中国旅游美学的一大特色。儒家的这种强调“自然的人化”不同于道家的“人的自然化”，但在对待和观赏大自然山水花鸟中，儒家却吸收、采用和实行了庄子的审美思想。潜移默化使中国的游客有意无意地把道德观、幸福观、生态理论观、审美观融会于山水欣赏之中。具体说有以下几点：（1）重古，越古越好的价值尺度，中国人评价旅游点，大多认为越古越好。一块汉碑、一首唐诗、一处明楼、一座津渡便引动四面八方的旅游者不远万里，顶礼膜拜。见之手舞足蹈，过后形诸笔墨；未访的不免惆怅，甚至遗恨终生。在没有古老的人文景观的山水风景区，好事者也会附会出各种各样的传说，给缺少文化的自然山水披上一层古老文化的外衣。山川就有了文化，就有了品位。（2）重人，一是历史名人的登临，名人登临，名人诞生，因而被后世称颂，成为旅游热点。二是人类的实践活动，一般说来，山水的知名度以能到达程度的方便与否而决定其吸引力的高低。（3）重贤，受儒家的影响，中国传统文化中人是宇宙万物的中心，是衡量万物的尺度。这种重人的传统深刻影响着中国的山水美学。重人传统是指中国古人欣赏山水时，特别看重审美主体的民族心理习惯。“山以贤称，境缘人胜”（元·王恽《游东山记》）。山水景观与历史上的帝王将相、文人墨客以及其他类型的名人是否发生过关系？如果发生了关系，即使是一般所在，也会令后人徘徊观望，产生思古的幽情，从而对这块土地的感情也在无形中加深。历史上许多名垂史册的山水，都是因为与贤哲之士发生关系，因而得到永久的称颂；而无数山水胜境也多半由于文人墨客的称赏而彪炳志乘。中国古人的注意力多集中于名人、贤人，对于山水本身的特色则不太在意。一旦发现山水美的人成了名人、贤人，人们对山水本身的美便不如对贤人那样重视；或者是因人及景，也就是说先崇拜贤人然后去看山水的美，以己之眼光印证前贤之看法。（4）重文，许多风景名胜最初默默无闻，只因有了文人墨客的题咏，便因此饮誉天下，名垂后世。（5）重传说，在中国，几乎没有一处山水没有传说，并且都与人息息相关。这类传说，往往具有浓厚的自然地理背景，比如围绕溶洞、潭瀑一类的地貌水文现象，传说往往与大海龙王联系在一起；而沿节理面断裂的巨石，则大多留有“试剑石”的美谈；在造型地貌上形似人物走兽者，总冠以仙、神之尊。名山大川的优美神话传说像一条彩练，把自然景观和人文景观巧妙而协调地联结起来，从而对游人产生更大的感染力。（6）重寓意，自然景观的寓意是自然景观的内在美，石涛《苦瓜和尚语录》中说山川的形貌与精神之间的联系：“山川，天地之形也；风雨晦明，山川之气象也；疏密深远，山川之约径也；纵横吞吐，山川之节奏也；阴阳浓淡，山川之凝神也；水云聚散，山川之连属也；蹲跳向背，山川之行藏也。”“比德”把自然物象比附人的道德，使自然物“人格化”为具有伦理价值的意象。包括把一些自然景物赋予深刻的含义，或比附为其他事物。戏剧、电影中往往用电闪雷鸣寓意大难临头，春和日丽寓意幸福祥和。而大自然中最易使人获得丰富的寓意的是观赏性植物，周敦颐以“出淤泥而不染”的莲花赞誉生于恶劣环境而品格高尚的人物。“零落成泥碾作尘，只有香如故”的梅花和“千磨万击还坚韧，任尔东西南北风”的翠竹，加上“岁寒，然后知松柏之后凋也”的苍松，被用来标榜仁人志士的气节。人们誉称松、竹、梅为“岁寒三友”，梅、兰、竹、菊为“四君子”，玫瑰、蔷薇、月季为“园中三杰”，兰、菊、水仙、菖蒲为“花草四雅”，各取其比兴之意。

第三节　山水文化的形成和丰富

在中国的旅游胜地中，以山水著称的不计其数，如江南水乡、桂林山水、钱塘江潮、黄龙水潭、贵妃清池、庐山瀑布、黄山云海、滇池湖水、九溪十八涧、哈尔滨的冰雪等都离不开山水。乐山乐水，趋江近潮成了中国人的追求。山水是天堂，宋代就享有“上有天堂，下有苏杭”之称的杭州、苏州都是著名的山水城，苏州是“家家尽枕河”，“杭州以湖山胜”，开阔坦荡的平原，周边屏立的低山丘陵，沿海星散的孤峰秀山，星罗棋布的湖泊，川泽纵横的江河，喀斯特溶洞奇观，具有永恒的魅力。

由畏山水到近山水，由择山水而居到因山水而富，由观山水到戏山水，由观赏佳山秀水到寻胜探秘险山恶水，这是一种追求，一种进步。宋代学者王安石在《游褒禅山记》中说：“古人之观于天地、山川、草木、虫鱼、鸟兽，往往有得，以其求思之深而无不在也。夫夷以近，则游者众；险以远，则至者少。而世之奇伟、瑰怪、非常之观，常在于险远，而人之所罕至焉，故非有志者不能至也。”古人的观景和观物，能“求思之深而无不在”，不避“险远”，因而能享受到

“奇伟、瑰怪、非常之观”。有人说“险远”之处中国人“至者少”，而西方人倒是乐意去探索的，他们会冒风险、豁性命般地去寻找这样的景点。当然，这是就整体而言。但是天在变，道也在变，人们的欣赏习惯也在变。中国古代如徐霞客、李白那样不畏“险远”的旅游者就不在个别；近几年，中国又涌现出一批探险者与勇士，单车周游全国、孤身驾车环球旅行、长江源头漂流探险、步行走遍中国等，这不仅仅是游玩，更是一种志向，一种挑战，一种精神，须知旅游不仅是陶冶性情，也是“劳其筋骨，饿其体肤”的意志和身体的锻炼。当你走向自然，融于山水之中，与山水心境相合时，那种乐趣，岂是非有志者所能体味的？

山水文化的形成是一个长期的不断创造的过程。在其形成和发展中，不仅注入了丰富的历史文化内容，体现出人类文明的演进过程，而且是一种精神价值，是人与自然之间建立起来的亲善而又和谐关系的特殊体现。人们对山水的审美需求和审美能力的发展，在山水文化形成过程中的意义不可估量。在这个基础上，游览山水之风日渐兴起，以山水为表现对象的文学艺术也应运而生。从哲学意义上说，山水文化就是人化的山水，是人的本质力量对象化的结晶。山水的人化，使山水符合人的需求，从而打上人的印记，包括实用的、认知的、宗教的、审美的层面，它们之间相互联系，彼此制约，或使山水改变面貌，或使山水人情化，或使山水艺术升华，孕育出多种多样的山水文化现象。发现和开发丰富的山水文化当是我们义不容辞的义务和责任。

保护山水文化的原生态，批判杜撰名胜的倾向。若就自然山水而言，杭州西湖较之武汉东湖要逊色许多，但在“十大风景名胜评选”活动中，东湖却榜上无名。推其缘故，不过因为西湖的人文古迹比东湖丰富罢了。从旅游者的流向倾向分析，也是看古迹的多于看山水的。这种情形直到最近几年才有所转变。西方世界除了珍视本国固有文明外，对了解外部世界存有浓厚的兴趣。殖民者在征服其他国家时，往往不远万里把别人的名胜古迹移植到自己的国家，如近几年中国的园林在美国反复被复制。当代中国景观中虽有少量的“世界公园”“世界之窗”，但多为微缩景观，而传统旅游中的形形色色的仿古园、仿古街、仿古城，如雨后春笋般蓬勃兴起，像香港的宋城，西安的唐城，上海的大观园，河北的宁国府，山东阳谷县的狮子楼，梁山县的忠义堂，武汉的黄鹤楼、晴川阁等都较有影响。更有今人着古装的仿古旅游活动、怀古庆典活动，这一股仿古风的出现并且历久不衰，其实是中国旅游文化的深层传统，即尚古传统在国民行为中的表现。

必须重视并解决这一杜撰名胜的倾向，古人的游记作品就是作者对名胜的古代文化遗迹加以追根溯源以后的介绍。西汉著名史学家、文学家，同时也是伟大的旅行家司马迁，在漫游大江南北、黄河内外的旅途中，对于中华民族历史上的著名古战场，著名军事家、政治家、思想家、文学家出生和活动的地方，亦分别在《史记》这部皇皇巨著中加以生动的描绘和浓厚的抒情。司马迁曾随汉武帝登封泰山，我们从《史记·封禅书》中可以清楚地看出，他对于汉武帝以前历代帝王的封禅活动，以及留存下来的遗迹曾用极大的热情予以记载和描述，其中有些翔实，有些分明讹传，有些连蛛丝马迹都谈不上，但过后人们常以《史记》为据，杜撰山水名胜，但人们不以为假，反认为杜撰者功德无量，于是以虚代实，以假乱真，张冠李戴，"假作真时真亦假"。但造假中都有地方保护，热衷纵向继承、轻视横向移植的观念，这也情有可原，因为在没有文化遗迹的地方，即使拥有再好的自然风光，也不会受到多数中国人的喜爱。

第四节 山水景与风水

如今国人喜欢谈风水，见仁见智，内行与外行，雅人与俗人，高知与文盲，老人与青年，名人与隐士，专职的、业余的，本土的、外来的与海归的，津津乐道，乐此不疲，连中国银行香港分行的大楼建设也十分注重风水，甚至美国驻华新使馆的建设居然也讲究中国风水。至于社会上的山水风水、景观风水、家居风水、住宅风水、房屋风水、陵墓风水、装饰风水、办公室风水、摆设风水，五花八门，触目皆是，光怪陆离，鱼龙混杂，泥沙俱下，相互之间矛盾百出。中国人为人处世太多的原则或法则往往相互矛盾，冰火两重天，老祖宗留下了太多的遗训又常常打架，科学与迷信交织，看不懂，说不清，懵懂无知与别有用心都存在，对此现象虚无主义简单否定是难以服众的，妄图以某种理论诠释这一现象也是难找根据的。风水是有风水需要的人们所创造的，风水需要有多种含义，真正的需要，虚幻的需要，甚至麻痹的需要，都属于需要的范畴，其性质大相径庭，其为需要则一也。否认这一点，不是一个唯物主义者。如何在风水需要的多种含义中择善而从，为我所用，当是旅游开发需要十分注意的，我们要汲取传统文化中一切有价值的精华来充实发展新文化。爬罗剔抉，力图科学地分析，扬抑弃取，以求刮垢磨光。

"风水"很多人对此讳莫如深，总是将其与迷信连在一起，这未免是肤相之见。"风水"始见《葬书》，"气乘风则散，界水止，古人聚之使不散，行之使有止，故谓之风水"。原始社会称风水为青乌术，因青乌子是风水大师。古时风与凤二字同音同形，凤是鸟，是原始部落的崇拜物，象征灵魂及其再生，而灵魂不同于有形身躯，象气，无形无色。“青乌”代表天文，“凤鸟”代表地理。国人重风水，源于原始部落讲风水，聚落选地须看风水，大概注重几个方面：一是近水；二是房屋朝阳；三是阳宅在山之阳，阴宅在山之阴。剔除其迷信成分，这些特征是后世风水的基本模式，分明是创造人居的最佳环境。商周时人们用龟板牛胛卜凶吉，其后发展为用蓍草占凶吉，除迷信成分外，还强调实地考察，含有一定的科学见解。秦汉时期以阴阳五行支撑风水理论，以阴阳的相互对立、相互依存、相互转化，以五行的相生相克说明事物间的相互联系。还有以观察天地阴阳五行为主的“堪舆金匮”说，以观察自然地形、建筑、人物为主的“宫室地形”说。魏晋时风水学体系初步建立，唐宋时风水学成熟，有人说山水诗就是一部微型的风水著作。佛道盛行，其教义又与风水合拍，而高僧道士本身就是风水大师。剔除风水学中消极的迷信成分，其中的环境观有一定的科学道理。

风水强调“气”，这是风水的思想核心，它认为大地如人体，是充满生气的有机体，强调人与人、人与自然的相互的联系与协调，环境强调阴阳和合之气。风水就是以阴阳为前提，以气为指导思想而展开。生气、死气、阴气、阳气、土气、地气、聚气、气脉等，有关“气”的名词在山水中屡见不鲜。晋代郭璞所著《葬书》，书中讲：“夫阴阳之气，噫而为风，升而为云，降而为雨，行乎地中，而为生气。”意思是说阴阳二气交合的结果，呼出则变成风，上升则变成云，下降而成雨，蕴藏在地下则为生气。好的风水之气就是能“藏风”“得水”。

风水强调“藏风”，风是指生气流动的现象，所谓“气乘风则散”，风水学认为，藏风就是挡风、避风，保持特殊环境内的生气不会散失。如此说来风水有科学的内涵：一是顺应自然环境。中国大多数地方属于北温带，常年盛行偏北风和偏南风。偏北风是冬季风，寒冷干燥，且风力大，古书称之为“凶风”，需要抵挡才行；偏南风是夏季风，风力柔和。这就是为什么人们倾向选择北、西、东三面环山，南面略微敞开的地理环境作为自己的理想居住地的原因。二是预防疾病。现存最古的中医经典《黄帝内经》中说：“风为百病之始。”古代中医学者早已对风这一疾病（尤其妇科疾病）的根源进行了深入的研究。他们发现女性因冷而生病的情况很常见，不仅对自身，而且对后代的繁衍产生不利的影响。因此，居室环境要“避风”“藏风”，这也成了必然的要求。

《葬书》中说：“宛委自复，回环重复……欲进而却，欲止而深。来积止聚，冲阳和阴。土高水深，郁草茂林。”符合“藏风”要求的环境需具有以下条件：一是山脉走势宜蜿蜒，不宜直来直去。北方山脉要垂头，南方山脉要回旋起舞，东面山势要起伏连绵，西面山势要俯伏柔顺，这样的山势环境才是好环境，才能“藏风”。二是注重地貌条件。地貌一定要土层深厚，植被发育良好，符合《葬书》中所说的“土欲细而坚，润而泽，裁肪切玉，具备五色”的条件。北京明十三陵、桂林的明靖江王陵均坐落在山麓地带，土层深厚，质感好，且植被茂盛，构成良好的生态环境。

风水强调“得水”，水是生命之源，是大自然的重要组成因子，在古代的大地有机说中，认为水是“地之血气”，就像血液对于人体的重要作用一样，“人身之血以气而行，山水之气以水而运”。同样，水在风水学中向来十分受重视，才有“风水之法，得水为上，藏风次之”的说法。一是水是生气的体现。《管氏地理指蒙》里说：“山为实气，水为虚气。土愈高，其气愈厚。水愈深，其气愈大。”从实际情况来看，有水的地方，才有草木，才有生物，才会产生生机勃勃、欣欣向荣的景观。二是水的流动可以指导寻穴。穴是风水术语，意指最佳居住地点。寻穴是风水活动的最终目的。寻穴是一项系统复杂的工作，风水家在寻穴的过程中发现，在一个坐北朝南的地形中，如果水先自西向东流动，继而转向北流，形成一个向北环抱的地形，则所抱之地是聚气的好地方，此聚气之地即为穴。

“得水”的方法。一是讲求弯曲环抱，忌讳直去无收。《博山篇·论水》里说：“弯环曲折，水格之贵。直流直去，下贱无比。”意思是说曲折蜿蜒的水是富贵之水，直来直去的水是下贱的水。可见，风水是比较忌讳笔直的河流的。风水对水流的讲究不仅于此，风水还认为河曲之内为吉地，河曲之外为凶地，即“水抱边可寻地，水反边不可下”。这种说法是符合河曲变化规律的，我国的奇山异水符合这一思想。二是水质要好。风水学认为水质的好坏会影响生气的好坏，进而决定环境的好坏。《博山篇·论水》里讲：“寻龙认气，以气尝水。水，其色碧，其味甘，其气香，主上贵。其色白，其味清，其气温，主中贵。其色淡，其味辛，其气烈，主下贵。若酸涩，若发馊，不足论。”从水的颜色、味道、气味三方面来评价。色碧、味甘、气香的水是最好的水，酸涩、发馊的水是最差的水。水质的好坏直接影响环境的好坏，这是符合生态环境学的，对现今旅游景区生态环境的保护仍有提示作用，我国的佳山秀水具备这一特点。三是崇尚蜿蜒缓流之水，摒弃咆哮湍急之水。风水学认为水“有声为凶，无声为吉”。倘若水徐徐流淌，悄然无声，容易造成一种优雅宁静的环境氛围。若水流湍急，哗哗作响，则容易使人产生烦躁情绪，难以休息。中国风景园林在环境的选择和营造中多遵循这一原则。实际上剔除其迷信神秘成分，风水是东方山水、建筑、园林审美中实践理性的具体表现。

游客对水的特殊青睐，观水、品水、戏水总是情趣无限，游泳、划船、舢板、帆船、冲浪、漂流、潜水、滑水、垂钓，水总是使人充满刺激和愉悦的感受。

第五节　山岳文化

一、五岳之首的泰山

泰山为五岳之首，位于山东中部，面积达426平方公里。尽管它的独尊五岳是帝王的神幻，佛、道、儒的繁盛，古文化的积累，劳动者的开拓，但它确富自然美。首先是它的山岩美，它是片麻岩构成的断块山地，因而山势磅礴雄伟，峰峦突兀峻拔，景色壮丽。有山麓之丽，东路之幽，山顶之妙，石坞之奥，西路之旷，有许多山岩自然形成景观，如回马岭，山陡崖峭，盘道曲折，马不能行；云步桥，单孔石桥横架深涧，几近天成；南天门，飞龙岩、翔凤岭左右对峙，松涛盈耳，云生衣袂之间。其次是松美，万松山称为松海，松树层层叠叠，有十三层松之说；南天门下，双峰对峙，松生绝壁，云出其间，风起松涛轰鸣，如巨浪拍岸，乾隆有"岱宗最佳处，对松真绝奇"之语；五大夫松，一径数围，状若伞盖；一长枝下垂，似招手迎人，有迎客松之美。再次溪水美，王母池有泉，清澈甘冽；观澜亭前，仰观中溪流水，俯视虬在湾和梳洗河；斗母宫溪水顺山势而下，落入池中，池水清澈见底，凭轩临溪，可见三潭叠瀑层层而下，声如雷鸣；黑龙潭瀑布自山泻下，如白练悬空，山鸣谷应。最后是观日出，日观峰观日，因东西南北弥漫的云气，朝旭未露前，如长绒的绵羊交颈接背酣睡，当太阳将出之时，云海活了，仿佛眠熟的羊群恢复了奔跑，又像风吹海洋，激起四岸的水沫浪花，雾时天空染起彩色的海洋，如同玫瑰汁、葡萄浆、紫荆液、玛瑙精、霜枫叶瑰丽荣华，当太阳跃出地平线，翻登了云背，临照天空，闪射着万道红光，霞彩变幻中，普彻了四方八隅。

1987年，根据文化与自然双重遗产遴选标准，被列入《世界遗产名录》，世界遗产委员会对其评价为：泰山位于山东中部，跨越泰安、济南两市，总面积426平方公里。不但在地质学和历史文化方面具有研究价值，而且还具有很高的艺术价值和美学价值。泰山地区在太古时代经历了剧烈的地壳抬升和沉降，终于在3000万年前形成了今天的泰山。泰山地区的寒武纪片麻岩群是华北台地的基底，地层剖面出露齐全，化石丰富，保存完好。泰山杂岩形成于太古代，年龄在20亿年左右。泰山有丰富的地壳运动遗迹，在地质方面有丰富的研究成果，并设有著名的地质研究基地，具有世界意义的地质科学研究价值。

二、倚天拔地的华山

西岳华山在陕西华阴市南，它北瞰黄河，南连秦岭，由东南西北中五峰环耸，犹如一朵盛开的莲花。《水经注》说它“远而望之若花状”，因而得名。华山奇峰耸立，绝壁巍峙，陡险难攀，有“自古华山一条路”之说。从青柯坪开始进入第一道险境千尺幢，悬崖峭壁之上，370多级古梯陡窄，盘旋而上，直插云霄，山道狭窄，甚是惊险。第二道险路是过千尺幢，经百尺峡、仙人桥到老君犁沟，这是夹于陡绝石壁间的一条沟状路，有570余级石梯，壁狭路陡，攀登艰难，有“猢狲愁”之说。第三道险路是北峰，山势孤耸，三面都是绝壁，只有一道山岭通往南面山峰。仰望卷龙岭，只见一道黑色的山脊，山道即在龙脊之上，路宽不到1米，两边悬崖壁立如削，谷壑深不见底。过苍龙岭到金锁关，这里有玉井、二十八宿潭，无上洞、玉女峰、石龟蹑、龙窟、舍身树，都是奇石、怪松、飞瀑，无论是气势雄浑，还是细部秀美都是可圈可点。下东峰，从紫气台到长空栈又是险要处，栈道依悬崖开凿，置木椽，架石板，游人需扶铁索木栏通过，令人胆战心惊，但观仰天池中，峰顶翠云，那种“呼吸通帝座”的感觉岂是一般怯懦者所能体会的？

三、挺拔秀丽的衡山

南岳衡山位于湖南中部，山势雄伟，盘行数万里，有大小山峰72座。道教奉为“第三小洞天”，最高峰祝融峰海拔1300米，其他山峰也在千米以上，有的俏丽，有的粗犷，有的幽邃，各有英姿，或戴尖盔，或撑伞盖，或顶斗笠，各有装束。

衡山有四绝，一绝祝融峰之高，二绝藏经殿之秀，三绝方广寺之深，四绝水帘洞之奇。祝融峰平时云雾缭绕，很难见到峰顶，登临峰顶俯视，只见众山罗列，景物雄奇，青烟白气，荡于胸前，流于指隙，尤其是山顶观日，千峰万壑若隐若现，好在一个“朦胧”，太阳从云海中跃出，万道天光，弥漫天际，顿时红日和万顷碧波云海和谐相配蔚为大观。衡山风景绚丽多彩，古木参天，终年翠绿，奇花异草，四时郁香，现有万庙植物园，珍贵植物不可尽数，红花油茶、日本樱花、金毛皂荚、猕猴桃最为有名。水帘洞在翠盖峰下，水源来自峰顶，流经山涧，汇入石池，水满溢出，垂直下倾，高20多丈。每当春夏之交，水势最盛，山泉迸泻，如跳珠喷玉，似雪溅雷鸣，有“夏雪晴雷”的美誉。山容水态，令人心旷神怡，浮想联翩。

四、荟萃众美的黄山

“五岳归来不看山，黄山归来不看岳”，徐霞客的赞语是十分确切的。黄山雄居于风景秀丽的皖南山区，面积154平方公里，屹立着成群的巍峨奇特的山峰，号称七十二峰，三大主峰天都峰、莲花峰、光明顶均在1800米以上。它有毫不雕饰的天然姿色，北方山峰雄壮巍峨，南方峻岭的俊逸飘洒，有虬枝斜出的黄山松，有热气蒸腾的温泉，有浩瀚无边的云海，有玲珑剔透的怪石。这一切都是自然形成的。天都峰拔地耸天，海拔1840米，登山石阶1000多级，坡度在70度以上，最险处近90度，如天梯悬挂。最险处鲫鱼背，长10多米，宽不过1米，两边万丈深渊，但爬一段近90度的陡立石壁，就走进“天上都会”了，放眼四望，“万峰无不下伏，独莲花与抗耳”。莲花峰海拔1860米，它酷似一朵莲花初放，尤其当朝霞抹红群峰峰顶，似片片莲叶鲜红水灵，登峰远眺，东望天目，西瞻匡庐，北窥九华与长江。前山雄伟，后山秀丽，“梦笔生花”“猴子观海”“十八罗汉朝南海”，清凉台观日出，九龙瀑观瀑布，还有红嘴相思鸟、白颈长尾雉、黑麂、梅花鹿、鳗鲡、鲇鱼，真正是“宏博富丽”。

1990年，根据文化与自然双重遗产遴选标准，被列入《世界遗产名录》，世界遗产委员会对其评价为：黄山位于安徽省南部黄山市。为三山五岳中三山之一，有“天下第一奇山”之美称。黄山为道教圣地，遗址遗迹众多，传轩辕黄帝曾在此炼丹。徐霞客曾两次游黄山，留下了“五岳归来不看山，黄山归来不看岳”的感叹。李白等大诗人在此留下了壮美诗篇。它是中国最美的、令人震撼的十大名山之一。黄山生态保护完好，动植物众多，是著名的避暑胜地，是泰山之后中国第二个作为文化、自然双重遗产被列入名录的景区。

五、滨江面湖的庐山

“一山飞峙大江边”，它地处长江江边，鄱阳湖畔，属地垒式断块山，山顶地势平展，山谷宽衍，山势浑圆。峭壁断崖，幽深峡谷，湍急涧流，多姿瀑布。“匡庐奇秀甲天下”，这里长年为云雾所遮掩，每年有雾日达190天，雾海苍茫，气候凉爽，有凉岛之称。登上庐山，就是牯岭镇，奇特的云中山城，以此为中心与环山公路、多条登山的道路相通，成为庐山的中心。“花径”是白居易咏桃花之处，奇在“人间四月芳菲尽，山寺桃花始盛开”。“仙人洞”，洞口岩石形似覆掌平伸的手指，称为佛手岩，岩下仙人洞，洞深约3丈，能容百余人。洞内有滴泉，泉水清冽，有“洞天玉液”之称。“含鄱口”，山势险峻，形似一天然豁口，口对远处的鄱阳湖，放眼口外，尽览湖天奇景。五老峰，五峰并列，如五老者相聚，峰后青莲寺，李白在此写下“庐山东南五老峰，青天削出金芙蓉”之句。

"三叠泉"，瀑布长百余米，依山势分上、中、下三叠，落差120米，泉流凌空飞泻，落于大磐石上，声如洪钟，经两次折叠散而复聚，再曲折回绕直射龙潭。"香炉峰"，瀑布高挂，飞流百丈，李白赞美"日照香炉生紫烟，遥看瀑布挂前川。飞流直下三千尺，疑是银河落九天"。庐山美景，雄奇险秀，十分难得。

1996年，根据文化景观遗产遴选标准，庐山被列入《世界遗产名录》，世界遗产委员会对其评价为：江西庐山是中华文明的发祥地之一。这里的佛教和道教庙观，代表理学观念的白鹿洞书院，以其独特的方式融会在具有突出价值的自然美之中，形成了具有极高美学价值的，与中华民族精神和文化生活紧密联系的文化景观。

六、秀丽奇特的雁荡山

它处于浙江乐清县东北，屹立在东海之滨，面积450平方公里，主峰百岗尖1150米，次峰雁湖岗，"岗顶有湖，芦苇丛生，结草为荡，秋雁宿之"而得雁荡名。

雁荡自古以奇峰、怪石、飞瀑、幽洞闻名于世。它由属于火成岩的流纹岩构成，断裂风化作用、岩层崩解形成今日秀丽奇特的山貌。

全山划为三个风景区：灵峰、灵岩、大龙湫、雁湖、仙桥、羊角洞。其中二灵一龙是风景中心。灵峰奇伟异常，由两峰组成，龙峰叫灵峰，大峰为倚天峰，两峰紧紧相依，白天望去如同两掌相合，故名合掌峰，夜幕降临又成一对亲密相偎的情侣，又称夫妻峰。峰中含峰，有两峰紧紧相并的双笋峰，人伸着脖颈遥望月亮的"犀牛望月"，有引颈长鸣的"金鸡报晓"，同一块岩石左看如鸵鸟登山，右看如美女梳妆，步移景换，变幻多姿。灵岩峰群峰环抱，气势磅礴，环境幽静，天柱峰高耸如柱，展旗峰如旌旗招展，附近的小龙湫、龙鼻泪、奇峰怪石，像人像禽，老僧拜塔、金乌玉兔、朝天鲤鱼、听诗老叟惟妙惟肖。大龙湫高达190米，从连云峰奔腾而下，气势磅礴，阳春、秋日雨水稀少，水帘如丝，随风飘散，盛夏梅雨过，飞瀑如发怒银龙，轰然疾下，震天撼地，遇上斜阳映照，似五光十色垂虹，壮丽无比。水、峰、云三者相映，堪称奇观。

七、探险登攀的极高山

我国现有开发的旅游名山其实体量都不大，而连绵几百公里甚至1000公里以上，海拔5000米以上的极高山很多都待开发，因为求险求奇本是旅游者的心理，探险登攀又是旅游发展的新项目。我国东西走向的山脉中阿尔泰山、天山、昆仑山、喀喇昆仑山、冈底斯山、喜马拉雅山、秦岭、南岭都是大山脉，都是可以开发的旅游资源。

喜马拉雅山是世界最为雄伟高峻的山脉，它西起帕米尔，东到雅鲁藏布江，全长2500多公里，绵延在我国西藏自治区和印度、尼泊尔、锡金、不丹之间，形成南凸出弧形，可喜的是在我国境内的是它的主干部分。“喜马拉雅”是藏语，即“冰雪之乡”。它的平均海拔在6000米以上，自东以西8000米以上的高峰连绵不断，珠穆朗玛峰，海拔8844.43米，是世界最高峰。连绵成群的高峰，挡住了从印度洋吹来的湿润气流，因此这里南坡雨量充足，植被茂盛，北坡干燥，植被稀疏，比照鲜明。从山下到山上，自然景象不断变化，低处温暖湿润，常绿阔叶林带郁郁葱葱；海拔升高，耐寒针叶林带渐渐增加；再往高处，灌丛带代替森林；再高依次转化为草甸、地衣等自然带；最高处便是终年冰雪带。人们从山下到山上所见的自然景象，等于从温暖的华北到寒冷的北极周游一次，尽享自然界的奇观。而从北坡登山，考察世界最高境界的情况，更是另一种情趣了。

第六节　江河文化

江河不仅给我们舟楫之便、灌溉之便，而且因源远流长，曲水长流，山峰倒影，岩峻石奇的河岸景色，河道旁都市城镇，田园林木，寺庙观庵的人文景观吸引游人。我国江河有很多著名的风景段，长江、黄河、运河、漓江、富春江都有特色景观，那些水质清澈，两岸景色奇特的风景河段有着极强的吸引力。“山得水而活”“水得山而媚”，从古到今，山水在我国人民心目中占有特别重要的地位。

一、三江并流——中国境内面积最大的世界遗产地

三江并流位于东经98°~100°30′、北纬25°30′~29°的地区，指发源于青藏高原的怒江、金沙江（长江上游）和澜沧江（湄公河上游）这三条大江在中国云南省西北部迪庆藏族自治州及怒江傈僳族自治州境内穿过横断山脉高大的云岭、怒山、高黎贡山中幽深的峡谷，并行奔流数百公里而不交汇的自然奇观。是中国境内面积最大的世界遗产地。

景区有怒江、独龙江、澜沧江、金沙江4个风景片区，8个中心景区，60多个风景区（点），面积3500多平方公里。三江并流是一部地球演化的历史教科书，印度洋板块与欧亚板块的碰撞造成青藏高原的隆起，构成了在150公里内相同排列的独龙江、高黎贡山、怒江、澜沧江、云岭、金沙江等巨大的山脉和大江形成的横断山脉的主体，这是世界上“三江并流”这一绝无仅有的高山峡谷自

然景观。3 条大江在滇西北横断山脉纵谷地区并流数百公里，三江相间最近处直线距离 66.3 公里，其中怒江、澜沧江最近处只有 18.6 公里的怒山相隔。景观主要有：奇特的“三江并流”，雄伟的高山雪峰，险要的峡谷险滩，秀丽的林海雪原，幽静的冰蚀湖泊，少见的板块碰撞，广阔的雪山花甸，丰富的珍稀动植物，壮丽的白水台，独特的民族风情，构成了雄、险、秀、奇、幽、奥诸特色。是云南省面积最大、景观最丰富、民族风情多姿多彩，极令人神往但尚未开发的一个景区。它是联合国教科文组织指名调查，经国务院 1988 年批准的国家第二批重点风景名胜区。

“三江并流”自然景观位于青藏高原南延部分的横断山脉纵谷地区，由怒江、澜沧江、金沙江及其流域内的山脉组成，整个区域达 4.1 万平方公里。它地处东亚、南亚和青藏高原三大地理区域的交会处，是世界上罕见的高山地貌及其演化的代表地区，也是世界上生物物种最丰富的地区之一。这一地区占我国国土面积不到 0.4%，却拥有全国 20% 以上的高等植物和全国 25% 的动物种数。目前，这一区域内栖息着珍稀濒危的滇金丝猴、羚羊、雪豹、孟加拉虎、黑颈鹤等 77 种国家级保护动物和秃杉、桫椤、红豆杉等 34 种国家级保护植物。有 80 种动物列在中国动物红皮书上，这 80 种动物中有 20 种被认为是濒危动物；有 79 种动物被列在 1997 年的濒临绝种野生动植物国际贸易公约（CITES）的附录上；有 57 种动物被列在国际自然与自然资源保护联合会（IUCN）的世界濒危动物红皮书上。在靠近东亚、东南亚和西藏生物地理分布区的边界位置上，这一区域同时还为每一地区众多的物种提供了一个满足并达到它们各自分布界限的走廊。大多数稀有濒危动物都生活在这一区域的西部地区，特别是缅甸边界上狭窄而悠长的高黎贡山脉以及位于澜沧江和金沙江之间的云岭山脉之中。每年春暖花开时，这里绿毯般的草甸上、幽静的林中、湛蓝的湖边，到处是花的海洋，可以观赏到 20 多种杜鹃、近百种龙胆、报春及绿绒马先蒿、杓兰、百合等野生花卉。因此，植物学界将“三江并流”地区称为“天然高山花园”。同时，该地区还是 16 个民族的聚居地，是世界上罕见的多民族、多语言、多种宗教信仰和风俗习惯并存的地区。

由于“三江并流”地区特殊的地质构造，欧亚大陆最集中的生物多样性、丰富的人文资源、美丽神奇的自然景观使该地区成为唯一的、独特的世界奇观。长期以来，“三江并流”区域一直是科学家、探险家和旅游者的向往之地，他们对此区域显著的科学价值、美学意义和少数民族独特文化给予了高度评价。2003 年根据自然遗产标准被列入《世界遗产名录》。

二、长江三峡——气势磅礴的山水画卷

长江，是我国的第一大河。它发源于青海省西部的可可西里山，全长 6300

多公里，流经青海、西藏、云南、四川、湖北、湖南、江西、安徽、江苏和上海等10个省（自治区）、市，在上海注入东海。长江流域面积宽广，达180万平方公里，约占全国总面积的19%。长江是一条伟大的河流，它在我国国民经济上占有极其重要的地位。它流过森林茂密、矿藏众多的青藏高原；流过"天府之国"的四川盆地；流过"湖广熟、天下足"的两湖地区；流过"江淮稻粱肥"的安徽省；也流过富庶无比的长江三角洲。长江流域确是个土地肥沃、农业发达、物产丰富的地方。在这个流域里，居住着25000万人口。长江极富航运之利，是我国水上运输的大动脉。

三峡地段的长江，称为峡江，三峡是瞿塘峡、巫峡、西陵峡，西起四川奉节白帝城，东到湖北宜昌南津关，全长193公里。三峡是河谷地形，峡谷与宽谷交错排列，峡谷总长90公里，宽谷总长约103公里。三峡地段，时而出现峡谷，峭壁嵯峨，幽深险峻；时而出现宽谷，江面展宽，广阔秀丽，是长江峡谷水道为主的河川风景名胜区，是一幅幅生动的山水画卷。

瞿塘峡两岸峰崖对峙、宛如两扇巨门，浪涛飞卷，谷内窄如走廊，峰峦连绵，仰望云天如同一线，俯视巨澜，咆哮如雷。其中诸多人文景观，诸葛亮的八阵图，绝壁上的孟良梯栈道，风箱峡中的巴蜀悬棺，大宁河的"峪都桃源"，美不胜收。

巫峡如迂回曲折的画廊，船行其间，峰回水转，谷深峡长，终日雨雾朦胧，巫山十二峰，跳石北岸登龙峰，五峰攒聚，如长龙腾空；横石溪北岸圣泉峰昂立，泉流潺潺；百步梯北岸三峰层叠，彩云环绕；青石洞之北神女峰晨迎朝霞，暮送晚霞。每一峰都独具奇姿，每一峰都有优美传说。

西陵峡滩多水急，兵书宝剑峡、牛肝马肺峡、崆岭峡航道较窄，怪石横陈，水流紊乱湍急，直到进入庙南宽谷，然后进东段峡谷，美丽奇特的石灰岩溶洞风光，三游洞、白马洞、石龙洞过后就是葛洲坝，富饶的江汉平原。

1993年7月，国务院三峡工程建设委员会批准的枢纽工程的静态总投资为500.9亿元；1994年11月，国务院三峡工程建设委员会批准的水库移民搬迁与安置的静态总投资为400亿元；两项合计，三峡工程静态总投资为900.9亿元。三峡工程建设，时间跨度长达17年，将每年的动态投资累加起来为2039亿元。

电出高峡，天堑变通途。三峡水电站是枢纽的主要组成部分之一。水电站将安装26台单机容量为70万千瓦的水轮发电机组，总装机容量1820万千瓦，年均发电量847亿度，是世界上最大的水电站，相当于建了10座大亚湾核电站。这些宝贵的电将直接对经济高速发展而能源又紧缺的上海等省市提供有效电力保障，不但可以缓解全国性的能源短缺，而且也可直接减少国际能源市场炒家和其他国家的恶意威胁。

“抑洪水而天下平，驱猛兽而百姓宁。”三峡工程最重要的功能就是防洪。蓄水至175米后，三峡水库的防洪库容将达到221.5亿立方米，相当于4个荆江分洪区的可蓄洪水量。遇特大洪水，调节三峡库容能有效调控洪水，保护长江中下游至少1500万人口和150万公顷耕地。由于中国主要经济区几年来持续干旱，水对于很多地区来说，已经是真正的生命线。三峡工程建成后，1000多平方公里的巨大水域将使国家对水调控更加得心应手。南北共饮一江水将不再是梦。

三、黄河壶口瀑布——巨壶沸腾的雄浑之美

黄河，是我国的第二大河，全长5464公里，像一条金色的巨龙，奔腾不息，横亘在中国中部大地上。它发源于青海省巴颜喀拉山山麓，东流经过高山草原，穿越青海、甘肃两省的崇山峻岭，突然北折呈一个巨大的马蹄形——被称为“河套”，包括宁夏回族自治区与内蒙古自治区的部分平原与沙漠，转而由北向南奔腾在陕西省与山西省的黄土高原深谷中，至潼关附近又向东折，奔流在河南、山东两省的大平原上，共流经九个省和自治区，于山东利津县注入渤海。流域面积75.24万平方公里，黄河流域不仅农业发达，而且矿藏资源和水力资源也很丰富，是我国历史和民族文化的摇篮。沿着黄河线旅游，不但可以观赏黄河的磅礴气势，高峡平湖等胜景和两岸独特的风光，更能饱览沿途众多的名胜古迹，体察独异的乡风民情，探究中华民族之源，可谓“黄河之水天上来，古今文明一路歌”。在河南郑州，可以看邙山黄河游览区，乘气垫船游黄河，去中岳嵩山少林寺观看少林武术及硬气功表演，参观塔林、嵩岳寺塔；在河南开封，可以看相国寺、铁塔、龙亭、山陕甘会馆、宋都御街；在河南洛阳，可以参观龙门石窟、白马寺、关林、洛阳古墓博物馆；在河南三门峡，可以乘船游黄河、三门峡水库、中流砥柱、黄河古栈道，看虢国文物和宝轮寺塔、虢国墓地车马坑；在山西运城，可以看永乐宫、关帝庙、普救寺、运城古代盐池、唐代制造的黄河铁牛。

天下黄河一壶收，壶口瀑布在山西吉县城西南25公里处。对面是陕西的宜川，东西南岸夹山，黄河从晋峡峡谷长驱直下，经400多公里的不断加速奔流而至，此时河面突然以200多米宽收缩到30米。于是滚滚黄水立即狂涛大作，猛然跌落50多米的深沟当中，一时惊涛怒吼，声闻数里，如巨壶沸腾，无比壮观。

春秋季节水清之时，阳光直射，彩虹随波飞舞，另有一番情趣；冬日，黄河封冰，那是千里冰封，万里雪飘，大河上下，顿失滔滔；而到了春暖冰融，黄河中解冻的冰块，猛烈冲撞，河边冰凌全部炸开，黄河好似洁白的哈达，飘飘洒洒，冰清如黛，水烟袅袅，仿佛是烟雾中一片琼楼玉宇，阳光闪烁，冰河上反射出串串光环，那又是一曲壮歌。

四、运河览胜——人工河富庶繁华

京杭大运河全长 1794 公里，流经浙、苏、鲁、冀、津、京六省市，沟通钱塘江、长江、淮河、黄河、海河五大水系，是世界上开凿最早、规模最大、线路最长的人工大运河。

京杭大运河的修凿前后持续了 1000 多年时间。其部分河段始建于春秋时期，至隋代全线贯通，经唐宋时期的发展，最终在元代形成今天的规模，明清两代又有不同规模的改造和整修。

京杭大运河与万里长城、埃及金字塔、印度佛加大佛塔并称为世界最宏伟的四大古代工程。万里长城、金字塔、佛加大佛塔随着现代文明的推进，而成为历史陈迹。唯独京杭大运河，却是至今还活着的、流动着的文化遗产。

大运河沿线城市，遗留着大量的城址、衙署、驿站、钞关、仓库、寺庙、商铺、桥梁等和地下的古墓、沉船、关闸、石坝等文化遗存。

大运河在历史上不仅造就了北京城，而且造就了众多的沿岸城市，不仅发展了沿岸地区的经济，而且为中国南北的和谐统一起到了难以替代的作用。相比长城的防御功能，大运河的建设功能更强，至今都还在发挥它的作用。而今，全面整治的可全年通航的大运河，成为国家北煤南运的黄金水道、南水北调的大动脉，综合利用效益明显。

大运河作为经济生活中的一个载体，从大运河的文化精神层面，积极充分传扬大运河的航运、灌溉、养殖、旅游等实用功能。从遗产的角度，它包含了自然遗产、文化遗产和非物质遗产。随着大运河热的升温，尤其是沿线城市对大运河价值的重新发现，对大运河遗产进行调查整理，积极进行世遗申报。2014 年，在卡塔尔多哈召开的联合国教科文组织第 38 届世界遗产委员会会议上，中国大运河项目以及中国、哈萨克斯坦、吉尔吉斯斯坦跨国联合申报的丝绸之路项目被列入《世界遗产名录》，成为中国第 32 项和第 33 项世界文化遗产。

江、浙、沪都相继开辟运河水上游览线，比如苏州开始到扬州，古运河已进行整治，河道拓宽清淤浚深，河岸已砌成石驳岸，滨河绿化带及滨河景观已建成，使运河自身就成了一条环境优美、文化底蕴丰厚的历史长廊。运河两旁景观林立，苏州园林的精致，无锡太湖的浩渺，宜兴洞天竹海的情趣，常州淹城梅阁的古朴，镇江金焦古刹的优美，扬州烟花湖柳的妖娆，是集古渡古镇、寺庙观庵、城垣园林、城市风光、古桥涵闸、农贸集市于一线的黄金线，又融唐宋元明清历史遗存、典故传说、风俗民情于一线的文化线。

五、钱塘观潮——潮端陡立之美

世界上一些喇叭形河口区，由于受地形影响，常出现潮波来势迅猛，潮端陡立，水花飞溅，潮流上涌的潮汐现象，称涌潮或怒潮。我国钱塘江口，呈喇叭状河口，便有涌潮发生。

“八月十八日，壮观天下无”，海宁市盐官镇是观赏钱塘涌潮的胜地。八堡可看东潮、南潮汇合相吻的“碰头潮”，其声如山崩地裂，潮似冰山雪峰，十分壮观。盐官可见“一线潮”，潮至此，连成南北雪白一线，十分奇特。老盐仓，可看潮水受挡水大坝阻挡回身反扑的“半夜潮”。海宁观潮不愧为天下奇观。

八月十八日来到海宁市盐官镇，登上观潮的防波大堤，天地豁然开朗，本来被芦苇遮住的开阔江面，此时一望无垠，尽收眼底。临江一面是大块方石砌成的鱼鳞状石塘，一片如茵的绿草顺着蜿蜒曲折的江堤伸向远方。大堤里侧，则是一溜儿石砌台阶，正如运动场上的梯形座位，可供游客或坐或站。石阶后面，即是那排绵延百里、随风摇曳的芦苇，宛如一道绿色的屏风，隔开喧嚣的公路、城镇，使得江堤上分外静谧、洁净。

宽阔的大堤上，有观潮台、观潮亭。尤为醒目的，是一座七层砖砌的镇海古塔，明朝万历年间就屹立在江边了。它日夜俯视着江面，向游客们低声叙述着江潮的传奇。飞起的檐沿，静卧的椽梁，飘荡的铜铃，坚固的吊链，塔顶塔身斑斑驳驳，野草杂生，偶尔还有几只小雀喳喳地从里面飞出来，有人说它像风度翩翩的郎君，有人说它像亭亭玉立的少女，有人说它俊逸潇洒，有人说它风韵神秀，俯瞰百媚秋色，威震千里大江。

过去，对大潮这种极为宏伟壮观的大自然奇景不能解释，被说成是“海鰍之出入”“神龙之变化”。或传说是春秋时吴国大将伍子胥冤死后显灵云云。钱塘江潮之所以特别宏伟，甲冠天下，是因为钱塘江出海口——杭州湾的地形特殊，得天独厚之故。杭州湾出海口宽达上百公里，到了澉浦，即收缩到 20 公里，而到盐官镇附近，江道又猛收缩到 3 公里左右。因此，杭州湾口大里小，外宽内窄，状似一只大喇叭。海潮来时，以每秒 10 米的流速，簇拥着大量海水，向内江迅速推进。由于江道骤然变窄，故大量潮水被两岸夹住，又加上这一带河床相差较大，因而前后浪头重叠，互相拥挤、堆积，以至激起一道高达数米的白浪水墙，形成千古称绝、名闻中外的钱塘江大潮。

站在堤上，东望海口，烟波浩渺，水天相接，浑然一色；西望上游，波光粼粼，帆影点点，柔波如语，真是江阔天高，令人心旷神怡。刹那间，突然有人喊了起来：“潮来了！潮来了！”人们赶紧举目眺望，只见一条白线在水天相接处的江面上蠕动着。侧耳细听，可闻隐隐的隆隆之声，犹如闷雷在天边滚动。几分钟后，潮头渐近，那条细细的横江白练，变作互相追逐、翻滚嬉戏的银色“鱼群”，在竞相逐流而上。黑蒙蒙的水天之间，一条雪白的素练乍合乍散地横江而来，月碎云散，寒气逼人，人们惊叹不已。接着，潮头更近了，“鱼群”变作一排“烈马”，在万头攒动，怒耸白鬃，撒蹄飞奔。此时，潮头已是“涛来势转雄，猎猎驾长风。雷震云霓里，山飞霜雪中”，其声阵阵，响如奔雷，震撼山岳。等潮头到了跟前，又似一堵翻江倒海、喷珠溅玉的水墙，浊浪排空，拍打着江堤，掀起丈把高的浪花，令人胆战心惊。潮头夹着雷鸣般的声响铺天盖地地来到眼前，惊湍跳沫，大者如瓜，小者如豆，似满江的碎银在狂泻，后浪推着前浪，前浪引着后浪，浪拍着云，云吞着浪，云和浪绞成一团，水和天相撞在半空，沙鸥惊窜，鱼鳖哀号，好像千万头雪狮踏江怒吼，活蹦乱跳，撕咬格斗，你撞我，我撞你，一起化为水烟细沫，付之流水，波涛连天，好像要和九天银河相汇；大浪淘沙，好像要淘尽人间的污秽；潮水腾跃，好像要居高临下，俯瞰风云变幻的世界。天地间三分是水，三分是云，还有三分是阔大的气派！大有“银涛耀日，雪浪吞天，声若雷霆，势不可御”的雄壮气势。一转眼，潮头越过面前，带着一排又一排的长浪，像万马千军，席地而卷，在呐喊着、嘶鸣着向上游奔去。宋人王炎的诗句“潮来溅雪欲浮天，潮去奔雷又寂然”正是潮头从跟前一跃而过时那种动人心魄的生动写照。

第七节　湖泊水域文化

一、杭州西湖——淡妆浓抹总相宜

又名西子湖，水面 5.6 平方公里，风景名胜区 50 平方公里，有断桥残雪、平湖秋月、三潭印月、双峰插云、曲院风荷、苏堤春晓、花港观鱼、柳浪闻莺、南屏晚钟、雷峰夕照西湖十景。

西湖最吸引人处在湖滨区和湖心区。环绕着西湖，有著名的人文景观。“三潭印月”，是西湖外湖三岛之一，面积 70000 平方米，湖中有岛，岛中有湖，岛上三座石塔最有名，高 2 米，塔顶呈葫芦状，塔身呈球状，球面有小圆洞 5 个，月夜泛舟，可见“月光映潭”的奇观。“平湖秋月”三面临水，中秋夜月，湖平如镜，清辉万顷。“苏堤春晓”，2. 8 公里通道贯穿西湖南北景区，堤有跨虹、东浦、压堤、望山、锁澜、映波六座石拱桥，堤旁柳树成荫，晴天娇媚，雨天奇幻，有“云桥烟柳冠西湖”之说。飞来峰、虎跑泉、灵隐寺、岳坟、龙井、九溪、净慈寺，这里是江南杭嘉湖平原，水网纵横，是鱼米之乡，到处可见浙江丝绸、龙井茶叶、西湖藕粉、天竺筷子、杭州雨伞等著名土特产品。

2011 年，联合国教科文组织将杭州西湖列入《世界遗产名录》，对其评价为：自公元 9 世纪以来，西湖的湖光山色被无数文人骚客、艺术大师所喜爱。景区内遍布庙宇、亭台、宝塔、园林，其间点缀着奇花异木、岸堤岛屿，为江南的杭州城增添了无限美景。数百年来，西湖景区对中国其他地区乃至日本和韩国的园林设计都产生了影响，在景观营造的文化传统中，西湖是对天人合一这一理想境界的最佳阐释。

二、无锡太湖——自然人文精致和谐

位于江苏无锡、苏州和宜兴境内，总面积 2420 平方公里，湖中有 48 个岛屿，两个半岛，72 座山峰。太湖烟波浩渺，气象万千，是我国四大淡水湖中的佼佼者。

太湖之滨西端鼋头渚一带，水复山环，重峦叠嶂，湖岸曲折，岛屿纵横。它是一头伸进太湖的小小半岛，如同一只伸头饮水的大鳖，这里景物天然，湖岸陡峭、山石嵯峨、湖中湖鸥腾飞，白帆飘过。三山公园是湖中三岛，以孤见奇，以小取胜，山上遍植树木，放养金丝猴，让人体会回归自然之乐。惠山的“天下第二泉”泉水自砂岩粒隙间渗出，清洌甘芳，满杯隆起而泉水不溢。

大岛屿洞庭西山，63 平方公里，此处水产丰富，太湖银鱼、白鱼、鳜鱼、白虾；水果丰富，杨梅、枇杷、柑橘都左右着江苏市场，碧螺春茶更是色、香、味、形诱人，此处盛产稻、麦、油菜、春蚕，是标准的江南鱼米之乡。

三、新疆天池——雪峰瑶池圣洁

新疆中部天山之上的湖泊。周围皑皑雪峰和苍翠群山环抱，湖水清澈，绿如碧玉，景色秀丽，气候怡人。这是高山湖泊，湖面海拔 1900 米，面积 3 平方公里，水深约百米。这是古代冰川泥石流堵塞河道形成的高山堰塞湖。四周雪峰上不断消融的雪水汇集于此。

这里一切都是自然的，湖水的清澈深邃，光洁如镜，天地四周，高山入云，苍松满坡，繁花似锦，绿草如茵。向东极目，天山博格达峰白雪皑皑，在青山绿水之衬托下，显得十分绚丽夺目。尤其是夏日，周围土坡树木葱茏，池边草木牧草繁茂，牛羊成群，仰视覆盖山峦的塔松，林海岚烟，漫步林中，雪岭云杉林生长繁茂，四季常青，野蔷薇、松蘑和药用植物雪莲，五颜六色，香气袭人，森林中天山鹿、天山羚羊、狍子、雪鸡，使天池充满无限生机。

2013 年 6 月 21 日，新疆天山被列入《世界遗产名录》。

四、昆明滇池——浴日滔天的雄阔

位于云南昆明市南部，面积 330 多平方公里，水面海拔 1880 多米，是云贵高原上第一大湖，是由于地层断裂下陷而成，形似半月，环湖两岸有狭长的平原，西部湖岸陡峭，丘陵逼近湖边。由于入湖河流有 20 多条，湖水经西面泻入，向北入普渡河，流入金沙江，水位高差大。这是高原湖泊，岸边有金马、碧鸡二山东西夹峙，池上烟波浩渺，一碧万顷，白帆点点，景致极佳。这里四季如春，微风习习时，两岸垂柳轻舞、万顷碧波、平静如镜，显示出奇秀之美；狂风暴雨时，波涌浪逐，白浪滔天，有排山倒海之势，凸显出刚劲之美。明杨慎在《滇池曲》说："蘋香波暖泛云津，渔枻樵歌曲水滨。天气常如二三月，花枝不断四时春。"

五、洞庭湖——朝晖夕阴，气象万千

洞庭湖位于湖南省长江南岸，以"洞庭盖神仙洞庭之意"，面积 2820 平方公里，是我国第二大淡水湖。洞庭湖分东、南、西洞庭湖等几部分，以东洞庭湖水面最阔，容纳湘、资、沅、澧四水，吞吐长江，号称"八百里洞庭"，气势十分磅礴。这里气候温和，雨水充沛，湖滨平原地势平坦，土地肥美，湖内水产丰富，航运便利。

洞庭湖的岳阳楼因范仲淹的《岳阳楼记》而遐迩闻名，"先天下之忧而忧，后天下之乐而乐"，已为中外游客耳熟能详。登楼览洞庭，尤其是秋日，湖水大涨，波平水满，涵容天宇。这里港汊纵横，渚清沙白，芳草如茵。春夏秋冬景色不同，朝晖夕阴，气象万千。湖中望岳阳楼，绿树浓荫之中，金碧辉煌，光艳夺目；楼上望湖中君山小岛，万顷银波之中碧如翡翠，若沉若浮，有"白玉盘中一青螺"之誉。环顾湖际，道道防洪大堤坚如铁壁，条条防护林带宛似绿色长城。

六、鄱阳湖——石拔江鸣，浩瀚澎湃

鄱阳湖位于江西省北部长江南侧，面积 3500 多平方公里，是我国最大的淡水湖。它汇集赣江、抚江、信江、修水等河流，分南北两湖，湖水北经湖口注入长江。该湖湖岸曲折，枯水时，呈现分支状的河道。鄱阳湖一带气候温和湿润，滨湖平原十分富庶，盛产米、麦、豆、麻，湖中航运便利，水产丰富，盛产银鱼、鳜鱼。

鄱阳湖无论是岸上观赏，还是湖上荡舟都十分有情趣。石钟山是绝好的游览点，它北扼长江，南锁鄱阳湖，西控楚蜀，东扼吴皖，地势险要，风景优美，与庐山合成一景。它的出名赖于苏轼的《石钟山记》，苏轼是月明之夜泊小舟于绝壁之下，他是借石钟山说明调查研究的重要。其实在他以前许多名人来此，三国时周瑜在此操练水军，晋朝陶渊明任彭泽县令时常来此游玩。这里好处在于长江和附近诸江都入此湖，江湖融为一体，烟波浩渺，湖光山色，风景宜人。而庐山又临该湖，山色湖光相映成趣，尤其在庐山含鄱口放眼，江湖浩荡，千帆竞发，晨光微曦时，水天一色，红日喷薄而出，金光万道；月夜登含鄱口，奇峰错列，渔火万点，波光月色，天水融为一体。“谁削青芙蓉，独插彭湖里。平分五老云，远挹九江水。日月共吞吐，烟霞互流徙。大力障狂澜，与天地始终。”明代陈云德的诗写出鄱阳湖的独特之美。

七、五大连池——火山地质自然保护区

位于黑龙江省小兴安岭西麓的五大连池市境。1719～1721年，火山喷发而出的熔岩流，将原有的积水湖沼堵截，并占据白龙河故道，形成了五个堰塞湖，俗称五大连池。是我国第一个火山地质自然保护区。五大连池周围，分布有14座火山，最高的是南格拉球山，海拔596米。这是一组休眠的火山群，它们拔地而起，形态各异，或孤山耸立，或双峰对峙，景色壮丽。火山喷发出的岩浆，覆盖在旧的玄武岩台地上，又形成了全长25公里、面积68平方公里、厚度20～40米的呈带状分布的熔岩台地。熔岩形成的熔岩流，有的像一条长龙，有的如象鼻吸水，有的似流泉飞瀑，形象逼真。另有一种由熔岩层层盘叠而成的“石塔”，高两三米，十分奇美。熔岩在地下流动形成许多熔岩空洞，令人兴趣倍增。人们称这组火山群及附近台地为“火山博物馆”，是毫不夸张的。五个衔接如串珠的湖泊处在这些火山群之中，自南而北为头池至五池，总面积达18平方公里，讷谟尔河的支流白朗河横贯其中。五湖面积大小悬殊，却同样碧波荡漾，风景如画，附近的许多矿泉可饮可浴，且能治病，是一处理想的旅游、疗养胜地。

八、松花湖——河流型湖泊，雪质最好

位于吉林省吉林市东南及永吉、蛟河、桦甸等县市之间，是松花江中游的一个人工湖，其出口处有丰满水电站，因此又称丰满水库。松花湖全长约160公里，最宽处10公里，最深水位75米。湖区狭长，湖汊众多，状似蛟龙，是一个河流型湖泊。总面积约480平方公里。松花湖是著名的旅游和疗养胜地。湖岸山岭起伏，森林茂密，水面辽阔，湖水清澈，空气清新，气候宜人。湖滨的白沙、青松与碧水蓝天、青翠峰峦构成了一幅美丽的山水画卷。春有繁花似锦，夏有绿荫蔽日，秋有如丹红枫，冬有银雪雾凇，四季景色绚丽多彩。尤其是在百鸟齐鸣、万紫千红的夏季，常有渔帆三五成群行驶湖中，波光粼粼，鱼跃鸟翔，妙趣

横生。坐游艇上湖，可至龟头岛、迎宾岛、松树坡、百丈崖、钓鱼湾和五股岛。岛上林木葱郁，鸟语花香，树海云天，湖光山色，令人心旷神怡。松花湖每年有六个月左右的冰雪期，封冻的湖面和积雪的山坡是溜冰、滑雪、雪橇等旅游活动的理想场所。全国最大、雪质最好的青山滑雪场就在这里。乘坐北国特有的交通工具——马爬犁（雪橇）驰骋在松花湖上，更是别有一番情趣。

九、青海湖——青蓝原生，鸟飞鱼跃

青海湖是我国最大的咸水湖，也是最大的内陆湖，位于青海省东北部，离省会西宁市约 80 公里，古称“西海”，蒙古语叫“库库诺尔”，藏语叫“错温布”，都是“青颜色的大海”之意。其形状像个梨子，面积 4400 多平方公里，深度较大，最深处达 38 米。

青海湖是 100 多万年以前因地面下陷而成，当时为黄河支流湟水的源头，后因气候变干，周围地形上升，湖水不能外泄而形成。古代著名旅行家、地理学家郦道元在《水经注》一书中描写青海湖：“夏秋远观，碧波拍岸，势若倾泻，南岸一堤阔仅百步，北亘数十里直奔海腹。”可见其浩大壮阔。后因大陆气候影响，湖水逐渐变浅，水中含盐量逐渐变浓，达到 0.6%，青海湖又成了中国最大的咸水湖。

来到了青海湖，眼前是一片镶着露珠的如茵的草滩，草滩上生长着一垄垄黄灿灿的油菜花，在这绿色和黄色的背后，又衔接着一汪无边无际的蓝色湖水。那草滩的绿，绿得娇嫩，那菜花的黄，黄得蓬勃，而那湖水的蓝，又蓝得醉人，它蓝似海洋，可比海洋要蓝得纯正；它蓝似天空，可比天空要蓝得深沉。青海湖的蓝，蓝得纯净，蓝得深湛，也蓝得温柔恬雅，那蓝锦缎似的湖面上，起伏着一层微微的涟漪，像是尚未凝固的玻璃浆液，又像是欧洲小姑娘那水灵灵、蓝晶晶的眸子。其实，青海湖水之所以如此湛蓝，是因为湖面高出海面 3197 米，比两个泰山还高，湖水中含氧量较低，浮游生物稀少，透明度达八九米，因而，湖水就显得晶莹明澈。“君不见，青海头，古来白骨无人收。”据文字记载，大约从汉朝起，青海湖畔就是著名战场。世世代代居住在青海湖畔的蒙、藏族牧民，始终没有摆脱过贫穷和死亡的威胁。只有在中华人民共和国成立后，特别是新时期以来，这里才真正实现了人畜两旺。

青海湖的北面、东面和南面，有许多山峰。入湖河流有 50 多条，以长约 200 公里的布哈河最大。湖底有东西向水下山脊，湖内有四个岛，以海心山最大。湖中的海心山，又叫龙驹岛，面积约 1 平方公里，岛上山清水秀，景色美丽。如果秋天来到这儿，你会看到那高高的青稞捆子和小麦捆子垛在湖边，像是扯起一道道绮丽的金边。这湖畔新景告诉人们，牧民的生活起了多么巨大的变化啊！湖西部的著名鸟岛，面积0.1平方公里，却栖息着斑头雁、鱼鸥、赤麻鸭等10多种候鸟。

十、镜泊湖——高山堰塞湖，熔岩奇幻

镜泊湖位于黑龙江省宁安西南的牡丹江上游。南北长45000米，东西最宽处仅有6000米，面积有90多平方公里，是我国最大的高山堰塞湖。由南往北湖水逐渐加深，南部深度只有数米，而北部一般深达40~50米，最深处达62米，湖面平均水位海拔350米。沿岸多港湾，湖面散布不少小岛。湖区的山地，生长着茂密的森林。湖内水产丰富。此外，湖区还盛产鹿茸、鹿胎、貂皮、蜂蜜和人参等珍品，水力资源丰富。湖水由北面泄出，形成两股高20米、宽40米的镜泊湖瀑布，是国家44处重点风景名胜区之一。

从镜泊山庄乘游艇沿湖上溯，一路可以饱览湖上风光。湖中有著名的八大景：吊水楼瀑布、大孤山、小孤山、白石砬子、老鸹砬子、珍珠门、道士山和城墙砬子。山水含情，各具风姿。

地下森林，是火山口森林。火山口内的岩石由于多年风化剥蚀，并有火山碎屑及火山灰，呈土壤状态，经过漫长岁月，火山口内长出茂密的森林，形成这一奇特动人的景色，堪称天下奇观。当游客顺着登山小路爬上火山顶，脚下就会出现一个挨一个的百米深坑。这里共有7个雄伟的火山口，现开放两个供游客参观。火山口底平，壁陡，直径约500米，各火山口均有朝南或朝东南的缺口，利于阳光射入，虽然阳光不多，口内阴暗潮湿，然而奇迹般地长出一片片森林，郁郁葱葱，青翠欲滴，颇为壮观奇特。地下森林，像一座座藏着丰富资源的地下绿宫，仿佛是自然界的展览馆，供人们参观欣赏。这里几乎云集着东北地区的大部分树种。以松树为主，还有桦、椴、槭、柞、榆等阔叶树，夏秋时节，山果累累，果香四溢，令人陶醉。这里药材遍地，名贵的中草药有人参、沙参、黄芪、石花菜、五味子、三七等。木耳、榛蘑、蕨菜等山珍到处可见。地下森林，还是天然动物园。有羊、马鹿、熊、野猪，尤其是十分罕见的青羊，是国家级保护动物。这里的地名都叫"大羊圈""小羊圈"和"猪圈"等，看来动物也是各有领地的。

"熔岩隧道"是距今4000~8000年前一次火山喷发时形成的。其面貌很像广西桂林石灰岩地区的喀斯特溶洞，但与溶洞有本质区别。当火山爆发时汹涌炽热的熔岩流沿河谷低地奔腾而下，其表层先冷却凝成硬壳，而内部仍处于高温流动状态，形成地下熔岩河，当岩浆源枯竭时，便在熔岩流内部留下巨大的地下空洞即熔岩隧道。已发现的熔岩隧道短的几十米，长的在500米以上，一般宽5米余，高3米。隧道顶呈拱形，内表面全部是黑紫色，如同涂上一层"彩釉"，顶

部密布下垂欲滴的熔岩乳。各种奇幻形态，犹如人工雕琢，有的似盘卷的蟒蛇，有的似飞腾跃起的巨龙，有的如花草浮雕，图案精美，分布井然有序。隧道中还可见到直立的石柱以及天然的石床、石阶，等等。

镜泊湖风景区夏、秋季凉爽、少风，所以最好的旅游季节是6~9月份，这段时间的平均气温为17.3℃，水位也是全年最高的季节，瀑布颇为壮观。加上少风、静风占30%以上，因此湖中波平如镜，“镜泊湖”的特色更为突出。

十一、日月潭——台湾宝岛的双潭秋水

日月潭在祖国的宝岛台湾省，四季如春、风光明媚，是一颗美艳的宝岛明珠。它是台湾第一大天然湖，由玉山和阿里山间的断裂盆地积水而成，传说湖龄达15000年以上。日月潭的发现在200多年以前，当地人打猎时追逐一头白鹿至南投县中央的鱼池乡水社村，发现此地山清水秀，遂迁居于此。

日月潭湖面很高，海拔760米，平时水深约30米，湖周35公里，水域面积超过9平方公里。湖中有一小岛，远望如同明珠，旧称“珠仔屿岛”，现名光华岛。最初以此岛为界，北半湖形同日轮，南半湖状似月牙，因而名为日月潭，也称为双潭。

“双潭秋水”是著名的台湾八景之一。湖四周翠山环抱，树木蓊郁，晓岚夕晖，变幻无穷。湖水晶莹清澈，每当秋夕月明，照映日月潭水，朗彻碧透，如接太虚。清代曾作霖描写日月潭的诗写道：

山中有水水中山，山自凌空水自闲。
谁划玻璃分色界，倒垂金碧浸烟鬟。
蓬莱可计乘风到，舺钾知为举火还。
别有洞天开海外，人家鸡犬绝尘寰。

第八节　海滨文化

海洋占世界总面积达到71%，滨海地区，尤其是气候温暖达到中低纬度滨海地区，是重要的旅游场所。它之所以有魅力，一是因为海水品质，其中多含钠、碘、氯、钾、镁等矿物元素；二是海滨空气洁净，含氧和臭氧较多，对人健康有利；三是海洋水面能调节温度，滨海地区温度变化幅度小；四是滨海空旷，

日照时间长，因此温暖、洁净、充满阳光的海滨必然吸引旅游者。海滨游览项目多，海水浴为主，还可开展潜水、驶船、水上运动，品尝海鲜，是疗养休闲胜地。

海滨是大陆与海水交互作用的历史记录，波浪、潮汐、海流本身的波涌浪卷，惊涛拍岸就具有震撼人心的作用。而海浪对海岸的磨蚀又形成海蚀穴、海蚀崖、海蚀拱桥、海蚀柱、海滩、岛礁这些极具观赏性的海蚀与堆积地貌。

一、北戴河海滨——海山壮丽美

位于河北省东北部秦皇岛，是北方天然不冻良港。背倚燕山余脉，面临渤海，东北部有长城山海关，海山壮丽，风景宜人。

北戴河海滨，背倚联峰山山峦翠黛，面对的渤海湾烟波浩渺，从北戴河口到鹰角亭长达10公里，海岸漫长曲折，海滩沙软潮平，处处是优良浴场。这里气候温和，风不扬尘，峰峦叠翠，山清水秀，幢幢别墅楼阁隐现于苍松翠柏之中，更增添了无限风光。尤其是盛夏，清晨看海边日出，午间海水浴，傍晚观海潮，月夜逛沙滩，情趣无限。

这里可供游览的风景名胜区有20多处，鸽子窝、金山嘴、老虎石、观音寺、望海亭、莲花石，让你流连忘返。

二、青岛海滨——依山临海美

山东半岛南部胶州湾东南岸。它三面环海，东北高、西南低，东北崂山山脉主峰1133米，巍峨挺拔，气势磅礴，这里“冬无严寒，夏无酷暑”，可谓依山临海，景色秀丽，气候宜人。

前海沿有栈桥、水族馆、海产博物馆、中山公园、海滨浴场。栈桥南端的回澜阁是眺望远景的绝妙佳境，南望大海，浩瀚无垠，海天一色，远近几座小岛，山色青青，波光粼粼，市区白云蓝天、绿树红瓦，鳞次栉比，风景如画。

海水浴场风光明媚，水明沙净，沙滩柔软如棉，绵延一里多长，浴场面对碧波连天的黄河，背靠花木繁茂的公园。夏日成千上万的男女老少在这里扑向大海，畅游尽兴，五彩缤纷的泳衣把金色沙滩和澄碧大海点缀成万紫千红的大花园。

三、普陀山海滨——岛礁洞岩美

它是浙江舟山群岛中一个狭长小岛，面积12.5平方公里，岛上峰峦叠翠，洞岩奇异；名刹古庵，遍及全山；海岸金沙铺地，礁石嶙峋；海上烟波浩渺，云蒸霞蔚。有“海山第一”的美誉。

普陀岛沿海岸边有十几处洞景奇观，潮音洞洞岩有缝隙，似天窗，海浪涌入洞穴，吞吐倏忽，险象环生，潮声如雷，听者悚然。梵音洞，崖台峻峭，陡劈如门，洞高三四十丈。洞穴幽深，曲折通海，浪拍洞壁，惊心动魄。朝阳洞面向海滨，旭日东升，最先映入洞中，形成“朝阳涌日”的奇观。

普陀岛多巨石怪岩，石纹如波的石浪岩，两石相垒如盘的盘陀石，石上刻有巨大“心”字的心字石，还有二龟听法石。普陀四面环海，群岛罗列，碧海金沙随处可见，金沙、百步沙、千步沙。海潮拍岸，其声如排排响雷，潮水来如奔马，退似卷帘，瞬息多变，气象万千。沙滩坦阔，灿灿如金，柔软似棉，“黄如金屑软如苔”，在海天佛国可享受诗情画意。

四、三亚海滨——阔湾沙滩美

海南岛三亚海滨最美处在天涯海角。北宋时此处居民大都是黎族人，汉族人很少，加上此处又远离中原，交通颇不方便，所以很多被朝廷排挤的官员经常放逐此地，恍如来到天涯海角。这里的自然景观十分美丽。

首先是石美。海边多巨石，由于多年海水冲刷，表面溜圆而无孔，光滑湿润，好比一块块巨大鹅卵石。它们不同于太湖石，不以空灵的洞穴，体现“瘦、透、皱、漏”之美，而是体现出一种粗犷的雄风；它们又不同于广东英德石的纤弱俊秀，而是有风吹浪逐你奈我何的傲气。诸多石块随意躺在海边，或群组，或独尊，或奇峭，或平缓，石块间是那样的随意，却又是那样的适宜巧妙。石头之间，只要有一点空隙，就长出碧绿如翡翠的灌木。黄石、白沙有了树木的映衬，没有了荒寂。那奇石上“天涯”“海角”“海阔天空”“南天一柱”的题词，将一块块石赋予生命，赋予诗意。

其次是海美。这里湾阔、沙白、水清、波平。湾阔，沙滩平展，没有一块礁石，见不到一点水洼，海水到这里似乎像奔腾的骏马卧沙休息。沙滩向大海敞开胸怀，大海似蓝色的绸绫覆盖沙滩，风抚海浪，浪拍细沙。特别是艳阳高照时，海水竟似湖光；蓝极绿极，凝成一片，偶有微风吹过，也不过是把层层细波从大海深处轻轻推到岸边。它是那么的娇弱无力，与其说是“推”，不如说是“吻”。海水轻吻着细沙，发出几乎听不清的温柔絮语。海的尽头是天，海天一色，蓝天仅比蔚蓝海水略淡一些，朵朵白云就像镶嵌天幕的花边。夜晚天也不是墨色，而是深蓝，星星如宝石缀于天幕，月影倒映海中，微风过处，月光闪闪颤动，好像被海水融化了。

再次是踏沙美。浅水、明沙，在沙滩上跑，如同踩在波斯地毯上那样舒适；沙太细腻了，微荡而又熨帖地使脚心感到又麻又痒的快感，而细沙从脚丫中涌出，使你有神秘的惬意感。正走处，一只小沙蟹——蚕豆大，从沙眼儿里钻出，如小气泡一样，你正要去捉，好家伙，四周这一角起了个泡，那儿钻出个蟹，嗖嗖地，飞快地爬行，甚至敢爬到你的脚面上。

天涯海角呈现出多层次的美，晨凉、午热、夕暖、夜寒，与之伴随的是看日出，浴海水，看月色，观海潮。美得和谐，令人陶醉，使人流连。

五、江苏海滨——滩涂淤泥美

江苏海洋资源得天独厚，海岸线954公里，占全国的44%，滩涂面积0.51万平方公里，占全国的25%，其中淤泥质岸线875.7公里，居全国沿海各省之首。江苏气候属亚热带与暖温带过渡区，四季分明，温暖湿润，雨量充沛，南部多于北部，沿海多于内陆，尤其是海水温度盐度适中，利于海盐生产和海水养殖，陆上动植物和海洋生物品种繁多，生物种群巨大，尤其是江苏海滩不断向东推进，这种新增的滩涂几乎还未受到他处因工业污染和生活污染对海滨生物圈造成的冲击和破坏，这是十分难得的。良好的海滨自然生态环境是世界独特的大规模开敞型淤泥质海岸，发展旅游特别是生态旅游及海滨度假休闲、观光旅游具有广阔的前景。

江苏海滨地域广阔，空气清新，尘埃少，空气中含有大量负离子，是避暑避寒疗养的极好的地域，而医学上所说的康乐气候当是指气温10℃～23℃，江苏苏北年均气温为13℃～14℃，苏南年均气温为14℃～16℃，按照国家4A级标准，江苏海滨符合康乐气候的标准游览期超过了300天/年。即使是靠北的连云港全年无霜期也约为201天，尤其是夏季平均温度在23℃，是极佳的旅游康乐气候的区域，具有得天独厚的旅游条件。

江苏近海城市开发滩涂旅游资源，启东的寅阳观长江入海，看黄海日出；如东踩文蛤和海上烧烤；大丰看麋鹿，射阳看丹顶鹤；东台、大丰在海滨白茅草滩和盐蒿滩上露营、狩猎；盐城范公堤的古海岸线追寻；滨海古黄河三角洲及故道探访；连云港基岩海岸听涛；赣榆海水游泳；等等。尤其是江苏大丰，1983年邀请国际自然资源联盟协同我国科学工作者考察，从气候条件、绿化条件、水源条件多方面分析，认为这是适合于麋鹿栖居的温带森林的沼泽平原，不愧为麋鹿的故乡。经过该联盟的工作，联合国国际野生动物基金会和该联盟达成共识，共同做英国的工作，终于商定从英国动物园中挑选一批麋鹿回国。继而又被联合国教科文组织确认为人与生物圈保护区，珍禽自然保护区，总面积约2433平方公里，核心面积100平方公里，即大丰和射阳之间的滩涂。与此同时，我国相关部门做好准备，1985年在大丰林场筹建第一个麋鹿保护区，占地面积100平方公里。1986年英国选送39头麋鹿回归中国故土，开始了像它们祖先那样在大自然中自由自在的野生种群生活。现已繁殖到500多头，以年23%的速度增长，现有规模已达到世界最大的野生麋鹿保护区，让远祖随意杀戮成为历史，使异族漂洋过海的掠夺成为过去。

这里正合指成拳，走联手开发之路，其措施是注重功能分区，以文脉（地理背景）特征为基础，分地段形成了不同生态回归情调，以丰富性、规模性吸引游客。按照动物栖息、植物生长、居民居住、旅游者旅游的类别，充分利用海水、海滩，以及与之相连的河、湖、山、绿地及气候条件，创造江苏海滨的优美奇观。海景可观，海味可尝，海帆可扬，海浪可冲，海滩沙坚硬有弹性，可以行车，海滨渔家乐、农家乐可感。这种多元旅游当是符合时代要求的。

2019 年 7 月第 43 届世界遗产大会将中国黄（渤）海候鸟栖息地（第一期）列入《世界遗产名录》。该地位于江苏省盐城市，主要由潮间带滩涂和其他滨海湿地组成，是东亚—澳大利亚候鸟迁徙路线上的关键枢纽，是全球数以百万迁徙候鸟的停歇地、换羽地和越冬地。该区域为 23 种具有国际重要性的鸟类提供栖息地，支撑了 17 种世界自然保护联盟濒危物种红色名录物种的生存，包括 1 种极危物种、5 种濒危物种和 5 种易危物种。

第九节　森林风景文化

一、福建武夷山——过渡地带植物美

位于福建、江西两省交界处，全长 500 公里，平均海拔 1000 米以上，通称大武夷山，小武夷山在福建省崇安县西南 15 公里处，方圆百余里，四周皆溪谷，不与外山连接，自成一处胜地，是北极植物区和古热带植物区的过渡地带。

此处是“丹霞地貌”，弯曲碧绿的溪水，缠绕众多赤色峰岩，碧水丹山，别具一格，由于气候得天独厚，雨量充沛，温度适宜，因而有许多珍贵的动植物，方竹和武夷岩茶，远近闻名，尤其是九龙潭的“大红袍”，更是名冠武夷岩茶之首。小桃源里，春暖时节，油菜吐黄，桃花泛红，流水潺潺，禽鸟鸣啭，宛如进入仙境。

这里有国家级的森林公园，森林内古树参天，数百年以上的树木几人都不可合抱，古藤苍葛、药材鲜菌比比皆是，角怪、王孙、蜂鸟、猪尾鼠、四足泥鳅、马鹿、白蝙蝠珍贵动物数不胜数。尤其乘竹筏漂流九溪，两旁巍伟峰峦，四周苍翠林木，猴啼鸟鸣，令人心旷神怡。

1999 年，根据文化与自然双重遗产遴选标准，被列入《世界遗产名录》，世

界遗产委员会对其评价为：武夷山西部是全球生物多样性保护的关键地区，分布着世界同纬度带现存最完整、最典型、面积最大的中亚热带原生性森林生态系统；东部山与水完美结合，人文与自然有机相融，以秀水、奇峰、幽谷、险壑等诸多美景，悠久的历史文化和众多的文物古迹而享有盛誉；中部是联系东西部并涵养九曲溪水源，保持良好生态环境的重要区域。

2010 年 8 月 1 日，联合国世界遗产委员会在第 34 届世界遗产大会上一致通过，将湖南崀山、广东丹霞山、福建泰宁、贵州赤水、江西龙虎山、浙江江郎山“捆绑”申报的“中国丹霞”列入《世界遗产名录》。

二、云南西双版纳——热带植物美

位于云南省东部，面积约 2 万平方公里，波涛滚滚的澜沧江横贯境内，莽莽林海遮天盖地，是个繁荣的生物世界，有“植物王国皇冠上的绿宝石”之誉。“西双”是傣语“十二”，“版纳”是傣语“行政区域”即“十二个行政区域”之意。它处于横断山脉南端，海拔在 1000 米左右，因北有高原做屏障，挡住了寒流，南受印度洋西南季风的影响，因而终年温暖湿润，旱雨两季分明，是热带、亚热带气候。

勐仑河谷热带雨林是西双版纳植物王国的缩影，令人神往，这里面积不到全国的 1/500，却有高等植物 5000 多种，占全国 3 万种的 1/6，其中珍稀树种约占全国的 1/4。全世界栽培植物约 1500 种，这里就占 100 种。这里有直径 2 米、高六七十米阔叶乔木望天树，有号称世界之王的油棕树，独树成林的千年古榕，还有树蕨、鸡毛松、黑黄檀木、轻木、神秘果、杜鹃花王、茶树王，奇花异树，是名副其实的“植物大本营”。

三、湖北神农架——华中屋脊植物美

湖北长江汉水之间，3250 平方公里，海拔 1000 ~ 3000 米，有华中屋脊之称。相传远古神农氏（炎帝）在这里遍尝百草，医治百病，由于千峰陡峭，万壑深邃，只好搭架上下采药，因而有神农架之名。

这里仅野生植物即有 2000 多种，其中属于世界稀少的和我国特有的植物 30 多种，野生动物 500 多种，列入国家保护的珍贵动物 20 多种。这里景色奇丽，远眺云山茫茫，烟树苍苍，起伏幽远，一望无际；近看无数古树，参天覆地，各种花草争艳竞芳，遍览瀑布挂彩，岩洞献奇，珍禽飞鸣，异兽出没，险峻、深邃、奥秘，号称“万室山”。

2016 年 7 月 17 日，在第 40 届世界遗产大会上，湖北神农架通过了终审，被列入《世界遗产名录》。评价为，神农架位于中国中东部湖北省。这处遗产地由两部分构成：西边的神农顶/巴东和东边的老君山。这里有中国中部地区最大的原始森林，是中国大蝾螈、川金丝猴、云豹、金钱豹、亚洲黑熊等许多珍稀动物的栖息地。湖北神农架是中国三大生物多样性中心之一，在19和20世纪期间曾是国际植物收集探险活动的目的地，在植物学研究史上占据重要地位。

四、湖南武陵源——温带、亚热带植物美

在湖南张家界市武陵源区，总面积130多平方公里，由张家界索溪峪和天子山三个毗邻的景区组成。亿万年以前，这里是一片汪洋大海，历经燕山运动抬升为陆地，并形成世界上罕见的石英砂岩峰林峡谷地貌，区内奇峰林立，森林莽莽，沟壑纵横，云雾缭绕，变化万千。天柱峰、天书宝匣、天下第一桥、御笔峰都是天下奇观，而植被又和奇峰配置和谐，成为绿色宝库和奇峰展览，这里有一片一片十亩百亩的森林，原始的，至今未被开发。这里是温带、亚热带落叶木本群落植物的种属，是世界上最富饶的集中点之一，其中一半是古老珍贵树种。琪雕、香果、水春树、天目紫茎、铁杉、黄杉、水杉、银杏都是第四纪冰川后在国外只能见到的化石标本和活化石树种。树的珍奇和岩的壮观结合便成了这里的妙境，比如1200米高的主峰黄狮寨是静谧的杉林，杉木直上云霄，高大茂密，阵风袭来，婆娑有声，阳光穿透杉林，洒下金光串串，霓彩纷纷。金鞭溪边是阔叶乔木及垂柳、珙桐、鸽子花，大型树花如盘如盏，万紫千红。湿漉漉的岩山上金黄色的蝴蝶几百只聚集在一起，有时一起飞起来，有如一簇簇色彩鲜艳的鲜花。

1992年，根据自然遗产遴选标准，武陵源被列入《世界遗产名录》，世界遗产委员会对其评价为：风景区有比较原始的生态系统，3000多座形状奇异的山峰，800多条沟谷，还有变幻的云海、神秘的溶洞、奔泻的瀑布，集中国名山的雄、奇、险、秀、幽、野于一身，有“天下奇峰归武陵”的美誉。

五、四川九寨沟——彩湖彩林映衬美

九寨沟在四川省阿坝藏族羌族自治州，因此处原沿沟有九个藏族村寨，故名九寨沟。总长50多公里，沟中湖泊星罗棋布，达100余个。最大的湖长7公里，名长海，地形起伏跌宕，整条河谷呈台阶式，湖池间形成许多急流飞瀑，落差最大的熊猫海瀑布高80多米，水势汹涌，声如雷鸣，如帘如练，奇幻壮观。沟侧遍布原始森林，茂密葱郁，四周重峦叠嶂，几十座山峰终年积雪不化。风光绮丽，瑰丽多彩。

九寨沟有彩沟之称，一是因为彩林，尤其秋季，层林尽染，翠绿、金黄、火红各色树叶一团团，一片片十分迷人。二是因为彩湖，即钙华彩池群、钙华瀑

布，当地人称湖为海子。此处多为硬水，多钙，钙吸收阳光，就成蓝绿，水离开湖后还是清水，是物理现象而非化学现象；加之湖底沉积物和水藻，使湖水呈现出黄、橙、绿、灰等多种颜色。湖上常有时时倒下的巨大枯木横卧，积叶落尖，居然树上长出青草幼树，形成漂浮的绿岛。三是彩兽，这里是金丝猴、小熊猫、毛冠鹿等珍稀动物的栖息地，它们自由自在地生活其间，如游动的一块块彩缎，在五彩的树丛中或隐或现，实在是难得的奇观。

1992 年，根据自然遗产遴选标准，九寨沟被列入《世界遗产名录》。1997 年被纳入世界人与生物圈保护区，2001 年 2 月取得“绿色环球 21”证书，时至今天，九寨沟和黄龙已成为拥有三项桂冠的世界级风景名胜区。

第十节 石林溶洞瀑布文化

岩溶是地下水和地表水对可溶性岩石的破坏和改造作用及其形成的水文现象和地貌现象。岩溶作用下的石灰岩地区的地表形成各种不同的形态，溶沟、石芽、落水洞、漏斗、溶蚀洼地、岩溶盆地、平谷、盲谷、峰丛、峰林、孤峰都具有观赏价值。溶洞则是地下的岩溶形态，溶洞内地下河、地下湖和地下瀑布，堆积物形成的石钟乳、石笋、石柱、石幕、石灰华，常年的恒温，绮丽虚幻的洞穴，满足人们的好奇心和神秘感，提供了探险、考察、治疗慢性疾病的条件。瀑布则是河床纵断面上陡峭悬崖处倾泻下的水流，其雄壮、粗犷、千姿百态，具有声、色美。它们都是极具价值的旅游景观。

一、桂林山水——山水甲天下

“桂林山水甲天下”，大家都以为是山水美，其实它的含义及作者宋人王正功的事迹，直到现在才被梳理清楚。这一脍炙人口的诗句，原来出自于一首吟咏人才的诗作。南宋嘉泰元年（1201）9 月中旬，桂林 11 名学子在本州的乡试中脱颖而出。考试结束当地行宴享之礼，以示庆贺。作为州郡长官的王正功在宴席上赋诗两首，以志其盛，并预祝学子们次年春季入京考试取得好成绩。其中第二首诗的开头一句便是“桂林山水甲天下”。大家都以为“桂林山水甲天下”是赞桂林山水之美，其实原意不仅仅赞它“地灵”，更是赞“人杰”。

广西桂林2000 多年的古城，漓江纵贯市东，此处奇峰突起，怪石峥嵘；江流弯转，碧澄见底；岩洞出深，神奇瑰丽，北起兴安，南至阳朔，200 多公里的广大地面上，因石灰岩地层深厚，流水溶化，风雨剥蚀，地壳变动，形成了奇特秀丽的峰林。此处山都是平地突起，巍然耸立，挺拔秀丽，形态万千，山多岩洞，洞内石乳、石笋、石幔、石花组成各种景物，玲珑剔透，琳琅满目，有人间“神仙洞府”之称。秀丽漓江在峰丛中蜿蜒穿行，水色清澈，游鱼可数，有玉带绕碧峰之誉。无山不洞，无洞不奇，青峰和奇岩竞秀，碧水与幽洞争妍，山清、水秀、石美、洞奇，独秀峰、叠彩山、伏波山、象鼻山、七星岩、芦笛岩、花桥、普陀山、月牙山、龙隐洞、南溪山、桂海碑林，如韩愈形容“江作青罗带，山如碧玉簪”。

二、石林奇观——怪石攒簇如林

它位于云南省昆明市石林彝族自治县境内，石林原为汪洋，在石林一带属沉积岩层厚，岩性纯的海相石灰岩。升为陆地后在雨水作用下加之地壳变迁，地表上就切割形成了奇伟的石林，地面下深藏交错的伏流又将此地侵蚀成洞穴，成为迷宫般的溶洞，洼地积水后，又成了碧透的石林湖。清代孙鹏作了《石林歌》，序中说：“路州东去十五里许，石攒簇如林。”石林始有其名。这里怪石林立，景物奇特。石林面积2.6万平方米，奇峰异石形似各种人物、动物、植物，姿态万千。其中尤以莲花峰、剑峰池、望峰亭、石林湖、母子偕游、万年灵芝、阿诗玛等景色最佳。

石林奇趣在“林海”，不是树木之林，而是怪石之林，奇岩异石叫人奇思妙想，“双鸟戏游”“凤凰梳翅”“少女骑驼”都是绝景。比如“千钧一发”，在可通行的两个山峰之间，夹着一块巨石，危若欲坠。不远“且住为佳”，岩溶石洞，门口有石凳石桌，洞内有石床、石栏、石枕，犹如别致房舍。

小石林区的“阿诗玛”，她矗立在小石林的金鱼池畔，好像撒尼民间传说中姑娘阿诗玛身背背篓，在石林中唱山歌。

2007年6月中国南方喀斯特被列入《世界遗产名录》，由云南石林的剑状、柱状和塔状喀斯特，贵州荔波的森林喀斯特，重庆武隆的以天生桥、地缝、天坑为代表的立体喀斯特共同组成，总面积达1460平方公里，其中提名地（核心区）面积480平方公里，缓冲区面积980平方公里。

三、七星岩——石灰岩奇峰

在广东省肇庆市北郊，沥湖之上，耸立着七座石灰岩奇峰，布列似北斗七星，故名。七星岩古称高星山、员屋山。这七峰自东向西依次称为阆风岩、玉屏岩、石室岩、天柱岩、蟾蜍岩、仙掌岩和阿坡岩。这里的风景以钟乳石溶洞取胜，有七岩、八洞、五湖、六冈之称。并享有“桂林之山，杭州之水”的美誉。七岩北倚三崖，三面被湖水环抱，湖水面积460万平方米，被蜿蜒交错的长堤划为五个大湖。湖堤总长约20公里，水面开阔，柳堤成荫，串绕着点点碧绿的小山冈，统称星湖。七岩中最有特色的是阆风、玉屏、石室三岩。

七星岩中的主岩为石室岩，岩中溶洞贯通南北，洞口“景福”二字，是唐人李邕所书。他还作有《端州石室记》，刻于岩上。洞内共有历代摩崖石刻300余处，皆为名人所作，如包拯、周敦颐、俞大猷等。明代抗倭名将俞大猷诗云：“胡然北斗宿，化石落人间？天不生奇石，谁擎万古天！”这“千年诗廊”是他处所罕见的。

石室岩洞内有地下河，穹顶高达30余米，钟乳倒悬，奇景甚多；岩壁上有很多窍穴，吹如螺号，击作鼓声，甚可玩味。石室岩顶上有揽月亭，东北麓有陈白沙碑亭，南麓有水月宫，依山构筑，奇伟壮丽；水月宫前建有五龙亭。天柱岩和石室岩相连，是星湖的最高峰。南面有天柱阁，顶峰有摘星亭，登高远眺，星湖胜境，尽收眼底。

阆风岩和玉屏岩为孖峦双峰。阆风岩多溶洞，玉屏岩多殿宇。阆风岩西有钟鼓洞，内有刘三姐石；东面有含珠洞，洞外垂悬两石，击如金鼓。玉屏岩上有玉皇殿、三仙阁，阁内供吕洞宾、钟离权、铁拐李三仙。磴道上有两处“仙人履”迹，半山腰有“八音石”“醉石”“含珠径”石峡等，状如华山百尺峡。蟾蜍岩因形似蟾蜍而得名，岩中石笋甚多，石沟纵横，景观奇妙；仙掌岩形如指掌，故名；阿坡岩又名禾婆岩，是当地人祭把禾花仙子之处。岩中有双源洞，洞内有地下河、钟乳石等，姿容瑰奇，如诗所说：

借得西湖水一圜，更移阳朔七堆山。
堤边添上丝丝柳，画幅长留天地间。

四、黄果树瀑布——一溪悬捣，万练飞空

位于贵州省安顺市镇宁布依族苗族自治县，它是世界著名的瀑布。

贵州地势，由西向东、北、南三面倾斜，河流多发源于西部和中部高地，经横切山脉，形成一系列峡谷，河床高低不平，曲折迂回，落差极大，形成许多激流和瀑布。白水河流经黄果树的地段，河床有九处跌落，形成大小不等的九级瀑布。黄果树瀑布落差74米，宽81米，是最大的一级。急湍的水流，从70多米高的悬崖之巅陡然落下，气势磅礴，十分壮观。瀑水跌入深潭，水石相击，发出隆隆巨响。宽大的水帘形若云烟垂接，万练倒悬，细似碎珠，粗如巨柱，连贯络绎。夏季，瀑布激起的水雾，在阳光照射下，化作一道五彩缤纷的长虹，飞跨山间，从远处望去，如轻纱缭绕，忽明忽暗，幻影憧憧，确是“一溪悬捣，万练飞空”。

五、花山谜窟——人工石窟群

位于黄山山麓屯溪东郊新安江畔，如果说黄山是大自然的鬼斧神工，那么花山谜窟则是古徽州劳动人民无与伦比创造力的结晶。花山谜窟是目前我国规模最大、品位最高、谜团最多的古代人工石窟群。这是古代石文化的建筑遗产，完全由人工开凿而成的庞大的石窟群，其建筑、雕刻、绘画、文字的价值，无论怎样估计都不嫌高。与国内许多著名石窟相比，其规模之壮观，气势之恢宏，分布之密集，令人叹为观止，堪称中华一绝。

花山谜窟尘封千年，直到1999年才得到开发，为了识谜，科学家、当地学者、百姓、干部上下求索，弄清了花山谜窟群呈线形沿江密布于新安江屯溪段下游南岸连绵群山之中，分布线总长约5公里。从外表看，石林山、营排山、石壁营、马头山、阳笠山绵延起伏，环溪蛇行，树茂草盛，但迄今已发现的36处古石窟竟然就隐藏在这树遮草封的山间，不仅点多面广，而且形态各异。

首先是成因异，全国的洞窟多为天然溶洞，是自然形成的，而花山谜窟则是人工开凿的，十分罕见，其工作量之大，难以想象；其次是功用异，他处的人工洞窟均有明朗的目的，如避难、居住、供佛、停灵，而面对花山谜窟的功用，历史学家、地理学家、军事学家、考古学家、社会学家皆表现得茫然；再次是形态异，花山谜窟空间奇大，结构怪异，且形成群体；最后是科技异，比如两个洞口开在新安江水中，洞内顶部或平或斜竟然都与洞外的山势走向相应，分明有极高的测量手段。

第十一节　中西方山水文化审美比较

民族旅游性格一旦形成，便具有超常的稳定性，这种稳定性既是超越一定的时空的，也是超个人的。个人的旅游性格可能会随着时间的推移发生变化，如中国古人一生就有多变："少年游侠，中年游宦，老年游仙。"从动逐渐趋静，但是民族旅游性格不容易因某个人或某些人的变化而变化。民族旅游性格的原生特征是该民族最基本的特征，次生特征则是该民族辅助性的特征。中华民族内敛稳健的旅游性格，使旅游者不管走到哪里，他的心都无法挣脱思乡人情的缠绕和挽留。直到今日，中国的旅游者外出稍久，即思乡泉涌，亲情难忘，心灵不断受到家乡及家中亲人的召唤。不管社会怎样发展，环境如何变化，一个民族的原生的旅游性格都不能够也不可能丢弃和消失。它与次生特征一起构成一种主次分明的具有本民族特色的旅游性格形态，而自立于世界旅游文化之林。

然而，民族旅游性格也并非永恒不变的。随着时代的发展，特别是古今中外文化的交会和近现代社会的到来，民族旅游性格也会发生一定的变化，产生新的特征。华夏民族旅游性格的原生特征是稳健内敛，次生特征则是冒险外张。不过，冒险的次生特征难以抵消稳健内敛的原生旅游性格。其实中国旅游性格中冒险因素并非出于今日，张骞、法显等人的旅游活动已经表现出冒险精神。然而，冒险精神与其说改变了稳健内敛的原生性格，不如说它成了后者的陪衬，使前者更加突出和鲜明而已。时至今日，冒险外张成长为中国民族旅游性格的次生特征，但它仍然不能改变原生的旅游性格特征。实际上，无论中国还是西方，其次生特征都曾作为性格因素潜藏在各自民族旅游性格之中，只是随着时代发展和中西文化交流，才使那些潜藏因素在对方原生性格的刺激和示范下激活成为本民族次生的性格特征。从某种程度上来说，也是融合了对方民族的旅游性格特征的结果。旅游性格即使会发生改变，也只是循序渐进和潜移默化的渐变。

一、中西方山水文化审美差异

“山水之美，古来共谈。高峰如云，清流见底。两岸石壁，五色交辉。青林翠竹，四时俱备。晓雾将歇，猿鸟乱鸣；夕日欲颓，沉鳞竞跃。实是欲界之仙都。”我国1500多年前的南朝陶弘景在写给谢中书的一封信中留下了这几句传世佳句。“山水之美”可分为两类：一是自然景物，即高峰、清流、石壁、青林翠竹、猿鸟等；二是季候景观，如云色、晓雾、夕日等。这些美妙的景物和景象不仅是古来共谈，而且是中外共谈与共赏。当然，共谈不等于有完全相同的共同审美习惯和审美判断。因此表现在游玩过程中中西方就有着自己不同的感受方式、观察重点和兴趣所在。

（一）中国人安土重迁的改变与西方人热衷欣赏外域与异情

近年来，中国人也逐渐改变安土重迁的传统，向往到异国他乡去游览，旅游途中还将那充满异彩奇光的景观和别一种风情记录下来，加上自己独特的体验与感受，形成异域风情游记。“发思古之幽情”，无论是有悠久历史的中国人和欧洲人，还是历史并不长远的美国人，游览新境，考察异地人物及风俗，很重要的一个审美动机和目的就是“发思古之幽情”。一些旅游胜地最吸引人的总是有着恒久的历史的名胜古迹，美国人到欧洲、中东或中国，欧洲人到中国、中东，中国人到埃及、欧洲，首先游览的是名城古迹，其次才是山川河流，希望得到的是置身于那神秘的远古社会之中，体会古人的生活感受和生命方式。因此在中国游客的笔下，异邦游记中常可见这样的文字：“二月，一个没有月亮的夜晚，我们到开罗郊外造访金字塔，探寻远古的秘密。”（韩北屏《金字塔的启示》）西方游客也同样，美国游客华盛顿－欧文在《见闻记作者自叙》中说："我的本国充满着青年的远大前程；欧洲却蕴蓄着世代聚集的珍奇宝藏。就连那里的遗址废墟也只是过去历史的记载，每块残砖烂石都是一部史册。"

"奇异习俗"，不管是中国还是西方，对不同于自己民族和国家的风俗习惯都抱有新奇感和极大的兴趣，游记中也就有了反映。如摘录了晋代至晚清游记的《海外见闻》一书，光看其目录就可知其重点和兴趣所在：英都烟火、宫廷宴会、跳舞会、英人的姓氏、女皇庆生辰、伦敦的礼拜堂、耶稣受难日、民族歌唱、宗教斗争、西人的迷信、英俗太奢、女子衣著讲究时款、男女婚配、丧葬的习俗、少妇染成白发、西人对遗产的处理、拜客有时、以花传语、英人喜养名犬、西班牙斗牛、以所生之日定名、法国赛马、看变戏法、西洋魔术、假面秋千胜会、海滩游乐等。不用看具体文章，光读这些标题也就能大致了解这些游记的内容了，大部分都离不开写外国的风土人情、习惯爱好如何与中国不同。

（二）现代生态游中的中国人求安和西方人探险

西方人喜欢周游世界，喜欢探险看奇。西方潜海婚礼、跳伞婚礼、登山婚礼等都是平常人的行为，他们是把冒险作为人生的一种追求的。不甘平淡，勇于探索，成为西方旅游者的主导观念。西方现代的探险活动内容日益丰富多彩，除科学考察外，还有登山探险、个人航海探险、洞穴探险、地缝探险、峡谷探险、深海探险，乃至太空探险等。据 1994 年统计，美国从事探险旅游活动的人数达到 1.5 亿人次，平均每年增长率为 4%～6%。而中国人则喜欢求安。

当然，同属于中华民族，其旅游性格自然一致，然而不同地区和环境中的居民的旅游风尚却不尽一样。中国是大陆国家，居民多安土重迁，不善旅游，但居于江湖间的居民，更易利用江湖之便，驾船行舟，运货打鱼，以至渐生游观山水之兴。从农业和乡土中走出的下层群众，被称为"江湖上人"，惯走江湖的人形成了"江湖文化"，他们在古书中被表述为"离乡轻家"，到处卖艺行侠，走私贩货，形成独具一格的旅游风尚。然而，江湖文化只是使中国社会旅游风尚多了一种风姿，而并未改变中国民族的传统旅游性格。这些走江湖的人多是生活所迫，从心理上并未脱离中国"稳健内敛、游必有道"的旅游特征。思乡悲别的心态仍然存在。江湖旅游风尚的卓立，也无法改变陆居群众的旅游风尚，相反，还提醒传统社会用"江湖险恶""江湖多风波"等观念，对这种"四处游荡"的旅游风尚筑起堤防，以防止其向江湖圈以外扩散。

此外，同属中华民族的南北居民，其各自的旅游风尚也有较大的差别。尽管共处中国大河大陆型环境中，但由于气候等条件的不同，中国南北的旅游方式和旅游风尚产生了各自的特色。中国大部分处在北温带，北方天气干燥寒冷，南方气候湿润温暖，故北方少雨，南方多水，于是在旅行和旅游方式上产生了"南船北马”的差异。北方多骑马旅行，南方则利用纵横密布的大小河流，浅则以筏，深则以船，乘之旅游。如果把眼光再放远一点，则可发现东北地区寒冷多雪，惯于乘雪橇旅行；西南地区多山，人们则乘“滑竿”（轿子）旅游。地理环境的不同，使中国旅游方式和旅游审美都存在着明显的差异。然而，这些旅游风尚的差别，仍无法改变中华民族旅游性格一致的事实。

二、文化审美差异中所展示的中西方文化个性差异

（一）古代中国人注重审美感受和道德修养，重视审美主体与客体的交融；西方则注重对外部世界进行科学的考察

柳宗元的“永州八记”是借物写心，把迁客骚人的不平之气直接化入了对景物的描摹上，是自然的人化和人化的自然的和谐统一。他为“唐氏之弃地，货而不售”惋惜，为小丘“今弃是州”不平，正是作者身被冤屈的悲愤浩叹；小石谭“寂寞无人，凄神寒骨”，“悄然幽邃”的“过清”之境，正是作者寂寞凄苦心情的投影；西山之“特立”，“不与培塿为类”，小丘之石的“突怒偃蹇，负土而出，争为奇状”，更是作者不苟世俗，傲然兀立形象的写照。在这儿作者借山谷之瑰玮，吐胸中之抑郁。八记所咏之景，恰是作者情感的物化，审美主体和客体完全成为不可分割的整体。

王安石的《游褒禅山记》真切地再现了游览过程和景物风貌，最后作者抒发感慨曰：“世之奇伟、瑰怪、非常之观，常在于险远，而人之所罕至焉，故非有志者不能至也。”苏轼的《石钟山记》生动地描写了夜探石钟山的曲折过程，让读者身临其境，对石钟山的可惊、可惧、可赞、可叹的夜景感同身受，最后得出“事不目见耳闻而臆断其有无，可乎”的有力结论。上述篇章虽各有特色，但却有着共同之处：各篇皆借景抒情，托物写意，表达主观情感，体现道德操守，审美主体与审美客体得到有机融合。

西方的中世纪游记则全然不同，它们注重的是对客观世界的科学考察。如13世纪意大利人约万尼·蒙迪科维诺在中国传教35年。他在寄回意大利的书信中详细描述了旅游中所见的当地人的生活方式、商业贸易情况和出海航行见闻。还有一位意大利人鄂多立克到了中国杭州，再游黄河长江直抵西藏，后发表《鄂多立克游记》，游记详细记录了拉萨城的情况和游历中遇到的奇风异俗。他们都表现出强烈的对外部世界的探求精神。从这里我们可以看到中西旅游文化的巨大差异：一个注重内心观照，心灵体验；一个注重外部探求，科学考察。

（二）中国古人注重对祖国山河的歌颂，体现“安土重迁”“故土难离”的民族性格；西方则普遍具有冒险勇进、追求自由的旅游性格

这是农耕文明与游牧文明、海洋文明的根本区别。知道熟土可依，远土不

亲；知道家人思聚，故土难离；知道胜败无常，祸福不永。稳健内敛是华夏民族旅游性格的主要原生特征，讲究游必有道，提倡适度旅游，反对过于张扬和冒险，提出“无游于逸”“非礼勿动”和“父母在，不远游”的观念，把旅游与中庸和孝道联系起来。比哥伦布探险早60年的郑和船队虽然到了相当多地方，但从郑和到每一个水手，没有一个产生过一丝一毫抢占领土的幻想，心中惦记的依旧是故土，这种文化的潜在控制变成了集体本能，即表现为不爱远游、不喜探险的特点，不同于西方人以金钱换取体验、经历、感受，而是热衷于买房、买车、买衣服，满足于物质的需求。三毛在她的《万水千山走遍》中指出，她更愿站在自己家乡的土地上，手里握着金灿灿的果实，分享着丰收的喜悦，而不愿在世界各地奔波流浪。据《中国青年报》2007 年 1 月 5 日报道，当年许多外国背包客成为虎跳峡最早的探险者，他们会在峡谷里住上几天甚至几周，体验虎跳峡的壮美和纯净。但是现在，因为修了公路，而且要建水电站，众多徒步者开始抛弃虎跳峡，认为这里只是一个风景壮丽的地方，已经没什么独特性了。相反国内很多游客却因公路的修建而兴高采烈。他们大多数选择组团包车，舒舒服服地去游玩已开发的景点“上虎跳”，轻轻松松地随车来，随车去，小心翼翼地沿着安置了扶手的弯弯山径，曲折有致地下到江边，然后在凉亭中，或在看台上观景、摄影、录像，发几声感叹，乃至惊叫。正是中华文化的这种不喜远征的个性使得中国人对生态旅游、原生态的旅游资源并不乐衷，而跟风趣热的心态使他们对生态旅游探险、体验厌弃，而希望安逸舒适，逼使相关部门开道路、建缆车。

与此相反，西方世界则普遍具有冒险勇进的旅游性格，较少“安土重迁”的乡土观念，在欧洲的俄罗斯、波兰、匈牙利、德国、丹麦、荷兰、英国常可发现被农民抛弃的村庄遗址。其实早在古希腊、古罗马时期他们就形成了征服海洋、冒险求知的旅游精神。这种精神越到后来越得以发扬光大，从地中海到大西洋到太平洋以至于环球旅行，充满了对外部世界的探求精神，即使冒被劫为奴隶或牺牲生命的危险亦在所不辞。拜伦在《恰尔德·哈洛尔德游记》第四章中写道：“我一直爱你，大海！在少年时期，我爱好的游戏就是投进你的怀抱……”在他的笔下，大海威严、有力、粗犷，那是“波浪滔天的地方”，有着“剧烈的风暴”。这样的大海，部分是“拜伦式的英雄”的精神投射，他们的孤傲、勇敢、他们对专制暴政的愤怒、反叛都与海洋精神融为一体。

（三）中国人有着“重义轻利”的节操和“修身齐家治国平天下”的理想；西方则致力于对外扩张、掠夺甚至屠杀以谋取暴利

范仲淹的《岳阳楼记》虽是记岳阳楼、写洞庭湖的游记散文，但篇末作者却借题发挥、独抒怀抱：“不以物喜，不以己悲；居庙堂之高，则忧其民，处江湖之远，则忧其君。是进亦忧，退亦忧。然则何时而乐耶？其必曰：‘先天下之忧而忧，后天下之乐而乐'乎！"这段话成了中国士子的座右铭和行为准则，充分体现了谪宦文人的忠君报国心志。此外欧阳修的《醉翁亭记》则以另一种方式表达自己报国为民的政治理想。文章在山中四季景物的描写中极写自己的游览之乐，似乎信笔所至，散漫无章。但细加品味，其文章主旨有三：一表现作者贬官后寄情山水，排遣愁怀的生活态度；二极写人们生活的快乐以反衬自己治滁的政绩；三表达自己"与民同乐"的思想情操。这一切正说明他身处逆境而不忘君国，贬谪远郡犹为国为民的高尚情操。可见"穷则独善其身，达则兼济天下"（《孟子·尽心上》）是历代士子的行为准则，"逐利忘义"为君子所不齿，他们轻易不愿抛家舍业，更不作海外之想，对外扩张、掠夺、杀戮以谋取暴利更是匪夷所思的。

如果说中华大地的黄色沃土、大河内陆的地理环境培养了华夏民族依恋故土、寄情家园的内敛性格，那么蔚蓝色的地中海则造就了西方民族的广阔视野和探险精神。他们面向海外，足迹遍及整个世界。这种大探险旅游既有使世界文化圈获得空前联结，使自己得到优先发展，使整个世界面貌为之改观的功绩，又有掠夺、奴役、征服、杀戮的罪恶。美国学者保罗·肯尼迪在谈到郑和下西洋时便指出："应该特别提到，中国人从不抢劫或屠杀，与葡萄牙人、荷兰人和侵略印度洋的其他欧洲人显然不同。"可惜，近年来新建的主题公园，不是弘扬中华优良品质，而是宣扬西方的海盗行径，如香港的迪士尼乐园配合《加勒比海盗》影片在香港的放映，在2007年5月4日~6月30日，让"海盗文化"占领整个乐园，一些教育专家认为，迪士尼宣扬"海盗文化"对游客的发展极为不利，他们多数人只会单纯地从中提取不良的暴力因素，影响身心的正常发展。

从中西方游记文中，经对比分析中西方旅游历史，可以清楚地看到中西方自然之旅的文化审美的巨大差异，从而也可从文化审美差异中推理出中西方文化个性差异。尽管随着时间的推移和历史的演进，某些差异经过交流整合逐步走向全球化，旅游思想的变化日新月异并逐步向前发展。但是"和而不同"，民族历史文化不可能消失，它们总是以各种方式对今天发生这样或那样事情施加影响。"温故而知新"，了解过去正是为了更好地认识自己，也全面地认识别人，使我们民族的旅游发展的道路越走越宽广，越走越亮。

第二章 聚落文化

〔内容提要〕

聚落文化，作为人群聚居之地，都市城镇、乡村都是旅游的热点，依山傍水之地，交通便利之区，生态旅游资源和文化旅游资源丰厚之所，总是立体地、多维地满足旅游者的要求。我国幅员辽阔，东南西北中，地域不同，地质地貌有别，政治、经济、文化的侧重不同，在民族、语言、历史、宗教诸方面各具特点，形成了区域性很强的文化中心和覆盖区域，这就是聚落文化的区域特征和民族特征。

聚落中历史文化名城是我国悠久历史的缩影，也是民族灿烂文化的橱窗，无论是历史沿革、地理概况，还是名胜古迹、风景园林、风物特产、城市建设方面都无愧于历史文化名城的桂冠。以政治文化为特点的北京型，以沿海开放为特点的上海、广州型，以风景秀丽为特点的杭州、桂林型，以区域中心为特点的沈阳、南京型，这些名城都努力发展固有的民族风貌，完善自己的个性特色。正是以它们为依托，我国才无愧于文明古国的称号。值得庆幸的是，一些小的县城、古镇由于注意保护，其历史文化的价值越来越被看好，如山西平遥是我国境内保存最完整的明清时期古代县城的原形。1997 年 12 月，它以古代城墙、官衙、街市、民居、寺庙作为整体被列入《世界遗产名录》。苏州的同里、周庄都是很有名的古镇，它们是典型的江南水乡古镇，钟灵毓秀，人杰地灵。

可喜的是少数民族村寨成为展现民族风情的场所，贵州红枫湖的侗寨、黑土苗寨、安顺布依族村落，海南通什黎苗村寨、四川凉山彝族村寨等，都以其特有的吃喝穿住、婚丧嫁娶成为极具魅力的旅游项目。

〔学习要点〕

- 聚落文化与旅游。
- 历史文化名城。
- 特色城镇。
- 传统历史文化街区。
- 中国优秀旅游城市。
- 人类遗址。

〔思考题〕

1. 简述聚落文化与旅游。
2. 简述我国的历史文化名城类别及其特点。

3. 举例介绍我国特色城镇。
4. 简述传统历史文化街区。
5. 简述中国优秀旅游城市。

聚落，本义村落，人们聚居的地方。《汉书·沟洫志》载："或久无害，稍筑室宅，遂成聚落。"其后聚落成为广义上人群聚居地方，包括都市、城镇、乡村等。

古代的聚落往往有多种功能，比城市，"城"是指防御功能城池，"市"则是贸易、交换功能，现今的城镇多以人口集中，工商发达，成为一个地区政治、经济、文化中心。鲁迅说："有地方色彩的，倒容易成为世界的。"聚落的自然环境、人文环境都是独特的、无法复制的，尽管近年来我国的不少城市盲目跟风，崇洋媚外，邯郸学步，因而千城一面，但和而不同，聚落的魅力仍旧存在。我们理应认真保护和开发这一旅游资源。

第一节　我国城市发展类型

聚落文化旅游是有吸引力的，尤其是大中型城市。一是因为城市皆选择交通便利、依山傍水之地，具有丰富的生态旅游资源；二是城市经从古到今的发展积累，历史文化非常丰厚；三是城市建筑历朝总是在不断拆旧建新，成为历史轮廓的具象体现；四是城市都是一定地域的商业中心，名优特产品丰富，购物、餐饮可满足游客的要求。更可贵者，由于城市所处地域不同，地质地貌情况不同，加之政治、经济、文化的侧重不同，因而风格不一，这是永远开发不尽的潜在旅游资源，对于科学研究、商务活动、观光探奇都是有价值的。

北京型，历史文化名城的代表，全国政治文化中心。

沿海型，上海、天津、大连、青岛、广州等沿海城市，对外开放，对内搞活经济，是改革开放前沿，为国家增加积累，为内地积累经验、培养人才。

风景型，杭州、苏州、桂林、承德等风景旅游城市，应保护培育自然资源和人文资源，有计划地开发旅游资源，建设成国内有位置、国际有影响的风景旅游城市。

中心型，沈阳、西安、兰州、武汉、重庆、昆明等城市，不仅是省会，更重要的是在交通方面起着跨省跨界的枢纽作用，在经济方面起着中心带周边的作用，对带动周围地区众多城市和广大乡村发展作用极大。

明星型，常州、南通、襄阳、无锡等新兴城市，规模不大，效益很高，设施先进，竞争能力强。

第二节 历史文化名城

城市是社会生产发展的产物，在我国，城市历来是行政和文化的象征。历史上由于经济的发展、民族的融合、诸侯分封割据、朝代更迭等原因，建城很多，而且有很多城市做过都城。它们在历史上曾占有一定的地位，拥有大量的历史遗迹或革命文物，反映了不同的城市类型的风貌，成为历史文化名城。这些名城是我国悠久历史的缩影，也是民族灿烂文化的橱窗，构成重要的旅游城市。

1982年国务院公布首批历史文化名城24座，经过反复筛选，北京、承德、大同、南京、苏州、扬州、杭州、绍兴、泉州、景德镇、曲阜、洛阳、开封、江陵、长沙、广州、桂林、成都、遵义、昆明、大理、拉萨、西安、延安荣膺其中。1986年和1994年又相继公布第二批38座城市和第三批37座城市为历史文化名城，加之增补的，到2008年，国务院已将135座城市列为国家历史文化名城。这是加强我国文物保护和城市建设的一项重大措施。根据《中华人民共和国文物保护法》，历史文化名城是指“保存文物特别丰富，具有重大历史文化价值和革命意义的城市”，是城市建设中保持城市文化个性，避免“千城一面”的重要举措。由于这135座历史文化名城中，2/3是我国历史上建都之处，是文明财富的集结之地。这一确定对于保护祖国的历史文化遗产、发扬优秀的民族传统产生了深远影响。历史文化名城无论是历史沿革、地理概况，还是名胜古迹、风景园林、风物特产、城市建设方面都无愧于历史文化名城的桂冠。经过近20年的从整体上采取的保护管理措施，名城的地上地下文物古迹和固有的民族风貌都在各自的历史特点、城市性质和发展方向有了进一步的完善，自古繁华的都会、商埠、文化古城、游览胜地、革命圣地旧貌换新颜，成为我国文物史迹和风景名胜最集中之地，开发得最好的城市，正是以它们为核心，我国才无愧于文明古国的称号，它们也的确成为我国旅游的热点，产生了巨大的经济效益和社会效益。

一、古都北京，十大名胜为世界之最

北京为我国六大古都之一，如果以蓟开始，作都之史逾3000年。尤其是金、元、明、清、民初及现在，十二次作为国都，它的别称多达60余个，是世界上历史名称最多的城市。

北京旅游资源得天独厚，有人统计，最少有十大名胜为世界之最：最长的防御城墙——万里长城；世界最大的宫殿群——故宫；世界最大的城市中心广场——天安门广场；世界最大的祭天建筑群——天坛；世界上造景最丰富，建筑保存最完整的皇家园林——颐和园；世界建园最早的皇家御园——北海；世界上保存完整、埋葬皇帝最多的墓葬群——十三陵；世界上发现古人类遗存最丰富的文化遗址——周口店遗址；世界上石刻经版收藏量最大的寺庙——云居寺；世界上铭文字数最多的大钟——永乐大钟。可以说北京是唤起民族自豪感的好地方，北京和它的文史就是最有力的历史博物馆，它站在这里每天给人以讲课，形象地昭示人们，这个伟大的民族创造过并且正在创造着多么让人神往的物质文明和精神文明。

二、现代大都市上海，会合古今中外，东西南北文化

上海是东方大都市，是我国最重要的旅游目的地和集散地，它以其中国最大的经济中心，世界性大城市，历史文化名城，最具活力的商务活动中心，会合古今中外、东西南北文化的多方面优势赢得海内外宾朋的青睐。

海派旅游文化是指吐故纳新，中体西用，灵活善变，这反映在上海百姓的行为特征和生活风尚，并融之于文化上的实践和认识上的延伸。从固态旅游资源看，它从1843年开埠，近现代不少重大事件发生在此，并留下众多史迹，吴淞口炮台、中共一大会址、三次武装起义旧址、五卅运动旧址，孙中山、鲁迅、宋庆龄故居，代表殖民租界的上海外滩建筑群、上海里弄石库门，现今的高架路、浦江隧道、新外滩、环球金融中心、东方明珠、上海博物馆、八万体育馆、世纪公园都是文化、经济的重要设施，是城市风貌、都市风情、购物娱乐的场所。

动态旅游资源，以举办文化、艺术、体育、政治、经济、技术、学术为内容的会议、商务、文化旅游，将上海的“食——包容南北中外的佳肴；行——现代运输工具；游——园、寺、馆、古迹与现代建筑，风土民情；购——全国特色产品；娱——中国传统越剧、沪剧，中西艺术文化”有机地联系在一起，这是潮流的艺术化、趣味化相结合的全新的海派旅游。

三、岭南名城广州，镇海雄威的对外贸易口岸

从乾隆二十二年（1757）起，只准在广州一口通商，于是广州便成为全国唯一的对外贸易口岸。鸦片战争的炮火轰开了中国的大门，而广州既成为海内外侵略者垂涎之地，又成为近现代史的重要基地。

越秀山上的五羊雕塑说明了广州人自古向往和平安宁，但明代的镇海楼却是羊城人不甘屈辱抗击倭寇的象征；光孝寺慧能六祖的“风动、幡动、心动”的传说启迪人们的聪思巧慧；黄花岗的青松翠柏吟诵着72位烈士的忠魂。这里是古代传统文化和现代文明交相辉映的城市，是充分显示岭南镇海雄威的大都市。

可贵的是，这里四季温暖，树木常青，鲜花馥郁，有“花城”的美誉。尤其是春节前后，当北方还是冰天雪地时，这里却是鲜花盛开，珠江南岸，江中是满载鲜花的船，江畔是满载鲜花的车，公园里迎春花展，花市中十里花街，花圃里鲜花满园。牡丹、吊钟、水仙、大丽、梅花、菊花、山茶、墨兰，不同地域之花，不同季节之花全在一地同时开放。买花赏花成了南国人的时尚，卖花人在高声报价，百姓认真品玩，中意了，盆花托在肩上，懂行的，交流养花心得。于是中外嘉宾都选择这一时间，会聚花城，赏花买花，更是迎春惜花。

四、山城重庆，自然风光典雅秀丽，人文景观星罗棋布

重庆，雄峙长江、嘉陵江，山环水绕，誉称“山城”，大雾弥漫，难见天日，又叫“雾都”。自然风光典雅秀丽，人文景观星罗棋布，是历史文化名城，又是著名旅游城市。

山城趣在一个“山”，长江南岸的南山景区，由黄山、汪山、袁山、蒋山、戴山五山组成，尤其是黄山，林木聚茂，春日花艳如锦，夏日凉爽清幽，抗日战争时，各国使节政府要员在此修建别墅，以避火炉炙烤。缙云山有“川东小峨眉”之称，奇峰突兀，山岩耸峙，气势雄浑，有各类植物2000多种，是国家级风景名胜区、自然保护区。其实不仅可登山看山，城自身就建于山上，江中眺望重庆，一幢幢房屋或断或连，或高或低，随势造型，自得天趣。华灯初上，先是星星点点淡如星火，忽隐忽现；倏忽之间，灯火通明，五彩缤纷，形成立体的以山为核，以房为表，以灯为眼的山城，层层叠叠，疏疏密密，毗连天际，衔接繁星。身临其境，顿觉虚幻缥缈，分不清天上人间。

这里的所有风景都以山水取胜：红岩村坐落嘉陵江南岸；周公馆处山拥之中；夜雨寺如山城一大屏障；四面山悬崖绝壁，托出峻险的古关隘；小三峡中平鼻峡石洞如鼻，温塘峡江流拍崖击岸，景色如画；观音峡龙洞泉水汩汩潺潺，比之四川、湖北三峡又另有一番情趣。

五、杭州、苏州、扬州，江南园林之城

杭州、苏州、扬州同属历史文化名城，又同是全国优秀旅游城市。康雍乾盛世，世界十大城市中，我国独占6个，杭州、苏州、扬州皆列其中，每个城市人口皆在50万人以上。尽管清人将三者相连，指出“杭州以湖山胜，苏州以市肆胜，扬州以园亭胜。三者鼎峙，不可轩轾”。但三城市同属园林化城市，城是大园林，城中遍园林。

三地城市风光绮丽，杭州有西湖，苏州临太湖，扬州城中有瘦西湖，湖山胜境，山清水秀。

由于三市是江南经济中心，康熙、乾隆下江南都在这三个城市驻跸，加之盐业、漕运、织造的繁荣，因此富商云集，会馆、绸缎店、酒楼、花肆、青楼、浴池、茶社、剧场星罗棋布。为争宠王室和自我消遣，富商家皆以建造园林为盛，湖上园林、宗教园林、住宅园林、祠墓园林如雨后春笋，徽派、苏派、浙派的建筑艺术得到最大限度的发挥，至今在杭州、苏州、扬州城内，具有一定规模、保持完好的园林皆不下百处。徜徉在这三个城市，步入任何一个园林，但见自然曲折的脉脉清流，秀石叠砌的池沼假山，鳞次栉比的楼阁亭台，妖娆繁盛的四季花木，将人工美、自然美和谐统一，赏心悦目，丰富变幻，可望可行可游可居，那是立体的画、无声的诗。

六、平遥古城，保存最完整的明清时期古代县城

古城平遥位于山西，是我国境内保存最完整的明清时期古代县城的原形。1997 年 12 月，它以古代城墙、官衙、街市、民居、寺庙作为整体被列入《世界遗产名录》。

它的城墙是明洪武三年（1370）建，周长 6.4 公里，城为方形，墙高 12 米，外表全部砖砌，墙上有垛口，墙外有护城河，深广各 4 米，城周辟门 6 道，东西各二，南北各一，东西门外又筑瓮城，四角有角楼，城墙外墙原有堞楼 72 座，每隔一段距离一座，称之为马面，上部有箭孔和瞭望孔，下部堆积粮草、军械，供士兵休息。3000 垛口 72 堞楼，正好与孔子的弟子三千，贤人七十二相应。

城内街道、市楼、商店保留原有形制，分作 4 大街、8 小街、72 条“蚰蜒巷”，互相交错，贯通全城，城中心跨街矗立着高达 25 米的三层重檐市楼，琉璃瓦顶，玲珑秀丽，登楼远眺，全县房屋鳞次栉比，四合院落，窑洞式房舍，拱顶券门，砖墙瓦顶，精巧门窗，华丽门楼，一幢幢建筑各具特色而又浑然一体，市井繁华确实令人赞叹。

清代中叶以后，平遥是我国金融业的发源地之一，17 ~ 19 世纪，当时经营金融业的富商在此建造十分讲究的深宅大院和商店店铺。其中最严整的是日升昌票号，铺面房占地千余平方米，三进院落，十分严整、紧固、排场。至今历经百年，坚固如初，它和这里的其他宅院一样，砖木结构，饰以木雕装饰，油漆彩画，院落开阔，并有古树花坛，是北方庭院建筑的代表。

七、丽江古城，田园式庭院的世外桃源

丽江是一个多民族聚居的地方，其核心城镇丽江古城位于金沙江第一湾，北依玉龙雪山，四周青山环抱，玉水萦回，镇形如砚台，又称“大砚镇”，西南有一山峰，形如巨笔，又称“巨笔峰”，笔砚相映奠定了它的文化底蕴。这里因交

通不便，又处崇山峻岭，更因地势平坦、民风淳朴，于是大家爱山爱水，尽情为其梳妆打扮，形成桃花源就不足为奇了。

玉龙雪山融化的水流成一条玉泉河流入城市，分三股向东、南方向延伸，又分成无数小股水流，环城穿街，入墙过屋，淌遍小巷窄街。民居是“三坊一照壁”“四合五天井”“走马转阁楼”，堂皇的门楼，雕花的门窗，瓦片、碎石嵌拼的铺地。这种主道傍河，小巷带渠，家家有垂柳，户户有泉水的格局使城市充满了灵秀之气，水上石桥，院内木榍，真是“小桥流水桂花香”。

统治者中有人姓“木”，于是忌“困”，竟然突破凿城必有城墙的世俗，从宋末建镇，但从未凿城，无森严的城墙，无规则的道路，街道就顺水势而建，与小巷有机地结合又有机地分散，紧凑而不显拥挤，居民群落无不依山傍水，错落有致，那种随势造型，天造地设，形成静谧安宁的风光风情。郭沫若先生赞美：“春风杨柳万千条，风景这边独好；飞起玉龙三百万，江山如此多娇。”

第三节　中国优秀旅游城市

改革开放以后，我国旅游业得到了飞速发展，为了促进城市旅游业的发展，从而带动整个旅游业的快速发展。1995 年 3 月，国家旅游局发出《关于开展创建和评选中国优秀旅游城市活动的通知》。1996 年 4 月，国家旅游局在北京召开了部分城市旅游工作座谈会，拉开了全国创优工作的序幕。经过 1997 年的深入调研和积极筹备，1998 年，国家旅游局出台了《中国优秀旅游城市检查标准(试行)》和《中国优秀旅游城市验收办法》。同年，经国务院、中央文明办同意，国家旅游局成立创建中国优秀旅游城市指导委员会，为创优工作顺利开展提供了有力的组织保障。2003 年，国家旅游局颁布了修订后的《中国优秀旅游城市检查标准》，为创优工作确立了科学依据。

中国优秀旅游城市的创建依据《创建中国优秀旅游城市工作管理暂行办法》和《中国优秀旅游城市检查标准》，由国家旅游局验收组对创优城市检查验收，确保其达到“中国优秀旅游城市”标准的要求。我国自 1998 年开始创建中国优秀旅游城市以来，截至 2010 年年底，共有 337 座城市分 9 批通过了验收。

中国优秀旅游城市有三大基本特征：（1）总体水平和服务质量较高；（2）城市对外开放程度和国际化程度比较高；（3）旅游业在该城市的经济和社会发展中发挥重要影响和作用。

2007 年 2 月 8 日，由国家旅游局和联合国世界旅游组织联合举行的“2006

中国最佳旅游城市”命名仪式在北京人民大会堂隆重召开。原国务院副总理吴仪出席仪式并分别为中国三大旅游城市成都市、杭州市、大连市颁发“中国最佳旅游城市”奖杯和证书。

第四节　特色城镇

中国历史文化名镇名村，是由建设部和国家文物局共同组织评选的，保存文物特别丰富，且具有重大历史价值或纪念意义的，能较完整地反映一些历史时期传统风貌和地方民族特色的镇和村。根据各地评选推荐，截至 2019 年年底，建设部、国家文物局先后公布七批 799 座中国历史文化名镇名村。

感受历史文化名镇名村的魅力，更应增加对其保护的责任感、使命感。有人说“保护”就是“原封不动”，“更新”就是“推倒重来”，制造假古董。似为偏激，但历史文化名镇名村的核心价值，是传承和传递真实的历史文化信息，这应该是共识。一提起徽州文化，人们自然联想到高高的马头墙、青色的蝴蝶瓦。传承到当代的传统徽州民居具有“二重性”，它既是中国传统文化特别是乡土建筑文化的历史遗存，又是当代中国亿万普通老百姓的居住现实。任何历史上发生和发展的又传承到今天的各民族各地区的民居模式，都是当时当地乡民在被动的自然生态资源、经济技术水平以及传统生活习俗等限制条件下所做的一个主动选择。一旦这些条件有所改变，任何民居模式也必然要发生变化。

一、苏州周庄，江南水乡小镇

苏州的同里、角直、周庄、盛泽都是很有名的小镇，周庄地处昆山，是典型的江南水乡古镇。石牌楼的“贞丰泽国”，对联“万顷碧波水光潋滟晴方好；百尺临云塔影横斜景亦奇”都说明它四周环水。镇不大，却有 4 条河道，呈“井”字形交叉，15 座风格各异的小桥横跨河道之上。那住宅多黛瓦粉墙，飞檐翘角，深宅大院和因河道而设的建筑——长驳岸、水墙门、河埠廊坊、穿竹石栏、水巷幽弄、临河水阁、过街骑楼，真是自然天成的一幅江南水乡风景画。“小桥、流水、人家”在这里得到形象的诠释。

江南水乡的建筑自有特点：明代建筑张厅占河道陆道之双便，“轿从门中出，船自家中过”；沈万三七进五门楼严整气派，水墙门、墙门楼、走马楼都是别出心裁，显示出这位富商的不同凡响；叶楚伧故居朴朴实实，如同先生的为人；全福讲寺，山门、大雄宝殿、藏经楼、指归阁，神光闪耀，祥云缭绕，借水布景，融佛教文化、建筑艺术和园林景色于一体；三毛茶楼，台湾女作家三毛曾在此品茗；德记迷楼，南社成员柳亚子、陈去病、王大觉都曾在此喝酒吟诗，那诗集就叫《迷楼集》。钟灵毓秀的古镇自然人杰地灵。

二、西递、宏村——皖南田园村落

西递、宏村位于安徽省黟县境内的黄山风景区。西递和宏村是安徽南部民居中最具有代表性的两座古村落，有着世外桃源般的田园风光、保存完好的村落形态、工艺精湛的徽派民居和丰富多彩的历史文化内涵。

西递距黟县县城 8 公里，始建于北宋皇祐年间（1049～1054），距今已有近千年的历史。整个村落呈船形，保存有完整的古民居 122 幢，现有居民 300 余户，人口 1000 余人。被誉为“中国传统文化的缩影”“中国明清民居博物馆”。

西递四面环山，两条溪流从村北、村东经过村落，在村南会源桥汇聚。村落以一条纵向的街道和两条沿溪的道路为主要骨架，构成东向为主、向南北延伸的村落街巷系统。所有街巷均以黟县青石铺地，古建筑多为木结构、砖墙维护，木雕、石雕、砖雕丰富多彩，巷道和建筑的设计布局协调。村落空间变化灵活，建筑色调朴素淡雅，是中国徽派建筑艺术的典型代表。

宏村位于黟县县城东北 10 公里处，始建于南宋绍兴元年（1131），村落面积约 19 万平方米，现存明清（1368～1911）时期古建筑 137 幢，由于这里地势较高，因此常常被云雾笼罩，被誉为“中国丹青水墨画里的乡村”。

宏村的古建筑均为粉墙青瓦，分列规整。承志堂是其中最为宏大、最为精美的代表作，被誉为“民间故宫”。它堪称一所徽派木雕工艺陈列馆，各种木雕层次丰富，繁复生动，经过百余年时光的消磨，至今仍金碧辉煌。

宏村是一座“牛形村”，整个村庄从高处看，宛若一头斜卧山前溪边的青牛。村中半月形的池塘称为“牛胃”，一条 400 余米长的溪水盘绕在“牛腹”内，被称作“牛肠”。村西溪水上架起四座木桥，作为“牛脚”，这种别出心裁的村落水系设计，不仅为村民生产、生活用水和消防用水提供了方便，而且调节了气温和环境。

西递、宏村的村落选址、布局和建筑形态，都以周易风水理论为指导，体现天人合一的中国传统哲学思想和对大自然的向往与尊重。那些典雅的明清民居建筑群与大自然紧密相融，创造出一个既合乎科学，又富有情趣的生活居住环境，是中国传统民居的精髓。西递、宏村独特的水系是实用与美学相结合的水利工程典范，尤其是宏村的牛形水系，深刻体现了人类利用自然、改造自然的卓越智慧。

2000 年 6 月，在法国巴黎召开的联合国教科文组织世界遗产委员会第 24 届主席团会议，对西递、宏村的评价认为，它们“是人类古老文明的见证，是有着地方特色建筑的典型作品，是人与自然结合的光辉典范”。

2000年根据文化遗产遴选标准，西递、宏村被列入《世界遗产名录》。世界遗产委员会对其评价是：“西递、宏村这两个传统的古村落在很大程度上仍然保持着那些在20世纪已经消失或改变了的乡村的面貌。其街道的风格，古建筑和装饰物，以及供水系统完备的民居都是非常独特的文化遗存。”

三、山东蓬莱，山东海滨小城

自从汉武帝于此寻仙采药筑城，望海中蓬莱山，于是看蓬莱之地成了蓬莱城，城北丹崖山巅建成了蓬莱阁，殿阁凌空，下临大海，云雾缭绕，于是多了凭海临风的情趣。这里有水城，那水门、兵营、灯楼、敌台、水闸、护城河都记载着当年此处是刀兵纷争之地，使人发思古之幽情。

蓬莱阁看海市蜃楼，那是捉摸不定，又使游人宁愿扫兴而归也不愿放弃的旅游项目，春夏、夏秋，水汽浓重的海上云天，出现的一种幻景，尽管从科学上讲，大气中由于光线折射作用而形成的一种自然现象，是空气各层密度有较大差异时，远处光线通过密度不同的空气层发生的折射或全反射，是将远处物体的影像出现在海中，但真正的海市是迷人的，重楼店肆，车马往还，刚刚出现城市的楼阁高耸，倏忽间又露渔村炊烟，可贵者景色瞬息万变，影影绰绰，匆匆忙忙，似人流涌动，如车辆驰骋，好就好在似像非像，似清又糊，任你想象，引人遐思，如水墨画，似海上山，苏东坡尽管未见海市，但却能在蓬莱阁上依凭美景，从神话传说中想象出《登州海市》诗：“东方云海空复空，群仙出没空明中。荡摇浮世生万象，岂有贝阙藏珠宫……”

四、漠河，北方边陲小镇

黑龙江漠河处在北纬53°29′，东经122°21′，每年结冰期8个月，最低温度$-58℃$，无霜期一般在七八十天，1978年竟短到14天。“地处极边，寒威过盛。”但此处为何能成为游客向往之地呢？

其一，气候神奇，冬天日出东南，日落西南，夜长昼短，最短的白昼仅数小时；夏天日出东北，日落西北，日长夜短，晚11时日落，过两小时就天亮。农历夏至前后为白夜，五六天内，晚11时到凌晨1时可在野外看书写字，因此有“不夜城”之称。其奇观“白极光”，太阳强大的带电微粒子流扰乱地球的磁场，导致“磁暴”，微粒子沿地球磁力线集中在地球南北磁极，因它们以极大速度闯入地球高空稀落大气层时，与大气层中分子与原子激发产生光辉，这就是极光。在我国只能在漠河看到极光，1979年2月22日此地出现极光，当晚黑龙江上红霞一闪，升腾起一束光带，顿时映红天地，继而光带扩大，变换各种颜色——紫红、玫瑰红、橙红、淡红、白色、蓝色，各种形状——像帐幕、像柔丝、像彩虹、像巨伞，形成火树银花不夜天。

其二，漠河林产极盛，林木翳天，这是大兴安岭的原始森林，森林里有100多种山珍：水獭、猞猁、艾虎、麝鼠、狗熊、树鸡、山鸽、麋鹿、驼鹿。尽管大雪弥山，银装素裹，但动物有顽强的生命力，自由自在地生活在冰天雪地的森林中。“棒打獐子瓢舀鱼，野鸡飞到饭锅里。”这是它的魅力。

第五节　传统历史文化街区

历史文化街区是指经省、自治区、直辖市人民政府核定公布的保存文物特别丰富、历史建筑集中成片、能够较完整和真实地体现传统格局和历史风貌，并有一定规模的区域。我国正式提出历史街区的保护是在1986年，国务院在公布第二批国家历史文化名城的文件中指出，“对文物古迹比较集中，或能完整地体现出某一历史时期传统风貌和民族地方特色的街区、建筑群、小镇村落等也应予以保护，可根据它们的历史、科学、艺术价值，公布为当地各级历史文化保护区”。历史文化街区是历史文化名城的有机组成部分，是特殊类型的文化遗产，又是广大民众日常生活的场所。这是保护历史遗产的重要举措，从此形成了保护文物古迹、保护历史文化街区、保护历史文化名城的分层次的保护体系。2008年开始实施的《历史文化名城名镇名村保护条例》。首批“中国历史文化名街”于2009年6月11日在北京孔庙和国子监博物馆揭晓。这十条“名街”分别是北京国子监街、平遥南大街、哈尔滨中央大街、苏州平江路、黄山市屯溪老街、福州三坊七巷、青岛八大关、青州昭德古街、海口骑楼老街、拉萨八廓街。2015年4月，又有30条街区入选历史文化街区。全国已划定历史文化街区873片。

在历史文化名城中，城市传统风貌的街区是指城市的风貌和现状格局保留有历史特色。这里有反映城市历史文化特色的重点文物保护单位、重要的人文景观、名人故居、名店名宅、古井古木、重要的街巷等。这里集聚了城市的历史文化资源，可以说历史街区是城市的精华所在，保护好它们就自然成为城市建设与发展的必然使命，利用好它们也就为城市的建设与发展提供了十分有利的条件。对于历史街区的保护，我们要改变观念，只有完整的历史城区的存在才能完整地去发挥历史文化名城的品牌效应。历史文化街区是一个成片的地区，有大量居民在其间生活，是活态的文化遗产，有其特有的社区文化，不能只保护那些历史建筑的躯壳，还应该保存它承载的文化，保护非物质形态的内容，保存文化多样性。这就要维护社区传统，改善生活环境，促进地区经济活力。这些年来，我国“规划短视”的情况普遍存在，每次建设都免不了要先把那些碍手碍脚的旧建筑抹去，用最简单的方法搞建设，总是推倒重来，其实，没有继承的发展是走不远的。许多城市树立起建国际型大城市的目标，高喊“工业立市”的口号，将一流的历史文化名城变成三流的现代化工业城市，“邯郸学步”，得不偿失。但也有一些城市，并未加以仿效，在历史城区的规划方面，从长计议，不为短期利益所左右，而是保护和利用城市街区。北京的琉璃厂、大栅栏，南京的夫子庙，苏州的观前街，至于上海，外滩、南京路、陆家嘴，形成了地方风味的特色景点，创造了三条保护的基本原则：存其形、贵其神、得其益。通过保护发挥出它的社会效益和经济效益。痛定思痛，2007 年，北京在 50 多年的“拆旧”后，终于决定“复旧”，将前门大街复建成京味十足的步行街，正阳门、五牌楼、月盛斋、全聚德、广和大戏院、阳平会馆戏楼、百年老店老宅，配以青白色路、有轨电车，那是“东四西单鼓楼前，王府井前门大栅栏”的意境。

街区开发旅游，为保留了数千年传统文化提供了发展机会，但从文化传播和文化变迁的角度来讲，当外来主流文化与本地非主流文化之间发生碰撞时，一般总是外来文化主动冲击和影响本地文化。当地居民在接待外来游客的过程中，会潜意识地模仿、学习外来游客，这可能会由于自己视野的狭窄，或由于主流文化的导向而丢掉自己拥有的最宝贵的个性传统文化。如历史文化街区的开发中普遍存在着文化的弱化、商业化强势的现象，因而出现不同街区简单模仿，同质化严重现象。因此，发展街区文化旅游的悖论在于：旅游目的地联系世界的目的与旅游人群“逃避”世界的目的最终将背道而驰；街区是慨然“辞旧迎新”，成为旅游人群所代表文化的一部分，还是仅将文化差异维系于“舞台”边界，抑或是抵制旅游示范效应，继续“效忠”旧有文化？无疑，在旅游情境下，作为东道主的旅游民族将如履薄冰地在这几者之间调适与斡旋。

一、上海豫园繁华的旅游商贸区

上海豫园旅游商贸区现占地面积为 53000 平方米，是融宗教、商业、旅游为一体的综合商贸区，具有旅游、购物、集散和服务四大功能，发挥行业优势，形成了多元化规模。一是旅游胜地古老悠久的历史渊源，色郁味醇的民族风格，20 世纪 90 年代初，豫园商城经过大规模改扩建，落成规模宏伟的仿明清建筑群。二是历史文化：城隍庙、豫园均有上百年的历史，是海派文化的代表，豫园内保存大量的名人字画、匾额楹联等文物珍品，凝聚丰富的中国传统文化的精华。三是饮食文化：由老字号大饭店和老城隍庙小吃发展而来的豫园商城美食，历史悠久、驰名中外。四是民俗文化：新春民俗灯会、春秋两季庙会、初一十五赶集，以及抬花轿、扭秧歌、捏面人、剪纸花和舞龙舞狮等广场文化。五是经营业态丰富：有珠宝类、工艺品和古玩类、餐饮类、百货类等，商贸区正是成功利用了原有的基础和传统文化，并经过长时间的论证、科学规划改造以及严格经营管理，才形成了今天的繁华景象。

二、“百年上海滩”的活化石——多伦路

上海的多伦路，是海派、海味的传统街区。历史的印迹，文化的缩影，多伦路上，路口门楼的牌坊，以石库门为造型，门顶砖雕簇拥的石额大书“海上旧里”，路两边的名人、政要的一幢幢楼房鳞次栉比，或中或西，风格各异，令人目不暇接。国民党原政府要员白崇禧、汤恩伯、陈仪的公馆皆为20世纪20年代建造，为法式新古典主义风格，外观典雅，气势恢宏；广东巨贾李观森的景云里为1924年建造，为西班牙风格的花园别墅；抗战时七君子事件中的王造时的故居具有简约的新古典主义的特征。这些建筑的欧式卷曲铁栅栏，木质百叶窗，临街的开敞式的阳台，充满了浓郁的异域风情。奇怪的是，教堂鸿德堂为1928年建造，这本是为纪念美国传教士费启鸿而建，却没有采用习见的哥特式或古罗马式，而是以中国式的庙宇形式，歇山双檐的大屋顶，精巧复杂的斗拱，高低错落的殿堂，显得豪华庄严，富丽堂皇。手抚着一幢幢建筑，仿佛和主人们对话，他们的爱好，时代的印记，“逝者如斯夫”的岁月，都化为这一砖一石的永恒，让人感慨唏嘘。它无愧海派建筑的“露天博物馆”、活化石。

这是真正的文化名人街，20世纪二三十年代，中国的文坛巨匠大擘云集此处，鲁迅、郭沫若、茅盾、瞿秋白、叶圣陶、夏衍、冯雪峰、沈尹默、丁玲，尽管他们已去，但他们的住所各具个性，一砖一石、一窗一棂仍在表述着他们的风格；他们的雕塑神采奕奕，使人遥想他们当年叱咤风云的业绩。那老式洋房当是张爱玲写作之所，“堆花红砖大柱支着巍峨的拱门”仍清晰可见；这“上海屋檐下”分明是夏衍经常伫立之处，“七十二家房客”的油盐酱醋折射出百姓的喜怒哀乐；进街的门楼旁，报童正递一张报纸给茅盾先生，先生手抚着报童的头，是那样亲切和谦和；草坪的飞来椅上，一端翻开一本书，另一端丁玲正在休息，她是在看书之余注视来往的人们，是那样的安闲和平淡。走进左联会址，1930年3月2日，中国左翼作家联盟成立大会在此召开，以鲁迅为旗手的左翼文化运动蓬勃开展，碧绿的草坪上，鲁迅正和柔石交谈，透过他们的平静和融洽仍可想见他们曾在这里战斗过、呐喊过。游客走在这儿总是放慢脚步，静静伫立，他们为文化的进步、人民的幸福做出的贡献令后人永远缅怀、永远敬仰。多伦路，“现代文学重镇”地位永在，“民族魂”的功勋永存。

深入其中，处处领略到上海滩的民俗风情，钱庄、画廊、书店、棋室，名人墙、集报馆、咖啡屋、玉器店，恒丰茶庄、内山书店、山根会所、夕拾钟楼、吉安衣庄、慎昌洋行，还有老上海电影院、古陶瓷收藏馆，举目望去，老式路灯忽明忽暗，老铺子的店幌迎风招展，“擦面牙粉”“美人香烟”的广告分明带有早期广告的粗糙，电影院门口影后胡蝶的玉照，“何日君再来”的靡靡之音，挽着竹篮，叫着“白兰花要吧”的卖花姑娘……

上海人精明，一个街区，竟然是上下几十年的积淀，纵横数万里的荟萃，形成独特的文博景观，典雅的文化品位，浓郁的民俗风情，营造出一种旧上海20世纪30年代十里洋场的风俗画卷。难怪海内外故人老友要到此怀旧寻根，年轻的朋友也来此观光猎奇，甚至连姑娘小孩也游鱼般地在茶坊、酒家、藏馆、画廊休闲淘金。真是永久的多伦路！

三、苏州水巷七里山塘

苏州七里山塘古文化街地区，历经1000多年历史的积淀和文化的交融，具有了丰厚的人文旅游资源，2002年，苏州启动了“山塘历史文化保护区保护性修复工程”，现一期工程已经完工。山塘街全长7里，当时人们谓之“白公堤”（塘即堤）。唐代诗人白居易宝历元年（825），来苏州做苏州刺史时组织凿渠修路，水陆两路同时开通，将虎丘与城相连，水路即是山塘河，陆路便是山塘街。自此之后，山塘街一直是充溢浓厚的民族风俗、极具吴地特色的旅游胜处。乾隆皇帝在北京颐和园内为己游赏而建造的那条著名的“买卖街”（苏州街），就是完全模仿苏州山塘街的形状与风貌而筑成。七里山塘上有诸多的古寺、古祠、古牌坊、古会馆……这些古建筑，精雕细刻，古色古香。改造后的山塘，以再现山塘传统风貌为主题，融旅游、休闲为一体，充分展示山塘丰厚的历史文化底蕴、典型的姑苏水巷风貌、鲜活的吴地民俗风情。目前，已恢复了6个主要景点：明清江南服饰馆、安泰救火会、古戏台、汀州会馆、老苏州茶馆和明大学士吴一鹏故居。

山塘街呈河路并行格局，建筑精致典雅，粉墙黛瓦，体量协调，疏朗有致，是苏州古城风貌精华所在。这里人家前门临街，后门临河，有踏步与水相接。两岸民居鳞次栉比，夹河相望，这才是真正的“水陆并行，河街相邻”的苏州“水巷”。历史上山塘街就是苏州的标志性街道之一，代表了苏州印象。“上有天堂，下有苏杭，杭州有西湖，苏州有山塘……”明朝时的一曲民歌《大九连环》唱出了苏州的富饶，唱出了古山塘的繁华。昔日曾经是商贾云集的繁华之地，现存的水巷、民居、街市，依然是苏州最具特色的景观之一。

正是由于昔日山塘之繁华，由于其内涵丰富的吴文化底蕴，由于其在苏州历史上的重要地位，现代苏州人规划了“山塘历史街区”，予以全面保护性开发，以使山塘街丰富的历史文化得以再现，旅游资源得以保护和利用。山塘街作为将红尘中最繁华的金阊之地与“吴中第一胜景”虎丘连接在一起的“姑苏第一名街”，恢复了它以往的光彩。改造后的山塘以苏州水巷建筑为主体，集餐饮、酒吧、观光、娱乐、博物馆于一身，成为中外游客领略苏州历史文化和现代生活形态的最佳去处之一，也是苏州市民和外籍人士的聚会场所，成为苏州旅游业的寒暑表。

四、南京繁华商业街区夫子庙

南京秦淮河风光带从东水关至西水关的内秦淮河段，包括夫子庙景区至外秦淮河入长江处及两岸地带。该旅游带具有深厚文化底蕴。

南京夫子庙商业街在20世纪80年代中后期进行的传统风貌恢复，夫子庙地区成为秦淮风光带的核心部分，从文物古迹的保护、交通组织、河道整治、绿化系统以及周围环境空间的联系等方面都进行了综合规划。在规划设计中，努力维护原有街道格局和空间形态，做到保护与改建相结合，力求体现环境特色和传统文化特征。同时，又使之成为现代城市的一个有机组成部分，应用现代市政设施和服务设施，以满足现代生活和公共活动的需求，使之成为具有浓郁传统气息的文化、娱乐、商业及游览等多功能城市商业中心。

在夫子庙商业街的规划整治中，主要突出了以下几个方面的美：一是恢复保护以夫子庙为中心的建筑群：重建大成殿、恢复整个夫子庙学宫，使之成为完整的建筑群体，在学宫两侧，重建东、西市场。二是整顿夫子庙广场：包括5000平方米的广场和泮池，重建得月台，在照壁之南新建河厅、河房，东侧复建奎星阁等，形成一个轮廓线丰富、开阔舒展的传统广场。三是建设夫子庙步行商业街区：规划将“T”形的商业街扩展为近乎“田”字形的商业街坊，将夫子庙游乐场、文化馆与商业街坊串联一体，成为四通八达、容量较大的步行街区。各条街在经营方式、内容、景观上各有特色。四是突出文化品位，增加娱乐设施：利用李香君故居和江南贡院，建设南京乡土文化博物馆和贡院科举文物博物馆。五是丰富空间环境，提高绿化水平：在秦淮河畔新建滨河绿廊，恢复秦淮小游园，安排小品，通过多种绿化，名人雕塑，传统过街楼、桥、亭、阁及种种画舫游船，与疏浚后的秦淮河附近的古桃叶渡、乌衣巷、中华门城渡及沿河各具特色的河厅、河房和瞻园等景点构成内容丰富、充满怀古幽情及诗情画意的游览胜景。

五、成都锦里，蜀版清明上河图

锦里由武侯祠博物馆恢复修建，现为成都市著名步行商业街，为清末民初建筑风格的仿古建筑，布局严谨有序，酒吧娱乐区、四川餐饮名小吃区、府第客栈区、特色旅游工艺品展销区错落有致。2005 年被评选为“全国十大城市商业步行街”之一，与北京王府井、武汉江汉路、重庆解放碑、天津和平路等老牌知名街市齐名，号称“西蜀第一街”，被誉为“成都版清明上河图”。

锦里是西蜀历史上最古老、最具有商业气息的街道之一，早在秦汉、三国时期便闻名全国。今天的锦里依托成都武侯祠，以秦汉、三国精神为灵魂，明、清风貌为外表，川西民风、民俗为内容，扩大了三国文化的外延。在这条全长 350 米的街上，浓缩了成都生活的精华：茶楼、客栈、酒楼、酒吧、戏台、风味小吃、工艺品、土特产，充分展现了四川民风民俗和三国蜀汉文化的独特魅力。

古戏台定期上演川戏的经典剧目，戏台前会定期放映坝坝电影，以特色小摊的方式举行民间艺人的展演，如糖画、捏泥人、剪纸表演、皮影表演、西洋镜等；热闹非凡的民间小吃集市，让人们亲身体验川西古镇“赶场”的热闹场景；趣味十足的民间婚礼展示，游客可参与其中，乐在其中，而情侣们甚至还可以将自己的婚礼仪式搬来锦里举行，体会一种独特的、传统的婚庆方式；民间音乐及戏剧表演、民俗服装秀更是长年不断，花样百出。其他诸如夜晚打更、采用花轿和滑竿等传统交通工具等多种古韵十足的特色项目，让锦里重现昔日川西古镇的生活原貌。

相对国内很多旧瓶装新酒的人造景观，锦里是完全草根的、本土的、家常的。商店里卖的是些筷子、茶叶、灯笼、蚕丝被和土特产。餐厅里的美食是张飞牛肉、三大炮、肥肠粉，一箸一杯都是冲着味道去的，不花哨，没有噱头，讲究的是实惠。还有手艺人的玩意儿，捏个泥人，转个糖画儿，买张剪纸，都是包含童趣的东西。一条街五彩缤纷的花灯和幌子，是大俗，图的是个热闹。而街上最吸引眼球的，还是那些让人热烈思慕的成都粉子。她们在酒吧里嗑瓜子和打牌，喝着外国酒，说的还是绵软成都话。

锦里在街区内按照中国传统节日举行具有鲜明民俗特色的主题活动。元宵灯会、小吃节、端午吃粽子大赛、七夕情人节主题活动、中秋亲友团聚赏月会等，每一个活动都成为成都市民的盛大节日。爱玩、爱吃、爱凑热闹的成都市民去锦里“赶场”，成为休闲游玩的最佳选择。嬉闹着松弛地在锦里闲逛，怀旧的人情感有了出口，爱吃的人满足了口腹之欲，锦里呈现的是人间的祥和景象。

六、开封清明上河园，以绘画作品为原型的仿古主题公园

该园是对宋代著名画家张择端的代表作《清明上河图》复原再现的大型宋代历史文化主题公园，按照图中布局，采用宋代营造法式，结合现代建筑方法，集中再现了原图的购物景观和民俗风情。使游人“一朝步入画卷，一日梦回千

年”。该园占地面积30多万平方米，其中水面10万平方米，拥有大小古船50余艘，各种宋式房屋400余间，形成了中原地区最大的气势磅礴的宋代古建筑群，整个景区内芳草如茵，古音萦绕，钟鼓阵阵，形成一派“丝柳欲拂面，鳞波映银帆。酒旗随风展，车轿绵如链”的栩栩如生的古风神韵。2009年，清明上河园荣膺中国世界纪录协会中国第一座以绘画作品为原型的仿古主题公园。

清明上河园仿照原图，设驿站、民俗风情、特色食街、宋文化展示、花鸟鱼虫、繁华京城、休闲购物和综合服务8个功能区，并设有校场、虹桥、民俗、宋都4个文化区。集中展现宋代诸如酒楼、茶肆、当铺等场景，开展汴绣、官瓷、年画等现场制作；会集民间游艺、杂耍、盘鼓表演；展示神课算命、博彩、斗鸡、斗狗等京都风情。并根据宋氏历史故事表演“文包武杨”及宋代婚礼习俗等节目。晚间的大型晚会《东京梦华魂》把游乐活动带向高潮。游人亦可换作宋装，手持宋币，尽情感受古人生活习俗。园区定时表演节目：包公迎宾、杨志卖刀、林冲怒打高衙内、燕青打擂、李师师艺会情公子、王员外招婿、宋式民俗婚礼、编钟乐舞、马术、气功绝活等20余个。新开业的清明上河园二期工程，反映了皇家园林建筑的宏伟，园中还建有大型宋代游乐场所，荡秋千、荡宋船、知难而进、进退两难、平衡竞标等宋代民间娱乐设施让你尽情恣意。该园将北宋印象包容，以唤起一个民族对兴衰的思考和渴望崛起的激情。

七、拉萨八廓街，历史与现实交融的亮丽风景

2009年6月10日，拉萨八廓街荣登“中国十大历史文化名街”榜，无论从历史文化要素、保存状况，还是从社会知名度、保护与管理方面讲，都无愧于最具特色和魅力的传统文化街区。该区历史元素沉淀浓厚，八廓街是随大昭寺修建和人们对该寺的朝拜而形成和发展起来的，它的历史和大昭寺一样悠久，距今已有1400年。

八廓街呈多角形、近似圆形，由八廓东街、八廓西街、八廓南街和八廓北街组成多边形街道环，周长1000余米，有街巷35个。街区之内，僻巷幽幽，曲径自通，宫厦套着百屋，傍着古寺，弥漫着浓郁的藏族文化气息，是拉萨市目前老城内传统商业和传统居住氛围浓厚的街区，是藏民族长期生产、生活和朝圣的集中地。八廓街两旁分布着众多的文物古迹和传统民居，整体历史格局较完整。名胜古迹有下密院、印经院、席德寺废墟、仓姑尼庵、小清真寺等寺庙和拉康12座，有松赞干布行宫曲结颇章，黄教创始人宗喀巴的佛学辩经场松曲热遗址，藏文创始人吞弥·桑布扎的宅第等。

该区文化个性鲜明，这里曾经发生过无数历史事件，走出过许多历史人物，演绎了众多绚丽的故事和传奇，创造了丰富的文化遗产，积淀了丰厚的文明成

果。八廓街现有29处文物古迹、54处古代建筑院落，具有很高的历史、科学和艺术价值。这里弥漫着浓厚宗教气息，留有许多高僧大德的印记，保存着大量宗教造像和典籍，会聚着来自各地的修习者和朝拜者。这里曾是旧西藏的行政衙门和上层贵族聚居之地，又曾有许多西藏显赫家族和寺庙上层在此修建府邸和宫殿。

历史上，八廓街会聚了来自世界各地的各色商人，交易着世界各地的商品。世代居住在八廓街的人群，虽然以藏族为主体，却融合和包容了相当多的汉族和回族，他们传承着民族团结水乳交融、不同文化和谐相处的优秀品行，世代延续着普通的生活方式，塑造着各种商业理念和行为。现今的八廓街，街道两侧店铺林立，有120余家手工艺品商店和200多个售货摊点，经商人员1300余人，经营商品8000多种，有铜佛、转经筒、酥油灯等宗教用品，卡垫、氆氇、围裙等生活日用品，唐卡绘画、手绢、藏毯等手工艺品以及古玩、西藏各地土特产等蕴含民族特色的商品。另外，还有来自印度、尼泊尔、缅甸等国的商品。

这里保护与管理有序，1990年成立了以市长为组长的拉萨市老城区保护领导小组，先后编制了《拉萨市八廓街详细规划》和《拉萨市老城区保护管理暂行条例》，使老城区保护在法律法规上得到了保障。经过多次危房改造，整个八廓街区建筑外观保持与老城区的和谐统一。在基础设施建设方面，解决了八廓街道路高低不平、泥泞不堪、给水不到位、排水不畅、堵塞严重、消防通道不通、无路灯等问题，整个街区环境越来越好。在当今全球现代化的进程中，八廓街始终保持着传统的格局和功能，给子孙后代留下一笔宝贵的文化遗产。

八、澳门历史城区，中西文化的和谐共存

“澳门历史城区”是连接相邻的众多广场空间及20多处历史建筑，以旧城区为核心的历史街区。覆盖范围包括妈阁庙前地、亚婆井前地、岗顶前地、议事亭前地、大堂前地、板樟堂前地、耶稣会纪念广场、白鸽巢前地等多个广场空间，以及妈阁庙、港务局大楼、郑家大屋、圣老楞佐教堂、圣若瑟修院及圣堂、岗顶剧院、何东图书馆、圣奥斯定教堂、民政总署大楼、三街会馆（关帝庙）、仁慈堂大楼、大堂（主教座堂）、卢家大屋、玫瑰堂、大三巴牌坊、哪吒庙、旧城墙遗址、大炮台、圣安多尼教堂、东方基金会会址、基督教坟场、东望洋炮台（含东望洋灯塔及圣母雪地殿教堂）等20多处历史建筑。

这个街区展现了东西方不同国家在空间结构概念、建筑风格、美学观念、工匠手艺和技术方面的交流融合。这里保存着中国最古老的西式建筑群，其风格包括了文艺复兴以后出现的大部分的欧洲建筑形式，从巴洛克到新古典主义应有尽有。数量众多的宗教建筑，也因教派的不同而各具特色。同时，这些西式建筑在

其原有风格中又糅进了印度、日本以及中国沿海一些地方的建筑特色，甚至连天主教堂的壁画也以中式手法表现，整个街区布局体现了风水学的影响。中国岭南风格的庙宇、清末院落式大宅和广东“西关大屋”式民居，更令这个街区的建筑风格变化多端。

这里中西文化的和谐共存，是一个集合多种信仰和习惯的居民生活空间：供奉中国海神妈祖的妈阁庙与葡萄牙人航海主保的圣老楞左教堂相隔咫尺；葡萄牙人生活区旁坐落着中国近代思想家郑观应的中式大宅；巍峨的大三巴牌坊之侧是精致小巧的哪吒庙；东望洋炮台的圣母雪地殿教堂墙壁上，是中式图案的壁画……当历史逐渐远去，这些保存至今的建筑，仍刻录着中西文化交融并存的记忆。有着不同信仰和习惯的民众，依然秉持各自的传统，以丰富多元的节庆活动，延续着澳门的中西合璧。2005 年被列入《世界遗产名录》。

澳门历史城区保存了澳门400 多年中西文化交流的历史精髓。它是中国现存年代最远、规模最大、保存最完整和最集中，以西式建筑为主、中西式建筑相互辉映的历史城区；是西方宗教文化在中国和远东地区传播历史重要的见证；更是400 多年来中西文化交流互补、多元共存的结晶。

第六节　全国重点文物保护单位

全国重点文物保护单位是中华人民共和国对不可移动文物所核定的最高保护级别——中国国家级文物保护单位。根据 2002 年 10 月 28 日第九届全国人民代表大会常务委员会第三十次会议通过的《中华人民共和国文物保护法》第十三条的规定，中国国务院所属的文物行政部门（国家文物局）在省级、市级、县级文物保护单位中，选择具有重大历史、艺术、科学价值者确定为全国重点文物保护单位，或者直接确定，并报国务院核定公布。全国重点文物保护单位的保护范围和记录档案，都是由省、自治区、直辖市人民政府的文物行政部门报国务院文物行政部门备案。全国重点文物保护单位不得拆除，需要迁移的，须由省、自治区、直辖市人民政府报国务院批准。

1961 年 3 月 4 日经严格评审，公布了第一批，共 180 处；由于十年动乱的干扰，第二批直到 21 年后的 1982 年 2 月 23 日才恢复评选公布，共 62 处；接着 1988 年 1 月 13 日公布第三批，共 258 处；1996 年 11 月 20 日公布第四批，共 250 处；2001 年 6 月 25 日公布第五批，共 518 处，并将第一批所公布的 2 项合并为 1 项，后又增补 3 项；2006 年 5 月 25 日公布第六批，共 1080 处；2013 年 5 月公布第七批，共1944处；2019年10月16日公布第八批，共762处。

全国重点文物保护单位是中华人民共和国的文化瑰宝，是国内外游客青睐之地，具有永恒的魅力。

第七节　乡村旅游与现代农业旅游

我国乡村旅游在我国改革开放及农村产业结构调整的背景下于20世纪80年代末90年代初兴起，是出现在农村区域的一种新型旅游模式。通过学习考察，认识感受乡村旅游如何以独具特色的乡村民俗文化为灵魂，以农民为经营主体，以城市居民为目标市场。

改造穷山恶水，形成新意生态景观。江苏高邮马棚镇从1984年开始将海拔仅1.5米的荡滩地用河湖沟汊分割成20多块，经过苦心经营，退耕还林，退田还湖，消除了生态危机，减少洪水灾，造成垛田1.7平方公里，植树20万株，开挖鱼塘约26万平方米，形成林场垛田上水杉连片、绿荫遮天、鱼肥鸭壮的场景。农林学家、生态学家、旅游专家纷纷来此考察。当地居民抓住机遇，适时将农林牧生态转化为旅游生态。东湖度假村适时而建，昔日“灌莽杳而无际，丛薄纷其相依”的萧瑟荒凉景象全然不见，在当年穷山恶水之处出现了一片充满原始气息的森林，这是一片水上森林，1.3平方公里，森林周围是2平方公里的河、潭、湖、荡，鲜花、芳草、芦苇自然生长，锦簇相连，他们确立了以“野鸭、森林、湖潭”为主体的旅游经济总体发展思路，凭借独具特色的水乡风貌，以蓝天、碧水、森林为主体，以历史文化为依托，发展生态旅游，使游客感受到湖中有岛，岛上有林，林中有鸟，身临其境其味无穷。尤其是清晨，湖上，渔民竹篙轻点，兰桡慢拨，惊动了银鳞；林间，群鸟掠翅振飞，啁啾欢鸣，唤醒了森林，村庄笼罩在雾霭之中，绿烟紫雾也特别浓重青葱。广袤无垠的景色里，野鸭纷飞，百鸟翔集，摇橹采荷赏莲，林中观鹭闻啼，沙滩浴场戏水，水巷泛舟垂钓的特色观光项目引得游人流连忘返。

现在他们招商引资，加大开发力度，扩大景点范围，改善旅游环境，已开发出水上乐园、疗养中心、观鸟景区、草地网球、泛舟游湖、野鸭放飞、珍禽驯养等一批集观赏、自娱、休闲于一身的乡村旅游项目，越来越富有吸引力。原国家旅游局在扬州创建“中国优秀旅游城市”验收时，对该乡改造穷山恶水，形成新意生态景观的经验给予高度赞扬。

一、我国的乡村旅游方兴未艾

乡村旅游起源于1885年的法国，19世纪80年代开始在西方发达国家大规模发展，我国乡村旅游在我国改革开放及农村产业结构调整的背景下于20世纪80年代末90年代初兴起，是出现在农村区域的一种新型旅游模式。我国的乡村旅游一般以独具特色的乡村民俗文化为灵魂，以农民为经营主体，以城市居民为目标市场。发展乡村旅游具有巨大的经济价值和社会意义。随着我国城市化进程加快、双休日和黄金周制度的推行及政府大力推行“村村通公路工程”，乡村旅游迅速发展，全国有1/3的贫困人口即7000万人左右从乡村旅游中受益，其中2000万人因此脱贫。

休闲农业发展机遇难得，“十三五”时期是我国全面建设小康社会的关键时期，是加快转变经济发展方式的攻坚时期。城乡居民收入的提高、消费方式的转变、新农村基础设施的改善，都为休闲农业提供了难得的发展机遇。①党和政府高度重视。连续几年的中央一号文件提出要积极发展休闲农业，拓展农村非农就业增收空间；《国务院关于加快发展旅游业的意见》指出要开展农业观光和体验性旅游活动，规范发展农家乐、休闲农庄。地方党委政府也把发展休闲农业作为破解“三农”问题的有效途径，加大政策资金扶持，引导其快速发展。②农村基础设施的改善为休闲农业发展创造了条件。近年来，中央和地方财政新增投资主要用于加强农村基础设施建设，农村路、水、电、通信等基础设施明显改善，这为休闲农业发展提供了基础支撑。③国民经济快速发展为休闲农业发展提供了需求动力。我国人均国内生产总值已超1万美元，城乡居民对休闲消费需求持续高涨，个性化休闲体验渐成新宠；我国70%的旅游资源分布在农村，广大农村优美的田园风光、恬淡的生活环境，必将成为休闲消费的主阵地。④休假增多为休闲农业发展提供了现实机遇。国民休闲纲要、带薪休假制度以及法定节假日的调整优化，居民休闲时间明显增多，这为休闲农业发展提供了发展条件。⑤农业生产方式变革为休闲农业发展提供了条件保障。随着科学技术进步和农业服务体系的健全，农业生产机械化、规模化势头强劲，大量农民已经从繁重的农业劳作中解脱出来，这为农民依托农业产业、依靠农村资源发展休闲农业，走创业就业发展道路提供了条件保障。

二、乡思泉涌是中华民族原生的旅游性格

乡情、乡愁、乡思是中华民族的旅游性格，一旦形成，便具有超常的稳定性，这种稳定性既是超越一定时空的，也是超个人的。个人的旅游性格可能会随着时间的推移发生变化，如中国古人一生就有多变，“少年游侠，中年游宦，老

年游仙"，从动逐渐趋静，但是民族旅游性格不容易因某个人或某些人的变化而变化。民族旅游性格的原生特征是该民族最基本的特征，次生特征则是该民族辅助性的特征。中华民族内敛稳健的旅游性格，使旅游者不管走到哪里，他的心都无法挣脱乡思人情的缠绕和挽留。直到今日，中国的旅游者外出稍久，即乡思泉涌，亲情难忘，心灵不断受到家乡及家中亲人的召唤。不管社会怎样发展，环境如何变化，一个民族的原生的旅游性格都不能够也不可能丢弃和消失。它与次生特征一起构成一种主次分明的具有本民族特色的旅游性格形态，而自立于世界旅游文化之林。

三、农业旅游与乡村旅游

农业旅游与乡村旅游是农业与旅游业相结合的一种新型产业形式，是以农村资源环境、田园景观、农业生产经营、农耕文化、农业设施、农业科技、农业生态、农家生活、乡村风情风貌为依托，吸引城市游客到乡村休闲度假、观光游览、科普教育、娱乐健身的新型的交叉型业态。也就是说以农村自然风光、农村风貌、农事活动等作为一种旅游资源，结合农业生产、生活、生态，"三生一体"的生产经营活动，将其介绍给消费者——主要是以都市居民为目标市场、以满足旅游者观光、娱乐、求知、体验农事和回归自然为目的的一种旅游方式。但随着农业旅游的发展，农业旅游资源概念范围的拓展，农业旅游与乡村旅游有逐渐趋同的趋势。

乡村旅游是发生在乡村的旅游活动，"乡村性"是乡村旅游区别于其他旅游形式的独特卖点。是以乡村作为载体，以农业和农村特色资源为基础，以都市居民为主要客源，集观光游览、休闲度假、考察学习、参与体验于一身的旅游活动。

乡村旅游是一种满足消费者某种需求的旅游方式，它是以旅游主体旅游者为中心，以乡野农村的风光和活动为吸引物，具体包括：农业文化景观、农业生态环境、农事生产活动以及传统的民族习俗。有人形象地将其在体验乡村旅游这种旅游活动的整个行为归纳为"看农村景、走乡村路、吃农家饭、住农家院、做农家活、聊农家事、购农家物、玩乡村旅游"，在他们的眼中，乡村旅游就是一种旅游活动，它涉及"食、住、行、游、购、娱"六个方面，只是它与传统的旅游活动不同，所体现的特色是"农家特色""乡土味"，是一种满足旅游者娱乐、求知和回归自然等方面需求的旅游方式。

农业旅游与乡村旅游，是一种多层面的旅游活动，除了基于农业的旅游活动外，还包括特殊兴趣的自然旅游、生态旅游、假日步行、登山和骑马等活动，登山、探险、钓鱼、打猎，文化与传统的旅游以及一些区域的民俗旅游活动。一句话，乡村旅游是以乡村作为载体，以农业和农村特色资源为基础，以都市居民为主要客源，集观光游览、休闲度假、考察学习、参与体验于一身的旅游活动。

乡村旅游的经营主体主要是农民，因此乡村旅游是指农民利用自家院落、闲置房屋及周围的农村风光、自然景色等资源，以家庭经营方式为主，吸引游客（主要是城市居民）前来休闲娱乐的一种经营项目，并以获得利益为主要目的。

经营者：农民，家庭经营。经营乡村旅游的主体是农民。农民通过自家的良田、果园、鱼塘、牧场等展示农村风貌、农业生产过程、农民生活场景，以此来吸引旅游者。

经营场所：农村个体民居或新建基地、园区。乡村旅游接待场所的主体是以农居集聚为主的乡村村落，并以家庭为基本接待单位的，经济发达的农村也新建农家旅馆、餐馆或个体农庄、农业园区，提升农业旅游的档次，满足高端游客的需求。

经营对象：城市居民。旅游的目的，一是探奇求知，二是变换生活节律。对于乡村旅游，它的经营对象主要是那些来自过惯、过怕、过烦城市生活的市民，因为这些城里人需要通过乡村游这种方式，探奇求知，观看或参与农业生产，了解相关知识，获得不同于城市生活节律的一次经历，满足其对怀旧、淳朴、自然、轻松的乡村生活的一种追求。

经营内容：主要是农家餐馆、农家旅馆、休闲度假山庄、观光农业园区、农耕旅游项目等。

四、乡村旅游的基本类型与模式

目前休闲农业与乡村旅游主要分为五种类型：农庄经济型、园区农业型、特色产业型、自然人文景观型和农家乐型。形成以下几种模式：都市依托型（如北京民俗村、成都农家乐）、景区依托型（如黄山风景区边的西递、宏村）、农村依托型（如江苏周庄、同里，浙江乌镇，贵州的特色村寨）及旅游线路依托型等。主要突出以下几方面：

1. 食宿接待型

以餐饮、住宿为主。一般位于城市近郊或著名景区周边，为游客提供舒适的食宿服务和当地特色的农家娱乐项目。享受和购买丰富、新鲜、无公害的食品。

2. 观光参与型

各具特色的乡村自然风光。由于乡村所处地理位置及自然地理环境的不同，我国的乡村具有丰富多彩、各具特色的自然风光：山乡云缠雾绕，梯田重叠，山清水秀林美；水乡平畴沃野、水网交错，棉海稻浪菜花飘香；海乡依陆临海、海阔天高，阳光海浪沙滩迷人；草原牧乡，地势坦荡，羊群如云；雪原林乡，莽莽林海，茫茫雪原，气魄宏大。另外，我国南北气候差异显著，在乡村自然景观表现上亦更加丰富，如广东、四川盆地的蔗乡，山东半岛及辽东半岛的果乡，长江中、下游的竹乡，江、浙、皖、闽的茶乡，华北平原的棉乡，新疆吐鲁番的瓜果之乡等无不以其乡村风光的独特魅力吸引着中外游人。以参与、互动为主。指在城市郊区或乡村地区，为游客提供学习农业知识、体验农耕文化和参与农事劳动的乡村旅游。如观赏田园风光、生产民俗、种植风光、养殖风光，参与插秧、养蚕、放牧、捕鱼等。

3. 休闲度假型

以喝茶、娱乐等为主。指以当地优越的自然生态环境或优美的乡村田园风光为特色，吸引游客前来休闲度假、保健疗养。

4. 民族文化型

以乡村传统文化体验为主。指以当地特色的民俗文化和特色民居为旅游资源，吸引游客前来旅游的乡村旅游。包括游乐祭祀，如农村生活民俗，时令风俗，喜庆风俗，娱神、娱人，谷雨节、小满节、端午节、中秋节、春节、祝寿、嫁娶、生育等民风民俗。

五、乡村旅游的基本特点

乡村旅游的特点是指乡村旅游区别于其他旅游形式并且成为游客最终目标的关键所在，主要有以下几个特点。

1. 乡村性

区别于城市根植于乡村的乡村性，这是吸引旅游者进行乡村旅游的基础，它可以是优美绚丽的自然风光，或是充满情趣的乡村文化艺术、风格迥异的乡村民居建筑，抑或是丰富多彩的乡村民俗风情、富有特色的传统农作以及乡土浓郁的农事节气活动。还可以是追求特色项目，追求个性化生活方式，满足旅游者某种特定兴趣和目的，现已成为世界潮流，特色旅游项目正好迎合了旅游者的需求。

2. 自然性

乡村旅游者之所以选择乡村作为目的地是因为想逃避现代城市的拥挤、喧嚣和紧张，放松身心，回归大自然。乡村良好的生态环境、传统的生活方式和淳朴的民俗文化使乡村保持着人与自然最真实的接触。吃的是农家土菜，看的是农村田园和山水自然风光，体味的是农村民俗风情和趣味农事，呼吸的是新鲜空气，带走的是当地原汁原味的土特产。亲近自然、感受自然是人类融入自然、与自然和谐共生的一种生存和生活方式。乡村旅游给人一种纯真朴素的亲近感和回归自然的归属感。

3. 体验性

优美的田园风光以及特色的乡村景观已经无法完全满足现代乡村旅游的游客

了，吸引游客更多的则是农耕文化和乡土传统的体验，通过各种农事活动或特色乡俗活动满足游客的参与欲望，使其感受乡村文化，了解乡村生活。亲自参与，亲身体验，即自娱自乐，自得其乐。从参与、体验之中，游客得到了乐趣。

4. 休闲性

置身于乡村旅游中，可以暂时忘却工作的快节奏和紧张感，让人达到放松、休闲的目的。

5. 综合性

现代社会旅游消费需求具有综合性，以传统单一形态出现的一般化自然景观及人文景观的吸引力明显下降，相反，有综合性特征的旅游目的地和项目，由于能使旅游者获得知识性、享受性、体验性和娱乐性的多种满足而引起旅游者的极大兴趣。乡村旅游产品自身具有融观光旅游、度假旅游和文化旅游为一体的特点，又具有融康体旅游、享受旅游和特种旅游为一体的功能。这样，作为综合性旅游项目，乡村旅游可同时满足旅游者的多种需求。

六、乡村旅游的主要收益渠道

乡村旅游获益渠道根据经营内容的不同而不同，一般来说有以下几种方式与途径：

1. 门票收入

在乡村旅游的经营中，国内与国外都有部分经营者对游览者收取门票。收不收门票，收多少钱才合适，主要根据乡村旅游的内容而定。

2. 餐饮收入

餐饮收入是农家收入的一个重要组成部分。这里需强调的是乡村旅游应以经营当地特有的农家菜为主，不要盲目引进城市菜肴。

3. 住宿收入

经营户利用自家房间，改造成家庭旅馆，就可以对外接待游客了。农家旅馆的条件以卫生、干净为主，价格低廉，有时可与餐饮一起联合经营。

4. 采摘收入

在乡村旅游的发展中，有许多项目是直接销售农产品。生产者自己摘着卖不值钱，请观光客自己采摘，价格就能明显得到提升，因为这里包括了游客在采摘时所带来的愉悦心情和收获体验的价值。

5. 场地出租、动植物认养收入

场地出租主要指的是本地或外地市民或企业到郊区通过承包或合作经营的方式，租用一片山场或一块园地发展旅游业，包括度假场所建设、餐馆建设等。认养制是指为了更好地保护野生动物、珍稀植物，或是某些特殊种类的动植物，让游客参与到园区或基地的管理，对动植物实行认养制。

6. 农特产品、旅游珍品销售收入

旅游业的发展可以促进当地的农产品生产与销售。一种是提供采摘型的农产品，如瓜果类、蔬菜类；一种是经过加工后的农副产品。

七、国外古城镇保护与乡村旅游

欧洲古镇、民居保护的成功经验是：采取“保护”“更新改造”“利用”辩证统一的方式保护这些传统聚落和民居。具体的保护方式大体有这样几类：就地更新保护、异地保护、“镶嵌”保护、废墟保护、“基因”保护。

乡村旅游起源于1885年的法国，19世纪80年代开始在西方发达国家大规模发展，目前乡村旅游在德国、奥地利、英国、法国、西班牙、美国、日本等发达国家已具有相当的规模，走上了规范化发展的轨道。乡村旅游对推动当地的经济出现不景气的农村地区的发展起到重要作用。在20世纪，乡村旅游则成为广泛开展和人们参与的旅游活动，并逐渐与生态旅游、文化旅游融合为一种高层次的旅游方式。目前乡村旅游占欧洲所有旅游活动的份额达10%～25%，法国乡村旅游收入占法国旅游总收入的1/4。因它在产业形态上横跨一、二、三产，产生了经济学上的$1\times2\times3=6$的乘数效应，故被称为第六产业。

第八节　古人类遗址

我国是一个具有5000多年辉煌历史的文明古国，我们勤劳智慧的祖先创造了灿烂的文化，留下了丰富的人文古迹。我国历史古迹之多是世界上任何一个国家都无法比拟的。古遗址（Ancient Sites），古代人类各种活动留下的遗迹。既包括人类为不同用途所营建的建筑群体，以及范围更大的村寨、城堡、烽燧等各类建筑残迹，也包括人类对自然环境利用和加工而遗留的一些场所。不同历史时期的古遗址，大都湮没已久，有的则沦为沙漠中的废墟。通过对各种类型的古遗址的调查发掘，可以揭示许多古代遗迹，进而考察有关的社会状况，因而在文物保护与考古研究工作中备受重视。中国已公布为各级文物保护单位的古遗址在千处以上，包括各种有代表性的遗址。

一、周口店北京猿人遗址

遗址坐落于北京城西南房山区周口店龙骨山脚下，是一座古人类遗址博物馆，始建于1953年。1929年，中国古人类学家裴文中先生在龙骨山发掘出第一颗完整的“北京猿人”头盖骨化石，震撼了全世界。1930年在周口店遗址还发现距今约2万年前的山顶洞人化石和文化遗物。但随之而来的连年战乱，遗失了自1927年以来发现的全部北京人和山顶洞人的化石标本，迄今下落不明，这一事件成为20世纪考古史上的世界之谜。中华人民共和国成立后，恢复了对周口店遗址的发掘研究，获取了大量的宝贵资料，迄今为止，考古学家们已经发掘出代表40多具尸体的头盖骨、下颌骨、牙齿等化石和丰富的石器、骨器、角器与用火遗迹。

北京猿人洞穴堆积层厚40多米，根据对北京猿人骨骼化石、石器、用火遗迹等方面的研究，考古学家们认为北京猿人生活在距今70万~20万年。北京猿人的脑量平均达到1088毫升，头部特征较原始，但已有明显的现代蒙古人种的特征，男性身高约156厘米，女性身高约144厘米，食物主要来源于狩猎和采集。北京猿人已经懂得用火和吃熟食，用火主要取于自然，知道保护火种，火的使用完备了人的特征。北京猿人的发现，为中国古人类及其文化的研究奠定了基础。北京猿人及其文化的发现与研究，解决了19世纪爪哇人发现以来的关于“直立人”是猿还是人的争论。事实证明，“直立人”是人类历史的最早期，处于从猿到人进化过程最重要的环节，他们是“南猿”的后代，后来“智人”的祖先。北京猿人具有“直立人”的典型形态标准，而北京猿人对火的使用，更加完备了其作为人的特征。山顶洞人化石和文化遗物的发现，更充分表明了北京猿人的发展和延续。北京猿人的发现，为中国古人类及其文化的研究奠定了基础，是当之无愧的人类远古文化宝库。

周口店北京猿人遗址1987年被列入《世界遗产名录》。

二、安阳殷墟商朝晚期都城遗址

殷墟是中国商朝晚期都城遗址，古称“北蒙”，甲骨卜辞中又称为“商邑”“大邑商”，是中国历史上第一个有文献可考，并为考古学和甲骨文所证实的都城遗址，位于河南省安阳市西北殷都区小屯村周围，由殷墟王陵遗址、殷墟宫殿宗庙遗址、洹北商城遗址等构成。

殷墟位于河南省安阳市殷都区小屯村周围，地理坐标为114°18′50″E，36°07′36″N，海拔约80米，长宽各约6公里，总面积约36平方公里，遗产地保护区核心面积4.14平方公里，缓冲区面积为7.2平方公里。殷墟总体布局严整，以小屯村殷墟宫殿宗庙遗址为中心，沿洹河两岸呈环形分布。现存遗迹主要包括殷墟宫殿宗庙遗址、殷墟王陵遗址、洹北商城、后冈遗址以及聚落遗址（族邑）、家族墓地群、甲骨窖穴、铸铜遗址、手工作坊等。

安阳殷墟2006年7月被列入《世界遗产名录》。

三、良渚古城新石器时代遗址

良渚古城位于杭州城北18公里处余杭区瓶窑镇，是揭示中华五千年文明史的圣地。良渚古城是长江下游地区首次发现的新石器时代遗址，在陕西神木石峁遗址发现之前，是中国最大的史前城址，一直被誉为“中华第一城”。年代上限很可能是公元前2600年，下限是公元前2300年。古城的南面和北面都是天目山脉的支脉，东苕溪和良渚港分别由城的南北两侧向东流过，凤山和雉山两个自然的小山，分别被利用到城墙的西南角和东北角，因此可以看出当初建城的位置显然是经过精心勘察与规划的。古城略呈圆角长方形，正南北方向，东西长1500～1700米，南北长1800～1900米，总面积达290多万平方米。城墙底部铺垫石块作为基础，宽度40～60米，基础以上用较纯净的黄土堆筑，部分地段地表以上还残留4米多高城墙。共发现6座水门。古城外围水利系统，是迄今所知中国最早的大型水利工程，也是世界最早的水坝。城市的普通居民住在城的外围，贵族住在城中央的30万平方米的莫角山土台上。在良渚古城中部位置发现了世界同期最大的土台——莫角山巨型台址和中国新石器时代末期最高等级墓葬——反山墓地，在城外北偏东5公里处发现了著名的瑶山墓地，曾出土大批最高等级的良渚文化玉琮、玉璧等礼器。有人从田野考古学角度判断，良渚古国的“首都”应该就在这里。

良渚古城2019年7月被列入《世界遗产名录》。

四、龙虬庄新石器时代遗址

龙虬庄新石器时代遗址坐落于江苏省高邮市。龙虬庄海拔仅2.6米，河网密布。该遗址于20世纪70年代被发现，东西长230米，南北宽205米，总面积4万多平方米，呈圆角长方形，四面环水，是江淮东部地区最大、保存最完整的一处新石器时代遗址，距今7000～5000年。该遗址的发现，对于探索江淮地区的古文化分布及类型，探讨中国稻作农业的起源与传播，探求史前生态环境和海岸线的变迁等，有着十分重大的意义。

考古发掘各类文化遗物2000余件，清理出男女合葬墓7座、墓葬402座、房屋遗址1处、居住遗址4处、灰坑34个，可确认为新石器时代遗址，属于一个分布于大运河以东江淮地区的古文化类型。尤其令人瞩目的是发现了4000多粒7000～5000年之前的碳化稻米。将我国人工栽培水稻的历史提早到5500年前。出土的陶片和鹿角上具有文字符号特征的刻画符号也是十分少见的（从江苏省高邮市龙虬庄新石器时代遗址出土的陶文比甲骨文年代久远上千年，该陶文很有可能是甲骨文的起源），刻文陶片陶文，在中国还是首次发现，其重要性不言而喻。两行刻于内壁的文字符号，笔画纤细，技法娴熟。

遗址已将龙虬先民生活再现。为了生活，为了生存，部落的男子们手持弓箭，带着角叉等自制猎具，集体围猎鹿、獐和野猪；同时，一部分男子施放鱼镖，捕获游鱼；妇女们或捡拾丽蚌，或采摘芡实和菱角，男女平等，老幼无欺，令人羡慕不已。

龙虬先民的生产工具展示。骨簇，是用兽骨精磨成两头都呈锥状，前头刻有横槽，装在小棍头，便成了“箭”。骨叉，是利用鹿角的分岔，将顶部磨尖，粗端掏空成圆洞，在洞的一侧开一方孔，另侧开一圆孔，在洞内装上木柄，插上销孔，便是锋利实用的猎具等。这些无不反映出龙虬先民的无比智慧和巧夺天工。

龙虬先民的墓葬习俗展示。遗址可分为两大区域，一是生活区，二是墓葬区。凡是本部落的亡者集中埋在墓葬区。先人死后，一律头朝东，直身仰肢。男性死者，手旁放置石斧、石刀，女性死者放一纺轮或骨管。无论男女，头部都要盖一钵，以便让死者的灵魂可以从这里离开附着的“肌体”，不受拘束地早日升天。

第三章　园林文化

〔内容提要〕

我国园林历史悠久，风格独特，在世界园林史上享有盛誉，深受海内外游客的青睐。尽管不少学者曾就“园林”的释名常起硝烟干戈，其实园林无非是人造景观，运用工程技术和艺术手法，通过筑山叠石、理水引泉，营造厅堂、栽花植卉，反映主人的追求，园艺家的技艺，形成人工景观和自然风景的和谐，所以引起中外旅游者的极大兴趣，甚至对中国园林艺术的崇拜，让中国园林漂洋过海，在摩天大楼的夹缝里也有了立足之地。

我国的园林强调“随势造型”，朝代不同园林风格固然不同，地域不同园林形式各异，甚至一个地区内流派纷呈。以北京、承德、曲阜为代表的皇家园林气势恢宏，北京的颐和园、承德避暑山庄、曲阜孔府花园都以规模宏大、装饰豪华著称。因为这些园林是理政祭祀所在，因而范围大，强调对称，景色兼收并蓄，极尽富丽堂皇，充满了皇家气概。江南一带多私家园林，杭州西湖的园林，扬州瘦西湖的园林，苏州拙政园、狮子林，上海豫园，往往不同于燕赵的慷慨，楚汉的雄风，占地不大，园中亭台楼阁，配以山水花木，以素雅精巧、小中见大的风格取胜，体现出浓重的书卷之气。岭南园林虽效法江南园林、北方园林，却能将精美灵巧与庄重华丽集于一身，广东的四大名园晖园、可园、十二石斋、余荫山房，福建的鼓浪屿都有着凭海临风、融和中外的特点。“虽由人作，宛自天开”。中国的园林之所以能本于自然，高于自然，正是因为中国古典园林审美趣味和艺术风格明显地受到人的风格、人的品格和文化修养的影响。

〔学习要点〕

- 园林类旅游资源的概念。
- 中国古典园林历史悠久，风格独特。
- 中国古典园林的分类。
- 中国园林的特点。

〔思考题〕

1. 什么是园林类旅游资源？
2. 中国古典园林怎样分类？
3. 中国园林的风格特点是什么？
4. 比较皇家园林、江南私家园林、岭南园林的特点。
5. 简述中国园林的文化传统。
6. 比较中西方园林文化的异同。

中国人追求与自然的和谐相融，喜欢徜徉在自然山水之中，尽情享受风和日丽的原野风光。自古以来，社会富有阶层，一方面尽可能“行万里路”，游览祖国大好河山，另一方面努力将自然山水或浓缩或复原地搬进城市，搬进私家住宅，形成了中国独特的，能在家中感受大自然气息的各种园林。所以引起中外旅游者的极大兴趣，纷纷慕名来访，甚至对中国园林艺术崇拜，让中国园林漂洋过海，在摩天大楼的夹缝里也有了立足之地。

中西方都将园林看成人间天堂，皇家园林成为权力的象征，私家园林则作为情感的寄托，但皇家园林炫耀的方式不同，私家园林寄托理想与愿望不同，中国的含蓄审美与西方的直观寄情不同，对自然美和人工美的看法以及表现不同，构建艺术与审美也不同。中西园林发展史上有过并驾齐驱的历史，更有逐步融合相互借鉴的今日，甚至出现了融会和倒错的现象。我国的乡村城市化，园林建筑化。西方则是城市乡村化，建筑园林化，孰是孰非，历史已经评说。

第一节　园林类旅游资源的概述

一、园林的概念

中国园林艺术历史悠久，民族风格浓郁，有“世界园林之母”之誉，代表世界园林艺术的最高成就。不少学者曾为园林释名争论不休。其实园林无非是人造景观，运用工程技术和艺术手法，通过筑山叠石、理水引泉、营造厅堂、栽花植卉，反映主人的追求，园艺家的技艺，形成人工景观和自然景观的和谐。中国园林艺术包含着深刻而丰富的美学思想，具有较高的游览和观赏价值。由于中国园林林立，朝代之间园林风格不同，地域之间园林形式各异，甚至一个地区内流派纷呈，这就使中国园林永远成为最有魅力的旅游资源之一。

二、中国园林历史悠久，风格独特

我国园林历史悠久，首先是帝王建造园林。商周时代的“囿”即为帝王园林，巍峨的殿阁、高大的楼台，饲养珍禽异兽、栽植名贵花木。历代帝王相延成习，公元前11世纪的周朝，周文王营建方圆35公里的“灵囿”，以珍禽异兽，奇花异草，供王室田猎娱乐；春秋战国，各地诸侯割据称霸，纷纷建宫设囿。以后历代帝王的皇家园林豪华气派和雍容大度的规模体制一脉相承。秦始皇时，建阿房宫、上林苑，宫殿、园池、台榭广延300里；汉武帝扩大充实上林苑，又新建甘泉苑，周围540里。史书记载的规模之宏伟，耗资之巨大可谓石破天惊。

从汉代开始，富商大贾开始兴建属于私人的住宅园林。《西京杂记》中有载，茂陵富人袁广汉在北邙山下筑园，东西4里，南北5里，地域相当大，“激流水注其内，构石为山”，养“奇禽怪兽”，种“奇树异草”，建“重阁修廊”，开创了建造私家园林的先河。

魏晋以来，寺院园林建筑在各地大量出现，他们或利用自然山水，如东晋名僧慧远在江西庐山北面建“石门精舍”，“洞尽山美，却负香炉之峰，傍带瀑布之壑。仍石垒基，即松栽构，清泉环阶，白云满室”。占尽山水之美。在都市中建立寺院，则移山水景观于寺内，如北魏洛阳宝光寺中“有一海，号咸阳，葭菼被岸，菱荷覆水，青松翠竹，罗生其旁”。道教也选择山水佳胜，如江苏茅山的园林“有好流水而多石，小出下便平……开置堂宇”，传教授道与享受佳山秀水两不误了。

南北朝时，造园理论和山水画的紧密结合，使造园艺术的品位提高。此时园林受山水画影响，于是凭借湖岸布置假山、建造厅堂、点缀花木，其初衷是士大夫追求精神解脱，陶醉于山林田园之中，以山居隐逸为高雅。这种以水池为中心的“集景式滨水园林群落”竟成为我国古代园林的传统建造手法。诗人谢灵运以诗情画意在上虞扩建祖父谢玄别墅。“远堤兼陌，近流开湍。凌皋泛波，水往步还。”意境自然高于匠人一筹。

盛唐开始，买山占水风气愈演愈烈，王公贵戚，达官显宦、富商大贾，逸人隐士都纷纷建立各自的宅第园林，园林艺术也趋成熟。盛唐山水诗人王维买下宋之问的别墅，增其旧制，其中景观分区：孟城坳、华子冈、文杏馆、斤竹岭、临湖亭、金屑泉、白石滩、辛夷坞，构建了“明月松间照，清泉石上流”的美景。唐宋是造园艺术的成熟期，建筑的样式逐渐定型，立山式、悬山式、庑殿式、卷棚式、歇山式的建筑基本样式皆成定制，追求气势宏伟、装饰豪华。西安现存的建筑尽管经明清修缮，但仍可见唐宋的影子。

到了北宋，李格非《洛阳名园记》就记载了洛阳著名园林20多处。元代画家自建园林又进一步提升园林的档次，如倪云林家的云林堂、萧闲馆、清閟阁为士人津津乐道。

明代造园艺术到了高峰，吴江人计成的《园冶》、文震亨的《长物志》两书对我国造园艺术系统进行总结，尤其是《园冶》对园林的相地、立基、屋宇、列架、装拆、栏杆、门窗、墙坝、铺地、掇山、选石、借景有十分独到的系统阐述，被世界称为“世界造园学最古名著”。明清时期社会经济发展，江南造园之风兴盛，尤其是康熙、乾隆六次南巡，富商达官为争宠于王室，大兴造园之风，一时有“江南园林甲天下”之说，所幸的是苏州的拙政园、狮子林、留园、环秀山庄，南京的瞻园、熙园，扬州的个园、何园、瘦西湖的园林群落，无锡寄畅园都保存完好，这些明清时初建或重建的园林各显个性，争奇斗艳，成为我国园林的瑰宝，具有极高的审美价值，成为中外旅游者百看不厌，常看常新的热点景观。

“青山衬秀水，名园依古城”，中国的园林历来名闻遐迩。它历史悠久，远溯吴秦两汉，近及晚清民国，全国的园林既有共同的精华，又有浓厚的地方特色，既有帝王宫苑，又有宅第园林、寺庙园林、山麓园林、湖上园林不同类型。历史文化积淀深沉，集自然界或模拟自然界的各种山、水、石、植物于一园，又配以与自然景观协调的楼台厅阁廊榭亭轩等建筑，还有匾额、楹联、题刻、字画、灯具、家具、摆设等陈设，成为宫廷、官衙、私邸、寺院的重要组成部分。

中国古典园林的审美趣味和艺术风格明显受到人的风格、人的品格和文化修养、造园手法和技巧的制约。燕赵齐楚吴越的园林虽然互相因借，但自身风格却是难以磨灭的，与世界园林比较，西方园林最具代表性的法国古典园林受几何图形的影响极深，追求整齐划一，均衡对称，推崇人工的几何美。而中式园林则追求自然美，计成的“虽由人作，宛自天开”，正是这种追求的最精辟的概括。其特点一是本于自然、高于自然。比如，曹雪芹如一高明的园艺师，他不是以土石竹木，而是以文学的语言，建造了“天上人间诸景备”的大观园，他曾借宝玉的口批评稻香村，“此处置一田庄，分明是人力造成的：远无邻村，近不负郭，背山无脉，临水无源，高无隐寺之塔，下无通市之桥，峭然孤出，似非大观，那及前数处有自然之理，自然之趣呢？虽种竹引源，亦不伤于穿凿。古人云‘天然图画’四字，正恐非其地而强为其地，非其山而强为其山，即百般精巧，终不相宜”。可见追求自然之理必须有诗画的情趣，意境的自然。即把园林的建造当成写诗作画一般，成为形象的诗，立体的画，有生命的艺雕。这是颇好理解的，因园林是由有形的物质因素和无形的因素——因名人曾在此活动而留下关于思想、道德及文学、艺术诸多方面的论述、传闻的合成，是有形和无形的有机交融。有不少诗画家，如唐代的李思训、李昭道父子，元代的倪云林、明代的唐寅、祝允明、文徵明、沈石田、石涛，清代的袁江、袁耀父子都是直接参与意见，或直接设计。扬州的片石山房、个园相传即是石涛寓居扬州时亲自设计，并有很多造园的理论阐述，所幸这些景观都在，确实如画如诗，前奏、起始、展开、转折、高潮、结局，如音乐的一个个乐章连续不断，奇峰、怪石、波光、云影又如一幅山水画的长轴，慢慢地展开，是将大自然的山水以三度空间的形式复现到现实的园林之中。而园名、景题、刻石、匾额、楹联，画龙点睛，升华意境，使人从有形的空间联想到无尽的宇宙，弦外音，景外情，情景交融，寓景于情，见景生情。

第二节　中国古典园林的分类

我国园林的分类很多，从地域分有北方园林和南方园林，俗话说北方之雄，南方之秀。其实这是笼统的。因过去以长江为界，但即以长江以南园林为例，吴越园林和闽粤园林差异也很大，即使相邻很近的园林，徽派、苏派、浙派园林风格也不同。

如果从园林居住者分，有皇家园林、私家园林、寺观园林之别，皇家园林以北京颐和园、北海，河北承德避暑山庄为代表，这是帝王理政、祭祀所在，有“高、大、深、庄”四大特点，范围大，强调对称，景色兼收并蓄，极尽富丽堂皇，奢侈豪华，金钩彩绘，雕镂细腻，琳琅满目，金碧辉煌。江南一带多私家园林，往往范围小，体量小，但主题突出，轻巧通透，开敞深邃，色调淡雅，充满书卷之气。其实这种园林才值得细细品味。它既不同于帝族王侯，擅山海之富，居山林之饶，崇门丰室，洞户连室，飞馆生风，重楼起雾的皇家气，也不同于富商烦琐庸俗，附庸风雅，叠床架屋的楼阁，雕梁画栋的装饰，矫揉造作的联匾的富商气，而是理水、叠山、造屋、栽花，自然流露出一种诗情画意。要做到“这园子却是像画儿一般，山石树林，楼阁房屋，远近疏密，也不多也不少，恰恰的就是这样”（《红楼梦》）。

一、气势恢宏的皇家园林

皇家园林主要是辽、宋、元、明、清各代在北京地区建造的。其中又以明清两代的古迹为多，紫禁城的御花园、慈宁宫花园、建福宫花园、宁寿宫花园等，位于紫禁城旁的景山和西苑（三海），位于京城郊区的颐和园、圆明园遗址，离京城较远的离宫承德避暑山庄。

皇家园林规模宏大，装饰豪华。乾隆曾在《静明园记》中写道：“若夫崇山峻岭，水态林姿，鹤鹿之游、鸢鱼之乐。加之岩斋溪阁，芳草古木。物有天然之趣，人忘尘世之怀。较之汉唐离宫别苑，有过之而无不及也。”比如，避暑山庄占地5.64平方公里，不仅广阔，而且注意不同地形地貌，山区、平原区和湖区经叠石增丘，筑殿建室后，竟然再现北国山丘、塞外草原、江南水乡。该园以山峰为主占4/5，平原、水域为1/5。平原部分有永佑寺塔、文津阁藏书楼，试马埭、万树园，极力表现蒙古草原的景色；山区以青山、翠谷、繁花、奇石装点，山地园林建筑园落，骑涧跨谷，争奇斗险；湖区三堤七岛，把0.29平方公里的水面隔成6个湖面，使深远和窈折兼而有之。

较之其他宫苑，避暑山庄突出地运用了园外借景，最大限度地发挥天然景色的优越性，磬锤峰是借景的主题，它离山庄东5里，峰顶巨大的石棒锤斜立，下面有石台，棒锤高38.29米，顶部直径15.04米，根部直径10.7米，生成300万年以来一直挺立不倒，为承德一大奇观，避暑山庄芳园居的山岭上，专门建造一座敞亭来观赏这一奇景，为“锤峰落照。”每当夕阳西下，东面诸峰皆已笼罩在暮色之中，唯有棒锤峰映着夕辉，显得格外孤高挺拔。周围的奇峰异石，双塔山、罗汉山、僧冠峰、天桥山等又与棒锤峰组成避暑山庄的对景，自然景和人工景相映成趣，融为一体。

在避暑山庄周围，环列于东部和北部山坡台上有八座寺庙，分别是溥仁寺、普东寺、安远庙、普宁寺、须弥福寿之庙、普陀宗乘之庙、殊像寺、溥善寺。当时造庙是为了尊重各少数民族上层人物的宗教信仰，通过建寺以密切他们和清王朝的联系，于是在建筑风格上融合汉藏建筑的特点，成为各民族文化交流的实证。这些仿蒙藏地区的著名庙宇，环绕山庄周围，如众星捧月，成为山庄背景，由此再拓展到周围的崇山峻岭，构成约20平方公里的山水园林与庙宇寺观交织的壮丽景观，园林之美与环境之美浑然一体，雄浑磅礴，自然天成，层次清晰，野趣横生，被誉为“东方第一大名苑”。

中国圆明园冲击勒诺特式风格。圆明园通过法、意等国传教士王致诚、郎世宁、蒋友仁诸人的信函来往被介绍到欧洲。18世纪的欧洲园林建筑，正流行着严求中轴对称、匀齐的规则式的所谓“勒诺特”风格和单纯抄袭、模仿自然环境的所谓英国自然式风格。当圆明园的独特宫苑园林风格传到欧洲，犹如空谷足音，引起强烈反响。法国传教士王致诚在一封著名的信中详尽地描绘圆明园后说：“中国人在建筑物方面所表现的千变万化，复杂多端，我唯有佩服他们的天才宏富。我们和他们比较起来，我们不由不相信，我们是又贫乏、又缺乏生气。”他批评勒诺特风格的极端程序化，反对那种“什么地方都需要划一和对称，不许有独立自主的东西”的建筑风格。英国皇家建筑师张伯斯对中国园林艺术也高度推崇，他两度游历中国，回国后著《东方园林》一书，介绍中国园林艺术。他还为肯特公爵设计欧洲第一座所谓“中国式园林”，成为冲击勒诺特式风格传统的一股潮流。

二、玲珑秀美的江南私家园林

江南园林主要集中在江苏、浙江一带，尤以杭州、扬州、苏州为多。无锡、宜兴、常熟、南通、上海、海宁、宁波、绍兴也有私家园林，它们多建于城市之中，占地不大，园中亭台楼阁，配以山水花木，以素雅精巧、小中见大的风格取胜，巧美秀雅，体现出浓重的书卷之气。

它不同于燕赵的慷慨，楚汉的雄风，而是充满吴越的灵秀。许多专家对这种风格皆有点评，“其烟渚柔波之自然，其婉丽妩媚之气质，其人工与自然融合之天衣无缝，窈折幽胜，仍为苏杭等地之园林所无法比拟者”（刘策《中国古典名园》中汪礼《扬州瘦西湖》）“瘦西湖是扬州风景区，它利用自然的地形，加以人工的整理，由很多小园形成一个整体，其中有分有合，有主有宾，互相‘因借’，虽范围不大，而景物无穷。尤其在模仿他处能不落因袭，处处显示自己面貌，在我国古典园林中别具一格”。“苏州园林如宋词，纤巧精致；扬州园林像唐诗，清秀富丽；颐和园则像是汉赋，恢宏广博”（陈从周《园林谈丛》）。这些都可作为江南园林书卷气的佐证。再以园林布置为例，皇家园林、官邸园林、富商园林总是使用联对、匾额、书画等形式，但在内容上、风格上都有明显的区别，皇家园林总是夸耀安邦治国、文治武功的政绩；佛道圣地常常以参禅悟道，出世归隐劝诫世人；富商园林尽管附庸风雅，但总掩饰不住踌躇满志的得意和一本万利的希求。江南园林总是以聚友赏景、谈书论画为题，求的是吟风弄月的氛围，表现的是淡泊明志、宁静致远的意趣。如“水榭朝曦花带露，山房晚照柳生烟”（西园曲水），“碧瓦朱甍照城郭，浅黄轻绿映楼台”（熙春台），“朝宜调琴，暮宜鼓瑟；旧雨适至，新雨初来”（个园），“月作主人梅作客，花为四壁船为家。”（何园）。这里的联对几乎不带功利性，而是寻求返璞归真，尽情领略书卷氛围中的意趣。不仅仅于此，更重要的在园林的布局，山石的堆叠，建筑的构造，花木的配置都体现文人雅士的喜好意趣。

苏州园林中的拙政园、留园、网师园和环秀山庄，于1997年根据文化遗产遴选标准被列入《世界遗产名录》，2000年沧浪亭、狮子林、艺圃、耦园、退思园也被扩展列入《世界遗产名录》。世界遗产委员会对苏州园林评价为：“没有哪些园林比历史名城苏州的园林更能体现出中国古典园林设计的理想品质，咫尺之内再造乾坤。苏州园林被公认是实现这一设计思想的典范。这些建造于11～19世纪的园林，以其精雕细琢的设计，折射出中国文化中取法自然而又超越自然的深邃意境。”

三、天上人间西湖园林

杭州因西湖而有了天堂之誉。四时西湖，美景不断，天上人间。

苏堤春晓是春景，位于西湖西侧。苏堤是为纪念苏东坡而命名的，又名苏公堤。堤的南端建有“苏东坡纪念馆”。苏轼为官清廉，惠声遐迩。他的诗句“水光潋滟晴方好，山色空蒙雨亦奇。欲把西湖比西子，淡妆浓抹总相宜”妇孺称颂，成为杭州的名片。当年他来杭州时，西湖比较荒凉，他调民工浚湖筑堤，恩泽于民。他写诗记载这一盛事，“我在钱塘拓湖渌，大堤士女争昌丰。六桥横绝天汉上，北山始与南屏通。忽惊二十五万丈，老葑席卷苍云空”。他太聪明，一是清除了湖中淤泥，使湖水清澈；二是筑成长堤，方便了游人；三是栽花插柳，形成了景观，可谓一役三济，很有创意。堤上有6座石拱桥，自南向北分别是映波桥、锁澜桥、望山桥、压堤桥、东浦桥、跨虹桥。六桥风格基本一致，皆为拱桥，却桥桥不同。在栏柱、栏板的细部花纹不断变化，或如莲花，或似海棠，或像杏花，或若菱花，可以说精彩纷呈，争奇斗艳。

这条被两边湖水夹住的堤岸，现已铺上柏油路，两旁草坪添植了各式花木，其中柳和桃为主要树种，故有“西湖景致六吊桥，间株杨柳间株桃”的民谚。元代的“钱塘十景”中此处又被称为“六桥烟柳”。

曲院风荷是夏景。南宋时称“麯院荷风”。“麯院”原是指一家酿制官酒的作坊，在今天的九里松东、洪春桥一带。当时，金沙涧水在此流入四湖，麯院取金沙涧水造麯酿酒，并在湖中种植荷花。花开时节，清香四溢，风景优美，令人陶醉，而在此处品酒赏荷更是人间乐事。随着岁月流逝，旧址无从查考。到了清康熙年间，为迎皇帝巡游，特地在苏堤跨虹桥畔的岳湖里引种荷花。康熙书名立碑，改“麯院”为“曲院”，正“荷风”为“风荷”，这样淡化了手工艺，突出了景观，融入西湖十景。

曲院风荷分岳湖、竹素园、曲院、风荷、滨湖密林、郭庄六大景区。位于岳王庙西南。进门便是竹素园。乾隆御书匾额“竹素园”悬于正中堂上。俞樾游此园曾书叠字楹联“翠翠红红处处莺莺燕燕，风风雨雨年年暮暮朝朝”，虽是文字游戏，倒也新巧动人。园中“湖山春社”是清代“西湖十八景”之首。竹素园后为岳湖。其中风荷主景区植有数十个品种的荷花，论颜色，有红、白、粉红、洒金、金边，色色娇美，论品种，有并蒂莲、品字莲、重台莲、千瓣莲、大王莲、碗莲，种种诱人。

平湖秋月是秋景。位于白堤西端，成为白堤的起点。其三面临水，背倚孤山。唐代在这里建有望湖亭，明代改建为龙王祠。至清康熙三十八年（1699）改建为御书楼，并在楼前筑起三面临湖的低平月台，平台向南伸出水面，视线低平，视野广阔，成了临湖赏月的好地方。

中秋佳节，赏月有三大去处：一是湖中三岛之一的三潭印月，这是在湖中赏月；二是位于凤凰山坡的月岩景点，这是在山上赏月；至于岸边赏月，首推这月白风清、水天一碧的平湖秋月。

平湖秋月是一馆轩，三面临湖，四周曲栏画槛，面对湖最开阔处。每当皓月当空，湖平如镜，银光如盆，在此观月，仰看天际婵娟，俯视湖中月影，近处箫笛婉转，远方笙歌悠扬，天上人间，说不尽富贵风流，雅趣万千，真正是“万顷湖平长似镜，四时月好最宜秋”。

断桥残雪是冬趣，位于白堤东端，一说，自平湖秋月的白堤至此而断，故称断桥。宋代叫宝祐桥。元代因桥畔住着一对以酿酒为生的段姓夫妇，故又称为段家桥。现在的断桥为1914年改建，桥东有“云水光中”水榭和“断桥残雪”碑亭。

断桥是西湖三大情人桥之一。它的出名与民间故事《白蛇传》有关，白娘子和许仙缠绵悲怆的爱情故事就是从断桥相会、借伞定情开始的。两人历经磨难再次在断桥相会时那生离死别的情景，又给每个游览断桥的游客以无尽追思。尽管白蛇是异类成仙，世俗对此竭尽迫害，但矢志不渝的爱情是仙道无法拆开，礼教无力阻拦的，天上人间情爱悠悠，这就是《白蛇传》的魅力。

由于断桥背城面山，正处于外湖和北里湖的分水点上，视野开阔，是冬天观赏两湖雪景的最佳处所。每当瑞雪初晴，如站在宝石山上眺望，桥的阳面已冰消雪化，所以向阳面望去“雪残桥断”，而桥的阴面却还是白雪皑皑，故从阴面望去，又是“断桥不断”。

断桥残雪是西湖难得的景观，过去有人说，“西湖之胜，晴湖不如雨湖，雨湖不如月湖，月湖不如雪湖”，其实西湖春夏秋冬，季季异趣，阴晴雨雪，时时动人。

四、都市海上豪园豫园

豫园坐落于上海市市区南部旧城的东北角，北靠福佑路，东临安仁街，西面与上海城隍庙和豫园商城毗邻，是著名的江南古典园林，闻名中外的名胜古迹和游览胜地。豫园与内园皆在上海旧城区城隍庙的前后，为上海目前保存较为完整的旧园林。给人口密度最多的地区以很好的绿化环境，作为广大人民游憩的地方，充分发挥了该园的作用。1982年，被国务院列为全国重点文物保护单位。

豫园是明代四川布政使上海人潘允端为侍奉他的父亲明嘉靖间尚书潘恩所筑，取“豫悦老亲”的意思，名为豫园。从明嘉靖三十八年（1559）开始兴建，到明万历五年（1577）完成，前后花了18年工夫，占地4万平方米，为当时江南有数的名园。17世纪中叶，潘氏后裔衰落，园林渐形荒废。清乾隆二十五年（1760），该地人士集资购得此园一部分，重新整理。当时该园前面已在清康熙四十八年（1709）筑有“内园”，两园在位置上所在不同，就以东西园相呼，豫园在西，遂名“西园”了。清道光间，豫园因年久失修，当时地方官曾通令由各同业公所分管，作为议事之所，计21个行业各处一区，自行修葺。清道光二十二年（1842）鸦片战争时，英军侵入上海，盘踞城隍庙5日，园林遭受破坏。清咸丰十年（1860），清政府勾结帝国主义镇压太平天国起义，英法军队又侵入城隍庙，造成更大的破坏。清末，园西一带又辟为市肆，园之本身益形缩小，如今附近几条马路如凝晖路、船舫路、九狮亭等，皆因旧时凝晖阁、船舫厅、九狮亭而得名。

豫园今虽已被分隔，然所存整体，尚能追溯其大部分。今日所见豫园是当年东北隅的一部分，可分成六大景区，每个景区都有其独特的景色。入园不久就可以看到一座大型假山，层峦叠嶂，清泉飞瀑，宛若真景。假山以武康黄石叠成，出自江南著名的叠山名家张南阳之手，享有“江南假山之冠”美誉。后人评价说：“沓拖逶迤，巃嵸嵯峨，顿挫起伏，委婉婆娑。大都转千钧于千仞，犹之片羽尺步，神闲志定，不啻丈人之承蜩，高下大小，随地赋形，初若不经意……”豫园假山，是见石不露土，运用大量的黄石堆叠，石壁深谷，幽壑磴道，山麓并缀以小岩洞，而最巧妙的手法是能运用无数大小不同的黄石，将它们组合成为一个浑成的整体，磅礴郁结，具有真山水的气势，虽只片段，但颇给人以万山重叠的观感。山的高度虽不过 12 米，一入其境，宛如在万山丛中，真是假山中的大手笔。假山为主，其下凿池构亭，桥分高下，隔水建阁，贯以花廊，而支流弯转，折入东部，复绕以山石水阁，因此山水皆有聚有散，主次分明，循地形而安排，犹是明代造园的一些好方法。

萃秀堂是假山区的主要建筑物，位于山的东麓，面山而筑。山路泉流迂曲，有引人入胜之感。自萃秀堂绕花廊，入山路，有明祝枝山所书“溪山清赏”的石刻，可见其地境界之美。到达山巅有平台，坐此四望，全园景物坐拥而得。其旁有小亭，旧时浦江片帆呈现槛前，故名望江亭。山麓临池又建一亭，倒影可鉴。隔池为“仰山堂”，系二层楼阁，外观形制颇多变化，横卧波面，倒影清晰。水自此分流，西北入山间，谷有瀑注池中。向东过水榭绕“万花楼”下，虽狭长清流，然其上隔以花墙，水复自月门中穿过，望去觉深远不知其终。两旁古树秀石，荫翳蔽日，意境幽极。银杏及广玉兰扶疏接叶，银杏大可合抱，似为明代旧物。大假山以雄伟见长，水池以开朗取胜，而此小流又以深静颉颃前二者了。在设计时尤为可取的，是利用清流与复廊二者的联系，而以水榭作为过渡，砖框漏窗的分隔与透视，顿使空间扩大，层次加多，不因地小而无可安排。

小溪东向至点春堂前又渐广，“凤舞鸾鸣”为三面临水之阁，与堂相对。其前则为和煦堂，东面依墙，奇峰突兀，轩廊相连，花木葱茏，园亭相对，池水萦回，泉瀑如注。山巅为快阁，据此东部尽头西眺，大假山又移置槛前了。山下绕以花墙，墙内筑静宜轩。坐轩中，漏窗之外的景物隐约可见，而自外内望又似隔院楼台，莫穷其尽。点春堂，在清咸丰三年（1853）上海人民起义时，小刀会领袖刘丽川等占领上海，即于此设立指挥所。点春堂弯沿曲廊，其旁为井亭与学圃。学圃亦踞山而筑，山下有洞可通。

玉玲珑，是豫园的镇园之宝，被誉为江南三大名石之首，具“瘦、皱、漏、透”之美。据说是移自乌泥径朱尚书园，潘允端认为它是宋徽宗时搜罗的花石纲遗物。面对玉玲珑的是玉华堂。玉华堂内是典雅的明代书房摆设，书房的书案、画案、靠椅、躺椅等都是明代紫檀木家具的珍品。玉华堂前的白玉兰树是上海最古老的市花树。

内园原称“东园”，占地不过二亩，建于清康熙四十八年（1709）。亭台花木，池沼水石，颇为修整，在江南小型园林中，是保存较好的。晴雪堂为该园主要建筑物，装饰华丽，构造精巧，玲珑剔透，面对假山，山后及左右环以层楼，为此园之主要特色，有延清楼、观涛楼等。耸翠亭出小山之上，其下绕以龙墙与疏筠奇石。龙墙是豫园特色，墙上的游山是以碟瓦和砖、石灰做成一条龙，龙头相对，中有龙珠，为二龙抢珠，龙头以石灰、砖石叠成，栩栩如生；龙身以碟瓦做成，龙鳞镂空，盘旋曲折。出小门为九狮池，一泓澄碧，倒影亭台，坐池边游廊，望修竹游鱼，环境幽绝。此池面积至小，但水自龙墙下洞口流出，仍无局促之感。从池旁曲廊折回晴雪堂。“观涛楼”是最好的眺景之处，登楼原可眺黄浦江烟波，这是以借景化小为大，变有限为无限。清代造园，范围虽小，却有大荷池、九曲桥、得月楼、环龙桥，布局紧凑，且临荷花池置景，错落有致，层次分明。

散布于豫园的许多砖雕、石雕、泥塑、木刻，不仅历史悠久，而且十分精致。《神仙图》《八仙过海》《广寒宫》《郭子仪上寿图》《梅妻鹤子》《上京赶考》《连中三元》等极具文物价值和观赏价值。

豫园作为中国传统文化的载体，从建园时即和书画结缘。明代著名书画家王稚登、董其昌、王世贞、莫是龙等就曾在豫园赋诗题额、挥毫作画。清宣统元年（1909），高邕、杨逸、钱慧安、吴昌硕、王一亭等在得月楼发起组织的“豫园书画善会”成了海上画派的滥觞。经过多年积累，豫园现珍藏书画、家具、陶瓷等珍贵文物数千件。

五、凭海临风的岭南园林

岭南园林是有特点的，它们虽效法于江南园林和北方园林，却能将精美灵巧和庄重华丽集于一身。园林以山石池塘衬托，更结合南国植物配置，并以自身建筑的简洁、轻盈布置其间，形成岭南庭园的畅朗、玲珑、典雅的独特风格。

广东代表性的清代四大名园是顺德清晖园、东莞可园、佛山梁园十二石斋，番禺余荫山房。余荫山房建于清同治三年（1646），东与瑜园紧邻，西与潜居、善言两祖祠紧贴相通。园内主体建筑四座，楼台馆舍与池苑相配合，小巧玲珑，含蓄幽邃，池北深柳堂绿树环抱，池南临池别馆，木雕石雕、玻璃瓷片装饰玲珑精致，四周八角池、玲珑水榭、花径、假山与绿荫如盖的高树、馥郁婀娜的鲜花穿插配置，虚实呼应，起伏曲折，回环幽深，隐小若大，真正是“余地三分红雨足，荫天一角绿云深”。

福建的住宅园林也是享有盛誉的。鼓浪屿这个仅 1.78 平方公里的小岛历来闻名遐迩，不仅因海岸曲折，山丘起伏，叶绿花红，如海滨的一块翡翠，更因其钟灵毓秀之地孕育了国家栋梁之材，引动多少名人雅士云集。他们依凭着日光岩的山石，沐浴着鹭海岭的风浪，生长于斯，客居于斯，于是以才华和灵感设计出一幢幢极有个性的别墅：弘一法师的了闲别墅、林鹤年的怡园、黄奕住的花园，以及汇丰公馆、延平戏院、亦足山庄、悬崖公馆、美华学校，一幢幢随势造型的奇巧建筑，正如琴岛上一个个音符，弹奏出海上花园和谐美妙的乐章。

走进鼓浪屿的领事馆区，这里坐落着英国、美国、日本、荷兰领事馆的建筑，这使人想起近代史的屈辱，西方列强抢滩占地，随心所欲地修建公馆别墅教堂商行。不过正是在他们互相争胜中，吹来欧洲建筑之风，不仅整体建筑带有浓重的欧美风格，而且柱廊、窗框、檐口、基座的线条处理和细部装饰也留下欧洲古典建筑样式。徜徉其间，不出国门却可领略欧洲建筑风光，这大概是殖民者始料未及的。

至于大部分华侨的建筑则以中西合璧在鼓浪屿建筑群中独树一帜，其中面积最大、位置最显的是八角楼。这是中国台湾林鹤寿所建，美国郁约翰设计，在中国古典建筑风格中又糅合了巴勒斯坦、希腊、意大利风格。笔架山麓，八角楼十分显眼，圆顶是八面棱柱体，洁白如雪，巴勒斯坦清真寺的屋顶，希腊神庙的立柱，尤其是窗呈四面八方十二向，又置于乳白色八边形的八角平台上。庭院布置采取中式园林，直线曲线错综，方形球形结合，洁白朱红配置和谐，宏伟而流畅，自然而大方，成为鼓浪屿标志性建筑。

来到住宅区，一座座楼阁基本和主人性格相映。秋瑾故居，三层红砖西式公寓楼，拱券宽廊，花岗石压条，琉璃瓶件装饰，气宇轩昂，难怪她能孕育出“不惜千金买宝刀”的豪情。林巧稚故居，小八角楼，欧式建筑，拱券大小相同，檐线腰线均匀整齐，门楣上飞翔白鹤，周围缠枝花卉，宁静幽雅，似乎专为“不为良相，当为良医”的林大夫设置。林语堂故居两层别墅住宅，拱券宽廊，百叶门窗，线条堆叠的方柱柱头，玻璃镂空花格装饰，尤其是门楣上“立人斋”的匾额，使人窥探文学家复杂的内心。马约翰故居，朴朴实实的两层西式洋楼，开阔、简洁，线条流畅，充满了活力，这位体育教授正是在此奋力冲刺。有人说这些房屋与主人性格暗合，有人说是这些房屋造就了人物性格。

登上日光岩，举目四顾，鼓浪屿真美。它是一个小岛，周边碧蓝碧蓝的海水，通岛绿树环抱，名副其实的一颗海中翡翠，绿荫丛中无一幢高大建筑，只有一幢幢小巧玲珑、各具神态的别墅，既不拥塞也不巍峨，与小岛的天然灵秀相映成趣。

2017 年 7 月，联合国教科文组织世界遗产委员会将“鼓浪屿：历史国际社区”列入《世界遗产名录》。

第三节　中国园林的空间布局

一、园林空间组合的先抑后扬

2000 多年前，老子就说过：“埏植以为器，当其无，有器之用；凿户牖以为室，当其无，有室之用。故有之以为利，无之以为用。”这是说罐子和房子真正有用的不是罐壁墙壁，而是里边的“无”，即空间，广而言之，园林艺术真正的价值在于园林空间。在中国古典园林建造中，十分注意空间的处理以及大小、开合、高低、明暗的变化。一般在进入一个较大的景区前，常有曲折、狭窄、幽暗的小空间作为过渡，以收敛人们的视觉和尺度感，然后转到较大的空间，取得“豁然开朗”的效果。这是“先藏后露”“先抑后扬”“山重水复”“柳暗花明”的“抑景”手法。扬州个园、何园，苏州拙政园，无锡寄畅园无不注意这一构园方法。

以拙政园为例，此处原为一片积水弥漫的洼地，园林强调“随势造型”，于是利用洼沼积水，浚沼成池，环以林木，建成以水为主的风景园。但不是一览无余，而是以松冈、山岛、竹坞、曲水的变化，以桥梁曲廊的连接，使拙政园形成东、中、西三部分，各具个性特色，又巧妙连为一体。

从“通幽”“入胜”腰门进入东园，此处称为“归园田居”，以田园风光为主，中间石峰“缀云峰”，如巨大屏风，挡住游人视线，形成开门见山的奇效，又巧妙“障景”，引人入胜。绕过此山有山岛、荷池、松冈、竹坞配景，主景“秫香馆”，从“楼可四望，每当春夏之交，家田种秫，皆在望中”取意，营造出“避世淡泊”的主题，与“拙政园”——“筑室种树，灌园鬻蔬，拙者之为政也”的意思吻合。

如果说东园是序幕，中园则为高潮。中园称为“复园”，以池岛假山取胜，是拙政园精华所在。它和东部以一道复廊隔开，打开复廊大门，站在倚虹轩旁极目远眺，只见池面宽广，景色秀丽，亭台楼阁，小桥流水，古树名木，尤其是巧借园外巍巍的北寺塔，更显得境界高远、庭院深深。这里的“远香堂”为主要建筑，以它为主，或远或近，或高或低，或大或小的厅堂馆轩疏密有致，错落有度，每一个厅堂都是景点的组成部分，都是极佳的观景点。尽管中部很大，但注意层次变化，第一景区以池岛假山为主，第二景区以荷花池水为主，第三景区以枇杷环绕的庭院为主，如果说将三景比成三个乐章，那就是"高山之巅""沧海之滨""天伦之乐"，真是春秋多佳日，山水有清音。

西部"补园"是尾声，主体建筑为三十六鸳鸯馆，十八曼陀罗花馆，鸳鸯象征人间美满姻缘，曼陀罗花则是佛教西方极乐世界的延年益寿的吉祥物，这里既给人以温情脉脉的伦理气氛，又使人思考淡泊明志的人生哲理，巧寓着"人间天堂"的意境。

拙政园在院落的组合上舍弃了皇家园林的中轴线，打破了传统的对称格局，因地制宜，错落有致，疏密有间，追求诗文之意的舒展开合，起承转合，又寻求画意的远近高低，明暗虚实，这一切"虽由人作，宛自天开"，完全契合"师法自然""天趣自然""率意天成"的美学理论，使园林体现自然、淡泊、恬静、含蓄的艺术特色，并收到移步换景、小中见大的观赏效果。这是以景区为单位，按它们的方位铺设的流动而又连续的观赏线路，向人们展开了一个有头有尾的连续画面，把各种园林景色组织到统一协调的气氛之中，引导观众从头至尾，有条不紊地进行观赏。如同看一出戏，有序幕，有发展，有高潮，是逐渐将美景推到游客的面前，无一览无余之直露，有含蓄变化之深邃。

二、园林空间安排的基本原则——壶中天地

"壶中天地"来源于《后汉书》，说市有老翁卖药，悬一壶于肆头，肆罢，辄跳入壶中，好事者和他并入，见壶中"玉堂严丽，旨酒甘肴盈衍其中"。这壶天自春，无非说园林小中见大，远害避世，表现出文化的隐逸之气。

从南北朝开始，士大夫开始建园林，在狭小的空间内表现独有的趣味，以显示其造园技术的高超。中唐以后，"壶中天地"的境界已成为士人园林最普遍、最基本的艺术追求。白居易以诗歌记载这一原则，"未知席床前，方丈深盈尺"，"有意不在大，湛湛方丈余"。宋代苏轼对此十分欣赏，"不作太白梦日边，还同乐天赋池上。……此池便可当长江，欲榜芳斋来荡漾"。明清时期承继"壶中天地"格局，王世贞在自己园中建"壶公楼"，潘允瑞《豫园记》载，在上海豫园入口处竖一牌坊，曰"人境壶天"。扬州个园有一匾"壶天自春"，其他"小盘谷""小蓬壶""小瀛洲""小玲珑山馆"在园林中到处可见。

如扬州的小盘谷，该园从韩愈《送李愿归盘谷序》取意，韩愈所写"太行之阳有盘谷"，说"是谷也，宅幽而势阻，隐者之所盘旋"，主人是借其名而现其意。韩愈所写"盘中之谷"，"窈而深，廓其有容；缭而曲，如往而复"。境界

繁复多变，背景也相当深远。“小盘谷”却在高墙环堵的闹市区，运用“园中含园”“景外生景”之法，各种复杂的景观要素在“壶天”中成就出中和之美，在有限的天地表现出深远的意境。封闭的格局只能以布局紧凑、小巧玲珑取胜，园主以花墙将园分为东、西两部，墙上的花窗又引景泄景，分之为二，又合之为一，似露还藏，似隔又连。而连缀两园的是砖雕的桃形门，门如垂桃，桃蒂在上，桃尖在下，如桃倒挂枝头，门廊以水磨砖拼镶而成，上方砖雕两叶，桃大叶小，似更夸大桃的丰硕。门内藤萝缠绕，迎春挂垂，似一天然的珠帘，而又比普通珠帘多了几分生气，此时你再看门额“丛翠”二字，真是恰到好处，点到人心。妙在门亭立一块丈二高的寿星献桃石，如一老者谦恭温和，笑容可掬，似已候你多时，奇思妙想，令人玩味不已。盘谷的建筑十分注意安排，楼台亭阁皆有，且注意配置得当，山顶有风亭，沿磴自可攀；水边有榭阁，入内自生凉；山麓造琼宇，曲栏环楼绕。曲廊连缀诸建筑，花窗掩映作背景，它的可贵在于以体量很小但十分完备的景观要素组合为完整的园景体系，在有限的天地内尽量增加空间形态变化。人行其中，明明只有几十步，但处处佳境，使你目不暇接，让你拍案叫绝。因其小，就更要求精致，这里湖石堆叠的假山是远胜于别处的，清《江都县续志》称：“园以湖石胜，石为九狮，有玲珑夭矫之概。”确实，这里的假山中空外奇，说中空，石洞中很光亮，不注意处的石隙透现出一束束的光柱，聚集于洞中的石桌处，游人对弈、小憩皆宜。洞前一泓清水，波光盈盈，水十分的清，洞异常的静，这使人领略到“大园宜动观，小园宜静观”理论的极致。所以赵朴初称赞此处的叠石：“竹西佳处石能言，听诉沧桑近百年。巧叠峰峦迷造化，妙添廊槛乱云烟。”自然景、人工景共同构成曲折不尽的空间层次。洞外的山实在叠得好，清雄而有古意，那叠石或如昂狮，或似蹲豹，或同卧虎，或像云涌涛立。夏日看，石间苔青似黛，草碧如丝。嘉木扶疏，芳花俏艳；冬日看，山头白雪皑皑，“九狮之状毕现”，有跃跃欲腾，有沉沉酣睡，有悠闲嬉闹，有竞相追逐，自得其乐而又自成天趣。最趣者当为花柳明媚之朝，清辉圆满之夕，若是笼以烟雨，“帘外雨潺潺”，若是掩以轻雾，“落月去清波”。竭尽变化的各种景观要素与竭尽开合萦曲的空间组合成一个极为有限又极为完整的天地。此时，鸢飞戾天者、经纶世务者能不望峰息心，窥谷忘返吗？

三、园林景观的空间审美

（一）观赏方法

景观线，即观赏风景的线路，是将园中佳景巧妙组织，能渐入佳境，又不重复雷同。景观线要曲折迂回，曲径方能通幽，步移换景，不断变化。内简外繁，引人入胜。景观的空间组合要有大小开合、高低、疏密、明暗。

观赏点，观赏风景有动观和静观两种形式。一般观赏点要看到风景点的近景、中景、远景，还可看侧景和全景，要有层次感、立体感、变化感。

特写景，园林中除布置大面积风景外，还应有风格独特、别具一格、小巧玲珑、精雕细刻的景物，这就是特写景。以小、精见长，目的是有利于游客观赏，丰富游客视觉，如特殊的植物、花木、盆景、叠石，水馆观鱼，碑刻雕塑，园林小品，如扬州小金山的枯木逢春。

（二）造景领会

引景，吸引游人前来游览，如山顶筑一亭子，游客必然想向山上登；岛中置一亭，游人必然想泛舟渡水去看一看；漏窗是通过泄景而引景，漏窗中一枝红杏过墙，必然引动游客透过漏窗入园详观。

点景，一说是点缀，如漫游长堤之上，如果堤太长，会单调乏味，长堤中建一亭，作为点缀，必然调动游人游兴；二说是以一词一语点出景物特征和意境。三亚的天涯海角是点在海边巨石上的，西湖十景，平湖秋月、苏堤春晓、三潭印月是点在碑上的。其实两种说法又可融合，如卢沟桥就是在桥头建一亭，内有乾隆题写的“卢沟晓月”碑刻。

借景，园林之妙在于借，就是把园外的景物巧妙组合到园内，以充实园内和空间，丰富园内景色，使园内外景色融会成一个整体。承德避暑山庄借了外面的山石景棒锤峰，还据此在园内修了一亭，康熙亲题“锤峰落照”匾额，于是内外呼应，成为康熙三十六景中的一景。再看这锤峰傍晚时倒影落入湖中，蔚为大观，于是借景成了实景。之后人们又将其和另外立于三冈之巅的亭“北枕双峰”“南山积雪”“四面云山”合在一起，四隅环立，遥相呼应，又成为造园艺术中对景的范例。借景有多种形式，《园冶》中有远借、邻借、仰借、俯借、应时而借等，好处是“物情所逗，目寄心期，似意在笔先”。

藏景，即园中园，可形成大中见小，小中见大的对比效果，丰富景色，引起游客的神秘感。

（三）自然美欣赏

动静兼顾，静观，审美者以静止方式，全神贯注，让自己的意念渐融入客体世界，可以以静观静，用静止的方式审视静止的事物；以静观动，用静止之法审视动态的景物，便于捕捉到观赏的对象，通过静止人和动态物二者的位置差体会景物的动态美。动观，审美者以步行、骑马、乘车等方式欣赏自然物。以动观静，欣赏者通过角度位置的不断变化，造成所观察到的静止景物也在运动，给予静止景物以动态的美；以动观动，就使动景在稍瞬即逝中变幻莫测，扑朔迷离，有万里春光收不尽之感。

登高凭临，借助高处优势，将远方大范围的整体景观尽收眼底，使心胸开阔，心旷神怡。

注重对比，将自然事物不同景物的形态、声音、色彩对比，指出事物自身的特征；将虚实景物对比，具体实在清晰和虚幻朦胧模糊景物对比，使自然景色画面有了层次感、纵深感。

情景交融，对自然审美的过程中，加入人的情性，使自然人格化、情感化，使眼中的自然万物有人的思维、人的行为、人的情感。

（四）人工美欣赏

从社会意蕴中把握，人类的创造性活动中体现了审美要求，人工美必然蕴含着一定的社会生活内容。而且成为人类生活的背景，构成人类生活的物质世界，成为社会生活的一部分。它还让人们走进历史，探究其源头及演进。

从具体特征中欣赏，建筑、书画、雕塑、工艺、园艺等，其内容主要表现于它从各自的功能、技术、艺术上，从内容出发，可以领略到它们的具体特征。

从与自然的关系中领略，人文景观不是孤立的，它总是存在于一定的环境中，尤其是自然环境，一处看似并无独特之处的人文景观如果联系周围自然环境，就会大放异彩。

从生活风情中感受，既通过对人文景观的观赏去认识和体验某种社会生活，又通过体验生活风情更深入地感受人文景观当是旅游审美的重要方式。不同的地域、不同民族，都有不同的生活形态，由此出发就会立体把握人文景观的外壳，更会感受到它的脉搏和血肉。

第四节　中国园林的特点

一、水道处理　借鉴画理

中国的“智者乐水，仁者乐山”的伦理审美在园林中的表现即是对水与石的重视，故而有“地得水而柔，水得地而流”“水令人远，石令人古”等审美理趣。引水造山在秦皇汉武时代就已经开始了。据记载，“始皇都长安，引渭水为池，筑为蓬、瀛”（《史记·秦始皇本纪》裴骃《集解》引《括地志》），“汉武广开上林……穿昆明池像滇河，营建章、凤阙、神明、驱娑、渐台、太液，像海水周流方丈、瀛洲、蓬莱”（《汉书·扬雄传》）。自秦皇汉武引水为池以来，历代园林无不重视水体在园林中的建设。正如《淮南子·本经训》曰：“凿汙池之深，肆畛崖之远。来溪谷之流，饰曲岸之际。积牒旋石，以纯修碕。抑减怒濑，以扬激波。”隋炀帝营建洛阳西苑时，尤重园中泉水。《隋书·食货志》载，“（炀帝）开渠引谷、洛水，自苑西入，而东注于洛”。宋人刘斧在《隋炀帝海山记》中说西苑“内为十六院，聚土为山，凿为五湖四海……每湖方四十里……湖中积土为山，构亭殿，广袤数千间，又凿北海周环四十里，中有三山，设蓬莱、方丈、瀛洲，上皆台榭回廊。水深数丈，开狭湖、五湖、北海，俱通行龙凤舸，帝多泛东湖”（《青琐高议·后集》卷五）。可见，水网发达，水体形态变幻迂曲，水中景物丰富，水景与山体、建筑的配搭巧妙，这一切都表明水体在园林审美中具备了组织庞大园林空间和无数自然、建筑景物的艺术功用。

像这样引水为池，又在池中造山的做法，为后世园林广为效法，发扬光大。南北朝时的士大夫园林，注重对山川景致、自然风光的赞赏，多利用现有山林，选择天然山水形胜之地稍加疏理整治，构筑修葺而造园。如历史上的金谷园、始宁别墅、辋川别墅、庐山草堂，都是如此。但是自“唐贞观、开元之间，公卿贵戚开馆列第于京都者，号为千有余邸”（李格非《洛阳名园记》）以来，历朝历代的宅第园林绝大多数修建在富贵繁华的通都大邑。要在远离自然形胜的都会建园，除了对园址的山水风物加以有效的利用以外，大量的山石、泉池、花木等自然景观都得靠人工的努力。于是，堆山叠石，掘地疏泉，莳养花木，就成为城市起山林的关键。于是“搜尽奇峰打草稿”，将自然山川微缩于园林之内，泉水与山石在园林艺术中发展到巧妙地融为一体的境界。《旧唐书·李德裕传》说他“置平泉别墅，清流翠篆，树石幽奇”。据王谠《唐语林》卷七的记载：“平泉庄在洛城南三十里，卉木台榭甚佳。有虚槛引泉水，萦回穿凿，像巴峡洞庭、十二峰、九派，迄于海门江山景物之状……怪石名品甚众……有礼星石、狮子石，好事者传玩之。（原注：礼星石纵广一丈厚尺余，上有斗极之象，狮子石高三四尺，孔窍万千，递相通贯，如狮子，首尾眼鼻皆全。）”李德裕在《思平泉树石杂咏》之四《叠石》中也曾描述此景说：“潺湲桂水端，漱石多奇状。鳞次冠烟霞，蝉联叠波浪。”在一个园林中把长江的三峡及其十二峰，洞庭湖及其众多支流，直到长江口的江山景物都形象地表现出来，而且波浪层叠，蝉联而下，真正是“一勺可见江湖万里”了。可见中唐园林理水已达到了相当高超的艺术成就。

中国园林中之所以喜欢用水，是因为山石是园林的骨骼，水泉是园林的血脉。要造好园林，疏水引泉是重要的。水给人以清新、明净的感受；给人一种亲切感，愿意与它接近；水势富于变化，兼具动静抑扬之美。水面随园林的大小及布局情况，或开阔舒展，或萦回幽深，使空间延伸、变幻。当山石、植物与水的漫延流动的神态结合在一起时，更觉得自然而富有生气；而水面五彩缤纷的倒影和跳动着的山泉、水瀑、浪花总敲打着人们的心弦，令人欢快，富于想象……因此，人愿意与水交往，园林建筑也愿意与水接近。

在西方园林中，除瀑、池、塘、河等的处理外，水的处理手法是不多的。中国却不然，以避暑山庄为例，我们就可见到诸如“涌翠岩”“澄泉绕石”“隐闸成榭”“风泉清听”等景色，以及水绕岛环、水盈岸低、木桥渡水、苇蒲丛生、荇草涛水等情景。这些都是围绕水而排理成的美的境界。现在尚存的古代名园，不少就是引水凿池或巧用水景而建成的。例如，隋开皇十六年（596），当时任临汾县令内将军的梁轨，引距州城30里的鼓堆泉水，开凿12条渠道灌溉农田，并将一小股泉水引入衙署后院，蓄为池沼，建亭台，植花木，辟为园池。这就是山西绛守居园池。宋仁宗庆历四年（1044），诗人苏舜卿因事遭谗，削职为民，退居苏州，购得五代广陵王钱元璙的别墅故址，理水建亭，修成了以水景取胜的“沧浪亭”园林。元太祖二十二年（1227），元朝汝南王张柔由满城移镇保州（今保定），役使大批由江南掳来的工匠，凿塘挖池，引城西北鸡距泉和一亩泉之水，种藕养荷，构筑亭榭，建成园林，名谓“香雪园”，后因荷花繁茂，又称“莲花池”。时人郝经在《临漪亭记略》中称赞说：“虽城市嚣嚣，而得三湖七泽之乐，可谓胜地矣。”

中国园林理水又分为集中理水和分散用水两种。即中小型庭园的水面常采用集中理水的方法处理，在庭园中常以不规则的水池为中心，沿水池四周环列布置建筑物，形成一面向中心的内聚格局，使有限的空间产生出密切、幽静、畅朗、水态丰盈的效果。如网师园占地仅9亩，但中部以开阔水池为中心，环池配以亭阁轩廊和山石花木。著名学者钱大昕十分赞赏其理水艺术，“地只数亩，而有行回不尽之致；居虽近廛，而有云水相忘之乐”。大中型园林则采用分散理水之法，即将水面化整为零，分隔成若干个相互连通，大小不一的水面环境，称为“水局”，以水为题，以水取景，水陆萦回、山岛间列、小桥凌波、烟水浩渺，造成迂回曲折、扑朔迷离的美感。这方面扬州瘦西湖堪称典范。

扬州瘦西湖不同于杭州的西湖，仅水面面积就有5.66平方公里；不同于苏州、无锡，可借360平方公里的太湖；也不同于南京玄武湖的开阔。扬州瘦西湖原是一条城河，袁枚说它“长河如绳，宽不过二丈许”。但是扬州园艺家却在这长河之上，重新安排出妙景佳境。一是拓宽水面，或用葑泥堆土石于湖中，如小金山；或将葑泥堆成小汀，如西园曲水中的琵琶岛；或在湖中设湖，如瘦西湖中荷浦熏风，即用湖泥围池，外围东西为瘦西湖的湖水包围，而中间北首堆成土阜，建造小亭，南部则挖池种荷；或以长渚伸入湖心，如钓鱼台。经人工精心处理河道后，湖中处处变化，富有情趣。二是发挥河道曲折变化的特点，从便益门开始，河道由东向西，到西园曲水由南向北，到小金山又由东向西，到二十四桥再由南向北。中间又有不少汊河，如到冶春园处，向南有小秦淮河；到问月桥处，向北有凤凰河；到西园曲水处，向南有丁溪；到四桥烟雨处，向北有长春河。这样在水转折处，多是三折，一来、一往、一可望，曲折逶迤，或收或纵，虽是狭河，却显出水道的宽阔。这就是袁枚所称赞的“水则洋洋然回渊九折矣”。三是所有景点皆傍湖而建，一面临水，一面傍路，景点间相互照应，各呈其妙，形成扬州瘦西湖显著的特色：集景式滨水园林群。而在每一转折处都是比较大的景区，如西园曲水、小金山、二十四桥三大景区皆在湖道转折处的“顶点”上。当两景相距较远时，或用点景，如“长堤春柳”亭；或用桥作束腰，如五亭桥就如瘦西湖的一根美丽的腰带；或在河傍岸边间植桃柳，将诸景连成一片。在“赋工属役，增荣饰观，奢而张之”之后。形成了“两堤花柳全依水，一路楼台直到山”的效果。“无水而有水意，无山却有山情。”这是中国艺术“意到笔不到”的表现方式在园林中的运用。

二、山石堆叠　深邃幽静

筑山是造园最重要的因素之一，中国的叠石艺术千变万化，是一种抽象的形式美，为他国所无。叠石艺术成熟于南方，尤其是江浙一带，特别是江苏，因江苏无山，因而刺激了园艺师以假乱真，以虚代实。江苏明清之际造山艺术已趋于成熟和普及。计成《园冶》中“掇山”一节，就曾以扬州园林为例，列举了园山、厅山、楼山、阁山、书房山、池山、内室山、峭壁山、山石池、金鱼缸、峰、峦、岩、洞、涧、曲水、瀑布17种形式，总结了明代扬州造山技术。

苏州狮子林原为寺庙园林，元代天如禅师特邀著名画家倪瓒设计图样，后依倪瓒画就的《狮子林图卷》定下基调，该园在1万平方公里的园内以湖石叠砌的假山形成群狮盘峰的意境，素有“假山王国”之誉。

很多人欣赏园中假山皆似狮子，不无道理，因佛国狮子受到佛祖佛经的感化，泯灭了兽性，通灵成精，化作神狮，成为佛国之兽，作为佛的坐骑，至各名山游历传教。因此很多游人入狮子林后都以寻狮为乐。确实狮子林中太湖石自身玲珑俊秀，大大小小，各具姿态，多数像狮形，也有似蟹鼋、鱼鸟，千奇百怪，难以名状。但更重要的是该园假石堆叠的整体风格，其山形大体分为东、西两部分，各自形成一个大环形，外部看去，峰峦起伏，气势雄伟，很像一座深山老林，石峰底下却又全是石洞，显得处处空灵，高下盘旋，连绵不断，具有岩壑曲折之幽，峰回路转之趣，既可登上山峰，亦可钻入洞穴，正憾山重水复疑无路，又赞柳暗花明又一村。在山中徜徉，刚刚相向而来，忽又背道而去。可隔洞相遇，可望而不可即，左弯右曲，盘旋往复，半天也难绕出来。宛如诸葛亮摆下的八卦阵，又似梁山人误入祝家庄的盘陀路。正如天如禅师《狮子林即景》：“人道我居城市里，我疑身在万山中。”这种“内实外空”“外实内空”的综合使用，如石涛《画语录》所赞“一峰突起，连岗断堑，有胎有骨，有开有合”，确是符合“峰与皴合，皴自峰生”“依皴合缀”的画理。

北京北海静心斋的假山采取分峰造石之法，所谓分峰造石即根据不同的石材，堆叠不同的山峰，辅以花卉树木，形成一处处个性鲜明的山景，而又要将诸多山景汇于一园，相互映衬，相互比照，给人以“一石则见太华千寻”的美学感受。未入园门，只见修石依门，筱竹劲挺，两旁花台上石笋如春笋破箨，缕缕阳光把稀疏竹影映射在园门的墙上，既使人想到绿竹漪漪满园栽的盛景，也使人领略到构园者的高风亮节。构园者虽未特别指出，但抓住最能体现春意的竹、石笋，以竹石和谐相配，游客从中获得的必然是欣欣向荣、朝气蓬勃的审美感受。

过春景，首先映入眼帘的是夏山，全是用太湖石叠成，秀石剔透，夭矫玲珑。步入曲桥，两旁奇石有的如玉鹤独立，形态自若；有的似犀牛望月，憨态可掬。抬头看，谷口上飞石外挑，恰如喜鹊登枝，笑迎远客；远处眺，山顶上群猴嬉闹，乐不可支。佳景俏石，使人目不暇接。过曲桥入洞谷，洞谷如屋，深邃幽静，左登右攀，境界各殊。山涧侧畔，广玉兰亭亭玉立；檐前阶下，芭蕉绿上窗纱。人行其间，只见浓荫遍布，绿影丛丛，真是眉须皆绿了。

秋山最富画意，山由江南黄石堆就，其石有的颜色赭黄，有的赤红如染，其势如刀劈斧削，险峻摩空，山隙间丹枫斜出，曲干虬枝与嶙峋山势浑然天成；山顶飞亭翼然，登峰远眺，群峰低昂，烟岚飘隐其中，虽是咫尺之途却有百里之景的磅礴气势。

如果夏景是以清新柔美的曲线的太湖石表现秀雅恬静的意境，那么秋景则以黄石粗犷豪放的直线表现雄伟阔大的壮观。一具北方峰岭之雄，一兼南方山水之秀，险峻、秀美风格迥异，却又在咫尺之内以楼前立体串楼相连，浑然一体而不突兀，和谐统一极富诗情画意。从黄石东峰步阶而下，过“透风漏月”厅，是用宣石堆起的冬景。宣石中含有石英，迎光闪闪发亮，背光皑皑露白，无论近看远观，假山上似覆盖一层未消的残雪，散发着逼人的寒气。山畔池旁，冬梅点点，疏影横斜，暗香浮动，“霜高梅孕一身花”，真是“春夏秋冬山光异趣，风晴雨露竹影多姿”。

三、建筑灵秀　精在体宜

“凡园圃立基，定厅堂为主。”园林中每个部分、每个角落无不受到建筑美光辉的辐射，园林是把建筑艺术变相地应用于现实的自然环境，融于自然，表现自然，巧妙地处理了形与神、景与情、意与境、虚与实、动与静、真与假、有限与无限、有法与无法的种种关系，一切设置都是人与自然的情感交流。可以说园林是建筑的延续和扩大，而建筑可说是园林的起点和中心。现代西方流行“为人而不是为物的建筑”，中国园林一直致力于创造出一个“便于人的活动更富有快感的环境”。

（一）壮美与秀美的结合

南京瞻园以苏东坡“瞻望玉堂，如在天上”取意，建筑面积达4260平方米，是南京仅存保持完好的明代古典园林建筑群，属皇家园林，有石坡、梅花坞、平台、抱石轩、老树斋、北楼、翼然亭、钓台、板桥、梯生亭、竹深处等著名十八景，享有“金陵第一园”的美誉。主体建筑“妙静堂”是鸳鸯厅建筑，堂分两部分：南部的建筑格调清新淡雅，小巧玲珑，常用于接待女宾；北部的建筑格调粗犷豪放，雄奇伟岸，常用于接待男宾。这种同一建筑风格迥异的现象应该不和谐，但由于自身体量的巧妙和周边环境的匹配，这样壮美秀美比照鲜明，宛若天成。如楹联所言，一表豪放：“大江东去浪淘尽千古英雄，问楼外青山山外白云何处是唐宫汉阙?”这是从功业角度，说明英雄当以国事为重，建功立业为能。一表柔情：“小苑春回莺唤起一庭佳丽，看池边绿树树边红雨此间有舜日尧天。”这里从天伦角度，说明无情未必真豪杰，天伦之乐，游赏之趣亦是人生乐事。

（二）动观与静观的结合

中国园林，特别是规模较小的园林，布局的基本方式是：山—水—建筑。建筑面对山水，既突出了山水景观，又获得了良好的观赏条件。建筑集中布置，既使自然空间开放、明朗，宜动中观，又使建筑空间封闭、曲折，宜静中观。有动有静，形成对比，实用功能与艺术观赏两方面兼顾。

大院宜动中观，小院宜静中观，苏州留园为清代园林，结构紧凑，富丽堂皇，每一处建筑都别具匠心，动静方面处理极有特色，如从门厅到中部花园入口处的腰门，是一条50多米的过道，这是给游人“动观”的。一条过道上，先有小天井，用以采光、通风、漏水，天空的云朵、飞翔的小鸟给静态的建筑增添生意、活气，天井后是轿厅，继而弯曲过道之后是两个蟹眼天井，种一些瘦竹，给昏暗的过道引些许亮光。然后又是天井，花台上种玉兰、桂树、石笋，暗寓金玉满堂之意。此时到了敞厅，这里小大、明暗、放收处理得恰到好处，点到人心。

而到石林小院，则以石额点明“静中观”，因该院南北长仅29米，东西宽不过15米，不足500平方米的空间，园主居然将其隔成6个小院，互相沟通，由于层次丰富，院外有院，景中有景，因此给人感觉是院越隔越大，主建筑“揖峰轩”，红木菱花门窗上蝙蝠、金钱、万字图案精美，轩内有两桌，一桌围棋棋盘，一桌象棋棋盘，此地小桌子形同七巧盘，可分可拆，小方桌可院中拜月，亦可墙角放花盆、茶具。静坐轩中，静心观赏，胜境妙不可言，如一奇石鹰斗猎狗峰，实际上是借用南面小亭的漏窗，构成对景、漏景、框景之法，使人在小的空间中不感壅塞，而觉开朗。

（三）大与小的结合

中国的园林建筑常采取“以大化小”的方式，把绝大多数的建筑物集中为许多小的群组，有机地分散配置于园内山与水相结合的自然空间内，从而创造了一系列丰富多彩、性格各异的园林景观。如圆明园100多景，就是山复水转，层层叠叠的上百处自然空间，每个空间都经过精心的艺术提炼加工，体现某种特定的意境，形成一座独立的小型园林，“园中有园”“景中有景”。这些园景变化多姿，各有其妙。或背山面水，如上下天光，镂月开云；或左山右水，如柳浪闻莺、接秀山房；或面湖临溪，如淡泊宁静、九孔桥；或叠石临湖，如杏花春馆、紫碧山房；或前有山障后临阔水，如湖水远望、一碧万顷；或山间环抱，如武陵春色等，丰富多彩，美不胜收。

寄畅园为无锡明代园林，仅1万平方米，但以山麓别墅园林而著称。从王羲之“寄畅山水荫”取意。该园大与小结合得很好，它是锡惠公园的园中园，其中秉礼堂又是寄畅园的园中园，它采取“隔景”之法，将园林大空间隔成若干个小空间，每一空间都进行精心布置，使之各具个性，面积虽只有600多平方米，却有厅堂、碑廊、水池、花木、石峰，互相借景，精在体宜，无论从何角度去看都是天然图画。可贵者它尽管自身体量小，但善于借景，在锦汇漪前，仅一个大水池，但锡山顶上的龙光塔既在视廊之内，倒影又在水池之中。不可即却可望，造成游人的错觉，以为此园天高地阔。而八音涧则是幽深、狭窄的空间，处在锦汇漪之旁，长36米，深2.6米，宽0.6～4.5米不等，但将二泉泉水通过暗渠导入涧中，化为流水之叠，人在涧中行，水绕脚边走，倾听泉水叮咚，体会明月清风，虽抑制了一视线情绪，但到锦江漪时豁然开朗，一瞬间天地开阔，由于先抑后扬，以“藏景”弥补其小，又以“借景”开敞其大，使人体会到中国造园之法中“景越藏则境界越大”的妙处。

（四）虚与实的结合

德国大诗人歌德说过：“建筑是凝固的音乐。”其实建筑之中不仅有音乐而且有诗画。中国园林建筑不论平面、立面都非常重视音乐、诗歌、绘画韵律的组合，有序曲、前奏、高潮、尾声。有高、低、虚、实、扬、抑的照应。

瘦西湖小金山麓有一组建筑琴棋书画轩。琴室临水而建，门前垂柳依水，古人常在此面水弹筝，对联是“一水回环杨柳外，画船来往藕花天”。一派“杨柳岸，晓风残月”的意境，此是春景，棋室前为一株老梅，室内两方棋盘，冬日阳光透过蜡梅，花影溢香，在其中品茗对弈，岂不应了“宝鼎茶闲烟尚绿，幽窗棋罢指犹凉”的佳话。此为冬景。木樨书屋置身于木樨（桂花）之中，书房内多宝架书卷溢彩，纸墨生香，这是秋景。

造园者构园造景时，巧妙地突出琴棋书，而画室却无。但当你顺着琴室、棋室、书屋的走廊向前时，自然就到了月观。构园者深知文人通过赏月才能诗情大发，而扬州素有“天下三分明月夜，二分无赖是扬州”之说，于是面东临湖建水榭式建筑——月观，每逢望日，文人雅士在此吟诗作赋。尤其是中秋之夜，木樨盛开，打开月观后窗，天边东升皓月，悬挂柳梢，与湖中月影相互交辉。水明、灯明、月色明；茶香、酒香、木樨香。此时你才恍然大悟，原来琴棋书是明设，画是暗点，如果有画室反而索然无味了，只有前实后虚，才为人们留下想象的余地，这正是诗画中虚实结合、以虚补实手法在园林中的运用。

（五）主与从的结合

有主有从是艺术创作的一般规律。主从分明才能有重点、有中心，平铺直叙必然平淡乏味。园林创作也是这样，在大的自然风景区中，自然山水的骨架已为人们安排好了景观上的主次关系，园林规划与建筑布局的任务在于使主景更加突出、醒目，使次要的景观各得其所，主次之间彼此呼应、连贯，相得益彰而组成园林艺术的整体。在小范围内造园，为丰富景观效果，也要使景区有主有次，建筑物有主有从，以形成特色和重点。如苏州虎丘处处注意主和从，沿游览山道西侧顺山势建有拥翠山庄、台地小园林，路的尽端有一片开阔岩石台地，北部有陡峭的峡谷、山涧、剑池，沿山坡上下，依势建有石亭、粉墙及其他游赏和寺庙等建筑物，建筑处于自然景观之间，成为一处处的中心和亮点，而山巅高处耸立着八角七级的云岩寺塔（虎丘塔）作为结束，造型雄浑古朴，形象突出，控制了整个园林景域，很自然地成为全园的重点和高潮所在。

（六）中与西的结合

中国传统建筑有中西兼容并包的文化特征。园林中楼阁塔、密檐塔的出现显然是中国固有建筑文化和印度建筑文化融合的结果。元代藏传佛教建筑在中原兴盛起来，中国传统建筑文化以兼容并存的形式再次扩充它的构成：北京妙应寺白塔是当时尼泊尔工匠设计的，后来它的倩影又在北海琼岛重现，成为北京的标志之一。承德的外八庙更是典型的多种建筑文化融合的结晶。颐和园的石舫，名为清晏舫，原有中式舱楼，被英法联军烧毁。清光绪十九年（1893）改建成洋式舱楼，两侧加两个机轮，舱楼为木结构，花砖铺地，镶五色玻璃窗，别具情趣。

我国大量庙宇，在彩绘、雕塑等多种装饰乃至建筑外观上，似乎并不一定遵循某一种宗教主题。如在道观中塑有佛教人物形象，在孔庙里出现了佛、道甚至民间传说人物等，这些均是中西包容观念的反映。

圆明园是世界上无与伦比的园林建筑的奇珍，也是我国古典园林艺术发展的高峰。包括长春园和绮春园（万春园）在内，通称圆明三园。三园外围周长约10公里，面积总计约3.5平方公里。这里原是明代故园，清康熙四十八年

(1709）赐给皇四子胤禛（即后来的雍正帝），占地0.2平方公里。雍正即位后，从1725年起大事兴建，扩大到2平方公里，造景28处。乾隆即位后继续扩建，到1745年又造景40处，命宫廷画家按景绘图，并亲自题诗，从流传到现在的图和诗可以想见圆明园当时的盛况。以后嘉庆皇帝收并了西面几个赐园，道光皇帝又陆续兴建，从创建以来经过150多年的建设，形成了惊人的巨大规模。三园共构筑各类木石桥梁100多座，风景点140多处，楼台亭榭、轩廊馆阁等建筑面积计16万平方米，比故宫还多1万平方米。它不仅继承、发展了我国传统的园林建筑艺术，创造性地吸收和借鉴了南北名园的胜景，集我国古代造园艺术精华，全国无数能工巧匠，因地制宜堆山导水，以园中有园的艺术手法，将诗情画意组织于变化万千的景象之中。还包括了西洋建筑的特色。乾隆在1760年按欧洲巴洛克形式建成大水法十景，俗称西洋楼。园内建筑陈设豪华，并收集了全国罕见的文物、珍宝和图籍。所以当时欧洲的有关文献盛赞它是“万园之园”“人间天堂”“一切造园艺术的典范”。包括谐奇趣、大水法、海晏堂三组大型喷水池在内的一组特殊景区——西洋楼。为我国园林艺术发展增添了新的色彩。

第五节　中国园林的文化传统

一、崇尚自然

计成《园冶》中“虽由人作，宛自天开”的理论一直作为后来建园者的圭臬。中国园林中的精品无不是构园者通过遍游名山大川后，“搜尽奇峰打草稿”，缩龙成寸以后的再生。而崇尚自然不仅是对山水原封不动地照搬照抄，而是提炼概括，加入源远流长的文化因素和造园者自己主观感情的再生。这就是“外师造化，中得心源”，是宋人所说“迹近自然”。而观赏者，尤其是大城市的游客，在长期的钢筋混凝土的森林中穿梭厌烦后，无不向往大自然，希望在自然山水中变换生活节律，获得身心的放松和愉悦。

我国古典园林属于写情自然山水型，即以客观存在之模山范水为蓝本，经过艺术的加工提炼，按照特定的艺术构想，“移天缩地”在有限的范围内，将水光山色、四时景象、贵贱僧俗等荟萃一处，“纳千顷之汪洋，收四时之烂漫”，以借景生情，托景言志，以情取景，情景交融，使人足不出户而领略多种风情，于潜移默化中受到大自然的陶冶和艺术的熏陶。

造园追求“三境”：生境——良好的生活环境；画境——景观如画，园林如诗如画，使人感到高雅、乐趣；意境——园林客观的境，与主人主观的意相合，成为园主和造园者情感和理想的表露，有了个性风格特点。

山水丛中的书法家园林——兰亭是三境的成功范例。古兰亭在绍兴县西南兰渚山，“此地有崇山峻岭，茂林修竹，又有清流激湍，映带左右”。兰亭曲水弯环、幽兰修竹，令人顿觉耳目一新。真是“竹风随地畅，兰气向人清”。好一派山林野趣！据《越绝书》记载，“勾践种兰渚田”，小洲因得名“兰渚”，附近的山水亭台也都由此得名：兰渚山、兰溪、兰亭。东晋时著名书法家王羲之于永和九年（353）上旬巳日邀谢安、孙绰等到水边嬉游，以消除不祥，叫作“修禊”。引曲水以流觞，吟诗饮酒，诗文成集，他书写了闻名中外的《兰亭序》。从此兰亭成了我国书法史上的一处胜地。清代于敏中在《浙程备览》中说：“或云兰亭，非右军始，旧有兰亭，即亭堠之亭，如邮铺相似，因右军禊会，名遂著于天下。”如此看来，兰亭从右军（王羲之）等人在此地做修禊活动后才“著于天下”，进而成为天下名胜的。

二、“忧患”传统

儒家人生哲学认为，人生是艰难的，社会是复杂的，“穷则独善其身，达则兼济天下，”应以历代先贤、仁人志士为榜样，始终保持忧患意识，用坚韧不拔的毅力、锲而不舍的精神去积极进取。儒道哲学都具有深刻的忧患意识，应该通过“太上立德，其次立功，其次立言”的三不朽哲学弥补人“生而有涯”的缺憾。如苏州顾炎武故居、五人墓碑园、天平山等园林，都表现出浓厚的忧患意识。

西湖西北角岳湖畔，陵墓园林岳王庙堪称代表。岳飞（1103～1142），字鹏举，相州汤阴（今河南省汤阴县）人，南宋抗金名将。三次率岳家军北伐，收复中原大片失地，令金兵惊呼：“撼山易，撼岳家军难!”正当乘胜北进时，被一心求和的宋高宗赵构和宰相秦桧以十二道金牌逼令班师，解除兵权。南宋绍兴十一年（1141）十月被诬告谋反，下大理寺狱。十二月二十九（1142 年 1 月 27 日）赵构下诏“赐死”，一代忠良以“莫须有”罪名被杀害。刑前，岳飞心含冤屈，悲愤地写下“天日昭昭，天日昭昭”八个大字。21 年后，宋孝宗继位，下诏追复岳飞原官爵，谥武穆。依礼改葬于栖霞岭，墓园名“精忠园”。岳王庙始建于南宋嘉定十四年（1221），改原智果寺为褒忠衍福寺，又名忠烈庙。

岳王庙大门，正对西湖五大水面之一的岳湖。庙与岳湖之间，高耸着“碧血丹心”石坊，寄托着炎黄子孙对这位民族英雄的敬仰之情。岳飞墓，背山面湖，巍峨壮观。内分忠烈祠、启忠祠、墓园三部分。头门是一座二层重檐建筑，巍峨庄严，赭红色的围墙，重檐飞角的门楼，在青山映衬下格外醒目。正中悬挂“岳王庙”三字竖匾，继而是一个天井院落，中间是一条青石铺成的甬道，两旁古木参天，正面的重檐歇山顶建筑就是岳庙的主体建筑忠烈祠。檐间“心昭天日”金字大匾，为叶剑英元帅题书。忠烈祠大殿正中是4.5米高的岳飞戎装彩塑，身着紫色蟒袍，臂露金甲，眉目间流溢出英武之气。座像上面是岳飞手书的“还我河山”的横匾，气势恢宏，寥寥数字写出了岳飞毕生为之奋斗的志向所在。左右两边是“碧血丹心”与“浩气长存”横匾，殿西壁上是明代杭州参政、莆田人洪珠写的“尽忠报国”四个大字，铿锵有力，彪炳夺目。藻井天花板上，白鹤展翅翱翔，象征着岳飞的浩然正气和远大志向。正殿后面两旁是岳母刺字等巨幅壁画，历数着岳飞精忠报国的英雄业绩。

岳飞墓园在忠烈祠西侧，陵园入口处有“精忠柏亭”，内有枯柏8段。传说这棵柏树原在大理寺风波亭边，岳飞遇害时，天地失色，古柏枯死，后人就将其移放到岳坟，世称精忠柏。其实枯柏并非南宋古柏，而是属于松柏科的植物化石，其历史有1.2亿年以上了，精忠柏的传说无非寄托了人们对民族英雄的崇敬和追思。

进墓阙重门就到了岳飞墓园，墓道两侧有石马、石虎、石羊各一对，石翁仲三对，都是明代的遗物。正中便是岳飞墓，墓径7米，高2.7米，坐西朝东，墓碑上刻着“宋岳鄂王墓”。左边是岳云墓，墓碑上刻着“宋继忠侯岳云墓”，岳云是岳飞的养子，英勇善战，“年十二从张宪战，号‘赢官人’，手持两铁锤，重八十斤。（岳）王征战，未尝不与，每立奇功，王则隐之”，真是一个不为名、不求利，专心一意杀敌保民的英雄，却因为是岳飞的儿子而惨遭杀害，死时年仅22岁。两墓保持宋代的式样，石砌墓椁，周围古柏森森。墓前一对望柱上刻有一副对联：“正邪自古同冰炭，毁誉于今判伪真。”昭示着岳飞墓前这一场千秋功罪的历史判决。墓阙下的铁栅内，下跪着双手反剪的秦桧、王氏、万俟卨、张俊四大巨奸的铁铸像。因为众怒所归千夫所指，铁像屡屡被人们击碎。自明正德八年（1513）以来，这几个无耻之徒的丑像曾先后重铸，现存铁像已是第9代了。跪像背后墓阙门柱上镌着那著名的石刻楹联：“青山有幸埋忠骨，白铁无辜铸佞臣。”如史志所载，“铁铸桧、卨，人之欲不朽桧、卨也，甚于忠武”，为的是让这些败类遗臭万年。后世有秦氏后裔仰慕岳飞而致祭，嗣后以诗表心迹：“人从宋后少名桧，我到坟前愧姓秦。”

南廊是岳庙几次重建的碑记和历代名人凭吊题咏，“心昭天日”（叶剑英）、“尽忠报国”（明·洪珠）、“民族英雄”（冯玉祥）、“精忠贯日”“伟列纯忠”“气壮山河”等几十方匾、数百副联对，如“誓复中原，浩气弥纶吞北虏；重新神宇，忠灵赫濯奠西湖”，“南人归南，北人归北，小朝廷岂求活耶？孝子死孝，忠臣死忠，大丈夫当如是矣”，“民族主义历元清鼎革，始达完全，如神有知，稍解生前遗恨；圣湖风景，得祠墓点缀，差不寂寞，兹地之胜，允宜庙貌重新”（蔡元培撰），“观瞻气象耀民魂，喜今朝祠宇重开，老柏千寻抬望眼；收拾山河酬壮志，看此日神州奋起，新程万里驾长车”（赵朴初撰）等。中外游人到此无不对岳飞充满崇敬，一草一木、一诗一匾，都讴歌岳飞的精忠报国和表达后人对他的爱戴。

三、“比德”现象

古代汉民族的类比思维，常见的主要在“天象”“地法”“人事”之间的类比，在该种思维中，有一种叫作“观物比德”，在上古运用十分普遍，《论语·庸也》：“子曰：智者乐水，仁者乐山。智者动，仁者静。智者乐，仁者寿。”可知“水”是类比智者，“动”“乐”之德的。比如，开封的龙亭原来是宋代皇宫御苑的一部分。南边的潘杨湖，面积有25万平方米。东边是潘家湖，湖水混浊。西边是杨家湖，湖水清澈。相传东边是宋初奸臣潘美的住宅，西边是忠臣杨业的住宅，一忠一奸，所以湖水清浊分明。这当然只是传说。其实这里原是宋金故宫，明周王府旧址，明末水淹，这里地势低洼，积水成湖，西湖水流畅通，所以清，东湖水源不足，排水不畅，所以混浊。

四、重文传统

中国古典园林或文人所建，或主人延请文人为其增色，通过欣赏中创造的“文化”，诗词彩赋，书法绘画，楹联匾额，给园林山水增辉，而他们的文艺作品也与天地同寿。这是中国文人希望通过诗文书画展示自己的才华，抒发自己的情感，这情感既有积极入世，更多的是消极遁世，抒发名士的牢骚。这既是对黑暗现实的抗议，也是与“秋风催老梨花落”的无情时光的抗衡。

诗人园林沈园堪称代表。该园位于绍兴城的东南隅，原是越中大族沈氏的私家园林。自宋代建成后不久便成为一处令人神往的江南名胜、天下名园。其驰名于世，主要是由于越中名人陆游与其前妻唐琬题在园壁上的两阕《钗头凤》词。

陆游（1125~1210），字务观，号放翁，南宋伟大的爱国诗人。大约于20岁与表妹唐琬结婚。夫妻二人志同道合，浓情蜜意，却为严厉的陆母所不容。母亲担心儿子耽溺于儿女之情而销蚀掉进取之心，遂于婚后两年左右便硬行拆散了这对恩爱夫妻。旧时的礼教是杀人的利刃，儿子只能无条件接受母命，无丝毫提出抗辩的权利。

二人洒泪诀别。不久唐琬改嫁同郡赵士程，陆游也再娶王氏。然而这段情意铭心刻骨，令人无时或忘。陆游30岁左右这年春季的一天，天日晴和，春意正浓，他出游沈园，不期与离别多年的前妻唐琬及其后夫赵士程相遇。唐琬遣人送酒致意。看到魂牵梦萦的前妻憔悴的容颜，隐含忧愁的神态，陆游无限感伤，压抑不住内心的感情冲动，在园壁上挥笔题下了这阕脍炙人口的名篇《钗头凤》：

红酥手，黄縢酒，满城春色宫墙柳。东风恶，欢情薄，一怀愁绪，几年离索。错！错！错！　　春如旧，人空瘦，泪痕红浥鲛绡透。桃花落，闲池阁，山盟虽在，锦书难托。莫！莫！莫！

词的上阕写他俩邂逅重逢，回忆唐琬的温存、体贴，被迫拆散分手后的愁怨。下阕写分离后相思之苦，往事不堪回首抱恨终生的心情。这首词一方面抒发了诗人悲伤怨恨的情怀，另一方面又对封建恶势力进行了谴责，感情真挚强烈，因而博得后人广泛的同情和喜爱。

唐琬见后也十分伤感，不禁和了一首：

世情薄，人情恶，雨送黄昏花易落。晓风干，旧痕残，欲笺心事，独语斜阑，难！难！难！　　人成各，今非昨，病魂常似秋千索。角声寒，夜阑珊，怕人寻问，咽泪装欢，瞒！瞒！瞒！

这首词感情真挚，言简意丰，泣诉了别后对陆游缠绵的思念之情，自己内心的痛苦和尴尬处境，同时也流露出对爱情悲剧制造者的不满情绪。可以说，陆词沉痛而唐词凄婉，都是血泪凝成的不朽之作。

沈园相会后不久，唐琬便抑郁成病，香消玉殒。这给陆游的心灵造成难以弥合的创伤。从此他陷入了深深的追念和痛悔之中，而沈园也成了陆游的伤心断肠之地。他曾多次游沈园，每游沈园甚至是梦游，都会有伤心断肠的哀曲从心底自然流出：

枫叶初丹槲叶黄，河阳愁鬓怯新霜。
林亭感旧空回首，泉路凭谁说断肠。
坏壁醉题尘漠漠，断云幽梦事茫茫。
年来妄念消除尽，回向禅龛一炷香。

尤其是诗人75岁时，唐琬已死多年，沈园也已三易其主，陆游又一次来到沈园，见他当年的题词仍留壁上。诗人为之怅然，当即写下两首悼念亡妻的诗：

城上斜阳画角哀，沈园非复旧池台。
伤心桥下清波绿，曾是惊鸿照影来。
梦断香消四十年，沈园柳老不吹绵。
此身行作稽山土，犹吊遗踪一泫然。

陆、唐二人留下的这朵朵艺术奇葩赋予沈园一种特有的文化情调和魅力。

五、尚古传统

珍惜自己民族的历史，宠爱先辈留下的遗迹，中华民族从古至今都重视传统文化的保护和传习。儒家以信而好古著称，孔子推崇周的礼乐制度，发出“郁郁乎文哉，吾从周”；道家也尚古，庄子就发出“旧国旧都，望之畅然”的感慨。而历代造园者总是尚古的，清袁枚建造随园时并非凭空建造新园，而是买的康熙年间江宁织造隋赫德的旧园，原因是尚古。一尚古园之古树，他说，“名园易得，古木难求”，看中的是园中古木峥嵘；二尚古名，“随园”本“隋园”，是隋赫德的姓，他不改音，却巧借意说，“随其高为置江楼，随其下为置溪亭，随其夹涧为之桥，随其湍流为之舟，随其地之隆中而欹侧也为缀峰岫，随其蓊郁而旷也为设宧窔，或扶而起之，或挤而止之，皆随其半杀繁瘠，就势取景，而莫之夭阏者，故名曰‘随园’”；三尚环境，随园地处小仓山，地势很好，当时金陵之胜，南有雨花，西南有莫愁湖，北有锺山，东有冶城，东北有孝陵、鸡鸣寺，只要登上小仓山，诸景轰然上浮，尽收眼底。袁枚尚环境，实际是崇尚最初造园之人的目光。

今人尚古，一是表现在对历史上的园林纷至沓来，希望了解景观的来龙去脉，追根溯源，而当地的旅游工作者总是津津乐道、如数家珍般向游人介绍古代的一草一木，一房一石；二是表现在对现存的古典园林，责成政府部门保护，对兵燹战乱毁灭的历史园林要求原样恢复，如北京圆明园的恢复、故宫及御花园的大修；三是旅游开发中的仿古街、仿古城、仿古园、仿古楼及至仿古旅游，尽量是将历史记载的园林具体化，使虚变实，使今若古，群众仍愿意去观赏，折射出旅游者的尚古情节；四是群众对于古园林周围砌高楼、修索道的行为给予一片反对之声都是尚古意识的反映。

第六节　新兴的游乐园等人造景观

人造景观是一种人造旅游资源，是现代人以现尚存或曾经存在的名人、名事、名著、名景为蓝本，融汇现代文化元素，再创造出来的景观。这种景观可以不受时间限制，逼真地再现数百、数千年前的历史场面，亦可不受空间阻隔，全世界名胜古迹都可浓缩在某一空间。但也要认识到目前我国的旅游开发中存在一哄而上的疾患，在全国掀起了一股竞相效仿的热潮。许多失败的人造景观是这股不真正理解市场的追风思潮的牺牲品。

一、香港迪士尼乐园

这是全球第五个迪士尼乐园，乐园主题鲜明，第一期大致上包括四个主题区：美国小镇大街、探险世界、幻想世界和明日世界。

美国小镇大街：这是根据典型的美国小镇设计而成，富于怀旧色彩，所展现的时代正是煤气灯由电灯取替，以及汽车代替马车的年代。这些怀旧设计带领游客进入神奇王国，让他们体验乐园内不同的世界。

幻想世界：中心标志是一个崭新、独特的梦想花园，唯香港迪士尼乐园独有。进入睡公主城堡，游客犹如置身迪士尼故事中，找到他们最心爱的迪士尼人物：可以在咖啡杯内盘旋，又或是与各个可爱的迪士尼人物如小熊维尼、白雪公主及米老鼠见面。

探险世界：探险世界让游客亲身感受置身亚洲及非洲地区原始森林的旅程，同时探险世界亦将多种奇珍异卉集中在一处展出。游客可以参加乐园内的森林河流之旅，还可发掘其他惊险的游乐设施如整个以森林之王（King of the Jungle）为主题的岛屿等。探险世界更设有一个最大的室内剧场，这剧场专为迪士尼现场表演而设。

明日世界：明日世界是一个充满科幻奇谈及实现穿梭太空幻想的地方。香港迪士尼乐园中明日世界的全新设计和感觉与其他的主题乐园截然不同，华特迪士尼幻想工程将整个园区建造成一个专为探索太空、经历奇遇的星河太空港口。每个游乐设施、商店及餐厅均以机械人、宇宙飞船、浮动星体作装饰，成为太空港口的一部分。游客可以在“飞越太空山”体验时空旅程，亦可乘坐飞碟来回穿梭太空。

卡通人物为人们，尤其是孩子和青年喜爱，如迪士尼的卡通人物米老鼠、小熊维尼、花木兰、灰姑娘、睡美人等。在每个人的童年里，都有自己的童话世界，这个世界由米老鼠、唐老鸭、白雪公主、睡美人等一系列卡通人物构成，人们总是乐此不疲地收集着它们的画像、玩具和饰品，它们就成了自己成长的一部分。当这些卡通形象活生生地出现在面前的时候，大人自然会像孩子一般激动地跳起来！跟它们一起舞动玩耍，这场梦终于成真了。卡通人物和所有的游客面对面，让游客身临其境，进入梦幻的童话世界。

乐园主题曲影响大，《让奇妙飞翔》由香港迪士尼名誉大使张学友主唱。

迪士尼乐园互动游玩的项目多，必玩的十大项目有：①原野剧场：《狮子王庆典》场面精彩，幕幕充满惊喜；②梦想花园：香港迪士尼独有，采用中式设计的花木兰凉亭；③睡公主城堡：迪士尼乐园的地标、女孩必到的拍照地点；④小熊维尼历险之旅：坐上小熊维尼日夜抱着的蜜糖瓶，找回童真；⑤米奇幻想曲：4D 立体电影，亲身感受电影中不同场面带来真实的水花、风吹，甚至气味；⑥飞越太空山：过山车在太空山内穿梭飞驰，周围充满科幻味道的宇宙环境布置，飞越旅程非常刺激；⑦巴斯光年星际历险：当星际护卫队打倒索克天王，用激光枪把怪物击倒，惩奸除恶的感觉实在痛快；⑧探险世界森林河流之旅：一边体验历奇的河流之旅，一边欣赏小船旁边非洲原始风光的森林气息；⑨小镇大街古董车：有多款古董车载着游客前往大街两端的广场，分别有小型巴士、的士，还有囚车；⑩蒸汽火车：火车带你环游迪士尼乐园一周，让你饱览周围的景色，以便制订自己的游乐线路。

二、城市的开发与人造景观的发展

（一）中国开发人造景观经历了两个阶段

人造景观是一个大概念，在这里指的是现代人造景观，即专门为吸引游客、发展旅游业而有意识开发的当代人造旅游资源。中国开发人造景观经历了两个阶段。第一阶段是人造景观的萌芽时期，即 20 世纪 80 年代中期以前，主要是以兴建游乐园为主，如广东省中山市最早修建的长江乐园，因其良好的经济效益，随后在各地被仿效。20 世纪 80 年代中期全国各地兴建的游乐场仅广东就有 23 个，这些游乐项目大同小异，空间竞争的结果是大家都难以达到门槛游客量（维持某景区基本运营所需要的最少的游客人数）。第二阶段是人造景观的发展时期，它始 20 世纪于 80 年代末期，即 1989 年 9 月深圳锦绣中华的成功开业，标志着真正意义的中国人造景观的诞生。由于锦绣中华轰动性的示范效应，主题公园类的人造景观便在全国雨后春笋般涌现。

1995 年 5 月 1 日实施一周五天工作制后，我国城市居民进入大众化观光娱乐与度假旅游生活新时代，另外，许多城市加快旅游度假区的建设，因此从 20 世纪 90 年代中期开始全国各地不断掀起开发旅游休闲度假胜地的热潮。在已建立和拟建立的休闲度假地，主要以人造景观为主的景点占 50% 以上。近年全国各地人造景观建设数目可观，且势头不减，耗资巨大。比较成功的典型，要数深圳的锦绣中华微缩景区、中国民族文化村和无锡太湖影视城。

（二）中国主题公园方兴未艾

主题公园，按其在我国开发建设的时期及其主题内容不同又可以分为以下几种：①缩微景观类。以深圳锦绣中华开先河，此外，全国比较有代表性的缩微景观主题公园有天津杨村小世界、深圳世界之窗、北京的世界公园。②民俗景观、仿古建筑类。比较有代表性的有深圳中国民俗文化村、广州世界大观、成都世界乐园、北京中华民族园、昆明云南民族文化村、珠海圆明新园。③影视城类。比较有代表性的有无锡中央电视台拍摄基地、唐城、三国城、水浒城。④动物景观类。比较有代表性的有深圳野生动物园、广州番禺香江野生动物世界、广州海洋馆。⑤主题游乐园。比较有代表性的有苏州乐园、广州番禺飞图梦幻城、广州航天奇观、广州东方乐园、上海水上乐园“热带风暴”、深圳水上世界、广州大河马水上世界、深圳欢乐谷。主题游乐园是世界主题公园发展的潮流，中国正从最早的、投资较小的缩微景观主题公园向主题游乐园方向发展。

（三）主题公园成功的经验

近年来专家借鉴海外主题公园成功的经验与启示，提出了“主题是主题公园的灵魂、创新是主题公园的生命、未来成为主题公园的主题、收入重在门票之外、主题公园不仅仅是个景区”等观点。冷静观察，国外主题公园的成功有五大启示：①主题公园是为人们在参与中获得快乐的人工创造的休闲吸引物；②具有强大的生命力；③可以做到长盛不衰；④主题公园以欢乐为第一特征的异质文化具有强大的穿透力；⑤本地、本国回头客是主要客源。主题公园客源群体的五大特征为：①客源市场是以城市居民为主的中上层群体；②三大城市群是主要客源产出地；③家庭欢乐是最大卖点；④中、青、少年是主要客源群；⑤消费时间方面体现出周期性、时段性和起伏性特征。这些为主题公园客源市场的开发提供了很好的依据，有重要的指导意义。

从很多成功的主题公园的建设中可以得到启示：①建设主题公园，在旅游资源丰富的地区是对资源和产品的一个重要补充，在旅游资源不太丰富的地区则是突破发展“瓶颈”的重要举措。因为主题公园可以综合运用机械、建筑和声、光、电、计算机技术等现代高科技和数字化手段，增强产品的吸引力、娱乐性和参与性，制造出传统旅游资源根本不可能有的意境，从而赢得旅游者的青睐。锦绣中华景区，可供游客“一日畅游中国”；中华民俗文化村景区，可供游客一日尽赏苗、傣、佤、彝等西部地区众多少数民族的风情；世界公园可供游客一日之内实现到美国的“科罗拉多大峡谷”中探险漂流、到欧洲的“阿尔卑斯山雪场”

滑雪、到埃及的“金字塔幻想馆”里云游。②建设主题公园，具有广阔的市场前景。随着当代世界经济社会的快速发展，旅游人群日益扩大，人们的旅游兴趣日益广泛，旅游资源观也日益深化。与旅游者惯常生活环境或已经历过的事物有差异的风景、人物、事物、文化都能成为旅游吸引物，差异越大则吸引力越大。深圳华侨城主题公园群落，正是因为顺应了市场需求，策划和创造出这些差异，才使旅游者纷至沓来。光顾迪士尼乐园的游客人数每年有几千万人次，超越世界上其他的自然风光型、文物古迹型景观。主题公园完全是由当代人凭智慧和汗水的创造，靠搞好市场调研和项目策划，选准主题，创出精品，而不像自然风光与文物古迹这些由大自然和老祖宗赐予。市场调研做得越精确，策划的功夫下得越大，科技第一生产力的作用发挥得越充分，主题公园的设计建设水平就会越高，成功的把握就越大。科学策划，不断创新，打造品牌，迈向成熟，是中国主题公园今后的必由之路。

（四）冷静对待主题公园

主题公园是人造景观的一种。主题公园是以美和奇观为特征的博物馆，它融集市、博览会、游乐场、社区中心和活的事物为一体。在设计时应符合一国或地区的文化需求特点，考虑当地资源的优势，认真审查该项人造景观的内涵和外延的丰富性和可接受性，事先通过广告、电影、电视等宣传，使游客喜欢这种旅游活动，接受这种产品的文化。主题公园作为旅游资源的一个重要补充和现代旅游产品中的一个重要类型，正以其独有的文化内涵、科技含量和强大的娱乐功能，把越来越多大众的目光吸引过去。自1952年问世的荷兰微缩景观“马德罗丹”首开世界微缩景区的先河，半个多世纪以来，主题公园迅速风靡世界。1955年美国洛杉矶的迪士尼游乐园建成开放，轰动世界，开创了世界大型现代游乐园的先河，这两个人造景观一经问世，就赢得了巨大的经济效益和社会效益。目前，全世界年游客数量超过百万人次的主题公园已达百个，其中有的迪士尼乐园年接待游客人数甚至达到数千万人次，创造了奇迹。

但是，近年来在我国新建的主题公园，不是弘扬中华优良品质，而是宣扬西方的海盗行径，如香港的迪士尼配合《加勒比海盗》影片在香港的放映，在2007年5月4日至6月30日，让“海盗文化”占领整个乐园，一些教育专家认为，迪士尼宣扬“海盗文化”对青少年的发展极为不利，他们多数人只会单纯地从中提取不良的暴力因素，影响身心的健康成长。

三、人造景观开发的特点

无锡太湖影视城一开就热，且经久不衰。唐城当年收回投资；欧洲城当年门票收入达2500万元，是投资总额的两倍多；三国影视城于1994年8月迎宾，至今游人已达几千万人次。深圳的锦绣中华、世界之窗的经济效益也是很好的。这些人造景观都依托经济发达的地区。无锡素有鱼米之乡的“小上海”之称，无锡及周边地区是我国城市经济最发达的地区之一：论旅游基础，无锡有“太湖明珠”之美誉，是我国十大旅游城市之一，鼋头渚、台园、梅园和锡惠两山等都是中外游客神往的地方；论交通，无锡有沪宁铁路、京杭大运河、312 国道以及沪宁高速公路。这些人造景观有较高的文化品位和内涵，在唐城拍摄的《唐明皇》《杨贵妃》，在三国城拍摄的《三国演义》等影视巨片，都是极具影响力的“广告”。无锡人还进一步尽力地利用和发展这些优势。他们利用鼋头渚、台园等太湖自然景观和人文景观秀丽开阔的特点，将影视诸城巧妙地散落其间。既疏朗，又集中，形成了规模，方便了游客，产生了“共振”。

1. 观赏性和娱乐性

像美国的迪士尼乐园、西班牙的堂吉诃德旅游线上诸景观，都明显偏重观赏和娱乐的特点。而那些模拟古代建筑或民族建筑的景观虽然讲求科学性和真实性，但其仿造之目的同样出于观赏和娱乐。近 20 年来，一类以风光、民俗、游乐为主题的模拟景区，如中华民族国、民俗风情园、黎乡苗寨、水上乐园、影视城等和另一类以文学名著、神话传说为主题的模拟景区，如三国城、唐城、宋城、水浒城、大观园、丰都城、西游幻宫等，这类景观如雨后春笋般涌现出来，已经构成了不容忽视的旅游景观。

2. 真实性和科学性

人造景区虽然具有种种优势，但这并不等于说可以盲目开发。人造景观作为一种人造旅游资源，它的开发不能不受区位条件、资源条件、开发历史和市场需求等多种因素的制约。一是真景面前不造假景。比如，在南京城，假如搞孙中山临时大总统府或“中华民国”总统府模拟景区就是一种失策，因为长江路民国总统府旧址还在。假如在台湾搞个模拟中山馆，则可能会受欢迎，因为在两岸隔绝的岁月里，有那么一座模拟的，也可产生聊胜于无的心理作用。二是无为有处有还无。人造景观最大的优点是可以不受时空限制地无中生有。如深圳世界之窗、北京民俗都是“无中生有”，物以稀为贵。倘若县县都有西游记宫，通天下一式，游客望而生厌，只会是一堆文化垃圾。三是与旧景互相映衬，相得益彰。近些年来，苏州开发了旅游产品水巷游、太湖游、观鱼采珠游等特色各异的水上旅游项目，而苏州园林这一传统观光型产品却因其一成不变而较受冷落。有专家提出若在苏州有目的地开发以世界园林为主题的系列园林模型旅游产品。这样一来，只要你到苏州，不仅可以游观苏州园林，还可游览世界园林景观，或可谓锦上添花。

四、人造景观的旅游价值和发展趋势

建设人造景观尤其是建设主题公园，在旅游资源丰富的地区是对旅游资源和旅游产品的一个重要的整合和补充。昆明九乡地下溶洞景区在溶洞的入口和出口处架设了数公里的游览观光缆车，溶洞内增加了灯饰和民族歌舞的舞台。桂林冠岩地下景区开发小火车和观光电梯。贵州红枫湖是国家重点风景名胜区，以高原湖泊风光为主，溶洞丰富而奇特。贵州省贵阳市红枫湖侗苗民俗村选址在红枫湖西面的充水湾，不仅吸引了到红枫湖游览观光的游客，也利用了这个具有浓郁民族风情的小山村作为真实的背景，提高了景点的可信度，丰富了景点的文化内涵。

在旅游资源不太丰富的地区则是突破发展“瓶颈”的重要举措。如深圳刚刚作为中国改革开放的对外窗口启动时，昔日海滨沙滩迅速发展成现代化都市，全国各地的文化精英和商海高手纷纷到深圳抢滩，全国劳动力也去深圳创业，深圳企业员工的收入相对高，而精神生活消费贫乏。深圳人的旅游需求很大，急剧增长的旅游需求对旅游产品的供给提出了挑战，传统单纯的旅游资源的开发，如海滨浴场、沙滩阳光、快艇冲浪、潜海观光等，已无法满足多层次、多品位、多功能的市场需求。为顺应这一发展形势，一些精明的开发商在深圳这样的重要客源型都市及其周边地区投巨资兴建了一批如锦绣中华、世界之窗等人造景观。锦绣中华让旅游者“一日畅游中国”，中华民俗文化村让旅游者一日尽赏苗、傣、佤、彝等西部地区众多少数民族的风情，世界公园让旅游者一日之内实现到美国的科罗拉多大峡谷中探险漂流、到欧洲的阿尔卑斯山雪场滑雪、到埃及的“金字塔幻想馆”里云游的梦想。

人造景观的开发为开拓客源市场创出了一条新路子，对新近出现的日常休闲游憩大市的发掘，兴建人造景观是其中一种新的方法和途径。同时，人造景观开发也是旅游经济新的增长点，人工造景目前已成为旅游投资集中点，日益得到有关人士的重视。在我国发展市场经济的今天，人们在旅游开发中提出了“市场导向”的口号，以期纠正过去曾有过的忽视市场的偏向，应该说是人们认识上的一个飞跃。这个飞跃在中国旅游业的发展进程中是有着历史意义的。

人造景观可以不完全受自然资源条件的束缚，在资金和科技手段投入下，应不断变化、积极参与。主题是既定的，但内容是变化的，活动是多样的，这是许多人造景观得以保持吸引力的关键。主题公园可以综合运用机械、建筑和声、光、电、计算机技术等现代高科技和数字化手段，增强产品的吸引力、娱乐性和参与性，制造出传统旅游资源根本不可能有的意境，从而赢得旅游者的青睐。如泥塑馆、蜡像艺术馆展出的人物和景物造型栩栩如生，并不断扩大规模，再现历史场景。

人造景观可以不断变废为宝，化腐朽为神奇。将历史遗迹、遗存再现，昔日灾难发生的地方通过适度地开发也可以成为极富有吸引力的旅游资源。历史上的罗马角斗场、庞贝古城，今天的切尔诺贝利核电站都变成成千上万的游客蜂拥而至的景区，在这些景区加以人工的整治，基本忠于史实地复原或创设一些景观，会让这些景区更富有吸引力。精明的经营者往往还在广开多种服务上下功夫，为游客提供多种多样的服务设施。这样做，一方面可以满足游客的需求，提高景区的吸引力，另一方面开辟了增加收入的途径。国外许多主题公园，其本身就是一个综合型的游乐中心、消费中心和休闲中心。

但是必须看到，人造景观的开发势必要让位于“返璞归真”“回归自然”这类主题的旅游资源的开发。目前国内人造景观普遍不景气。在浙江省桐庐县重新掀起的“瑶琳热”（瑶琳，浙江桐庐的景观“瑶琳仙境”，是喀斯特地貌的溶洞景观），原因是多方面的，桐庐旅游市场的客源定位首先是上海，其次是杭州，上海和杭州的游客决不会冲着新建的“神仙世界游乐宫”“三十六计蜡像馆”和“电气游览列车”等人造景观去桐庐，天目溪竹筏、皮筏漂流以及芦茨湾水上活动中心等参与性强的旅游项目才是吸引人们前往的主要原因。不幸的是，目前我国的旅游开发中，有不少开发者和投资者也染上了一哄而上这种疾患。人们熟知的深圳“锦绣中华”以及后来的“民俗文化村”和正定“西游记宫”的成功，在某些人的头脑里形成“导向”性的刺激，以致在全国掀起了一股竞相效仿的热潮。许多失误的这宫那宫和微缩景观公园等，就是这股不真正理解市场的追风思潮的牺牲品。

专家通过对主题公园产品形态演变路径的研究，预测了主题公园产品形态未来发展的7个战略性趋势：①主题突出文化性，文化越来越多元化；②技术体现互动性，科技越来越现代化；③内容追求娱乐性，娱乐越来越多样化；④项目偏重参与性，活动越来越个性化；⑤氛围张扬刺激性，刺激越来越场景化；⑥景观回归真实性，公园越来越自然化；⑦刷卡付费越来越多，消费越来越超市化。

第七节　中西方园林文化比较

一、中西方园林文化的相同

（一）中西方都将美妙的园林看成是人间天堂

中国有句名言：“上有天堂，下有苏杭。”如果说杭州的自然风光占去一半位置的话，那么苏州则大半是人工化的园林了。私家园林已体现了“天堂”意味，那皇家园林更不待说了。在中国，从汉到清，整整2000年时间，皇帝园林里总要造上蓬瀛三岛，那便是神仙居住的所谓有长生不老药的地方。这与西方的观念是相似的。因为英语中“天堂”这个词来自古希腊文的Paradeisos，这个词又来自古波斯文Pairidaeza，意为“豪华的花园”。“豪华的花园”等于“天堂”，这种观念几乎全人类都是相同的。

（二）中西方都将园林看作权力的象征和政治的情感寄托

中国的皇家园林体现的是小园林、大中国的构想，如颐和园、避暑山庄，简直就是缩小了的中国版图和中国景观集萃，充分表现了皇帝的无所不能、独霸江山的权势。西方的代表是法国路易十四时代的造园艺术，它典型地映照了那个“朕即国家”的绝对君权制度，凡尔赛宫及其园林就是这样的典范。中国是收尽全国名胜于一园，西方则是将豪华而又技术性很强的东西，统统搬入园林中，借此炫耀自己。这些都是相同的。

二、中西方园林文化的差异

（一）炫耀方式截然不同，这主要指皇家园林

中国皇帝的观念是曹操式的“宁教我负天下人，休叫天下人负我”。所以在园林中，皇帝是独享游览大权的，其他人只能作为随从或侍卫，不能同他一起享乐、一起观赏。凡有碍皇帝尊严、危及皇帝安全的树木、假山等，也都得扫除与摒弃，如北京故宫后花园古树稀少，这就是主要原因。西方的国王和大贵族的园林观念不同，他们认为那是讲排场、比富豪的地方，所以，他们将园林搞得很整齐，空地很大很多，以便举行酒会、宴会和舞会等。路易十四曾要求凡尔赛花园里能同时容纳7000人玩乐。届时，摆酒宴、放焰火、开舞会、演戏剧，天天车水马龙、热闹非凡，像过节一般。他自己则因是这一切活动的中心和指挥者而扬扬得意。所以，圣西门公爵在回忆录中说，路易十四造凡尔赛花园是“为了玩，不是为了美”。以后就有人批评凡尔赛花园只适合炫耀国王的威严，而不适合在里面悠闲地散步、思考和隐居。

（二）寄托的理想与愿望不同，这主要指中国的私家园林

西方人想将园林作为美的标志，作为散步、思考和隐居的好去处，这在西方的近现代才得以实现。但在中国，却一向如此。中国的私家园林就是闲静、优雅、曲折、含蓄，它实际就是中国士大夫和一般人的处世哲学和文化审美态度的体现。而那些在官场上失意、仕途上坎坷的士大夫和文人，他们更将园林作为隐身之处，标榜“归来”和“隐逸”，其实仍是一种政治态度和相应的道德评价。

三、中西方园林布局的差异

（一）突出自然风景还是突出建筑

中西方古典园林在总体布局上的一个最大区别，就在于突出自然风景还是突出建筑。

以法国宫廷花园为代表的古典主义造园艺术的突出特点，就是在平面构图上强调园林中部的中轴线，园林内的林荫道、花坛、水池、喷泉、雕像、小建筑物、小广场、放射形的小路等都围绕着这根中轴线、强调围绕这根中轴线来进行布置。在这根轴线高处的起点上则布置着体量高大、严谨对称的建筑物，建筑物控制着轴线，轴线控制着园林，因此建筑物也就统率着花园，花园从属于建筑物。显然，这种园林的基本指导思想来自理性主义，是“强迫自然去接受匀称的法则”。

我国的园林则走着相反的道路。一般以自然的山水作为园林景观构图的主体，园林植物配合着山水随势相宜地自由配置，道路萦回，穿插于山水、花木、建筑之间，建筑只为观赏风景和点缀风景而设置，以形成富有自然山水情调的园林艺术效果。中国人建造园林是为了追求“林泉之趣”“田园之乐”，这种“趣”和“乐”只有令人神往的自然山水才能给予他们，人工建设的结果，只能是加强自然环境整体的美，突出自然的美。为了要有所取，就要有所予。园林建筑这种人工因素与自然因素之间，从素质上看有对立的一面，但是如果处理得好，也可以统一起来。可以在自然环境中增添人情味，增添生活的气息。作为一个风景建筑，它跻身于大自然的环抱，成为它的一员，当然不应成为一个高傲的游离于景区的“不速之客”，而应有其恰当的“身份”，应成为整体环境中一个协调、有机的组成部分。这种自然美与人工美的高度统一，正是中国人在园林艺术上不断追求的境界。

在一些风景游览区中，“山水为主，建筑是从”这一点十分明显。与大自然相比，建筑物的相对体量与绝对尺度，以及在景物构成上所占的比重，一般说来都是很小的，只处于从属的点景地位。在这种环境下，建筑布局强调“依山就势”“自然天成”，它们穿插、点缀在自然景色之间，起着画龙点睛的作用，在自然美中注入人工美的气息，渲染着人们现实生活的情调。例如，著名的杭州西湖风景区，那里过去建造的风景建筑尺度一般不大，有些体量较大的宗教建筑如灵隐寺等，都有意识地隐蔽于山麓林木之中了，并不去争夺自然风景中的主角地位。各种体量大小不同的建筑物，一般与周围的环境相适应。如杭州风景区中有三个大小不同的塔，就分别建在大小不同的三座山上；在紧贴西湖，高度 30 米左右的小孤山上，建有一个尺度很小、雕刻精致的“华严经石塔”，从苏堤上望去，它隐现于茂林修竹之间；在西湖北侧高达百余米的宝石山山脊上，则建有一座体量与山势相当的保俶塔，它雄拔、高耸，成为西湖景色的重要点缀；而位于钱塘江畔的日轮山上，面对着极为开阔的景界和大尺度的自然景观，则建有总高度达60米的六和塔，登塔远望，山河景色，极为壮丽。在三个不同高度与不同环境的山上建的这三个不同的塔，它们与周围的整体环境都很相称、很协调。

（二）轮廓、线条、色彩与自然风貌是否统一

中国园林建筑与自然环境的协调还突出表现在它自身形象的轮廓、线条、色彩与自然风貌的统一上。在世界上大部分已建成的建筑物的室内空间或室外空间中，我们所能看到的大多是一种矩形的空间。构成空间的各种实体的面多是平平整整，形成许多笔直的线条和棋盘状的平、立面网络。因为这些都是与经济性、施工便利、工业化联系在一起的，这也可以说是人对自然的一种征服。但从人的情感来说，更倾向于变动的曲线，因为它更自然，更符合人心理上的节奏。在未经人们改造过的自然界本来没有直线，海洋的波涛、起伏的山峦、天上的浮云、摇动着的花木，都没有平直的线条，没有生硬的对比。大自然本来就统一在各种曲线、各种质感、各种色彩的和谐美的气氛之中。人类本身就是从绿地、花木、流水、山泉中生长、发展起来的，对自然的美充满一种本能的爱好。人们高兴了要唱歌、要跳舞，这歌的旋律，这舞的动作，更多地汲取了自然的美，人类本来就是自然的一部分。中国人在长期探索中所创造的那些丰富多彩的园林建筑形象，包括轮廓、线条、色彩，很适合这种“人化的自然”的要求。

四、中西方园林建筑的差异

建筑是技术和艺术的统一载体，其构造的合理性、逻辑性本身就具有美学品格。东西方不同的建筑风格表现出中西方园林的不同文化意识。

中国建筑在古代《诗经》中就有“如翚斯飞”“作庙翼翼”的描述，说明即使是土木结构，也注重舒展如翼、四宇飞扬的艺术效果。中国园林建筑不仅适用，而且外部形式传达和表现出一定的情绪、气氛、格调、风尚、趣味。“使物质经由象征变成相似于精神生活的有关环境。”（黑格尔《美学》）中国建筑以木结构为主体，因木材是我国常见的材料，质地坚韧，触感很好，容易施工，而且木结构造型轻盈，屋宇更有飞扬意味，配合厚重的山墙或外墙，形成端庄和活泼的对比。中国园林建筑不是以单一的、独立的、个别的建筑物为目标，而是以空间规模巨大，平面铺开，相互连接和配合的群体建筑为特征，在严格对称的原则下，各个建筑物之间有机相连，构成多样变化又保持均衡统一的平面整体。“群”是中国传统建筑的灵魂表现，具有体积感的建筑单体，不是独立自在之物，只是作为全群的一部分而存在的。与中华民族注重宗族的“关联与和谐”

以及内倾的性格相吻合。在群体建筑的相互联系和配合中，又展示出空间序列的内在深化，通过复杂的柱、梁、檩、椽等建筑工艺，实现“五步一楼，十步一阁，廊腰缦回，檐牙高啄”的意境，形成一种具有深度空间的庭院式建筑形式。

西方世界砖石构造为主的建筑体系，由最单纯的石柱桥梁、叠涩砌筑到拱券再到穹隆顶；砖石拱券由半圆拱到双圆心的尖拱；由古罗马平衡穹顶侧推力的厚重实墙，到哥特式使空间从实墙面中解放出来的轻巧的骨架券飞扶壁。天然混凝土的应用使罗马穹顶达到了43米高度和跨度的万神庙的完整统一的空间，独具空前的艺术表现力；西洋式古典建筑以体势雄豪宏壮争胜，通过巨大岩石的堆垒与雕刻，以单体建筑自身的巨大穹顶，高廊伟柱，哥特式教堂的尖拱、骨架券、形成一种立体布局的壮伟厦堡式建筑。这种高向伸展和扩张，反映了西方文化强调个性发展的传统和外倾的民族性格。

中国传统建筑大体可以说属于人文主义的建筑，反映的不是神的秩序，而是人的秩序，弥漫着浓郁的人文精神，而欧洲近代以前的建筑则是神本建筑，充满了神的气息。这具体表现在：宗教建筑在中国传统建筑体系中一直未能占据主流地位。在都城，它没有超过皇宫；在州县，它没有超过王府和衙署。欧洲在近代以前，则一直以国家级的规格来对待宗教建筑，留下来的最重要的建筑作品便是神庙和教堂。

五、中西方游览园林过程中审美差异

由于对自然美所持的态度不同，反映在园林艺术的追求上便各有侧重。西方古典园林虽不乏诗意，但刻意追求的却是形式美；中国古典园林也注重形式，但倾心追求的却是意境美。

西方人把美划分为自然美和艺术美两个层次，并认为自然美有缺陷。为了克服这种缺陷而达到完美的境界，就必须凭借某种理念去提升自然美，从而才能达到艺术美的高度。这就意味着必须改变自然状态的原来面貌，而把它纳入某种符合规律的模式中去，这种模式就是形式美。受到西方哲学和美学传统的这种影响，西方古典园林偏重于符合“数和比例”观念，更重视人的理性，寓理于景，将诗情画意都予以理性化，表现出浓厚的理性色彩。中国古典园林则注重于“景”和“情”的统一，寓情于景，强调情景交融、物我同一，将理性融化于情感之中，寻求一种诗情画意的环境氛围——意境。不仅诗歌文赋，而且书画雕塑，甚至对园林中的自然景、人工景都能以“意境”去欣赏概括。杜甫诗云“意匠惨淡经营中”，这“意”有意境、意象、意蕴、意味之谓。对意的刻意理解应是旅游者观赏的最高追求，而且善于将诗文与景观结合起来考察。西方对中国的意象并不感兴趣，而是如何看到事情的本质，研究客体的共性与个性、偶然性和必然性、独特性和普遍性、表面性和本质性。这就是西方园林所刻意追求的形式美。这种差异主要出于中国古典园林的文化背景。中国古代的造园家往往就是诗人、画家。他们不仅将文人的气质、志趣反映在园林里，而且把诗情、画意融入园林之中。而诗和画都十分注重意境的追求，致使中国园林从一开始就带有丰富浓厚的自然情感。意境要靠“悟”才能获得，而“悟”却需要景的触发才能启动，这就是所谓的“景无情不发，情无景不生”。中国古典园林在长期的发展中形成了自己的艺术特征：以有形表现无形，以物质表现精神，以有限表现无限，以实境表现虚境，小中见大，大中见小，最大限度地引发人们的共鸣和联想，使有限的具体形象和想象中的无限丰富形象结合起来，使再现真实景致与它所暗示、象征的虚境融为一体。至于造园中所运用的手法更是丰富多样，抑景、对景、借景、隔景、漏景，以及对匾额、楹联等的运用都独具匠心。

第四章　建筑文化

〔内容提要〕

我国的建筑是民族科学技术、艺术才能和审美情趣的结晶。建筑物的环境、装饰既具有物质的一面，同时也反映精神文化的一面。它的造型、形象所产生的精神功能和美的观念成为构成建筑文化的重要因素。中国建筑自身的木结构为主体，形成完备的木构架系统；环境注意以“院”为单位组合，有主从也有韵律，有严整的对称又有灵活的安排，注意变化又追求和谐；装饰能因地采用石、砖、木、金属、琉璃等质材，将雕塑、彩绘糅合其中，造成鲜艳浓烈或淡雅朴素的视觉效果，内部装饰中的精致家具、精细雕刻、名贵字画，诸种艺术的精华恰到好处地安排其中。这种种特点使建筑有了凝固的音乐、立体的诗画之称。

我国建筑类型多样，名城古镇、宫殿坛庙、各地民居，陵寝祠墓、佛寺窟塔，园林亭台，形成蔚为大观的建筑艺苑，反映出各民族各地区的历史文化、社会政治经济、伦理道德观念、审美情趣，可以说各时期建筑本身就构成了一部国家民族的文明史。观赏多姿多彩的建筑文化景观，风格迥异、造型独特、气势不凡的建筑使游客叹为观止。

〔学习要点〕

- 中国古建筑的文化特征。
- 长城和城堡。
- 宫殿与官衙。
- 邮驿、会馆与书院。
- 桥梁与闸坝。
- 传统民居。
- 坛庙与陵墓。
- 中西方古典建筑文化比较。

〔思考题〕

1. 简述中国古建筑的文化特征。
2. 简述我国长城和城堡的特点。
3. 简述我国宫殿与官衙的特点。
4. 简述我国邮驿、会馆、书院的特点。
5. 简述我国桥梁与闸坝的特点。

6. 简述我国传统民居的特点。
7. 简述我国坛庙与陵墓的特点。
8. 比较中西方古典建筑文化的异同。

“首先是人类营造建筑，然后是建筑营造人。”（丘吉尔）在中国，建筑就是一片被柱子或承重墙围起来的空间，它的修建最初只是为了满足人的居住需求。但是，随着经济的发展，社会的进步，建筑的功能就不再是简单地满足人们各种使用要求，它同时具备了某种精神属性，反映着当时的社会、文化、艺术、政治思想等意识形态方面的因素。由于它能体现出不同时代、不同民族的文化精神与审美意识，因此，建筑被称为“空间化的社会生活，凝固化的历史文化，物质化的精神载体”。德国大诗人歌德说过：“建筑是凝固的音乐”。它和音乐一样具有节奏和旋律，追求组织、强弱、长短、高低的和谐运动。其实建筑之中不仅有音乐而且有诗画。中国建筑不论平面立面都非常重视音乐、诗歌、绘画韵律的组合，有序曲、前奏、高潮、尾声。有高、低、虚、实、扬、抑的照应。

不同时期的建筑表现出特定时期的追求，不同地域的建筑表现出当地人的风俗习惯，不同层次的建筑表现出主人的爱好个性，不同功用的建筑更表现出千差万别的特征。

建筑本来是一种实用的物质产品，但中国建筑却以其高超的技艺和独特的风格，成为中国古代艺术的一个重要门类，并以其所寄寓的丰富的思想观念，成为中国传统精神文化的重要组成部分。我国建筑类型多样，大尺度的城池，小尺度的寺庙，严肃的庙堂，活泼的园林反映出各民族、各地区的历史文化、社会政治经济、伦理道德观念、审美情趣。可以说建筑就是一部国家、民族的文明史。

第一节　中国古建筑的文化特征

近年来，中国和外国游客观光却喜欢“游北京，钻胡同；玩苏州，走小巷；逛上海，穿弄堂”，返璞归真，对中国传统建筑表现出异乎寻常的审美热情。这是由于中国传统建筑具有独特的个性美。

一、木结构的美

中国建筑是世界唯一以木结构为主的建筑体系，中国人一直以木材为主要建筑材料，商朝就出现相当规模的木架结构，直到明清时期，建筑仍然是木架结构。建筑材质使用的原因是：

地理环境，中国古代中原地区林木很多，便于就地取材，而且中原地区适合建筑需要的石材相对较为难觅，且搬运不便；不同于西方（古希腊、古罗马）

的自然环境特点（多裸露的山石而缺少树木），特别是山石地质因素，导致其取材为石材。正是由于各自地理环境的客观差异造成中西建筑取材的不同。

文化理念，受文化观念的影响，除陵墓建筑外，中国古人并不刻意追求建筑的永恒，中国建筑是为生活在现世的人居住的，因而没有必要建造万古长存的建筑物。不同于西方建筑是为彼岸遥远的神灵建造的寓所，追求的是对彼岸世界无限的超越，永恒的神灵与永恒的建筑物同在，建筑物也必须经久不毁的，石头的质地刚好满足这一要求，所以选择石材就自然而然了。

审美观念，建筑是技术和艺术的统一载体，其构造的合理性、逻辑性本身就具有美学品格。木在质地上朴素、自然，木建筑具有温和、实用、平缓、轻捷的艺术特征，表现的是入世的生活气息。满足中华民族崇尚优美的审美情趣，体现了人与自然天道保持一种和谐的关系。中国的木结构建筑体系受木材天然长度的制约，一根梁的跨度有限，无论是抬梁式还是穿斗式，通过一级级举架，亦可取得相当的进深。现存最大的殿堂进深 30 余米，外观高达 33 米。楼阁式的塔身，现存最高的应县木塔有 51 米，连塔刹高 67 米有余。砖石结构在中国古代发展不充分，历史记载过高 102 米的琉璃塔，现存砖塔最高达 84 米。

我国形成了木结构建筑体系，宋代的《营造法式》，清代的《工程做法》，对造型有毫不含糊的做法规定，屋顶的“举架”，屋身的“柱侧脚”“柱生起”，木构件的“卷杀”“梭柱”“月梁”等做法，都是木结构派生出的艺术处理，造成中国古建筑外观造型的多变。其中大屋顶就是建筑形态上最显著的特征。中国建筑以柱梁为主、承重墙为次的结构，与西方建筑形成了鲜明的对比。中国建筑的柱子下面一般有坚实的柱础，柱子与屋顶之间则设置了巧妙的斗拱。斗拱是中国建筑所特有的构件形式，常被用来作为中式建筑的代名词。斗是斗形木块，拱是臂形短木，斗与拱相互扣合，在柱头上重叠而上，越往上一层的拱越长，把上面的梁枋稳稳托住，将它们的重量层层递减地传递到柱头上来。这种结构形式减少了梁柱交接部位的压力，消除了梁被折断的危险，其原理是十分科学的。斗拱的作用还不只表现在结构和力学上，它也解决了屋顶斜面与垂直柱墙的交接问题，使斜线和直线之间得到了顺利的过渡，收到了很好的造型效果。同时，斗拱结构精巧，富于变化，与它所支撑的飞檐挑角相呼应，构成了美丽无比的杰出姿态，给中国建筑增添了特殊的韵味。唐宋是我国造园艺术的成熟期，其建筑的样式逐渐定型，立山式、悬山式、庑殿式、卷棚式、歇山式的建筑基本样式皆成定制，追求气势宏伟、硕大的屋面是沉重的，甚至是笨拙的，但是由于宏观和微观多侧面地运用曲面曲线，屋面曲、屋脊曲、檐角曲、瓦片曲、瓦当曲，直曲刚柔的强烈对比，产生了“如鸟斯革，如翚斯飞”的效果，而且这种曲线是和物理学的运动的最捷曲线是完全吻合的，是十分科学的。我国建筑装饰豪华，外部和内部的因掩盖建筑材料的粗陋而进行的涂饰色浆，油漆彩绘，或就建筑构件本身施以雕刻、填彩、包贴贵金属、镶嵌珠宝，其色彩、质感以及装饰纹样，有助于烘托特定的环境气氛。

传统木结构营造技艺已被列入《世界遗产名录》。

二、群落的美

建筑空间艺术，除了体现在单体建筑内部空间以及内部相连各空间序列中，还体现在建筑群体的空间处理上；体现在建筑与自然景观或人工绿化的结合以及城市、村镇空间的组织上。

西方古典建筑中的大型作品不同于中国的建筑，不少是以单体空间取胜的。一些豪华别墅也多是单体建筑，别墅之间相隔甚远，各自成景，显得十分开阔，是城市现代文明的象征。

《周礼》中便记录了中国古代建筑规划的思想，并且这种思想一直为后人建筑规划所遵循，并且随着历史礼制的强化，皇权统治地位的提高，祭祀的繁复，使得建筑布局必须按主次布置，并形成与礼制对应的对称、规整、轴线等布局手法，人的一切活动被禁锢在方正的大街小巷分成的内向院落之内。根据中国伦常礼法的原则和建筑平面均衡的特点，中国的建筑无论是一般住宅还是宫殿、寺庙，都遵循着一种庭院式组合方式，即由若干单座建筑和一些围廊、围墙、屏障等环绕成为一个个庭院式建筑群。道理很简单，传统中国是一个“乡土中国”，乡土气息、田园情调总是“物以类聚，人以群分”，宗族观念，子嗣相承，有浓厚的儒家伦理思想，有讲究秩序、注重等级、主次分明、尊卑有序的位序观。这种布局一方面造成了明显的君臣、长幼、内外、男女等级差别；另一方面也表现了“庭院深深深几许”的中国文化艺术的特有境界。

中国建筑中的民居，更多地表现为群体艺术，城市多以不同体形、体量建筑与不同面积、形状的院落组合成复杂多层次的空间系统，用引导、限定、聚散、开合、对比、烘托等手法取得预期的艺术效果。民居的合院格局在唐时已趋于成熟，这种民居多采用具有明显中轴线的左右对称的平面布局，宅院多在主要房屋之间用有直棂窗的回廊连接成四合院，也有全由房屋围成的狭长四合院，或以围墙和房屋结合而成的三合院。皇家的宫殿坛庙建筑，如故宫、天坛是如此，大的城市、水乡古镇的民居，如北京、上海、苏州，无不如此。在西方人眼中，北京的胡同、苏州的小巷、上海的弄堂，都是伴随城市产生而产生，是市井生活和风情的最直接、最真实的写照和缩影。北京民居的四合院、上海的石库门、苏州的天井院、云南大理的三坊一照壁、白族的四合五天井，都是极具地方特色的民居群落。白天，当一户户人家离家忙于工作，此时它是幽静的、生僻的，但一早一晚，节日假期，喧闹嘈杂，充满生活情调，这一切，不仅使许多外国游客以影像给以记录，而且希望住宿这样的氛围之中。

建筑鉴赏的差异。中国传统（古典）建筑致力于以一座单体为单元，在平面上和空间上延伸，使得建筑具有绘画的特点，描绘出富有意境的画面，创造出人在环境中“步移景换”的动态空间美。西方建筑在纵向的立面上以单体局部和向高空凸显见长，形体空间的封闭遮蔽时间的流程，体现出一种静态的造型美。这就产生了中西（古典）建筑鉴赏的差异，正如梁思成所说：“一般地说，一座欧洲建筑，如同欧洲的画一样，是可以一览无余的；中国的任何一处建筑，都像一幅中国的手卷画，手卷画必须一段段地逐渐展开看过去，不可能同时全部看到，走进一所中国房屋，也只能从一个庭院走进另一个庭院，必须全部走完，才能全部看完。”

第二节　长城和城堡

长城是中华民族的象征，有人说它是一卷凄婉的历史，是民族封闭的象征，是文化愚钝的标志，有人说它是十分开放而又充满自信的象征。但是长城古老而坚固的躯体，扎根于绵延群山之中，与云洁气爽的长天为体，毫不羞怯地迎接四面八方的游客。

秦汉长城西起临洮，东至辽东，全长1万余里；明清长城西起甘肃嘉峪关，东到鸭绿江口，总长12700多里，这就是我们今天看到的万里长城。过去一直以为长城是防御扰掠的，目的在于封闭；实际上，长城还有通信和商旅往来的重要对外开放功用。秦始皇时沿长城江郡有大道相通，传递文书，商旅往来络绎不绝。长城和烽燧正是保证这些交通通畅的重要条件。汉代又打通了西域的交通大道，使节往来、商旅往来还是走这条大道，长城烽燧正是沿此道修筑，用以保护被称作“丝绸之路”的中西交通大道。

起春秋、历秦汉、及辽金、迄元明，上下2000多年。有多少将帅元戎、戍卒吏丞、百工黔首，费尽移山心力，修筑此伟大工程。坚强毅力、聪明智慧、血汗辛勤，为中华留下丰碑国宝。

跨峻岭、穿草原、横瀚海、经绝壁，纵横10万余里。望不断长龙雉堞、雄关隘口、亭障烽堠，有如玉带明珠，点缀成江山锦绣。起伏奔腾、飞舞盘旋、月宫遥见，给世界增添壮丽奇观。

这是我国著名长城专家罗哲文写的《长城赞》，写出了长城建造的悠久历史，中国人民的巨大毅力和智慧，世界的伟大意义。

一、八达岭长城，“北门锁钥”的雄伟

明清长城多险关，北京境内现存的长城是明代建造的，八达岭长城是保存最完好的一段。它处于太行山和燕山相交的关沟北口，这是华北平原和内蒙古高原之间的一条通道，它和南口、居庸关、上关合成沟里的四重关门。因八达岭南可通南口、昌平、北京，北面通延庆、永宁，西面通沙城、宣化、张家口，名副其实的四通八达。

八达岭核心是关城，是东窄西宽的梯形，有东西二门，东门额题“居庸外镇”，西门额题“北门锁钥”，十分雄伟。关城两边是长城，墙基宽约6.5米，顶宽约5.8米，墙为砖石包土，即外表底层为石条，墙身为大砖，石灰焊接勾缝，内部填土以胶泥、石灰、黄沙，如同现今三合土。墙顶铺砌三四层城砖，表层则用方砖，墙顶外侧砖砌高近2米垛口，垛口上部有瞭望口，下有射洞，墙面上有排水沟和吐水嘴。城上建有许多坚实雄壮的敌台，这样打破了城墙的单调感。总体上城墙建在山岭最高处，随着山势蜿蜒，似乎为山势勾画出清晰的轮廓，高低起伏，随山就坡，既衬托出山体的高峻，又突出城墙绵延的自然，山和城墙相融相合，互为依存衬托，可谓雄奇险峻，浩大壮观。

1987年，根据文化遗产遴选标准，被列入《世界遗产名录》，世界遗产委员会对其评价为：长城连续修筑时间之长，工程量之大，施工之艰巨，历史文化内涵之丰富，的确是世界其他古代工程所难以相比的。中国近代伟大的民主革命先驱孙中山评论长城时说：“中国最有名之工程者，万里长城也。……工程之大，古无其匹，为世界独一之奇观。”如此浩大的工程不仅在中国就是在世界上，也是绝无仅有的，因而在几百年前就与罗马斗兽场、比萨斜塔等列为中古世界八大奇迹之一。

二、嘉峪关，重关重城的气势

嘉峪关位于万里长城的西端，在甘肃河西走廊的尽头。在现存的长城关城中，这是最完整的一段。它地势险要，南为祁连山，北为龙首山、马鬃山，关城两侧城墙横穿戈壁，与两山相连。

关城呈梯形，周长733米，面积33500平方米，高10米，城墙大部分为版筑，即以木板夹住，中间填土夯实，城楼、敌台、垛口、角楼则用砖包土，垛墙高1.7米，正好和人身高相近。东西城墙开门，均筑有瓮城，东西城门上均建有门楼，对称式，高三层，五开间，周围有廊，高17米，城四角建城堡式角楼和

角台，南北墙中段也有敌楼，只见形制较小，为一层三间带前廊。西面城垣凸出，中间开门，门额刻嘉峪关，上有城楼，与东西二楼形制相同。三楼东西成一线，西为砖砌罗城，东南北三面土筑围墙。这种城外有城，重关重城的构制确实雄伟壮观。

三、山海关，襟连沧海的气魄

山海关“两京锁钥无双地，万里长城第一关”。山海关在河北秦皇岛市东北，是明代大将徐达在此修筑。它北依燕山，南临渤海，因得山海关之名。山海关与老龙头、宁海城、南海口关、南水关、北水关、旱门关、角山关、三道关、寺儿峪关以及城堡、墩台相配合构成一坚固的军事防御体系。现存的“天下第一关”是山海关的东城门，关口是长方形城台，东西向，东为关外，西为关内，南北连接长城。台的中部为砖砌拱门，关门可以开闭，东面连接城台为瓮城，外接长城又一方城，为东罗城。城台上筑楼，两重檐歇山顶，外檐桁枋饰明代彩绘，匾额书“天下第一关”五个大字，为明进士萧显书。山海关城南4公里处渤海岸边是老龙头，长城伸入海中，当年戚继光采用铁釜沉基的建筑技术，用生铁灌铸出一个个半球体的铁釜，沉到海底游泥之中。待铁釜填至水面作为基础，在上面铺石筑墙，使长城东起点的基岩为铁铸。“幽蓟东来第一关，襟连沧海枕青山。”

四、南京中华门，构造布局的严整

明代南京城规模宏大，仅城门就有24个，中华门是规模最大、最雄伟、至今保存最完好的城门。它位于南京城正南，城门外壁用条石砌成，高21.45米，城门南北深128米，东西宽118.5米，总面积15168平方米。整个建筑用石灰、桐油、糯米汁等混合物做黏合剂，垒砌巨砖而成，极为坚固。它布局严整，构造讲究，有3道瓮城，4道券门贯道，各券门上有上下启动的“千斤闸”和双扇木门。后面3道均为两层，上层为木结构，下层砖石结构。第一道城门上下共有3层，最上层为木结构谯楼，中层砖石结构，面北筑有并列的7个藏兵洞，下层正中筑券门通瓮城，左右两边各筑藏兵洞3个，瓮城东西两侧又各筑藏兵洞7个，整个瓮城共有27个洞，可临时藏兵3000人。这种“藏兵洞”是我国古城堡中少有的独特建筑，可储备物资和设伏兵源。若是敌兵攻入，城门千斤闸自动落下，切断退路，可瓮中捉鳖。

第三节 宫殿与官衙

宫殿是古建筑中最高级豪华的建筑，帝王专有的居所，帝王以此显示皇权至高无上的威势。其实宫在秦以前是建筑的通用名，殿指体量较大的房屋，秦汉以后，宫殿才成为帝王行使政权和生活的场所。

古代森严的等级制也反映在官员的住所当中，官衙即地方官员行政和生活的场所，虽然按国家礼制，不同等级官员官衙皆有定制，但对于孔府这样世袭的官制，其官衙的构制则是超过普通官衙的定制。

一、北京故宫，皇家宫苑的庄严

故宫是我国现存的最完整的古建筑群，明永乐年间始建。占地 72 万多平方米。屋宇 9999 间，建筑面积 15 万平方米。一是布局严整，分外朝和内廷，外朝以太和殿、中和殿、保和殿三大殿为中心，文华殿、武英殿为两翼，是皇帝举行大典和召见群臣、行使权力的重要场所。内廷有乾清宫、交泰宫、坤宁宫及东西六宫，是皇帝处理政务和后妃、皇子居住游玩、奉神之地。二是院落自成体系，如三大殿建在“工”字形三层汉白玉台基上，四周廊房环绕，气势磅礴，装饰豪华，是最壮观的建筑群。三是散整结合，外朝布局对称，三大殿、太和门、金水桥、午门处于一条中轴线上，两旁廊房一一相对。而在中轴线两旁，乾清宫东西建筑东六宫和西六宫院落则自成体系，稍稍活泼一些。紫禁城院院相套，大小相连，宛若迷宫。

紫禁城的装饰极为华丽，其中的纹饰最多的是龙，房顶、门窗、天花、梁柱、台阶、梯杆到处有龙，石雕龙、木刻龙、铜龙、铁龙、金龙、玉龙、陶龙、琉璃龙，线雕、高浮雕、通雕，造型大小不一，千变万化。构成故宫金光熠熠的氛围。

1987 年，根据文化遗产遴选标准，被列入《世界遗产名录》，世界遗产委员会对其评价为：故宫是中国明清两代的皇宫，是世界上现存规模最大最完整的古代木结构建筑群，它始建于明永乐四年（1406），历时 14 年才完工，共有 24 位皇帝先后在此登基。紫禁城占地 72 万多平方米，共有宫殿 9000 多间，都是木结构、黄琉璃瓦顶、青白石底座，饰以金碧辉煌的彩画。这些宫殿是沿着一条南北向中轴线排列，并向两旁展开，南北取直，左右对称。这条中轴线不仅贯穿在紫禁城内，而且南达永定门，北到鼓楼、钟楼，贯穿了整个城市，气魄宏伟，规划严整，极为壮观。它显示着中国500多年前匠师们在建筑上的卓越成就。

二、山东孔府，官邸豪宅的富丽

孔府位于山东曲阜，是孔子后代衍圣公的官署和私邸，现孔府为明代受敕命而建，后不断扩建，现占地1万多平方米，楼房厅堂463间，院落9进，分3路，东路为家庙区，有抱本堂、祧庙、新祠堂、一贯堂、慕思堂等；西路为旧时衍圣公学诗学礼、燕居吟咏之所；中路为主体，前为官衙，设三堂六厅，辖管勾、百户、孔庭族长及曲阜县衙四个衙门，后为住宅，有前上房、前堂楼、后堂楼、后五间，最后是孔府花园。

孔府的布置严整，400多间房分成3路若干进，功能分区十分明朗，厅房的主次完全根据功能需要给予层次化的安排。其主建筑大门，三间，门前为照壁，门两侧置石狮一对，红牙黑漆，俯首衔环，有匾有联，甚是严整；大堂门面五间，飞檐鸱吻，斗栱梁柱皆彩绘旋花，富丽堂皇；西学院，花厅、忠恕堂设计精巧，古朴典雅，庭后有园，中叠假山，壁镶石刻，清幽绝俗；铁山园，孔府后花园，花厅、凉亭、假山、鱼池设计奇巧，古木虬藤、奇花异草，满园春色。作为中国官邸建筑，因其代代相传，绵延千年，朝朝增景修葺，使孔府在中国住宅建筑中无论是建筑数量之多，质量之高都是独树一帜的。

1994年，根据文化遗产遴选标准，孔庙、孔林、孔府被列入《世界遗产名录》，世界遗产委员会对其评价为：在2000多年漫长的历史长河中，儒家文化逐渐成为中国的正统文化，并影响到东亚和东南亚各国，成为整个东方文化的基石。曲阜的孔府、孔庙、孔林，统称“三孔”，是中国历代纪念孔子、推崇儒学的表征，以丰厚的文化积淀、悠久历史、宏大规模、丰富文物珍藏，以及科学艺术价值而著称。

三、承德避暑山庄，行宫人文自然的和谐

避暑山庄1703年创建，是清代的规模宏大的夏宫宫苑。其建筑分两部分，一是山庄内七十二景，120余组园林建筑。二是山庄周围的外八庙。园林建筑吸取西北和江南的建筑样式，外八庙则取西藏拉萨布达拉宫、日喀则的扎什伦布寺，新疆伊犁的金顶寺。两种风格却能互相因借，客景烘托，有着“国土缩影”的观感。

山庄里建筑分宫殿和苑景。宫殿正门为丽正门，门前为巨大的红照壁，门前两只凶猛的大石狮蹲立，登上丽正门楼，远眺山庄起伏群山、峰峦怪石，近看宫墙内40个“堆拨”——士兵营房。丽正门内是“正宫”，红墙黄瓦，金碧辉煌，是四合院建筑，正宫大殿为淡泊敬诚殿，为楠木殿，殿周围廊以42

根圆柱支撑，殿左右各有五间配房和奏乐亭。殿后是五间大殿四知书屋，与前殿以回廊曲折，使庭院显得分外清旷、幽深。正宫后是清帝的寝宫，正殿为烟波致爽殿，康熙说此处“四围秀岭，十里平湖，致有爽气”。正宫东面是皇太后和妃嫔所住的宫殿松鹤斋。宫殿区北部是皇帝读书处，主殿为“万壑松风”，地势高，临湖区，布局灵活，确实是读书的好地方。东宫是皇帝处理朝政的别殿勤政殿，有清帝观戏之处清音阁。所有宫殿周围绕以虎皮墙，随山势起伏，长达 10 公里，又有墙将宫殿区和苑景区隔开，以进行功能定位。

苑景将建筑和花木和谐相配，模拟全国的自然地理风貌，融合南北园林特点，“万壑松风”以松槐并茂，十分庄重；“梨花伴月”以梨树为主，春风送暖之时，“梨花院落溶溶月”；“烟雨楼”则以杨树为景，夏日炎炎时，此处却绿荫生凉，“柳絮池塘淡淡风”；“青枫绿屿”以枫树为景，秋风萧瑟时，峰岭如火如荼。如果说宫殿区以严整取胜，园林区却以活泼见长，建筑皆顺山势、依山谷布置，“凌太虚”“近山轩”“宜照斋”“绿云楼”“食蔗居”“清娱室”“养粹堂”，恰到好处，点到人心，可赏可憩可观可玩，可坐观溪流，可静憩阅读，可登高远眺。

寺庙区外八庙中较大的普宁寺取普天安宁之意，前半部为一般佛寺的伽蓝式布局，山门碑亭、钟鼓楼、天主殿、大雄宝殿，后半部则是藏式庙宇，布局为曼荼罗式（藏传佛教对宇宙形象的一种认识）。主殿大乘阁象征须弥山，阁四周有黑、白、红、绿四种颜色的塔，阁的两侧有日殿、月殿，阁的前后左右分别有梯形殿，假山上有方形殿、月形殿、日形殿，代表佛经所说的四大部洲，八个不同形状的白色小台代表八小部洲，这些合在一起形象地表现藏传佛教所认识的宇宙形象。大乘阁依照西藏三摩耶庙的乌策殿，木结构，前面六层檐，后面四层，两侧五层，逐层向内收进，第五层上四个攒尖方顶置铜镏金宝顶，第六层方顶上大宝顶居于正中，与第五层宝顶形成众星捧月之势，气势十分雄伟。

1994 年，根据文化遗产遴选标准，被列入《世界遗产名录》。世界遗产委员会对其评价为：承德避暑山庄，是清王朝的夏季行宫，位于河北省境内，修建于 1703—1792 年。它是由众多的宫殿以及其他处理政务、举行仪式的建筑构成的一个庞大的建筑群。建筑风格各异的庙宇和皇家园林同周围的湖泊、牧场和森林巧妙地融为一体。避暑山庄不仅具有极高的美学研究价值，而且还保留着中国封建社会末期的罕见的历史遗迹。

第四节　邮驿、会馆与书院

邮驿最初是官员流动休息的场所，也成为递朝廷公文的场所，是传达皇上政令，维护大一统的政权不可缺少的建筑。

会馆是商业发展以后的产物，各地商人走南闯北、搬有运无，不仅需要有居住之地，而且需要了解行情、交流信息、维护地区和行业的利益，于是便按省市地区在异地设立会馆。

书院，即古代培养人才的学校，有官办和私办，往往选择文化发达的城市，或山清水秀适宜于读书的场所，延请资深学者讲学，莘莘学子慕名而来，虚心研究学问，这些人才往往都成为国家的栋梁。

一、高邮盂城驿，杰阁幽亭

现今中国2000多个县市中，以“邮”命名的仅江苏高邮，公元前221年，秦王朝刚统一中国，看中此处大运河，旧运河堤是南北水陆要冲，城子河经泰州、大丰两处入海，于是筑高台，设邮亭，“高邮”是我国为世界上最早建立邮驿制度的铁证。随着封建王朝的坍塌，多少古驿站已名存实亡，邮驿文化研究者也只能空对残垣断壁发思古之幽情，唯高邮名副其实，至今盂城驿保持完好。登高远眺，俯瞰全景，驿站规模宏大，鳞次栉比，西路为驿舍区，即办公所在，是当年置邮传命、接待使客之处，大凡官员公差往来，以此为替换夫马船只，止宿安顿之所。由门厅、皇华厅、驻节堂、库房四进组成；东路为驿马厂区，前为饲养管理驿马的区域，后为驿丞，即驿站行政长官生活的场所，由驿门、马神庙、驿丞宅、马棚构成；中路为庭院区，是过往官员、文人墨客赏景作诗的休闲场所，半亭、水池、曲廊、石栏恰到好处，点到人心，院内莳花种竹，池中养鱼点荷，廊上嵌有记叙驿站的诗条石，门楣、墙瓦、枕石、罩格上多姿多彩的雕饰显现出明清建筑文化的豪奢细腻，百姓的聪明才智。

登上院南十字脊鼓楼，大鼓、鼓架、长明灯，使人遥想当年随着鼓点的起落，那公文或紧急或舒缓，驿夫们正是从鼓点中体察邮件的分量，加快步履，鞭催坐骑。如今这原始的方式已成陈迹，此处也成游览胜地，登楼极目，运河静如银练，两旁河堤确似两条游龙蜿蜒；高邮湖面平似镜，渔舟点点，群鸭乱噪，分明是人寿粮丰的盛景。两座古塔高大巍峨，塔影倒映波中。难怪人们到此乐而忘返，发出感慨：

解缙盂城，听芦笛渔歌，好流连此地湖光塔影；
飞觞传舍，品香莼紫蟹，莫辜负水乡明月清风。

著名邮票设计家黄里、阎炳武先生构思《古代驿站》邮票时，以驿站鼓楼为中心，而以高邮湖光楼塔为背景就是很自然的了。盂城驿虽为驿站，其实很像风景名胜，青山绿水，杰阁幽亭使人羡慕江南春色秀美怡人，而河北的“鸡鸣山驿”则是雄伟的城楼，衬以崇山峻岭，其势巍峨壮观，使人景仰北方山川的高峻。

二、天津广东会馆，豪华戏楼

会馆是旧时外地商人到异地经商聚集之地，为了显示商人的整体实力，会馆建造是很有地方特色的。

天津南开区的广东会馆保存完好，规模巨大，它是清光绪年间建造，由门厅、大殿、配殿、戏楼、跨院和套房构成，占地7000多平方米，房屋125间，木石结构，由于是广东人在天津建造，所以有广东风格。

该会馆以装饰华美著称，尤其是戏楼，四面是楼上楼下，可以面面平视、俯视戏台，戏台的吊顶为“鸡笼式”，即当中藻井呈伏釜状，由成百条异形斗拱接榫堆叠，并逐层收缩而成，藻井四周则以四方形方框围聚，表面以高浮雕狮子盘绣球、凤穿牡丹、松鼠、葡萄、人物、花卉的图案，四角是挂柱，下有覆莲、如意的雕饰，戏台后壁镶嵌大型“天官赐福”镂空木雕，雕工细腻，精美绝伦。

三、江西白鹿洞书院，泉清石秀

白鹿洞书院，与湖南岳麓书院、河南淮阳书院、北京石鼓书院并称“天下四大书院”。它坐落于庐山五老峰南麓，石屏山之阳，卓尔山与左翼山之间，四山回合，得山之精气；门前贯道涧，涧中枕流石，石旁横流桥，桥边云壑亭，泉清石秀，汇水之灵性。这里的一山一石一草一木记载着我国南宋杰出教育家朱熹行状，徜徉其间，令人目不暇接，浮想联翩。

唐代李渤、李贞隐居于白鹿洞，其时李渤并不显赫，唯有白鹿出入相随，似乎只有它耐得住寂寞。李渤十年寒窗，官至江州刺史，后因怀念读书之处，于是在洞周围创以台榭，环以流水，植以花木，声名大振是自然的。但岁月磨洗了李渤的功过，“白鹿”却驰出庐山，南唐在此建立了“白鹿国学”。到南宋时，理学家朱熹任南康知军时重光白鹿，增其旧制，亲任洞主，筹置学田，编制课程，制定学规，收聚图书，使之立于“天下四大书院”之林。漫步碑廊之上，一方方诗条石虽然清冷却蕴含丰富。朱熹手制《白鹿洞书院学规》，他提出的五教之目（博学、审问、慎思、明辨、笃行）、笃行之法（修身、处世、接物）成为中国封建教育的最高法则和准绳，其中不乏历史和阶级局限，但是他把“为学”和“教人”连在一起，理应值得今人借鉴吸取。

第五节　桥梁与闸坝

桥梁是横跨江河建筑，不但具有交通作用，而且自身的美和与周围环境的和谐美都成为重要的旅游景观。

中国一直受水困扰，北方少水，南方多水，水少成旱，水多成涝。古往今来，志士仁人，不畏艰险，开河筑渠，凿坝建堤，涵闸江堰，以勤劳和智慧，建造起伟大的水利工程，恩泽于民。这些工程其科学性、实用性和观赏性都成为旅游重要载体。而表现出劳动人民的睿智巧慧、战天斗地的精神更是与日月同辉，山河永存。引动游客探秘访幽，缅怀先哲。

一、赵州桥，万古津梁

河北赵县城南，赵州安济桥横跨洨河之上。是隋代石匠李春建造。该桥一是跨度大，是石拱桥，桥长 50.82 米，宽 9.6 米，由 28 道独立石拱纵向排列砌筑，弧券两端的净跨度 37.35 米。二是不同于过去的半圆形拱桥，而是采用圆曲线上的一小段弧，这样跨度很大但弧形很平，降低了桥面的坡度，有利于交通，受力也合理。三是开创了大拱两肩对称叠置四个小拱，这种敞肩式（空腹式）形式既可减少发洪水时水流对桥的压力，又可减轻拱券和地脚的载重。这样桥只承受压力，不承受拉力，对于受压性能良好的石拱来说，是最合理的布置方案。四是施工精巧，28 道拱券单独砌筑，但最后横向采用铁拉杆，将拱券连为一体。所用石料，每块重约2000 斤，由远处精心挑选，利用严冬季节浇水成冰道的方法运送至桥头。如清代安汝功所赞：“天桥苍虬卷，横波百步长。匠心坚不转，万古作津梁。”

二、卢沟桥，雄伟无二

卢沟桥位于北京西南 15 公里的永定河上。它是多孔石拱桥，始建于金代。全桥 11 孔，长 266.15 米，宽 9.3 米，是我国北方最长而又年代较早的古桥。该桥坚固，桥墩为船形，分水尖上装有三角铁柱，可以击破冬日河水化冻时撞击桥墩的冰块，以保护桥身。

该桥装饰豪华，两侧石雕护栏的望柱共 281 根，柱头上刻大小石狮 485 个，桥东头坐两只大石狮，身长 1.75 米，重 3 吨，身上趴着许多小狮，最小的仅 20 厘米。桥西头是两只石象，用头顶着最后的石栏杆。石狮子雕刻精美，姿态万千，有的仰望云天，有的凝视桥面，有的两相对看、絮语交谈，有的抚弄幼狮、舐犊情深。桥面装饰还有华表与碑亭，碑亭为四根石柱与梁枋组合而成，四柱上有高浮雕的云龙，亭内是乾隆题写的“卢沟晓月”碑。意大利旅行家马可·波罗称它为“世界上最好的，独一无二的桥”。

三、五亭桥，北雄南秀结合

桥梁专家茅以升先生说过，古典建筑的桥中，最古老的桥是赵州桥，最雄伟的桥是卢沟桥，最美丽的桥是五亭桥。

乾隆临幸时曾感叹此处像“琼岛春阴”，五亭桥的设计也确实借鉴了北京北海的五龙亭。五龙亭是 5 个亭，临水一字排开，亭与亭之间分别有 4 座石梁桥相连，状若游龙；中间三亭又分别有三座单孔石桥与岸边相连。珠甍画栋，照耀涟漪。

瘦西湖没有北海的开阔水面，当然无法把五龙亭照搬，但聪明的石匠，另辟蹊径，将亭桥结合，形成亭桥，分之为五亭，聚之为一桥，下为桥，上为亭，别有一番情趣。

这种结合很为不易。桥梁跨度为 55.5 米，下面是 12 个大块青石砌成的桥墩，形成“工”字形的桥基，两端为宽阔的石阶。这样的石质，这样的桥基，给人感觉厚重有力，是壮美。而桥上五亭，红柱黄瓦，四角昂翘，如一朵莲花，是秀美。桥亭秀，桥基雄，两者为何能配置得如此和谐？关键是把桥基建得纤巧，与桥亭比例适当，配置和谐。造桥者在桥础上安排 15 个拱券，中心桥孔跨度为 7.13 米，呈半圆形，直贯东西，旁置 12 个桥孔，分处桥础四面，桥阶再安排两个扇形洞，形成大小不一，形状名殊的桥洞，使厚重的桥基被空灵的拱券改变，直线的拼缝、转角上有了曲线的变化，这是壮与秀的和谐，力与美的结合，与桥亭相配自然和谐了，五亭桥因此成为扬州园林北雄南秀结合的范本。

四、水利枢纽都江堰，功著万代，聪思巧慧

四川省都江堰为秦国李冰为解决岷江水患而精心设计建设的举世闻名的综合水利工程。它包括渠首和渠道两大系统，渠首由飞沙堰、宝瓶口和分水堤组成。分水堤前端似鱼嘴，称为分水鱼嘴，犹如利剑将岷江从中间截开，东边内江供灌溉，西边的外江供排洪通航。宝瓶口长 80 米、宽仅 20 米的进水口，是将玉垒山

劈开夹住江流，内江水穿过宝瓶口才能进入灌溉渠道，是控制内江流量的咽喉。灌溉渠道包括四条大干渠，蛛网般的支渠毛渠，灌溉渠道大小口安置斗门，“旱则引水浸润，雨则杜塞水门。”飞沙堰在分水堤和宝瓶口之间的滚水坝，涨水季节，内江过量洪水连同夹带的沙石浸过飞沙堰，滚入外江。堰流量过大会冲垮堰，直接泄入外江，可以确保内江灌区的安全，水少不缺，水大不淹。

都江堰筑成2200多年来一直造福人民，“泽被千秋”“功著万代”，中华人民共和国成立后在原堰的基础上多次整治，都江堰的防洪功能和灌溉功能更加完善。都江堰，连同纪念李冰父子的二王庙已成为名胜古迹、游览胜地。

2000年，根据文化遗产遴选标准，都江堰和青城山一起被列入《世界遗产名录》，世界遗产委员会对其评价为：由于都江堰水利工程历史悠久、规模宏大、布局合理、运行科学，且与环境和谐结合，在历史和科学方面具有突出的普遍价值，因此都江堰被确定为世界文化遗产。

五、黄河大堤，御洪长城，群功壮阔

人称万里长城的孪生兄弟，御洪长城，虽然它是为抵御黄灾而建，却成为旅游的重要景观。大堤北岸从河南省孟津县中曹坡开始，南岸从郑州邙山脚下起始，如两条巨龙，直伸渤海河口，长度达4000余公里，这两道主堤加上贯穿豫、鲁、皖、苏四省的黄河故道两岸之堤，总长超过7000公里。大堤早在春秋战国时期即开始修筑，秦始皇统一中国后，大堤得到统一管理，历代堤防建设都得到重视，并且不断完善扩展，尤其是明代，几成现在规模。

大堤上建有5000多座石坝，目的是把激流层层挑开，削弱它的冲击力，保护大堤的安全，比如开封的柳园口，石坝高达20多米，底宽40多米，体积相当于普通的6层大楼，蔚为大观。

黄河大堤到入海的河口最为壮丽，有四大景观；黄龙入海，滚滚浊流劈开万顷碧波，冲入海中几十里，如黄水舌头伸向湛蓝海面；河口日出，绚丽朝阳从河涛海浪中跳荡而出，变幻多姿；长堤望海，北岸大孤岛是方圆千里的冲积扇，黄河泥沙填海造陆，临海堤坡挡住海水，堤内莽莽草原，堤外烟波浩渺；鹄鹤迎宾，这里是海滩自然植被区，柽柳、苇荻密密匝匝，百多种鸟类自由栖息，尤其是白天鹅、丹顶鹤2万余只在其中翱翔，蓝天、碧海、绿地、白鹤，何景能比?

六、灵渠，古老运河，历尽沧桑

秦堤灵渠就在兴安。民谚说：“兴安高万丈，水把两头流。”湘江和漓江都发源于兴安县境内，人们常称“湘漓同源”，郦道元《水经注》中也有这样的说法。其实，两水源头相距约80公里，南北奔流，背道而驰，为使湘漓二水携起手来，古代劳动人民开凿了运河灵渠，又叫兴安运河或陡河。它是我国最古老的运河，也是世界最古老的运河之一。灵渠的堤因创建于秦代，所以叫它秦堤。据历史记载，远在公元前251年—前219年，秦始皇命屠睢发兵50万远征南越，为了行军运粮的便利，就命史禄负责监督开凿了灵渠。从此，楚粤通航，南北接连。经过历代的重修葺补，这条古老的运河，对农田水利和商业交通事业，立下了不朽的功劳，全渠长30多公里，相传有三十六陡，七十二湾，五十三坝，二十四涵，其规模之大，在当时确是罕见的。江水流了多少岁月，可拦江滚水坝——用长方形石料叠砌成的铧嘴状分水工程却完好如初。其中的木桩、石条、铁锭坚固非常，配以陡门若干，提高水位，畅通往来舟楫，又平衡湘、漓水量，所以，人们又称这道坝为天平。

灵渠为中原和岭南的经济文化交流提供了交通之便。蛮夷之地渗透了农业文明的光芒。这应该给秦始皇记上一功。而修葺的那些普通人更令人赞赏怀念。灵渠畔有一墓冢，碑题“三将军墓”，里面是负责开凿灵渠的三位工匠。前两个因为逾了工期未修成堤而被砍了头。最后那位工匠如期竣工，但他怀念死在前面的两位，不愿独自受封赏，遂挥刀自刎。后人将三人共葬于渠边，尊奉为三将军。有一首诗写道：

驱龙过岭拓南疆，太息英才竟国殇。
血溅灵渠流碧水，千秋功过问秦皇。

这里是古代水利工程最艰巨的地段，也是风景最优美的地方。古渠泛舟，春天是夹岸桃花开放，柳树飘丝，渠水碧绿，春风轻轻地一吹，花瓣都撒在水面上，真是一个桃花江。到了3月，山头上的杜鹃花火一样红，夏季两岸夹竹桃，秋风瑟瑟，经霜的红叶比二月的春花还要鲜艳。周围青山如黛，绿柳含烟，有时朝霞万道，点染着湘、漓江水，有时晨雾蒙蒙的，轻轻藏着江水。沐着晨曦，漫步秦堤，踏着如茵的芳草，看着一片生机的景物，使人精神焕发，激起青春的活力。

七、红旗渠，绝壁凿渠，当代愚公

红旗渠，位于太行山东麓河南林州市境内。这里的百姓从古至今苦于缺水，从1960年至1969年，当地农民效法古代愚公，在太行山悬崖绝壁上盘山开凿，引漳河水入林州市，渠总长近2000公里，整个工程劈开山头1250座，凿通隧洞180个，架设渡槽155条，挖土石方1640万立方米，用工达到4000多万个。形成引、蓄、提结合的水利网，灌溉面积400平方公里，解决了人畜饮水，提供了工业用水。现此处已成为河南重要旅游景观，人们到此一是学习战天斗地的精神，当年开凿悬崖，越峡谷，逢山开洞，遇河架桥，其不畏艰险、吃苦耐劳的精神为中外嘉宾称道；二是看水的体系，有总干渠70公里，渠高4.3米，宽8米，引水量18.3立方米/秒，从分水岭下，分凿三条干渠，分别为41.5公里、48公里、4公里，有总有分，非常合理科学；三是看工程的实用和壮观，整个红旗渠如长城在山间蜿蜒，给一座座山围上腰带，十分飘逸，重点工程有桥，如桃园渡桥，长100米，高24米，宽6米，其上可通汽车；如汇流工程红英汇流，干渠水与英雄渠汇于一处，渠水奔腾，飞瀑喷雪，如银河倾泻；如隧道工程曙光洞，是人工把山体凿开，隧道一旁可供人行，一旁淌水，汩汩滔滔一往无前。

第六节　传统民居

传统民居是指普通百姓生活居住的建筑。受气候、土质、地形、民族文化及生产力水平等诸多自然和人文因素的影响，我国各地区民居都有自己的独特样式，世代传承形成既方便建造，又能实用享受。居住建筑的文化含义包括居住方式、居住建筑格局、居住仪式。同一地区民居总是隐含着人们的喜好、等级、经济实力、价值取向、审美特征，居室与人伦相连，以睡处为家庭中最为内聚的地方；以正房为公共空间，远接神祖，近接友朋；以庭院使人与自然和谐相处，维护着家族的繁衍和社会利益。保护各地区富有特点的传统民居，当是我们不可推卸的责任。

一、北京四合院，围合对称

传统四合院式建筑南北皆有，四面围合的对称、封闭、自给自足当是传统文化的象征。江南四合院多以一家一户为单位的小型四合院。北京四合院则有大有小，大则数亩，小则数丈。那种大四合院可以数户、十几户合居。

房屋坐北朝南，东南角开门，为巽位，巽为入，设门吉利。门前一对石鼓，进门耸立照壁，入门西去，五间南房一字排开，进得院中，四周砌屋，北房为正房，三间，一明两暗，旁有耳房两间，东西厢房各三间。正房住长辈，“阳气”充足，厢房住晚辈，耳房为小姐闺房。东厢为震位，为男性儿辈住；西厢为兑位，为女性儿辈住；南房为离位，火也，为男性仆人住；正房之后的北房为坎位，水也，为女性仆人住；院中十字甬路，如同棋局，院中有井，有山石，有海棠芍药，满园春色。

四合院由垣墙包绕，对外不开放，门窗皆面向内院。考究的四合院，有石雕、砖雕、木雕，多以动物、花卉构成吉祥图案，“鹤鹿同春”“富贵寿考”“四季平安”，表现出家庭院落为中心，街坊邻里为干线，社区地域为平面的社会网络系统，防风沙，防噪声，防干扰，且显现出凝聚力量和谐气氛。

二、黄土窑洞，拱形洞窑

黄土高原窑洞是指在黄土崖畔开掘拱形洞窑或住房，是远古“居穴”的发展。一般有 3 米宽，7 ~ 8 米深。窑洞类型很多，多见为靠山崖黄土窑洞，土坯土块砌筑的窑洞，就地采石砌筑的窑洞，平地挖土坑再向四壁开洞的下沉式窑洞，复土式半地下窑洞。这是文化的“亲地倾向”，形成了“上山不见山，入村不见村，院落地下藏，窑洞土中生”的独特景观。

窑洞民居是先人开发地下空间的一个创造，不仅不占用大量地面，而且窑洞有利于长寿和健康，其一是温度在 10℃ ~ 22℃，相对湿度在 30% ~ 75%，是最适合人生活的环境，长期生活在窑洞中，外界气候及大气中放射性物质对人影响较小。

过去由于土窑洞不够美观，农民改建石窑，兰州市利用毫无价值的陡峭沟壑，新建 1500 平方米的窑洞群，50 孔，每孔 34 平方米，台级式，造价低廉，节能省地，抗震性能好，为黄土窑洞的升级换代提供范例。

三、福建土围楼，蘑菇状的古堡

闽西永定，闽南的南靖、漳浦、平和，以及闽中的闽清等地山区，有数以千计造型独特，构筑精巧，气势非凡的古堡式建筑，独特的客家民居土围楼。有 1000 多年的历史，为防野兽和盗匪，聚族而居，建造形同要塞的庞大坚固住宅。福建土围楼依山就势，布局合理，吸收了中国传统建筑规划的“风水”理念，适应聚族而居的生活和防御的要求，巧妙地利用了山间狭小的平地和当地的建筑材料，是一种自成体系，具有节约、坚固、防御性强特点，又极富美感的生土高层建筑类型。

土围楼是以竹片、木条为筋骨，以生土、细沙、石灰为主要原料，再拌以糯米饭、红糖，经过反复揉、舂、压而夯筑成墙的土木结构楼房，有 2 ~ 5 层高，上用火烧瓦盖顶，三四代人或数十户共楼而居。其外观式样主要有圆形、方形、交椅形三种，也有三角形、曲尺形、扇形、五边形、综合形的。

圆形楼最为典型，呈圆柱状，如地下冒出的巨大蘑菇。直径多在 30 ~ 60 米，高 13 ~ 16 米，内分 3 ~ 5 层，每层 30 ~ 50 个房间，底层不开窗，为烧炊、储藏与圈养家畜用，上两层为住房，向外开窗，内侧设走廊，贯连全楼，中间设庞大天井，环形走廊，水井及各种生活设施，建平屋，设祠堂，为公共场所，供祭祀、议事之用。其中最大的是平和县芦溪乡峰村的叶姓圆楼，建于清康熙年间，外径 77 米，底层墙壁厚近 2 米，分内外两圈，外圈为平房，内圈为楼房，高 15 米，有 4 层，楼内居民最多时达 400 户，约 1800 人。

另有永定县古竹乡高头村的承启楼，总面积为 5376 平方米，分内外三圈，外高内低，圆圈中心还建有一座四方形大厅，是全楼族人举办婚丧喜庆典礼的场所。联合国教科文组织顾问史蒂文斯·安德烈赞叹："这是世界独一无二的生土建筑——神话般的居民住宅，也是世界住宅史上一个值得研究的重大课题。"福建土围楼是世界上独一无二的山区大型夯土民居建筑，创造性的生土建筑艺术杰作。其产生于宋元时期，经过明代早、中期的发展，明末、清代、民国时期逐渐成熟，并一直延续至今。土楼文化根植于东方血缘伦理关系，是聚族而居传统文化的历史见证，体现了世界上独一无二的大型生土夯筑的建筑艺术成就，具有"普遍而杰出的价值"。2008 年 7 月被列入《世界遗产名录》。

四、开平碉楼与村落——中西合璧

广东开平市有着华侨之乡、建筑之乡、艺术之乡的美誉，根据现存实证，开平碉楼最迟在明代后期（16 世纪）已经产生，到 19 世纪末 20 世纪初发展成为表现中国华侨历史、社会形态与文化传统的一种独具特色的群体建筑形象。20 世纪二三十年代，这里普建碉楼，当时有 3000 多幢，现存 1833 幢，是全国碉楼最多的县级市。这里华侨既继承了岭南文化的传统，又吸收了西方文化的精华部分，碉楼星罗棋布从水口到百合，从塘口到蚬港、赤坎，纵横连绵数十公里，蔚为大观。可喜的是这里碉楼千姿百态，形式多样，既有中国传统的大屋顶，还有受西方影响的建筑形式，碉楼的总体造型、建筑构件和表现手法，将我国的传统建筑艺术和西方建筑风格融为一体，有古希腊的柱廊、古罗马的拱券和柱式、伊斯兰的叶形拱券和铁雕、哥特时期的拱券、巴洛克时期的山花、新文艺运动的装饰手法以及工业派的建筑艺术等表现形式，也有中国古建筑中的飞檐、雕栏、屋脊、花窗等建筑元素，使开平成为名副其实的活生生的近代建筑博物馆，是别具特色的建筑艺术长廊，是中国乡土建筑的一个特殊类型，是一种集防卫、居住和中西建筑艺术于一身的多层塔楼式建筑。

开平碉楼为多层建筑，远远高于一般的民居，便于居高临下地防御；碉楼的墙体比普通的民居厚实坚固，不怕匪盗凿墙或火攻；碉楼的窗户比民居开口小，都有铁栅和窗扇，外设铁板窗门。碉楼上部的四角，一般都建有突出悬挑的全封闭或半封闭的角堡，角堡内开设了向前和向下的射击孔，可以居高临下地还击进村之敌；同时，碉楼各层墙上开设有射击孔，增加了楼内居民的攻击点。

开平碉楼的上部造型最具表现力，人们着力运用外国建筑中的穹顶、山花、柱式等建筑元素大做文章，形成了千楼千面的建筑式样。开平碉楼种类繁多，仅从建筑材料来分，可以分为石楼、夯土楼、砖楼、混凝土楼；按使用功能，开平碉楼可以分为众楼、居楼、更楼三种类型；根据上部造型，可以将开平碉楼分为柱廊式、平台式、退台式、悬挑式、城堡式和混合式等多种式样。这些不同的建筑造型反映着楼主人的经济实力、审美情趣和受外来建筑文化影响的程度，是开平碉楼最引人入胜的地方。

开平碉楼与村落具有突出的历史、艺术和科学价值：它是中国乡村主动接受外来文化的历史见证，是中国乡村移植外国建筑艺术的集中展示，是中国华侨文化的杰出代表，寄寓了中国人的传统环境意识，是人与自然的完美结合。2007年6月根据文化遗产遴选标准，被列入《世界遗产名录》。

五、江南民居，人家尽枕河

“君到姑苏见，人家尽枕河。”以苏州民居为代表的江南民居很有特色。利用城内纵横交叉数百条河道之便，于是住宅建造在陡峭的河岸之上，室内有石阶通向河里，形成前街后河的特点。其作用是，以船代步，可直达家中，两岸居民临窗观闹，乐在其中，为家庭用水洗漱提供方便。

封闭式大宅又是一种形式，旧时大户人家造园林成为时尚，一进接一进幽深严整的建筑群，花窗、回廊，曲径通幽，厅亭相对，尤其是“一厅二庭”式，即厅分隔成南北两半，南厅对前庭，北厅对后庭，称之为鸳鸯厅；亦有南北两厅共对一庭，称之为对照花厅。池石相映的小花园表现着与世无争、恬静淡泊、注重自身完善的人生观。

沿街店铺，墙基几乎整齐划一，一户户却别出心裁，或左单檐砌墙，或右重檐开窗，或左楼室外伸，或右房内缩，毗连的一幢幢房深浅高低错落有致，重檐、单檐、软脊、硬山既呼应又有别，分明在平衡中求律动，整齐中求变化。

六、西藏碉房，坚实质朴

碉房是青海、西藏、甘肃、四川一带建筑形式。因这些地区石材丰富，于是以石为材，又因这些地区雨水稀少，于是以密梁构成楼层屋顶，屋顶几乎是平的。其墙面下大上小，略作倾斜，窗棂也不大，远看很像碉堡，于是有碉房之称。布达拉宫、大昭寺、甘丹寺基本采用碉房形式，尤其是布达拉宫，依山而建，似乎以山为核，以碉房为衣，使山寺成为一体，气势十分雄伟。

江孜县有大量的碉房，沿路的碉房严整，顺路成一直线，山脚下碉房则顺山势，一般2～3层，底层养畜，上层住人。由于碉房自身的大小高低不一，于是鳞次栉比，随势造型，高低错落，富于变化，显得十分坚实，墙材料就用本色，保持着原始质朴的风貌。

第七节　坛庙与陵墓

传统社会是一个礼俗的社会，礼俗规约贯穿于社会的各个层面，天帝祭祀、地神祭祀、日月星辰祭祀、气象神风云雷电祭祀、山川祭祀、社稷祭祀、人神祭祀、先贤祭祀，而坛庙就是祭祀性的建筑物，坛是古代祭祀天地、社稷等活动的台型建筑，也可用于会盟、誓师、封禅、拜相、拜师重大仪式。坛最初为土丘，后逐渐发展为土石砌叠的坛，并逐渐发展为豪华的建筑群。庙是又一种祭祀性建筑，其中又以奉祀圣贤的庙宇最有旅游价值。

陵墓是土葬的实物，陵的本义即土坡土堆，"视死如视生"，名人和帝王的陵墓是十分考究的。尤其是帝王陵寝其豪华程度不亚于宫殿建筑。

一、北京天坛、地坛，皇帝祭祀

北京有过九坛，天、地、祈谷、朝日、夕月、太岁、先农、先蚕、社稷坛，都是明清皇帝、后妃祭祀之地。

天坛是皇帝祭天之所，明清时每年举行三次祭祀。正月祈谷，四月雩礼、冬至告祀。主要建筑为祈年殿、圜丘坛，另有斋宫、神乐署、皇穹宇。祈年殿是三重檐攒尖式屋顶的圆形建筑，圆的殿础、圆的殿壁、圆的殿顶，处处取"天圆"之意，屋顶用蓝色，意即"天蓝"，大殿内结构十分复杂，先看立柱，最中心是四根龙柱，象征一年四季；中间12根金柱，象征一年12个月；外圈12根檐柱，象征一天12个时辰（一个时辰两小时）。立柱共计28根，象征二十八宿。古人观测日月星辰的运行以恒星为背景，他们觉得恒星相互间位置恒久不变，可以利用它们做标志说明日月星辰运行所到的位置。经过长期观察，古人先后选择了黄道、赤道附近的28个星宿作为坐标，称为二十八宿。这里的星宿不是指的一颗一颗的星星，而是表示邻近若干个星的集合。每一方七宿联系起来想象成四种动物，即东方苍龙七宿，北方玄武七宿，西方白虎七宿，南方朱雀七宿。

木柱上是36根枋桷，枋指横梁，呈方形，桷是椽子，也呈方形，36象征36颗天罡星，即北斗星。古人很重视北斗，因为用它可以辨方向，定季节，斗柄指东为春，指南为夏，指西为秋，指北为冬。

圜丘，是帝王祭天的地方，又名圜丘坛、祭天台等，三层圆形台渐次缩小，形成人工之丘，圜丘最上层台面直径九丈。第一层台面上，中央嵌一块圆形石板，叫太极石，四周绕有9圈石块，第一圈9块扇形板，第二圈18块，依次递加，第九圈为81块。第二层台面也是9圈石块，由90块、99块一直到162块。第三层台面也是9圈，由171块至243块。

每层四面都有台阶，各9级，共27级。

每层栏板（两个望柱之间的石板）也都是9的倍数，一层栏板72块，二层108块，三层180块。合在一起又是360块，正合周天的360度。

地坛是皇帝祭地之所，坛北向，汉白玉筑两层方台，坛南有皇祇室五间，供奉皇地祇神的牌位，另有神库、神厨、祭器库、乐器库、宰牲庭、斋宫等。明清两代每到夏至日出时行祭礼。

1998年，根据文化遗产遴选标准，被列入《世界遗产名录》，世界遗产委员会对其评价为：北京天坛建于公元15世纪上半叶，坐落在皇家园林当中，四周古松环抱，是保存完好的坛庙建筑群，无论在整体布局还是单一建筑上，都反映出天地之间的关系，而这一关系在中国古代宇宙观中占据着核心位置。同时，这些建筑还体现出帝王将相在这一关系中所起的独特作用。

二、北京十三陵，恢宏皇陵

明代的皇陵是以规模巨大，保存完好著称的。其最恢宏的是北京十三陵。在北京昌平，明代帝王共建13座陵墓，一陵居一山之下，中有神路沟通各陵，形成一个整体。共占地40平方公里。

十三陵神路最南端的石牌坊六柱五间十一楼，高24米，宽28.86米，汉白玉石坊，六根夹柱，四面有通雕、浮雕的麒麟、狮子、龙和怪兽，置放于神道开端，十分壮观。神路两侧，石像生分列，有狮、象、麒麟、骆驼等石兽24个，文官武将12个，最前有两只华表，由于雕于明宣德年间，因此注意写实求真。

从现今开发的定陵看，陵墓分地上建筑和地下建筑两部分。地上建筑有石桥、陵门、碑亭、祾恩门、祾恩殿、明楼、宝城，都按照皇家宫殿的楼阁式建造，红墙金顶，蔚为大观。地下建筑地宫为拱券式石结构，由前、中、后、左、右五个宽大殿堂连成，以后殿为最大，长30.1米，宽9.1米，高9.5米，内放棺床、上置棺椁。门和券洞皆为汉白玉雕成，一扇门高3.3米，宽1.7米，重达4吨，正面刻乳状止敲和衙环铺首。门里自来石设计精巧，棺材入葬完毕，此石上端顶住门上一处特制的凸起部分，下端嵌入地上一个凹槽，石门自动关闭，从外面很难打开。

2003年，根据文化遗产遴选标准，被列入《世界遗产名录》，世界遗产委员会对其评价为：明十三陵是中国明朝皇帝的墓葬群，坐落在北京西北郊昌平区境内的燕山山麓的天寿山。这里自明永乐七年（1409）五月始作长陵，到明朝最后一帝崇祯葬入思陵止，其间230多年，先后修建了13座皇帝陵墓、7座妃子墓、1座太监墓。共埋葬了13位皇帝、23位皇后、2位太子、30余名妃嫔、1位太监。明清皇家陵寝依照风水理论，精心选址，将数量众多的建筑物巧妙地安置于地下。它是人类改变自然的产物，体现了传统的建筑和装饰思想，阐释了封建中国持续500余年的世界观与权力观。同时列入的还有南京明孝陵。

三、西安秦始皇陵，豪华遗存

秦始皇陵在陕西临潼。据史籍记载，陵园地面建筑，内城周围5里，有4门，外城周围12里。与考古发现大致相合。现秦始皇陵得存一个高76米，底为485515米的夯土陵丘，墓封土堆高40米，几公里处都看得清。

《史记》记载，秦始皇在公元246年即位时，就在骊山建造自己坟墓，动用刑徒70多万人，历时36年才完工，该坟高50多丈，周围5里多宽，掘地极深，灌入铜液，江河大海以水银替代，天上大雁和水中野鸭用黄金制成，鱼膏做烛，特制弓弩以防有人穿坟盗墓。这些虽然有待陵墓重见天日时才可验证，但秦陵出土的兵马俑，以及青铜门楣，石雕的室内排水装置，直径达半米的巨型瓦当，铜车马，确实使人对墓下结构的精确豪华产生丰富联想。

1987年，根据文化遗产遴选标准，被列入《世界遗产名录》，世界遗产委员会对其评价为：秦始皇兵马俑博物馆是中国最大的古代军事博物馆。已发掘部分，共出土武士俑800件，木质战车18辆，陶马100多匹。陶俑身材高大，一般在1.8米左右，形态各异，表情逼真。体现了秦代高超的雕塑技艺水平。按兵马俑现有排列形式推算，这三个坑的武士俑可能有7000件，战车100辆，战马100匹。由模拟的军阵，可以想见2000多年前横扫六国，统一全国，所向披靡的秦国军队的威武强大。

四、杭州岳坟，名将正气

岳王庙位于杭州西子湖畔，分祠庙和陵墓两部分。祠庙门楼重檐歇山顶，巍峨庄严，主殿忠烈祠，殿内两侧壁上嵌明人洪珠石刻“尽忠报国”，当中立岳飞彩塑像，上悬仿岳飞手书匾额“还我江河”，殿顶天花绘百鹤图，形成庄严肃穆、气势磅礴的氛围。

岳飞墓在岳王庙西，墓前有墓阙，阙前有照壁，过阙门有甬道至墓前，道旁列石人、石兽，岳飞墓居中，左侧为其子岳云墓，墓周古柏森森。墓有石栏围护，正面望柱上刻“正邪自古同冰炭，毁誉于今判伪真”一联。墓阙下有四个铁铸人像面墓而跪，即陷害岳飞的秦桧、王氏、张俊、万俟卨四人，背后墓阙上有联“青山有幸埋忠骨，白铁无辜铸佞臣”。墓园照壁前南北两厢有碑廊，有历朝石碑125块，北廊是岳飞诗词手迹，南廊是历代贤哲凭吊题咏。整个建筑布置得体，充满浩然正气。

五、王侯墓徐州汉墓，依山为陵

江苏徐州西汉时王侯墓葬令人瞩目。这些墓葬依山为陵，凿石而成，犹如地下宫殿，雄伟壮丽，其中楚王山刘交墓、北洞山楚王墓、狮子山楚王陵、龟山楚王刘注墓都属此种类型。

龟山楚王刘注墓是夫妻并葬墓，每座陵墓分别由墓道、甬道和墓室三部分构成。墓道和甬道各两条，开口在同一水平线，东西平行，南北相距14米，以20条块大小形状基本一致的“塞石”封闭。甬道做隧道形，全长56米，宽1.06米，高1.77米，壁面打磨光滑。两甬道后共有15个墓室，各有过道相连，北墓室多作拱形顶，南墓室呈两面坡或攒尖顶。前中后三主室处于地宫中轴线上。墓室中有排水系统，东西两边有宽深各10厘米的水槽与墓室中排水槽相连，各水槽又根据各室位置的高低之差，向前向中汇集，最终墓内积水分别通过甬道的排水槽流出墓外。墓葬东西全长83.5米，南北最宽处32米，总面积500平方米，全部人工手凿，几乎掏空了整个山体。

六、中山陵，伟大先行者奉安之所

在南京钟山第二峰南麓，是伟大的中国民主革命先行者孙中山先生的陵墓。1925年3月12日孙中山先生在北京逝世，遵他生前遗愿，择此做陵址，于1929年6月1日迁葬于此。墓室位于海拔158米高处，从牌坊到墓室平面距离700米，高差73米。中山陵由著名建筑师吕彦直设计，依山为陵，墓区平面呈警钟形。主要建筑牌坊、陵门、碑亭、祭堂和墓室都在一条中轴线上，给人以法度庄严之感。前面半月形广场正南的铜鼎像钟底的摆锤，陵墓顶端墓室的西式穹隆圆顶似钟顶的钟钮。取形于钟，寓意深远，象征孙中山先生致力于唤醒民众，反抗压迫，警醒后人“革命尚未成功，同志仍须努力”。中山陵坐北朝南，广场入口处为三阙门式花岗石仿古牌坊，上有孙中山先生亲笔所书“博爱”二字。祭堂为中西合璧式风格，正与孙中山先生融贯中西的精神气度相契合。祭堂中央安放孙中山先生大理石坐像，两壁墙上刻孙中山先生手书的《建国大纲》镏金全文。祭堂后是墓室，正中圹内墓穴上安放大理石卧像，孙中山先生的紫铜棺就在卧像下5米处。除了陵墓主体建筑外，中山陵周围还有一些纪念性建筑物，包括藏经楼、音乐台、光华亭、行健亭、仰止亭、流徽榭等，它们大多是1929年奉安大典后，各界人士捐款建成的。1992 年前，中山陵园纪念场馆仅有孙中山纪念馆一处，现已增加五处：陵寝后花园、中山书院、永慕庐、辛亥革命名人蜡像馆和黄埔军校建校史料陈列室。中山陵是国家级钟山风景名胜区的主体，是“中国旅游胜地四十佳”和“全国百家爱国主义教育基地”之一。

第八节 中西方古典建筑文化比较

中西方古典建筑植根于不同的自然环境、文化土壤、社会氛围，故而在建筑材质、建筑结构及建筑布局上存在明显的差异。而我们近年来的建筑，无论是公益性的建筑还是民用建筑都复制欧式建筑，认为“异国情调”是富有的象征，这种“自我殖民”的形式忽视了中西方建筑理念的本质区别，有些外国人甚至据此推断中国似乎是永无变化的大国，又是一个无序的国家。这是值得人们反思的。

一、我国建筑的实践理性精神与西方建筑的宗教神灵精神

实践理性精神指的是东方的建筑多关注于现实社会生活，不作纯粹抽象的思辨，强调“实用”“实际”，满足于解决问题的经验性思维水平。宗教神灵精神指的是西方建筑受宗教的影响较大，宗教的痕迹在建筑中体现得十分明显。

中国主张“天人合一”，讲求平面铺展，均匀对称，又等级分明，追求与大自然息息相通。建筑单体以木梁柱架式为主，窗宽大可贯通柱与柱之间，门也是，且可摘下，达到室内外浑然一体的自然化。主色是象征幸福、喜庆的红色，其次是象征永久、平和与生机的绿蓝色，再次是象征富贵、力量、中央集权的金黄色，这些色彩涂在木建筑上既起到保护作用，又大方美观。有利于缩短主客体的“认同”距离，产生亲近的美感效应。

与此相反，西方则主张“征服自然”，在西方建筑中亦体现“人天对立”的思想，主要采用冷而硬、厚而沉、庞大的石块为材料，追求高大、强壮、神秘、威严和震慑的效果，是典型的弃绝尘寰的宗教出世精神，建筑物普遍窗小，通风不好，有中廊和纵隔墙。主要由大理石贴面和彩色玻璃来体现，以白色、灰色为主色，红、黄色为辅色，以营造一种鲜亮辉煌和扑朔迷离的效果，给人以神秘、惶恐之感。容易使主客体之间的距离感拉大和扩延，以产生一种崇敬和仰慕的美感效应。

二、我国建筑使用木材和外国建筑使用石材

中国建筑是以木结构为主的建筑体系。

在建筑史上，西方人自古希腊、古罗马时代始便一直由石头充当主建材，在西方有“建筑史即为石头史”的说法，雨果亦将建筑称为“石头的交响曲”。

西方传统（古典）建筑体现出以石为本位的风格，即主要采用冷而硬、厚而沉、庞而大的石块。西方世界砖石构造为主的建筑体系，由最单纯的石柱桥梁、叠涩砌筑到拱券再到穹隆顶；砖石拱券由半圆拱到双圆心的尖拱；由古罗马平衡穹顶侧推力的厚重实墙，到哥特式使空间从实墙面中解放出来的轻巧飞扶壁。天然混凝土的应用使罗马穹顶达到了43米高度和跨度的万神庙的完整统一的空间，独具空前的艺术表现力；哥特式教堂的尖拱、骨架券、飞扶壁使中厅高度举升到近50米，仿佛获得遥通天国的迷人空间效果。哥特式时代的教堂塔楼竟有高达160米的。受此影响，西方的建筑都追求高和大，集中庞大的财力、物力、人力予以完成，成为等级势力的经济实力的象征。

三、我国建筑形式的不变和外国建筑形式的变

就建筑保存而言，以秦砖汉瓦和木材作为基本建筑材料的中国传统（古典）建筑，由于自身材料原因不易于保存、维护，还有历史变革等因素导致很多早期建筑不复存在。就建筑风格而言，千百年来中国传统（古典）建筑形成以大屋顶和檐口、屋脊、墙角的细部装饰作为基本特色的单一风格，沿着此风格不断完善，由于材质所限，在建筑技术上没有革命性的突破。

与中国传统（古典）建筑正好相反，以石材为主的西方（古典）建筑易于保存。在建筑风格上，从古希腊、古罗马的古典建筑到中世纪后期的哥特式建筑乃至文艺复兴建筑，以及18世纪的浪漫主义建筑和19世纪的折中主义建筑，风格不断变化，这些风格的变化很大程度上反映在立面处理和构件装饰和雕塑上，但是一直以石材为主的建筑，在空间组合及体型上没有出现很大的变化，同样没有促使建筑得到革命性的发展。

四、我国建筑的框架结构形式和外国建筑围柱式

中国重整体，西方重个体。中国古代木柱要与梁、斗拱、檐等共同形成结构整体，在中国古建筑遗址上是看不到独立的柱子的。中国传统（古典）建筑一般不用石柱、石梁，中国传统（古典）建筑结构采用的是框架式，即采用木栏、木梁、木椽来构成房屋的主要框架，榫卯安装，梁架承重。仅在古代城门、园林中的半月门及佛教传入的石塔等使用拱顶，这是由于我们没有西方人的永恒

思想。

西方建筑普遍采用拱顶、拱门，西方（古典）建筑采用围柱式和由此生发的如罗马斗兽场和凯旋门那样的券柱式，西方柱子作为独立的实体而存在，因而产生爱奥尼、多立克、科林斯等多种不同风格柱子造型。墙柱承重，以拱顶为代表的几何观念体现西方人的永恒思想。

中国传统（古典）建筑结构，从实用性来说，有“墙倒屋不塌”的效果和能满足较多变的功能要求。它既可给门窗的设置留有机动余地，又为形成特有的屋檐“斗拱”和千姿百态的屋顶设计奠定基础。中国传统建筑的砖木结构适应小家小户的个体生活，凭借经验和巧思即可成功，故中国传统（古典）建筑始终没有上升到近代力学的研究高度。西方传统（古典）建筑多兴建大跨度的拱门、穹隆以容纳上万民众，要有精密的力学知识，由此促进了结构力学的发展。

五、中西建筑布局差异原因

中国传统（古典）建筑为群体组合，即由一个个的单位建筑组合而成一个大的建筑群，空间上横向扩展，讲究中轴对称，追求纵深效果。城市布局多为矩形或方形，以南北轴线定位，主次分明，对称排列。整体风格是内向的、封闭的、严谨的，追求内在的含蓄和私密性。

西方传统（古典）建筑多注重单体的建筑艺术效果，空间上垂直扩展，讲究突兀高耸，追求立面效果。在审美上寻求的则是一种独立的审美意味，注重的是个体的艺术效果和建筑风格。城市布局多为同心放射状，布局较自由。整体风格是外向的、开放的、活泼的，追求外在的进取和自由性。这其中最具代表性的、成就最高的就是古希腊的雅典卫城。西方认为“神权至高无上”，使得宗教建筑在城市中始终占据显著位置，教堂广场是市民集会、狂欢、从事各种文娱活动的中心场所，城市道路常以教堂为中心呈放射状，符合城市向外扩张和发展的要求。

建筑布局差异的产生原因，中西方传统（古典）建筑布局的差异都应该注意从传统政治文化上去仔细体会和把握。我国建筑大师梁思成曾经这样说：“建筑是一面镜子，它忠实地反映着一定社会的政治、经济、思想、文化。”中国传统（古典）建筑布局体现了中国封建礼制文化，其特点即国家统一、皇权至上、等级森严、典章完备，生产与生活方式变化幅度很小，思想意识的传统性很强（大一统观念）。中国古代传统政治思想对古建筑的影响极大，这主要表现在我国传统（古典）建筑在文化上具有三大特点：一是以大称威：万里长城、北京故宫、承德避暑山庄等无一不是以大称威的杰作。二是以中为尊：如国都选址上要“择天下之中而立国（都）”，在都城规划上，要“择国之中而立宫”。建筑群的主要建筑应建在中轴线上。三是礼制至上：建筑具有十分森严的等级制度观念，这从屋顶形式、台基高低、面阔间数等可见而知。

欧洲的古希腊建筑亲切明快的风格，城市布局呈同心放射状并普遍建有面积较大的广场，反映了西方社会民主的开朗的生活；古罗马建筑雄伟、敦实、豪华的风格，则是奴隶主穷兵黩武、骄奢淫逸的生活写照（如凯旋门、斗兽场等）。

第五章　宗教文化

〔内容提要〕

宗教是人类文化的最初源泉，它随着人类历史的发展，并随着不同社会形态和不同历史时期，宗教的内容、性质和形式都有不同程度的变化。经过千百年积累发展，形成独特、灿烂的宗教文化，其中包括哲学、神学、文学、音乐、美术、建筑以及修持制度和风俗习尚。历史上，宗教对文化发生过较大的影响，我国人民对宗教信仰有两个明显的特点，一是采取兼收并蓄的态度，二是外来宗教进入中国后迅速本土化、地方化。特别是明清以后，宗教走向世俗化，直接影响着中国的文化、旅游，佛教的寺庙、造像，道教的官观、壁画，都成了稀世珍宝，在国内外享有盛誉，凡有这些遗存的地方，无不成了海内外知名的旅游胜地。今天，应对宗教的性质、作用和演变规律做出科学的说明，发扬宗教中有积极意义的传统文化，促进宗教与旅游的协调发展。

〔学习要点〕

- 道教文化与旅游。
- 佛教文化与旅游。
- 伊斯兰教文化与旅游。
- 基督教文化与旅游。
- 中西方宗教游的文化比较。

〔思考题〕

1. 道教的思想渊源与基本信仰是什么？简述我国著名的道教官观和名山的特点。
2. 佛教的基本教义是什么？简述我国著名佛教建筑、佛像艺术、佛教名山的特点。
3. 伊斯兰教教义、经典是什么？简述我国著名清真寺、穆斯林古迹的特点。
4. 基督教教义、教派和节期是什么？简述我国著名的中式欧式合璧基督教的教堂的特点。
5. 比较中西方宗教游的文化异同。

第一节　道教文化与旅游

一、思想渊源与基本信仰

道教作为一种中国本土的宗教，其形成有一个漫长的阶段，其思想渊源有殷周以来的鬼神崇拜，先秦的道家学派，战国后的神仙方术信仰，西汉初期的黄老学说等。道教奉先秦道家学派创始人李耳（又名李聃）为教祖，将他的《老子》（唐代尊为《道德真经》）作为道教主要经典。道教信仰的核心是“道”，即将教主老子的“道生一，一生二，二生三”衍生为“洪元”“混元”“太初”三个世纪，基本教义是长生久视，全性葆真，通过一系列道功、道术的修行，可使灵魂常在，肉体永生，返本还原。并将“道”神格化，宣扬得道成仙的思想；由信仰“道”演化为尊奉“三清尊神”，岁月流逝，不断增加，形成供奉对象是庞杂的神仙系统，分尊神、俗神等。道教尊神包括“三清”，即居玉清境的元始天尊、居上清境的灵宝天尊、居太清境的道德天尊；“四御”，即玉皇大帝、中央紫微北极大帝、勾陈上宫天皇上帝、后土皇地祇。另外还有日月五星神、四方之神（青龙、朱雀、白虎、玄武四神）等。俗神，如雷公、门神、灶君、财神、土地神、城隍、药王、瘟神、蚕神、文昌帝君、关帝、妈祖等。李铁拐、钟离权、张果老、何仙姑、蓝采和、吕洞宾、韩湘子、曹国舅，则是传说中的道教八位神仙，“八仙过海”“八仙庆寿”的故事在民间流传很广。

二、道教艺术

道教对古代医学、化学、药物学贡献很大，把内丹理论与传统医学理论结合起来，又成为人们奉教探秘的课题；道教与古代民俗及文学艺术关系密切，以神仙道教为题材，或深受道教影响的文艺作品更是人们永远感兴趣的课题。

1. 道教的美术

是以宣传道教教义与神仙思想为主要内容的造型艺术。它包括日常供奉和用于斋醮祈祷祭祀活动的神仙画像或雕塑的神像、故事画、水陆画以及宫观的藻饰与法器上的花纹图案、浮雕等。道教神仙画像和石刻造像直接以神仙为创作对象，形式多种多样，但具体制作却皆有定式。现存道教石刻造像有泉州北郊清源山老君巨型石刻——老子天下第一、晋祠彩塑以及元代的龙山石窟等。神仙画像历代不绝，唐代画家吴道子有五帝、五官、星宿像等，其中有画于河南鹿邑太清宫的太上玄元皇帝像，后刻石于苏州玄妙观才得以传世。宋元道教画像已相当普遍，现存有泰山岱庙天贶殿宋巨幅壁画《泰山神启跸回銮图》、元山西永乐宫壁画。晋顾恺之，唐代吴道子、张素卿，元代黄公望，以及明清的吴伟、金农，今人张大千等，画了以道教故事、神仙思想为题材的大量文人道画。

2. 道教的音乐

是道教进行斋醮仪式时，为神仙祝诞，祈求上天赐福，降妖驱魔以及超度亡灵等诸法事活动中使用的音乐，即法事音乐、道场音乐。道教音乐是道教仪式中不可缺少的内容，它具有烘托、渲染宗教气氛，增强信仰者对神仙世界的向往和对神仙的崇敬的作用。早期道教的法事活动是古代巫觋祭神仪式的承袭与发展，最初诵经为直诵，未见有使用音乐的记载。道乐的使用大约在南北朝时期。史书记载北魏明帝时寇谦之于嵩山遇太上老君，授其天师之位，并赐《云中音诵新科经戒》，制定了《乐章诵戒新法》，遂产生了《华夏颂》《步虚辞》等最初的道乐音韵。因其音韵若众仙缥缈行于虚空歌颂之音而得名，风格古雅。唐代是道教音乐发展的鼎盛时期之一。唐高宗、唐玄宗曾令宫内乐工制作道调。唐玄宗曾命道士、大臣献道曲，并亲自研作和教授道乐。唐代诗人作诗也有不少提及道乐的，例如张籍有“却到瑶坛上头宿，应闻空里步虚声”之诗句，可见当时道乐流行之盛。唐时因道士的流动，道乐由宫廷传至民间，又吸取了许多民间曲调，包括一部分佛教音乐和西域音乐。有的被改名后即用于道教活动。宋代是道乐发展的另一重要时期，宋太宗、宋真宗、宋徽宗分别编写道乐，多达数十首，如《步虚辞》《玉清乐》《太清乐》等。特别是宋徽宗好道，修改、增补道教斋醮仪式，颁《金灵宝道场仪轨》426 部，并选全国宫观道士进京习道乐。北宋时编纂我国现存最早的一部道乐总集《玉音法事》。此时，丝弦乐已加入了道乐的行列，道乐的伴奏乐器日趋完备。

三、道教宫观

全国道教宫观众多，华山玉泉院、东道院、镇岳宫、江西天师府、崂山太清宫、罗浮山冲虚古观、杭州抱朴道院、北京白云观、香港朝天宫都是著名宫观，这些宫观受中国传统院落式总体布局的影响，常由神殿、膳堂、宿舍、园林组成，以庭院为单元组成各种形式的建筑群。同坛庙和佛寺建筑相比，单体建筑不那么宏伟、豪华，色调也淡雅。但道教建筑多以壁画、雕塑、书画、联额、题词、诗文、碑刻、园林等多种艺术形式与建筑物综合统一，因地制宜，巧作安排，具有较高的文化水平和多彩的艺术形象，很有艺术感染力。

以苏州玄妙观为例：位于苏州观前街，是我国南方典型古代建筑群。据北京历史博物馆建筑展览室中的玄妙观模型及《吴县志》记载，该观规模宏大，有大殿25个，主轴上原有山门殿、三清殿（供奉元始、灵宝、道德天尊）、弥罗宝阁，左右有祖师殿、药王殿、铜佛殿、机房殿、雷祖殿等。传说观内旧有“内十八”和“外十八”三十六景，二角亭、四角亭、六角亭、水火亭，一人弄、三星池、五鹤街、七泉眼、八骏图，一步三修桥、靠天吃饭碑、五十三参图，五彩缤纷，炫目明霞。可惜兵燹战火，已难见当年盛况。

现存三清殿为南宋淳熙六年（1179）重建，殿广9间47米，深6间26米，重檐歇山顶，高25.5米。共有74根大青石柱子支撑，每柱6面，凿有三百六十天尊圣号圣像，象征三百六十周天。该殿气势雄伟，殿外巨大青石驳砌的露台，殿前又有月台，周围雕刻石栏，斗拱宏大，是江苏最古老的有上昂的木结构殿堂建筑。殿内殿外，有许多精美的雕刻。石雕——石栏的栏板上有30多幅石雕，其中有画像、人物、走兽、飞禽、水族，西南角几块尤佳，可能是宋代原物。砖雕——屋脊两端有一对甍，为宋代砖刻，高3.5米，为大龙头，吞云吐雾，气概非凡。木雕——木构梁架、门窗、藻井，形式美观，极富装饰性。泥塑——三尊三清像，通高15米，泥塑装金，姿态凝重，神采飘逸，衣褶卷曲，金光灿烂，极为庄严。铜铸——现移向苏州博物馆碑廊的铜器，名武当山，高4尺、横5尺，似为殿宇的模型，铜佛殿的铜佛，祖师殿的明代铜造像，皆色彩斑斓，古意盎然。铁铸——大殿屋脊正中铁铸“平升三戟”，具有象征装饰和避雷功能。苏州玄妙观称得上是历史和艺术的博物馆。

四、道教名山游

道教与山水文化很密切。道家是最重自然的，对自然山水的尊重和热爱是道家的传统追求，他们把物我一体作为审美的最高境界，“物我合一”使主体精神与自然同化，主体情感和自然同趣。其原因是道教宣扬修道成仙，追求超尘拔俗的仙境。而神仙信仰起源于神话传说，这些都和山水联系着。道教宣传天下名山是道家的“洞天福地”，是仙人修炼、生活的地方，因此道教名山中的建筑主题突出仙的环境。利用山顶的平面布置主题建筑，山坡布置三道山门，成为人间与仙界过渡的地带。道教认为，除了升天的神仙，还有一些“地仙”居住于十洲三岛、洞天福地。按照道教说法，三十六洞天、七十二福地都有上仙或真人领治，为仙真修炼得道之处，这些名山胜景都有实指之地，大多是唐代以前道教活动集中之所。山不在高，有仙则名。自古以来，一些洞天福地成了人间佳境，游人仰慕名胜寻迹而至。为道教所染迹的山水，就沉淀着中国特有的文化。

以江苏茅山为例，本是低山丘陵，蜿蜒近百里，宽数里至十余里，山水风景十分优美，有“茅山连金陵，江湖踞下流”的美称。西汉元帝时，传说茅盈、茅固、茅衷三兄弟从陕西咸阳来此修道成仙，于是有三茅山之名。东晋葛洪、梁代陶弘景、唐代吴筠也曾修炼于此。古时茅山，林木幽深，风景清雅。唐宋以后，茅山一直是道家第八洞天。首先是道观林立，山上三宫五观，是东南道教中心。其布局以大茅峰为中心，向四周扩展。现存大茅峰顶宫、积金峰万宁宫、崇福万寿宫遗址都是很有特色的道教建筑。如拱门石台、石坊、华阳洞、龙王庙、万寿台，都和道家的洞中修炼、台上飞升有关。尽管战火兵燹，使这些建筑屡建屡废，但现存建筑还可看出用料考究、造型精巧的特色。如顶宫前圆拱门，门前大石狮，殿门上大理石雕刻的圆拱门，子午石凿成的门槛，登顶宫宽阔的石阶山路，确是不同凡俗。其次是文物众多，尽管镇山的几件玉器（宋徽宗赐给的“九龙仙都君印”的玉印；墨色花纹，形如蝙蝠的玉圭；形似金鱼，放在手中哈一口气就能润笔写字的像玻璃又似水晶的哈砚；刻有“合明天帝日敕”字样的玉质镇心符）新中国成立后尚存，“文革”中已散失，但其他摩崖石刻、巨碑石碣、书联画轴、泥雕木塑、宝鼎香炉、玉石摆件随处可见，可窥见道家的信奉和喜好。再次是道教特有风俗，茅山香讯过去从农历正月十五到三月十八，实际上在除夕之夜就上山叩门烧头香，其时茅山脚下南镇街，万头攒动，方圆数百里间的善男信女来此朝圣进香，甚至有人走一步磕一个头，从山下磕到山顶，还有人自带刑枷表示赎罪，更多的是好奇游玩。一时南镇街上卖吃的、穿的、用的、玩的，逗猴的、杂耍的、唱戏的、弹曲的、唱道情的，各种民间艺人一起云集，五花八门，令人眼花缭乱。最后是炼丹采药，既有道士按方术鼎炉炼丹，更有药农遍山采药。明代药物学家李时珍曾到此考察，在《本草纲目》上写有与茅山有关的中药材竟达 380 多种。正是由于茅山的特殊文化积淀，使它一直成为引人注目的游览胜地。1000 多年来，历史上许多文人雅士皮日休、韩愈、范仲淹、王安石、于谦、汤显祖、康有为等慕名来此。王安石曾以浑厚笔墨，描绘茅山雄姿：“一峰高出众山颠，疑隔尘沙道几千。俯视烟云来不极，仰攀萝茑去无前。”

三清山位于江西上饶东北部，古有“天下无双福地”“江南第一仙峰”之称，因玉京、玉虚、玉华三座山峰高耸入云，宛如道教玉清、上清、太清三个道教最高尊神而得名。三清山东险西奇、北秀南绝，四季景色绮丽秀美，三清山有其独特花岗岩石柱与山峰，丰富的花岗岩造型石与多种植被、远近变化的景观及震撼人心的气候奇观相结合，创造了世界上独一无二的景观美学效果，呈现了引人入胜的自然美。景区边界合理，有效地保护了景观的自然性和维护景观品质所必需的区域。2008 年 7 月 8 日被列入《世界遗产名录》。

武当山位于湖北省十堰市丹江口市西南部，是我国著名的道教圣地之一。景区面积古称“方圆八百里”，现有 312 平方公里。不仅拥有奇特绚丽的自然景观，而且拥有丰富多彩的人文景观。可以说，武当山无与伦比的美，是自然美与人文美高度和谐的统一，因此被誉为“亘古无双胜境，天下第一仙山”。武当山，作为国家重点风景名胜区、国家4A级旅游景区、全国武术之乡、全国八大避暑胜地之一，是著名的山岳风景旅游胜地。胜景有箭镞林立的七十二峰、绝壁深悬的三十六岩、激湍飞流的二十四涧、云腾雾蒸的十一洞、玄妙奇特的十石九台等。主峰天柱峰，海拔1612米，被誉为“一柱擎天”，四周群峰向主峰倾斜，形成“万山来朝”的奇观。原生植被属北亚热带常绿阔叶、落叶阔叶混合林，次生林为针阔混交林和针叶林，主要有松、杉、桦、栎等。药用植物有400多种，产曼陀罗花、金钗、王龙芝、猴结、九仙子、天麻、田七等名贵药材。

武当山古建筑群规模宏大，气势雄伟。据统计，唐至清代共建庙宇500多处，庙房2万余间，明代达到鼎盛，历代皇帝都把武当山道场作为皇室家庙来修建。明永乐年间，大建武当，史有“北建故宫，南建武当”之说，共建成九宫、九观、三十六庵堂、七十二岩庙、三十九桥、十二亭等33座道教建筑群，面积达160万平方米。明嘉靖三十一年（1552）又进行扩建，形成“五里一庵十里宫，丹墙翠瓦望玲珑。楼台隐映金银气，林岫回环画镜中”的建筑奇观，达到“仙山琼阁”的意境。现存较完好的古建筑有129处，庙房1182间，犹如我国古代建筑成就的展览。金殿、紫霄宫、“治世玄岳”石牌坊、南岩宫、玉虚宫遗址分别于1961年、1982年、1988年、1996年、2001年被列为国家重点文物保护单位。除古建筑外，武当山尚存珍贵文物7400多件，尤以道教文物著称于世，故被誉为“道教文物宝库”。其古建筑群被列入《世界遗产名录》，评价为“武当山古建筑中的宫阙庙宇集中体现了中国元、明、清三代世俗和宗教建筑的建筑学和艺术成就。古建筑群坐落在沟壑纵横、风景如画的湖北省武当山麓，在明代期间逐渐形成规模，其中的道教建筑可以追溯到公元7世纪，这些建筑代表了近千年的中国艺术和建筑的最高水平”。

道教名山游，山东泰山、崂山，湖南衡山，陕西华山，山西恒山，四川青城山，江西龙虎山，广东罗浮山，湖北武当山、江苏茅山都是道教名山。著名道观游，陕西周至县终南山楼观台、北京白云观、沈阳太清宫、成都青羊宫、福建莆田妈祖庙、苏州玄妙观、山西芮城永乐宫、泉州清源山老子天下第一雕像都是各具个性的景观。而道教对古代医学、化学、药物学贡献很大，把内丹理论与传统医学理论结合起来，又成为人们奉教探秘的课题；道教与古代民俗及文学艺术以神仙道教为题材，或深受道教影响更是人们永远感兴趣的课题。

第二节　佛教文化与旅游

恩格斯在《自然辩证法》中称誉佛教徒处在人类辩证思维的较高发展阶段上。佛教文化形态进入我国后，很快传播渗透，与我国的传统文化相融合，被公认为“佛教文化是中国传统文化的一部分”（赵朴初），甚至认为“佛学是哲学之母，研究佛学可补科学之偏”（孙中山）。我国人民对佛教信仰有两个明显的特点，一是采取兼收并蓄的态度，二是外来佛教进入中国后迅速本土化、地方化，特别是明清以后，佛教走向世俗化，直接影响着中国的文化、旅游，佛教的寺庙、造像、壁画、供物、陈设都成了稀世珍宝，在国内外享有盛誉，凡有这些遗存的地方，无不成了海内外知名的旅游胜地。今天，应对我国佛教旅游文化开发回眸解析，发扬佛教中有积极意义的传统文化，克服历史遗留的局限，并对开发的偏颇进行矫正，以促进佛教文化与旅游文化的协调发展。

一、释迦牟尼与佛教的基本教义

佛教文化对我国影响很深，这种本是外国的宗教文化形态进入中国后，很快传播渗透，产生了较大的影响。

在世界三大宗教中，佛教创立时间最早，在公元前6世纪—公元前5世纪。创立人是古印度迦毗罗卫国净饭王的太子乔答摩·悉达多。因为他的父亲为释迦族，成道后被尊称为“释迦牟尼”，意思是“释迦族的圣人”。又有称号“佛陀”（简称“佛”），意思是“觉悟者”。其教义一是“无常”“无我”，形成“空”的哲学观念。“无常”——世界万事万物变化无常。“无我”——一切现象都是因缘和合，没有独立的实体或主宰者。二是四谛，谛是真理，苦谛是对人生社会属性的判断，在佛教看来，人生有“生、老、病、死、怨憎会、爱别离、求不得、五取蕴”八苦。集谛是对造成痛苦与烦恼原因的分析，不在天，不在地，而在人的主观上的“业”（造作）、“惑”（见惑、思惑）。灭谛，熄灭造成烦恼痛苦的原因，达到“涅槃”寂灭境界，亦称“解脱”。道谛，为完美而理想地解脱，达到涅槃境界的道路和办法，即坚持“戒、定、慧”三学，彻底转变世俗欲望和认识，只有“无相”（灭众欲）、“无作”（灭造作）才能得以理想的解脱。所以“四谛”实际上是以苦谛为核心的求解脱的真谛。三是以“十二因缘”为核心的因果报应论和三世两重因果。“因缘”即为原因和条件，有无明、行识、名色、六处（六入）、触、受、爱、取、有、生、老、死等“十二因缘”，说明众生生死流传的因果联系，宣扬善有善报，恶有恶报，这便是因果报应论，即过去世的因，造成现在世的果，现在世的因，又是造成未来世的果，这便是三世两重因果，佛教就是讲因果报应，三世轮回。这种思想保存在佛教经典中。佛教经典为“经藏”——释迦牟尼说法的言论集，“律藏”——佛教戒律和规章制度的汇集，“论藏”——释迦牟尼大弟子后来对其理论、思想的阐述汇集，故称“三藏经”，或称“大藏经”“佛藏”“一切经”。

二、佛教在中国的传播

1. 汉代时佛教传入

大概在公历纪元前后的两汉之际，佛教开始传入汉族地区。传播的地区以长安、洛阳为中心，波及彭城（徐州）等地。当时人们认为佛教是一种神仙方术，故汉桓帝将黄帝、老子和佛陀同祀。传入中国形成三大系，汉地佛教、藏传佛教、云南地区南传佛教。藏传佛教主要流行于藏族、蒙古族、土族、裕固族等少数民族地区。传入中国汉族地区的佛教，经过长期的经典传译、讲习、融化，与中国传统文化相结合，从而形成具有民族特点的各种宗派，并外传朝鲜、日本和越南。

2. 两晋南北朝时期汉地佛教发展

南朝宋、齐、梁、陈各代帝王大都崇信佛教。梁武帝笃信佛教，他建立了大批寺院，亲自讲经说法，举行盛大斋会。“南朝四百八十寺，多少楼台烟雨中”。北朝虽然在北魏太武帝和北周武帝时发生过禁佛事件，但总的说来，历代帝王都扶植佛教。北魏文成帝在大同开凿了云冈石窟；孝文帝迁都洛阳后，为纪念母后开始营造龙门石窟。北魏末年，流通佛经共计 415 部，1919 卷，有寺院 3 万余座，僧尼 200 余万人。隋文帝统一南北朝后，即下诏在五岳胜地修建寺院各一座，恢复在北周禁佛时期被破坏的寺院、佛像。在全国建立了 111 座舍利塔，如在扬州建 9 级浮屠栖灵塔。并广置译经场，罗致中外译师、名僧翻译、疏解佛教经典。炀帝继文帝的保护佛教政策，在扬州建立了著名的慧日道场等，作为传播佛教的据点，并继续发展前代的译经事业，因此佛教十分兴盛。

3. 唐代中国佛教臻于鼎盛

唐朝帝王虽因姓李附会道教尊神老子李聃而尊崇道教，实际上是采取道佛并行的政策。唐太宗在清除割据、平息骚乱时，曾得少林僧兵之助，即位后，下诏在全国广建寺刹，并在大慈恩寺设译经院，延请国内外名僧进行译经，培养出了大批高僧、学者。以后各代均崇佛教，唐时中国名僧辈出，对佛学义理上的阐发无论在深度或广度上都超过前代，因此为建立具有民族特点的很多宗派奠定了理论基础。佛教信仰深入民间，对中国文化的发展产生深远的影响，在佛教建筑、雕刻、绘画、音乐、文学等方面，建树很大，丰富了中国民族文化艺术宝库。唐代中外佛教徒的交流促进了中外文化的交融。到了唐会昌五年（845），由于社会寺院经济等过于发展，严重影响了朝廷的赋税收入、户籍管理，威胁到皇室统治。唐武宗下令没收寺院土地财产，拆毁多余的佛寺、佛像，淘汰沙门，勒令僧尼还俗，佛教势力受到极大打击。佛教史上称北魏太武帝、北周武帝和唐武宗时期的限制佛教势力事件为“三武灭佛”。

隋唐佛教教义学蓬勃发展，促成大乘各宗派的建立和发展。重要的有智顗创立的天台宗；吉藏发展的三论宗；玄奘和窥基创立的法相宗；道宣、法砺分别创立的律宗，有南山、相部和东塔三家，唐代善导正式创立的净土宗；禅宗弘忍的弟子神秀和慧能分别创立北宗和南宗，在唐中叶后又陆续出现“禅门五家”；法藏创立的华严宗；由印度僧人善无畏、金刚智、不空和惠果所奠定的密宗。这些宗派创立之后，随着隋唐中国对外交通的开拓，不久即传往海外。

4. 北宋初期，朝廷对佛教采取保护政策

译经规模超过唐代，但缺少重大成果。禅宗盛行，特别是临济、云门两派最盛，天台、华严、律宗、净土诸宗稍次。由于各宗互相融合，提倡“教（天台、华严）、禅一致”“净、禅一致”，因而华严禅、念佛禅等广为流行。另外，天台宗分为山家、山外两派，而在民间念佛结社特别兴盛，影响极大。

5. 元代的统治者崇尚藏传佛教，但对汉地佛教也采取保护政策

佛教中的禅宗、律宗等继续流传、发展，寺院林立，僧尼众多。元世祖时全国有寺院423座，僧尼213万人，中央和地方设有严密的僧官制度，颁行《敕修百丈清规》，雕印了著名的普宁寺版《大藏经》。

6. 明万历以后佛教学说进一步发展

对内融会禅、教、律等宗，对外融通儒、释、道三家，所以深受士大夫的欢迎和一般平民的信仰，并使佛教更加具有中国的特色。清代虽然清初皇室崇奉藏传佛教，对汉地佛教采取限制政策。后经康熙、雍正、乾隆三朝调整政策，采取重视藏传佛教，也重视以汉地佛教笼络人心，主张儒佛道异用而同体，并行不悖，提倡佛教各派融合。雍正、乾隆亲自主持刊刻佛经，对佛教的发展起了一定推动作用。清末以来，杨文会、欧阳竞无等在日本和西欧佛学研究的推动下，创办刻经处、佛学院、佛学会等，为佛教教义学的研究开辟了一个新的时期。中国近代思想家如康有为、谭嗣同、章太炎、梁启超等都受过佛学的影响。此外，一批名僧如太虚、弘一等也都奋起从事振兴佛教的工作，使佛教产生了新的气象。

三、佛教建筑

“南朝四百八十寺，多少楼台烟雨中。”我国寺庙众多，以历史悠久，形制

巨大，文艺荟萃，风格独特而著称。寺庙建筑因地势不同显示出不同特点，如山寺、平原寺、丘陵寺、临水寺。

山寺，即在山顶、山内、山腰筑寺。山西悬空寺在陡崖上凿洞穴插梁为基，造成登楼俯视，如临深渊；谷底仰视，悬崖若虹；隔谷遥望，如壁间雏凤的效果。布达拉宫以寺镇山，在山顶筑寺，寺利用山体高峻，山由寺庙拔高，往往随势造型，打破平原寺庙的规矩和对称。从山下到山上，因势筑殿，群楼重叠，殿宇嵯峨，气势雄伟，体现了藏式密檐平顶碉房式建筑的鲜明特色和汉藏文化融合的风格，山景庙宇融为一体，美学价值极高。

平原寺，这种寺庙受我国古建筑影响，强调对称规则。以福建泉州开元寺为例，主要建筑有大雄宝殿、金刚殿、普贤殿、文殊殿、观音殿、罗汉堂等，以大雄宝殿、藏经楼，渐次增大增高。而其他殿宇在中轴线两边遥相呼应，由游廊周接，形成严密、规整、对称的四合院式建筑群。其主体建筑大雄宝殿无论是平面面积，还是殿的高度都堪称寺庙中心。大殿重檐九脊歇山顶，高 20 米，面宽 9 间，进深 9 间，原应立石柱百根，有百柱殿之称。显得严整、庄严。

丘陵寺，这是在丘阜之上建寺。受园林构置的影响，显得轻灵活泼，充满世俗的情调。往往丘不甚高，如何处理丘与寺的关系，镇江三山堪称典范。焦山、金山、北固山面临长江，近在咫尺，三山皆有寺，寺寺皆不同，山因寺胜，寺因山异。焦山山裹寺。因焦山高 71 米，周 2000 米，居三山之首，屹立江心，四面环水，满山苍翠，园林匠师突出一个“藏”字。即采取“点景”之法，在山底、山腰、山顶可极目处，依山傍水巧建定慧寺、观澜阁、华严阁、别峰庵、吸江楼等寺亭楼阁，让其掩映于山荫云林，仅露出寺的翘檐、亭的尖顶、楼的飞甍，遥看似无，近前则豁。金山寺裹山。金山高 44 米，周不过 500 余米，其高其阔逊于焦山，匠师突出一个“露”字。即以山为核，以寺为衣，环绕山体，建造宏伟的金山寺。山寺一体，山即是寺，寺又像山，400 余间殿堂顺山势筑成，循山势而上，构成“寺山”。北固山，寺镇山。该山高 48 米，围仅 100 米，如一石笋，三面临江，峭壁悬崖，构寺者在北峰之顶筑甘露寺、多景楼，山陡寺高，庙宇雄居山顶，镇压山峰。三山相互毗邻，以古朴、秀丽、雄健个性美各尽其妙，又能“妙在因借”，三山紧密相连，构成京口三寺之景。似不尽画卷，无边长轴，有“万里长江画卷”（陈毅）之称。

佛教独特的建筑样式，无梁殿。江苏省现存有无梁殿三座，分处南京灵谷寺、句容隆昌寺、苏州开元寺。以开元寺为建年最迟，而制作最精细。供奉“无量”寿佛，因此借助谐音，造成“无梁”的建筑。无梁殿一般均以纵横磨砖嵌缝砌成券洞结构。开元寺无梁殿，“纯垒细砖，不假寸木”，殿为楼阁式，分上下两层，面阔七间，以金山花岗石和水磨细砖砌叠而成，殿内拱顶、殿壁外的斗拱殿檐以水磨砖雕砌而成，屋面用碧绿的琉璃筒瓦盖成，远望碧瓦朱甍，形体和色彩都非常壮观匀称。

宝塔。江浙是多塔之省。因用材不同有石塔、砖塔、铁塔、砖木混合塔、琉璃塔；外观上有圆形、四方形，六面、八面的不同；因地理环境和历史发展的区别，形成了单层、密檐、楼阁式、喇嘛式多种塔型。在佛教中塔原具有坟的性质，最初是释迦牟尼圆寂火化后有八国国王分取舍利，建塔供奉。其后，塔中所藏为教中高僧舍利或佛经，成为佛教徒的一种拜物，故又称佛塔、宝塔。在缅甸，塔是寺庙的中心，大塔四周围绕许多小塔，建有佛堂。我国寺庙最初也有过这样的形制，但到唐代时很快发展成以殿堂为中心的布局，塔安排在侧翼或后院。我国塔大体分两类，初期为实心塔，不能登临远眺，仅是象征性纪念物，如嵩山的少林寺塔林。继而为楼阁式，或位于江河之滨，或位于崇山之巅，或围封古刹之中，高大的外形与重叠的楼阁，与寺庙原有高层楼阁或亭台形式相结合，显得体态匀称，形式整齐，上下差距不大，浑似一枝挺秀的临风玉树，色调浑厚淡朴，不仅能登临欣赏景色，成为游览胜地，而且增添城镇外貌特色，成为一个城镇的标记，如杭州六和塔。喇嘛塔从元代输入中国，经明清有所发展。如北京北海的白塔，其形制为折角形束腰式须弥座，上置金刚圈，托扁圆形塔肚，再托锥形柱，周套重围，称"十三天"，再加宝伞及塔顶，周身洁白，形似花瓶。

四、佛像艺术

汉代以后，随着佛教在中国的广泛传布，佛像艺术兴盛起来。这种佛雕艺术最初在山崖陡壁上开凿洞窟，营造佛像，继而发展到唐宋在寺庙中雕塑佛像。

北魏南北朝时期的早期佛像。该时期战乱频繁，现实中充满悲苦和灾难，受苦受难的百姓在现实中难以找到出路，把希望寄托于因果报应的佛教上，反映在佛像塑造中常常表现悲惨世界的理想化身。河南龙门石窟、山西云冈石窟的造像显示的宁静、洒脱、飘逸、充满智慧的神态，寄托着当时人们美好希望和理想。而病态瘦削的潇洒风度，秀骨清相，婉雅俊逸，正是当时追求和向往的美的最高标准。

从北魏起，建佛寺、雕佛像、绘壁画等佛教活动一直盛行。盛唐时期佛像是现实世界的李唐王朝的化身。敦煌、龙门、麦积山、乐山的诸多佛像，都是这一时期的作品，乐山大佛是唐代手法的代表。佛像显得健康丰满，躯体高大，面容庄严典雅，表情温和亲切，似乎极愿接近人们，帮助人们。在雕刻手法上，圆刀代替了平直的刀法，不论是形象本身还是衣褶的变化，北魏那种突兀的转折和生硬的棱角已经消失，显得更加光彩照人。尽管从宗教艺术的本质看，它只是封建盛世虚幻的颂歌，但是这支颂歌却奏出了中国古代佛像艺术的最强音。

明清时期，宗教艺术的世俗化，使佛像艺术更写实，更逼真，更具有人情味。这种特点集中在观音和罗汉的塑造上。如山西平遥双林寺的2000多尊佛像，古代的雕塑家逐渐将世俗融于佛教虚幻之中。其塑像造型力求塑出人物的不同神韵，不仅面相、衣着、动态各尽其妙，无一雷同，更重要的是对人物神态的细部处理力求呈现人物的不同性格。那一个个罗汉，衣裙褶纹飘飘欲动，栩栩如生。有的闭目枯坐，似乎早已入化；有的横眉瞪眼，分明还要与尘俗一比高低；有的袒胸裸背，浑身肌肉强健有力；有的老态龙钟，脸皮松弛，似乎要垂挂下来；有的头部微扬，眼望空际，分明有看透尘俗之意；有的则凝神沉思，手执经文，在妙言偈语中寻找解脱之法；或陋且怪，或丰且清，其线条流畅，刀法精练，实为佛像之上乘。

五、佛教音乐

佛教音乐即僧尼梵呗，寺院经殿中青烟缭绕，钟磬木鱼叮当有律，僧众呢喃有声，节韵感人。佛教徒用咏诵和器乐传播着经文，使清静肃穆的殿堂增添了宗教的神秘色彩。他们吟诵的是经文和梵呗，盛大法会时演奏的是佛曲。

所谓梵呗，即是用印度的声律制成曲调来歌唱汉文的偈颂。可以用乐器来伴奏。所谓呗，即呗匿，是梵语音译，意译“止断止息”或“赞叹”。佛经为了反复说明真理，在文体上多半是长行与重颂兼用。这些重颂与偈颂是可以歌唱的。但是歌唱的音韵必须用梵音的。梵音的声调音声有五种清净乃名梵声：一者其音正直，二者其音和雅，三者其音清澈，四者其音深满，五者周遍远闻。佛经的重颂与偈颂译成汉文以后，“梵音重复，汉语单奇。若用梵音以咏汉语，则声繁而偈迫，若用汉曲以咏梵文，则韵短而辞长。是故金言有译，梵响无授。”便不能歌唱了。佛教传入中国后，便有人创造了梵呗。清靡哀亮，为一代模式。后世又将善于唱经文的僧人称为唱导，唱导是以歌唱事缘为主，而经师以讽咏佛经为主。

佛曲，佛曲是佛教徒在举行宗教仪式时歌咏的曲调。我国汉族地区佛曲的发展是由梵呗开始的。梵呗就是模仿印度的曲调创为新声，用汉语来歌唱。隋代由于与西域交通的发展，西域的佛教音乐也随之传入中原。敦煌经卷所载唐代佛曲，内容多半是赞颂大乘教理，如禅宗修行、南宗顿悟等。宋代传于后世而著名佛教的歌赞也全采用南北曲调。现在通行的佛教音乐中所用的南北曲调有近200曲。

六、佛教节日

佛教节日主要有忏法、盂兰盆会等。忏法原为佛教忏悔罪行的仪则和作法，起于晋代道安和慧远，历代相沿。盂兰盆会盛行于唐代，为每年农历七月十五僧自恣日，举行供佛及超度先灵的法会。宋以后又有水陆法会和瑜伽焰口，用以为众积聚“功德”，超度先灵。半月布萨之制，在汉地早已形成习惯，每逢朔望之日，聚集礼佛、供养、诵经。

佛陀诞辰（农历四月初八）、成道日（农历腊月初八）、涅槃日（农历二月十五）皆为佛教重要节日，其中以佛陀诞辰日最为重要。此外，观音和地藏菩萨在汉地民间信仰颇盛，每逢传说中两菩萨的诞辰等节日，亦多举行佛事活动。

七、佛教名山游

传统的佛教名山游一直是旅游的黄金线，山西五台山，有“清凉佛国”之称，相传是文殊菩萨的道场，一年一度，从六月初六至十五举行“大誓愿会”，是五台山的盛大宗教活动；四川峨眉山，有“峨眉天下秀”之誉，相传为普贤菩萨的道场；浙江普陀山有“海天佛国”之誉，相传是观音菩萨的道场；安徽九华山有“仙城佛国”之称，相传为地藏菩萨的道场。这些佛地及其活动都是在淡化其宗教色彩，迎合人们的世俗观念，成为有淡淡宗教观念，浓浓世俗趣味的游览地。

梵净山（Mount Fanjing），得名于“梵天净土”，是中国佛教五大名山之一。位于贵州省铜仁市的印江、江口、松桃（西南部）3 县交界，系武陵山脉主峰，是中国的佛教道场和自然保护区。梵净山总面积为 41900 平方公里，其中核心区 25800 平方公里，缓冲区 2800 平方公里，试验区 13300 平方公里。是黔东灵山，是生态王国，是风景胜地，是一方净土，是一个返璞归真、颐养身心、令人遐思神往的人间仙境和天然氧吧。无愧贵州最独特的一个地标，在这里脚踩陆地，伸手触天，烟云在身旁萦绕，仿佛被大自然轻轻拥抱在怀里。著名诗人王心鉴《过梵净山》一诗“近山褪俗念，唯有竹声喧。栖心皈净土，推云步梵天。禅雾入幽谷，佛光上苍岩。海内循道者，多来续仙缘。”即印证了梵净山风景优美，让人忘却尘世烦恼的魅力景色。主要保护对象是以黔金丝猴、珙桐等为代表的珍稀野生动植物及原生森林生态系统。森林覆盖率 95%，有植物 2000 余种，国家保护植物 31 种，动物 801 种，国家保护动物 19 种，被誉为“地球绿洲”“动植物基因库”“人类的宝贵遗产”。梵净山于 2018 年 10 月 17 日被评为国家 5A 级旅游景区、国家级自然保护区，2008 年 6 月被评为中国十大避暑名山、中国著名的弥勒菩萨道场、国际“人与生物圈保护网”（MAB）成员，2018 年 7 月，在世界遗产大会上被列入《世界遗产名录》。

近几年很多城市又开辟新的佛教景点，并强化其品牌意识。比如无锡灵山大佛，有“佛大山灵”之誉。著名佛寺游也吸引海内外游人，因为这些寺庙多是佛教不同宗派的代表，禅宗寺庙有河南少林寺（祖庭）、成都文殊院、新都宝光寺、扬州高旻寺、镇江金山寺；华严宗祖庭陕西长安区华严寺；净土宗祖庭山西交城石壁山玄中寺；天台宗祖庭浙江天台山国清寺；三论宗祖庭江苏南京栖霞寺；密宗祖庭陕西西安大兴善寺，藏传密宗布达拉宫、大昭寺、小昭寺、北京雍和宫。另外北京法源寺、河南洛阳白马寺、上海龙华古寺、玉佛禅寺都是规模宏大，个性鲜明，游客众多的景点。近年来，以佛教为依托，开发旅游新品已成为不少旅游景点的趋向，其中最成功的是无锡灵山景区，以神州第一大佛、千年古刹、华夏第一壁、江南第一钟、天下第一掌、神州第一鼎、灵山万佛殿、佛教文化博览馆等新景点吸引游人，年均客流量逾200万人，成为华东地区旅游热点。

佛教著名人物生活传教的场所也成为旅游热线，比如唐僧取经线，将西安大雁塔、小雁塔、法门寺，甘肃麦积山石窟、兰州拉卜楞寺，青海塔尔寺，敦煌莫高窟，新疆火焰山等景观串联成线，对日本、欧美旅游者很有魅力。鉴真和尚东渡线，将南京栖霞山、扬州大明寺、鉴真纪念堂、镇江金山寺、常州天宁寺、日本鹿儿岛、奈良东大寺、唐招提寺连成一线，在日本很受欢迎。

1996年12月，四川峨眉山—乐山风景名胜区被列入《世界遗产名录》；2009年6月，山西五台山被列入《世界遗产名录》。

第三节　伊斯兰教文化与旅游

一、穆罕默德和伊斯兰教的教义、经典

伊斯兰为阿拉伯语的音译，本意为“顺服”，即顺服唯一的安拉。中国称“清真教”“天方教”“回教”，教徒称穆斯林，这是阿拉伯语的音译，本意为“顺服者”，即顺服安拉和先知意志的人。该宗教创始于7世纪初，创始人为穆罕默德。他生于阿拉伯半岛的麦加，是一位宗教家、思想家、政治家、军事家。他在公元630年，亲率万人组成的穆斯林大军，攻克麦加城，并以麦地那为中心，统一了阿拉伯半岛，建立了政教合一的国家。伊斯兰教的教义由三部分组成：伊玛尼、仪巴达特、伊赫桑。其一是伊玛尼，即信仰，可概括为六大信仰。信安拉（真主），可有99种美德和美名称颂安拉，如大仁大慈、全知全能、创造万物、主宰一切、无可匹敌、洞察一切等。对安拉忠诚，是伊斯兰教信仰的基石。信先知，因他是安拉的忠诚使者和人类朋友，如阿丹、努哈、易卜拉欣、穆萨、尔撒等都是使者，穆罕默德为使者的集大成者，是封印使者，他专门传主意，开导世

人，因此服从安拉的人，也无条件服从穆罕默德。信天使，即相信天使是安拉用“光”创造出来的一种纯粹的精灵和妙体。信经典，《古兰经》是该教的根本经典，也是伊斯兰国家立法、道德规范和思想学说的基础。信前定，世界一切事物均由安拉前定，无法改变，承认和顺从是唯一的出路。信末日，在今世与后世之间为世界末日，其时死去的人灵魂复活，安拉根据天使的记录，表现好的入天国，表现坏的下火狱。其二是仪巴达特，即为五功：念功，念诵“万物非主，唯有真主，穆罕默德是主的使者”。礼功，一日五次礼拜，即晨拜、晌拜、晡拜、昏拜、宵拜。礼拜必须面向沙特阿拉伯境内的圣城麦加。斋功，每年伊斯兰教历九月全月斋戒，昼间禁止饮食，并禁房事。课功，缴纳定量课税，以救济穷人。朝功，凡身体健康、旅途方便，并有经济能力的穆斯林一生中至少应去麦加朝拜一次，也可由别人代为朝拜。其三是伊赫桑，即善行，指穆斯林必须遵守的道德规范。可见伊玛尼属于世界观、理论和思想方面，仪巴达特、伊赫桑则属于实践和行为方面。两者结合构成该教的基本教义。

伊斯兰教的经典为《古兰经》。“古兰”是阿拉伯语译音，意为“诵读”“读本”，包括该教的基本信仰、宗教制度、社会状况分析、社会主张、道德伦理规范，早期制定的各项政策，穆罕默德及其传教活动，历史传说、寓言、神话、谚语等。另一本是《圣训》，为穆罕默德的言行录，是《古兰经》的补充和注释。伊斯兰教的标记为新月。

二、伊斯兰教在中国的传播

1. 唐永徽二年（651）伊斯兰教传入中国

一沿陆路——丝绸之路，从大食（阿拉伯），经波斯（伊朗），过天山南北，穿河西走廊进入中原；二沿海路——香料之路，即从大食，经印度洋，到天竺（印度）经马六甲海峡，到东南沿海广州和泉州等地。《太平广记》谈到在长安、扬州、广州、大食、波斯的胡商都是豪富，并提到了“胡店”“胡邸”等。明人何乔远所著《闽书·方域志》中载：穆罕默德的“门徒有大贤四人，唐武德中（618—626）来朝，遂传教中国，一贤传教广州，二贤传教扬州，三贤、四贤传教泉州”。阿拉伯的穆斯林对我国的文化、经济发展都曾起过重要作用，在建筑、医药、卫生、工艺、美术、音乐、舞蹈方面皆有贡献，不少方面已世代相传，融入我国群众的文化生活。

2. 8 世纪中叶以后，唐宋时期阿拉伯的使者来到中国都城

阿拉伯商人集居在长安、洛阳、广州、泉州、杭州、扬州等城市，不少人侨居中国后与中国人通婚，其后裔聚居一起，保持着共同的宗教信仰习俗，建立了蕃坊制度，设立清真寺（礼拜的场所），逐渐成为中国的穆斯林。中国出现了首

批清真寺建筑。从唐五代到南宋末年，波斯、大食留居中国的人数不断增加，最盛时达几万人甚至十几万人，但是他们多居于京师和通商口岸，尚未深入内地。

3. 元朝伊斯兰教在中国的流行，迅猛发展

不仅穆斯林人数多，而且遍及全国各地。元朝政府专门设立管理伊斯兰教事务的机构，设子学进行教育，还修建了许多的官修清真寺。从10世纪中叶起，中亚伊斯兰教进入新疆地区，天山南北的各民族开始由信仰佛教改信仰伊斯兰教，后来扩及全疆。13世纪以后，成吉思汗及其子孙西征，带回了大批阿拉伯、波斯、中亚的工匠、士兵。这部分伊斯兰教信徒，主要分布在甘肃、河西走廊，具有全民信仰伊斯兰教的风俗习惯。又由于元朝重用西域色目人帮助蒙古族贵族统治汉族地区，所以不少穆斯林被元朝派往各地，在各级政权中身居要职。如赛典赤·瞻思丁曾先后任陕川和云南的平章政事，其子孙三代皆居高位。由于这些因素，伊斯兰教教徒渐渐遍布全国各地，形成了大分散、小聚居的居住特点

4. 明末清初，我国境内的伊斯兰教出现了中国化趋向

主要表现在经堂教育制度和门宦制度形成。经堂教育制度是伊斯兰教在清真寺内附设学校培养宗教人才的教育制度，中国经堂教育与阿拉伯的伊斯兰教育既有共同之处，也结合了中国的具体条件，具有中国的特色。该制度中国伊斯兰教徒为加强宗教影响，教长招收一定数量的学生，安排在清真寺传习经典，培养宗教职业者。

5. 元朝始，中国信奉伊斯兰教的民族形成了回族

元朝时期，大批定居中国的阿拉伯、波斯、中亚的穆斯林及其后裔主要聚居在甘肃、陕西、宁夏、云南，以及京杭大运河两岸，他们用汉语为共同语，读汉译本《古兰经》等经典，通用汉字。回族具有共同的民族感情，从形成之日起就共同信仰伊斯兰教；共同的境遇形成了他们的共同的感情，构成了共同的心理状态。经过自明代起300多年统治者的怀柔与限制政策，促使他们在与汉族、维吾尔族、蒙古族长期相处中，逐渐形成了回族。信仰伊斯兰教的民族在我国除了回族，还有9个民族：保安族、东乡族、哈萨克族、柯尔克孜族、撒拉族、塔吉克族、塔塔尔族、维吾尔族、乌孜别克族。这9个民族信仰伊斯兰教的情况也各不相同：有的自古就居住在中国境内，信仰过原始宗教、佛教等，10—15世纪先后皈依伊斯兰教；有的居住在境外时就已经皈依了伊斯兰教，后迁入中国境内；有的是居住中国境外的穆斯林，迁入中国后，跟其他民族融合而成为新民族。民族与宗教有严格区别，10个信仰伊斯兰教的民族都是中华民族的成员。

三、中国清真寺

随着伊斯兰教的传入，独特的清真寺形式也不断发展，逐步形成中国清真寺

建筑风格和艺术体系。沿海地区清真寺建筑比较早，多由大食、波斯等国的传教士和商人建造，砖石结构，平面布局，外观造型和细部处理受阿拉伯建筑形式影响。如中国古代四大清真寺，广州怀圣寺、泉州麒麟寺、杭州凤凰寺和扬州仙鹤寺。后三座皆为象形寺，是阿拉伯风格和中国风格的有机融合。其中杭州凤凰寺状如凤凰，可惜屡废屡修，已看不出凤凰的形貌。扬州仙鹤寺形如仙鹤，并且保存完整，是中阿建筑风格的巧妙糅合，一直为海内外所珍视。

门厅即为鹤首，水磨砖砌，重檐飞椽，斗拱如蜘蛛结网，复杂奇巧，屋脊两端各有一只黄铜麒麟，凝视着伫立于当中的一只仙鹤。

向北的甬道，曲折蜿蜒，高低有致，这就是鹤颈。寺内的主建筑礼拜殿，是鹤身。这座大殿，高大巍峨，由两部分组成，前两部单檐硬山顶，后部重檐歇山顶，两顶勾连搭成。前部的朱红横匾上刻着金色的阿拉伯文——太斯米（大慈大悲），后殿正中窑门的横匾上刻着100个圆圈，每个圆圈都刻着描金的阿拉伯文，这就是有名的"百字赞"——称颂真主的盛德；再下是窑门，传说由窑门可直通西方麦加圣地，窑门四周是四排文字，皆是描金的阿拉伯文，这是《古兰经》中的精华，尽管内容都是"世上除了安拉再别无一主""天与地的宝座由真主掌握"。但书法味极浓。窑门和百字赞的横匾布满一壁，红底金字，刀法严整有序，布局疏密和谐，极富书法意味，装饰在大殿之中，顿使四壁生辉。

大殿南侧，更为壮观，在殿内觉得浑然一体，而在殿外望，前部的单檐硬山，后部的重檐歇山，都是一式的中式建筑，高大嵯峨，杰阁飞甍。望月亭是伊斯兰教建筑中必有的厅堂，因为伊斯兰教徒喜欢用太阴历，望月决定斋月和起斋日期。当然仙鹤寺中也有不少上述这样的结构。为了不喧宾夺主，只是将望月亭放在大殿的南侧，巧倚山墙处，处在硬山和歇山二堂之间，处理成半个歇山亭，两旁又辅以起伏游廊与殿相连，重檐歇山顶的顶尖飞出，四角昂翘，硬山顶高挑，顶中有顶，角中错角，十分壮观，硬山歇山共处，正面侧面并立，殿堂、亭台、游廊集中，既符合中国人民的观赏习惯，又满足阿拉伯的实际需要，简直是各式古殿宇的荟萃。小小的配景，不但不与主殿争艳，而且为主殿添彩，真是恰到好处，点到人心。

两侧的诚信堂就是仙鹤的两个翅膀，那两根矗立在堂旁的古柏，枝干似腿，那露出泥面的盘根，不正像鹤的脚趾吗？堂后原有的簌簌劲竹，正如鹤尾，正殿两旁各有一口井，"画龙点睛"，"井""睛"谐音，"井""睛"又都是圆形，形同，音同，真难为造园者的苦心了。

实际上，我国内地清真寺大部分为元代建筑，受中国传统风格影响，多为院落式布局，木结构体系。而新疆地区保留了伊斯兰建筑形式，西安化觉巷清真寺是我国采取传统建筑形式的清真寺中规模最大、保存得最为完整的一座，这是典型的中国传统式建筑，仅在方向上中轴线由南北向改为东西向，因为礼拜殿正殿中的圣龛背向西方麦加。大厅、大殿、经堂殿、望月阁、净身室皆为黄墙环绕，绿树簇拥，分明吸取了中式园林清静幽雅的意境；殿宇雄伟，飞檐翘角，雕刻彩绘，华丽工细。该寺保存许多汉文、阿拉伯文和波斯文的碑刻，镌刻很见功力，布局甚为得宜。整体风格简洁、明快、开敞，色彩较多白色，有伊斯兰教文化的风格特点。

三、穆斯林古迹游

将北京牛街、东四清真寺、西安华觉清真寺、上海小桃园清真寺、广州怀圣寺、泉州麒麟寺、杭州凤凰寺、扬州仙鹤寺连成一线，对东南亚、中东市场很有吸引力。

第四节　基督教文化与旅游

一、基督教教义、教派和节期

基督，一译“基利斯督”，意即上帝所差遣的救世主，是基督教对耶稣的专称。上帝为了拯救人类，使童贞女因“圣灵”而怀孕，生出耶稣，30 岁时，宣传上帝的福音，收了 12 个门徒，在巴勒斯坦地区传教中，施以神迹，得到群众的广泛支持，但受到犹太教的排斥和罗马人的反对，被弟子犹大出卖，遭罗马人逮捕钉死在十字架，死后三日复活显灵升天。这些情况不见于任何记载，只是在 2 世纪后，始见于《圣经》，所以耶稣的真实性一直被怀疑，仅是传说中人。基督教是信奉耶稣基督为救世主的各教派的统称，教徒以信仰坚定为人生乐事。

基督教包括罗马公教（在中国亦称天主教）、正教（亦称东正教）、新教（在中国通称基督教或耶稣教）三大派系和其他一些较小派系。各派尽管教义上有所差异，但基本教义相同，主要是“上帝创世”说——在宇宙造出之前，无任何物质存在，连时间和空间也没有，只存在上帝及其“道”。上帝通过“道”创造一切，包括地球和人，所以上帝是全能的，是真善美的最高体现者，是人类的赏赐者。故而人只有无条件敬奉顺从上帝，否则将受上帝惩罚。“三位一体”说——该教宣称上帝只有一个，但包括父（上帝）、圣子（基督）、圣灵三个位格。“原罪救赎”说——上帝创造人类始祖亚当和夏娃，并被安置于伊甸园无忧无虑地生活。由于受蛇的引诱偷吃知善恶树上的禁果，因而被驱逐出园。这样亚当、夏娃的罪世代相传，成为整个人类的原始罪恶和灾难的根源，即使刚生下就死去的婴儿也有原始罪。这种原罪，人类无法自救，只有忏悔，基督即可为之赎罪。“天堂地狱”说——天堂是极乐世界，信仰上帝而得救的灵魂都能升入天堂；不信仰上帝，不思改悔的罪人，死后灵魂受惩罚而下地狱。天堂是上帝的居住处，宝座上是上帝，其右坐着基督，宝座前有众天使侍立，黄金铺地，宝石盖屋，眼看美景，耳听音乐，每一感官都有相称的福乐。地狱中燃烧着不灭之火，凶狠的蛇蝎咬人。既不能上天堂又不能入地狱的人将进入炼狱，炼净灵魂，赎完罪恶后可再升入天堂。基督教的经典是《圣经》，即《旧约全书》和《新约全书》的总称。基督教标志是十字架，因耶稣是上帝的独生子、所派遣的救世主，为替世人赎罪而被钉于十字架而死，故基督教各教派都尊十字架为信仰标记，以示信仰耶稣的主张和学说，基督教的节期以复活节和圣诞节最为重要。复活节以纪念耶稣“复活”，从 4 世纪起定于每年春分月圆后第一个星期日（3 月 21 日—4 月 25 日），东正教等的复活节在具体日期上常比天主教和新教迟两个星期。圣诞节为纪念耶稣的诞生，教会规定每年 12 月 25 日为圣诞节。

二、中式、欧式合璧的教堂

教堂是基督教进行宗教活动的场所，源于希腊，原意为上帝的居所。较大的城市都有教堂。其建筑形式有罗马式——采用古罗马式券、拱。哥特式——以墩柱、薄围护墙、尖形肋骨交叉拱顶、飞扶壁、花窗棂、彩色镶嵌玻璃、高耸尖塔为其特征。文艺复兴式——古典柱式、半圆形拱券、以穹隆为中心的建筑形体为特征。上海徐家汇天主教堂是中国天主教上海教区主教座堂，1906 年建造，1910 年竣工。这是典型的罗马式教堂建筑，宏伟壮丽，前有钟楼两座，高达 50 余米，堂内有祭台 19 座，可容 2100 人。另外上海国际礼拜堂是上海地区最大的基督教堂，上海东正教堂是上海地区最大的东正教教堂。

南京天主教堂建筑形式较为独特，是一座中世纪哥特式教堂建筑。最有价值的是其中有清代碑刻四块：中法《天津条约》碑高 1.85 米，宽 0.94 米，十字形，上段平刻云纹、蝙蝠，下段平刻唐草、菊、莲，中刻《天津条约》第八款、第十三款等。《内阁奉上谕碑》，十字形，尺寸同上碑，上段平刻云鹤，下段刻牡丹，中段刻文，有“同治元年三月初六奏请饬地方官于交涉教民事件迅速持平办理”字样。《布告碑》由两江总督、安徽巡抚立，碑身高 1.31 米，宽 0.59 米，刻为“剀切晓谕事照得法国条约第十三款内载”。另一块《布告碑》为同治年间江宁府正堂涂立，高 1 米，宽 0.62 米，上有“为出示晓谕事准管理江安等处天主教堂事务司铎世袭公爵雷文开”等字样。碑刻体势古朴，笔力遒劲，装饰优美，艺术价值颇高。

三、基督教的赞美诗与祈祷伴乐

基督教堂内灯火辉煌，气氛庄严，唱诗班在优雅的管风琴的伴奏中齐声咏唱，给礼拜者心灵巨大的震撼，确有净化灵魂之功效。这种赞美诗的唱诵和教堂音乐，是千百年来基督教艺术的积淀。中世纪的教堂音乐在其发展中逐渐构成了如下四种形式：经文歌，为单音无伴奏合唱；弥撒曲，为教堂大型礼仪音乐，宗教改革之后信奉新教的作曲家们也谱写了大量的弥撒曲，赞美诗，为复调的分节歌曲；合唱赞美诗，即四声部合唱圣歌。

早期教堂音乐以唱诵《诗篇》为主，同时又根据《新约》圣经的“福音书”而创造出许多“福音颂歌”，分别用作基督教的感恩颂歌、降临节赞歌、圣餐礼仪及晚祷音乐。罗马帝国后期，教堂音乐开始形成以赞歌颂诗为主的独特体系。意大利米兰主教安布罗斯在叙利亚安提阿教会所用的唱答式颂调之基础上创作出圣礼颂调，即由两个合唱班一唱一答的颂赞圣歌，从而确立了教会在崇拜礼仪上所需要的圣乐体系。6 世纪末叶，罗马教皇格列高利一世改进当时的教堂音乐，主持编订了《格列高利颂歌谱》。古代教会将这种简朴优雅“教堂歌调”，当作各地教会宗教礼拜音乐的范本。这种歌调流行上千年，至今仍作为弥撒礼仪音乐而通用于天主教会。

教堂音乐以多声部重唱或合唱为主，后又形成各种无伴奏合唱的赞美诗歌，它们被用于基督教重要节日的演唱。清唱式的教堂音乐广泛发展，乐师们谱写了众多的弥撒曲、经文歌、合唱曲，表现出的庄严神圣之宗教气氛，对天主教会的礼仪音乐产生了深远的影响。

近代以来，教堂音乐曾从中世纪“神秘剧”，和“仪式剧”中演变出风靡一时、蔚为大观的各种圣剧。当时的圣剧分为“通俗圣剧”和“拉丁圣剧”。圣剧的集大成者为英籍德国音乐家韩德尔，他的作品气势磅礴，感人肺腑，在这类圣乐发展上形成空前绝后的影响。到 18 世纪，德国新教音乐家巴赫创立了欧洲音乐史上的全新时代。他的圣咏、经文歌和受难曲等使当时流行的“巴洛克”音乐风格达到了顶峰。近代教堂音乐以圣咏、清唱剧、弥撒曲、受难曲、安魂曲及各种宗教交响曲为主，自 19 世纪始，美国教堂音乐中兴起了黑人灵歌及福音圣歌，其他各地教会中也吹入了民族音乐加流行音乐的阵阵清风。此外，供教堂音乐中伴奏之用的乐器，也由传统的教堂管风琴发展到庞大的管弦乐队和各种现代电子风琴等的伴奏或演奏。因此目前教堂音乐已呈多元发展趋势，形成了现代化、民族化和地方化的纷繁局面。

四、基督教堂游

有北京南堂，意大利传教士利玛窦始建此堂；崇文门教堂。上海徐家汇天主教堂，著名学者徐光启曾在此处的家中设立教堂，1906 年，人们在此建堂，有纪念先贤之意；国际礼拜堂；沐恩堂；东正教堂。天津老西开教堂、哈尔滨大教堂等，这些教堂形制规模较大，一直成为基督教徒活动传教之地。

第五节 中西方宗教游的文化比较

在文化民俗中，将宗教形式分为三种类型，一型是西方的希伯来—阿拉伯型，他们认为上帝是救世主，人类生来有罪，信仰上帝可以得救；二型是希腊—印度型，它是无上帝和多元的文化，神不是上帝，人也不是生来有罪，应该以享乐为要义；三型是中国—日本型，没有创世兼主宰的上帝，但又有不固定的上帝，乐园和地狱都在现世、重现世。如中国本土的宗教——道教，对重现世的强调，即命定安分、知足常乐。西方文化是以第一型和第二型结合，是以原罪、赎罪、奋斗、征服、享乐为中心的罪感文化；中国是以第三型为主，兼及第一第二型，即以命定安分、知足常乐、善报有因，重实用的“乐感”文化。

当西方人步入教堂礼拜祈祷忏悔时，他们都是把自己作为罪孽深重的罪人，面对残酷的考问官，在虚幻的受难的上帝面前，故意自觉地把自己放在万难忍受的境遇试练自己，不但剥去表面的洁白，而且要考问出藏在洁白下面的罪恶。

超尘脱世的中国佛教徒为了坚定宗教信仰，超脱入世的苦海和追求来世的幸福，有着儒家中庸平和观念陶铸出的常人所没有的偏执气质和无畏精神，登高临危的云游，深山密林中的禁欲修行，甚至跨山越岭，跋涉重洋，去西天取经，去东国传教，法显、玄奘、鉴真、义净当是这方面的代表，他们是虔诚的。中国寺庙内也有神，中国的百姓进寺庙并无罪感，虽然也有消灾延寿的祈盼，但善男信女自己也知道不一定能达到意愿，所以这种仪式本身有功利性，但无内心的折磨和自责。明清时期佛教走向世俗化，其佛像尤其是观音已不像一个神，而是变为体态婀娜、温柔娴静、秀丽妩媚、可亲可近的形象，似乎极愿帮助人们，成为有淡淡宗教观念又有浓浓世俗趣味的欣赏品。

值得注意的是，西方“罪感”对立面的“乐感”并非没有，而是十分强烈，他们更多地表现为个人幸福、个性解放，体现一种叛逆和自我扩张，只有在这一切达不到时，才走向消极颓废、恐怖绝望的一面。比起西方人，中国人表现得更多的是忧患意识，他们不是为一己利益而奋斗，而是忧国忧民，他们处理忧和乐的矛盾时，最高的境界就是“先天下之忧而忧，后天下之乐而乐”，洞庭湖的岳阳楼因范仲淹《岳阳楼记》而遐迩闻名，并已为中外游客耳熟能详。当西方游人到此，见到此景时就感受到当年的政治家正是从山河壮丽、万千气象中，明确自己的责任感和使命感的。

必须矫正理论偏颇，以入世度生的精神解析佛教文化资源。季羡林先生曾和冯定讨论宗教前途，究竟是宗教先消灭，还是国家、阶级先消灭？结论是宗教后消灭。季先生指出“记得马克思讲过一句话，大意是宗教是有宗教需要的人们所创造的，宗教需要有多种含义，真正的需要，虚幻的需要，甚至麻痹的需要，都属于需要的范畴，其性质大相径庭，其为需要则一也。否认这一点，不是一个唯物主义者”。如何在宗教需要的多种含义中择善而从，为我所用，当是旅游开发需要十分注意的。赵朴初先生曾批判以肤泛之见曲解佛教：“现在一讲佛教，有的人会说，不就是烧香磕头、求神拜佛吗？把佛教看得过于简单化。我看毛病出在较低层次的佛教表面现象的一个侧面。对整个佛教缺乏全面的了解。”他指出：“我们要汲取传统文化中一切有价值的精华来充实发展社会主义的民族新文化”，“以‘人间佛教’入世度生的精神，为社会主义四化建设服务”。这就有别于封建迷信的“阴间佛教”的“出世度死”，有了鲜明的民族精神和时代特色。

第六章　民族文化

〔内容提要〕

我国是多民族的国家，“五十六个民族，五十六枝花，相亲相爱如兄弟，共同祝愿中华”。民族具有共同语言、共同地域、共同社会生活方式、共同文化特点、共同心理素质、共同的社会民俗文化现象，这种文化的共同性是民族群众智慧的结晶，同时又供人民群众享受和利用，传承于民间的大部分民俗文化活动，都带有极其浓厚的娱乐性质，尤其是节日民俗文化和竞技民俗文化最为突出。

〔学习要点〕

- 民族概述。
- 民族歌舞。
- 民族的衣食住行。
- 民族集会。
- 民族宗教。
- 民族旅游区。
- 中西方传统节日文化比较。

〔思考题〕

1. 简述中国民族的族称、人口、分布、语言。
2. 简述我国的民族歌舞、集会、民族宗教。
3. 简述我国少数民族的衣、食、住、行。
4. 简述东北、西南、西北少数民族风情旅游区。
5. 比较中西方传统节日文化异同。

我国幅员辽阔，东南西北中，地域不同，地质地貌有别，政治、经济、文化的侧重不同，在民族、语言、历史、宗教诸方面各具特点，由此形成了多种多样的区域文化风貌。

中国是拥有56个民族的国家，每一个民族都有自己悠久的历史文化和独特的传统风俗。这是中华的宝贵财富，也是人类的宝贵财富，更是丰厚的旅游资源。我国少数民族聚居区大部分是我国旅游资源丰富的区域，有计划地向海外推出具有交通、住宿条件的民俗、民族风情旅游项目，不仅对旅游外汇收入有益，而且对这些地区的经济发展、社会开放、旅游业的持续发展具有重要意义。

第一节　民族概述

一、民族释义

民族就是指人们在一定历史阶段形成的具有共同语言、共同地域、共同经济生活以及表现于共同民族文化特点的共同心理素质稳定的共同体。这种“共同”性正是一民族区别于另一民族的标志。

我国是多民族国家，由于少数民族多住在人口稀疏的边陲，形成了他们不同的社会民俗文化现象，这种文化既是人民群众智慧的结晶，同时又供人民群众享受和利用。所以传承于民间的大部分民俗文化活动，都带有极其浓厚的娱乐性质。尤其是节日民俗文化和竞技民俗文化最为突出。

二、中国民族的人口分布、语言

语言是民族文化重要组成部分，汉、回都用汉语，其他54个民族都有各自的语言，分汉藏、阿尔泰、南亚、南岛、印欧五大语系，10个语族、16个语支、60多种语言。这些文字分为非拼音文字和拼音文字两大类。

第二节 民族歌舞

一、民族歌舞概述

我国少数民族的能歌善舞和独具特色的集会是最具魅力的旅游资源。民族不同、地区不同、时代不同，风格自然也不同。从1981年开始，《舞蹈集成》在不漏村寨、不漏舞种、不漏艺人的原则下进行了全国民间舞蹈集成，历时5年，确切查明56个民族共有民间舞蹈17636个，另外港澳台还待补，其中汉族舞蹈14291个，少数民族舞蹈3345个。舞蹈最多的省份是云南，有1552个，其中少数民族舞蹈1362个，汉族舞蹈190个。汉族舞蹈名列榜首的是河南省，有1436个，这是因为河南史称“中原文化的摇篮”，商周之际，民间的郑卫之音，已响彻中原，冲击宫廷乐舞。1000个舞蹈以上省份还有陕西、山西、江西、四川。原因也是这些地区历史上都是某些王朝的政治、文化中心，文人荟萃之地。800个舞蹈以上的省份有湖南、湖北、江苏，这些地区都是春秋时期就“巫舞成风”的吴楚之地。综上所说我国的舞蹈和地域有关，和政治、经济、文化有关，实际上是经济、政治、文化的形象表现。

我国的民歌丰富多彩，从诗经、楚辞、乐府到元明散曲、小曲，近代民歌，我国民歌形成了风、雅、颂等适合于庙堂之音、祭祀之音、山野之音的不同样式。这些民歌中最有生命力的是歌唱家乡山川大地，描述日常生活景致情趣；追求美好的爱情生活，反抗封建礼教，歌颂纯真爱情；歌颂自由和平，反抗侵略，鼓舞人民，打击敌人。可以说民歌反映了人民生活，表达了自己的爱憎，抒发了内心情感。如《乐记》所言：“凡音之起，由人心生也；人心之动，物使之然也；感于物而动，故形于声。”新疆维吾尔族木卡姆艺术、蒙古族长调民歌、蒙古族呼麦、贵州侗族大歌、朝鲜族农乐舞等民族音乐、舞蹈列入《世界遗产名录》。

二、铜鼓之乡的壮族情歌

壮族是我国少数民族中人数最多的民族，壮族能歌善舞，其最有名的歌舞叫“歌圩”，流行于广西南部及红水河流域。

这里是铜鼓之乡，铜鼓的历史已有2000余年，鼓的通体用铜合金铸成，厚薄均匀，鼓面、鼓身有丰富多彩的图案，祭神、喜庆节日、宗教礼仪、欢庆丰收，金鼓长鸣给壮家带来无比欢乐。

壮歌的歌圩节实际上是赛歌，当然是以情歌为主要形式，长期流行过程中竟然按照青年谈情说爱的过程分为相见歌——青年男女初进“歌圩”所唱的歌；催情歌——男女双方探明来意，选中理想歌友后唱的歌；赞美歌——男女双方初步了解，萌生感情，以歌互赞；盘歌——考查探测对方学问的高低，见识长短，反应快慢的歌；结交歌——歌手在唱和中产生倾慕之情，用歌向对方倾吐爱情；分别歌——天色已晚，初恋人双双步出歌圩，依依不舍，以歌道别；重会歌——歌圩过后，双方互相摸底，了解家庭个人情况后决定恋爱是否进行，重会时以歌表述自己决定。比如相见歌，男唱“荷花塘中开，红的惹人爱。很想摘一朵，水深怕难采。”女接唱：“荷花水中开，只要有人采。水深也不难，搭桥就能采。”过后唱着山歌迎新娘，男女方都有歌手对唱，一直唱到半夜，第二天新娘拜别父母，去男家也是一路走一路歌，一直唱到男家，回门时也是一路走一路对歌。迎亲歌有：“多谢了！多谢诸位送亲来，送来姣姣凤一只，送来满寨鲜花开。”送亲歌答：“莫要谢，山美才有凤凰落，水秀才有蛟龙来。不是春风化细雨，哪有百花满寨开。”

三、老少妇幼同歌的朝鲜歌舞

朝鲜族的歌舞蜚声全国，他们酷爱体育，注意卫生，讲求礼貌，尤其是尊老爱幼的美德令人称赞。所以喜庆的节日春节、清明、中秋，或是家庭的节日，古稀节（诞生 70 周年纪念日）、回甲节（诞生 60 周年纪念日）、回婚节（结婚 60 周年纪念日）、加冠节（男青年成年礼）都要隆重庆祝，唱歌跳舞，老少妇幼同乐。

朝鲜歌舞很美，女的长鼓舞、红绸舞，男的头绸舞都有很高的技巧。他们的节庆都有一个特点，合家都穿起节日盛装，五彩斑斓，老人端坐堂上，家人献上珍馐美味的宴席，由长子率领，向老人磕头行大礼，并献上寿酒，宴席当中互相点歌，尤其是客人，主人盛情请你唱歌时不得拒绝，饭后必载歌载舞，邻居也闻讯参加，直到深夜，尽欢而止。

中国朝鲜族农乐舞，2009 年入选联合国教科文组织《世界遗产名录》。“农乐舞”俗称“农乐”，历史可追溯到古朝鲜时代春播秋收时的祭天仪式中的“踩地神”。中国朝鲜族农乐舞分为十二部分，是反映传统农耕生产生活中祭祀祈福、欢庆丰收的民间表演艺术。集演奏、演唱、舞蹈于一身，舞者伴随唢呐、洞箫、锣鼓的节拍欢歌起舞，表达了追求吉祥幸福的美好愿望。流传于吉林省、黑龙江省、辽宁省等地的朝鲜族聚居区。

第三节　民族的衣食住行

一、就地取材的民族饮食

我国各民族几乎都有自己的饮食习惯，内蒙古大草原的蒙古牧民有“红食”，即肉食的烤全羊、拔丝羊尾、哈达饼；有“白食”，即奶制品如奶茶、奶酪、奶酥；贵州、云南因潮湿喜食辣椒；云南人口味尚酸、辣、甜，有过桥米线、云南火腿、牛干巴；广西口味喜辣喜酸，梧州纸包鸡、阳朔酿喝螺。苗族、侗族因缺盐形成了食酸的习惯，酸肉、酸鱼、酸鸡、酸鸭，既好保存也开胃下饭；回族虽然分布广泛，但以牛羊肉小鸡面食为主，按教规忌食猪肉，也忌食无鳞类水产品，有涮羊肉、烧牛蹄筋、白水羊头、炸油香；藏族习惯吃面食，酥油茶、点心、糌粑、手抓肉、肉面条，都是为了增加身体热量，舒筋活血，防止皮肤干裂；维吾尔、哈萨克喜食牛奶、黄油、手抓羊肉、奶油、新鲜瓜果、烤羊肉串；朝鲜族喜食干饭、打糕、冷面、狗肉、猪肉、海鱼、大虾、辣白菜，餐餐离不开大酱、清酱。这些食俗往往受地域、气候、物产的限制，代代传承，形成了与之相应的风俗习惯。

二、丰富多彩的民族衣饰

我国少数民族衣饰五彩缤纷，壮族穿无领、左衽、绣花、绲边的衣服；满族男穿袍服、外套马褂，女人穿旗袍；维吾尔族的“袷袢”长袍，“尕巴”四棱小花帽；蒙古族长袍腰带；藏族上身穿长袖短褂，外套宽肥的“珠巴”长袍；朝鲜族白衣素服，因而有“白衣民族”之称；傣族的花长筒裙；彝族的披毡和擦尔瓦，都是各民族的代表性的服饰。

少数民族中，苗族服装与其他民族不一样，既有民族特色，又有明显的地区差异，男装不算，女装就有130多种，无论是从历史看还是从现实看，色彩缤纷是苗族服装的主要特点，颜色鲜艳，图案斑斓。一类以百褶裙为标志，遍及川南、云南、贵州、广西、海南，裙子长短差异大，从长到脚面到短到膝盖；裙子花色不同，绣花、蜡染、色布拼镶、素净等几类。二类穿裤不穿裙，分布在湘西、黔东北和川东，又穿裤子又穿裙，则在贵州多见。三类与汉族相同，几乎没有自己本民族特征。

三、随势造型的民族住房

少数民族有顽强的生存能力，在住房的建造上善于利用自然地貌、当地的土石竹木，随势造型地建造住房。

壮族干栏式，上下两层，楼上住人，楼下养牲畜；满族口袋房，形似口袋，东南开门，背风面阳；苗族吊脚楼，按山坡斜度竖桩，在桩上建筑房屋；维吾尔族平顶屋，因那里雨水少，平坦屋顶可晾晒瓜果粮食；彝族住房木结构，单门、小窗、中间堂屋用石头支成火塘，称为“锅庄”；蒙古族的蒙古包，适合游牧时用；黎族房屋形式多变，竹木枝条构架的船形屋最具特色，屋顶呈弓形，上覆茅草，下垂及地，如船篷。

侗族的鼓楼很有特色，有厅堂式、楼阁式、密檐式、门阙式，常见的有正方形、六边形、八边形，少则3层，多则15层，最高可达20多米。楼的正中以四根粗大径围达1米的老杉木为主承柱，从地面直通屋顶，周围有12根檐柱，上百根挂柱、长短不一的千条穿坊，榫卯相接，犹如蛛网，严丝合缝，坚固无比。鼓楼装饰十分豪华，楼顶、翼角、封檐板下都是精美的彩雕彩画，人物风情、飞禽走兽、花鸟虫鱼各具神态，绚丽多姿。鼓楼上配有大鼓，整节桐木挖空，两头蒙上牛皮，这鼓楼是侗寨的心脏，乡规民约制定，民间纠纷的解决，修桥补路的讨论，狩猎捕捞的约定，闲谈、讲古、歌唱、欢宴都在楼上。这种鼓楼在广西三江侗族自治县有100多座，其中不少尽管是清代的，但任凭风吹雨打，仍岿然不动。

四、代代传承的民族禁忌

几乎每个民族都有独特的禁忌习俗。满族人不食狗肉；回族人男女外出必须戴帽子或头巾，严禁露顶；苗族人无论消灾或求子求财都祈求神灵或祖先保佑；维吾尔族禁食猪、驴、狗、骡肉，上衣过膝，裤脚达脚面；蒙古族时兴野葬；藏族人遇到寺院宝塔必须下马并从左往右绕行；黎族女儿盛行不落夫家，非婚生子女不受歧视。

禁忌原是古代人出于对超自然力量敬畏而采取的躲避措施，禁忌对人群起着规范与限制作用，尽管随着科学的进步，许多禁忌被打破而消失，但不少禁忌仍留在民俗中。其中有语言禁忌，也有行为禁忌，表现在食、住、行，生、老、病、死，婚、丧、嫁、娶中。体现人们趋吉避凶的心理。有些是可以理解的，比如喜庆场合不讲不吉利的话，人死了不要调侃取笑，尤其是少数民族，比如藏族人热情好客，尊敬长者，行坐言谈，长者为先；忌直呼姓名，名字后加“啦”，如“次仁卓玛啦”；迎送客人，躬腰屈膝，面带笑容；室内就座，盘腿端坐，忌东张西望，双腿直伸，脚底朝人；接受礼品，双手去接，奉献礼品，躬腰双手高举过头；敬茶酒烟时，要双手奉上，手指不能放在碗口。

藏医药浴法，2018 年 11 月被正式列入联合国教科文组织《世界遗产名录》。藏医药浴法，藏语称“泷沐”，是藏族人民以土、水、火、风、空“五源”生命观和隆、赤巴、培根“三因”健康观及疾病观为指导，通过沐浴天然温泉或药物煮熬的水汁或蒸汽，调节身心平衡，实现生命健康和疾病防治的传统知识和实践。藏医药浴法是将全身或部分肢体浸泡于药物煮熬的水汁中，然后卧热炕发汗，使腠理开泄，祛风散寒、化瘀活络，达到治病目的的一种疗法。藏医经典《四部医典》中，列有专章讲述药浴疗法。这一遗产项目既体现了相关社区民众通过沐浴防病、疗疾的民间经验，也是以《四部医典》为代表的传统藏医理论在当代健康实践中的继承和发展。

第四节　民族集会

一、民族集会概述

少数民族居住分散，居住地区地广人稀，交往不便，集会成了相互了解沟通的最好形式，比如云贵高原民族众多，各种形式的集会也多，可谓三日一节，五日一节，表面上看每一种集会是属于某个民族的，苗族的踏花山、侗族的赶歌会、傣族的泼水节，但这些节日都成了兄弟民族关心的节日，成为文化娱乐，交流物资，增进团结的共同节日。每到节日，民族之间界限没有了，成为各民族充分显示歌舞才华，尽情唱歌跳舞的最好形式。

现在的民族集会很多，壮族的歌圩节、白族的三月街、苗族姊妹节、侗族花炮节、瑶族干巴节、黎族谈爱节、布依族跳花会，这些都是民族聚会，歌舞欢乐，物资交流的节日。

歌颂劳动的活动几乎各民族都有，春种秋收，夏耘冬藏，各民族都形成了本民族的生产习俗。而这些习俗中必然张弛有度，以自娱自乐的形式激励士气，凝聚人心。以求民族的生存和发展。高山族的丰收节，仡佬族吃新节，景颇族的新米节，傈僳族尝新节，苗族赶秋节，侗族赶坪节等，比如藏族百姓每年藏历七月底八月初必到拉萨河边洗澡洗衣，因这一周有一颗小行星出现，藏语称之为日久星，据说用它照过的水洗浴后能治百病。几乎在同时还有一个旺果节，俗称丰收节，庄稼快要成熟了。各村农民背着经书，拿着旗、箭、鼓乐，盛装列队，巡视田间，一边走一边唱，表示对丰年的歌颂和生活的祝福，这一活动往往持续两三天。

羌年，2009年10月被联合国教科文组织正式批准列入《急需保护的非物质文化遗产名录》。羌年是中国四川省羌族的传统节日，于每年农历十月初一举行庆祝活动。节日期间，羌族人祭拜天神、祈祷繁荣，在释比的细心指引下，村民们身着节日盛装，举行庄严的祭山仪式，杀羊祭神。然后，村民们会在释比的带领下，跳皮鼓舞和萨朗舞。羌年此日，要让耕牛休息，喂以面馍和麦草。有的地方，要做日月形馍馍挂在牛角上，然后放其出圈自由活动。

二、那达慕草原盛会

内蒙古、甘肃、青海、新疆等地的蒙古族人在每年七八月间举行那达慕大会，那是盛大的节日，那达慕即娱乐和游戏的意思。此时是收藏的季节，牲畜肥壮，秋高气爽，这时进行物资交流和科技文化交流是最恰当的时机。

大会来临，晨光熹微中，蒙古族及附近各族人民男女老少，身穿节日盛装，乘车骑马，从四面八方会集那达慕会场，会场周围数天前就搭起繁星般的蒙古包和帐篷，宁静的草原顿时欢腾起来。

那达慕大会内容非常丰富，交流物资、交流生产经验，更多的是文化体育活动，最初只有赛马、射箭、摔跤，俗称“男子三项”，逐渐增加为赛布鲁、套马、下蒙古象棋等民族传统项目，还有田径、拔河、棋艺、球赛、摩托车表演等体育竞赛项目，歌舞、说书、好来宝演出、图片展览、放映电影等文化活动。

过去那达慕是统治者寻欢作乐的集会，如今成了民族自娱自乐活动，蒙古式摔跤有13个基本动作，100多种变化。双方行过握手礼后，便如狮虎般扑向对方，以力量和技巧压倒对方，若膝盖以上任何部位着地就算输了。获胜者胸前挂一彩条，荣获全旗冠军称作“纳款”，即雄鹰，享有极高的声誉。赛马扣人心弦，骑手们一字排开，号角长鸣，骑手们飞身上鞍，扬鞭策马，如离弦之箭，飞快前奔，或挥臂加鞭，或身站马背，最先到达终点者，被誉为草原健儿。

三、歌圩节云滇盛会

壮族三月三又称歌圩节，这是古老节日，唐时壮族歌手刘三姐是壮族人民心中的歌仙。广西自古以来素称“歌海”，壮族人民能歌善舞，歌圩节前，家家户户扫房设铺，煮五色糯米饭，备酒菜招待远道而来的亲朋客友。歌圩节主要活动形式是赛歌，到处搭起彩棚，青年男女穿节日盛装，山坡野地，竹林树荫，青年三五成群，对唱山歌，未婚男女趁此机会选择或会见情人，从白天到夜晚，到处是歌舞的海洋。歌词内容分两大类，知识性的歌，有盘歌、叙事歌、农事歌，这是传播知识，表现才华，交流感情的方式；抒情歌词，形式为对歌，按不同对象不同年龄选择歌词，否则认为失礼，对歌可以了解对方，显示才华，善对歌者一天一夜不下场，节日对歌常需三天，尽兴而返。抛绣球与对歌同时进行，绣球用花布或彩绸包裹豆粟、棉籽，外套绣绒网织，做工精细，有菱形、方形、圆形，上绣各种动物，是姑娘一片心意，抛绣球时，男女青年各自在自己场地向自己中意的对方抛去，对方以绣球抛还。若接不住则要被罚唱歌或表演节目。未婚女青年也会在对歌时，趁别人不注意，悄悄将绣球赠给意中人，男青年回赠以手帕、毛巾，对方交谈对歌，中意者缔结百年之好。现在歌圩节赋予时代内容，节日期间还有各种文艺表演和娱乐活动，场面更加壮观。

四、泼水节民族盛会

泼水节是我国傣族以及中南半岛某些民族的新年节日，一般在傣历六七月，夏历清明节后十天，据说这天是佛的生日，又称为浴佛节。一说是七个姑娘杀死魔王，人们为纪念她们，以泼水洗涤她们身上的血污，一般持续三四天，头三天送旧，最后一天迎新，男女老少沐浴更衣到佛寺赕佛，全寨妇女为佛像泼水洗尘，然后青年男女泼水为戏，下午丢包，如同抛绣球一样，是男女青年求爱的一种手段，开始青年列队乱掷，待到意有所属时双方对掷，女方趁男方不注意抢起佩刀、头巾等，跑回家去做酒菜，等小伙子索取，订下百年之好。

现在淡化了神话传说、宗教的成分，而是改为第一天观看龙舟比赛，第二天泼水，不论男女老少，人们把水泼向最心爱、最尊敬的人以洗去旧年污尘，祝福新年的幸福。有文泼武泼之分，文泼对长者，舀一勺净水，说着祝福的话，拉开对方衣领，让水沿着脊梁流下去，被泼者高兴地接受祝福；武泼无固定形式，瓢盆桶皆可，互相追逐，迎着头脸泼，被人泼得越多，说明受到祝福越多，被泼的人也越高兴。

第五节　民族宗教

一、宗教的民族信仰偏好

恩格斯说：“宗教是最原始的时代，从人们关于自己本身的自然和周围的外部自然的错误的、最原始的观念中产生的。”神是人创造的，神性是人性的异化。原始的万物有灵的观念使远古初民普遍信仰现实世界之外还有主宰人类的神祇，当佛教、伊斯兰教传入中国后，长期的传播发展，形成了具有民族特色的中国化佛教和伊斯兰教。宗教是少数民族十分重视的一项活动，它具有很强的凝聚力，而这些宗教信仰活动又和当地宗教建筑、集会、娱乐活动联系起来，成为民族的偏好，尤其到近世，祖先宗教崇拜的信仰逐渐淡化，但仪式的痕迹仍存，成为一种风俗习惯。其自娱自乐，文化交流逐渐替代了宗教的神秘，成为很具吸引力的旅游资源。

二、西北民族与伊斯兰教

伊斯兰教传入我国后，在西北民族中盛行。这里有许多清真寺，如宁夏同心县旧城内清真寺，建于明万历年间，有砖砌照壁，有精美砖瓦雕，砖包大台基上有礼拜殿、宣礼楼、阿訇住房。礼拜殿从西向东，阔5间，进深9间，用20多根巨大圆土柱直撑梁架，殿内木板铺地。礼拜殿右前侧有唤醒楼，两重檐，四角攒尖亭，分明将汉族传统殿宇和伊斯兰教建筑融为一体。新疆喀什市中心艾提尕广场清真寺，四周苍松翠柏，白杨参天，显得格外清幽，寺门两侧两座10多米高的塔楼，米黄色的砖面勾着雪白的砖缝和花纹，礼拜殿内，140根绿色雕花木柱，呈网络状排列，支撑白色的顶棚，遍布绘有花卉的藻井，富丽堂皇。

伊斯兰教的节日很多，传入中国后，与民族活动紧密相连，比如古尔邦节，这是我国回、维吾尔、哈萨克、乌孜别克、塔吉克、塔塔尔、柯尔克孜、撒拉、东乡、保安等信仰伊斯兰教的少数民族共同的盛大节日，每年伊斯兰教历十二月十日举行。宗教仪式是其中一项，节日前穆斯林的家家户户打扫干净，宰杀牛羊，精制糕点。节日之晨，穆斯林们沐浴熏香，严整衣冠到清真寺参加礼拜，互相祝贺节日，听阿訇诵经，举行宰牲仪式。人们走亲访友，主人按传统礼节，摆出丰盛的宴席，和客人共享羊肉、糕点和瓜果，共贺佳节。当然祝贺的形式多是歌舞竞技活动。比如新疆维吾尔族举行麦西来普歌舞集会，有古老浑朴的“萨那”，优美抒情的“赛乃姆”，大型双人舞和群舞“多钥赛乃姆”。哈萨克族则举行刁羊活动，开始由长者祝福，刁羊的人在马背上向长者祝福。然后由长者把一只去头的山羊羔放在预定的地点，一声炮响，骑手们飞马赶去夺羊。如有骑手能一马当先把羊羔带到指定地点，便是优胜者。刁羊活动非常激烈热闹。

三、西藏雪域与藏传密宗

佛教传入中国形成三大系，汉地佛教、藏传佛教、云南地区南传佛教。藏传佛教主要流行于藏族、蒙古族、土族、裕固族等少数民族地区。到13世纪后期，西藏上层僧侣掌握西藏地方政权，形成西藏地区特有形式，现在格鲁派（黄派）是西藏地区执教教派，流传最为广泛。

藏传寺庙很有特点，遍布西藏雪域，有六大著名寺庙，青海的塔尔寺，西藏的色拉寺、哲蚌寺、扎什伦布寺、甘丹寺和拉卜楞寺，其特点是木柱支撑、密檐平顶的碉房式建筑，墙壁厚实以御寒，收分大，即逐层内缩，剖面呈梯形，墙面上修有许多音窗（假窗）并加上许多横向装饰。寺庙以佛殿和扎仓（喇嘛们学习经典之处）为中心，其他建筑，如活佛住处、办公处、喇嘛住处、印经院、讲经坛都围绕佛殿和扎仓布列。各个扎仓中都有经堂和佛像，大者可容数千人。

布达拉宫是历代达赖喇嘛的冬宫，西藏政教合一的中心，它建筑宏伟，占地10万多平方米，被誉为世界十大土木建筑之一。现在的布达拉宫是十三世达赖扩建的，全部建筑依山叠砌蜿蜒至山顶。主体为白宫、红宫，红宫居中，都刷红土；白宫从东西南三面与红宫衔接，刷白浆。宫体重楼外观13层，内为9层，高约117米。宫墙由花岗岩砌成，厚达1米以上，红宫平顶上有7个金瓦屋顶，是明清斗拱结构的歇山式顶。屋脊、宫顶的装饰为镏金的经幢、鸟兽，宫殿正面有修着台梯形石墙栏的石铺路，进门有大场院，宫中保存明清两代皇帝封赐西藏官员的诰封、印鉴、金册、玉册、工艺品、经文、医药、历史、文学书籍、佛像、唐卡、法器等大量文物。尤以达赖灵塔殿，有五座灵塔，十三世达赖的灵塔高14米，用18870两黄金包裹，周身缀满珠玉宝石。布达拉宫实在是藏传密宗的形象的博物馆，一直是旅游者向往的地方。

藏传密宗宗教节日很多，其中传大召、花灯节、萨噶达娃、燃灯节是四大佛节，最隆重的是传大召，这是宗喀巴于明永乐七年（1409）倡建的宣扬佛教、发愿祈祷的大法会，现今该法会节期共有21天，拉萨三大寺僧众2万余人齐集大昭寺，每天举行6次集会，进行诵经、辩经、放布施等宗教活动，同时还有4次较大活动，15日夜为花灯节，这是纪念释迦降生，大昭寺和四周八廓街上陈列酥油花、酥油灯，通宵达旦地歌舞庆祝；22日鲁波安营仪式，由500个家丁化装成古代蒙装骑士在鲁波广场接受检阅；23日在扎希广场对骑士举行点兵仪式；24日法会结束，举行送尸神仪式，焚化糌粑制成的尸神，鸣放火枪、土炮，驱逐一年灾祸邪魔。从1月25日到27日还要举行三天体育比赛，赛马、赛跑、摔跤、跑马射箭，但不是百姓可以参加，仅从贵族家佣中挑选，或专门雇佣。这些节日对游客是有吸引力的。

1994年12月，联合国教科文组织将布达拉宫列为世界文化遗产。

藏戏，2009年，藏戏入选《世界非物质文化遗产名录》。藏戏的藏语名叫“阿吉拉姆”，意思是“仙女姐妹”。藏戏是戴着面具、以歌舞演故事的藏族戏剧，形成于14世纪，流传于青藏高原。常演剧目为八大传统藏戏，内容大都是佛经中劝善惩恶的神话传说。藏戏承载着藏族文化的血脉，反映了藏族人民的生活面貌和思想感情，是他们文化生活的重要组成部分。藏戏唱腔高亢雄浑，基本上是因人定曲，每句唱腔都有人声帮和。

热贡艺术，2006年5月被列入第一批《国家非物质文化遗产名录》。热贡艺术主要指唐卡、壁画、堆绣、雕塑等佛教造型艺术，是藏传佛教的重要艺术流派。这是一门独具一格的古老藏族文化艺术，其作品造型准确生动，工笔精细绝美，色彩艳亮，富于装饰性。热贡艺术以其浓郁的宗教色彩和鲜明的地域特色，为信仰藏传佛教的各族僧俗群众所喜爱。它承载着热贡文化的历史发展脉络，是相关社区广大民众生产生活的重要组成部分。热贡艺术是我国文化宝库中一枝瑰丽的奇葩，也是藏族不同地区之间、藏汉民族文化之间交相辉映的产物。

第六节　民族旅游区

一、东北林海少数民族风情旅游区

东北三省，高山森林遍布，高山湖泊有长白山天池，内壁为浮石和粗面岩组成的悬崖峭壁，宛如鬼斧神工琢成的玉碗，湖水清澈，群山环抱，山光水色，风景清幽。森林有长白山原始森林，2000平方公里，山峰、林海、天池、瀑布、温泉，典型的山地自然景观。东北虎、梅花鹿、紫貂等珍贵动物在山中自然徜徉。看冰景，松花江畔哈尔滨的冰雕雪雕，竟然把冰雪雕成楼阁亭台，花鸟鱼虫，使海内外宾客乐不可支。看地下森林，黑龙江宁安市四个火山口因开口方向朝南，于是生出茂密的丛林，这种地下森林，不愧为东北奇观。

这里的一切都和高山、冰雪、森林相连，造就出粗犷、豪放、热情、爽直的民族性格。鄂伦春、满族、朝鲜族、女真族都有着自己的风俗习惯，食俗、住俗、婚俗、寿俗、葬俗都有值得研究之处，比如鄂伦春族的“三宝”殉葬制度，隆重而又神秘，男子死后先装入桦皮制的棺材里，吊在茂密的大松树的半腰里实行风葬，周年时再把死者生前的三宝——刀、猎犬、猎马与他殉葬，尤其是杀殉猎马，是将马的四蹄捆在树上，待到天大黑，燃起篝火，用萨满——巫师斧劈骏马，边跳边唱，“猎马、猎犬跟着主人飞快升天吧”，参加葬礼的人边唱边喊边喝酒，以示对死者悼念。

赫哲族说唱艺术伊玛堪，2011年11月被联合国教科文组织列入《急需保护的非物质文化遗产名录》。伊玛堪是中国东北地区赫哲族的独特说唱艺术，表演形式为一个人说唱结合地进行故事叙述，无乐器伴奏，采用叶韵和散文体的语言，运用不同的唱腔表现人物和情节，多讲述部落征战、生活民俗以及赫哲族英雄降妖伏魔、抗击入侵者的故事。这种独特的艺术形式在传承赫哲族语言、信仰、民俗和习惯方面发挥了关键作用。

二、西南奇山异水少数民族风情旅游区

这是以云南、贵州、广西、四川、广东、海南为主要省份的少数民族风情旅游区。

这里有连绵山岭、叠嶂群峰，海岸线绵长。由于属亚热带气候，雨量充沛，植被皆绿，有绿色宝库之称，这里多幽深洞府，多奇诡山石的岩溶景观，有喀斯特地貌故乡之称。

这里山清水秀，少数民族多，节日文化、人生礼仪、衣食住行、歌海荡漾、舞影婆娑，如一幅幅古朴淳厚的风俗画。

西南少数民族风情游内涵极其丰富，看风景，云南的滇池、石林，贵州的黄果树瀑布、桂林山水，海南三亚海滨。看佛事，四川峨眉山佛事活动，云海、日出、佛光。看文物古迹，昆明大观楼，成都杜甫草堂、武侯祠。看村寨，云南九乡彝族、哈尼族，贵州安顺侗寨，南宁三江侗族风情，海南通什黎寨，让你得到全身心的享受。

三、西北草原少数民族风情旅游区

西北大草原，蒙古族、维吾尔族、哈萨克族、回族聚居之地。

草原的四季特色鲜明，4 月末春天才到，草原植物迅速生长，黄色草原上柔嫩的绿苗从草丝之间露出头来，蒲公英、白头翁、鸢尾开出早春花朵，为草原构成五色斑斓的地毯。夏初 6 月间，野草普遍舒展，大地铺上了天鹅绒般绿色地毯，七八月间草地如碧绿海洋，“天苍苍、野茫茫，风吹草低见牛羊”，马兰花、桔梗花、黄花菜、野百合，蓝、紫、黄、红点缀绿草丛中。秋季 9 月间，风清气爽，牧草茁壮，草原色调由浓绿转为金黄。冬日披上银装，草原并不是想象中的单调、荒凉，而是天地开阔，景色多样。这里是牲畜的摇篮，黑龙江马可作役畜之用，内蒙古的三河马适于骑乘和拉挽，蒙古马骨骼壮健，性情剽悍，是著名的走马。内蒙古的白山羊、骆驼，新疆细毛羊、野驴、黄羊、野兔、旱獭、草原鸟共同构成西北草原的自然生态。

游客或采集野花，走在宽阔的草原，任蓝天白云把你包围；或骑上马背，像马背上的民族，奔驰在草原上；或赶着羊群，哼着牧歌，学那牧羊女挥舞细细的皮鞭；或在蒙古包前，等待晚归的牧人；或在蒙古包内，高举金杯饮酒，畅快地大嚼烤全羊，都是回归自然之乐。

麦西热甫，2010 年，被列入《世界遗产名录》。麦西热甫是维吾尔人民文化传统的最为重要的承载者，是一种舞蹈和娱乐活动形式的总称，有众多人员参

加，在场者没有观众而全部是活动的参加者，是以歌舞为主的大型自娱自乐活动。完整的麦西热甫活动包括一系列丰富的习俗和表演艺术，如音乐、舞蹈、戏剧、民间艺术、杂技、口头文学、饮食及游戏。维吾尔木卡姆是此项活动中最包罗万象的艺术形式，它将歌唱、舞蹈和娱乐结合在了一起。

第七节　中西方传统节日文化比较

在节日方面，中西方较为相同的是：宗教节日多或政治节日多。不同的是：西方娱乐性节日多，中国伦理性节日多；西方植物节日多，中国季候性节日多。笼统地说，中西方节俗文化是同中有异、异中有同，这需要接触具体的节日才能够深刻体会到。

不管是中国还是西方，对不同于自己民族和国家的风俗习惯都抱有新奇感和极大的兴趣，游记中也就有了反映。如摘录了晋代至晚清游记的《海外见闻》一书，光看其目录就可知其重点和兴趣所在：英都烟火、宫廷宴会、跳舞会、英人的姓氏、女皇庆生辰、伦敦的礼拜堂、耶稣受难日、民族歌唱、宗教斗争、西人的迷信、英俗太奢、女子衣着讲究时款、男女婚配、丧葬的习俗、少妇染成白发、西人对遗产的处理、拜客有时以花传语、英人喜畜名犬、西班牙斗牛、以所生之日定名、法国赛马、看变戏法、西洋魔术、假面秋千盛会、海滩游乐等。不用看具体文章，光读这些标题也就能大致了解这些游记的内容了，大部分都离不开写外国的风土人情、习惯爱好如何与中国之不同。

中国的春节、西方的圣诞节分别是中西方两种特别重要的、具有代表性的民族节日。

中国最大、最隆重的、庆祝时间最长的节日当数春节，前后持续 15 天左右，西方则为圣诞节，持续时间 12 天左右。从整体观念上来看，中国和西方人都将这两个节日看作是欢乐、团聚、走亲访友的日子。在这两个节日中，无论大人小孩、官方民间，都放下平日紧张、繁忙的公务，兴奋、悠闲地投入到节日的各项活动中去。所以这两个节日的相同点很多，但也有着各自的特色。

一、中国的春节习俗

中国春节俗称“过年”，是中华民族传统习俗中最大的一个节日。它是中国人合家团聚、喜迎新春、迎福纳祥的美好时节，寄托着所有人对未来的美好展望。

吃年夜饭。年夜饭是一年中最重要的一顿饭，俗称“团圆饭”。它非常丰盛，要求全体家庭成员都在场，即团圆。团圆是人们对于生活幸福的最基本要求：人人平安健康。身在外地的人无论多远都要赶回家过年，吃上这顿和和美美的年夜饭。

放爆竹。春节最热闹的活动自然是放爆竹，春节放爆竹的风俗始于东汉。当时没有火药、纸张，爆竹是用火烧竹子发出“噼啪”响声。《通俗编·俳优》载：“古时爆竹，皆以真竹火爆之。”利用火药制造爆竹，最早记载于唐高承的《事物纪原》，始于三国时期的马钧。

贴春联。春联起源于古代驱鬼辟邪习俗，现代发展为表达喜庆吉祥意愿的民间艺术。每逢春节，千家万户都在门口贴上大红醒目的春联，以烘托喜气洋洋的节日气氛，贴春联一般在除夕即腊月三十这一天上午贴。

拜年。它是中国民间的传统习俗，是人们辞旧迎新、相互表达美好祝愿的一种方式。古时“拜年”一词原有的含义是向长者拜贺新年，包括向长者叩头施礼、祝贺新年如意、问候生活安好等内容。遇有同辈亲友，也要施礼。随着时代的发展，拜年的习俗亦不断增添新的内容和形式。春节期间的游艺民俗，其地域之广，传承之久远，形式之多，参与者之众，内容之热闹，持续时间之长，风格之千差万别，是世界上任何一个民族所难以比拟的。

二、西方圣诞节习俗

圣诞节是“基督弥撒”的缩写，“弥撒”是教会的一种礼拜仪式，是教会规定的一个宗教节日，也是基督教徒庆祝基督教创始人耶稣诞生的日子，因而又名“耶诞节”。耶稣的生日究竟是哪一天，很难说清楚，只是在公元354年，在“菲洛卡连”的日历中，第一次写明12月25日是耶稣的生日。到5世纪，西方普遍接受了这个日期为圣诞节。

圣诞大餐。正像中国人过春节吃年夜饭一样，欧美人过圣诞节也很注重全家团聚，围坐在圣诞树下，共进节日美餐。由于火鸡烤制工艺复杂，味道鲜美持久，美国从1620年就形成了圣诞大餐吃火鸡的习俗。英国人的圣诞大餐是烤鹅，而非火鸡。奥地利人在平安夜里，全家老小约上亲友到餐馆去吃圣诞大餐，主要是火鸡、腊鸡、烧牛仔肉和猪腿，同时伴以名酒。

圣诞树。圣诞树是圣诞节的主要装饰品，一般都是由砍伐来的杉、柏一类呈塔形的常青树装饰而成。上面悬挂着五颜六色的彩灯、礼物和纸花，还点燃着圣诞蜡烛。圣诞树最早出现在古罗马12月中旬的农神节，德国传教士尼古斯在公元8世纪用枞树供奉圣婴。随后，德国人把12月24日作为亚当和夏娃的节日，在家里放上象征伊甸园的“乐园树”，上挂代表圣饼的小甜饼，象征赎罪；还点上蜡烛，象征基督。到16世纪，宗教改革者马丁·路德，为求得一个满天星斗的圣诞之夜，设计出在家中布置一棵装着蜡烛的圣诞树。

圣诞老人。原指公元4世纪时小亚细亚专区的主教尼古拉，他因和蔼可亲慷慨济贫而闻名万里。到了6世纪，东方把他尊称为圣尼古拉。由于民间有关尼古拉的传说中，都联系到少年儿童和礼物，从此，圣诞老人便转化为专门在圣诞节向孩子们送礼物的慈祥老人的形象。18世纪，通过文学和绘画的演绎，圣诞老人逐渐成为身穿红外衣的白胡子、白眉毛老人形象，成为圣诞节活动中最受欢迎的人物。

圣诞礼物。最早的圣诞礼物是三圣王带给刚刚出生的耶稣的礼物。如今送礼物给家庭成员和朋友的风俗非常流行。各家各户都准备了丰富的节日礼物，大人和小孩在圣诞期间都能收到圣诞礼物。

三、中西方节日文化的差异

在节日的起源上，中国的传统节日跟中国作为农业社会所力行的历法和中国历法中所规定的“节日”密切相关，具有浓厚的农业色彩。从170万年前元谋人到远古5000多年前的黄河文明的出现，再延续至当代的中国社会，有一个完整的历史发展历程。这使得中国传统社会的农业经济得以充分发展，也使得中国民族传统节日不仅保留起源时期的农业色彩，而且在节日的形成和融合中不断强化其农业色彩。西方国家多以畜牧业为主，人们对季节气候的重视不如中国，喜好迁移的生活使他们追寻内心的安宁，注重宗教活动，尤其是基督教，综观当代西方社会的传统民族节日的起源，就会发现它们带有浓厚的宗教色彩。与中国相比，西方大多数国家大部分是先形成一种宗教、一个民族，然后才各自形成传统意义上的国家，这时西方国家的节日在起源时期就带有浓厚的宗教色彩，并在后来的发展过程中不断得到强化。

在节日的方式上，中西方在节日庆祝方式，主体上也有差异。中方主要以吃喝，祈求自身、亲朋的吉祥幸福为主体，中国春节多吃食内容和活动，包含一种民族文化心理，如吃年糕隐喻来年高升，用年夜饺子表达来年交好运的希望，年夜饭祈求来年大团圆。这也体现了“民以食为天”的文化传统。西方以娱乐、交往，追求健康、快乐、心灵解脱为中心。在西方的圣诞节中，圣诞老人是快乐的使者，圣诞礼物、圣诞贺卡以及节日的游行活动，都体现了人们在交往交流中获得乐趣的文化心态，具有游牧文化的遗风和商业文明的特点。和圣诞节相仿，西方民族节日都尽情地狂欢。瑞典的露西亚节、德国的啤酒节、西班牙的斗牛节、巴西的狂欢节、美国的复活节、法国的圣诞节，各个民族的节日各有各的风格，各有各的欢乐。洪素野《回忆比利时之狂欢节》写道：“那一天的班县，真像另一世界，好好地像人样的人是没有的，因不化装的人就没有的缘故。讲礼貌的雍容严肃的人是没有的，因为大家全疯了。从车站通到街衢，全是那些变相的恶魔鬼怪：长鼻子的，怪眼睛的，驼背的，红脸白面的，长发的，都满街满巷地跑着跳着。文雅一点打扮的：如马戏场上的丑角，或是罩一只纸糊高帽子，戴一副黑眼罩的人也不少。……此时满城只听到鼓乐喧天，满城只听到狂歌欢笑，每个人的心情都是兴奋的。如此万人空巷的景况，自己真是见所未见。看看大家都跟着乐队狂歌狂舞；跟着乐队游行街巷，自己也不自觉地混进了狂人队中跳跳跑跑地游行了全城。”

西方人的节日休闲活动多是一些运动竞技项目，如拳击、击剑、摔跤、足球、篮球、排球、手球、橄榄球、曲棍球、冰球、水球等，以及具有冒险性质的刺激性运动，如斗牛、跳伞、登山、蹦极等，均为动荡、激烈和惊险的活动，无拘无束地“狂欢”，甚至是疯狂地“发泄”。西方这种社会旅游风尚与其冒险勇进和外张的旅游性格相一致。西方旅游者，多具有主动、热情、不畏艰难的外倾性特点。他们往往喜欢攀岩爬壁，驾船冲浪，或空中跳伞，或纵身蹦极，拳击、赛车更是其乐此不疲的观赏对象。这种种现象就形成了多姿的旅游风尚，而最终取决于西方民族的旅游性格。高桥敷对巴西的狂欢节作了描述，尤其烘托了巴西人的外向性格和风俗：“巴西人的豪爽洒脱和诙谐幽默在狂欢节期间集中地爆发出来了……男人们把盛满水的气球扔进隔壁夫人的窗户内，姑娘们用水管对准过路男青年猛烈喷射……节日期间，里约热内卢的男男女女都是废寝忘食、如痴如醉。入夜，男女老幼倾城出动，通宵达旦地载歌载舞，客厅里虽摆满了美味佳肴而门洞却大开，但尽可放心，这天绝不会有盗贼光临，因为他们也沉浸在狂热的舞蹈之中了。”这些风尚都反映出西方人外向型的性格特征。

在色彩使用上，中国的节日所使用的色彩比较单一，崇尚红色，具有一种喜庆气氛。因此，春节期间，随处可见大红福字、大红灯笼、大红对联、大红花、大红的蜡烛，一派喜庆和欢乐的景象。西方人以红、绿、白三色为吉祥的圣诞色。圣诞节来临时家家户户都要用圣诞色来装饰，三种颜色交叉使用，绿色是圣诞树，红色的有圣诞老人和圣诞蜡烛，白色的为装饰物。在中国文化里红色一直是一种积极的象征，这源于我们古代的祖先对太阳的崇拜。它代表着吉祥、喜庆，也象征着成功和顺利。在节日活动中多使用红色来渲染喜庆气氛，而不使用白色。但在西方白色则是上帝、天使、幸福、欢乐和美德的象征。由于中西方对色彩的不同感知使得节日文化的色彩表现形式不同。

在人际交往上，中国人偏爱以家为中心的群体组织文化，吃“团圆饭”，而且团圆饭一般在家中举行。凸显了家庭的大团圆，营造了一种欢乐、祥和的氛围。西方人则以社区为中心活动范围，淡化了家庭色彩，如圣诞老人的广施博授，庆祝大会，等等。

在伦理表现上，中国传统节日往往体现一定的伦理、道德、信仰。如春节“拜年”一词原有的含义是向长者拜贺新年，包括向长者叩头施礼、祝贺新年如意、问候生活安好等内容。春节期间通常是子孙给长辈拜年，老人是节日的核心和主角，是最受人崇敬的角色。老人受到人们的尊敬，既是年高德劭的必然结果，更是传统的长幼有序观念的现实反映。在西方节日中，却很少有这种体现，他们主要表现为一种对上帝的信仰与崇拜。中华民族是一个受儒家文化哺育，具有高尚传统道德的民族，强调人要重视自身仁义礼智信的修养。在儒家思想发展过程中，儒家的思想体系性、道德准则和行为规范逐步渗透到人们生活的各个方面。由于人们普遍信奉儒家学说，从而形成了礼让、谦逊、重礼节的民族性格，这种民族性格逐渐影响了中国传统节日文化。而西方节日文化主要受基督教的影响，人们在节日中主要表现为向上帝祈福。

第七章　民俗文化

〔内容提要〕

民俗文化的范围很广，民族成员的居住、服饰、饮食、生产、交换、交通、工艺、家庭、村落、结盟、社会结构、岁时风俗、婚丧嫁娶、道德礼仪、禁忌习俗、口头文学、心理特征、宗教信仰、审美情趣，方方面面都反映了各个民族的特点。地域风俗、时令风俗、行为风俗，在时间上传承，在空间上播布，形成了风俗的类型或模式，民俗的社会性、稳定性、传播性、变异性对旅游者很有吸引力，原因是各地的民俗对游客有一种新奇感，与生活贴近，十分有趣，最易使游客产生认同，便于他们参与，亲身体验异地的文化特征，自然感到新奇而又高兴。对民俗文化的开发、完善与深化就是对健康的、具有进步意义的良俗发扬光大，对那些严重摧残、伤害人们身心健康的陋俗加以革除。这样民俗就可以成为最活跃的旅游资源，而与民俗相关的食、住、行、游、购、娱的方方面面就会发挥综合作用，使之成为山水、文物古迹并驾齐驱的重要旅游产品。1999 年，在昆明世界园艺博览会上，每个省都尽情展示民俗风情中最具吸引力的饮食工艺，尤其是少数民族歌舞，成为中国少数民族歌舞的大展示，大比武，欢歌笑语使中外嘉宾备受感染，这是中国民俗发挥综合效益的最成功的尝试。

〔学习要点〕

- 民俗——社会生活的活化石。
- 民俗旅游资源的分类和特点。
- 民俗旅游资源的成功开发。

〔思考题〕

1. 民俗文化的功能、作用是什么？
2. 民俗旅游资源可以怎样分类？
3. 民俗旅游资源的特点是什么？
4. 列举民俗旅游资源成功开发的实例，并分析原因。

旅游者的社会审美是对制度文化层和行业文化层产生审美兴趣。少数民族的风俗民情，相对于现代社会的行为习惯分明落后，但游客却偏偏愿意深入边陲少数民族自治区审视、观察和体验其社会制度、结构、人情、伦理、道德、民风与生活方式。其原因是当前的世界现状还不能说某个国家已构建出理想而完美的社会，使所有社会成员得以完满的实现。尤其是高度发展的经济和技术条件下人们需要高情感，但情感的冷淡、心理的焦虑、精神的贫乏、生活的孤寂导致人性的严重异化或扭曲。在发达国家尤其如此，因此人们总渴望到别的社会中寻求一种补偿，尤其在风俗民情方面，通过对其他民族和地区风土人情的考察反观自身的生活状态，从而感受生活的意义。

生产民俗是中华民俗的重要组成部分，现在有全国农业旅游示范点共 203 个，全国工业旅游示范点共 103 个。这是传统的和现代的生产民俗的集中体现。我国的工业旅游还处于璞玉未琢阶段，现代化的大工业旅游还未能足够重视。但几年来，在旅游产品建设中各地首推“乡村旅游富民工程”，这是一个牵涉面很广、受益面很宽的大工程，将为中国的新农村建设和城乡交流做出巨大的贡献。中国旅游业的大众时代，乡村旅游将是实现我国未来人均出游 2 次以上目标的主要领域，参加各类乡村旅游的人数每年将达到 20 亿人次，乡村旅游将成为“大众旅游休闲”的主打产品。城市的旅游需求可以增加农民收入、解决农民就业、促进农村生产生活资料的升值，这种需求的效果最直接最直观，成本也最低。加上人员交流带来的城乡经济文化信息的交流、观念的变化，其作用之大难以衡量。尤其是如何全面启动“国家现代农业示范区”建设，将其与旅游业结合，展现优化农业结构，提升粮食产能的现代农业生产的样板区；发展现代化大农机，加快农机更新，建设现代农业装备的示范区；依靠科技进步，加快创新转化，农业科技成果的展示区；深化农业改革，完善管理服务，体制机制创新的试验区；整合特色资源，优化生态环境，建设农业功能拓展的先行区；加强示范带动，推进场县共建，建设引领农村发展辐射带动区，都对旅游者有无穷的吸引力。

第一节　民俗——社会生活的活化石

一、民俗文化释义

中国素称“礼仪之邦”，从社会文化角度看，礼是沟通天人的仪式，礼是贵族等级的标志，礼是乡里庶族的规范，礼是立身处世的准则。礼在上下层有不同的表现，在上层表现为等级分明的贵族礼法制度，在社会基层表现为乡里庶族的家礼俗规。礼起源于俗，但礼不同于俗，礼与俗的区别在于，礼是自上而下的一套社会行为规范，其中贯穿着特定的整合社会的理念。俗是民众自发形成的行为习惯，具有纷繁复杂的特点。但礼与俗又是密不可分的，文化混沌未分时，俗与礼无区别，伴随着阶级分化，文化分层的过程，礼从原始习俗中提炼出来，但民俗仍是礼制生成与推行的基础，这就是人们通常所说的“因俗制礼”，而“化民成俗”又成为大小官吏治政的目标。

民俗，即民间风俗习惯。民俗文化是广大中下层劳动人民所创造和传承的民间文化，是在共同地域、共同历史作用下形成的积久成习的文化传统。这种民族的、时代的文化既有物质的标志、制度的规范，又有具体社会行为、风尚习俗的鲜活体现。《礼记·王制篇》说“五方之民皆有性也，不可推移”。《汉书·王吉传》载“是以百里不同风，千里不同俗”。都是先辈对风俗文化的明确指认。人们依靠自觉遵行的“俗”维持群体的稳定和安定，用原始的仪式活动调节人与自然、人与群体、人与人的各种关系。端午节、妈祖信俗等民俗已被列入《世界非物质文化遗产名录》。

二、民俗文化的功能

（一）历史功能

民俗文化现象是历史发展的产物，它既是历史创造，又在历史发展中传承，可以说在人类社会发展的每一个历史阶段上，都曾产生和形成许多民俗文化现象，对当时人们的生活产生过影响。比如春秋战国是中国历史上一次民族大融合时期，也是铸造中华本土民俗文化的关键时期，诸侯争霸兼并战争中，周边少数民族逐渐华夏化，燕国势力进入辽河流域，东北地区的东胡族和华夏族的交往愈趋密切。齐国成为东方大国，融合东夷等民族于其中。韩、赵、魏三国则融合了今山西、河北、河南地域范围内的少数民族。楚秦本为“蛮夷”“戎狄”，此时不仅自身华夏化，而且分别融合了南方的苗、彝等“蛮夷”族，西方的氐、羌、巴等“戎狄”族。在民族大融合的基础上，华夏文化不断地吸收、融会各族民俗文化，如秦国的废揖让，变礼俗；楚人从南蛮和越族中吸收了悠扬的巫歌和想象力丰富的神话传说，造就了风格迥异于中原风俗文化的楚风俗文化。民俗文化又是不断发展的，以婚姻为例，从蒙昧时代的群婚，野蛮时代的对偶婚，奴隶制和封建制统治者的一夫多妻制，资本主义社会以通奸、宿娼为补充的虚伪的一夫一妻制，旧中国的包办婚姻制，现今的男女婚姻自由、一夫一妻制，但还有少数民族保持的走婚制等，在不断传承中民俗文化不断发展，直接对人民生活产生影响。

（二）教育功能

民俗文化的产生，起初总含有一定的功利目的，即跟教育的功能联系在一起。从形而上的哲学伦理思想，到形而下的日常行为规范，无不受礼仪民俗的制约。在现实生活中，至今我国各民族总是通过丰富多彩的民俗文化活动，对本民族人民实行传统的思想教育，帮助人们学会许许多多的有关生产和生活的知识，使本民族人民熟悉自己祖先所创造的文化，从而产生强烈的民族自豪感和民族自信心。千百年来，正是通过不断的积累、淘汰，人们在人的自身，人与人之间，人与群体之间形成了十大传统美德，仁爱孝悌的道德精神，谦和好礼立身处世美德，诚信知报自主自立的品德，精忠爱国的民族气节，克己奉公的整体主义精神，修己慎独的道德修养，见利思义的伦理道德取向，勤劳廉正的优秀品质，笃实宽厚的质朴品格和务实精神，勇毅力行的道德意志方面体现的美德。可以说这些美德从民俗中产生、丰满，又是在民俗中传布、完善，还渗透到人们的血液中，成为人民处世立身的准则和奋发前进的动力。

（三）娱乐功能

民俗文化是人们智慧的结晶，又供人民群众享受和利用。传承于民间的大部分民俗文化活动，都是寓教于乐，寓教于趣，带有极其浓厚的娱乐性质，尤其是节日民俗文化的竞技民俗文化。商周时期就有执干戈、挥羽纶的武舞、文舞；瑟笙管钟磬鼓齐奏，堂上堂下众声俱作的音乐。汉代时张骞通西域，将西域的音乐、舞蹈、杂技传入中原，即吞刀、吐火、屠人、截马的幻术对于重实际轻玄想的农业文化与不语乱力怪神的儒家文化，更为新鲜别致。宋辽金元时期，“胡乐番曲”随着金人入主中原和蒙古民族南下，大量输入中原。筝、琵琶、胡琴大批新乐器相随输入，于是“素袖佳人学汉舞，碧髯宫伎拨胡琴”，一个新的文化环境形成。因为“入乡随俗”“入国问俗”“入国问禁”早已成为旅游中的常识。

三、民俗文化的特点

钟敬文先生在《民俗学》一文中指出民俗文化的特点，“首先是社会的、集体的，它不是个人有意义的创作。即便有的原来是个人或少数人创立和发起的，但是它们也必须经过集体的同意和反复的履行，才能成为民俗。其次跟集体性密切相关，这种现象的存在，不是个性的，而是类型的或模式的。再次，它们在时间上是传承的，在空间上是播布的”。

民俗的社会性、稳定性、传播性、变异性对旅游者很有吸引力，因为中国各地的民俗对旅游者有一种新奇感，与生活贴近，十分有趣，最易使旅游者产生认同，便于他们参与，一同生活、一同庆祝，亲身体验另一地域的文化特征，感到新奇而又高兴。

（一）社会性和集体性

风俗习惯是人们在共同生活中约定俗成的，它是集体创作的结果，即使最初是个人的生活习惯和爱好，但个人的行为只有得到社会的认同，才能融于社会民俗之中，才有生命力，也才能由集体的行为现实流传。这是因为：（1）任何一种风俗习惯开始可能不完善、不深刻，甚至和谬误交织，但是只要是符合当代的社会生活规律，它就成了民俗大厦中的一砖一瓦而具有普遍意义。（2）各民族都有风俗文化的特殊之点，但各民族又都面临人类发展的共同问题即生存和发展，所以民俗文化中必然产生超越民族界限的普遍性的内容。（3）民俗文化发展中的不同阶段自然应有不同特点，但有超越时代局限的普遍性的因素，尤其是符合传统思想道德礼教的民俗会随着时代发展而愈益丰满明朗。

以广西临桂乡间婚俗为例，古代典籍《临桂县志·舆地志二·风俗》中指出当地婚俗："婚聘不重财，用槟榔猪酒遍分亲族，客至茶罢进以槟榔。"这种婚俗所以得到大家的认同，一是符合传统的不重婿家财而重女婿人品的传统道德；二是重情感而不重铺张，比如"客至茶罢进以槟榔"都是取的纯洁吉祥意；三是借联姻结谊，在将"槟榔猪酒遍分亲友"过程中，老亲新亲结为一家亲，我喜你喜大家同喜，所以此民俗就能赢得普遍赞同。如果我们再深入婚俗，就会发现这一风俗中积极进步的因素。首先是发请柬，不以文字的请柬，而是送红纸包着的槟榔，现多以红瓜子代替。只要接到包有红瓜子的封包，便是受到礼邀，两颗请 1 人，4 颗请 2 人……好事成双，心照不宣。为什么送槟榔？原来，槟榔是亚热带乔木，阔叶舒展，笔直高耸，绝无分杈，这颇类人的正直刚劲，矢志不渝，所以槟榔象征情爱之树。而槟榔果形如鸭蛋，遍体通红，果仁煮熟烤干后便是槟榔片，能预防疟疾、帮助消化、消除疲乏、杀死体内蛔虫。桂林过去是"四时瘴气"，人们爱嚼槟榔。结婚时献槟榔不仅有吉祥之意，而且符合科学道理。至今客人光临时，主人要依旧俗先上茶后敬槟榔。男女情爱以染红的槟榔为定情订婚之物，在迎娶之时，新郎新娘向亲友和宾客敬献象征情爱的槟榔，祝老者长寿、姑娘善绣、孩童健康。这种风俗如今在临桂会仙之间最具特色，婚礼是在"贺喜堂"中进行，当接亲队伍走到村头，唢呐吹响喜乐迎接，新娘身穿一袭青衣，胸前挂着镜子、剪刀、葱蒜，轻移莲步，在伴娘引领下走入喜堂，众女伴为新娘脱去青衣，露出一身红衣服，于是新郎、新娘拉着红绸拜堂，随着主持人"先拜天地——地久天长；后拜高堂——五世其昌；夫妻对拜——百年偕老；洞房花烛——恩爱永芳"的唱声，新娘新郎依次拜礼，然后，众人拥一对新人走入洞房。过一会儿，接亲大嫂捧着茶壶引领新郎新娘走出喜堂去向众人敬茶。敬茶完毕后进行祝福新人的"升花"仪式。中堂上架起两副楼梯，两位青年充当花倌，各取新郎新娘花立在楼梯上，主持人唱起"升花"歌，歌师唱起贺新郎歌：

"一贺新郎本领强；二贺新娘新郎情意好，明儿生个胖儿郎；三贺新郎事事如意永吉昌。"唱到十步升花贺歌时，两位花倌将手中花插在喜堂的神位两旁。唱贺歌时，众人齐声相和，将婚礼推向高潮。由于这里的婚俗生活气息浓郁，淳厚的乡土气息中蕴藏着人们追求幸福的善良愿望。所以去桂林旅游的客人都希望在旅程中听到这喜庆的乐声，也是大吉大利之事。

（二）类型性和模式性

如果把不同的社会民俗现象加以分析比较，就会发现其共性，社会民俗现象存在不是个性的而是类型的。社会民俗文化现象一旦形成，社会每个成员都必须共同遵守，并成为约束行为的标准，具有相对的稳定性，在稳定发展中形成一定的模式，并按照这一模式代代相传。使其具有不成文法的强制性或约束力量。

比如岁时节令，周而复始，周期性的岁时礼俗是对宗族社会关系的反复确认，以对宗法伦理观念与情感的不断强化，在农业宗法社会里，岁时节日是一个特定的社会活动日。正月正过春节，二月二带女儿，三月三踏青，四月初五前后清明扫墓，这是一种循环模式，年年相袭，分明是一只无形手操纵调节人们的活动。至于婚丧嫁娶的程式礼仪几乎也像从一个模子中刻出来的。其原因并不复杂，从纵向看，民间影响最大的岁时节日与农业生产的岁时节序有着密切关系，当初的生产力低下，自然灾害频繁，人们在无力抗拒时就求助于巫术娱神，实现幻想中的征服自然，于是春节舞龙，正月十五闹元宵，五月初五赛龙舟，这些表演总是带有人们消灾求福、征服自然的愿望。而农业社会忙闲规律，人们需要一种张弛有度的节奏感。当然时间推移，原本带有神秘色彩的岁时节日逐渐世俗化，神的因素大大减弱，世俗趣味逐渐增强，有些影响力不大的节日逐渐被淡化淘汰，一些新的具有普遍意义的节日不断丰满，所以民俗文化有超越时空的延续力量。从横向观察，民俗事象是由多种因素互相联系而构成的完整体系，不同地域之间总是通过渗透传播有异逐渐趋同。比如对观音的崇拜，最初是由印度婆罗门教的双童马驹善良神，进入佛教成为男性，而在中国长期发展中又变成女性，她原本是净土宗阿弥陀佛的大弟子，过后密宗、禅宗又纷纷采用。为何观音有如此大的吸引力，实际上从中国百姓心理分析，男性神灵是靠权力力量控制世界，而女神是以人情味感化百姓。所以连排斥女性的佛教也不得不改变观音的性别，这样中国从神话到戏曲到民间故事，一系列的女性神出现了，可以补天的女娲，全能的观音菩萨，所向披靡的杨门女将、花木兰，救苦怜弱的七仙女、田螺姑娘、人参姑娘。实际上这不同层次的女性形象最终都被民俗套进了善良、正义、慈祥、救人于疾苦的模式之中。

可贵者，这种模式是通过口传心授而代代相传的。比如山西柳林有一种别致有趣的求子习俗。女子婚后不孕，家里人就在八月十五这一天到多子多孙的人家中去“偷”枣子或核桃，或是正月到这样人家去“偷”灯，“偷”面娃、面狗，被偷的人不但不责怪，佯装没见，而且内心祈祷他们如愿以偿，早（枣）得贵子。柳林是以产枣驰名远近的，每到秋季，山山岭岭、沟沟壑壑的枣树挂满了鲜红的枣子，枣子个大、肉厚、核小、色浓、味甜，所以秋日柳林偷枣，主人是丝毫不怪罪的，反而觉得这是为别人多子多孙做出了贡献。这种习俗起于何时，已难稽考，但清代时康熙御笔题名“油枣”后，柳林红枣身价百倍，而偷枣活动似乎更有了品位。这里的乡民把带有普遍的、模式化的多子多福、传宗接代的民俗心理嫁接到特有的物产上，使枣子有了深厚的民俗意蕴，模式化中有了鲜明的地方个性。

（三）传承性和传播性

社会民俗文化现象在时间上是传承的，在空间上是传播的。这是因为人类具有共同的价值观，民俗文化事象，无论是物质的、有形的、可直接触摸的具体实物，还是观念的、无形的、只能意会和理解的抽象形式，之所以能够古今贯通，因为它是每个个体在社会生活中长期实际生活的积累。有的则是人类群体世代相传的积淀，基于这种积淀在人们的精神世界形成一定的观念态势，人们总是自觉不自觉地沿袭这条步履艰难的轨迹行进。它并不局限于古代，而是迄今为止中华民族经过筛选、淘汰、不断丰富又不断增长的人文精神总和，从这个意义上说，现代化进程仍然是传统文化发展的一个部分，一旦否定了传统，现代化与民族特点也就是中国特色就要脱节。比如说民俗文化村，为什么首先在深圳，而不是在民俗文化很有地方特点的北京和上海产生？因为深圳由一个只有 3 万人口的边陲小镇一跃成为拥有几十万人口的中国最大的经济特区。当西方文化随着建设高潮大量涌入时，人们仍旧注目回眸传统民俗文化。深圳是我国移民最多的城市，他们来自天南海北，带着各自不同的生活方式，带来了各自地域的风俗民情，操着不同的方言土语，希望结成背景、习惯、性格比较投合的“同乡会”的圈落。深圳正是以民俗风情园的有形旅游景观，向人们昭示深圳特区的新的民俗文化——包容性，只要你对深圳的归属感、认同感是相同的，那么都是深圳人。这实际上是撷取了民俗中最基本的人与人相处的法则——“四海之内皆兄弟”“海内存知己，天涯若比邻”。深圳特区以此凝聚了天下英才。

当然传播性绝非被动地、平镜式地复制，运动场跑步式的单调重复，而是“扬弃”式的贯通，是辩证否定基础之上的继承创新，兼收并蓄基础上的除旧布新。尽管说这种扬弃伴随着观念上的陈庸，习惯势力的干扰，但“青山遮不住，毕竟东流去”。以住宅为例，我国的传统民居真是百花齐放，或者说千差万别，受着地域、经济、文化影响，形成不同地域民居建筑的不同风格。但是当域外建筑设计之风吹入，人们重新审视旧式民居和现代民居的外观以及内部功能，再比较造价和居住的舒适，终于人们告别了地域传统局面，而认同了从南到北、由东到西外观和内在功能几乎完全一致的住宅楼，人们告别了数千年早已习惯的民居，而果断地将旧的民居送进博物馆。尽管这不是一蹴而就的事业，新旧住宅的犬牙交错现象不会在短时间内消亡，但新代替旧的大趋势是任何力量也阻挡不了的。

（四）稳定性和变化性

相对稳定性是指和上层文化相比，民俗文化具有较大的稳定性。但是从来无所谓“天不变，道亦不变”，民俗尽管具有较大的稳定性，尤其在社会不发达的时代和地区，特别是老年人在经过几十年的传承和享用之后总是希望不要变化，但是民俗在时空中传承、播布、演进，也必然受到社会的、政治的、生活的种种因素的影响而呈现出种种变形变异和消亡的现象。比如彝族在举行任何宗教仪式时，都先进行“打醋炭”的一种法事，取一块卵石烧热后，放进醋水中，这时热气蒸发，不仅所有的宗教法器和供品牺牲要在蒸汽中熏过，而且参加仪式的所有人也要在其中熏蒸，表示袯除邪祟使洁净的意思。这本源于原始宗教中袯除邪祟的仪式，似乎不可取。但民族学家马学良先生采访调查，认真分析，发现其中的医学因素，因为醋的蒸气可以防疫祛病。因此他在向当地群众宣传后，大家懂得了袯除邪祟是虚幻不实之词，但对身体的洁净作用还是可取的。再比如傣族泼水节，称为“浴佛”节，但现在淡化宗教的成分，而加入娱乐的内容，取其吉祥洁净，对境内外游人有了吸引力。再比如蒙古族的那达慕，最初起于“祭敖包”，封建迷信色彩很浓，但现在有意图地进行人工改造后，成为劳动人民的节日盛会，并且进行生产经验和物资交流。活跃牧民文化生活，促进生产、促进民族团结。再比如彝族葬礼中的“打毛虫舞”，是由一帮儿童头戴纸花、身穿白衣，手里拿着系铜铃的棍子和用白纸做成的花朵，舞时摆动铜铃，叮叮作响，口里唱着清脆的歌声，表示打毛虫的动作。这本源于一传说，一种毛虫喜食植物的叶子，有一个老翁，为鼓励人民除虫，因为成人工作繁忙，就组织儿童打毛虫，为了使孩子们感兴趣，将单调的打毛虫变成有趣的歌舞形式。后来演变为一种葬俗，现在化腐朽为神奇，在进行丧葬时同时进行除虫灭害的宣传。其实稳定是暂时的，变化是永恒的。没有一种文化是纯而又纯的，它总是不断地吸收其他民族、其他国家和地区的文化，以丰富和发展本体文化，择善而从，为我所用。即使像春节这样影响很大的节日喜庆形式也在变化。过去春节因源于农事，自给自足的自然经济依靠的是家族的力量，所以人丁兴旺，合家欢乐，是家家祈求的，即使远在天涯的游子也要千里迢迢赶回家中团聚，求的是“关门大吉”，各家各户十分看重过年，吃、穿、玩、购、祭祖都进行得隆重热烈。打腰鼓、耍狮子、舞龙灯都是过分劳累后接踵而来的一种宣泄。但随着时代进步，春节原有的农事意义已经淡化，甚至弃之一边，人们尽情地调整劳逸，愉悦身心，寄托理想，陶冶情致，感受生活乐趣和生命的意义。一家一户团聚的“赶回来”，又变成了寻求热闹，更多交往的“走出去”。小自吃年夜饭喜欢到饭店寻求氛围，大到举家出省出境旅游，借假日闲暇开阔眼界，增长知识，消除代沟，调适家庭人员的关系，所以近几年春节境外游，国内的名山大川游已成时尚热点。这种变化不仅是外在形式的变化，更是思想理念的变化，透过这种变化，看到的是政治、经济和文化的由封闭性走向开放性的根本变化。

四、民俗文化的作用

首先是规范作用，大至国家、地区，根据国家宪法，结合民俗制定的法令制度，自治区规定的特殊制度，小到乡村的乡规民约都是对社会成员行为和仪态的规范化作用。比起法律道德，一是在社会生活中普遍存在，二是潜隐不露。比如广西金桂山婚俗中的“爬楼”婚恋习俗。这里房子多为二层楼，女孩成年后就住到舒适的吊楼上，姑娘在此社交、绣花、织锦带。小伙子看中姑娘不走大门进屋上楼，而是爬上吊楼与姑娘对歌。姑娘细辨歌声，如果是意中人便打开楼门，小伙子正欲爬楼，姑娘立刻向他伸出相助相爱的手拉他上楼。如果姑娘尚无意中人，会以歌试探，以歌声联结两颗心。姑娘如果不喜欢，而小伙子又赖着不走，姑娘则会以水泼。当然爬楼有规矩，已结婚成家的不许爬楼，订下婚事的姑娘不允许非自己的恋人爬自己的楼。这种乡风对于培育正常的感情婚姻还是有积极作用的。

其次是凝聚作用。在民族传统文化中，对民族最具凝聚力的要算民俗文化，它不仅将朝夕相处的民族成员凝聚在一起，而且还能将分散于各地，甚至五大洲具有相同心理素质的人们也团结在一起。比如春节是中国最隆重的传统节日。除汉族外，蒙古、壮、布依、朝鲜、侗、瑶等族都过此节，而五大洲华人圈的中国人也过此节。除夕之夜，家家团聚，吃团圆饭，唱守岁歌，尤其是近年来，中央电视台的春节晚会成了年夜饭中最有凝聚力的“饺子”，辞旧迎新，人们通过各种传媒互相拜年问候，整个中华大地融合在“天增岁月人增寿，春满河山福满门”的祥和气氛中。

第二节　民俗旅游资源的分类及特点

民俗范围很广，我国 56 个民族的居住、服饰、饮食、生产、交换、交通、工艺、家庭、村落、结盟、社会结构、民间职业、岁时风俗、婚丧嫁娶、宗教信仰、道德礼仪、禁忌习俗、口头文学、心理特征、审美情趣等，从多方面反映了各个民族的特点，经历长期发展，逐渐形成各个民族的共同心理素质，在一定程度上它是各民族经济、政治和文化生活以至心理感情的反映，同时对经济、政治和文化生活以至共同心理状态产生重大影响。如此看来民俗绝不是仅仅具有文物价值，它已作为一种传统和习惯，早已渗入我们的血液中，如何取传统民俗精华，为我所用，又能弃陋俗糟粕，摒弃伪风俗，择善而从，激浊扬清，当是发展旅游重要的一环。

一、地域风俗类

尽管我们是多民族国家，但民族居住是犬牙交错、互相交融的，风俗习惯既受到民族因素的影响，也受到地域因素的制约，地域经济、政治、宗教、语言的长期影响，互相依赖，铸成多姿多彩共存共荣的地域民俗特征。

北方，以东北少数民族为代表，他们的共同特征是粗犷、豪放。如蒙古族的摔跤、赛马，鄂伦春人的狩猎，鄂温克人驯养四不像（麋鹿），赫哲人制作鱼皮工艺品和朝鲜族敬老爱幼、能歌善舞。

西北丝绸之路少数民族热情、奔放、欢快、勇敢，民族活动如哈萨克的姑娘追、刁羊，维吾尔族的盘子舞、手鼓舞、沙巴依舞，锡伯族的射箭活动等。

如西北“花儿”习俗，即为回、汉、东乡、撒拉、土、裕固等族共同的“花儿”民歌演唱会。山歌在宁夏、甘肃叫作“花儿”，在青海则称歌词为“花儿”，演唱称“漫少年”。声调高亢，曲调多样，但皆即兴编词，词分叙事、抒情两类，以抒情为多，其中当然最多的是男女情爱。形式是独唱，也可对唱。当然过去属于情歌一类的花儿，是男女倾诉衷肠的特有方式，常常是在山野中歌唱，必须回避长辈。其实这一乡风正中青年人的下怀，谁在热恋时希望有外人，特别是长辈掺和？这种西北特有的“花儿”文化圈是很有魅力的旅游资源。

中原地区古民风，北京四合院、老舍茶馆、天桥乐园，天津杨柳青和潍坊杨家埠子年画，河北吴桥杂技，山西乔家大院，河南开封宋都御街。重要的节庆有北京地坛庙会、潍坊风筝会、吴桥国际杂技节、河南少林寺武术节。

比如山西乔家大院，位于祁县城郊的乔家堡村正中，是乾隆年间，商业资本家乔致庸所建，占地 8724.8 平方米，建筑面积达 3870 平方米，分 6 个大院，19 个小院，房屋 313 间，是一座城堡式建筑。大门往里是一条宽阔的石铺甬道，长约 80 米，宽 7 米，把 6 个院分隔为南北两部，北面三座大院均为“里五外三穿心楼院”，即里院南北正房都是二层楼，里外院之间有过厅相连，三门以外供轿车停驻，南面三座大院都是二进四合院，有四合院、穿心院、偏正套院、过厅院，院中有院，恍入迷宫。全院雕刻艺术精美，有砖雕、木雕、石雕，尤其是木雕，达300余件，梁头、柱头、撑牙、雀替剔透玲珑、技艺精巧，每一幅画都是形象的风俗图。天官赐福、三星高照、和合二仙、招财进宝、麒麟送子。现已辟为祁县民俗博物馆，按时序节令、供奉祭祀、婚丧嫁娶、元宵社火为序，集中展示晋中平川一带风俗民情，有“清代北方民居建筑一颗明珠”之誉。

一江（长江）两湖（湖南、湖北）楚国民风：武汉编钟博物馆，荆州渔家乐，湘西猛洞河漂流和土家族吊脚楼，岳阳洞庭湖国际龙舟大赛。

以武汉楚天台为例，它以楚风俗中凤凰作为主线，因凤是日中火鸟，是祖先祝融的英灵，是真善美的化身，同时也是楚文化精神的象征。远古楚人崇拜的，正是具有顽强生命力，坚强意志，高远理想，至真至善的凤。进入东湖磨山，几乎是凤的世界，牌楼上“丹凤朝阳”的纹饰，金钩彩绘，气韵灵动；城楼上“双凤抱阳”的甍，金色陶制，秀美绝伦；楚市石坊中“双凤沐阳”则为青石雕成，古朴雄浑。最令人惊奇的是楚天台下的“虎座立凤”铜圈门，对称型的双凤立于虎背之上，虎昂首挺胸，凛然难犯，凤则呈金鸡独立状，如雄鸡报晓，引吭高歌。虎小凤大更夸大了凤的气势不凡，凤尾则以概括手法，仅用两羽向上飘起，形成圈门，尾羽则如一团团火，熊熊燃烧，暗示这是由太阳精华变成的神鸟的威力无比。

岭南风情，主要有深圳民俗村，泉州的南音会馆，莆田妈祖庙，通什民族博物馆。

妈祖信俗。妈祖是中国影响最大的航海保护神。随着航海业的发展和妈祖的影响扩大，历代朝廷封妈祖为天妃、天后、天上圣母。妈祖信俗又称娘妈信俗、娘娘信俗、天上圣母信俗、湄洲妈祖信俗，是以崇奉和颂扬妈祖的立德、行善、大爱精神为核心，以妈祖宫庙为主要活动场所，以庙会、习俗和传说等为表现形式的中国传统民俗文化。2009年9月30日联合国教科文组织将“妈祖信俗”列入《世界遗产名录》，成为中国首个信俗类世界遗产。

以深圳民俗村为例，这里有20个著名的民族景观，侗族的鼓楼与风雨桥、独龙族的藤桥、浙江水乡的石拱桥、扬州五亭桥。成片的海南椰林、几可乱真的云南石林、金碧辉煌的西藏大昭寺。这里固态旅游景观和动态旅游景观结合得很好，每天有民俗表演，前导队伍是陕北黄土高原的威风锣鼓、太平伞队、戏剧《钟馗嫁妹》的舞蹈表演，13个民族歌舞表演：欢快热烈的朝鲜族乐农舞，热情奔放的维吾尔族“刀郎麦西来普舞”，活泼多姿的高山族“手拉舞”，春节的社火表演，踩高跷、跑旱船、耍狮子、舞龙灯。可贵者，它们取自民俗，又给以提炼概括，从道具、服饰、灯光、舞美等方面进行加工，运用现代声光色电进行包装，使不同民族、不同国籍的游客都感到趣味盎然。

西南地区民族众多，民俗特点多姿多彩，极具情调，如壮族的赛歌会，傈僳族火把节，傣族的泼水节，白族的三月街、蝴蝶会和绕三灵等活动。

江南水乡风情，如南京秦淮河夫子庙、苏州丝绸博物馆、杭州茶道表演、绍兴咸亨酒店和乌篷船、黄山西递村、安徽九华山庙会。

二、时令风俗类

（一）勤于农事

岁时风俗是民俗的主要内容之一。表面看是根据时令特点进行的民间活动，其实岁时风俗与其他风俗并非截然分开，它和婚丧喜庆、饮食起居、文化娱乐、礼仪习俗紧密相连，甚至它包容了这些习俗，形成了中国传统的五彩缤纷的岁时风俗事象，而各地又结合自己的地域特点衍化出乡土特色的民俗事象，所以对旅游者具有永久的魅力。

我国的民俗传统节日源于农事。古代中国原是一个农业国，农桑水利，国之根本，为历代统治者所重视，许多科学成就，特别是天文历法，都与农业有关。岁时节令就是广大劳动人民和历代科学家在农事活动中总结出来的生产规律。民俗传统节日就是在岁时节令的基础上发展而成的。我国劳动人民，在长期生产实践中，根据太阳在黄道上的位置和气候变化，把全年划分为24个段落，这就是我国古代农历中的24个节气，平均每月有两个节气，它们是：立春、雨水、惊蛰、春分、清明、谷雨（以上在春季）；立夏、小满、芒种、夏至、小暑、大暑（以上在夏季）；立秋、处暑、白露、秋分、寒露、霜降（以上在秋季）；立冬、小雪、大雪、冬至、小寒、大寒（以上在冬季）。二十四节气中四季交替、气温升降、昼夜长短、雨水变化、农事变迁、耕作时限等科学规律，一直为劳动人民所重视。其中“四时八节”即春、夏、秋、冬四时和立春、立夏、立秋、立冬、春分、夏至、秋分、冬至八节，以及由于月亮朔望圆缺的变化与人们生产生活、信仰活动安排在一起，形成的元旦、元宵、端午、七夕、中元、中秋、重阳、除夕等喜庆日子，逐渐构成了城乡人民所共度的传统民俗节日。

农历二十四节气，2016年11月，被正式列入联合国教科文组织《世界遗产名录》。评价为，二十四节气，英文名字为The 24 Solar Terms，是指中国农历中表示季节变迁的24个特定节令。二十四节气是中国先秦时期开始订立、汉代完全确立的用来指导农事的补充历法，是通过观察太阳周年运动，认知一年中时令、气候、物候等方面变化规律所形成的知识体系。在国际气象界，二十四节气被誉为“中国的第五大发明”。

唐代以后，尤其是宋代市民生活繁荣，使农事为主的岁时节日逐渐世俗化、娱乐化和休闲化。宋代时官员一年中的各类节日假日已有80天之多。其中不少节日成为官民同乐的全民参与的娱乐和观赏节日。岁月流逝，有些节日被淘汰，有些节日得到增强。具有强大的生命力和超越时空的力量。

（二）礼敬先人

岁时风俗中，有人节和鬼节，清明祭扫，冬日祭祀都是晚辈怀念先祖的一种仪式。如今除各家祭祀外，官方都要举行祭扫烈士墓的活动，缅怀为革命和建设献身的烈士，进行爱国主义教育。值得注意的是清明节的祭祖意义已逐渐淡化，而是成了旅游娱乐活动。因为这天距去年冬至106天，正是大地春动的时节，特别是江南一带风和日丽，春花烂漫，湖水清澈，柳条飘拂，人们心情舒畅，郊游踏春兴趣十分浓厚。“江南好，胜日爱清明。白衿少年攀柳憩，绣鞋游女踏莎行，处处放风筝。”此时的风势不大，最宜放风筝，所以近年来旅游业在大连、潍坊、南通都开展了国际风筝节，这些地方都是临江面海，有大片的海涂河滩，地势空旷，适宜于风筝放飞，其中以山东潍坊影响最大。届时，千百只各国精美的风筝翱翔于蓝天，不仅有形似飞燕、蜈蚣、美女、花卉、昆虫、金鱼形状的，还有重视音响效果的，如弓绦、琴哨、鞭炮甚至锣鼓，或似丝竹管弦，或似锣鼓敲击，热闹非凡。其实清明的民俗活动绝不止于放风筝，明张岱《陶庵梦忆》中对扬州清明郊游活动进行记载：“长塘丰草，走马放鹰；高阜平冈，斗鸡蹴鞠；茂林清樾，擘阮弹筝；浪子相扑，童稚纸鸢；老僧因果，瞽者说书。”仅从一地观察，清明的活动就如此纷繁，可见各地如果善于挖掘，清明必然成为春节之后又一旅游亮点。

（三）人节欢乐

人节中百姓最重视、海外影响最大的是端午、中秋、春节，尤其是春节，中国社会调查事务所于2000年1月19日公布调查结果显示，59.6%的人认为“春节作为民族节日长期保持下去其重要性不会变”。从腊月开始忙到正月十八才结束，涉及吃、穿、购、娱、游。尤其是娱乐，俗称社火。箫鼓、杂戏、高跷、狮子、旱船、太平鼓，范围之广，参加者之多，气氛之热烈，技巧之高超为海内外罕见。常见的有舞龙，中华是龙的传人，所以全国处处有龙舞，表现形式和技艺多种多样，龙灯、布龙、草龙、百叶龙、板凳龙、缎龙、纸龙，是旧日正月十五闹元宵的高潮节目，最普遍的是布龙，以竹篾扎成龙头龙身龙尾，外糊以白布，上画龙鳞，龙是一个整体，长约一二十米，十多人舞，每人持一节，每节要有长木柄，舞者持以挥舞，两龙同时出场，前有一人用彩绸扎成宝珠引龙起舞，龙头则随宝珠上下翻飞，后面的龙身龙尾随势呈弹簧状。往往两龙同时出场，于是两龙各不相让，演出“二龙抢珠”“双跳龙门”“龙打滚”“龙摆尾”等花样。伴以锣鼓，气氛热烈，振奋人心。

旱船，实际上是陆地行舟，船扎得很漂亮，船下是遮演员腿的布幔，船上中央是一方亭，女演员类似花旦在其中使船左右晃荡，前后游动，船外是一撑船的老翁类似须生，后有一划桨的少年，类似小生，旁边还有一插科打诨的婆婆，类似丑角。随着船的起伏，演员们编成小调，一人唱，众人和，也可即兴编曲，拿观众逗趣。

太平鼓，多种多样，主要流行于北方，有正圆、椭圆等形状，大小不一，已从当时进香酬神、巫婆跳神的迷信中脱胎出来，成为群体性的活动，在黄土高坡上，几十个人一组，以伞的摆动为指挥，整齐、气派，不愧为威风锣鼓。

秧歌，顾名思义是插秧种田时唱的歌，以后发展为有歌有舞的形式，分为踩木质腿子的“高跷秧歌”，平地表演的“地秧歌”。全国影响大的地秧歌有陕北秧歌、东北大秧歌、河北秧歌。近年来，秧歌又在北方兴起，1997 年沈阳举办“首届中国沈阳秧歌节及全国秧歌大赛”，吸引了全国 15 个省、市、自治区 50 多档秧歌参赛，既有传统秧歌，又有创新秧歌。现在长春、沈阳、北京等地，每天清晨公园广场，扭秧歌的比比皆是，境外旅游者也加入其间，文娱活动、锻炼身体一举两得。

舞狮，传说舞狮可以驱魔辟邪，所以舞狮活动很快普及全国。湖南有“赞狮”“线狮”；安徽、浙江有“手狮子”；河北有“火狮子”；四川有“狮子灯”；香港、澳门有“彩狮”。北京狮子表演文化味很浓，有“太狮”和“少狮”，取过去皇家门前太狮少狮子嗣相承之意。“太狮”威武雄健，“少狮”活泼灵巧。过去还搭成架子，形成桥、牌楼等样式，狮子在竹架顶上翻腾跳跃。舞狮子的不仅善于攀登上高，而且相互配合，以动作惊险、仪态万千吸引游客。

这里我们仅列举了春节期间的游艺民俗，可贵的是这些民俗都还为我国各族人民喜闻乐见，只要注意将表演和旅游结合，将观赏和自娱结合，形成互动式的娱乐节目就会给境内外游客的欢度佳节增彩添色。

端午节，2009 年 9 月，联合国教科文组织正式审议并批准中国端午节列入《世界遗产名录》，成为中国首个入选世界非遗的节日。评价为，端午节是中国的传统节日，节期在农历五月初五。迄今已有 2500 余年历史。由驱毒避邪的节令习俗衍生出各地丰富多彩的祭祀、游艺、保健等民间活动，主要有祭祀屈原、纪念伍子胥、插艾蒿、挂菖蒲、喝雄黄酒、吃粽子、龙舟竞渡、除五毒等。各种活动因地域差别而略有不同，尤以湖北省秭归县、黄石市更具典型性。

三、品德习俗类

钟敬文先生说：“文化是人类活动及其所得到的物质与精神成果的综合体。”民俗是文化的主要组成部分，它又是处于中下层地位的人民大众所创造的文化，是各民族文化的基础和主体之一。民俗文化的要害是“民”，即民间的、民众的、大众的文化。这似乎和官方文化、精英文化相对应，但大小官员、封建君主也要遵从某些民俗，而官员和帝王离开了政治场合，回到日常生活中，他们也是民众的普通成员，也要遵从特定风俗。其中最主要的是日常的衣食住行、婚丧嫁娶。这看起来太“俗”，却又是人们须臾不可离的民俗活动，这种到处都可以触摸、感受的活动当是旅游者最易耳闻目睹、感同身受的活动，也是和旅游活动的食、住、行、游、购、娱活动贴得最紧、最直观、最易引起共鸣的活动。品德习俗类中最主要的特点：

（一）勤劳，富有开创性

尤其是生产民俗，农耕、狩猎、捕捞、畜牧、山林、采集、工匠、坊作、园艺、经商交易等，表现出我国人民的才智。比如凿井现象，外国游客曾问中国凿井究竟始于何时，于是民俗工作者从典籍中寻根，司马迁在《史记·河渠书》中写道：“于是发卒万余人穿渠，自征引洛水至商颜山下。岸善崩，乃凿井……井渠之生自此始。”似乎凿井始于汉朝，但结论很快被推翻，原来黄帝、炎帝、尧氏就凿井，至于最初设想虽然难于稽考，但一代代师徒相传，打井技术才可能流传保存下来，这当是不争的事实。问题并不至此而已，中原地区打井用常法可行，而西北缺水地区则不行，民俗并非是一劳永逸的活动，而是不断发展与创造的。旅游者到西北看到“坎儿井”时，惊叹百姓和自然斗争的伟力，在哈密、木垒、吐鲁番盆地有一种特殊灌溉方法，即开凿坎儿井，这实际上是井穴，由地面渠道、地下凿道和涝坝三部分组成的一种灌溉系统。办法是在高山雪水暗流处找到水源。标一定间隔打一个深十几米甚至几十米的大竖井，汇集地下水，增大水势，再按地势高下，在井底修通暗渠，引水下流，一直连到遥远绿洲，再将水引出地面，灌溉田地。一般长约 3 公里，最长的达二三十公里，工程十分浩大，这种灌水系统适用于土质松散，凿渠容易渗水的地方。究竟谁先发明了这种方法，史籍记载林则徐充军新疆伊犁，经过吐鲁番，查明水势地源，将此法传给了当地人。而有人不以为然，王国维作过《西域井渠考》，以大量翔实资料说明汉通西域时已将此法传给了当地人民。其实大家总是对英杰多溢美之词，林则徐所以一到新疆就能指导此法，当然是受过去典章启发。这也说明即使像打井这样技术并不复杂之事，也是人们历代传承而且不断发展变化的。仍旧说到井。1999 年 10 月，苏州观前街修复玄妙观大殿时，为了突出三清殿的“平升三弑戟”，特地将殿周下挖，竟然挖出一口井——处正门与正殿的中轴线上，显然非一般井可比。这样的构制不多见，于是荟萃诸家，分别提出“法眼”“天眼”“海眼”之说，苏州人井旁刻碑，分列诸说，重奖求海内志士仁人答案。这说明水井已由正常功用衍变为宗教象征意义，另外这种参与性又平添了游客的无穷乐趣。

中国编梁木拱桥营造技艺，2009 年被联合国教科文组织列入《世界遗产名录》。它是采用原木材料，使用传统木建筑工具及手工技法，运用“编梁”等核心技术，以榫卯连接并构筑成极其稳固的拱架桥梁技艺体系。木拱桥的建造工作由一名木匠师傅指挥，其他木匠操作来完成。木匠工艺按照严格的程序，通过口头传授和个人示范流传下来，抑或通过师傅对学徒的教授或是作为家族手艺，代代相传。作为传统工艺的载体，木拱桥既是传播工具，也是传播场所。

中国水密隔舱福船制造技艺，2010 年被联合国教科文组织列入《急需保护的非物质文化遗产名录》。水密隔舱福船制造技艺发展于中国南方的福建省，它使具备水密隔舱的海轮建造成为可能。如果航行途中一两个船舱偶然受损，海水不会涌进其他船舱，而船也会继续漂浮。中国水密隔舱福船制造技艺是福建沿海木船制造的一项重要的民族传统手工技艺，以樟木、松木、杉木为主要材料，采用榫接、舱缝等核心技艺，使船体结构牢固，舱与舱之间互相独立，形成密封不透水的结构形式，在“师傅头”指挥下，由众多工匠密切配合完成。

（二）乐观、热情

勤劳勇敢的中国人在战天斗地的过程中，总是以乐观的态度，高昂的斗志去面对困难，把生活中的很多事象都以歌舞形式淡化其辛劳，表现其乐趣，所以民歌就成了行为风俗中的理性化的概括和诗意的升华。以佤族民歌为例，他们几乎所有活动都能以歌表示，猎歌、打鸟歌、出工歌、收割歌、盖房歌，等等。其中涉及传统习俗的都以歌的形式记载并流传下来，如剽牛歌、拉木鼓歌、结婚歌、悼歌、情歌、山歌、儿歌、串门歌、送客歌，等等。

（三）聪智巧慧

以手工艺品为例，其中既有实用与工艺结合的，如各民族服装是形美与质美的结果。它具有实用、观赏、礼仪、信仰等功能，像旗袍之类都是最简单的裁剪之法，却能最完满地表现女性的线条美；也有纯装饰性、观赏性的。比如少数民族的织锦最具民俗意义。壮锦图案多为菱形几何纹，其中饰以小花，花纹有强烈的夸张和变形。配色鲜艳，纯色重彩，明丽粗犷。傣锦白底为主，用红、黑纬纱织成花纹，常用简洁的几何图形并将复杂的动植物组成明快的图案。侗锦多呈直线状，有十字形、米字形、元字形，画面多描摹动物植物，配色绚丽多彩。土家锦，用五色线织成，五彩斑斓。此外，少数民族还有苗锦、瑶锦、黎锦、布依锦、景颇锦、高山锦，等等，几乎少数民族都有自己的织锦工艺，几乎每一位少数民族妇女都会织锦，家家都有织具，织锦成了姑娘们展示自己才华的重要手段，并将最得意的作品作为爱情的信物送给自己的心上人。现在这些织品都成了畅销的旅游纪念品。

中国传统桑蚕丝织技艺。蚕桑丝织是中国的伟大发明，是中华民族认同的文化标识。这一遗产包括栽桑、养蚕、缫丝、染色和丝织等整个过程的生产技艺，其间所用到的各种巧妙精到的工具和织机，以及由此生产出来的绚丽多彩的绫绢、纱罗、织锦和缂丝等丝绸产品，同时也包括这一过程中衍生出来的相关民俗活动。中国蚕桑丝织包括：杭罗、绫绢、丝绵、蜀锦、宋锦等织造技艺及轧蚕花、扫蚕花地等丝绸生产习俗。2009 年 9 月 30 日，中国蚕桑丝织技艺入选《世界遗产名录》。

第三节　民族民俗旅游资源的成功开发

刘毅同志曾为《中国民俗·旅游丛书》题词："民族文化，民俗风情，是具有强大吸引力的旅游产品，要努力开发它、完善它、精化它。"这里提及的开发、完善、精化说明了社会民俗文化现象中进步和糟粕并存，那些历史上或现实生活中，具有进步意义的社会民俗文化现象的良俗应该发扬光大。但那些严重摧残或伤害人们身心的健康、毒化思想的原始、愚昧、迷信的习俗是陋俗，应加以革除。特别值得指出的是有些并不存在的习俗，比如电影《大红灯笼高高挂》中的挂灯笼、封灯、捶脚等风俗，实际上是作者杜撰出的伪风俗，这种有损中华民族形象的陋俗应予批判而不是津津乐道。

一、善于开发

1995 年中国民俗风情游，原国家旅游局开发了"北方风情卷""中原民俗画廊""大漠丝路情怀""江南水乡风物集锦""西南民族风情""一江两湖漫游""南国风情窗"。当时在活动方案中目的很明确，一是中国是拥有 56 个民族的国家，每一个民族都有自己悠久历史文化和独特的传统风俗。这是中国的宝贵财富，也是人类的宝贵财富，也是丰厚的旅游资源。二是我国少数民族聚居区大部分是我国旅游资源丰富的区域，有计划地向海外推出具有交通、住宿条件的民俗、民族风情旅游项目，不仅对旅游创汇有益，而且对这些地区的经济发展、社会开放、旅游业的持续发展具有重要意义。其中的旅游口号很有魅力，"中国——56 个民族的家""众多的民族，各异的风情""探访中华民俗风情，难忘神奇经历"。

当时采取了这样一些措施。（1）总体造声势。1995 年 1 月 1 日，在北京中华民族园举行了 1995 中国民俗风情游开幕式，让 56 个民族代表，在代表性的歌舞音乐下闪亮登场，在焰火衬托下，举行各民族彩车游行，中央电视台等新闻媒体以"中华民俗大观"特别节目，拉开主题活动的序幕。（2）依托已有的风格

第
七
章

独特的民俗节庆，举办民俗风情游。因为时令风俗是各民族都很重视的，只要稍加组织就可以形成规模，产生效益，可谓事半功倍。比如3月海南国际椰子节，8月新疆葡萄节，9月曲阜国际孔子文化节，9月27日昆明世界旅游日庆典。(3) 全国性的风俗游乐活动。八月中秋，举办“天涯共此时——海内外同胞欢度中秋”大型游乐活动。主会场在北京，分会场设在上海、杭州、无锡、扬州、成都、西安、广州、桂林等历史文化名城，形成总体的“中华民族共团圆”的氛围。

二、完善开发

民俗旅游资源丰富，但遍地开花自生自灭不行，要使自娱自乐的民俗资源成为旅游者共娱共乐的旅游资源，由社会价值变为经济价值必须下大力气进行完善。比如文化性节庆，这是与民俗风情结合得最紧的。我国开发得比较好的文化性节庆，并已形成产品化，在海内外有影响的是潍坊国际风筝会、岳阳国际龙舟节、吴桥国际杂技节、傣族泼水节、内蒙古那达慕草原旅游节、福建妈祖节、沈阳国际秧歌节、新疆古尔邦节、安徽九华山庙会、青海玉树藏族草原歌会、西南赛歌节、火把节、贵州蜡染艺术节、河南国际少林武术节。这些节日原来都有雏形，抑或是已有规模，但如何使其成为旅游产品，产生巨大的经济效益，不仅要通过旅游部门的宣传促销，更要使自身的民俗资源具有独特的魅力。这方面各地都采取了不少措施，很值得推广。

比如屈原故里国际龙舟节就是成功的范例。龙舟节有一完善过程，一是找准民俗中最易和游客形成共鸣的热点。屈原是世界级的诗人，他的诗歌，曾滋养了一代代雄姿英才，他的不幸经历曾使中外人士扼腕叹息，可以说，打起屈原的旗号就找到了龙舟节的亮点。二是这里的龙舟竞赛已有基础，并有一定规模，因为端午节在湖北秭归已成为仅次于春节的传统节日。原本是自发的、随意性的活动经过精心组织就形成系列、形成规模。比如竹叶包粽子、煮鸡蛋、吃大蒜、喝雄黄酒，这些习俗有些已传往其他地域，但也有些习俗仍有个性，这就需要有意渲染和夸张，比如屈原故里的粽子里都喜欢放一枚红枣，米白代表屈原的高洁，而枣红又象征他的赤胆忠心。三是要注意活动的高潮，赛龙舟即是高潮。龙舟扎得特别考究，船身通体彩绘，龙头高翘、须髯飘拂、二目圆睁、双唇红润、龙尾微翘，可以迎风摆动。地点选在屈原沱，这里水面开阔，水势少陡弯急流旋涡。大赛前，龙舟由各乡镇乃至个人自己准备，每一舟都极其机巧，大赛前各路龙舟从四面八方划向屈原沱，每一条船上的赛手都是统一的中式服装，头扎一色彩巾，霎时江面上群龙奔涌，伴和着岸边群众的赞语，一个个赛手更加有劲，各不相让，尽显自己本领。每个龙舟上人员限定，一律19对划手，一个站在船头领号子的、一个打腰旗的、一个打鼓的、一个掌舵的，共42人。龙舟比赛七舟为一组，紫、白、红、青、黄、金、蓝七色，三颗白色信号弹起，七条彩舟如离弦之箭，飞也似的向对岸冲去。你追我赶，争先夺道，那船桨随着锣鼓的节奏，同时起落，十分整齐，桨击江面，溅起白色浪花，裹挟龙舟，龙如云山雾罩。此时江两边围满了当地群众和远方游客，随着鼓点的急缓，随着桨的起落，赛手们放开歌喉，江面上响起震撼人心的号子："屈大夫喂，嘿咗！嘿咗！我哥回哟，嘿咗！嘿咗！"号子声悲壮激昂，一人唱，万人和，岸边的观众游客也沉浸其中，嘿咗嘿咗地帮助加油。场面十分壮观。最奇的是七条彩船到对岸后并不算结束，而是竞渡以后的游江，七条彩舟排好队，不像刚才奋勇争先，而是齐头并进，速度很平缓，七条船中有一个领唱的歌手，由他领头，200多名划手共唱《游江歌》，那歌是悲壮的，"三闾大夫啊听我讲，你的魂魄不可向东方。东方有魔鬼高数丈，人到那里心受伤"。"三闾大夫啊听我讲，平平安安回故乡。故乡儿女怀念你，三闾大夫回故乡。"唱到最后，划手们一边挥舞彩色的短桨向岸上如潮的人群致意，一边向江里扔用五色丝线捆系的粽子，据说这样包裹的粽子才不致被水中蛟龙抢走。此时江面、岸上一片欢呼，屈原沱沸腾了。

三、精品化开发

我国的民风民俗源远流长，从远古时代的崇拜神祇，到近现代的自娱自乐，几乎每一地都有迥异于其他地域的乡风民俗；收集整理，进而研究利用，对于进一步开发旅游资源，发展旅游事业作用极大。应该高扬民俗的中国特色和中国气派，精品化的民俗旅游产品应该研究中国这块土地上古老文化传承和现实生活中生长、生活的人们的世相百态及文化心理。首先应为中国旅游者服务，在扩大旅游内需上下功夫，制作精品。同时开发具有人类共同美学特征的民俗旅游精品，以服务于国际旅游。为了形成精品化的民俗旅游产品，我们基本上采取了两种措施。

一是新建开发模拟景观，比如北京中华民族园、深圳民俗文化村、昆明海埂民族村、桂林民族风情园等。这些模拟景观在硬件建设上将少数民族的特色住房复原，如壮族的干栏楼——楼上住人，楼下堆放杂物；土家族的虎坐形房——依山而建，下以木撑，雕梁画栋；苗族的木质平房、吊脚楼台；黎族的茅草房，或船形或金字塔形；藏族垒石建房，平顶多窗，形如碉房。这些原本受地域气候影响的住房浓缩于一园，周围配置相应的树木花卉，形成北国风光、南域风情的特定氛围。这些景观中，都以动态旅游资源激活固态旅游资源，每天定点定时有演出，尤其是民族节庆，园内工作人员依照民族习惯举行庆祝活动，鲜艳的民族服装，多姿态多彩的民族歌舞，别有滋味的风味美食，奋勇争先的竞技比赛，天天有高潮，年年出新招，这样可以在一天之内大体领略和体味少数民族风情。而大多数歌舞竞技难度不大，趣味盎然，游客可以参与其中，使观赏型和自娱型紧密结合，很有吸引力。

二是夜晚表演民俗为主题的节目。这是为了改变我国旅游多年来“白天看庙，晚上睡觉”的夜生活单调的状况而设置的。我国旅游不可能以博彩、吸毒、嫖娼去吸引游客，只能以健康的娱乐活动填补夜生活的空间。因此我们应该挖掘民俗文化中的精品，形成中国的特色。现在开发得比较成功的有苏州评弹剧场，西安唐乐宫，北京梨园剧场、老舍茶馆等以民俗为主题的节目。

以北京老舍茶馆为例，从老舍的著名话剧《茶馆》受到启发，充满了“京味”。当初这是清代旗人享受皇粮待遇，饱食终日，无所用心而形成的特有的茶俗现象。现在北京老舍茶馆浓缩当时民俗，但剔除其腐朽消极内容，吸取其趣味性、地方性的特长，让历史重新翻回来。茶馆既有旧式大八仙桌、大条凳，也有藤躺椅、茶几、方桌、椅子，也有檀楠几椅、鼎彝杂列。这样看出清到民国的变化，茶和点心、小吃是茶馆的特色，盖碗茶，茶叶从最普通的“高沫”，到黄山云雾、潮州凤凰黄枝香、洞庭君山、龙井狮峰，还有放红枣、橄榄的八宝茶，小吃有瓜子、花生、蜜饯，名为“香案茶盘”，吃一盘算一盘的钱，品着香茗，有瓜粒糖豆、干果小碟，轻剥细嚼，情味俱适。还有京式点心，鸡肉饺、糖油包、炸春卷、水晶糕、一品山药、汤馄饨、三鲜面，叫你口颊生香。最有趣的是民俗风情，工作人员既有打扮得像当年的平民，也有化装成三四品大员，“提鸟笼、曳长裾、就广坐、作茗憩”，茶客闲谈，或谈生意买卖，或议论社会时弊，而伙计则提壶来往，那茶壶是从西域传来，称“铜搬壶”，大肚子，细长壶嘴，样子十分漂亮。而有意安排的说书的、唱曲的、演杂耍的，各式人等粉墨登场，活脱脱“茶馆小社会，社会大茶馆”。这一类充满民俗风情的旅游项目对国内国外游客都有吸引力。可见精品化是民俗取得良好社会效益、经济效益的前提。

四、综合性开发

中国民俗是最活跃的旅游资源，民俗涉及旅游的食、住、行、游、购、娱的方方面面，应该综合开发，发挥它的综合作用，使之成为与山水、文物古迹并驾齐驱的重要旅游产品角色。1999 年，昆明世界园艺博览会，2010 年，上海世界博览会都是综合开发最成功的范例。因为是博览，所以参加国都将自己历史文化、风俗民情、工艺美术、园艺花卉展示，也把山水文物浓缩展示。上海世界博览会的主场馆——中华宝鼎，华夏之冠，成功运用了中国文化元素，青铜鼎、斗拱、九叠篆、中国红，我国的省、市、自治区都有展示区域，形成了不同风格园林、庭院、高山、大川、风景、名胜。而每个省都按照大会安排，尽情展示风俗民情中最具吸引力的饮食、工艺，尤其是歌舞，苗族的古歌、藏族的“格萨尔”、维吾尔族的“阿凡提”，蒙古族的“江格尔”、彝族的“阿诗玛”，传奇人物集中了民族历史、文化、风俗。东北的大秧歌，港澳的舞狮子，维吾尔族的“赛乃姆”，单舞、对舞、多人群舞，乐队伴奏，观众拍手唱和，舞者观者融为一体，情绪欢快热烈。朝鲜族不仅歌舞典雅优美，而且游艺活动种类繁多，摔跤、荡秋千、踏跳板，身着鲜艳长裙的妇女，在秋千上荡来荡去，宛如飞燕凌空，大有飘飘欲仙之姿。而云南省25个民族，风俗习惯不同，民俗节日也多，两次博览会将苗族的踏花山、傣族的泼水节、白族三月街、纳西族的七月会、彝族的火把节、侗族的赶歌会、布依族的歌节突破时间、空间界限，通过现代科技或现场表演，有意图地次第呈现，将文娱活动、物资交流、探亲访友相连，让少数民族兄弟姐妹尽情显露他们载歌载舞的才华，彝族的阿细跳月、烟盒舞、罗作舞、打歌、花鼓舞、丝弦舞、铜鼓舞，傣族的孔雀舞、象脚鼓舞，景颇族的“木脑纵歌”，哈尼族的扇子舞、扭鼓舞，白族的霸王鞭、双飞燕，拉祜族的芦笙舞，瑶族的铜铃舞，苗族的跳芦笙，侗族的抢花枪，佤族的铓锣舞等，有人说这次博览会是中国少数民族歌舞的大展示，大比武，在1999年整个一年里，无论是大会期间，还是会前准备、会后总结，无论是集中展示还是分散准备，云南省青年男女，身着节日盛装，欢歌笑语，而来旅游的中外嘉宾也都受到感染，兴高采烈，真是歌如海，舞如潮，流水发出欢笑，山冈也显得年轻。而2010年的上海世博会在2009年就开始预热宣传，预计7000万游客去上海体验民俗。这是中国民俗发挥综合效益最为成功的尝试，值得我们总结、发扬光大。

第四节　中国民俗对世界的影响

随着世界文化融合的加快，一些西方节日如今越来越受到不少中国人的青睐。与此同时，中国的传统节日，尤其是春节也正以它独特的魅力也影响世界，被世界上包括亚洲欧美越来越多的人所接受。

春节越来越受到世界各国人民的喜爱，与它本身的文化魅力和价值是分不开的。中国的国际地位的提高、海外华人人数的增长、与其他国家文化交流的深入等，春节是中国文化精髓的体现，都是春节在世界上影响力越来越大的主要原因。加拿大世界妇女交流组织主任奥特拉女士说：“我没有到过中国，但春节庆祝活动让我直接感受到中国文化的独特魅力和中国文化数千年积累的完美追求。中国春节可能是世界上历史最悠久的传统节日之一。从这个意义上说，春节应该成为世界最重要的节日之一。人们也应该从这个意义上认识中国文化。”

美国是个文化大熔炉，随着华侨、华裔人数日渐增多和中国在世界地位的提高，越来越多的美国人也对春节所代表的中国传统文化日益感兴趣。近年来，每逢农历新年，上至总统、下至华人聚居较多地区的地方民选官员，都会利用不同的场合向华人致以新年的祝福，对为美国社会做出重要贡献的华裔表示敬意。继纽约州在几年前将农历春节定为公共假日后，加利福尼亚州和首都华盛顿哥伦比亚特区的华裔议员们也在准备提出将春节定为当地公共假日的提案。华人社区甚至出现了争取使农历新年早日成为美国全国性法定假日的呼声。爱凑热闹的美国人喜欢看游行、放焰火，自然也不会放过春节这个机会。

大多数过春节的美国人都想沾沾中国文化的喜气，找个机会品尝中国美食。还有一种情况值得关注：目前每年有数千个美国家庭从中国领养孤儿，为了让这些来自中国的孩子不忘自己民族的文化，这些家庭成为对春节最有兴趣的群体之一。每当农历新年到来时，他们都在家里布置中国特色的装饰，如中国结、红灯笼、春联等，许多家长还给自己和孩子置备了专门在新春期间穿的中式服装，对华人社区举办的各种新春庆祝活动也表现出异乎寻常的热衷。

英国春节期间也处处洋溢着欢庆春节的气氛。大街上会增添许多 Chinese New Year（中国春节）的东西。非中餐馆也会添置几道“Special Meal Deal for Chinese New Year”（专为中国春节准备的菜肴），英国大报推出“中国周”教人学汉语。以伦敦为例：有一年的大年初一，30 万人（其中绝大部分不是华人）在伦敦特拉法加广场齐声高呼“恭喜发财”，当时的场面令所有华人都感到无比骄傲。舞龙舞狮、爆竹烟花、盛装巡游、文艺表演等欢庆活动令人目不暇接。两个广场上还有文艺演出和烟火表演。伦敦警方将相关街区全部变成步行街，持续一整天的庆祝活动盛况空前。这一天伦敦简直是中国化了，乐滋滋的孩子们手里拿着拨浪鼓和气球猪；喜欢中国美食的男男女女挤在唐人街共进中餐；在市中心，年轻人纷纷用相机、手机、摄像机留住舞龙舞狮表演的倩影；有些英国人干脆穿上了中国的唐装。伦敦俨然成了一座中国城。此前，伦敦已举行过两次春节彩灯游行，每次有 10 万人参加了这一活动，其鲜明浓郁的中国文化特色使游行获得了巨大的成功。

法国人对中国春节高度接纳，越来越熟知，近几年，随着中法两国经济文化交流的日益增多与频繁，春节已经悄然走进了很多法国人的家庭，春节习俗已经成为他们日常生活中的一部分。每到春节前夕，法国的大街小巷都装饰一新，彩旗飞扬，不仅华人聚居区，就连巴黎市政广场也会挂上大红灯笼，满眼都是喜气洋洋的大红色。迎春贺新的节日气氛相当浓郁。法国人欢度春节的种种做法，已不仅仅是出于对东方文化的好奇或是单纯的凑热闹，而是缘于对中国文化的喜爱乃至热爱与推崇。

德国人则体现出了他们民族性格中节制谨慎。对东方文化、中国春节，他们所持有的是一种好奇但又审慎的态度。比较奇特的是，德国的青少年对中国春节反而抱有十分浓厚的兴趣，家长也乐观其成，甚至带有某种鼓励与支持。

亚洲国家，春节早已经融入他们的文化中了，在一些受中国文化影响的国家，其欢庆的程度与中国相差不远。

纵观世界文化的流向，总是遵循“水往低处流”的原则，即总是由强国向弱国流动、由文化发达地区向文化欠发达地区流动。对于文化相对落后地区的人们来说，文化发达地区的文化产品总有一种高质量、高品位、时尚、新潮的味道，对这些文化产品的追求、效仿和崇尚，是人们追随时尚潮流的一种表现。中国的春节受到西方人的青睐，逐渐成为一个世界性的节日，越来越多的外国人热衷于过春节，这无疑让我们感到自豪，这与我国的国力迅速壮大、文化逐步繁荣不无关系。

第八章　旅游饮食文化

〔内容提要〕

作家王蒙说，“中国文化的三大支柱是中国文字、中华饮食、中国人思考问题的方法”。我国饮食文化历史悠久，烹饪文化、酒文化、茶文化独具魅力，成为极具吸引力的旅游产品。本章对其源流、特点、类别进行讲述。

食是旅游的重要内容，从业人员应该了解烹饪文化、酒文化、茶文化独具的魅力，开发创新，并能进行操作表演。

旅游可以将“舌尖上的中国”“脚尖上的中国”有机结合，探访当地的食材、食俗，比较不同地域的饮食习惯。饮食文化将是中国旅游永恒的话题。

〔学习要点〕

- 掌握烹饪文化相关知识。
- 掌握茶文化相关知识。
- 掌握酒文化相关知识。
- 与之联系的专业应能进行烹饪，制作鸡尾酒，表演茶道。

〔思考题〕

1. 简述中国烹饪文化的渊源。
2. 简述中国烹饪文化的特色。
3. 简述中国烹饪的地方风味特色。
4. 比较中西方饮食文化的异同。
5. 列举烹饪文化的时尚特征。
6. 简述中国茶文化的渊源。
7. 简述中国茶的种类。
8. 简述茶文化中的茶品、茶具、茶饮的特色。
9. 简述中国酒文化的渊源。
10. 简述中国酒文化中的酒品、酒器、酒戏的特色。

“民以食为天”是儒家文化中民本思想的组成部分，历代都将粮食和吃饭当成基本的社会问题。饮食习俗既是构成中国人日常生活的一个要素，也是考察中国文化传统的一种方法，研究饮食就是研究在中国文化系统内，人们吃什么和怎么吃，在进食和人体之间保持平衡，在生理和文化之间寻求平衡，和外国饮食习俗的相同和差异。

我国是烹饪王国，美味佳肴、点心小吃难以尽述，如孙中山先生惊叹的：“中国近代文明进化，事事皆落人之后，唯饮食一道之进步，至今尚为文明各国所不及。”饮食文化历史悠久，烹饪文化、酒文化、茶文化独具魅力，成为极具吸引力的旅游产品。中国的烹饪技艺强调因时而食，春夏秋冬一年四季饮食应时而变，物重其才，海产、河鲜、蔬果、山货物尽其用，因料而烹，味重调和，烹法多变，菜式丰富，形色皆美。江海河湖之鲜，四时干鲜蔬果，畜禽肉蛋之美，高山峻岭的奇珍皆可入菜，且因地域不同又烹法多变，清末徐珂在《清稗类钞·各省特色之肴馔》中说：“肴馔之有特色者，如京师、山东、四川、广东、福建、江宁、苏州、镇江、扬州、淮安。”不仅讲究菜肴美，而且讲究食具、食礼、食法、食趣，是视觉、听觉、味觉、嗅觉全方位的、立体的享受。无论是外宾到中国，还是中国人到西方旅游，都要感受中餐、西餐的滋味，包括菜肴、点心、茶、酒，以及用餐仪式、用餐器具，从多方面立体感受饮食的文化。

第一节　丰富多彩的食文化

了解中国的烹饪技艺，菜系、菜肴之美，食具、食礼、食法、食趣等知识与技能。

一、“以食为天”的“烹饪王国”

中国是一个具有五千年文化传统的文明国度，且素来注重人们的吃饭问题。几千年来，“以食为天”的中国人不仅吃出了种种学问，也吃出了“烹饪王国”的名气。与其他国家或民族的烹饪艺术相比，中国烹饪无论是在原料选用，还是在烹饪技法上，都有自己明显的特点。

（一）烹饪原料的选择和使用

中国人比较讲究养助益充、因时而食；在原料加工时，则注重物尽其用，因料而烹。在高档原料处理上，讲究原汁原味，如“清汤燕菜”“原焖鱼翅”之类；在中档原料处理上，讲究精工细做和色香味形之美，如“北京烤鸭”“松鼠鳜鱼”“天下第一菜”之类；对低档原料的处理，常能“化腐朽为神奇”，出奇制胜，如“麻婆豆腐”“拆烩鲢鱼头”“宫保鸡丁”“大煮干丝”“咕噜肉”之类。在有些国家和地区，畜禽之内脏是不上餐桌的，但中国人却能用这些“下脚料”做出佳肴。

（二）烹制技术

中国烹饪的特色主要在于加热组合的多样性、讲究对原料的保护性处理，以及菜式变化丰富。在中国烹饪中，基本加热法有水烹、油烹、汽烹、明火烹，特殊方法、保护性处理有上浆、挂糊、拍粉，成菜法主要有炒、爆、煎、熘、炸、烤、烧、炖、焖、煨、焐、烩、蒸、扒、氽、淋、卤、酱、熏、扒丝、挂霜、烹、贴、塌、涮、冻、拌、炝、醉、糟等。从而形成了各式各样、千差万别、风味各异的菜系和品种。据不完全统计，现在全国有各式菜肴10000多种。著名的清宫廷宴席菜肴“满汉全席”，仅此一桌的冷热大菜就有120余种。

（三）菜肴设计

中国烹饪以色艳、香浓、味鲜、形美而著称于世。其形美，尤以花式冷菜拼盘最为突出。它造型别致、五彩缤纷、栩栩如生，呈现出富有意境的景色和图案。那山川树木、亭台楼阁、花鸟鱼虫、珍禽异兽，尽收盘中，仿佛是一幅美丽的图画，给人以美的享受。此外，中餐宴席出菜的数目一般以双数为单位，四、六、八、十等成为一般的规则，俗话说：“两个盘子待客，三个盘子待鳖”，追求双数恰恰表现出中国文化注重“十全十美”，讲求偶数为利的心理习惯。

（四）烹饪调味

主要表现于较为系统的调味理论、变化丰富的味型、注重烹中调味。在调味理论方面，有本味说、五味调和说、适口说等。烹饪制作中，通过相应调料对酸、甜、苦、辣等基本味进行调制，产生丰富的味型。在调味过程中，有烹前、烹中、烹后之分，烹前调味确定基本口味，烹中调味确定味型，烹后调味主要解决一些不便于或不适于在烹前或烹中进行调味处理的菜肴的滋味处理。

（五）名称别具特色

富有中国传统文化特色，给人以美好的回味。如游龙戏珠、阳春白雪、银珠牡丹、金玉围翠、玉手摘桃、宫门献鱼等，五花八门，应有尽有。

总体上说，中国烹饪具有选料严格、刀工精细、讲究拼配、调味多变、注意火候，菜肴色、香、味、形、器俱佳的基本特点。但中国是一个地域辽阔、民族众多的国度，不同民族、区域间的饮食习俗往往具有明显的差异。不过，也正是由于这些“差异”，才使得中国烹饪具有无穷的魅力。

二、众多的饮食烹制流派

长期以来，各地由于选用不同的原料、配料，采用不同的烹调方法，因而形成各自的独特风味和不同的菜系。在不同历史时期，根据不同的分类标准，可将中国菜划分为不同的流派，但目前尚未有公认的划分标准和结果。一般而言，从地域角度可将中国菜划分为鲁、川、淮扬、粤、浙、徽、湘、闽等地方风味；从原料性质可将中国菜划分为素菜（宫廷素菜、寺院素菜、民间素菜）、荤菜；从菜肴功用可将中国菜划分为普通菜和保健医疗菜；从生产者主体可划分为市肆菜、食堂菜和家庭菜等；从菜肴所体现的时代可将中国菜划分为仿古菜和现代菜。目前，饮食行业中一般以行政区划为依据确定主要的地方特色菜有：山东（鲁）菜、江苏（苏）菜、四川（川）菜、广东（粤）菜、浙江（浙）菜、福建（闽）菜、湖南（湘）菜、安徽（徽）菜。

（一）京、鲁菜

又称山东菜，属皇家菜，以使用奇珍原料，多熏烤，重油重色。山东地处我国胶东半岛，依山傍海，物产丰富。山东历史悠久，是我国古代齐鲁文化的发源地。鲁菜早在春秋时期已负盛名，是我国北方菜的代表。到了元朝，鲁菜的风格更加鲜明，制作更加精湛，流行于华北、东北地区。此时，山东菜还传入了宫廷。到了明、清两代，鲁菜已成宫廷御膳主体。自鲁菜进入京城后，久为官场享用，所以选料十分精细，多选用当地特色的原料和新鲜的海产品，采用多种烹调方法，精心制作。现今鲁菜是由济南和胶东两地的地方菜演化而成的，并对周边地区，特别是黄河以北地区（主要京、津东北各地）的烹饪影响较大。鲁菜在长期的发展过程中逐步形成了自己的特色，其主要特点是清香、鲜嫩、味纯，既讲究真材实料，又讲究丰满实惠。鲁菜至今仍有大鱼大肉、大盘大碗的特点，请客宴会以丰满实惠著称。

原料方面，以陆生和海产品为主，海参、鲍鱼、对虾、黄河鲤、蒲菜、扇贝、虾油、大葱、枣等久负盛名。

烹制方法方面，以爆、炒、烧、烩、扒、拔丝等见长。

调味方面，以鲜咸为主，善用葱、蒜。讲究吊汤，其清汤、奶汤既是上等汤料，又是提鲜增香的调味料。清汤，色清而鲜；奶汤，色白而醇。

菜品方面，以善制海味、山珍、大件菜而著名，其滋味醇厚而鲜爽。

在鲁菜中，名菜有清汤燕菜、御笔猴头、绣球干贝、糖醋鲤鱼、醋椒鱼、清蒸加吉鱼、爆双脆、芫爆鱿鱼卷、九转大肠、熘肝尖、锅塌豆腐、炒木樨肉、奶汤蒲菜等。点心小吃有周村酥烧饼、武城暄饼、荷叶饼、潍县杠子头火烧、煎饼、糖酥煎饼、锅贴、高汤小饺、开花馒头、煎包、金丝面、汆子面、蛋酥炒面、福山拉面、蓬莱小面、鸡肉糁、甜沫等。

（二）江苏菜

以淮扬、苏锡、金陵、徐海等地为代表。属文人菜，用料考究，注重技艺，清雅恬淡，原汁原味。

江苏位于我国东南沿海，长江的下游。这里气候温和，土地肥沃，盛产稻、麦、棉、蚕、鱼等土特产，素有“鱼米之乡”的美誉。“春有刀鲚夏有鲥，秋有肥鸭冬有蔬。”一年四季各种禽畜、果蔬、水产、土产源源不断，这为苏菜的形成与发展提供了有利条件。经过长期的演变与发展，江苏的食文化积累了丰富的烹饪经验，烹调技术日臻完善，逐步形成了以淮扬、南京、苏锡、徐海 4 种地方菜为主体的江苏菜系。

苏菜历史悠久，品种繁多。《史记》《吴越春秋》等书对其时的菜肴、食物已多有记载。唐宋以后，与浙菜一同成为“南食”两大台柱。《清稗类钞·各省特色之肴馔》说：“肴馔之有特色者，如京师、山东、四川、广东、福建、江宁、苏州、镇江、扬州、淮安。”江苏独占其五，烹饪之发达由此可见一斑。相比其他菜系，苏菜的主要特点有：

原料方面，选料以时蔬、淡水鱼虾、海产品为主，以鲜活、鲜嫩为佳。知名原料有：“太湖三白”“长江三鲜”、连云港对虾、南通文蛤、吕泗大黄鱼、高邮鸭、太湖莼菜、淮安蒲菜、宜兴百合和笋等。

烹制方法方面，制作精细，注重刀工火候，以炖、焖、煨、焐见长，四季有别。以“淮扬狮子头”而言，这一名菜随季节变化用不同的方法，配以不同原料烹制。一般春秋宜清炖，冬季宜烩焖；春季做河鲜芽笋狮子头，秋季做蟹粉狮子头，冬季做芽菜凤鸡狮子头等因时而异。

调味方面，以咸、鲜为主，注重原汁原味，讲究清淡入味，善用甜味调料，追求清香四溢、淡香扑鼻，注重色泽鲜艳、清爽悦目。

菜品方面，以烹制水产品、高档山珍海味、糕团、船点等著称。技法多变，讲究做工精细，粗料细做，瓜雕和造型菜的制作尤其出色。

苏菜的名菜有“扬州三头”（扒烧整猪头、拆烩鲢鱼头、清炖狮子头）、“南京三炖”（炖生敲、炖菜核、炖鸡孚）、将军过桥、大煮干丝、水晶肴肉、松鼠鳜鱼、叫花鸡、天下第一菜、无锡肉骨头、霸王别姬、羊方藏鱼、红烧沙光鱼等。点心小吃有：黄桥烧饼、葱油火烧、文蛤饼、金钱萝卜饼、太湖船点、五香茶叶蛋、无锡王兴记馄饨、莲子血糯饭、青粳饭、红油爆鱼面、鱼汤面、淮饺、文楼汤包、蟹黄养汤烧卖、三丁包子、藕粉圆子、淮安茶馓、苏州糕团等。

（三）四川菜

以成都、重庆、自贡、东山、江津、合川等地为代表。属平民菜，以火锅见长，又麻又辣。

四川是天府之国，物产丰饶。川菜源远流长，历史悠久，秦末汉初就已露锋芒，唐宋时发展迅速，明清已久负盛名，现今川菜馆已遍布世界。独特的自然环境和风土人情造就了川菜与众不同的风格：

原料方面，川菜的用料比较大众化，以禽兽鱼蔬鲜为主，以山珍野味为特色。鹿、獐、麂、虫草、银耳、竹荪、江团、岩鲤、雅鱼、鲟鱼等都是特色原料。

烹制方法方面，对刀工切配、色味火候都有独特的要求，擅长于烤、烧、干煸、蒸。

调味方面，川菜以辣出名。东晋常璩曾在《华阳国志》中说巴蜀之人，“尚滋味”“好辛辣”。善用辣椒为川菜一大特色，四川火锅最大的特点就是味浓香辣。四川人吃辣的方式多样，有单用辣椒的吃法，但更多的是辣椒与花椒并用的麻辣味。四川菜的口味丰富而独特，善于综合用味，收汁较浓，在咸、甜、麻、辣、酸五味基础上，加上各种调料，相互配合，形成各种复合味，如家常味、咸鲜味、鱼香味、荔枝味怪味等。善用辛香之物，重麻、辣、酸、香，擅用三椒（辣椒、胡椒、花椒）、鲜姜。常见的味型有麻辣、鱼香、怪味、家常、豆瓣、陈皮、椒盐、荔枝、酸辣、蒜泥、麻酱、芥末等，以麻辣、鱼香、怪味最为知名。川地所产之自贡井盐、郫县豆瓣、新繁泡菜、潼川豆豉等特色调味料亦负盛名。

菜品方面，注重味型的调配和变化，善于因时因地制宜，灵活掌握味道的浓与淡、麻与辣，使味道浓淡有别、清鲜醇浓，素有“一菜一格，百菜百味”之美誉，为中国烹饪界所称道。

川菜的名菜有回锅肉、鱼香肉丝、宫保鸡丁、夫妻肺片、水煮牛肉、清蒸江团、干煸鱿鱼丝、麻婆豆腐、怪味鸡块、樟茶鸭子、干烧鲜鱼、家常海参、毛肚火锅等。点心小吃有：荷叶蒸饼、蒸蒸糕、蛋烘糕、鸡蛋熨斗糕、青城白果糕、崇庆冻糕、锅盔、宜宾燃面、龙抄手、红油水饺、玻璃烧卖、担担面、赖汤圆、芝麻圆子、广汉三合泥、大竹醪糟、川北凉粉、小笼蒸牛肉、夫妻肺片、顺庆羊肉粉、灯影牛肉等。

川菜是由地道的四川人居家吃的家常菜发展而成的，虽然川菜中也有名贵的燕窝鱼翅做成的豪华菜式，但其中给人回味至深的代表菜却是麻婆豆腐、鱼香肉丝、水煮牛肉、河水豆花、花肚火锅一类的家常菜。

（四）粤菜

又称广东菜，以广州、潮州、东江三地为代表。属富商菜，使用山珍、海鲜，热锅快炒，以生猛见长。

广东地处珠江三角洲，依山临海，属于亚热带，气候温和，物产丰富。同时，广东又处在中外交流的枢纽，天南海北的游客、商人云集，使广东的饮食文化丰富多彩。粤菜在西汉时已见诸记载，明清时发展迅速。屈大均《广东新语》

说："天下之食货，粤东几尽有之，粤东所有之食货，天下未必尽有也。"今亦有"食在广州"之说。18、19世纪，随着对外通商和"下南洋"，粤菜也逐步走向世界。据称，现在仅美国纽约就有粤菜馆数千家。广东因其独特的地理位置及历史原因，得以对各地食风和外来食俗兼收并蓄，终而形成自己的独特风格。

原料方面，不拘一格，广采博收。南宋周去非《岭外代答》说："不问鸟兽蚊虫，无不食之。"

烹制方法方面，以煲、焗、软炒、烧烤等见长。

调味方面，善用兑汁，且计量配制，有所谓五滋（香、松、臭、肥、浓）、六味（酸、甜、苦、咸、辣、鲜）之别。特色调味品有蚝油、卤水、豉、酱、虾油等。

菜品方面，以早点、海鲜、烧烤、汤羹等为特色，讲究鲜、嫩、爽、滑，有"清而不淡，鲜而不俗"之誉，一般夏秋力求清淡，冬春偏重浓醇。

粤菜的名菜有片皮乳猪、满坛香、烤鹅、蛇羹、东江盐焗鸡、护国菜、红烧大群翅、爽口牛肉丸、大良炒牛奶、鼎湖上素、柱侯乳鸽、脆皮石岐鸡、白焯螺片、燕汁扒瓜脯等。点心小吃有：成珠鸡仔饼、皮蛋酥、煎堆、冰肉千层酥、大良膏煎、酥皮莲蓉包、叉烧包、粉果、伦教糕、马蹄糕、肠粉、蜂巢芋角、松糕、蟹黄灌汤饺、薄皮鲜虾饺、干蒸烧卖、沙河粉、荷叶饭、及第粥、艇仔粥、大良双皮奶等。

三、烹饪文化的时尚特征

餐饮是一种艺术，如何在最短的时间，以最简洁的方式、最快的速度，使食品色香味形俱佳，使视觉、听觉、味觉、嗅觉得到全方位的立体的享受。技师们凭借自己的技能对鲍鱼、海参、鱼肚、鱼皮、鱼骨、蹄筋、蛤士蟆油、鱼翅、燕窝等高级原料的品质进行鉴别和涨发加工；根据食雕作品要求选用食雕刀法，进行不同题材作品的食品雕刻；合理选用餐盘装饰原料对餐盘进行合理装饰；根据企业定位、经营特点和企业综合资源设计菜单；根据顾客的特点，对冷、热菜及面点等进行组合设计，并不断进行菜点创新。因而凸显出中华餐饮的美：

（一）特色美

产品特色是餐饮企业生存的根本，各地形成具有鲜明的地方文化特征和现代都市气息的品牌特色；企业错位经营形成一店一面、一店一味的品牌特色；低档化、品牌化、专一化也成为许多酒店特色经营的做法。"物以稀为贵"是特色，别具一格也是特色；进餐环境艺术化是特色，经营灵活、物美价廉也是特色；随意小酌是特色，场面宏大也是特色；菜品的精美华丽是特色，简朴粗放也是特色；"三更粽叶一罐汤"是特色，中午"老鸭汤"、晚上"砂锅鱼头煲"也是特色。总之，“食无定味，适口者珍”就是特色。现代餐饮是吃文化、吃感觉，无特色将无立足之地。

（二）创新美

餐饮企业由于经营的社会化，其风味特色趋向于时尚化、潮流化。综观近年来的餐饮市场，“流行”就是时尚，改革开放之初的粤菜风（生猛海鲜、清淡爽脆）；火辣辣的重庆火锅；点菜方便、环境宽松的自助餐、大排档；家常菜、毛家菜、宁波臭腌菜、迷宗菜、江湖菜、杭帮菜、本帮菜等，群雄逐鹿，轮番登台亮相，在经营业态、环境、风味上大玩了一把，鹿死谁手，各有看法。但竞争的焦点都是餐饮风味时尚化。上海就是在继承发扬“八大菜系和十六帮别”的基础上，按照“继承发扬、引进改良、中外结合、开拓创新”的方针，积极研究、开发新派菜，形成品牌特色。上海本帮菜渊源于江苏、浙江等地方风味菜，素以“浓油、赤酱”著称。近年来，各帮别的菜肴在上海轮番登场，“生猛海鲜”“煲仔靓汤”“海鲜超市”“四川火锅”“杭帮菜肴”都风靡一时；日本寿司、法国大菜、韩国烧烤、意大利面条、美国快餐等也成为餐饮时尚。上海餐饮业针对消费者追求新、奇、特，注重营养、可口的消费需求，通过不断改良传统食品、开拓美食资源、开发新的调味料、研究新的烹饪方法，把“海派菜”作为一个菜系来发展，又形成了清淡、清爽、清新、百滋百味、别具一格的特色。

（三）绿色美

绿色餐饮、绿色消费、绿色营销已经成为餐饮消费的新热点、新趋势。同时也是餐饮业整顿市场秩序的重要抓手。注重“绿色”一要抓“源头”，即从原料的种植、养殖、捕捞，到加工、储存、运输、烹饪，最后到菜肴端上餐桌，都要符合绿色食品的要求，形成一条“绿色链”；二要抓“出口”，即对烹饪加工过程中和就餐后所剩废弃物的处理，都要符合绿色环保的要求，形成一张“绿色网”。这是人类与自然环境协调发展的客观需要，也是餐饮业持续发展的内在需要。

我国水生植物丰富，芡实、菱藕、茭白举目皆是；水产丰富，青、鳊、鲤、鲫、鳗等几十种鱼，螃蟹、大虾、甲鱼、乌龟，以肉质厚、味道鲜而独树一帜；水禽丰富，肉细味香。动物的蛋白质含量高，胆固醇含量不高，脂肪多呈液态，消化吸收率比较高，无机盐含量较高，有丰富的微量元素，维生素含量高；植物的碳水化合物、无机盐、维生素含量丰富，对人体的健康有好处，而且口感好，成为人们喜爱的食物。海产鱼虾类蛋白质含量丰富，脂肪含量相对较低，而且是以不饱和脂肪酸为主，因而特别适合老年人及心血管系统疾病的人食用；海产鱼中的维生素 A 含量特别丰富，高于普通陆地动物肝脏中的含量；海产品还含有人体易缺乏的无机盐和微量元素，特别是碘、锌、铜等；海产品中肌酸、核苷酸的含量高，这些物质具有呈鲜的作用，且鲜味较味精要高出许多倍，因而海鲜吃起来鲜美无比，这也是许多人喜欢海鲜的一个原因。野生和人工种植的植物性食物也有一定的差别：人工种植的植物性食物肥料、水分都很充足，因而生长的速度快，生长期短，各种营养素的贮备时间短，贮备量自然就少；而野生的植物生长期相对比较长，日照的时间多，使得B族维生素和维生素C的含量明显较高；特别是由于土壤结构和化学元素的差异，许多野生植物的微量元素含量有一定的特点，这也是为什么我们的中医学在使用中药时要讲究产地的一个重要原因。

（四）文化美

餐饮文化是品牌的基本内涵，品牌往往代表了一种文化。注重文化，就是要充分挖掘地方深厚的历史渊源和丰富的文化底蕴。使品牌的培育或体现东西交融、南北聚合的特点；或体现五方杂处、各帮并存的特色；或体现中外合璧、自成一格的特征。如扬州“红楼宴”，依据《红楼梦》写到的菜馔名称、用料和烹调方法，结合明末清初民间饮食习惯和典故，烹调出色香味形俱佳的宴席。“红楼宴”是系列食馔，“大观一品”为观赏菜，以元春为题，以“有凤来仪”“衔山抱水”暗喻大观园诗，贾府冷碟、怡红细点、潇湘青果、栊翠香茗、警幻佳酿，将名菜、细点、美酒呈现于客人面前。道道有出处，道道有文化。加之红楼餐厅、海梅桌椅、红楼摆设、红楼小姐。清时礼仪，书中情趣，形成浓郁的红楼氛围。红学家冯其庸赞：“天下珍馐属扬州。”总之，餐饮企业的品牌必须具有深厚的文化内蓄力。注重饮食文化氛围的烘托与营造，并能借助高科技的手段，把声、光、色、温度、湿度等控制得恰到好处以追求整体的完善与舒适。

第二节　源远流长的茶饮文化

茶是传统饮食文化的瑰宝，是我国对世界饮食的一大贡献，从古到今茶事极为兴盛。饮茶不仅是一种精神享受，更是一门高深的学问，茶之品、茶之具、茶之水自然要精心考究，而且有茶之经、茶之道、茶之戏，茶逐渐雅化，成为文人特有的志趣性情。

旅游从业者应了解茶文化的相关知识，擅于利用茶文化开发旅游产品。

一、茶的源流

茶的发现和利用相传起源于神农时代，距今已有四五千年的历史。陆羽《茶经》记载，“茶之为饮，发乎神农氏”。至于有关茶的专著记载，则要晚些，只可追溯到8世纪。在汉字中，表述“茶”名的汉字有十多个，诸如荼、荈诧、槚、苦荼、茗、茶等，但“茶”字出现于唐代。

《诗经》提到“荼”字的近十处，虽然并不全部指茶，但“谁谓荼苦，有甘如荠”（《邶风·谷风》），“采荼薪樗，食我农夫”（《豳风·七月》）等，则被有些学者认为是关于茶事的最早记载。渊源于西周的古字书《尔雅》，其中也有“槚，苦荼”的解释；成书于战国时期的《晏子春秋》，亦有晏婴相齐景公时，“食脱粟之饭，炙三弋五卵，茗菜而已”的记述。此外，汉以来如司马相如的《凡将篇》、扬雄的《方言》、东汉华佗的《食经》以及《桐君录》等书，均有茶事记载。随着饮茶越来越多，茶的作用越来越明显，记述茶事的文献也一代比一代增加。

在历史记载中，许多文字谈及茶叶的功能功效，说明了古人对茶叶作用的认识。如饮茶日久，精神爽快，“茶茗久服，令人有力、悦志”（《神农食经》）。饮茶可以却睡。“巴东别有真茗茶，煎饮令人不眠。……又南方有瓜芦木，亦似茗，至苦涩，取为屑茶饮，亦可通夜不眠”（《桐君录》）。古人发现茶和中草药同样可以治病，于是茶便与乌喙、桔梗、贝母、苓草、芒硝等一起被列为中草药（见司马相如《凡将篇》）。“茶味苦，饮之使人益思，少卧，轻身，明目”（《神农本草经》）。至东汉时茶甚至被夸大为饮之能成仙得道的灵丹妙药，“茗菜轻身换骨，昔丹丘子、黄山君服之”（陶弘景《名医别录》）。正是由于早期文献对茶叶效能的记载和赞誉，进一步推动了饮茶的风尚。

从西汉肇始，西南地区饮茶已有一定的普及。人们经过长期服用，认识到茶既可治病，又可清热解渴，于是饮茶渐成风气。魏晋以后饮茶风气渐盛。南方的吴国把茶作为宫廷饮料，贵族宴会皆设茗饮。南方齐永明年间，饮茶已为南朝朝野普遍接受，深入到寻常百姓家。后来，又缓慢地传入北朝，北朝士大夫把饮茶作为“华夏口味”，从鄙薄、抑制到认同。隋统一南北朝之后，南北经济文化交流更加密切。由于隋文帝爱好饮茶，上行下效，“由是竞采，天下始知饮茶”（《隋书》）。当时流传着一首《茶赞》：“穷春秋，演河图，不如载茗一车。”饮茶风尚终于在北方传播。

唐代是中国茶文化的辉煌时期。唐代中叶，陆羽撰成了中国也是世界上第一部茶叶专著《茶经》，改变了自西周初期以来茶的记载只是只言片语、简单零碎的状况。《茶经》第一次全面总结了唐以前中国人在茶叶生产方面取得的成就，较系统地传播了茶叶的科学知识，对茶叶的生产、茶事的兴起产生了积极的作用。此成书于758年，3卷、10类（源、具、造、器、煮、饮、事、出、略、图）。《四库全书总目》云：“言茶者莫精于羽，其文亦朴雅有古意。”《茶经》的出现是茶史上最引人注目的事件，它开启了此后茶文化异彩纷呈的局面，使中国茶进入了一个新的境界，即“由饮用变为品饮，由一种习惯、爱好，升华为一种修养，一种文化。就在这一时期，‘茶’字确立了它的地位，正式代替了那个古老的‘荼’字”（王从仁《玉泉清茗》）。在长安、洛阳、湖北、四川等地，茶已成为“比屋屋之饮”。中唐诗人卢仝的《饮茶歌》写道：“一碗喉吻润，两碗破孤闷；三碗搜枯肠，惟有文字五千卷；四碗发轻汗，平生不平事，尽向毛孔散；五碗肌骨轻，六碗通仙灵；七碗吃不得，唯觉两腋习习清风生。”这是唐代品饮的生动写照。连饮七碗，固属夸张，但每饮一碗，都会产生新的灵感，直至两腋生风，飘然若仙，不能不说是当时饮茶的韵致与情味。中唐以来，陆羽被奉为茶神，茶作坊、茶库、茶店、茶馆都有供奉，有的地方还以卢仝、裴汶为配神。陆羽的名字被写入额幢、楹联，如“陆羽谱经卢仝解渴，武夷选品顾渚分香”“活火烹泉价增卢陆，春风啜茗谱品旗枪”等，陆羽的神威在茶业经营者的心目中是足以保佑他们财运亨通的。

我国素有“茶兴于唐，盛于宋”之说。进入宋代，宫廷兴起的饮茶风俗极大地推动了茶业发展，茶更成为人民生活的必需品。王安石《论茶疏》谓：“茶之为用，等于米盐，不可一日无。”足见其重要地位。茶叶栽培也非常普遍，产量不断增长。南宋绍兴末年东南十路就有 60 州、242 县产茶，实现了茶业重心由巴蜀逐步向东南的转移，出现了大量“以茶为业”的园户和兼农兼茶的半专业户，还有从事水磨茶经营的水硙户和焙户。茶叶流通非常兴盛，大中城市茶坊林立，小市镇也有茶坊、茶铺，甚至在茶叶运输线上兴起若干商业都市。宋王朝还与周边政权及少数民族广泛进行茶叶贸易，如宋辽、宋金边界的榷场贸易和西北地区的茶马贸易，都规模大、影响广。茶的税赋收入已成国家财政的重要组成部分。据不完全统计，除贡茶之外，北宋景德元年（1004）东南六路茶利收入高达 569 万贯，平常年份也在 100 万贯以上；四川茶利在未行榷禁（茶叶专卖制）前为 30 万贯，榷茶后的北宋元丰五年（1082）高达 100 万贯，南宋建炎四年（1130）行卖引法后高达 170 万贯，南宋绍兴十七年（1147）达 200 万贯。此外，官营水磨茶收入也很可观，如北宋元丰仅 20 万贯，北宋政和四年（1114）高达 400 万贯。广袤的产茶地域、精湛的品质特色、高额的茶利收入，促使宋代茶业蓬勃地继续向前发展。

随着茶业的兴盛，饮茶风习深入社会的各个阶层，渗透到日常生活的各个角落。当时茶宴遍及朝野，寺院中也广泛流行，不少学者名流慕名前往，传为盛事。“斗茶”之习唐已有之，只是到了宋代由于皇室的提倡而越发张扬。斗茶又称茗战，是以竞赛的形态品评茶质优劣的一种风俗。斗茶具有技巧性强、趣味性浓的特点。斗茶对于用料、器具及烹试方法都有严格的要求，以茶面汤花的色泽和均匀程度、盏的内沿与汤花相接处有没有水的痕迹来衡量斗茶的效果。为“斗茶”之需，宋代窑场普遍生产宜于“斗茶”的黑瓷碗。宋徽宗尤爱此道，常与臣下“斗茶”取乐。“斗茶”之风在茶叶产地和文人士大夫中非常流行，通过“斗茶”，一定程度上促进了制茶技艺的提高和品茗艺术的发展。茶之所“斗”，在于茶、水、器，宋人江休复的《嘉祐杂志》载，“苏才翁尝与蔡君谟斗茶。蔡茶精，用惠山泉；苏茶劣，改用竹沥水煎，遂能取胜”。在宋徽宗的《大观茶论》中，也详细记述了宋人斗茶对于茶饼、茶具、用水、程序和效果的具体规定。据载，斗茶要先鉴辨使用的茶饼质量，“膏稀者，其肤蹙以文；豪稠者，其理敛以实。即日成者，其色则青紫；越缩制造者，其色则惨黑。有肥凝如赤蜡者，末虽白，受汤则黄；有缜密如苍玉者，末虽灰，受汤愈白。有光华外暴而中暗者，有明白内备而表质者，其首面之异同，难以概论”。对于使用的器具，《大观茶论》认为，罗碾“碾以银为上，熟铁次之”“盏色贵青黑，玉毫条达者为上”“茶筅以筋竹老者为之”“瓶宜金银”“大小适宜”“勺之大小，当以可受一盏茶为量”。对于水，“以清轻甘洁为美，轻甘乃水之自然，独为难得”。斗茶的操作程序要经过调膏、点汤、击拂、品茶汤等环节。点汤有的“七汤”点茶法，品茶汤要味、香、色三者俱佳，才能大获全胜。味以“香甘重滑”为全，香以“入盏则馨香四达”为妙，而色“以纯白为上真，青白为次，灰白次之，黄白又次之”。在蔡襄的《茶录》中主要围绕斗茶过程，以色香味观照各环节，将民间与宫廷的不同方法及用器进行对比，提出了斗茶胜负的评判标准，追求整合技巧和审美内涵的统一。其论述的重点，上篇提出茶需色、香、味俱佳，指出饼茶以珍膏油面，于色不利；饼茶入龙脑，夺其真香；茶无好水则好茶亦难得正味。下篇专讲煮水、点茶的器皿，特别强调茶碗色泽应与茶汤色泽协调。追求色真、香真、味真、推崇建安民间试茶的功夫。

任何时代的风尚都与统治者的倡导有关，统治者的嗜好影响着社会风习的发展。由于宋代皇宫、官府对斗茶、茗战如痴如醉，乐此不疲，“倾身事茶不知劳”，使饮茶风习进一步普及各个阶层，渗透到日常社会生活的每个角落。茶税成为封建王朝的重要经济来源之一，又反过来促使最高统治者重视茶业。陆羽《茶经》如果说还只是不得志文人的潜心研究，宋徽宗赵佶的《大观茶论》则是当朝天子的精心论述。这部茶论虽然只有2800多字，内容却非常广泛，首为绪论，次分地产、天时、采择、蒸压、制造、鉴辨、白茶、罗碾、盏、筅、瓶、勺、水、点、味、香、色、藏焙、品名、外焙20目，依据陆羽《茶经》为立论基点，结合宋代的变革，详述茶树的种植、茶叶的制作、茶品的鉴别。对于地宜、采制、烹试、品质等，讨论相当切实。例如，“植产之地，崖必阳，圃必阴”（《地产》）；“茶工作于惊蛰，尤以得天时为急，轻寒，英华渐长，条达而不迫，茶工从容致力，故其色味两全”（《天时》）；“白合不去，害茶味，乌带不去，害茶色”（《采择》）；“不知茶之美恶，在于制造之工拙而已，岂冈地之虚名所能增减哉”（《品名》）等，都被现代茶学家视为“可供继续研究者”。茶书，也从低贱的地位升到尊显的祭坛。宋徽宗还常以茶宴请大臣，并亲手烹点。

制茶方式也有改变：一是改唐茶的团饼巨串为小巧、雅致的龙、凤团茶，并命以雪英、云叶、蜀葵、玉华、寸金、嘉瑞之类的美名；二是开始用木樨、茉莉、玫瑰、蔷薇、兰蕙、菊花、水香梅花等与茶叶拌和，制出花茶。饮茶也一反唐人加盐及香料的陈规，逐渐改为纯茶清饮。

“诗因茶而诗兴更浓，茶因诗而茶名愈远。”随着茶风的兴盛，宋代有关茶的吟唱诗文也空前增多。宋代茶书的编撰也超过了唐代，已知的30来种。如陶谷的《荈茗录》、丁谓的《北苑茶录》、蔡襄的《茶录》、叶清臣的《述煮茶小品》、王端礼的《茶谱》、蔡宗颜的《茶山节对》和《茶谱遗事》、曾伉的《茶苑总录》、黄儒的《品茶要录》、庄茹芝的《续茶谱》、审安老人的《茶具图赞》等。尤其值得一提的是茶法专著在宋代首先出现。茶法是指封建政府为控制茶叶的生产和运销，加强对茶叶生产者、交换者、消费者的剥削，以垄断茶利及“以茶治边”而实施的有关法令、政策和制度。大体包括茶叶的岁贡、课税、禁榷、茶马互市以及与此相关的茶禁政策等方面的内容。由于盛唐以后茶叶生产的发展、饮茶风俗的普及和茶叶贸易的活跃，中唐之际茶法就已经出现，但尚无专门的茶法专著的问世。最早出现的茶法专著是沈立于宋嘉祐二年（1057）左右撰写的《茶法易览》，这是目前所知的第一部。除茶书外，宋代还有大量的其他著作记述了茶事，如乐史的《太平寰宇记》、欧阳修的《归田录》、陆游的《入蜀记》、孟元老的《东京梦华录》以及大量的诗文，都从不同侧面、不同程度对宋代茶文化进行了记载和总结。

明代是中国茶文化的转折期。其一，表现在罢造饼茶、团茶，大量制作和普及散茶。制作中完成了炒青工艺，刻意追求茶叶特有的造型、香气和滋味。于是绿茶、青茶、黑茶、白茶的精品纷纷登场。其二，表现在茶的饮法由煮饮改为冲泡，“唯取初前之精华，汲泉置鼎，一瀹便蹶，遂开千古茗饮之宗”（沈德符《万历野获编》），从而将饮茶从烦琐的制作中解放出来，使人能品尝茶的天然滋味，并促使茶叶生产呈现出千姿百态的繁荣局面。其三，表现在紫砂茶具的兴起，即一改宋代崇金贵银的习气，转为推尚陶质、瓷质。于是宜兴的紫砂壶，在供春大师和“四名家”（董翰、赵梁、袁锡、时朋）的刻苦意匠下，迎合了席卷一时的审美趋向，得到蓬勃发展。以其体小壁厚、保温性能好、透气性强而又耐高温，有助于瀹发与保持茶香，外观古朴典雅，而成为中国茶文化的重要标志之一。“阳羡名壶，自明季始盛，上者与金玉同价。”（《桃溪客话》）“今吴中较茶者，必言宜兴壶。”（周宕《宜都壶记》）其四，关于茶的著述丰富，但其系统性和研究深度均未超出前人《大观茶论》或《茶录》的水平。但朱权所撰的《茶谱》是一部较为出色的茶书，全书约2000字，除绪论外，下分品茶、收茶、点茶、熏香茶法、茶炉、茶灶、茶磨、茶碾、茶罗、茶架、茶匙、茶筅、茶瓯、茶瓶、煎汤法、品水16则。他反对蒸青团茶杂以诸香，独倡蒸青叶茶烹饮法。

清代对茶文化的突出贡献，首推红茶的制作与风行。相传在清道光末年，福建崇安地区因兵灾使青茶积压发酵，变成黑色，发出特殊气味。兵灾后茶主赶紧将茶叶炒制烘干，运入福州托洋行试销，居然以汤红味香引起国外青睐。外商争来订购，红茶从此风靡一时，逐渐发展为畅销国内外的“工夫红茶”，在茶文化中独树一帜。另外，清代盛行的以茶向皇上进贡，培植了众多的名茶，也算功德无量。如龙井茶是因为乾隆帝访龙井村，封胡公庙前十八棵茶树为“御茶”，而声名远播的；“碧螺春”茶原名“吓杀人香”，康熙南下巡视时觉其不雅，始据其产地和茶形赐名碧螺春，由此才名列国内高级名茶之首。其他如蒙顶茶、六安瓜片、铁观音、武夷大红袍等都与争作贡品、精心培植有关，都成名于清代，不能不说是清代对茶文化又一突出贡献。

二、茶的分类

茶类的划分可以有多种方法。有的根据制造方法不同和品质上的差异，将茶叶分为绿茶、红茶、乌龙茶（即青茶）、白茶、黄茶和黑茶六大类。有的根据我国出口茶的类别将茶叶分为绿茶、红茶、乌龙茶、白茶、花茶、紧压茶和速溶茶等几大类。有的根据我国茶叶加工分为初制、精制两个阶段的实际情况，将茶叶分为毛茶和成品茶两大部分，其中毛茶分绿茶、红茶、乌龙茶、白茶和黑茶五大类，将黄茶归入绿茶一类；成品茶包括精制加工的绿茶、红茶、乌龙茶、白茶和再加工而成的花茶、紧压茶和速溶茶等类。有的还从产地划分将茶叶称作川茶、浙茶、闽茶等，这种分类方法一般仅是俗称。还可以其生长环境来分：平地茶、高山茶、丘陵茶。另外还有一些“茶”其实并不是真正意义上的茶，但是饮用方法与一般的茶一样，故而人们常常以茶来命名之，如虫茶、鱼茶。有的茶已经没有多少人知道它不是茶了，如绞股蓝茶。将上述几种常见的分类方法综合起来，中国茶叶则可分为基本茶类和再加工茶类两大部分。

（一）基本茶类

1. 绿茶

绿茶，又称不发酵茶。以适宜茶树新梢为原料，经杀青、揉捻、干燥等典型工艺过程制成的茶叶。其干茶色泽和冲泡后的茶汤、叶底以绿色为主调，故名。绿茶的特性，较多地保留了鲜叶内的天然物质。其中茶多酚、咖啡因保留鲜叶的85%以上，叶绿素保留50%左右，维生素损失也较少，从而形成了绿茶“清汤绿叶，滋味收敛性强”的特点。最近的科学研究结果表明，绿茶中保留的天然物质成分，对防衰老、防癌、抗癌、杀菌、消炎等均有特殊效果，为其他茶类所不及。绿茶按其干燥和杀青方法的不同，一般分为炒青、烘青、晒青和蒸青绿茶，其中以西湖龙井茶、太湖碧螺春茶、黄山毛峰茶较为著名。

2. 红茶

红茶出现于清朝，用全发酵法制成。红茶与绿茶的区别在于加工方法不同。红茶以适宜制作本品的茶树新芽叶为原料，经萎凋、揉捻（切）、发酵、干燥等典型工艺过程精制而成。因其干茶色泽和冲泡的茶汤以红色为主调，故名。因特殊加工工艺形成红叶红汤，香甜味醇，具有水果香气和醇厚的滋味，还具有耐泡的特点。红茶主要有小种红茶、工夫红茶和红碎茶三大类，多以产地命名，以安徽祁红、云南滇红尤为出众。

3. 青茶

又称乌龙茶，属半发酵茶，即制作时适当发酵，使叶片稍有红变，是介于绿茶与红茶之间的一种茶类。始出现于清朝。制作采用独特的“做青”工序，使鲜叶不充分氧化。特点是叶色青绿，汤色金黄，绿叶红镶边，香气芬芳浓醇；既具有红茶的醇厚，又具有绿茶的清香。乌龙茶的药理作用，突出表现在分解脂肪、减肥健美等方面。在日本被称为美容茶、健美茶。乌龙茶的产地主要集中在福建、广东、台湾一带，名品有福建的武夷岩茶、铁观音，广东的凤凰单枞，台湾的乌龙等。

铁观音因树种而得名。产于福建省安溪等县，也称为安溪铁观音。茶叶色泽褐绿，重实如铁，香气特异，因传为观音所赐，便取名铁观音。外形条索壮结，呈螺旋形，身骨沉重；色泽砂绿翠润，红点明显，内质香气清高，持久馥郁，滋味醇厚甘鲜，有天然的兰花香，俗称“观音韵”。汤色金黄明亮，叶底肥厚软亮、边缘略向背面卷曲，耐冲耐泡，要冲泡两三次才能品出茶的香气滋味来。饮时入口微苦，瞬即回甘、带有蜜味等特点。

4. 白茶

这是我国的特产。白茶白色茸毛多，色白如银，汤色浅淡、素雅，初泡无色，滋味鲜醇，毫香明显。它加工时不炒不揉，只将细嫩、叶背满茸毛的茶叶晒干或用文火烘干，而使白色茸毛完整地保留下来。白茶主要产于福建的福鼎、政和、松溪和建阳等县，有“银针”“白牡丹”“贡眉”“寿眉”几种，名品有白毫银针、白牡丹等。

5. 黄茶

在加工过程中采用杀青、闷黄方法，使鲜叶进行非酶性氧化，因而形成黄叶、黄汤，香气清悦醇和。黄茶按芽叶嫩度分为黄芽茶、黄小茶和黄大茶。黄芽茶如湖南洞庭湖君山银芽、四川雅安、名山县的蒙顶黄芽等；黄小茶如湖南宁乡的沩山毛尖、浙江平阳的平阳黄汤、湖北远安的鹿苑等；黄大茶包括大叶青、安徽的霍山黄大茶等。黄茶中以君山银针最为知名。

君山银针产于湖南省岳阳市洞庭湖中君山岛。该茶的特点是，芽头茁壮紧实，挺直不曲，长短大小匀齐，茸毛密盖，芽身金黄，称为“金镶玉”。汤色浅黄，叶底明亮，滋味甘醇，香气清雅。若以玻璃杯冲泡，可见芽尖冲上水面，悬空竖立，下沉时如雪花下坠，沉入杯底，状似鲜笋出土，又如刀剑林立。再冲泡再竖起，能够三起三落。

6. 黑茶

原料粗老，加工时堆积发酵时间较长，使叶色呈暗褐色。是藏、蒙古、维吾尔等兄弟民族不可缺少的日常必需品。有湖南“黑茶”，湖北“老青茶”，广西“六堡茶”，四川的“西路边茶”“南路边茶”，云南的“紧茶”“扁茶”“方茶”和“圆茶”等品种。

（二）再加工茶类

以各种毛茶或精制茶再加工而成的称为再加工茶，包括花茶、紧压茶、液体茶、速溶茶及药茶等。

1. 药茶

将药物与茶叶配伍，制成药茶，以发挥和加强药物的功效，利于药物的溶解，增加香气，调和药味。这种茶的种类很多，如“午时茶”“姜茶散”“益寿茶”“减肥茶”等。

2. 花茶

由茶叶和香花拼和窨制，利用茶叶的吸附性，使茶叶吸收花香而成。有茉莉花茶、珠兰花茶、白兰花茶、玫瑰花茶、桂花茶等。窨制花茶的茶坯，主要是烘青绿茶及少量的细嫩炒青绿茶。加工时，将茶坯及正在吐香的鲜花一层层地堆放，使茶叶吸收花香；待鲜花的香气被吸尽后，再换新的鲜花按上法窨制。花茶香气的高低，取决于所用鲜花的数量和窨制的次数，窨次越多，香气越浓。市场上销售的普通花茶一般只经过一两次窨制，花茶香气浓郁，饮后给人以芬芳开窍的感觉。

3. 紧压茶

明代以前，我国饮用的团饼茶就是茶树鲜叶经蒸青、磨碎，用模子压制成型烘干而成的紧压茶。现代的紧压茶以制成的绿茶、红茶或黑茶的毛茶为原料，经蒸压成圆饼形、正方形、砖块形、圆柱形等形状，其中以用黑茶制成的紧压茶为大宗。

4. 速溶茶

速溶茶是以成品茶、半成品茶或茶叶鲜叶、副产品通过提取、过滤、浓缩、干燥等工艺过程加工而成的一种易溶于水而无茶渣的颗粒状、粉状或小片状的新型茶品饮料，具有冲饮携带方便、不含农药残留等优点。我国速溶茶的主要品种有速溶红茶、速溶绿茶、速溶乌龙茶、速溶保健茶。

三、丰富的茶具

品茶之趣，不仅注重茶叶的色、香、形、味和品茶的心态、环境、茶友、话题，还要讲究用什么茶具加以配合。茶具艺术本身也是一门发展中的学科。明代许次纾在《茶疏》中说："茶滋于水，水藉于器，汤成于火，四者相顾，缺一则废。"

茶具一词，最早见于西汉王褒《僮约》中"烹荼尽具"四字。晋代，士大夫们嗜酒饮茶，崇尚清谈，促进了民间的饮茶之风渐兴。到了唐代，朝野上下无不饮茶。茶还在佛、道宗教的影响下，成为款待客宾和祭祀神佛、祖先、亡灵的必备之物。茶具就成为与饮茶风气密不可分的一个组成部分，茶具的直接视觉感受成为品饮茶的先导。陆羽《茶经》中专门讲到了茶具，把采茶、制茶的工具称为"具"，把煮茶、饮茶的工具称为"器"，和我们现在的称呼不同。我们所说的茶具，是指煎煮、品饮茶的各式器具。

茶具与陶瓷的发展有着密切的关系。从晋代开始，青瓷茶具生产较多。南方是当时青瓷的重要产地；在北方，则出现了白瓷茶具。在宋代出现了茶盏，而且是斗茶品评的重要茶具。当时，烧瓷技术有了很大的提高，全国形成了官、哥、汝、定、钧五大名窑。元代，青花瓷茶具声名鹊起，因为在白瓷上缀以青色纹饰，既典雅又丰富，和茶文化内涵的清丽恬静很一致，故备受青睐。青花瓷在烧制技术达到一定高度后，又在艺术造型上不断追求，把流嘴从宋代的肩部移至壶腹部，受到了国内外的推崇。从元到明这一时期中，与瓷茶具同时发展的，就是至今不衰的宜兴陶了。由于明代把宋以后的"蒸青"进一步改为"炒青"，饮茶方法从煮饮变为泡饮，为宜兴紫砂陶开创了一个前所未有的新纪元。

茶具和饮茶方式关系最为密切。唐代用的是茶饼，饮用前要炙烤、碾粉、过筛、煎煮，有的还加有姜、葱、盐等作料。煎成的茶汤味道很浓，为适应饮者对浓淡的不同需要，备有一种壶形的注水器，用以注水调汤。这种在晋代就有的器皿，因为壶嘴上塑有公鸡的鸡冠，称为"鸡头流子"。把壶嘴称流子（今天的制壶艺人还是这样称呼）。在唐代，改称为"注子"。关于注子是酒具还是茶具，考古学家们一直有争议。直到 1981 年陕西扶风县法门寺塔坍塌，于 1987 年 4 月 3 日发掘了塔基下的唐代地宫，发现了前所未见的一大批宫廷用茶具，其中就有沉睡了1100多年的注子，说明注子既可以用于斟茶，也可用于斟酒。

刚煎煮的茶汤很热，为了使用方便，又出现了一种可托茶碗的托盘。这种托盘能载不少杯樽，故古人取其名为“舟”，近代人叫它“茶船子”。这种茶托和清代普遍使用的盛茶盅的茶盏托又是不同的。

茶盏、茶盏盖和茶托三位一体。四川人就特别喜欢喝盖碗茶。它有四大好处：一是盅小于碗，上大下小，注水方便，还能让茶叶沉积于底，添水时茶叶翻滚，易于泡出茶汁；二是上有隆起的茶盖，盖沿小于盅口，不易滑跌，易凝聚茶香，还可以用来遮挡茶沫，饮茶时不使茶沫沾唇；三是有了茶托，不会烫手，也防止从茶盅溢出的水打湿衣服，特别在礼节上，端起上有茶盏的茶托送至客人面前，具有一种“端茶敬客”的礼仪；四是保温性好。

从汉至唐宋，随着制茶和饮茶风习的发展，从茶饼碾碎煎煮加作料到不加作料，及至元末改用了散煎煮，明代则直接用开水泡饮，茶具也随之从庞杂而变为精简了，从而出现茶盏、茶杯、茶壶这些专为品茶而用的器皿逐渐定型了。

茶具的质地有金、银、铜、锡、漆器、水晶、玛瑙、竹制品及玻璃等。除玻璃外，这些质地的茶具并没有起到什么大的作用，还被许多人所摒弃。如明代的张谦德就把金、银茶具列为次等，把铜、锡茶具列为下等。

四、茶艺浅析

茶艺就是泡茶的技艺和品茶的艺术。其中又以泡茶的技艺为主体，因为只有泡好茶之后才谈得上品茶。

要想泡好一壶工夫茶，须注意水质、水温、茶量与茶具等要素。“水质”必须选用清新的软水（含矿物质较少者），切忌用硬水。“水温”随不同茶叶的冲泡而有所不同，对大部分的茶种而言，以接近100℃冲泡为宜。但绿茶类及轻发酵茶类则不宜过高，通常不宜超过90℃。“茶量”的摆置亦因不同的茶种而异，从茶壶容量的1/4到3/4均有可能。泡后约一分钟倒出饮用，但因茶而异，再次冲泡时间则须相对延长。至于“茶具”，以紫砂陶壶最佳，茶壶大小配以适宜的茶杯，杯内以白色较佳，以便于判辨汤色。下文仅介绍常用的泡茶技法和茶叶饮法。

（一）泡茶技法

该法的特色是道具简单、泡法自由，十分适合大众饮用。冲泡主要有以下几个步骤。

1. 烫壶

将沸水冲入壶中至溢满为止。

2. 倒水

将壶内的水倒出至茶船中。

3. 置茶

这是比较讲究的置茶方式，将一茶漏斗放在壶口处，然后用茶匙拨茶入壶。

4. 注水

将烧好的水注入壶中，至泡沫溢出壶口。

5. 倒茶

先提壶沿茶船沿逆行转圈，用意在于刮去壶底的水滴，俗称“关公巡城”（是因为一般壶都是红色，刚从茶池中提出时热气腾腾，有如关公威风凛凛，带兵巡城），注意磨壶时的方向，右手执壶的欢迎喝茶时要逆时针方向磨，送客时则往顺时针方向磨，如是左手提壶，则反之；将壶中的茶倒入公道杯，可使茶汤均匀；另一种均匀茶的方法是在用茶壶轮流给几杯同时倒茶，当将要倒完时，把剩下的茶汤分别点入各杯中，俗称“韩信点兵”。

6. 分茶

将茶汤倒入茶杯中，以七分满为宜。

7. 奉茶

自由取饮，或由专人奉上。

8. 去渣

用渣匙将壶中茶渣清出。

9. 以备后用

客人离去后，洗杯，洗壶以备下次用。

还有安溪式泡法、潮州式泡法、宜兴式泡法、诏安式泡法等。

（二）茶叶饮法

自从我们的祖先发现和饮用茶叶以来，饮茶方法经历了一个漫长的发展变化过程。在我国古代，茶叶最初作为药用，是采摘生叶煎服。以后，发展为以茶当菜，煮作羹饮，或与其他食物调剂饮用，到了明代，才发展成为我们现在常用的茶叶冲泡饮用的方法，同时，由于我国地域辽阔，茶类众多，风俗习惯不一，形成了各自不同的饮茶方法。

1. 红茶饮法

从使用的茶具来分，大体可分为两种：一种是杯饮法，另一种是壶饮法。一般来说，各类工夫红茶、小种红茶、袋泡红茶和速溶红茶等，大多采用杯饮法；各类红碎茶及红茶片、红茶末等，为使冲泡过的茶叶与茶汤分离，便于饮用，习惯采用壶饮法。

从茶汤中是否添加其他调味品来划分，又可分为“清饮法”和“调饮法”两种。我国绝大部分地方饮红茶采用“清饮法”，不在茶中加添其他的调料。但在广东，有些地方要在红茶里加牛奶和糖，使营养更丰富，味道更好。在我国西藏、内蒙古，这种饮法更为普遍，称为酥油茶和奶茶。通常的饮法是先将茶叶放入预先烫热的茶壶中，冲入沸水浸泡约5分钟，然后把茶汤倒入茶杯中，冲入适量的糖、牛奶和乳酪。在茶壶中泡过一次的茶渣，一般弃去不再用。

2. 绿茶饮法

绿茶在我国南方地区非常流行，是人们普遍爱饮的茶类，其饮法也随不同茶品、不同地区而异。

高级绿茶（包括各种名茶），一般习惯于用透明的玻璃杯冲泡，以显示出茶叶的品质特色，便于观赏。普通的眉茶、珠茶，往往采用瓷质茶杯冲泡。瓷杯保温性能强于玻璃杯，使茶叶中的有效成分容易浸出，可以得到比较浓厚的茶汤。低级茶叶及绿茶末，又多用壶饮法，以便于茶汤与茶渣分离，饮用方便。

3. 乌龙茶饮法

乌龙茶采制工艺有许多独到之处，而泡饮方法更为讲究。

我国福建、广东两地都偏爱乌龙茶。特别是闽南人、潮汕人，在喝乌龙茶时，对茶品、茶水、茶具和冲泡技巧都十分注意。喝的大多是武夷岩茶、安溪铁观音等乌龙茶上品；泡茶时选用的是干净的溪水、泉水；茶具配套，小巧精致，称为“四宝”，即玉书煨（开水壶）、潮山烘炉（火炉）、孟臣罐（茶壶）、若深瓯（茶杯）。品饮乌龙茶时，拿看茶杯，从鼻端慢慢移到嘴边，乘热闻香，细品其味。特别是武夷岩茶和铁观音有一种茶香，闻香时不是把茶杯久置鼻端，而是慢慢由远及近，来回往复，即觉阵阵茶香扑面而来，品饮时甘香适口，余韵不绝。

4. 花茶饮法

花茶，大多是选用芳香浓郁的鲜花和经过精工细制的绿茶窨制而成，茶引花香。花茶中以茉莉花茶为多，也最受人们的喜爱。泡饮花茶多用瓷杯，取一撮花茶置于杯内，用沸水冲泡，加盖四五分钟后即可品饮。如饮茶人数较多，往往采用壶饮法，即将适量的花茶置于壶内，冲泡四五分钟后，倾入茶杯或茶碗中饮用。

花茶的饮法，与普通绿茶相仿，但需特别注意防止香气的散失，使用的茶具、茶水要洁净无异味，最好选用白瓷有盖茶杯，以衬托花茶固有的汤色，保持花茶的芳香。

5. 特殊饮用法

用开水冲泡茶叶而饮，是近代比较普遍的饮茶方法。但用茶叶煮作羹饮或作为菜肴，知道的却不多。在我国云南、广西、湖南一带少数民族聚居地区，至今还存在着古时候遗留下来的几种茶叶特殊饮用法。

烤茶，也称爆冲茶。居住在云南东北、西北部及西双版纳的兄弟民族现在还习惯于饮烤茶，即用椒、姜、桂与茶共煮而饮。用于烤茶的茶叶一般是晒青毛茶。这种茶叶在初制过程中，是采用阳光干燥，茶叶含水分较高，如采用一般冲饮方法，不仅没有香气，而且有日晒味。采用烤后品饮的方法，则香气清高，回味无穷。

煨茶，亦称烧茶。云南南部的一些兄弟民族，如傣族、佤族等均习惯饮用煨茶。煨茶用的是从茶树上采下的一芽五六片叶的新鲜嫩枝条，带回家中，直接放在明火上烘烧至焦黄后，再放入茶罐内煮饮。此类茶叶因未经揉制，茶味较淡，还略带苦涩味和青气。

打油茶。在云南、贵州、湖南、广西互相毗邻地区的一些地方，村前村后、园庭周围，都种有几株茶树，任其自然生长，每年采叶一两次。将叶放入甑中或锅中蒸煮，等叶变黄，取出淌干，加米汤少许略加揉搓，再用明火烤干，充分干燥后成为打油茶的调制原料。在烹煮中需在油锅中加入花生、黄豆、芝麻、玉米花、干笋子等。据说，这种茶汤营养十分丰富，一些机关食堂也备用此茶。

竹筒茶。居住在云南南部的傣族、哈尼族、景颇族，有用竹筒茶当菜的食用方法。先将采下的新鲜茶叶用锅蒸煮，当叶子柔软时，放在竹帘上搓揉，然后把它装入竹筒里，用棒揸实，封口，让它缓慢发酵。经过两三个月后，筒内茶叶发黄，劈开竹筒，取出紧压的茶叶晾干，装入瓦罐中，加香油浸腌，随时可以取出作蔬菜食用。

五、茶宴与茶食

茶宴随着茶的普遍饮用而出现，距今已有1700年的历史。茶宴最早的记载见于《世说新语·轻诋篇》："褚太傅初渡江，尝入东，至金昌亭。吴中豪右燕集亭中，褚公虽素有重名于时，造次不相识，别敕左右多与茗汁，少箸粽。"茶宴形式多样，有以茶代酒，花间竹下赏花清饮的（吕温《三月三日茶宴序》）；有庆贺新茶初采，品比贡茶，在两州边境举办的品茶歌舞宴（白居易《夜闻贾常州、崔湖州茶山境会亭欢宴》）；有禅林参禅讲经招待宾客的大型茶宴（径山茶宴、喇嘛寺茶会）；有皇帝与重臣共品贡茶的茶宴等。

茶宴食品与酒宴亦有区别，主要是较清淡的面食与果品，统称茶食。关于茶食的最好记述见日本的《禅林小歌》，书中在介绍源自中国的唐式茶会时写道："端上水晶包子（葛粉做）、驴肠羹（似驴肠）、水精红羹、鳖羹（状似）、猪羹（形似猪肝）、甫美羹、寸金羹（因金色寸方得名）、白鱼羹（白色、似白鱼）、骨头羹、都芦羹等羹汤类；乳饼（小麦饼、形似乳房）、茶麻饼、馒头、卷饼、温饼等饼类及馄饨、螺结、柳叶面、相皮面、经带面、打面、素面、韭叶面、冷面等。"客人们更相"诬之"（互劝意）。随后用高缘果盒盛装龙眼、荔枝、榛子、苹果、胡桃、榧子、松子、枣杏、栗柿、温州橘、薯等。由于是禅林，上列食品均为素食。在一般人的茶食中，也有荤菜，如陆游独好鸭脚，在《听雪为客置茶果》中写道："不饤栗和梨，犹能烹鸭脚。"

茶宴初出现时，是士大夫们标榜俭朴，作为酒宴的替代。随着社会的发展，它也演变得铺张、奢华。从茶宴的记录上可以看到，当时人们甚少系缚，自由、快乐，茶宴上有一种勃勃向上之气。自从陆羽提倡茶是修身养性之物，精行检德之人所为后，茶走入淡泊宁静之路。对茶宴极为推崇的白居易在其后来所作的《夜泛阳坞入明月湾即事寄崔湖州》之后注："尝羡吴兴每春茶山之游，泊入太湖，羡意减矣。"可见，此时茶宴已失去了往日的昌盛。到了明代，文人们更认为"饮茶以客少为贵，客众则喧，喧则雅趣尽矣""饮茶最忌荤肴杂陈""饮茶以客少为贵……五六（人）曰泛，七八（人）曰施"。这种把茶宴看作施茶，以及冲泡茶的出现，使茶宴完全消失。

茶宴的出现刺激了茶食的发展，茶宴消失后，茶食则传入民间。在北京、上海、南京、广州、成都等地的茶馆里，茶食不但品种多而精美，且各地自有特色。除茶馆外，茶食在民间习俗中也有一定的地位。在云南昭通地区的绥江，请客人吃点心，他们称为"摆茶"。结婚时男方要给女方送去一些（一般是十几抬）自制的点心，称为"茶礼"。无论是"摆茶"的点心还是"茶礼"的点心，都称为"茶食"，其中有一种当地人称之为"果果"，其制作以优质糯米为主要原料，配上黄豆、花生、芋头、果药等，放阴凉干燥处阴干，再用"油砂"炒酥，再给它穿上蜂蜜、砂糖、猪油、芝麻等的外衣。除果果外，茶食中还有"茗丝""玉兰丝""油酥米花糖""瓜片""片糖""甜酒粑"等。明代许次纾在《茶疏》中写道："礼失求诸野，今求之夷矣。"他所说的夷即指当时的南中，今天的云南。可见，云南在明代保存了很多中原已失的茶俗。今天的绥江茶食可能就是真正的古风，从中可以看到云南化的中原茶食风俗。

六、茶文化的时尚趣味

1. 茶饮的趣味盎然

茶饮现在已成为中国人日常生活中的重要内容。茶事极为兴盛，"茶馆""茶楼"已融入了所有园林。林语堂先生曾说，饮茶为整个国民的日常生活增色不少，它在这里的作用超过了任何一项同类型的人类发明。饮茶还促使茶馆进入人们的生活，相当于西方普通人常去的咖啡馆。人们或者在家里饮茶，或者去茶馆饮茶；有自斟自饮的，也有与人共饮的；开会的时候喝茶，解决纠纷的时候也喝，早餐之前喝，午夜也喝。"只要有一只茶壶，中国人到哪儿都是快乐的。这是一个普遍的习惯，对身心没有任何害处。不过也有极少数的例外，比如我的家乡，据说曾经有些人因为饮茶而倾家荡产。这只可能是由于喝上好名贵的茶叶所致，但一般的茶叶是便宜的，而中国的一般茶叶也能好到可供一位王子去喝的地步……我毫不怀疑它具有使中国人延年益寿的作用，因为它有助于消化，使人心平气和。”只不过，今天茶事的内容比之林语堂先生生活的时代要丰富多了，尤其在江浙一带，园林中的茶室、茶座更是受到中外游客的青睐。

中国饮茶之法讲究很多，重要的是求氛围，中式茶室里，仿明清式的红木桌椅、素雅书法条幅、意境悠远的山水国画、情景怡人的绿色盆栽，还有古色古香的紫砂陶瓷，营造一种温婉和谐的盎然情趣，用以装点清新淡雅的心境。

首先，要注意的是茶叶的用量、泡茶之水的温度、冲泡时间和冲泡次数之间的协调和得当，否则难以体验茶中之妙。其次，要注意不同的茶种其冲泡和饮用方法亦有所不同，否则再好的茶也品不出滋味。以四川雅安为例，这是茶马古道的起点，这里就是蒙山，蒙顶茶的原产地。这里的茶叶忒多，山山种茶，家家卖茶，人人运茶；因为民风淳朴，茶叶是裸卖，免费，尽你泡，尽你品。中唐李肇《唐国史补》称：“风俗贵茶，茶之名品益众。剑南有蒙顶石花，或小方，或散芽，号为第一。”那茶叶碧绿、醇香，取一撮茶叶，放入杯中，开水冲泡，那简直是一幅动画，开始是嫩芽徐舒，宛如姝女初醒；继而卷叶轻绽，犹如荷箭出水；伴随着热气升腾，片片茶叶随心悠然上下沉浮；终于齐集杯底，一旗一枪，旗下枪上，挺然矗立，似樱枪林立般整齐，如春笋破箨般充满活力。品一口，口舌生香；再啜一口，满嘴生津，再饮一口，直透心脾。初入口时，是微微的苦，淡淡的甜；您再慢慢品时，那是悠悠的香，醇醇的美。“旧普最称蒙顶味，露芽云液胜醍醐”，我今体会到了。茶的氤氲袅袅，熏得人神清清气爽爽，适口悦目赏心快体，难怪古人有“扬子江中水，蒙山顶上茶”的赞誉。

2. 茶道的奥妙无穷

在中国，吃茶一般与交友联系紧密，重在交谈沟通，而真正想通过茶道艺术与人交流寻觅知音的为少，所以中国的茶社比较盛行，全国各地都有茶友会，各地都有茶社、茶庄，喝早茶也是盛行之一。古时吃茶人会多为一些文人雅士，他们通过参加茶社协会等进行学术交流、结交朋友；现今参与其中的多为较为年长的，他们有时间和精力去慢慢地品味。为其服务的茶道应运而生。

以四川的禅茶茶技为例，有十八式，表演茶技者身手实在不凡，背景音乐川韵川腔，激越厚重，念唱交织，吐辞明快，小锣小鼓，恰到好处，点到人心，男子全以太极拳的招式倒茶，柔中寓刚，绵里藏针，小女子往往不足二十，特别水灵，蓝花布的衣服剪裁得俏丽合身，一把茶壶在她手里上下翻飞，如公孙舞剑，似羲之挥毫，时而如高山流水，时而闻泉水叮咚，她的招式都有名堂，什么关公巡城、苏秦背剑、韩信点兵、子牙操琴、苏轼玩月、屈原问天，是歌，是舞，是茶，是艺，真不愧为茶马古道上茶文化中的一枝奇葩，蒙山上炫目的风景线。

3. 采茶的婀娜多姿

登上了蒙山顶，放眼望去，一层层梯田，这一棵棵茶树蓬松茂盛，枝叶交柯，相互偎依，尽然长得有行距无株距，分明是一条条青龙，顺着梯田蜿蜒曲折，前不见头，后不见尾；依着山势，从山麓到山巅，又像一条条游龙列队布阵，气势恢宏，震天撼地。雅安女子采茶特别好看，这里的女子得山水的灵秀，清丽素净，且是不爱武装爱红装，一群采茶女在蒙山采茶，如一片片红云飘在翠海。静时，娴雅如玉；动时，从容如风；笑时，清澈如泉。让人赞，让人叹，让人爱！

最有趣的是僧人采茶，清明的“禅茶一味”文化节是有来历的，史载，西汉僧人吴理真植茶蒙山之顶，“树高一尺上下，不枯不长，称为‘仙茶’”，他也成为甘露寺的祖师，其后宋代高僧禅慧在蒙山修行悟道，是他参透了“禅茶一味”之真谛，如今禅僧采初茶吸引了万千游客，仪式是在蒙山顶上的上清峰开始，住持点上香，恭敬地先面佛，再面山上的茶鞠躬参拜，此时十二位僧人沐手熏香，在梵呗音乐声中，鱼贯入皇茶园，开始采集一旗一枪的新茶，每人仅采30 片，这是有讲究的，史载从唐天宝元年（742）开始，一直到 1911 年清王朝被推翻，长达 1169 年，蒙山茶不仅被列入供品，而且是中央朝廷祭天祀祖与皇帝饮用的专用贡茶，每年清明一到，都要举行采新茶仪式，12 人代表一年 12 个月，360 片代表一年 360 天。采得的茶叶送往蒙山专做皇茶的智炬寺，窨制后，皇茶入银瓶，交付送茶使者飞骑入京。贡茶一到，皇帝立即派专人净身焚香去扬子江取水，划船至江中心，以锡壶沉入江底灌满，快马回京，江水烧好泡茶，先祭祀列祖列宗，然后再赐给文武百官。这就是“扬子江中水，蒙山顶上茶”的由来。

第三节　博大精深的酒文化

“百礼之会，非酒不行”，婚丧嫁娶、走亲访友都需要有酒助兴、以酒寄情。中国的酒文化非常丰富，几乎每一旅游胜地，尤其是名人故居、宫廷园囿都有闻不够的酒香，听不完的酒事和酒具、酒品、酒规、酒戏、酒论等。酒既是人人都爱的俗文化，也是名人雅士喜好的雅文化，酒是高尚的天禄，风雅文化的精华。

从餐饮的安静和热闹说起。

中西方都把饮食作为一件乐事，但饮食气氛却不同，中国人希望吃饭时不拘小节，热热闹闹，尤其是在茶馆饭店，更是无拘无束，笑语欢歌，划拳碰杯，一醉方休。遇到端午、中秋、春节，全家同乐，更是其乐融融，《红楼梦》中就曾多次描写贾府的喜宴、寿宴。每次吃，随着场合的不同，不仅吃的东西不同，吃的方法不同，而且围绕着吃，人物的情态性格、生活的矛盾斗争都像活的一样浮现在读者面前，给吃增添了诗情画意，使人得到美的享受。

一般来说，西方人则强调吃饭时优雅温馨富有情趣的礼仪，他们的餐厅尽管座无虚席，但十分安静，人们用耳语交流，小口品酒，小块撕吃面包，在家中，也是各安其位，讲究礼节。有人戏称中国人到了西方人家做客，“好像在军营里进行了一次严格的军事训练”，激不起丝毫感情的浪花，忍受不了典雅而又规范的饮食习俗。当然也不是绝对的，在乡村酒馆，或在狂欢节时，西方人也会忘乎所以，毫不拘束。

本节带大家了解酒文化的相关知识，探讨如何利用酒文化开发旅游产品。

一、酒的起源与发展

《乡饮酒》中谓：“太古本无酒，以水行礼。故后世因谓水为玄酒。”《礼运》陈藏器注曰：“太古无酒，以水行礼。后王重古，尊为玄酒。”玄酒即水，或称“明水”，是上古时代祭祀天地鬼神时所用的一种礼食。

关于酿酒起源一直众说纷纭：

（一）仪狄酿酒

相传夏禹时期的仪狄发明了酿酒。《吕氏春秋》云，“仪狄作酒”。据宋代窦革的《酒谱》记载：“世言酒之所自者，其说有三：其一曰，仪狄始作酒，与禹同时……”关于仪狄造酒的传说，也见于《战国策·魏策二》：“昔者，帝女令仪狄作酒而美，进之禹。禹饮而甘之，曰：‘后世必有以酒亡其国者。’遂疏仪狄而绝旨酒。”

（二）杜康酿酒

这是民间最流行的说法。杜康是人名，相传他是夏朝第六世国君——少康，是民间传说中最早发明酒的人。《说文解字》中解释“酒”字的条目中有：“杜康作秫酒。”《说文解字·巾部》：“古者少康初作箕帚、秫酒。少康，杜康也。”据尚秉和《历代社会风俗事物考》考证：“秫者，今之高粱，北方以其米酿白酒，俗所谓烧酒也。”西晋张华《博物志·佚文》中也引《昭明文选》谓：“杜康作酒。”因世传杜康造酒，后遂以杜康为酒的代称。曹操《短歌行》中“慨当以慷，忧思难忘，何以解忧，唯有杜康”即指酒。

（三）酿酒始于黄帝时期

据宋代窦革的《酒谱》记载：“世言酒之所自者，其说有三：……其二曰，

《神农本草》著酒之性味，《黄帝内经》亦言酒之致病……”汉代成书的《黄帝内经·素问》中记载了黄帝与岐伯讨论酿酒的情景，《黄帝内经》中还提到一种古老的酒——醴酪，即用动物的乳汁酿成的甜酒，这表明在黄帝时代人们就已开始酿酒。黄帝是华夏部落首领，很多发明创造出现在黄帝时期。《黄帝内经》一书实乃后人托名黄帝之作，其可信度尚待考证。

（四）酒与天地同时

据宋代窦革的《酒谱》记载：“世言酒之所自者，其说有三：……其三曰，天有酒星，酒之作也，其与天地并矣。”带有一定的神话色彩。

（五）考古发现

谷物酿酒的两个先决条件是酿酒原料和酿酒容器。根据考古发现，在裴李岗文化时期（距今约8000年前）、河姆渡文化时期（距今约7000年前）均有陶器和农作物遗存，均具备酿酒的物质条件。在磁山遗址中发现堆积粮食、形制类似于后世酒器的陶器。在三星堆遗址中出土了大量的陶器和青铜酒器，其器形有杯、觚、壶等。其形状之大也为史前文物所少见。1979年，考古工作者在山东莒县陵阴河大汶口文化墓葬中发掘到大量的酒器。尤其引人注意的是其中有一组合酒器，包括酿造发酵所用的大陶樽、滤酒所用的漏缸、贮酒所用的陶瓮、用于煮熟物料所用的炊具和陶鼎，还有各种类型的饮酒器具100多件。在龙山文化时期，酒器就更多了。以上考古得到的资料都证实了古代传说中的黄帝时期、夏禹时代确实存在着酿酒这一行业。

关于酿酒起源的说法尽管较多，但都大致说明酿酒早在夏朝或者夏朝以前就存在了。国内学者亦普遍认为，酿酒在龙山文化时期是较为发达的行业。

二、酿酒技术的发展与酒文化

人类有意识地酿酒，是从模仿大自然的杰作开始的。酿酒在方法上有发酵和蒸馏之分，而蒸馏酒又产生于发酵酒之后。

在旧石器时代，出现了最早的人工酒，即自然发酵的果酒、乳酒。我国古代书籍中就有不少关于水果自然发酵成酒的记载，古代史籍中还有所谓“猿酒”的记载，在《黄帝内经》中记载有一种“醴酪”是我国乳酒的最早记载。远在旧石器时代，人们以采集和狩猎为生，水果自然是主食之一。水果中含有较多的糖分（如葡萄糖、果糖）及其他成分，在自然界中微生物的作用下，很容易自然发酵生成香气扑鼻、美味可口的果酒。另外，动物的乳汁中含有蛋白质、乳糖，极易发酵成酒，以狩猎为生的先民们有可能意外地从留存的乳汁中得到乳酒。这时，酿酒所需的酿造技术较为简单。

到了炎黄时代，人类开始用谷物酿酒。炎黄时代，农业的发展使粮食有了剩余，为酿酒提供了物质原料，陶器的出现为酿酒、食酒提供了用器，而“猿酒”和谷变酒的现象为酿酒孕育了技术条件。1983 年 10 月，在炎帝部落活动的重要地域——宝鸡眉县杨家村出土了一套新石器时代的陶器，计有五只小杯，四只高脚杯和一只陶葫芦。考古专家鉴定后确认这批陶器为酒具无疑，它是目前我国乃至世界出土的最古老的酒器之一。

医学著作《黄帝内经·素问》“汤液醪醴论篇第十四”中还记载着一段黄帝与岐伯讨论酿的对话。“黄帝至岐，见岐伯，引载而归，访以治道：‘为五谷汤液及醪醴奈何?’岐伯答道：‘必以稻米炊之稻薪。稻米者完。稻薪则坚。’”从这个讨论中可了解到当时酿酒的原料是稻米，经过蒸煮酿成的酒称为“醪醴”。醴，甜酒也，相似于现在的醪糟。值得重视的是当时已经采用蒸煮工艺，这与考古发现的配套酿酒器具中的甑互为印证。甑的主要作用是蒸煮谷物原料，这表明那时可能采用繁殖霉菌的熟食原料作酒曲或直接酿酒，足见当时的酿酒技术已经有了相当的发展。另外，汉代刘安在《淮南子·说林训》中说，“清盎之美，始于耒耜”。谷物酿酒的酿造原理与水果、畜奶酿酒有些不同，因为谷物中的淀粉不能被酵母直接转化为酒，而必须先经过水解糖化后才能发酵成酒，较之水果、畜奶酿酒复杂得多。这是人类酿酒史上的第二个里程碑。

商代，谷物造酒已很普遍，并且饮酒的风气极盛。从各地出土的大量商代饮酒器、贮酒器来看，古文献中的“酒池肉林”是可信的。据《史记·殷本纪》中记载：商纣王“好酒淫乐，嬖于妇人。爱妲己，妲己之言是从。于是使师涓作新淫声，北里之舞，靡靡之乐。厚赋税以实鹿台之钱，而盈巨桥之粟。益收狗马奇物，充仞宫室。益广沙丘苑台，多取野兽蜚鸟置其中。慢于鬼神。大聚乐戏于沙丘，以酒为池，悬肉为林，使男女裸相逐其间，为长夜之饮”。可见，商代饮酒风气之盛。商代的高级酒叫“秬鬯”，普通饮用的酒叫“醴”，是一种用蘖（即麦芽，用作酒曲）做的甜酒，这是一种以发芽的谷物酿酒的新技术，是酿酒工艺的又一次重大进步。河北藁城商代遗址中发现的重达 8. 5 公斤的酿酒酵母残存物便是实物佐证。

西周时期是我国酿酒技术和酒文化飞跃发展时期。酒曲在周代已得到普遍的运用。有了酒曲，就可把糖化和发酵这两个过程结合为复式发酵法，使酿酒工艺脱离了“有饭不尽，委以空桑，郁积成味，久蓄气芳”的原始阶段，使酒的质量产生了一个飞跃。这时的酿酒工艺已变得更加讲究，并从理论上进行总结，有“五齐”“六必”“三酒”之说。所谓“五齐”，是指酿酒过程中发酵的五个阶段——泛齐、醴齐、盎齐、缇齐、沈齐。“米泛起”为泛齐，“滓汁相将若醴”为醴齐，“盎然大泛”为盎齐，“黄赤相间”为缇齐，米都沉了底为沈齐。当时人们没有什么仪器可利用，将发酵全过程分为五个阶段，无疑便于掌握管理。

“五齐”划分，说明了当时酿酒技艺的成熟。所谓“六必”见载于《礼记月令》，其内容是“仲冬之月，乃命大酋，秫稻必齐，曲糵必时，湛炽必洁，水泉必香，陶器必良，火齐必得。兼用六物，大酋临之，毋有差贷”，这六点，确是酿酒技术的六个关键问题，也就是后人所说的“古六法”，它对我国酿酒技术的发展有着深远的影响。“六必”加“五齐”的内容，构成了我国用曲酿酒工艺技术的基础，使酿酒纳入了有章可循、有则可依的轨道。“三酒”则是指事酒（祭祀用酒）、昔酒（即陈酒）、清酒（即淡酒）。另外，《诗经·大雅·既醉》中有“既醉以酒，既饱以德”的诗句；《诗经·豳风·七月》中也有“八月剥枣，十月获稻，为此春酒，以介眉寿”的记载。这都说明了周代造酒业的发展。

酿酒工艺的重大改进和数量的迅速增加，使酿酒行业开始作为独立手工部门与农业相分离，朝廷开始设官治酒，以法禁酒。据《周礼天官宰》中记载，当时我国已出现了关于酿酒方面的专职官吏，而且不止一种，如掌握全国“酒之政令”的“酒正”，负责科研及工艺技术的“大酋”，领导酿制的“酒人”，主持储藏勾兑的“醯人”，负责朝廷精美酒器和酒具总管的“郁人”。还设有中士、下士、府史、胥、徒、奚等级别，共630余人。这些人各有专职，主要掌管国家重大的国事活动饮酒和王室饮酒。酒官的设置，标志着酿酒已成为独立的手工业部门，这对于规范和提高酿酒技术，总结和推广酿酒经验都具有重要作用。周人以农为本，认为大量酿酒和酗酒会浪费很多粮食，是难以容忍的“罪恶”。为了节约粮食，积蓄图力，西周初年颁布了我国历史上的第一部法典——《酒诰》，它规定十分严厉的禁酒措施。西周设官治酒、以法禁酒的措施，标志着酒文化与制度文化结伴运行，这对于几千年来中国的酒政产生了极其深远的影响。

在礼制文化的直接影响下，西周统治者还大力倡导酒德、酒礼，其目的除了分尊卑之外，主要还是为了禁止滥饮酒。西周倡导的“酒礼”“酒德”，后来同儒家的伦理道德思想融合，成为数千年来中国酒文化区别于西方酒文化的最大特色。西周酒业的发展状况基本奠定了中国酒文化的两个发展方向：一是用曲发酵，从古到今，这是中国的国酒——黄酒和白酒与用菌种发酵的洋酒生产工艺的根本区别；二是把酿酒和饮酒、用酒都纳入法制化、礼制化、礼仪化的轨道，大大增加了酒的精神文化价值，减少了酒的负面作用。3000年来，中国酒历经无数次的发展变化，但是万变不离其宗，它始终是沿着这样两个方向不断变革，曲折发展，逐步完善的。

秦汉时期，随着制曲技术的发展，造酒技术也得到了进一步的发展，酒的品种也有所增加。在马王堆西汉墓中出土的《养生方》和《杂疗方》中，发现了迄今为止最早的有关酿酒工艺的记载。同时说明，当时的人对酒的药用功能已有一定的认识深度，药酒已是常见之物。在东汉时的画像石和画像砖上，酒事是常见的题材。最引人注目的是山东诸城凉台出土的《庖厨图》中的酿酒场景，它是对当时酿酒全过程的描画。

稍后的魏晋时期，伴随着饮酒风气的盛行，出现了所谓的魏晋风度，而体现魏晋风度的一个主要标志就是文人喝酒成风。比如，当时的竹林七贤中的阮籍、刘伶等，都酷嗜喝酒。据《世说新语·任诞》篇记载：七人常集于竹林之下，肆意酣畅，故世谓“竹林七贤”。北魏贾思勰在《齐民要术》中，记录了40多种酒的酿造方法，其中有作者亲历的，亦有辑自古籍的。此书对研究古代酿造技术极为重要。上述例子都证明了魏晋时期造酒技术的发展，以及饮酒风气的广为盛行。

到了唐代，除了粮食酒外，还开始酿造果酒和药酒，如葡萄酒、天门冬酒等。据《新唐书》记载，唐诗人王绩就写过一本《酒经》，此书“追述（焦）革酒法为经，又采杜康、仪狄以来善酒者为谱”。并且，唐代的文人也是嗜酒成风，据唐元稹《长庆集》卷十《黄明府诗序》记载：“小年曾于解县连日饮酒，予常为觥录事。曾于窦少府厅中，有一人后至，频犯语令，连飞十二觥，不胜其困，逃席而去。”像李白、杜甫等人不仅善于喝酒，而且在他们的诗中，经常写到酒。如李白的《客中作》：“兰陵美酒郁金香，玉碗盛来琥珀光。但使主人能醉客，不知何处是故乡。”杜牧的《清明绝句》：“清明时节雨纷纷，路上行人欲断魂。借问酒家何处有？牧童遥指杏花村。”以及杜甫的《醉中八仙歌》：“知章骑马似乘船，眼花落井水底眠。汝阳三斗始朝天，道逢麹车口流涎，恨不移封向酒泉。左相日兴费万钱，饮如长鲸吸百川，衔杯乐圣称世贤。宗之潇洒美少年，举觞白眼望青天，皎如玉树临风前。苏晋长斋绣佛前，醉中往往爱逃禅。李白一斗诗百篇，长安市上酒家眠，天子呼来不上船，自称臣是酒中仙。张旭三杯草圣传，脱帽露顶王公前，挥毫落纸如云烟。焦遂五斗方卓然，高谈雄辩惊四筵。”

宋代一如唐代，不仅造酒业得到进一步发展，文人喝酒的风气也不亚于唐代。朱弁的《曲洧旧闻》中有一条谈酒的笔记，其中列举了210多种名酒；窦苹的《酒谱》则是一部杂叙酒之故事的书，共有15篇，始于《酒名》，终于《酒令》；朱翼中的《北山酒经》则是论述造酒的专著。此外还有《宋史·艺文志》中著录的无求子《酒经》一卷、大隐翁《酒经》一卷等。在我们熟悉的人物当中，如豪放词的两个代表人物苏轼和辛弃疾，都是好酒的人物。苏轼遗传了其父苏洵好酒的特点，好喝但酒量不大，喝一点酒就红脸，他曾写过专门谈酒的《东坡酒经》。同样，他的诗词也与酒结下了不解之缘。如著名的《饮湖上初晴后雨》：“水光潋滟晴方好，山色空蒙雨亦奇。欲把西湖比西子，淡妆浓抹总相宜。”南宋伟大的爱国词人辛弃疾也是一位爱喝酒的人，他的词中也经常写到酒。如《西江月》：“醉里且贪欢笑，要愁哪得功夫？近来始觉古人书，信着全无是处。昨夜松边醉倒，问松我醉何如？只疑松动要来扶，以手推松回（一作“曰”）去。”

在唐宋时期的医学著作中，有不少关于药酒的记述，孙思邈的《备急千金要方》，唐代的《外台秘要》，宋代的《太平圣惠方》《普济方》等均收录了大量的药酒方。

元代出现了蒸馏酒——烧酒。李时珍《本草纲目》中记载：“烧酒非古法也，自元间始创其法。”或谓烧酒是元代自阿拉伯传入我国的；或谓元以前已有烧酒。一般认为，“烧酒”自元代起逐步传入中原地区。明中叶以后，以高粱为原料，以大麦制曲，用蒸馏的方法制造的“烧酒”在北方发展很快，并渐渐取代黄酒而占据主导地位。南方虽仍以黄酒为主，但白酒的酿造也应有所发展。

明清时期，伴随着造酒业的进一步发展，出现了不少地方名酒。明代王世贞曾写过《酒品前后二十绝》组诗，分别介绍了桑落酒、羊羔酒、章丘酒、金华酒、麻姑酒等名酒的产地、来历及特点等。

总之，在漫长的历史发展过程当中，中国的酒文化也得到了不断地丰富和发展，不仅酒的品种不断丰富，而且与酒相关的一些文化现象也越来越丰富。最终形成了颇具民族特色的中国酒文化。

三、中国名酒

中国作为酒文化的故乡，同时也是生产酒的一个“超级大国”。在中国历史上就曾出现过许多的名酒。

（一）古代名酒

汉代主要有百味旨酒、菊花酒、兰英酒、洪粱酒、金浆酒、乌程若下酒、椒柏酒、关中白薄、葡萄酒、宜城醪醴、苍梧清、中山冬酿九酝酒等。

魏晋时主要有白堕酒、昆仑觞、曲阿酒、宜春酒、女酒、乾酢酒、山阴甜酒、巴乡酒、穄米酎酒、黍米酎酒、粱米酒、桑叶落、菊花秋等。

隋代主要有湖上酒、玉薤酒等。

唐代主要有李花酒、葡萄酒、酴糜酒、剑南春酒、郢州富水、乌程若下、荥阳土窟春、富平石冻春、剑南烧春、河东乾和葡萄、岭南灵溪、宜城九酝、京城西市腔、新丰酒、新州酒、灞陵酒、荔枝酒、兰陵酒、金陵酒等、魏征家酿、焦革家酿、李琎家酿、裴度鱼儿酒、龙膏酒、五加酒、虎骨酒、乌蛇酒等。

宋代主要有蒲中酒、苏合香酒、鹿头酒、蔷薇露、流香酒、长春法酒、眉寿、和旨、仙醪、琼浆、玉液、玉酿、玉酯、碧光、琼波、流霞、清风、玉髓、千日春、延寿、羊羔、美禄、法清、香桂酒、雪醅、珍珠泉、皇都春、流香、碧香、凤泉、蓬莱春、锦波春、东阳酒、瑞露酒、红曲酒、荔枝酒、黄柑酒等。

元代主要有葡萄酒、马乳酒、太禧白酒、乌鸡酒、虎骨酒、松节酒、五加皮酒、翠涛饮、露襄酒饮、玉团春、石冻春、葡萄春、凤子脑、绿膏浆、香雪酒、碧香酒、腊酒、莲花白酒等。

明代王世贞在《酒品前后二十绝》组诗每首诗前的《序》中，简要地介绍了20种明代名酒的产地及其特点，主要有内法酒、桑落酒、襄陵酒、羊羔酒、蒲州酒、太原酒、潞州鲜红酒、蓟州薏苡仁酒、秋露白、章丘酒、金盘露、金华酒、高邮伍加皮酒、淮安酒、成都刺麻酒、麻姑酒、池州酒、荡口酒、顾氏三白酒、靠壁清白酒等。

明清时主要有竹叶青、御制药酒五味汤、珍珠红、长春酒、金茎露、太禧白、满殿香、玉泉酒、莲花白、夜合枝酒、绍兴酒、金华酒、闽酒、薏酒、豆酒、沧酒、三白酒、哑酒、青稞酒、襄陵酒、汾酒、薛涛酒、剑南春酒、泸州老窖、五粮液、茅台春、桂林三花酒、全州湘山酒、葡萄烧酒等。

明清时期还有诸多特色酒品，如露酒之玫瑰露、寅陈露、苹果露、山楂露、葡萄露、五加皮、莲花白等，浸制酒之金酒、鲫鱼酒、绿豆酒、雪梨烧酒、错认水（烧酒浸冰糖、荸荠）、各色花酒等，果酒之山楂酒、枣酒、桑葚酒、桃酒、荔枝酒、龙眼酒、梨酒、倒捻子酒、西瓜酒、柿酒、椰子酒、树汁酒等。

（二）现代名酒

现在的许多地方名酒，也都是从古代发展而来的——主要是从明清时期发展而来。1952年，全国第一次评酒会上评出了“八大名酒”，即茅台、汾酒、西凤、泸州老窖、绍兴加饭酒、红玫瑰葡萄酒、味美思酒、金奖白兰地。

1963年，中国举办了全国第二次评酒会，会上评出了“十八大名酒”，即茅台（贵州仁怀茅台镇）、汾酒（山西汾阳杏花村）、西凤（陕西凤翔柳林镇）、泸州老窖大曲酒（四川泸州）、绍兴加饭酒（浙江绍兴）、红玫瑰葡萄酒、味美思酒（山东烟台）、金奖白兰地（山东烟台）、五粮液酒（四川宜宾）、古井贡酒（安徽亳州）、全兴大曲酒（四川成都）、夜光杯中国红葡萄酒（北京）、竹叶青酒（山西汾阳杏花村）、白葡萄酒（山东青岛）、董酒（贵州遵义）、特制白兰地酒（北京）、沉缸酒（福建龙岩）、青岛啤酒（山东青岛）。

1979年全国第三届评酒会也评出了“十八大名酒”：茅台酒、汾酒、五粮液酒、古井贡酒、洋河大曲酒（江苏泗阳洋河镇）、剑南春酒（四川绵竹）、中国红葡萄酒、烟台味美思酒、青岛白葡萄酒、金奖白兰地酒、董酒、北京特制白兰地酒、泸州老窖特曲酒、绍兴加饭酒、竹叶青酒、青岛啤酒、烟台红葡萄酒、沉缸酒。

四、酒令常识

（一）酒令的发展

在中国的酒文化当中，最富情趣的一个内容便是酒令。酒令，是酒席上的一种助兴游戏，一般是指席间推举一人为令官，余者听令轮流说诗词、联语或其他类似游戏，违令者或负者罚饮，所以又称“行令饮酒”。作为古代专门监督饮酒仪式的酒官，最早出现于西周后期。《诗经·宴之初筵席》：“凡此饮酒，或醉或否。既立之监，又立之史。”汉代有了“觞政”，就是在酒宴上执行觞令，对不饮尽杯中酒的人实行某种处罚。

在远古时代就有了射礼，为宴饮而设的称为“燕射”。即通过射箭，决定胜负，负者饮酒。

在春秋战国时期有投壶之戏。投壶源于西周时期的射礼，行于春秋，盛于战国。《史记·滑稽列传》就载有投壶盛况。时至今日，在河南南阳卧龙岗汉画馆里就有一幅生动形象的投壶石刻图。投壶之壶口广腹大、颈细长，内盛小豆因圆滑且极富弹性，使所投之矢往往弹出。矢的形态为一头齐一头尖，长度以“扶”（汉制，约相当于四寸）为单位，分五、七、九扶，光线越暗距离越远，则所用之矢越长。投壶开始时，司射（酒司令）确定壶之位置，然后演示告知“胜饮不胜者”，即胜方罚输方饮酒，并奏“狸首”乐。投壶因其最具封建礼仪教仁意义，所以沿袭最久。在《礼记》中慎重地写着《投壶》专章。三国名士邯郸淳的《投壶赋》描绘最为出色，“络绎联翩，爰爰兔发，翻翻隼隼，不盈不缩，应壶顺入”，可窥见当时盛况。

魏晋时，文人雅士喜袭上古之风，继之整日饮酒作乐，纵情山水，清淡老庄，游心翰墨，行“流觞曲水”之酒令。所谓“流觞曲水”，是选择一风雅静僻所在，文人墨客按秩序安坐于潺潺流波之曲水边，一人置盛满酒的杯子于上流使其顺流而下，酒杯止于某人面前即取而饮之，再乘微醉或啸吟或援翰，作出诗来。最著名的一次当数东晋永和九年（353）3 月 3 日的兰亭修禊大会，大书法家王羲之与当朝名士 41 人于会稽山阴兰亭排遣感伤，舒展襟抱，诗篇荟萃成集，由王羲之醉笔走龙蛇，写下了名传千古的《兰亭集序》。当然在民间亦有将此简化只饮酒不作诗的。

南北朝时期，除了“流觞曲水”此种酒令外，继而演化而来的吟诗应和，此酒令令文人墨客十分喜爱，流行较盛。南方的士大夫在酒席上吟诗应和，迟者受罚，已成风气。

唐朝，“唐人饮酒必为令为佐欢”。《胜饮篇》中有：“唐皇甫嵩手势酒令，五指与手掌节指有名，通吁五指为五峰，则知豁拳之戏由来已久。”白居易诗曰：“花时同醉破春愁，醉折花枝作酒筹。”《梁书·王规传》记载：“湘东王时为京尹，与朝士宴集，属视为酒令。”唐代时，较盛行的酒戏为“藏钩”“射覆”等几种。“藏钩”也称“送钩”，简便易行。即甲方将“钩”或藏于手中或匿于手外，握成拳状让乙方猜度，猜错罚酒。这好似现在的“猜有无”一样。“射覆”

是先分队，也叫“分曹”，先让一方暗暗覆物于器皿下让另一方猜。射就是猜或度量之意，唐代诗人李商隐就精于此道，他在诗中写道：“隔座送钩春酒暖，分曹射覆蜡灯红。”

宋代不但沿袭了酒令习俗，而且丰富发展了酒令文化。单就记载介绍各种酒令的书就有《酒令丛钞》《酒杜刍言》《醉乡律令》《嘉宾心令》《小酒令》《安雅堂酒令》《西厢酒令》《饮中八仙令》等。

明清时期，酒令的方式和内容越来越多样化，遂成为酒文化中极富情趣的一种文化现象。在清代的《红楼梦》《聊斋志异》《镜花缘》三部古典文学名著当中，就保留了不少关于酒令的记载。明清两朝流行的酒令当推“拧酒令儿”，即不倒翁。先拧着它旋转，一待停下后，不倒翁的脸朝着谁就罚谁饮酒，粤人称“酒令公仔”。又如四书令，是以《大学》《中庸》《论语》《孟子》四书的句子组合而成的一种酒令，在明清两代的文人宴上，四书令大行其时，用以检测文人的学识与机敏程度。

（二）酒令的分类

酒令，按形式可分为雅令、通令和筹令。

雅令，是指文人的酒令，这类酒令按内容可分为字令、诗令、词令和花鸟虫令等。

以诗人的“智力竞赛”为内容的雅令，虽然情趣古雅，然而一般人做不来，所以又有一类酒令应运而生，它不必劳神，几乎人人皆可为之，这种大众化的酒令被称作“通令”。凭投骰子、划酒拳的运气，当然不必动脑筋。只是此类两军对垒，“火药味”似乎太浓了点。击鼓传花，则是通令中较为雅致的形式了。

至于筹令，是以雅俗共赏的酒令，因是从筒中掣筹行令，故名。筹子用竹或木片制志，上刻饮法，典型的如“觥筹交错令”。雅令、通令和筹令，可以分别进行，也可以结合在一起进行。考之历史，酒令实无定制，当筵者可以依据座中情况加以发挥。酒令若是制得巧，自然其乐无穷。

五、酒器常识

在不同的历史时期，由于社会经济的不断发展，酒器的制作技术、材料、酒器的外形自然而然会产生相应的变化，故产生了种类繁多、令人目不暇接的酒器。按酒器的材料可分为：天然材料酒器（木、竹制品，兽角、海螺、葫芦）、陶质酒器、青铜质酒器、漆质酒器、瓷质酒器、玉器或水晶制品、金银酒器、锡质酒器、景泰蓝酒器、玻璃酒器、铝质罐、不锈钢饮酒器、袋装塑料软包装、纸包装容器。

在商代，由于酿酒业的发达，青铜器制作技术提高，中国的酒器达到前所未有的繁荣。当时的职业中还出现了“长勺氏”和“尾勺氏”这种专门以制作酒具为生的氏族。周代饮酒风气虽然不如商代，但酒器基本上还沿袭了商代的风格。在周代，也有专门制作酒具的“梓人”。

青铜器起于夏，现已发现的最早的铜制酒器为夏二里头文化时期的爵。青铜器在商周达到鼎盛，春秋没落，商周酒器的用途基本上是专一的。据《殷周青铜器通论》，商周的青铜器共分为食器、酒器、水器和乐器四大部，共50类，其中酒器占24类。按用途分为煮酒器、盛酒器、饮酒器、贮酒器。此外还有礼器。形制丰富，变化多样。但也有基本组合，其基本组合主要是爵与觚，同一形制，其外形、风格也带有不同历史时期的烙印。

盛酒器具是一种盛酒备饮的容器。其类型很多，主要有尊、壶、区、卮、皿、鉴、斛、觥、瓮、瓿、彝等。

每一种酒器又有许多式样，有普通型，有取动物造型的。以尊为例，有象尊、犀尊、牛尊、羊尊、虎尊等。

饮酒器的种类主要有：觚、觯、角、爵、杯、舟。不同身份的人使用不同的饮酒器，如《礼记·礼器》篇明文规定，“宗庙之祭，尊者举觯，卑者举角”。

温酒器，饮酒前用于将酒加热，配以杓，便于取酒。温酒器有的称为樽，汉代流行。湖北随州曾侯乙墓中的铜鉴，可置冰贮酒，故又称为冰鉴。

商周以后，青铜酒器逐渐衰落，秦汉之际，在中国的南方，漆质酒具流行。漆器成为两汉、魏晋时期的主要类型。漆制酒具，其形制基本上继承了青铜酒器的形制。有盛酒器具、饮酒器具。饮酒器具中，漆质耳杯是常见的。在湖北省云梦睡虎地11座秦墓中，出土了漆耳杯114件，在长沙马王堆一号墓中也出土了耳杯90件。汉代，人们饮酒一般是席地而坐，酒樽放在席地中间，里面放着挹酒的勺，饮酒器具也置于地上，故形体较矮胖。魏晋时期开始流行坐床，酒具变得较为瘦长。

瓷器大致出现于东汉前后，与陶器相比，不管是酿造酒具还是盛酒或饮酒器具，瓷器的性能都超越陶器。唐代的酒杯形体比过去的要小得多，故有人认为唐代出现了蒸馏酒。唐代出现了桌子，也出现了一些适于在桌上使用的酒具，如注子，唐人称为“偏提”，其形状似今日之酒壶，有喙，有柄，既能盛酒，又可注酒于酒杯中。因而取代了以前的樽勺。宋代是陶瓷生产鼎盛时期，有不少精美的酒器。宋代人喜欢将黄酒温热后饮用。故发明了注子和注碗配套组合。使用时，将盛有酒的注子置于注碗中，往注碗中注入热水，可以温酒。瓷质酒器一直沿用至今。明代的瓷制品酒器以青花、斗彩、祭红酒器最有特色，清代瓷质酒器具有清代特色的有珐琅彩、素三彩、青花玲珑瓷及各种仿古瓷。

明清时期以至中华人民共和国成立后，锡质温酒器广为使用。

在我国历史上还有一些独特材料或独特造型的酒器，虽然不很普及，但具有很高的欣赏价值，如金、银、象牙、玉石、景泰蓝等材料制成的酒器。例如，夜光杯、倒流壶、鸳鸯转香壶、九龙公道杯、渎山大玉海。

20世纪以后，由于酿酒工业发展迅速，留传数千年的自酿自用的方式正逐渐淘汰。现代酿酒工厂，白酒和黄酒的包装方式主要是瓶装、坛装，对于啤酒而言，有瓶装、桶装、听装等，故百姓家庭以往常用的贮酒器、盛酒器随之而消失，饮酒器具则是永恒的。

六、饮酒文化

（一）酒德与酒礼

历史上，儒家的学说被奉为治国安邦的正统观点，酒的习俗同样也受儒家酒文化观点的影响。儒家讲酒，以“德”“礼”二字为要。

酒德最早见于《尚书》和《诗经》，其含义是说饮酒者要有德行，不能像夏纣王那样，“颠覆厥德，荒湛于酒”。《尚书·酒诰》中，有“饮惟祀”（只有在祭祀时才能饮酒）、“无彝酒”（不要经常饮酒，平常少饮酒，以节约粮食，只有在有病时才宜饮酒）、“执群饮”（禁止民众聚众饮酒）、“禁沉湎”（禁止饮酒过度）之谓。儒家并不反对饮酒，用酒祭祀敬神，养老奉宾，都是德行。

饮酒作为一种食的文化，在远古时代就形成了一些大家必须遵守的礼节。有时这种礼节还非常烦琐。但如果在一些重要的场合下不遵守，就有犯上作乱的嫌疑。我国古代饮酒的礼节主要有：

主人和宾客一起饮酒时，要相互跪拜。晚辈在长辈面前饮酒，叫侍饮，通常要先行跪拜礼，然后坐入次席。长辈命晚辈饮酒，晚辈才可举杯；长辈酒杯中的酒尚未饮完，晚辈也不能先饮尽。

古代饮酒的礼仪约有拜、祭、啐、卒爵四步。就是先做出拜的动作，表示敬意，接着把酒倒出一点在地上，祭谢大地生养之德；然后尝尝酒味，并加以赞扬令主人高兴；最后仰杯而尽。

在酒宴上，主人要向客人敬酒（叫酬），客人要回敬主人（叫酢），敬酒时还要说上几句敬酒词。客人之间相互也可敬酒（叫旅酬）。有时还要依次向人敬酒（叫行酒）。敬酒时，敬酒的人和被敬酒的人都要“避席”，起立。普通敬酒以三杯为度。

又因为饮酒过量，便不能自制，容易生乱，所以制定饮酒时的规矩就显得非常重要。明代的袁宏道，看到酒徒在饮酒时不遵守酒礼，深感长辈有责任，于是从古代的书籍中采集了大量的资料，专门写了一篇《觞政》。这虽然是为饮酒行令者写的，但对于一般的饮酒者也有一定的意义。

（二）原始宗教、祭祀、丧葬与酒

从远古以来，酒是祭祀时的必备用品之一。

原始宗教起源于巫术，在中国古代，巫师利用所谓的“超自然力量”，进行各种活动，都要用酒。巫和医在远古时代是没有区别的，酒作为药，是巫医的常备药之一。在古代，统治者认为，“国之大事，在祀在戎”。祭祀活动中，酒作为美好的东西，首先要奉献给上天、神明和祖先享用。战争决定一个部落或国家的生死存亡，出征的勇士，在出发之前，更要用酒来激励斗志。酒与国家大事的关系由此可见一斑。反映周王朝及战国时代制度的《周礼》中，对祭祀用酒有明确的规定。如祭祀时，用“五齐”“三酒”共八种酒。主持祭祀活动的人，在古代是权力很大的，原始社会是巫师，巫师的主要职责是奉祀天帝鬼神，并为人祈福禳灾。后来又有了“祭酒”主持飨宴中的酹酒祭神活动。

我国各民族普遍有用酒祭祀祖先，在丧葬时用酒举行一些仪式的习俗。

人死后，亲朋好友都要来吊祭死者，汉族的习俗是“吃斋饭”，也有的地方称为吃“豆腐饭”，这就是葬礼期间举办的酒席，虽然都是吃素，但酒还是必不可少的。有的少数民族则在吊丧时持酒肉前往，如苗族人家听到丧信后，同寨的人一般都要赠送丧家几斤酒及大米、香烛等物，亲戚送的酒物则更多些，如女婿要送20来斤白酒、一头猪，丧家则要设酒宴招待吊者。云南怒江地区的怒族，村中若有人病亡，各户带酒前来吊丧，巫师灌酒于死者嘴内，众人各饮一杯酒，称此为“离别酒”。死者入葬后，古代的习俗还有在墓穴内放入酒，为的是死者在阴间也能享受到人间饮酒的乐趣。汉族人在清明节为死者上坟，必带酒肉。

在一些重要的节日，举行家宴时，都要为死去的祖先留着上席，一家之主这时也只能坐在次要位置，在上席，为祖先置放酒菜，并示意让祖先先饮过酒或进过食后，一家人才能开始饮酒进食。在祖先的灵位前，还要插上蜡烛，放一杯酒，若干碟菜，以表达对死者的哀思和敬意。

第四节 中西方饮食文化比较

一、人道与物道

中国人重人道，“民以食为天”是儒家文化中民本思想的组成部分，历代都将粮食和吃饭当成基本的社会问题，中国人过去有“君子远庖厨”，意即动物可吃，但不可看动物被宰杀、烹炸的过程，似乎太残忍。孟子曾在《齐桓晋文之事》一文中批判这种思想，当时齐宣王见有人牵牛而过堂下，欲去宰杀，曾说："舍之，吾不忍其觳觫，若无罪而就死地。"并且说"以羊易之"，孟子批判齐宣王"恩足以及禽兽，而功不至于百姓"进而"兴甲兵危士臣、构怨于诸侯"，说明性善论的要害是"牛贵"而"民贱"，过于虚伪了。这种观点影响到后世，使中国人真正重人道而轻物道。现实中，除一些极虔诚的宗教信徒和少数民族外，一般人是不将动物和人相提并论，人道自然观对某些动物，主要是珍稀动物则是另一回事，一般人认为"天上飞的，水里游的，地上跑的"，什么都能吃，而且要大量繁殖，以满足人日益增长的饮食需求。而有些食法很为人们赞同，如黄河鲤鱼，在临烹制时宰杀，迅速去鳞去内脏后，用手抓住头尾，仅将中部入锅油煎，端到桌上，鱼的头、尾还会动，眼睛会眨。南方有活吃河虾习惯，将活虾用黄酒醉，放入作料，然后将活蹦乱跳的河虾塞入嘴中，认为鲜嫩富有营养。有些菜肴则专门用动物的头，如天目湖砂锅鲢鱼头，而有些地方还将几种头并做，如淮扬菜中有"三头宴"，即蟹粉狮子头、扒烧整猪头、拆烩鲢鱼头，是将很大的猪头、鱼头完整地放在食具中，用青葱、姜片、胡萝卜等作为点缀，并作为特色。至于做菜中整鸡、整鸭，烤全羊、烤乳猪、整鱼烧制已毫不为奇，是以动物的完整性作为特色。

但是西方却不赞同这样的食俗。比如，他们在中国餐桌上看见鱼头、鸡头就显出痛苦的表情，因为他们认为鱼头、鸡头会让他们联想到这些活生生的动物，尤其是眼睛留下临死前凄惨哀怜的神情，这样的动物躺在盘子里不仅没有美感，而且有恐怖感。这种饮食观表面上看扩大了人道主义，实质是人道异化为物道。而中国人则认为很虚伪和做作，也难以想象和接受。

二、单一和综合

西方的菜喜欢单一，肯德基的鸡块、炸薯条、柠檬水等都是一样样地开摆，任人选着吃；而中国菜喜欢综合，荤菜、素菜切碎了，拌在一起炒。还嫌粘不到一块儿，还要勾芡粉，这样味才出来。有人戏说，这好比中西方的不同交往方式：美国人和人交往，先是拉开距离，然后选择，所以麻烦是孤独；而中国人是先混在一起，然后区别，所以麻烦是绞成一团，人与人关系比较琐碎。

三、共餐与分食

中国菜的独到之处是形美和质美的结合，"注重造型，善用点缀"，它能使食客经久不忘，以致全身心地浸润在美的享受里。高明的厨师也是艺术家，他们有"美丽地描绘一副面孔"的能力。例如"葱油鳕鱼"，主体鳕鱼本是海中上品，原料珍贵，只有做法讲究，外形美观，才不亵渎造物主的恩赐。然而按照分食制放在客人面前的也不过是小瓷碟里盛放了一块白白的鱼肉，如果不看菜单，真能等闲视之。当然，鳕鱼形体较大，整体造型确有难处，这也就罢了，但“扒烧整猪头”却是扬州“三头宴”中为首的名菜，一经分食，恰似每人分得了一块红烧肉，把“扒烧整猪头”的整体美破坏殆尽，从而也就把扬州菜的“功夫”全毁了。“大煮干丝”也是如此，每人半碗，平淡无奇，毫无美感。游人不像在星级饭店赴宴，恍惚都成了幼儿园里的小朋友，排排坐，分果果，糊里糊涂地吃了一碟又一碟，喝了一碗又一碗。但是欧美国家习惯于分食制，并成为国际星级饭店的通行规则，不能违反。罗丹说过，“摘取花瓣的人得不到美丽的花”，说的是赏花注意花的整体美，而不要去评价花的局部。如果将这个道理引申到饮食文化上来真是再恰当不过了。每一道菜的分食似乎都在把美丽的花变成零碎的瓣，岂非大煞风景！如果未与客人谋面而就将菜“毁容”，试问中国菜的魄力，又是从何处体现呢？

其实，如何将造型美的中国菜使外宾真正领略，又符合国外人分食的习惯，方法不是没有。一是不必每菜都分。诸如花色冷拼就可以不分，让客人尽情观赏一番后使用公筷取食。二是要分得精致。电影《美食家》中分法极妙，一道“清炒虾仁”被苏州松鹤楼的厨师们以直径七八厘米的西红柿为盅，将雪白晶莹的虾仁置放其中，用洁白的瓷碟托住，每人一份，形美质美，妙手天成。三是改变服务程序。按规范上菜、转菜、报菜放慢速度，使客人都能尽情欣赏菜的造型美；待下一道菜上来后再拿走分派，如果相隔时间不长，一般不会影响品味。四是有些高档菜可以边看边食。例如龙虾，盘上以生菜叶垫底，取龙虾肉时不破坏龙虾的外形，让龙虾空壳伏于生菜之上，造成红绿的鲜明对比。周围则以小煎饼围聚，爆炒的虾肉分别置于煎饼上。

而2020年的新型冠状病毒，在2003年SARS病毒以后，再次警醒国人，改变饮食方式。2020年2月，“世界卫生组织（WHO）”来华考察病情的防治，都是各国优秀的疾控专家“流行病专家”社会学专家，他们都参加过世界上其他国家的传染病防控。人民大会堂的招待宴会就采取了一人一桌、一人一餐的形式。被人们称为特别的国宴。有人说，这是否是一个标志，预示着餐饮业的未来发展方向。即大家都应该下功夫改革用餐方式，不聚餐，实行分餐制或自助。

四、口感与营养

中国人强调食疗观，饮食与卫生、饮食与养生、饮食与文化、饮食与生态都是一直被关注的。有人说中国菜看不重营养，只重口味，原因是中国人通行的理念是“民以食为天，食以味为先”。注重色、香、味，其中最重要的是味。其实是肤浅之见，中国人很注重大处，比如“五谷为养、五果为助、五畜为益、五菜为充”的食品平衡营养原则。有不少专著是对具体的食物进行营养分析，如古代典籍《本草纲目》《本草求原》《本草求真》等都对动植物进行过药用阐述，如荠菜“凉肝明目”，竹笋“同肉多煮，益阴血”，山药“治肺虚久嗽”等，可以说对于每一种食物都从医药角度概括过性质。但是从未像西方在菜谱上标明营养成分。而是采用模糊语言，如放盐——少许、糖——适量、火——文火或猛火，不喜用精确成分，甚至用“百菜百味”“百厨百艺”“百花齐放”等语言抵制精确性。

西方食品标志有严格的规定，一些术语是专门制定的。营养成分的天然型、清淡型、低热量型、低钠型、无钠型、无糖型、低胆固醇型、无胆固醇型等，西方人对中国菜的营养表示过疑义，有关机构甚至对中国在国外餐馆的菜肴进行分析，认为中国菜脂肪多、胆固醇高、钠食品过高，理念上难以接受，但他们到中国来游览时，看到美味佳肴又忘却禁忌，大饱口福，甚至说“宁愿吃胖了回去减肥”，也不愿失去品尝中国菜的机会，这实际上是在处理滋味与营养时，很难把握一个尺度，如何寻找到这样一种尺度，是我们必须重视的，我们应该在乎西方人这方面的审美习惯，而不能以“拼死吃河豚”的态度，或“说的说、听的听”的无所谓的态度对待这一问题。

五、安静与热闹

为了接待好海外游客，一方面我们应该尊重他们的习惯，在星级宾馆里，尽量为他们创造这样的氛围，另一方面也可以对中国食俗进行去粗取精的处理，使他们感受到中国特有的饮食氛围。比如，中秋赏月是太湖旅游项目的拳头产品，他们知道现今西方游客再也不像中国当年文人雅士那样见花流泪，对月伤感，“皎皎空中孤月轮”不会引发他们的审美情趣，于是他们研究海外游客的饮食习惯，但又以中国式的节日活动感染他们，事先布置好十多条彩灯环绕的船只，船上安排很多富有中国传统特色的赏月活动，如品尝菱角、藕、月饼、百合、红枣汤，船上有许多文艺节目，附近的太湖乐园备有中秋灯会，游客在此可以提着灯笼，到处走走，体验中国独特的中秋情调。太湖年接待国际游客人数逾 20 万人次，有“特色生辉，跻身天堂”之誉。

第九章　诗词文赋文化

〔内容提要〕

我国古代历来重诗词文赋，西方一直将诗文与绘画、书法、建筑、雕塑等艺术门类等同，我国古代却已形成特定的思维：诗文最高，绘画、书法次之，建筑、雕塑更次之，至于戏剧、工艺则是认为戏子、匠人所为。这种对诗文的特别青睐，无疑使古往今来的文人雅士乐于游记诗文，涉猎游记的专业和业务作者之多，篇目之繁，内容之无所不包，风格之百花齐放都是其他文学样式所难以企及的。这自然是因为我国江山多娇，无论是谁面对这造化天工总要抒发独特情感，也因钟灵毓秀之地常常孕育出雄姿英才，这种山水和人物之间互动式的影响感染就使游记体裁的诗词文赋源远流长，风格万千，而文人雅士竞相歌咏山水名胜提高了景观的文化品位，促进了旅游活动的繁荣。

我国不仅有诸多园林，而且还产生过造园专著，其中最著名的是明代计成的《园冶》，被世界上尊称为“造园学最古名著”。

对联匾额是风景名胜中装点景观和景观文学中不可或缺的项目。明清时进入极盛，不仅百姓、文人雅士喜好，帝王大臣也纷纷参与，一显才华，它是名胜古迹的最好表现方式之一。好的对联不仅准确地描述出景物的妙处，能由景抒发情感，并能使人进行深邃的思考。

山水名胜的传说逸闻非常丰富，尽管流布广，随意性强，错乱年代、张冠李戴、移花接木的情况屡见不鲜，但它是笔记小说和广大群众口头创作的结合，是历史真实和艺术真实的结合，褒扬着民族最可宝贵的精神。

〔学习要点〕

- 文学与旅游的最初结合。
- 文人雅士竞相歌咏山水名胜。
- 旅游文学的类别。
- 旅游文学的特点。

〔思考题〕

1. 旅游文学的产生和旅游活动是如何同步的？
2. 为什么说山水文学的兴起是时代的必然？
3. 为什么诗人热衷于歌颂祖国的名山大川？
4. 为什么名人题咏提高景点品位？
5. 举例说明人们如何依据名人小说诗文创设景点。
6. 旅游文学的类别及其特点。

我国是诗文的大国，在古代艺术中，古代学者从未像西方那样将诗文、绘画、书法、建筑、雕塑等艺术门类等同，而是形成一种特定的思维：诗文最高，绘画、书法次之，建筑、雕刻更次之，至于戏剧、工艺更是认为戏子、工匠所为，这种对诗文的特别青睐，对诗文的发展无疑提供了最好的土壤，其中，诗文中的游记体裁一直占优势。古往今来，我国文学各个门类的风采成就各有其兴盛隆替，有些曾绝倒一时，有些则是昙花一现，唯有山水游记却是贯穿古今长盛不衰，而且还呈方兴未艾之势，其涉猎游记文学的专业和业余作者之众，篇目之多，内容之无所不包，风格之百花齐放都是其他文学样式所难以企及的，这自然是因为我国的江山多娇，无论谁面对这造化天工总要发抒独特情感，也因钟灵毓秀之地常常孕育出雄姿英才，这种山水和人物之间互动式的影响感染就使游记体裁的诗词文赋源远流长，风格万千，也使我国的旅游文学具有永久的魅力，并不断得以丰富和发展。藏族的《格萨尔》史诗、新疆《玛纳斯》已被列入《世界非物质文化遗产名录》。

第一节　文学与旅游的最初结合

一、旅游文学的产生和旅游活动同步

古代旅游虽然局限于少数人，天子巡游、商贸往来、宗教祭祀、狩猎征讨……尽管未以“旅游”二字界定，但其活动分明属于专项旅游，相关记载也就是旅游文学。春秋战国时，苏秦的游说、孔子的周游等活动或由史家记述或由自己及门人记录都是游记文学。我国最早的诗歌总集《诗经》中歌咏山水之作，虽然不是专章特指，但也有了对山水花木的描摹，屈原等人的《楚辞》不仅描写山水、风俗，而且能在广袤大地上纵横驰骋，更能升腾远逝于九天之上。秦汉时司马迁“二十而南游江淮，上会稽，探禹穴，窥九嶷，浮于沅湘。北涉汶泗，讲业齐鲁之都，观孔子之遗风，乡射邹峄、厄困鄱薛彭城，过梁楚以归”。他是一个伟大的旅行家，汉代的山川地理、习俗民情那样详尽、真实、广泛地流诸他的笔端，他的《史记》中不少篇章实在是旷古未有的旅游文学。汉代众多辞赋家以其特有的善于铺张的赋记载景点奇观，枚乘《七发》中的音乐、饮食、车马、宫苑、田猎、观涛，奇观满目，音声盈耳，使读者精神震荡，心驰神往。司马相如的《子虚》《上林》铺陈汉天子上林苑的壮丽，天子射猎的盛举，分明写出了固体旅游资源和动态旅游资源的无穷魅力。乐府民歌中那《江南》式的优

美民歌“江南可采莲，莲叶何田田，鱼戏莲叶间”，如诗如画。三国时曹操的《观沧海》：“秋风萧瑟，洪波涌起。日月之行，若出其中。星汉灿烂，若出其里。”那辽阔雄壮的沧海景色被誉为是我国诗史上的一首比较完整的写景诗。以上我们仅撷取南北朝以前文学海边的几粒珠贝，用以说明游记文学早已产生，它们有意无意地对国土辽阔、物产丰盛、宫苑壮丽、都市繁华进行描摹勾勒，其间表现出的对中华山水风俗的高度自信，对物质文明和精神文明的高度肯定，表现了不同层次的人们都对中华山川民物的无限深情。

二、山水文学的兴起是时代的必然

“山水借文章以显，文章亦凭山水以传”，这句话道出了名山大川与文章的辩证关系。“山川景物，因文章而传”的这一重文传统在中国古人心目中根深蒂固，影响着旅游文化的诸多方面。

山水诗的兴盛当始于南朝，由于社会情况比较安定，经济发展，农业手工业发达，商业和交通运输活跃，出现了许多经济繁荣的城市。富裕的物质生活必然成为滋生帝王和士族日益荒淫腐朽的温床，建造园囿互相攀比，佛寺建造更是渐成风气，“南朝四百八十寺，多少楼台烟雨中”。丰富的自然人文旅游资源为文学作品创作提供了取之不尽的创作源泉。此时旅游文学成就最大的为山水诗，因登临山水很早就成为士族阶级悠闲享乐生活的一部分，而政治上的失意，往往“肆意游遨”，将怀才不遇的怅惘凝聚于诗歌之中，佳山秀水往往使其忘却烦恼，而精心描摹山水之美，山水诗成为诗歌中支柱性的题材，谢灵运、鲍照、谢朓，都是开创山水诗派的诗人。谢灵运的名章迥句，“野旷沙岸净，天高秋月明”“池塘生春草，园柳变鸣禽”“明月照积雪，朔风劲且衰”“白云抱幽石，绿筱媚清涟”，自然贴切，极貌写物，具有很高的艺术技巧。可以说是天地精灵之气的化身，正是由于他们开创山水诗派，因而为唐代山水诗奠定了基础，使之迅速成熟并登峰造极。

与诗歌几乎同步的游记散文创作别开生面，北朝的郦道元《水经注》、杨炫之的《洛阳伽蓝记》一写自然，一写人文，都是很有学术价值的游记散文。郦道元看似为《水经》作注，其实将自己亲历的山川风土、历史掌故融会其中，其中《江水注》中的“巫峡”一节，千古传诵，脍炙人口：

自三峡七百里中，两岸连山，略无缺处。重峦叠嶂，隐天蔽日，自非亭午夜分，不见曦月。至于夏水襄陵，沿溯阻绝。或王命急宣，有时朝发白帝，暮到江陵，其间千二百里，虽乘奔御风，不以疾也。春冬之时，则素湍绿潭，回清倒影。绝巘多生怪柏，悬泉瀑布，飞漱其间，清荣峻茂，良多趣味。每至晴初霜旦，林寒涧肃，常有高猿长啸，属引凄异。空谷传响，哀转久绝。故渔者歌曰："巴东三峡巫峡长，猿鸣三声泪沾裳！"

东晋末的陶渊明，则另辟蹊径，他不肯降志辱身，为五斗米折腰，于是爱慕自然，企羡隐逸，"诗书敦夙好，园林无世情""静念园林好，人间良可辞"。他的田园诗充满了对纯洁田园的热爱。而他写的《桃花源记》不像郦道元忠实记叙景观之美，而是构思出"桃花源"的理想境界，宁静安逸、淳朴自然：

土地平旷，屋舍俨然，有良田美池桑竹之属，阡陌交通，鸡犬相闻。其中往来种作，男女衣着，悉如外人。黄发垂髫，并怡然自乐。

可见山水游记诗和文学，一开始就达到了相当高的成就，郦道元重纪实，陶渊明重理想，为山水文学提供了现实主义和浪漫主义的源头，为古典诗文开辟了一个新的境界，不仅影响漫长的封建社会，而且对近现代旅游文学产生了深广的影响。

第二节　文人雅士竞相歌咏山水名胜

中国古代文学，到隋唐五代时期，发展到了一个全面繁荣的阶段，旅游文学也形成了前所未有的百花齐放、万紫千红的局面，诗歌、辞赋、散文、小说、戏曲名家辈出。他们都注目于山水人文景观，他们的歌咏提高了景观的文化品位，促进了旅游活动的繁荣。

一、登临览胜，其乐无穷

诗人热衷于歌颂祖国的名山大川，尽管唐时诗赋是科举考试的重要内容，但是文人的写诗作赋渐成风气并不单单为了科举，游览往往是文人的重要活动，他们的足迹遍布长江、黄河、珠江、漓江、松花江、富春江、运河、泰山、华山、衡山、恒山、嵩山等。从古到今，多少名人在此感叹，真正是"江山如此多娇，引无数英雄竞折腰"。这些山水自然奇观千差万别，或雄伟壮观，或巍峨险峻，或幽秀奇丽，即使一山一水，春夏秋冬山光异色，阴晴雨露水波多姿，为文人雅士状物抒怀提供了永远的崭新的题材。比如三峡，雄、幽、险、秀，即使再大的手笔，诗中所记也只是万不及一，李白笔下那是："朝辞白帝彩云间，千里江陵一日还。两岸猿声啼不住，轻舟已过万重山。”（《早发白帝城》）那是悠扬轻快，峰棱挺拔。杜甫笔下则是：“白帝城中云出门，白帝城下雨翻盆。高江急峡雷霆斗，古木苍藤日月昏。”（《白帝》）那是气骨劲健，景象奇险。白居易《夜入瞿塘峡》：“崖似双屏合，天如匹练开。逆风惊浪起，拔簦暗船来”。平易晓畅，比喻新巧。刘禹锡的《竹枝词》：“瞿塘嘈嘈十二滩，此中道路古来难。长恨人心不如水，等闲平地起波澜。”命意精警，善譬巧喻。可以说中国的诸多名山大川无景不诗，无诗不妙，成为人天美景。

登临览胜，其乐无穷，登山临水咏诗行，刘勰在《文心雕龙》中说“登山则情满于山，观海则意溢于海”，意有壮志豪情，曹操观沧海，“秋风萧瑟，洪波涌起。日月之行，若出其中。星汉灿烂，若出其里。”那是“歌以咏志”，建功立业的豪情壮志。苏轼观大江，“大江东去，浪淘尽、千古风流人物”，那是壮志难酬的慷慨。王安石看春水，“柳叶鸣蜩绿暗，红花落日红酣。三十六陂春水，白头想见江南”，那是饱含情韵，意境清新的恬淡。

宴游雅集山水佳处，山水旁翰挥毫书，王羲之兰亭“修褉”，与朋友集会山水处，清流急湍，映带左右。流觞赋诗，一篇《兰亭集序》成就其书圣之名；山水畅饮，陶渊明辞官归隐，春天与几个乡邻出游庐山东南斜川，“临长流，望曾城”“气和天惟澄，班坐依远流”，在湖水浩荡、鱼翔鸥鸣的自然之中，好不开怀；山水旁歌唱，宋词人姜夔与朋友同游湘水，“或弹琴，或浩歌，或自酌，或援笔搜句”，作《湘月》，即《念奴娇》，“倦网都收，归禽时度，月上汀州冷。中流容与，画桡不点清镜”。当场作词，作曲，演奏，其乐何极？山水旁绘画，元著名画家王蒙与朋友游山水，远山高耸，古松盘曲，草堂数间，泉水从岩间涌出汇成一池，于是欣然命笔，做成《林泉清集图》，从此水边雅集成为绘画艺术中传统题材。可见水边雅集，看山水美景，饮芬芳美酒，进行诗文书画创作交流，那风雅的生活方式，充满了高雅的生活情调。

二、以诗寄情，抒怀壮志

中国的文人、士大夫都喜欢极山水之乐，而他们当年的无游不诗、无诗不妙，当时以及过后人们依据其诗文创设的山水景观至今几乎都是旅游热点，而将他们的足迹连接，又形成了一个个中国文人、士大夫艰难跋涉，而又充满着奋斗的历程。

辞亲别友之情，分手时的山高水长，旅途中的山程水驿都引动离人的情感。这是友情：

城阙辅三秦，风烟望五津。
与君离别意，同是宦游人。
海内存知己，天涯若比邻。
无为在歧路，儿女共沾巾。

（唐·王勃《送杜少府之任蜀州》）

这是亲情，明代文学家杨慎因刚正不阿遭谪戍云南，爱妻伴送出家，溯长江而上，杨慎担心她受不了风尘颠簸，劝她回乡，与妻子生离死别：

楚塞巴山横渡口，行人莫上江楼。征骖去棹两悠悠。相看临远水，独自上孤舟。

（明·杨慎《临江仙·江陵别内》）

这是怀乡思亲之情，山高水长，山重水复，天涯羁旅，怀乡思亲。山川景色中的离别情怀，使中国山川美景中闪耀着至真至美的人性光辉：

枯藤老树昏鸦，小桥流水人家，古道西风瘦马，夕阳西下，断肠人在天涯。

（元·马致远《天净沙·秋思》）

当然思乡之情也不全是哀切，也有亲切恬淡的，尤其像王湾，他是考中进士之后在江南漫游的，自然心情开朗：

客路青山下，行舟绿水前。
潮平两岸阔，风正一帆悬。
海日生残夜，江春入旧年。
乡书何处达，归雁洛阳边。

（唐·王湾《次北固山下》）

这是思乡忧国之情，如果到处漂泊，无家可归，比如杜甫，安史之乱使之“漂泊西南天地间”，孤苦伶仃，无所依凭，思乡忧国的折磨一齐向他袭来。这是代表着流离失所百姓的乡关之思，自然十分悲壮：

细草微风岸，危樯独夜舟。
星垂平野阔，月涌大江流。
名岂文章著，官应老病休。
飘飘何所似，天地一沙鸥。
（唐·杜甫《旅夜书怀》）

这是忧谗畏讥之情，古代仁人志士常常无罪遭贬，无端遭受打击，从屈原、贾谊、韩愈、柳宗元、刘禹锡，到范仲淹、苏轼、辛弃疾，直到林则徐、邓廷桢，成为远离故乡、朝廷的迁客骚人，只有在水边才可以把愁苦哀怨抛洒。“巴山楚水凄凉地，二十三年弃置身”，这是刘禹锡55岁时遇见老朋友白居易时吐的苦水。“一封朝奏九重天，夕贬潮阳路八千”，这是韩愈因直言书谏而被贬潮州满腔愤恨而又无可奈何的哀叹。

柳宗元很会“黄连树下弹琵琶”，他被谪迁到荒僻之地永州，在戏水中表露寂寞苦闷：

千山鸟飞绝，万径人踪灭。
孤舟蓑笠翁，独钓寒江雪。
（唐·柳宗元《江雪》）

忧国忧民之情，对山河破碎的伤感化为诰歌慷慨壮山河：

船离洪泽岸头沙，人到淮河意不佳。
何必桑干方是远，中流以北即天涯。
（宋·杨万里《初入淮河》）

北望燕云不尽头，大江东去水悠悠。
夕阳一片寒鸦外，目断东南四百州。
（宋·汪元量《湖州歌》）

对统治者苟且偷安、不顾民生的痛斥。

收拾旧山河，挺身而出，英勇奋斗。岳飞“待从头、收拾旧山河，朝天阙”；陆游“楼船夜雪瓜洲渡，铁马秋风大散关”，辛弃疾“春雨下危楼，烟波正渺茫。好山当幕府，壮士换天潢。鸟立林边石，人归海上航。驱驰还我辈，不惜鬓毛苍”。近代爱国志士文廷式乘船过洞庭，面对大好山河，慷慨吟诵：“借取重湖八万里，肆吾十万水犀军。”

三、跋山涉水，求索真知

北魏地理学家和文学家郦道元到中国北部今山西、陕西、河北、河南、山东、内蒙古、皖北考察，“访读搜渠”，撰成地理学专著《水经注》。《水经》是汉末时期的地理书，记述黄河、长江、渭水、沔水、济水、漯水、汝水、淮水等 137 条河流，可惜太简，时变地迁，与实际难相吻合，郦道元据实地考察并博引地理文献著成《水经注》，不仅在篇幅上超过原书 20 倍，还将原书中 137 条河流扩展为1252 条，更可贵者对每一河道的源头、流向、河道变迁、名称改易，还因水及地，因地及事，模山范水之外有将与水关联的郡县、城邑、关津、亭障、名胜、物产、农田、水利，以及史事、人物、故事、神话、歌谣、谚语、方言等内容，使《水经注》成为极具科学价值和文学价值的水文化的百科全书。

宋代沈括是宋代博物学家，足迹遍布南北的旅行家，“凡所至之处，莫不询究”。他对山川景色的考察能深入到内在本质，比如他对雁荡奇石的描写：“予观雁荡诸峰，皆峭拔险怪，上耸千尺，穹崖巨谷，不类他山，皆包在诸谷中，自岭外望之，都无所见，至谷中则森然干霄。”他立即由表及里推断：“当是为谷中大水冲澈，沙土尽去，唯有巨石岿然挺立耳。如大小龙湫、小帘、初月谷之类，皆是水凿之穴。”这就是现代科学的“侵蚀学说”的具体化，这一理论直到 1780 年英国地质学家赫顿才提出，比沈括晚了 600 多年。

明代徐霞客考察名山大川更为深入，他不仅像郦道元侧重山水的外在形貌，也注意考察内在本质。将山川的审美游览与科学研究有机结合。他从 1607 年的 22 岁开始到 55 岁，离他去世前三年一直进行考察，遍游名山大川，“其行不从官道，但有名胜，水脉如何分合，既得大势，然后一丘一壑，支搜节讨。登不必有径，荒榛密箐，无不穿也；涉不必有津，冲湍恶泷，无不绝也。峰极危者，必跃而踞其颠；洞极邃者，必猿挂蛇行，穷其旁出之窦”。正是他“以身许诸山水”，因而对我国文化贡献极大，他探明了金沙江比岷江约长 1000 里，认为“江源者，必当以金沙江为首”。推翻了 2000 多年中认为岷江是长江正源的误说；他辨析了盘江、左右江、龙川江、麓川江、大盈江、澜沧江、潞江、元江、枯柯江等河流的源流，纠正很多典籍中的舛误。

四、名人题咏，提高品位

可以说有些景观原本平常，但往往因名人题咏而成为著名景观，其中大量的人文景观多因此而形成。比如黄冈赤壁，与三国赤壁之战本属风马牛不相及，分明是个讹传的产物，李白、杜甫虽在此写过赤壁诗，影响并不大，苏轼被贬往黄州团练副使，他不过是借题发挥，一句“人道是三国周郎赤壁”便点明讹传，但他偏偏赤壁泛舟，写出了《赤壁怀古》词和前、后《赤壁赋》，于是一个闪耀着极大艺术趣味的讹传产生了，而由此派生出一个比真正赤壁还有名的“东坡赤壁”，声名远播，光彩照人，而《赤壁赋》竟然妇孺成颂：“壬戌之秋，七月既望，苏子与客泛舟游于赤壁之下。清风徐来，水波不兴。举酒属客，诵明月之诗，歌窈窕之章。少焉，月出于东山之上，徘徊于斗牛之间。白露横江，水光接天。纵一苇之所如，凌万顷之茫然。浩浩乎如冯虚御风，而不知其所止；飘飘乎如遗世独立，羽化而登仙。”如今这里已是著名景观，楼阁亭台耸立，历代碑刻纷呈，大江横流，石壁陡峭，多少人慕名追怀，发思古之幽情。游客到此常常戏说，苏轼游的是假赤壁，写的却是好文章。

五、名人遗存，歌其精神

古往今来，志士仁人舍生取义，杀身成仁；清官循吏关心民瘼，解民倒悬；文人雅士拈毫挥翰，抒发胸怀。他们都受到人民的爱戴、景仰，其故居、奋斗过的场所、纪念他们的祠庙都成为人们泼墨吟咏场所，留下大量歌颂名人业绩的华章。如岳墓，岳家军抗击女真贵族的英勇业绩，震撼历史的千古奇冤，使岳庙成为自宋以来雄姿英才凭吊歌咏的场所，匾额、联对、诗歌、词典、小说、戏剧，一切可以表现的文学体裁同时表现精忠报国的民族英雄。“心昭天日”（叶剑英）、“尽忠报国”（明·洪珠）、“民族英雄”（冯玉祥）、“精忠贯日”、“伟列纯忠”、“气壮山河”等几十方匾额；数百副对联，如“誓复中原，浩气弥纶吞北虏；重新神宇，忠灵赫濯奠西湖”。“南人归南，北人归北，小朝廷岂求活耶？孝子死孝，忠臣死忠，大丈夫当如是矣。”“民族主义，历元清鼎革，始达完全，如神有知，稍解生前遗恨；圣湖风景，得祠墓点缀，差不寂寞，兹地之胜，允宜庙貌重新。”（蔡元培撰）“观瞻气象耀民魂，喜今朝祠宇重开，老柏千寻抬望眼；收拾山河酬壮志，看此日神州奋起，新程万里驾长车。”（赵朴初撰）歌颂岳飞的诗文以陵墓碑刻的特有形式在岳飞墓园的南北二厢中陈列，其中有岳飞的诗，他手书的诸葛亮的《前出师表》和《后出师表》，他的捷报胜利的《奏札》、《谢婧和赦表》，历代名贤凭吊岳飞的诗词，尤其是岳飞手书的《满江红》：

怒发冲冠，凭栏处、潇潇雨歇。抬望眼、仰天长啸，壮怀激烈。三十功名尘与土，八千里路云和月。莫等闲，白了少年头，空悲切。

靖康耻，犹未雪。臣子恨，何时灭！驾长车，踏破贺兰山缺。壮志饥餐胡虏肉，笑谈渴饮匈奴血。待从头、收拾旧山河，朝天阙。

这些都以文学的多种样式，立体地表现岳飞的爱国主义精神。

依名人小说诗文创设景点，形象化地再现小说的人物、情节、思想。旧有的如黄鹤楼、岳阳楼、滕王阁、太白楼、醉翁亭、陶然亭、兰亭，近年来仿古园林如水浒城、三国城、镜花缘城、西游记幻宫，最多的为《红楼梦》的大观园，其中尤以上海青浦区淀山湖畔的大观园，20 世纪 50 年代，人们曾按图索骥，希图寻找大观园原型，有过“京华何处大观园”的论题，近年来则从寻找到建造，依《红楼梦》中所述复原艺术大观园。北京南菜园公园改建的大观园最为出色。全园面积 12. 5 万平方米，景点 40 余处，建筑面积 8000 平方米，复原了大观楼、潇湘馆、怡红院、沁芳桥、庐雪庵，等等。这些景观特点是，依据小说记载，恰当安排厅堂位置，进行花木栽培，并按书中所写，或人物的喜好，充分发挥想象，同时又依据清代满汉殊俗进行内部陈设，虽然是“假作真时真亦假”，但毕竟使抽象的文字成为形象的实体，当是有魅力的。

第三节　旅游文学的类别

由于旅行游览活动作为一种社会现象，早在古代就出现，随着时代的发展，已逐渐由少数人的活动扩展为人民大众的社会生活，参与人的不同层次使大家都使用自己喜闻乐见的文学样式表达自己旅游过程中的所见所闻，所思所感。文人雅士自然使用诗词歌赋等高雅形式，皇亲国戚则以勒山刻石形式对人事进行臧否，对联匾额言简意赅因而成为厅堂馆所必不可少的装饰形式，逸闻传说则是普通百姓口传心授，趣味盎然。民歌、戏曲则是体现地域文化或民族文化的特有样式。这样文学诸种形式都参与了旅游，而旅游文学也就成为我国文学百花园中的绚丽之花。

一、诗词

诗词中的山水诗、花鸟诗、怀古诗、风物诗几乎都和旅游有关。盛唐时山水田园诗盛行，社会稳定、经济繁荣，佳山秀水得到了开发，住宅园林如雨后春笋，既为诗人提供了创作题材，也使他们在其中安闲适宜，于是他们拈毫挥翰，写就歌颂壮丽秀美河山的华章。孟浩然和王维堪称山水田园诗的代表作家。孟浩然曾漫游秦中、吴越，如《宿建德江》《宿桐庐江寄广陵旧游》《晚泊浔阳望庐山》等，他是很善于描摹山水美景的，而且在写景中融进自己的感情。如《江上思归》：“木落雁南渡，北风江上寒。我家襄水曲，遥陋楚云端。乡泪客中尽，孤帆天际看。迷津欲有问，平海夕漫漫。”

王维善于写山水，那是清幽的景，悠闲的景，如《鹿砦》：“空山不见人，但闻人语响。返景入深林，复照青苔上。”但他写景的边塞诗却是雄浑壮阔，如《使至塞上》：“单车欲问边，属国过居延。征蓬出汉塞，归雁入胡天。大漠孤烟直，长河落日圆。萧关逢候骑，都护在燕然。”

李白是个大家，他的山水诗很多，尤其是七古和七绝已成为景点绝唱：

峨眉山月半轮秋，影入平羌江水流。
夜发清溪向三峡，思君不见下渝州。

（唐·李白《峨眉山月歌》）

故人西辞黄鹤楼，烟花三月下扬州。
孤帆远影碧空尽，唯见长江天际流。

（唐·李白《送孟浩然之广陵》）

李白能以独特的视角，大胆的夸张，惊人的想象，写出奇情壮彩的山水诗，如《蜀道难》：“噫吁嚱，危乎高哉！蜀道之难，难于上青天。蚕丛及鱼凫，开国何茫然。尔来四万八千岁，不与秦塞通人烟。西当太白有鸟道，可以横绝峨眉巅。地崩山摧壮士死，然后天梯石栈相勾连。上有六龙回日之高标，下有冲波逆折之回川。黄鹤之飞尚不得过，猿猱欲度愁攀缘。青泥何盘盘，百步九折萦岩峦。扪参历井仰胁息，以手抚膺坐长叹！问君西游何时还？畏途巉岩不可攀。但见悲鸟号古木，雄飞雌从绕林间。又闻子规啼夜月，愁空山。蜀道之难，难于上青天！使人听此凋朱颜。……”他的诗对后来的山水诗词影响久远，而他为景点写的诗，为景点增色添彩，光耀古今，誉播遐迩。

杜甫亦是写景大家，他的山水诗名句已成妇孺皆知的诗篇，“白帝高为三峡镇，瞿塘险过百牢关”。（《夔州歌十绝句》）“窗含西岭千秋雪，门泊东吴万里船。”（《绝句》）尤其是《望岳三首》：

岱宗夫如何？齐鲁青未了。
造化钟神秀，阴阳割昏晓。
荡胸生层云，决眦入归鸟。
会当凌绝顶，一览众山小。

作者写出了东岳泰山、南岳衡山、西岳华山巍峨高大，神奇秀丽，有勇登绝顶，俯视一切的心胸气魄，成为泰山的标志。

唐代善写山水者实在不胜枚举，刘禹锡的《石头城》《望洞庭》，白居易的《大林寺桃花》《钱塘湖春行》，杜牧的《泊秦淮》《寄扬州韩绰判官》，李商隐的《乐游原》，张继的《枫桥夜泊》等，诗人当时以血泪凝结的诗章已为这些景点奠定了高品位的基调，成为美景的文化内涵和历史积淀。

宋代词进入繁盛阶段，北宋前期的百年承平，城市繁华养成了统治者娱宾遣兴，歌舞升平作风。南宋时尽管山河残破，但统治者奢靡之风不减，其间既有文人雅士以高度艺术技巧，清新明丽的词句描写山水，也有胸怀政治抱负的文人借辞章描写山川的阔大雄浑，以寄托自己的报国之志。

范仲淹的《渔家傲》描绘了自然景观边塞景象："塞下秋来风景异，衡阳雁去无留意。四面边声连角起，千嶂里，长烟落日孤城闭。浊酒一杯家万里，燕然未勒归无计。羌管悠悠霜满地，人不寐，将军白发征夫泪。"

欧阳修的《朝中措》描绘的则是都市园林平山堂："平山栏槛倚晴空，山色有无中。手种堂前垂柳，别来几度春风。文章太守，挥毫万字，一饮千盅。行乐直须年少，尊前看取衰翁。"

柳永的《望海潮》精细描摹钱塘佳丽景色，浮华民风："东南形胜，三吴都会，钱塘自古繁华。烟柳画桥，风帘翠幕，参差十万人家。云树绕堤沙，怒涛卷霜雪，天堑无涯。市列珠玑，户盈罗绮竞豪奢。重湖叠巘清嘉，有三秋桂子，十里荷花。羌管弄晴，菱歌泛夜，嬉嬉钓叟莲娃。千骑拥高牙，乘醉听箫鼓，吟赏烟霞。异日图将好景，归去凤池夸。"

苏轼是豪放派词宗，他的诗、词、文、赋无一不佳，其中不少都是歌颂山水的华章，他是追寻江山风月，探索人生哲理，抒发报国情怀的。《南歌子》写的是杭州山水，他惊叹，"余杭自是山水窟"，在他的笔下杭州不仅是游赏地、栖身所，而且是摆脱烦恼的精神逋逃薮："山与歌眉敛，波同醉眼流。游人都上十三楼。不羡竹西歌吹古扬州。菰黍连昌歌，琼彝倒玉舟。谁家水调唱歌头。声绕碧山飞去晚云留。"

他的弟子秦观则是婉约派词宗，比起老师他善写凄迷景色，表达感伤情怀，如《踏莎行》写的郴州景："雾失楼台，月迷津渡，桃源望断无寻处。可堪孤馆闭春寒，杜鹃声里斜阳暮。驿寄梅花，鱼传尺素，砌成此恨无重数。郴江幸自绕郴山，为谁流下潇湘去？"

南宋词人辛弃疾把国破之痛和报国无门而痛苦的感情熔铸于对祖国雄伟江山的歌颂和对历史人物的追怀，意境雄奇阔大。如《水龙吟·登建康赏心亭》：

楚天千里清秋，水随天去秋无际。遥岑远目，献愁供恨，玉簪螺髻。落日楼头，断鸿声里，江南游子。把吴钩看了，栏杆拍遍，无人会、登临意。

休说鲈鱼堪脍，尽西风、季鹰归未？求田问舍，怕应羞见、刘郎才气。可惜流年，忧愁风雨，树犹如此，倩何人，唤取红巾翠袖，揾英雄泪？

姜夔是善于记游的，可惜他的笔下记录的并非佳山秀水，而是金人几度南侵在江淮间留下的残败景象，如《扬州慢》："淮左名都，竹西佳处，解鞍少驻初程。过春风十里，尽荠麦青青。自胡马窥江去后，废池乔木，犹厌言兵。渐黄昏、清角吹寒，都在空城。杜郎俊赏，算而今重到须惊。纵豆蔻词工，青楼梦好，难赋深情。二十四桥仍在，波心荡、冷月无声。念桥边红药，年年知为谁生？"

二、文赋

散文歌赋中关于山水、宫苑的游记名篇甚多，艺术性极高。

西汉200年是辞赋的黄金时代，汉赋在状物叙事上带有铺陈夸张的特点，比如枚乘的《七发》，其中"曲江观涛"十分精彩：

客曰："将以八月之望，与诸侯远方交游兄弟并往观涛乎广陵之曲江。……"

太子曰："善，然则涛何气哉？"

客曰："不记也，然闻于师曰，似神而非者三，疾雷闻百里；江水逆流，海水上潮；山出内云，日夜不止。衍溢漂疾，波涌而涛起。其始起也，洪淋淋焉，若白鹭之下翔；其少进也，浩浩皑皑，如素车白马帷盖之张。其波涌而云乱，扰扰焉如三军之腾装。其旁作奔起也，飘飘焉如轻车之勒兵。"

作者用各种比喻描写涛景及其变化，绘声象形，淋漓尽致，奇观满目，音声盈耳。读时就像横无际涯的大海怒涛向眼前猛袭而来，确是令人神往。

司马相如的《子虚上林赋》中描绘天子纵猎和观乐的场面，意境雄浑，异彩纷呈："鼓严簿，纵猎者。河江为陆，泰山为橹，车骑雷起，殷天动地，先后陆离，离散别追，淫淫裔裔，缘陵流泽，云布雨施……于是乎游戏懈怠，置酒乎颢天之台，张乐乎胶葛之寓；撞千石之钟，立万石之虡，建翠华之旗，树灵鼍之鼓。奏陶唐氏之舞，听葛天氏之歌；千人唱，万人和；山陵为之震动，川谷为之荡波。"这是对"上林"——天子园囿中山水草木，飞禽走兽，宫馆园林固态资源的巨丽进行描绘，而且对动态资源，即天子与群臣纵猎宴乐的阔大与奢靡进行了具体细致的描摹。

唐代文赋大家辈出，有关旅游题材的文赋艺术价值极高，初唐四杰之一王勃的《滕王阁序》叙写江西南昌滕王阁的景观："时维九月，序属三秋，潦水尽而寒潭清，烟光凝而暮山紫。俨骖骓于上路，访风景于崇阿。临帝子之长洲，得仙人之旧馆。层台耸翠，上出重霄；飞阁流丹，下临无地。鹤汀凫渚，穷岛屿之萦回；桂殿兰宫，列冈峦之体势。披绣闼，俯雕甍。山原旷其盈视，川泽盱其骇瞩。闾阎扑地，钟鸣鼎食之家；舸舰弥津，青雀黄龙之舳。虹销雨霁，彩彻区明。落霞与孤鹜齐飞，秋水共长天一色。渔舟唱晚，响穷彭蠡之滨；雁阵惊寒，声断衡阳之浦。"作者不仅写该楼襟江带湖，控荆引越的形势，而且写出危楼高耸，下临赣江，远览山川，俯瞰城府的壮阔，还写出山川的旷远，市井的繁华，舟楫的众多，渔歌、雁声的情趣。

柳宗元极善写佳山秀水，他的《永州八记》历来有"山水屏条"之称，如《钴鉧潭西小丘记》："得西山后八日，寻山口西北道二百步，又得钴鉧潭。潭西二十五步，当湍而浚者为鱼梁。梁之上有丘焉，生竹树。其石之突怒偃蹇，负土而出，争为奇状者，殆不可数。其嵚然相累而下者，若牛马之饮于溪；其冲然角列而上者，若熊罴之登于山。"作者写出了石数之多，石态之奇，且化静为动，写出了石头的情感，石头的灵性。

晚唐杜牧的《阿房宫赋》为散文式的赋，文姿飞扬，风采潇洒："六王毕，四海一。蜀山兀，阿房出。覆压三百余里，隔离天日。骊山北构而西折，直走咸阳。二川溶溶，流入宫墙。五步一楼，十步一阁；廊腰缦回，檐牙高啄；各抱地势，钩心斗角。盘盘焉，囷囷焉，蜂房水涡，矗不知其几千万落。长桥卧波，未云何龙？复道行空，不霁何虹？高低冥迷，不知西东。歌台暖响，春光融融；舞殿冷袖，风雨凄凄。一日之内，一宫之间，而气候不齐。"

宋代的游记散文成就很大，这首先是赖于欧阳修等人提倡诗文革新，倡导"文章所宗，必以理实为要"。于是一批状物写景的游记散文写得摇曳多姿。

范仲淹的《岳阳楼记》，写出了洞庭湖边岳阳楼上观看洞庭湖的乐趣："至若春和景明，波澜不惊，上下天光，一碧万顷；沙鸥翔集，锦鳞游泳；岸芷汀兰，郁郁青青。而或长烟一空，皓月千里，浮光跃金，静影沉璧，渔歌互答，此乐何极！登斯楼也，则有心旷神怡，宠辱偕忘，把酒临风，其喜洋洋者矣。"该文墨蕴彩色，恣肆淋漓，由事入景，由景生情，由情化理，历来脍炙人口。

欧阳修的《醉翁亭记》，写安徽滁州琅琊山的醉翁亭，亭本平常，但一经巨匠渲染，意境迥然不同："若夫日出而林霏开，云归而岩穴暝，晦明变化者，山间之朝暮也。野芳发而幽香，佳木秀而繁阴，风霜高洁，水落而石出者，山间之四时也。朝而往，暮而归，四时之景不同，而乐亦无穷也。"该文写出醉翁亭山水相映之美，朝暮变化之美，四季变幻之美，动静对比之美，清新秀美，刚健婉转。

王安石的《游褒禅山记》，以全新角度写探险之游和哲理之思："其下平旷，有泉侧出，而记游者甚众——所谓'前洞'也。由山以上五六里，有穴窈然，入之甚寒，问其深，则其好游者不能穷也——谓之'后洞'。余与四人，拥火以入；入之愈深，其进愈难，而其见愈奇。有怠而欲出者，曰：'不出，火且尽。'遂与之俱出。盖予所至，比好游者尚不能十一，然视其左右，来而记之者已少。盖其又深，则其至又加少矣。方是时，予之力尚足以入，火尚足以明也。既其出，则或咎其欲出者，而予亦悔其随之而不得极夫游之乐也。"作者不是纯客观地描绘山水，而是写游山探奇的感受，提出了"世之奇伟、瑰怪、非常之观，常在于险远"。而要达到这个境界，就必须有志、力、物三个条件。这两点见解至今还指导着旅游者不畏艰难险阻，勇攀奇伟境界。

苏轼的游记散文自成风格，他的可贵总是对景观进行直接的观察和体验，这种务实求真的作风使他的散文艺术性极高。《石钟山记》是其游记代表作之一，他和儿子苏迈乘舟月夜游石钟山："至其夜，月明，独与迈乘小舟至绝壁下，大石侧立千尺，如猛兽奇鬼，森然欲搏人；而山上栖鹘，闻人声亦惊起，磔磔云霄间，又有若老人欬且笑于山谷中者，或曰：'此鹳鹤也。'余方心动欲还，而大声发于水上，噌吰如钟鼓不绝，舟人大恐。徐而察之，则山下皆石穴罅，不知其浅深，微波入焉，涵澹澎湃而为此也。"那是有景有情，有声有色，有缓有急，波澜起伏，笔法的灵活多变，正是东坡文人兼画家才能以写意画的笔法入文，具有摄人心魄的感染力。

值得注意的古代散文中有一支是科学小品文，郦道元的《水经注》、北宋沈括的《梦溪笔谈》、徐霞客的《徐霞客游记》，不仅具有传统游记所具有的人文意趣，而且还具有传统游记少见的科学精神。其中有关山水风物的记叙着重在地质地貌的观察分析，具有精确性和严肃性，可贵者又非平板、枯燥说教，而是以诗的语言精细形象描述，增添了文章奇丽迷蒙的色彩。

国人注重天人合一，重视自然对人事的影响，不太留意客观规律的发现，因此在旅游中倾向于捕捉人心对自然的感受，但随着时代的推移，中国人也日益重视旅游对科学技术考察的作用和价值。比如我国不仅有诸多的园林，而且还产生过造园专著，其中最著名的是明代计成的《园冶》。计成是吴江造园专家。明末，仪征巨富汪士衡恭请为其设计建造寤园。园如同一幅山水画，四方八面的名士无不夸奖，很多人建议他将造园之法记述，传诸后世。计成于崇祯辛未年(1631)，在寤园扈冶堂写下了世界上最早的一部造园专著《园冶》，全面总结造园的经验，系统论述造园艺术。其中不少插图，实例取之于寤园。《园冶》21世纪初传入日本、西欧各国，计成被国外专家学者尊为造园鼻祖。如《园冶》说：

凡结林园，无分村郭，地偏为胜，开林择剪蓬蒿，景到随机，在涧共修兰芷。径缘三益，业拟千秋。围墙隐约于萝间，架屋蜿蜒于木末。山楼凭远，纵目皆然；竹坞寻幽，醉心即是。轩楹高爽，窗户虚邻；纳千顷之汪洋，收四时之烂漫。梧阴匝地，槐荫当庭；插柳沿堤，栽梅绕屋；结茅竹里，濬一派之长源；障锦山屏，列千寻之耸翠，虽由人作，宛自天开。刹宇隐环窗，仿佛片图小李；岩峦堆劈石，参差半壁大痴。萧寺可以卜邻，梵音到耳；远峰偏宜借景，秀色堪餐。紫气青霞，鹤声送来枕上；白苹红蓼，鸥盟同结矶边。看山上个篮舆，问水拖条枥杖；斜飞堞雉，横跨长虹，不羡摩诘辋川，何数季伦金谷。一湾仅于消夏，百亩岂为藏春；养鹿堪游，种鱼可捕。凉亭浮白，冰调竹树风生；暖阁偎红，雪煮炉铛涛沸。渴吻消尽，烦顿开除。夜雨芭蕉，似杂鲛人之泣泪；晓风杨柳，若翻蛮女之纤腰。移竹当窗，分梨为院；溶溶月色，瑟瑟风声；静扰一榻琴书，动涵半轮秋水。清气觉来几席，凡尘顿远襟怀。

此处既涉及中国造园艺术哲学：“情中之景，景中之情。”又从人的审美的空间意识，借景、造景、联景等方面写出了建造园林必须照顾人们的传统欣赏习惯和个性审美差异。文字也极其富丽优美。

三、对联

对联是我国文学园地的一枝奇葩，是广为流传的独特文学样式，也是风景名胜中装点景观，表现景观文学韵味不可缺少的项目。

对联开始并非单独的文学样式，是从诗文中出现的整齐的对偶句中逐渐分离出来的，到唐代时才脱胎出来，走向独立。最初是贴在门旁，作为春节时春联，北宋以后对联应用范围逐渐广阔，有挽联、寿联、书斋联、灯联。明代对联发展到黄金时期，清代则进入极盛，不仅百姓、文人雅士喜好，皇帝王公大臣也纷纷参与，一显才华，于是名胜古迹联成为达官雅士驰骋才智、展现抱负的最好方式之一。尤其是厅堂、庙宇、宫廷、楼台，技艺一般，名声不大的无法跻身其中，此俗沿袭至今。

风景对联从内容分，有述事、状景、抒情、晓理、评论；从长短分有长联、短联；在写作方式上有自拟联、集句联。其基本要求是出句与对句字数相等，内容相关，语法结构一致，平仄相谐。其艺术手法多种多样，如“嵌字”，周恩来故居有联：“千秋青史，不忍离去；寸草春晖，难报恩来。”下联嵌入总理英名。

"列品"，瓜洲曾有联，"楼船夜雪瓜洲渡，铁马秋风大散关。"上下联皆用三组名词并列而成，这种连续列举三种以上事物，中间不用别的词语隔开，即列品。"集句"，集录现成的语句，按照对联句式，格调配合成联。扬州瘦西湖有联"碧瓦朱甍照城郭，浅黄轻绿映楼台"。上联为杜甫诗句，下联为刘禹锡诗句。"用数"，将枯燥无味的数字，嵌入诗联，别有情趣。长城山海关有联"两京锁钥无双地，万里长城第一关"。"拆合"，作联时运用拆字或合字法，承德避暑山庄万壑松风联："八十君王，处处十八公，道旁介寿；九重天子，年年重九节，塞上称觞。"八十君王，指乾隆活了89岁，"十八公"即"松"的笔画，与"万壑松风"的景物松相应。"对比"即上联将人事物对比，表明爱憎，如杭州岳王庙岳飞墓联："青山有幸埋忠骨，白铁无辜铸佞臣。""用典"，即对联中用诗文典故、历史典故等，如南昌滕王阁联："兴废总关情，看落霞孤鹜，秋水长天，幸此地湖山无恙；古今才一瞬，问江上才人，阁中帝子，比当年风景如何?"其中"江上才人"，即写《滕王阁序》的王勃，"阁中帝子"即营建者李元婴，"落霞孤鹜，秋水长天"即王序中名句。"设问"，即以设问方式，上联发问，下联回答，如成都杜甫堂联："异代不同时，问如此江山，龙蜷虎卧几诗客？先生亦流寓，有长留天地，月白风清一草堂。"利用异字同音或异音同字构成联语，如温州江心寺联："云朝朝朝朝朝朝朝朝散；潮长长长长长长长长消。"上联二、四、五、七、九读 zhāo，意为"早晨"，第三、六、八读 cháo，意为"涌潮"，下联二、四、五、七、九读 cháng，意为"经常"，第三、六、八读 zhǎng，意为"增长"，通过巧妙利用朝、长的多音多义的特点，构成云聚云散，潮涨潮落，描绘江心岛的风云变幻。

好的对联就是要准确地描述出景物的妙处，能由景抒发情感，并能使人进行深邃的思考。如成都武侯祠联："能攻心，则反侧自消，从古知兵非好战；不审势，即宽严皆误，后来治蜀要深思。"这是清赵藩所撰，他是光绪时举人，是清末西南边疆著名文人，他是结合自己为官实际重新审视诸葛亮治蜀经验，对诸葛亮的文韬武略，从宽严、和战的辩证关系说明要审时度势，借古喻今，发人深省。

清代时出现了一批特长联，如孙髯的昆明大观楼联，竟达180字，而贵阳甲秀楼对联也有174字。由于字数多，就可表现比较深广的内容。如大观楼联：

> 五百里滇池，奔来眼底。披襟岸帻，喜茫茫空阔无边！看：东骧神骏，西翥灵仪，北走蜿蜒，南翔缟素。高人韵士，何妨选胜登临，趁蟹屿螺洲，梳裹就风鬟雾鬓；更苹天苇地，点缀些翠羽丹霞。莫辜负：四围香稻，万顷晴沙，九夏芙蓉，三春杨柳。
>
> 数千年往事，注到心头。把酒凌虚，叹滚滚英雄谁在？想：汉习楼船，

唐标铁柱，宋挥玉斧，元跨革囊。伟烈丰功，费尽移山心力，尽珠帘画栋，卷不及暮雨朝云；便断碣残碑，都付与苍烟落照。只赢得：几杵疏钟，半江渔火，两行秋雁，一枕清霜。

上联写滇池风光，从横的方面写出东西南北，山的高峻蜿蜒，岛的秀丽多姿，萍草芦苇的丰茂，翠羽飞翔的自由。下联则从纵处落笔，历数汉唐宋元对云南的武功，兴盛隆替，既有追思怀远，也有扼腕慨叹。该联有景有情，有叙有议，有“古今第一长联”“四海长联第一佳者”之誉。

四、传说逸闻

我国历史悠久，名人辈出，群星灿烂。这些名人大都品德高洁，成就卓著，为发展中华民族的文化做出杰出贡献。他们的事迹很多都与山水名胜相关，所以我国的山水名胜中传说逸闻是非常丰富的。

首先，笔记小说和广大群众口头创作的结合。自汉魏以来，历代笔记、小说中都有山水传说，如《世说新语》《集异记》《云溪友汉》《后山谈丛》《容斋随笔》《西湖佳话》《雨窗消意录》等，在长期流传过程中，又经过广大群众反复加工和不断充实，成为散文体的口头创作。这些山水传说又与民间传说结合，不断丰富，或一山，或一水，或一物，或一人，有些慷慨悲壮，扣人心弦；有些质朴晓畅，情意感人；有些机智幽默，诙谐成趣。比如绍兴王羲之的故事很多，其中鹅池的故事就有很多，流传最广的是王羲之为道士写《黄庭经》，道士送给他一笼白鹅，这就是书成换白鹅的故事。绍兴城内确有戒珠寺内的鹅池和城外兰亭的鹅池，并有鹅池碑，相传为王羲之手书，正是因为遗迹中的蛛丝马迹，才使人们对此故事深信不疑。

其次，这些山水传说大多是历史真实和艺术真实的结合，即大的方面，即历史背景、社会生活环境、人物的主要经历和基本性格特征方面具有一定的真实性和可靠性，而具体的故事情节，以及与中心人物相关的一些人物等则带有很大的虚构成分，比如合肥包公祠，其中流传了包公的诸多故事，贯穿着包公为官清廉，执法严明，傲视权门，同情黎庶，这与包公的性格事迹是一致的，至于断案的具体过程，分明有人们按意愿、理想加工的痕迹。

再次，山水传说总是褒扬着民族精神。山水传说中无论是历史上的名人，还是普通百姓都注重刻画人物的精神面貌，注重突出人物的高尚品质。例如，山东曲阜孔府、孔庙中孔子诲人不倦、虚怀若谷、善思己过的哲人风采；湖北楚地屈原忧国忧民、不计个人荣辱的崇高境界；安徽亳州曹操抑制豪强、求贤若渴的政治家的气度；浙江绍兴王羲之潜心钻研书法、如醉如痴的情状；西湖边苏东坡兴利除害、为民造福的认真态度和旷达风趣的性格；镇江北固山上辛弃疾疾恶如仇、奋起抗金的爱国主义精神；绍兴青藤书屋徐渭捉弄权贵、惩治富豪的过人智慧和幽默感。历代人民口传心授，不断加工丰满，使山水故事具体而形象地弘扬民族最可宝贵的精神。

最后，山水传说由于流布广，故事随意性强，因此错乱朝代、张冠李戴、移花接木的情况屡见不鲜，同一故事可以说是苏东坡，又可以说是郑板桥。比如，某名人拜访某寺院，因方丈有眼无珠，前倨后恭，于是名人嘲弄，对旧时人情世态给予无情的嘲讽，不同地域就有苏东坡、纪晓岚、郑板桥的种种说法。但正是因为传说，可能不受历史事实的拘泥，表现手法上也可以在事实之外加上点儿幻想和虚构，为了增加趣味性，又常将吟诗、题字、作对联、行酒令的趣事穿插其中，这样的写实和幻想的结合，就使传说有历史的影子，因为百姓以此表现自己的爱憎和希冀，有意无意地在事实中渗进自己的感情而改写，所以我们不可以史传的要求苛责。

五、少数民族史诗

我国少数民族，以史诗的形式传承该民族的历史，不仅口传身授，而且有文字记载，思想性、艺术性都很强。中国少数民族的三大英雄史诗：藏族民间说唱体长篇英雄史诗《格萨尔》、蒙古族英雄史诗《江格尔》、柯尔克孜族传记性史诗《玛纳斯》引起了旅游者的极大兴趣。

史诗《格萨尔》是关于藏族古代英雄格萨尔神圣业绩的宏大叙事。格萨尔史诗也称《格萨尔王传》，是藏族人民集体创作的一部伟大的英雄史诗，大约产生在公元前二三百年至公元 6 世纪之间，是一部一百多万诗行、两千多万字的作品。历史悠久，结构宏伟，卷帙浩繁，内容丰富，气势磅礴，流传广泛。史诗全面反映了藏族以及其他相关族群关于自然万物的经验和知识，成为藏族等族群普通民众共享的精神财富，至今仍是藏族等各族群历史记忆和文化认同的重要依据。

作品讲述了传说中的岭国国王格萨尔的故事，他以惊人的毅力及神奇的力量征战四方、抑强扶弱造福人群。史诗从生成、基本定型到不断演进，包含了藏民族文化的全部原始内核，在不断地演进中又融汇了不同时代藏民族关于历史、社会、自然、科学、宗教、道德、风俗、文化、艺术的全部知识，具有很高的学术价值、美学价值和欣赏价值，是研究古代藏族社会的一部百科全书，被誉为“东方的荷马史诗”。《格萨尔王传》是世界上唯一的活史诗，在近千年的漫长时期内，民间艺人口耳相传，不断丰富史诗的情节和语言，到 12 世纪初叶，《格萨尔王传》日臻成熟和完善，在藏族地区得到广泛流传。既是族群文化多样性的熔炉，又是多民族民间文化可持续发展的见证。至今仍有上百位民间艺人，在中国的西藏、内蒙古、青海等地区传唱着英雄格萨尔王的丰功伟绩。2006 年 5 月 20 日，格萨尔经国务院批准被列入《第一批国家级非物质文化遗产名录》。2010 年 9 月入选联合国教科文组织《世界非物质文化遗产名录》。

《玛纳斯》是柯尔克孜族的英雄史诗，我国三大英雄史诗之一。这部史诗热情讴歌了英雄玛纳斯及其 7 代子孙前仆后继，率领柯尔克孜族人民与外来侵略者、各种邪恶势力进行斗争的事迹，体现了柯尔克孜民族勇敢善战、百折不挠的民族精神与民族性格和保家卫民的英雄主义精神。

《玛纳斯》主要流传于我国新疆南部的克孜勒苏柯尔克孜自治州以及新疆北部特克斯草原、塔城等柯尔克孜族聚集的地域。此外，中亚的吉尔吉斯斯坦、哈萨克斯坦及阿富汗北部地区也有《玛纳斯》流传。这是一部具有世界影响力的史诗。其演唱异文繁多、篇幅宏大，其中最有名的是玛纳斯及其后世共 8 代英雄的谱系式传奇叙事，长达 23.6 万行，反映了柯尔克孜族丰富的传统生活，是柯尔克孜族的杰出创造和口头传承的“百科全书”。相关社区的传统节庆、民俗活动是其主要的文化空间。2009 年，被选入《世界非物质文化遗产名录》。

《江格尔》新疆维吾尔自治区地方传统民间文学。描述了以江格尔为首的 12 名雄狮大将和数千名勇士为保卫宝木巴家乡而同邪恶势力进行艰苦斗争并终于取得胜利的故事，深刻地反映了蒙古族人的生活理想和美学追求，具有很高的艺术价值。

《江格尔》最早大约在 13 世纪产生于中国卫拉特蒙古部，流传了数百年时间。至 17 世纪，其内容充盈到将近 10 万行，大体结构也基本定型。当时，从阿勒泰草原前往伏尔加河下游定居的卫拉特部土尔扈特人，也将这部史诗带到了遥远异乡俄罗斯布里亚特、图瓦、阿尔泰等地以及蒙古国境内。成为跨国界的大史诗。19 世纪初，这一原以说唱形式流传的民间巨著，方开始被整理成文字。2006 年 5 月，《江格尔》经中华人民共和国国务院批准被列入《第一批国家级非物质文化遗产名录》。

第四节　旅游文学的特点

一、作家的群体性和风格多样性

这是从作者群方面看的，因为旅游文学总有山水名胜为依托，作家慕其名而来，又为其名增色，于是凡有名的景观必然是一个朝代接一个朝代吸引着名人，人因景至，景因人名，于是滚雪球一般，使景点的文化内涵愈益厚重，写诗、作赋、撰文、题联，由最初的歌咏风景，扩展为对景点诗文、作者的评述，历代名人都是乐此不疲的。比如四川白帝城，名人为此撰写的诗文难以计数，勒石流传的就有碑刻80余方，隋、唐、宋、元、明、清各个朝代，帝王、重臣、官宦、文人雅士无不吟诗作赋。李白的“朝发白帝彩云间，千里江陵一日还”，大手笔，轻松愉快之情跃然诗间。杜甫的“无边落木萧萧下，不尽长江滚滚来”千古名句，一泻千里，仅他在夔州作诗就达437首，瞿塘峡的山水草木，白帝城的往事追怀，无不熠熠生辉于诗圣笔下。其他如白居易、刘禹锡、苏轼、范成大、陆游，面对大好河山，谁能按捺得住诗情，谁能不诗兴勃发，翰墨淋漓？

风格多样化。以诗歌而论，唐代的盛唐和中唐，王维、孟浩然、李白、杜甫、白居易、刘禹锡、韩愈、柳宗元都写过不少歌咏山水的杰出诗篇，但每人都能自出机杼，独具慧眼。比如王维和孟浩然山水诗总体看以清新秀丽语言描绘了幽美的山水景色和宁静的田园生活。他们都能从尘嚣纷繁的人事中超然而出，而将心灵沉浸在美丽自然的怀抱之中，现实生活中的争名于朝、争利于世的杂念滤去了，静穆空灵的境界形成了。比如王维的《山居秋暝》：“空山新雨后，天气晚来秋。明月松间照，清泉石上流。竹喧归浣女，莲动下渔舟。随意春芳歇，王孙自可留。”该诗模山范水时自然有细致感人的刻画，“新雨”“秋晚”“明月”“清泉”“竹喧”“浣女”“莲动”“渔舟”，或动或静，有光有影，有形有色。透过这些描写，都是芳物、洁物，分明以物比心，借物明志，表露的是高尚情操，追求的是理想境界。既如一幅清新秀丽的山水画，又似一支恬静优美的抒情乐曲。王维以山水诗寄托他的自得其乐的闲适情趣，分明是禅宗的舍伪（抛弃现实世界）、归真（追求超现实的真如世界）、无自（否认个人存在的真实性）、无他（否认他人以至整个客观世界存在的真实性）形象化和美化，这和他个人亦官亦隐、吃斋奉佛的经历是吻合的。

孟浩然则不然，他一生没有入过仕途，而且一直生活在承平年代，生活中缺少波澜，所以他的诗歌就没有发展到幽冷孤独的程度。如《晚泊浔阳望庐山》：“挂席几千里，名山都未逢。泊舟浔阳郭，始见香炉峰。尝读远公传，永怀尘外踪。东林精舍近，日暮空闻钟。”此诗是他山水诗代表作，色彩素淡，浑成无迹，有“天籁”之称。作者如画淡淡的水墨画，所见是秀美的香炉峰，所听是东林寺的钟声，所思是东晋高僧慧远，这似乎是向往逸人高士的生活，但他却是离“精舍近”，却不累步登临，虽“空闻”钟却不去击，分明有钦羡隐逸的流露，但绝不孜孜以求，仅是表达欣然怡悦之情而已。

这种风格的多样性甚至影响到一个个朝代，形成时代的山水诗的基本风格。

如唐诗和宋诗，缪钺先生概括两个朝代诗的风格说："唐诗以韵胜，故浑雅，而贵蕴藉空灵；宋诗以意胜，故精能，而贵深折透辟。唐诗之美在情辞，故丰腴；宋诗之美在气骨，故瘦劲。唐诗如芍药海棠，秾华繁采；宋诗如寒梅秋菊，幽韵冷香。唐诗如啖荔枝，一颗入口，则甘芳盈颊；宋诗如食橄榄，初觉生涩，而回味隽永。"比较其山水诗，风格特别明显。同是歌颂庐山，李白《望庐山五老峰》："庐山东南五老峰，青山削出金芙蓉。九江秀色可揽结，吾将此地巢云松。"作者善譬巧喻，庐山五彩斑斓。苏轼《题西林壁》："横看成岭侧成峰，远近高低各不同。不识庐山真面目，只缘身在此山中。"写景之余却深富哲理，巧妙说明"当局者迷"的哲理，自然而不露痕迹。

二、关注现实和寄托理想

在诸多歌颂人文景观的诗文中，这样的结合尤为突出，切中时弊，见解深刻。以运河题材为例，隋炀帝开凿了南北大运河，这是中华水利史上的奇观，但是毕竟耗用民力太大，天怒人怨，隋代以后，多少诗人在运河边慨叹，当然重在开凿运河对当时人民的危害，"汴水通淮利最多，生人为害亦相和。东南四十三州地，取尽脂膏是此河"。（李敬方）"入郭登桥出郭船，红楼日日柳年年。君王忍把平陈业，只换雷塘数亩田。"（罗隐）这些诗章不胜枚举，对炀帝开河和巡幸之过确有李密在宣布他十大罪状时所说"罄南山之竹，书罪无穷；决东海之波，流恶难尽"之意。但是隋运河在经济上的作用却是不可低估的，而且随着时间的推移，它对后世南北物资交流的促进作用日益明显。所以，唐代诗人皮日休曾写《汴河铭》，称赞运河："北通涿郡之渔商，南运江都之转输，其为利也博哉！"他还在《汴河怀古》诗中说：

尽道隋亡为此河，至今千里赖通波。
若无水殿龙舟事，共禹论功不较多。

明人于慎行《谷山笔麈》评述颇为公允，说炀帝"为后世开万世之利，可谓不仁而有功矣"。清初爱国历史学家谈迁在《北游录》中谈到邗沟时也说："吴隋虽轻用民力，今漕河赖之。西门豹曰：'今父老子弟患苦我，百岁后期令子孙思我。'谅哉！"

我国山水文学的另一重要特点是关注现实的同时又寄托理想，诗人都以满腔热情去拥抱生活，关心民生疾苦，国家兴衰，可贵者对黑暗现实的憎恶又反衬着对美好生活的向往。范仲淹的《岳阳楼记》表达了"先天下之忧而忧，后天下之乐而乐"的高尚理想，激励了多少后代仁人志士。刘禹锡的《陋室铭》，全文仅81字："山不在高，有仙则名；水不在深，有龙则灵。斯是陋室，唯吾德馨。苔痕上阶绿，草色入帘青。谈笑有鸿儒，往来无白丁。可以调素琴，阅金经；无丝竹之乱耳，无案牍之劳形。南阳诸葛庐，西蜀子云亭。孔子云：'何陋之有？'"作者以理想写陋室。借陋室表现理想，他求的是陋室门前内里的别致幽雅的美景；知交相聚的纯洁相知相慰的人情交往；不劳形案牍，有调琴阅经逸豫乐趣。他不羡慕荣华富贵，不同流合污于腐朽权贵，实在是至尊至洁的理想。

三、纪实和写意

山水诗文如同中国水墨画，泼墨晕染、工笔细描有机结合，既表现山水景观，形美质美，外表景象和内在风骨，还通过议论、抒情手段，表现诗人的独特的审美情趣。总是注重主观"意"和客观"境"的有机融合，创造出饱和诗人主观感情的理想景观。如白居易的《忆江南》："江南好，风景旧曾谙。日出江花红胜火，春来江水绿如蓝，能不忆江南。"不过只用了最具特色的"江花""江水"，受着红日普照，春风轻拂，于是天工造化，这画面色彩"花红似火""水绿如蓝"，这互为背景、又互为主景的江南景准确、形象、鲜明地表露出来。如果不是有高度纪实写意的技巧，谁能仅用14字就能表达这色彩绚丽，耀人眼目的阔大图景？

杨万里《晓出净慈寺送林子芳》："毕竟西湖六月中，风光不与四时同。接天莲叶无穷碧，映日荷花别样红。"特定的地点——西湖，特定的时间——六月中，自然造成不同他处、不同四时的独特景观，那是阔大无比的景，莲叶接天，荷花也接天，荷花映日，莲叶也映日，荷花是因天日的抚慰才如此娇美动人，还是天日艳羡荷花的美丽，才主动为其增色生辉，把充满阴柔之气的秀媚的荷花和境界阔大的充满阳刚之气的壮美的天日，自然、形象地结合在一起，非大手笔而无此诗。

朱熹《春日》："胜日寻芳泗水滨，无边光景一时新。等闲识得东风面，万紫千红总是春。"这是一首游春诗，可贵的是作者不是进行具体形象的纪实，而是高屋建瓴，抓住春日之魂，浓缩概括，只以"万紫千红"四字，便写出了春天的百花争艳，更写出蓬勃生机，无限春光，其"寻芳"暗含求圣人之道，"万紫千红"暗含其"道"的生机盎然。这种情感宣泄的适度和表现方法的简约，使山水文学具有含蓄深沉、意味隽永的艺术特征。

第五节 中西方游记文学比较

游记是旅游过程中的一种具体而形象的表现和记录。山水是案头文章，文章是案头山水，中西游记有着较大的反差。

（一）中国的情感表达和西方的哲理思考

人与景、情与景结合之紧密是中西方审美共通的，西方人看待自然时也有人的感受和感情，但中心是景，人的感受是在看景中产生的，实际上仍是客观地看景。瑞士作家阿米尔所说："一片自然风景是一个心灵的境界。"这种观点就同中国游客有些相似了。

相对而言，中国游客将景物看作是人格的象征物较多，所寓入的作者情感和理念的东西较多。而西方游客将景物看作是某种理念的象征物较多。在游玩中，中国人的审美融入伦理道德、人格意识较多，这在周敦颐的《爱莲说》中表现得最概括与彻底："水陆草木之花，可爱者甚蕃。晋陶渊明独爱菊；自李唐来，世人甚爱牡丹；予独爱莲之出淤泥而不染，濯清涟而不妖，中通外直，不蔓不枝，香远益清，亭亭净植，可远观而不可亵玩焉。予谓菊，花之隐逸者也；牡丹，花之富贵者也；莲，花之君子者也。"范仲淹的《岳阳楼记》、杨朔的《茶花赋》、秦牧的《社稷坛抒情》是一种典型，主要抒发忧国忧民及政治理想道德的一种情愫。另一类像杜牧的《阿房宫赋》、王安石的《游褒禅山记》等则是寓一种人生哲理的代表作。在《游褒禅山记》中，作者发出这样的感慨："古人之观于天地、山川、草木、虫鱼、鸟兽，往往有得，以其求思之深而无不在也。夫夷以近，则游者众；险以远，则至者少。而世之奇伟、瑰怪、非常之观，常在于险远，而人之所罕至焉，故非有志者不能至也。"这是将旅游与人格立志结合在一起的一种人生哲理抒发。但这一类游记文章在中国古代并不多，只是从近代以来受西方的影响才逐渐发展起来，成为中国游记散文中的一个重要组成部分。

"美丽的风景所以使人感动，不是由于它给人或多或少的舒适的感觉，而是由于它引起人的思想，想到的线条和颜色，自身不能感动人，而是渗入其中的那种深刻的意义。"（《罗丹艺术论》）。在西方，游客寓哲理于游玩之中很普通。如卢梭的《圣皮埃尔岛上的欢乐》中有这么一段："湖水在我眼前时涨时落，喧哗不止，时强时弱的波涛声，不停地在我耳边喧腾。它们取代了我那因幻想而停止了的内心活动，不费心神就足以使我愉快地感到自己的存在。我时不时泛泛而短暂地思考世界上各种事物的不稳定性，水面恰好给我提供了这种不稳定的图案。"

这样直接地把哲学道理放入景色观察之中玩法，中国人在游玩中是难做到的。

（二）中国人特别重意境和西方重“典型”

我们不仅诗歌文赋，而且书画雕塑，甚至自然景、人工景都能以“意境”去欣赏概括，追求“象外之象”“景外之景”，杜甫诗云“意匠惨淡经营中”，这“意”有意境、意象、意蕴、意味之谓。对意的刻意理解应是旅游者观赏的最高追求。这种融合是形成于我国先秦时期的“比德”式审美，即将自然物的某些特征比附于人的道德、情操，使自然事物的属性人格化，人的品性客观化。它集中体现的是重现实和世俗、重实践理性的儒家文化，将山水看作是人们理想、追求、憧憬、道义及人格的象征。“智者乐水，仁者乐山”是这一倾向的高度概括。中国的景观总是强化这种意境，在一个景观中突出最具景点特点的精神，以丰富多彩的“境”物，多侧面多角度地渲染深厚内涵的审美“意”象。尤其是中国传统园林，缩龙成寸，“搜尽奇峰打草稿”，把自然山水艺术化为意境——先造“生境”，创造欣欣向荣的“自然美”的境界；再求“画境”，在“自然美”中融入山水诗画的笔意，上升到“艺术美”的境界；再悟“意境”，追求情景交融蕴含和昭示人生哲理及宇宙意识，创造出艺术境界。而“意境”的动静兼顾、登高凭临、注重对比、情景交融等审美方法一直古今相续，成为雅俗共同向往的审美感受。

西方重“典型”，他们对中国的意象并不感兴趣，而是重视如何看到事情的本质，研究客体的共性与个性、偶然性和必然性、独特性和普遍性、表面性和本质性，即由此概括出“典型”说，寻求客体的艺术特征，与其他客体的共性特征和区别于其他客体的个性特征，尤其是鲜明的个性特征，其实这和中国景观总是夸饰其个性特征，张扬其个性也是相通的。只是西方人欣赏自然山水或者其他的艺术品，只是停留在旁观者的角度以一种平和的心态去看待一个客观的事物，没有“寄情于景”的心态。人与景分别处在不同的位置上，互作关照，而不是合二为一，不分彼此。

（三）中国人寄托温和与西方人追求悲壮

从季候上说，中国游客都喜欢看春天。“阳春召我以烟景”，春天万物复苏、百花争艳，一片欣欣向荣，生命力体现得最成分，令人舒畅、令人陶醉。因此在中国作家笔下，《春歌》《春晓》《春江花月夜》《春夜喜雨》《晚春赋》《春赋》《钓台的春昼》《春游颐和园》等诗文便层出不穷。“春风动春心，流目嘱山林。山林多奇彩，阳鸟吐清音。”季候景色的多种变化令人感受到春的气息和春的脚步，游客细腻流畅、温和柔润的性格与春季的气候特征相符。西方人也喜欢看春，其蕴含的内在情趣更多的是一种对比，冬与春的对比，从寒冷到温暖，从萧条到繁盛的感受和体验。西方人对春的观察，更多的是像法国帕特朗《再来一个春天》或英国塞缪尔－约翰逊《说春》那样的笔调，强调的是一种强烈的召唤意识，一种对温暖、兴盛、自由和生命的召唤。

当然中国游客也有这种对比和召唤意识，但不是寄托在春季，而是寄托于秋季。写秋季的诗词、游记，从古代曹丕的《燕歌行》、刘彻的《秋风辞》、曹操的《观沧海》、潘岳的《秋兴赋》、南北朝乐府民歌《秋歌》、欧阳修的《秋声赋》、谭元春的《自题秋冬之际草》，到近现代鲁迅的《秋夜》、林语堂《秋天的况味》、庐隐的《异国秋思》、郁达夫的《故都之秋》、峻青的《秋色赋》等。其基调大部分是“悲哉秋之为气也”（宋玉《九辩》），当然其中也有悲凉之气、悲壮之气之分，到现当代又多有壮硕之气。这悲凉和悲壮情调成了古典游记散文写秋的主调，在当代这两种基调虽然还影响游人，不过在中华人民共和国成立后因歌颂性的游记散文有了发展，悲凉、悲壮的情调也发生了变化：如峻青的《秋色赋》、杨朔的《香山红叶》、叶君健的《香山的红叶》等，写的虽是秋季，主调却是收获、丰盛、繁华和壮硕，其中峻青的《秋色赋》是代表。作者完全是有意与欧阳修的《秋声赋》作对比，不将秋天看成肃杀可怕、凄凉阴沉，而是瓜果遍地、欣欣向荣，所描写的也不是欧阳修的那种“其色惨淡，烟靡云敛”的凄凉景色，而是万紫千红的丰收景色和奋发蓬勃的繁荣气象。这些文章有意无意地影响游人，成为游客游玩时的理论指导。

西方人从他们的性格和美学观念出发，自然更喜欢悲凉的景色，所以在他们的游览中对瀑布、雪山、森林、草原、湖泊这些高大宽阔的景物感兴趣就较多，这些都从不同角度体现了壮观的气势。因此就季节而言，西方人又喜欢冬天，法国作家乔治·桑的《冬天的美》是代表。其中的描绘抒情是一种凄凉中含有的庄严美、萧瑟中含有的伟大的悲壮美。

第十章　书画雕塑文化

〔内容提要〕

书法、绘画、雕塑都是布置厅堂的重要饰品。书法和绘画又常和雕塑结合，其中碑刻和摩崖石刻都是艺术家、工匠以山石为纸，锤凿为笔，在自然赋予的天地间尽情显露他们的豪情壮志，将“逝者如斯夫”的岁月化为山川灵秀中的永恒。中国特有的书法碑刻、摩崖石刻壁画、摩崖造像、汉画像石都是恰当利用地形地物，刻意雕琢，精益求精，风格各异，使原本精巧秀雅的名胜古迹平添无限风韵。书法绘画的名人故地，与名人的经历和书画有自然的关系。如西湖边的西泠印社依山傍水，人行其间神爽目明，从清光绪时起到民国直至当今，不仅吴昌硕、任伯年、丰子恺、鲁迅在此驻足，而且日本、朝鲜人也是其国际社友。游人重访遗踪，确实感到“西泠山水清，淑人多才艺”。

我国迄今遗留在地上地下及博物馆中的雕塑艺术宝藏极其丰富。汉、唐、宋、元、明、清各个朝代的雕塑有石刻、砖刻、木刻、金属塑、泥塑各种质料，人物、动物、山水、花草、树木、佛像等不同题材的雕塑都是旅游景观中的华彩乐章。

〔学习要点〕

- 笔补造化的书法艺术。
- 神似取胜的绘画艺术。
- 笔墨纸砚。
- 气韵生动的雕刻艺术。
- 中西方造型艺术、装饰艺术比较。

〔思考题〕

1. 简述摩崖石刻、碑林、书法名人故地。
2. 简述绘画与旅游的紧密结合。
3. 简述笔墨纸砚生产展示场所。
4. 简述佛像雕塑、建筑雕塑、陵墓雕塑的特点。

中国传统艺术，如诗词文赋、书画雕塑、戏曲歌舞、工艺美术、园林建筑，不仅在世界艺术之林中占有相当重要的地位，而且具有丰富而独特的审美价值。对艺术审美型的旅游者具有极大的吸引力。因为旅游是人类文明的体现，是广义的文化艺术活动，它是文化艺术的消费，又是文化艺术的创造。可以说旅游最本质的特征就是旅游者变换原有的文化艺术环境，探奇求知；变换生活节律，以吸取其他地域的文化艺术。无论是有意识还是无意识，旅游活动都是为了满足文化艺术精神的需求。

尤其是中国艺术，在其创造过程中，其中有一部分打上了阶级的、政治的印记，但更多的是追求一种人类共同美，如书法、花鸟画、工艺美术等。今天的旅游者在观赏这些传统艺术时，其审美感常常是淡化这些艺术创作时的政治的、阶级的背景，突破了时间和空间的界限，努力挖掘艺术自身的美，人类的共同美。书法、篆刻、安徽宣纸等已被列入《世界非物质文化遗产名录》。

第一节　笔补造化的书法艺术

巴尔扎克说过："中国艺术有一种无边无涯的富饶性，中国神秘而又多彩的艺术，曾使几代西方哲人和艺术家为之倾倒。"作为艺术的子系统，绘画、书法、雕塑具有独特的民族风格和民族气派，是旅游资源的重要组成部分，具有永久的魅力。

一、书法史概述

中国书法是中华特有的艺术。它奠基于方块字的造型基础之上，其方结构造型，本身就具备了艺术的对比、平衡、穿插、均匀等素质，是书法家得以充分施展艺术的手段。方结构使线条组织有明确的核心，又有以核心为起点的运动趋向和变化态势。结构的存在，使线条在更大范围内丰富自己的表现力，线条推移的丰富多彩，跌宕多姿，显示出美妙多变的旋律。汉字的结构美为书家情感驰骋和技巧显示创造了一个无比广阔的天地。就字形来说，整体上是方正的，但平正安稳之外又富于变化，篆书略呈纵势展开，隶书呈横势展开，楷书则基本上方正一致，不同作家通过构件位置的移易造成离与合的变化；通过笔形的曲直变化，造成刚与柔的效果；通过笔势的稳险缓急，可以传达静与动的神态；通过用墨的浓淡湿燥，可以烘托肥瘦阴阳的境界；而中和之美又将各种变化因素协调于一个方块之内，达到稳定又不失灵活的美观形态。可以说，它是造型美和抒情美的结合，如画、如诗、如乐；它依靠着流动的笔迹线条，不但曲折地联结着自然万象的美，而且直接表现着人们内心流注出的美。如鲁迅所说，中国文字“具三美：意美以感心，一也；音美以感耳，二也；形美以感目，三也”。

中国的书法源远流长，殷商的陶片甲骨、周氏的钟鼎、石鼓铭文，皆属大篆范畴，尽管不是刻意地追求书法效果，但是有意无意地按美的方式处理字的笔画、结体、篇章。其字的流动，行的排列，注意了上下前后照应，可谓形神兼备。秦代篆文对繁复横强的大篆体经过简化整理变革，代表了国家一统后的秦代书派。官方使用的小篆体，民间习用的隶书体，以布局均匀、线条工整著称。书法作为一种艺术当在汉代、魏晋出现，此时专攻书法的艺术家如群星璀璨。汉代篆书、隶书、草书一改秦书的质朴，而是以文采取胜，隶书中的《石门颂》《景君碑》《乙瑛碑》《礼器碑》《华山庙碑》《史晨碑》《夏承碑》《曹全碑》《张迁碑》《谯敏碑》，虽都是隶书，却是风格独具，异彩纷呈，具有豪放雄重的境界，直使后人千秋景仰。草书最初不过是人们行文中的趋急赴变，人心乐变造成的。代表人物是张芝，他的草书结构灵活，点画俊俏，笔意贯穿，呼应相顾。为别于汉章帝写章草的影响，人称“今草”。有笔飞墨舞、龙骧豹变的“草圣”之誉。三国两晋崛起两大家。魏国钟繇创造了正楷书，他把汉隶、草隶、今草的笔姿尽情吸取、美妙地运用，发明了横笔轻、竖笔重，使楷书具备了特有的风韵，有云鹤游天、群鸿戏海之誉。晋代的王羲之为书圣，他备精众体，他的行书、草书《十七帖》《快雪时晴帖》《兰亭集序》《黄庭经》均超逸俊美，炉火纯青，可谓名耀书坛，震古烁今。

唐代书法成就极为突出，书法是该时代普及的艺术，又是最成熟的艺术。不仅出现了颜真卿、柳公权、欧阳询、虞世南、张旭、李邕、怀素等一大批创造性很强的书法家，而且李白、白居易、杜牧、元稹等文学家都善于书法。而唐高祖李渊、唐太宗李世民、唐玄宗李隆基、武则天都是书法高手。欧阳询的《九成宫醴泉铭》圆畅方挺；虞世南《孔子庙堂碑》闲逸端雅；褚遂良的《孟法师碑》爽健端方；孙过庭的《书谱序稿》高古旷达。李邕的《云麾碑》坚瘦挺拔；张旭的《肚痛草书帖》如杜甫所赞：“铿锵鸣玉动，落落群松直。连山蟠其间，溟涨与笔力。”颜真卿的《多宝塔》庄严峻峭，浑厚雄健，气势磅礴，神态端庄；柳公权的《玄秘塔》骨鲠气刚，清健端正；《唐怀素自叙帖》藏锋内转，草法精湛，笔姿清坚，笔调瘦劲，丰神别具。

宋代苏（轼）、黄（庭坚）、米（芾）、蔡（襄）四大家为后世推崇。他们不像唐书法家各人变其法则，而是变其意态，创新功夫虽稍逊于唐人，但创演功夫却高唐人一筹。苏轼字神采秀发，意态天然，如他自言：“短长肥瘦各有度，玉环飞燕谁敢憎。”黄庭坚书法生动雄伟，苍劲遒健，神闲意媚，气韵超凡；米芾书法雄劲清新，有方挺豪宕，坚劲潇洒之誉；蔡襄书法浑厚端严，雄伟遒丽，为后世推崇。

元代书家赵孟頫，明代书家祝允明、文徵明、董其昌都以各自个性驰骋书坛。

清代是我国书法史上书道中兴的一代，邓石如、陈鸿寿、何绍基、包世臣，尤其是出现了一些群体书法家，如扬州八怪，金农、黄慎、汪士慎、郑燮、罗聘、高翔、李鱓、李方膺，他们打破馆阁体的“墨乌黑，字方整，笔光润”的僵死书风，弃帖学而走碑学，超越前朝，各自融入个性，创造出一代崭新的书风，自出新意，别具风格。如郑板桥就宣称过：“凡作文者，当作主子文章，不可作奴才文章。”所以他特地刻一方图章“郑为东道主”，这就是说无论写诗作文与做事，处处以主人翁自居，自己踏出一条路来。确实，他的诗、书、画都踩出了一条自己的路。蒋宝林在《墨林今话》中说，郑板桥“诗词书画，皆旷世独立，自成一家”。郑板桥的书法，隶楷参半，自称六分半，书极瘦硬，而且间以画法。人说“板桥作字如写兰，波磔奇古形翩翻；板桥写兰如作字，秀叶疏花见姿致”。其字如秋花倚石，野鹤戛烟，自然成趣，时称板桥体。这种书体在当时影响很大，至今200年来一直不衰。他不仅书法自成一体，诗画也一样，他的诗、书、画并称“板桥三绝”，其所以称三绝是因为有“三真”：“真气，真意，真趣。”这风格，用他自己的话是“随手写去，自尔成局，其神理具足也”。

可见书法作为艺术反映着书法家个人风格，有“字如其人”之说。而书法还反映整个时代的审美风貌，有“晋人尚韵，唐人尚法，宋人尚意，明人尚态”之定论，作为抽象美的文字，居然被中国的书法艺术家们表现出审美的多样性，创造出独特的艺术世界。

中国书法，2009年被列入《世界非物质文化遗产名录》。评价是：中国书法是中国汉字特有的一种传统艺术。历经3000多年，已成为中国文化的代表性符号。是以笔、墨、纸等为主要工具材料，通过汉字书写，在完成信息交流实用功能的同时，以特有的造型符号和笔墨韵律，融入人们对自然、社会、生命的思考，从而表现出中国人特有的思维方式、人格精神与性情志趣的一种艺术实践。书法是中国及深受中国文化影响过的周边国家和地区特有的一种文字美的艺术表现形式。包括汉字书法、蒙古文书法、阿拉伯书法和英文书法等。

二、书法与旅游的紧密结合

我国旅游和书法是紧密相连的，书法已成为旅游的重要资源，书法作品、书写工具、书法景观已成为旅游场所中最引人注目的内容之一。

（一）专项书法展览精品纷呈

几乎无一综合性博物馆不收藏中国书法作品，而专题博物馆，如中国美术馆、荣宝斋、上海书画社、杭州西泠印社等都有数千或数万件书法珍品，这些书法作品很多是书法家的代表作，或是陵墓中出土的独一无二的作品，或是辗转异国他乡，不惜重金搜求的作品。而兵燹战乱，帝国主义巧取豪夺，绢本纸本的保存困难，使那些能流传至今的书法作品价值连城。能一睹这些珍品的风采当然是一种乐事。所以故宫中的书画馆中所藏历代书画已达10万件以上，其中还不包括运去台湾的书画名迹。为了使一些流失的书法重新回到故宫，我国的领导人亲自过问，如《三希堂法帖》，全名《御刻三希堂石渠宝笈法帖》。三希堂位于北京故宫博物院养心殿，以储存三希墨宝而闻名于世。“三希”取意宋新儒学的开山鼻祖周敦颐所提出来的命题，“士希贤、贤希圣、圣希天”。一直为宋以来的中国士人所钟爱，“希贤希圣”成为他们安身立命、经世治国的人生格言。清乾隆十二年（1747），皇帝弘历敕命吏部尚书梁诗正、户部尚书蒋溥等人，将内府所藏历代书法作品，择其精要由宋璋、扣住、二格、焦林等人镌刻而成。帖共分32册，刻石500余块，收集自魏、晋至明代末年共134位书法家的300余件书法作品，因帖中收有被当时乾隆帝视为3件稀世墨宝的东晋书迹，即王羲之的《快雪时晴帖》、其子王献之的《中秋帖》和王珣的《伯远帖》，而珍藏这3件稀世珍宝的地方被称为三希堂，故法帖取名《三希堂法帖》。法帖原刻石嵌于北京北海公园阅古楼墙间。

（二）对联匾额是景点建筑重要的饰品

中国厅堂自有其民族的布置方法，室内的书法中堂、条幅，立柱上的楹联抱柱，堂上悬挂的匾额都是书法作品。比如故宫乾清宫，是皇帝的寝宫，中间“正大光明”匾是清顺治皇帝御笔所书。颐和园万寿门前的长廊共273间，中间建有四座八角重檐亭，亭内有“留佳”“寄澜”“秋水”“清遥”等匾额，这些皆是慈禧太后亲书，再做成金字匾额的。可以说这些对联匾额，书法作品都是古今名人此地彼时写成，名为应景之作，但多将情景交融，成为点睛之笔，令游人思绪万千。如黄鹤楼一楼东面是关山月作联，并亲书：“龟伏蛇盘，对唱大江东去也；天高地阔，且看黄鹤再来兮。”将黄鹤楼的景，楚地天高地阔，长江滚滚东去勾勒出来，还将此地龟伏蛇盘的典故，黄鹤飞去的传说，苏轼大江东去的诗文巧妙融会其中，实在是景物的点睛之笔。可以这样说，有些景很平常，但因文人雅士的书法便提高了景点的品位。

（三）摩崖石刻与碑林

我国的旅游景观中的人文价值很多是通过碑刻实现的，不仅人文景观中碑刻众多，自然景观中也不乏碑刻，可以说无景不碑，无碑不妙，骚人墨客和能工巧匠配合是那样默契，以山石为纸，以锤凿做笔，在自然赋予的天地间尽情显露他们的豪情壮志，将“逝者如斯夫”的岁月化成山川灵秀中的永恒。这是中国特有的碑刻文化，一道永远亮丽的风景线。

摩崖石刻，借助于高山丘陵的石壁，将名人书法刻于其上，此种手法历代相承，使石壁之上成为历代书法家大显身手之地。比如天津盘山石刻、山东泰山石刻、浙江普陀山石刻、河南嵩山石刻、湖南九嶷山石刻、浯溪露天诗海碑林石刻、广西桂林象鼻山还珠洞石刻、三峡夔门石刻、湖北黄冈赤壁石刻等。

摩崖石刻是人们触景生情的即兴之作，内容往往深蕴哲理，让人顿开茅塞。泰山，从朝阳洞向上，渐渐接近十八盘，山路越来越险，似乎是在登天，猛抬头，忽见摩崖石刻——“从善如登”，落款禁不住岁月磨洗，模糊不清了，但四个大字雄浑雅健，非大手笔而无此风。“登山”与“从善”相连，发人深省，耐人寻味。“从善”是像“登山”一样难，从山下到山上，最近的磴级逾7000级，最险处近75度，一步步向上，道中迷雾冰滑，磴几不可登，心跳加速，虚汗直淌，不知和当政者“从善”——接受别人意见时的感觉有无相通之处？“从善如登”不仅看到登之难，而且还看到登之可能。十八盘上，尽管捷足先登的人累得直发喘，但向下望去，许多登攀者还是不畏艰难向上登。正是不断地攀登，磴级也不断进化，从山崖最初凿几个脚坑，到铺设磴阶，到安装缆车，登攀者越来越看到登之可能，并不断创造登山条件。可见，“从善”虽难如登山，但只要克服自身不善，最终还是可以走向善之路的。其实“从善如登”，不仅看到登之困难、登之可能，更尝到了登山之乐趣。攀登时，阵阵山风拂过，令你神清目爽；登上玉皇项，立于泰山极顶，鸟瞰天梯高悬，侧听松涛和鸣，置身茫茫云海，沐浴霞光之中，黄河、汶河似两条彩绸，连绵山岭好比起伏海浪，个中快慰岂是不登临者所能体会！摩崖石刻“从善如登”，好就好在依附奇景，由景生情，由情美领略哲理美；好就好在画龙点睛，让人从对景物内蕴美的提炼概括中得到理念美的升华；好就好在让人探究不完，只要去寻美、审美，就会引起多侧面、全方位的丰富联想。

摩崖石刻实在是旅游的宝藏，只有深入挖掘，才不会与美失之交臂。杭州灵隐寺飞来峰山崖洞壁上到处有文字刻石，历代哲人，儒法释道荟萃于一山，细看内容，最多的是劝善戒恶之词：“峰从天外飞来，见一线光明，万壑松涛开觉悟；泉自石边流出，悟三生因果，十方华藏证根源。”看来是佛门长老巧借飞来峰典故，苦心引导人们觉海渡航。果然在石壁上就有善男信女刻下的“万缘放下，一心念佛”的誓言。不过毕竟也有人不信这一套的，有一佛门子弟题下了：“泉水逐渐生暖意，放笑脸相迎；峰峦或再有飞来，坐山门老等。”分明对佛家飞来之说发出疑问，富有揶揄调侃之意。洞壁上有一方石刻更为直率，这是一对夫妇同游飞来峰刻下的，“合山水乐，成君子心”。可见他们丝毫不受佛法的劝诫，而是尽情领略山水之乐的。小小石壁竟然也成了战场，如见硝烟之状，似闻金鼓之声，古代游客以其特有形式进行着笔墨之战，诸说并存，相持难下。石刻如此之多，若能拓片整理，按年代编排，探究古代思想发展的脉络，了解游客的特有心态，追溯风俗民情中的精华，当不会是无益的。

碑林。我国碑林很多，刻石记功记事秦汉时即有此习俗，其后大体有三种情况，一是专题性碑林，如曲阜孔庙内存有两汉以来历代碑碣2200余块，其中有几个专题：一为歌颂孔子道德文章的，如孔庙前的两座御碑亭，碑高6米多，宽2米多，13个碑亭中，共有碑55幢，其中康熙的碑重65吨。这些碑文是唐、宋、元、明、清、民国7代所立，内容多是皇帝对孔子追谥加封，拜庙亲祭，派官致祭和修整庙宇的记录，不仅有汉文，还有蒙文、满文刻成。二是碑刻荟萃，东庑内还有汉代碑刻19块，魏晋南北朝碑刻6块，其中《乙瑛碑》《孔谦碑》《孔君碑》《礼器碑》《孔宙碑》《史晨碑》等都是著名的碑刻，是研究古代书法艺术及字体演变的可贵实物。碑林中另一情况则非专题内容，而是各种内容，以丰富多彩取胜。如西安碑林，历代碑碣2300余件，唐、宋、明、清时代并容，篆、隶、草、楷书体竞艳，颜、柳、欧、赵风格媲美。最初是北宋元祐五年（1090）为保存唐开元年间镌刻《十三经》《石台孝经》而逐步建成。历经金、元、明各代收集，规模渐大，清初始成碑林。如今已形成7座大型陈列室、7座游廊和一个碑亭。其中唐文宗开成二年（837）刻成的《开成石经》共114石，两面刻《周易》《尚书》《诗经》《周礼》《仪礼》《礼记》《春秋左氏传》《春秋公羊传》《春秋穀梁传》《孝经》《论语》《尔雅》十二部经文，共计650252字，有石质文库之称。三是园林中的诗条石碑刻，苏州园林，厅堂鳞次栉比，游廊曲折蜿蜒，廊墙上嵌有一方方诗条石，仅是留园，六七百米的长廊上就有30多方。那是又一种风格，刻意雕琢，精益求精，恰到好处，点到人心，使原本精巧秀雅的园林满壁生辉，平添了无限风韵。

（四）书法名人故地

我国一些人文景观专为书法名人而设，原因是这些景点与名人的经历和书法有自然的联系，而后人到此凭吊活动多是围绕名人书法展开。如湖南祁阳浯溪，原是唐代诗人元结卸道州刺史，途经此地，爱其山水胜异，遂寓溪畔。他将自己所撰的《大唐中兴颂》，请当时著名书法家颜真卿写成楷书大字，摹刻于江畔数十丈峻峭之石壁上，石刻高284厘米，宽300厘米，共21行，行20字，字径15厘米，述安史之乱、玄宗逃蜀、肃宗即位、克复长安、洛阳之事。由于“颜鲁公中兴颂为书法家规矩准绳之大成”，且“文、书、岩”都奇，有“三绝”之称。从此游客日多，题名刻石几乎遍山，大书法家宋黄庭坚，清何绍基、吴大澂等留有墨宝，而且清代越南使者来我国途经此处也留有刻石几块。如今这里依托《大唐中兴颂》碑复原的元结故地浯台、庼，浯溪“三吾”景观，碑楼，三绝堂，元结、颜真卿的石刻塑像成为湖南重要景观。

书法名人故地总是追求书法的清新、雅淡、中和之美，这种内蕴的美使景观的生命之树常绿。以兰亭为例：兰亭是为纪念东晋时著名书法家王羲之而建，永和九年（353）三月上旬巳日，王羲之邀集宦游或寓居在绍兴的名流谢安、谢万、孙绰等41人，到稽北丘陵的兰亭去饮酒赋诗，这就是著名的兰亭之会。席间，名流们一共作了30多首诗，王羲之为这些诗写了一篇序文，这就是著名的《兰亭集序》。为纪念这次盛会，相传王羲之一时兴来，用鼠须笔在乌丝茧纸上，把这篇325字的文章一气呵成，成为我国书法艺术上登峰造极的作品。当地官员纷纷在此建堂筑亭，代有增添，才使之跻身江南著名的园林行列。

首先，以文中的意境定出全园的基调。这基调即是雅、秀、清。《兰亭集序》产生的时代，正是雕辞琢句的骈体文逐渐风行的时代，王羲之独创一格，以清新朴实的语言反映现实，直抒胸臆，给文坛带来一股清新之风。且王羲之当时虽以右军将军的头衔出任会稽郡内史，但他却不醉心于功名利禄，相反和稽山鉴水日夕接触，“山阴道中行，如在镜中游”，欣赏自然美景，可谓人雅、文清，体现在文中的意境必然是清新优雅，而这“清”“雅”二字就成了全园的“诗眼”。进入兰亭，确如《兰亭集序》所说：“此地有崇山峻岭，茂林修竹，又有清流激湍，映带左右。”造景者一是以崇山峻岭为依托，造景时又都是以建筑不太高，形制不太大的厅堂馆室，和高山形成对比，以高山反衬其清幽；二是以自然景为主，呈现自然的开朗、明秀之气，亭阁仅仅作为点缀。以“曲水流觞”景为例，该景是由一溪一亭一画组成，流觞亭面阔三间，单檐歇山，四面周廊；迎面的荷池内，莲叶无穷碧，荷花别样红；亭内上悬“曲水邀欢处”一匾，下挂《兰亭修禊图》一幅，这是扇面形兼工带写的人物山水，用笔工整，设色淡雅，记载了当年修禊的盛况，画中王羲之等41人，散处在一湾曲水之旁，或坐或卧，或饮或吟，有的正握笔撰写，有的却拈须沉思，有趣的是那曲水中，一个个酒杯由荷叶托着顺流缓缓而下，杯停之处，便是杯旁文人吟唱之时，枯墨者要把觥饮酒，不剩点滴，真是雅趣。

其次，以文中内容构景，显现书家人生的片断。王羲之在绍兴生活了很长时间，留下了许多逸闻佳话，多与他的书法有关，构景者在造兰亭时，撷取他书法生渊中最闪光的生活片断，巧妙地熔铸在景物中，以作为写作《兰亭集序》的补充解说。鹅池，一汪净水，池边黄石参差错落，取法自然，周围古树嵯峨，浓荫泼洒，池上架三折石桥，白鹅戏水幽娴自得，待有人上桥，几只鹅便向桥游来，曲项高歌，水清、树绿、石黄、鹅白，再和谐不过了。鹅池碑，入园穿过竹林小径，迎面是一座三角形的鹅池碑亭，“鹅池”两字，行书字体，字大如斗，笔势开张，点画飞动，潇洒纵横，确是“飘若浮云，矫若游龙”。相传为王羲之、王献之父子合写，不仅书法父子相传，而且爱鹅也先后相继。戒珠寺，兰亭原有一贫僧，该僧年纪尚小，聪颖好学，羲之曾用心辅导他学书，其时羲之有一双明珠，他常转动明珠在鹅池边观鹅戏水，一日，他突然发觉珠子少了一颗，疑是小僧所取，不由叹息人心叵测，小僧知情后，欲辩无语，惊吓中竟悬梁自尽，正巧庖厨见池中一鹅不神气，宰杀后明珠竟在胰囊中闪耀，羲之得知无限惭愧，特舍宅为寺，起名“戒珠寺”，成为兰亭一景。

再次，以《兰亭集序》的翰墨风采显现兰亭的个性特征。围绕《兰亭集序》，构园者特建造小兰亭、御碑亭、墨华亭三景，为了突出“兰”字，在小兰亭碑前特辟一方兰圃，幽香逼人，在墨华亭内，芝兰满堂，香气袭人。同是以《兰亭集序》为内容，但几处碑文各有侧重，小兰亭中，碑文“兰亭”二字，系康熙手笔，上覆一亭，亭顶是在盏顶之上，再加一方顶，十分明秀。御碑亭内，碑阳是康熙手笔《兰亭集序》，碑阴是乾隆手笔《兰亭即事》七律诗一首，碑为整块青石镌刻，高6.8米，宽2.6米，厚0.4米，重36000斤左右。层层石阶的台座，周以石狮、石栏，上覆八角重檐碑亭，气势十分雄伟。墨华亭居右军祠内，此处建筑极富层次，祠内有一大方池，清流碧沼，旧为墨池，因羲之临池学书、墨染池水得名，池中建墨华亭一座，亭出水中，如水殿一般，池周是回廊，四壁镶嵌诗条石，皆为历代《兰亭集序》摹刻的碑石。可以说《兰亭集序》是兰亭的个性所在，造园者当然应该发挥其个性特征，因此诗条石特地将赵模、韩道政、冯承素、诸葛贞等人临摹的本子镌刻。有趣的是由于是仿写临摹，以像为贵，因此篇章布局几乎相同，大小也似，但毕竟出于不同书家之手，尽管临摹，但各尽其妙，有的有魏碑的功底，有的有汉隶的痕迹；有的潇洒飘逸，有的严谨浑厚；有的圆笔，有的方笔，同中异，异中同，耐人寻味，可想见书法家当年的赫赫风采。

第二节　神似取胜的绘画艺术

一、绘画史概述

中国绘画以其独特的民族传统和不朽作品而熠熠生辉。西方画重“形似”，中国画求“神似”。这种“神似”，在人物是指精神，个性；在动物、花树，是指其形态特点和动人意趣；在山水风景就是一种美的境界和季节气候的变化特征。立意的高远，情景的交融，虚实相生；色彩的运用，突出表现对象的特征，体现了理性与感性的综合；富丽的对比色彩，又具有浓郁的装饰效果，形成“工笔重彩”的形式；水墨的处理，或以笔墨为上，色彩为辅，依靠墨色的浓淡、枯湿产生奇异的效果，或墨、色合奏，以墨的稳重、色彩的俏丽形成独特的和谐；线条的运用，疏密、繁简、直曲、刚柔的变化，产生丰富的韵律节奏；笔法的讲究，则造成浑然一体的连贯气势。绘画艺术和书法、印章、文学、哲学的融合，将诸美融合，使每一艺术环链成为艺术链条中的不可缺少的部分，发出铿锵的和鸣，而它的布置又和工艺美术、园林建筑的配置相互影响和渗透，更增添其特有的美学价值。

中国绘画源远流长，上古初民在彩陶上绘画互相追逐的鱼，跳跃的鹿，各种富有装饰性的纹样，已经表现相当高的审美情趣。商周时期的青铜器、玉器、象牙雕刻，图案细密富丽，布局严谨整齐。春秋后期，周代都城建筑“明堂”里绘有“尧舜之容，桀纣之像”。战国时期大型建筑普遍采用壁画作为装饰。楚墓中出土的帛画，内容丰富，富于浪漫色彩。这些都说明中国绘画从一产生起就以其丰富的内容、完美的形式自立于世界艺术之林。

中国古代绘画随着社会的发展不断地完善丰富它的绘画题材、体裁艺术形式和表现手法，形成了时代特点和画家的个人风格。唐代以前主要采取的是帛画和壁画，魏晋南北朝出现卷轴画，唐代以后，尤其是元、明、清卷轴画得到长足发展，几乎一统天下。中国画的门类，人们习惯于按照人物、山水、花鸟区分。三种绘画门类中，人物画成熟最早，五代以前，一直以人物画为主，这是受佛教的影响，唐代的人物画登上了艺术的顶峰，此前受玄学影响的山水、花鸟仅作为人物背景的点缀衬托，五代以后，山水、花鸟从人物画中独立并且日趋成熟，很快得到发展，宋元两代达到高峰，成为中国古代绘画艺术的主流。而人物画反而相对衰落，重视人物画的作家数量不多，人物仅仅作为山水画中的点缀。表现技法和艺术风格，五代以前崇尚工笔重彩，宋代是工笔重彩与水墨写意并行，元代以水墨写意最为流行，明清更盛。

中国古代绘画的创作队伍，魏晋以前民间画工是创作的主体，宗教壁画、墓室的壁画，汉画像石、画像砖，青铜器、漆器、陶瓷的画面装饰都是民间画工所为。在布帛砖石金属岩壁之上，无名画工尽情发挥其想象的特长，任意挥洒，将历史故事、神话传说、现实生活、生产劳动各方面的内容体现，以简洁线条，传神形象为中国画奠定了坚实的基础。魏晋南北朝文人士大夫加入绘画队伍，绘画进入“自觉”的时代，吴曹不兴、东晋的顾恺之、南朝的张僧繇，都以“传神”和富有“气韵”而称绝一时，隋唐时绘画分科，人物、山水、花鸟、鬼神、鞍马都有高手，其时画家众多，至今能查考到的有400多人，杰出的画家阎立本、李思训、吴道子、张萱、周昉、韩干等。吴道子的《天子送子图》，阎立本的

《步辇图》《历代帝王图》，张萱的《虢国夫人游春图》，周昉《簪花仕女图》都是传世佳作。五代、两宋是绘画史上的鼎盛时期，朝廷设立画院，专门提供画家工作环境，而且画家受皇帝差遣去各地作画，活动频繁，山水画、花鸟画空前兴旺，形成格调高雅、神韵超然的文人画。两宋仅山水画家就有180多人，李成、范宽、郭熙、米芾、李唐、马远都享誉画坛。此时风俗画兴起，尤其是张择端的《清明上河图》已成举世周知的杰作。元明清时期，士大夫画家的"文人画"成为绘画艺术的主流，他们各立门庭，建树不同的画派，有画院派、浙派、吴派，明代赵孟頫为代表的"元四家"，唐寅为代表的"吴门四家"，石涛、八大为代表的"四大高僧"，龚贤为代表的"金陵八家"，王时敏为代表的"四王"山水画，金农、郑板桥为代表的"扬州八怪"。中国绘画以其众多的光彩和独特的形式，在世界的过去、现在和未来都占有辉煌的地位。

中国古代绘画大体可分为五类：宫廷绘画、文人绘画、宗教绘画、市民绘画和民间绘画。宫廷绘画或是直接为帝王臣将歌功颂德，如阎立本的《历代帝王图》，清王翚的《康熙南巡图》。或是表现帝王心存江湖旨趣的闲适题材的画，如宋徽宗赵佶的《芙蓉锦鸡图》。文人绘画表现士大夫情趣，东晋顾恺之的人物画长于描绘人物的表情神态，如《洛神赋图卷》，曹子建的怅然若失、沉思默想，爱妃回眸顾盼、含情脉脉都有无限感染力。唐代李思训、王维的山水画，"山水树石，笔格遒劲，湍濑潺溪，云霞缥缈"，具有诗的气质。清代"扬州八怪"的绘画，将梅兰竹菊鲜活的外在形象表现为内在的激情，笔墨、构图、色彩、形象形成了独特的风格。宗教绘画，多为匠人绘制，水平按匠人的功底有异而参差不齐，但不同时代风格不同，从最初的南北朝时期的"割肉贸鸽""舍身饲虎"的佛经故事，反映面对大苦大难的宁静崇高，到五代以后在佛教故事有意融入市俗性、民间性、戏剧性，成为有淡淡宗教观念，浓浓世俗趣味的欣赏品。市民绘画一则是文人以风俗民情为题材，精细描摹市民的喜怒哀乐，如宋代的张择端的《清明上河图》，5米多的巨制横轴，从乡村到城市，场面繁华辐辏，百货俱陈，百态具备，不仅以其深厚的描摹现实的功力使人们叹为观止，而且为我们留下北宋开封城生动的历史画面。二是为小说戏曲读本插图，表现世情小说、神魔小说、英雄小说的斗争场面和生活画面，反映出人们的喜好爱憎。民间绘画主要服务于民间习俗，财神、门神、年画，表现民众趋福避害，祈求风调雨顺、国泰民安的最基本的愿望要求。可以说不同类别的画幅由不同阶层的画家所为，全方位地、立体地表现了社会的方方面面，是形象化的中国百科全书，是风格各异的艺术家驰骋想象的疆场。

二、绘画与旅游的紧密结合

我国旅游与绘画是紧密相连的，绘画已成为旅游的重要资源，绘画作品、绘画景观已成为旅游景观中最具魅力的内容之一。

（一）专项绘画展览精品纷呈

凡综合性的博物馆都以名人绘画作为镇馆之宝，而专题博物馆，如中国美术馆、荣宝斋、上海书画社、杭州西泠印社等都有数千种乃至数万种绘画作品，如故宫博物院的绘画馆，以皇极殿西庑房为馆址，常年分期分批分类展出明清两代书画。每年10月还要展出晋、隋、唐、宋、元的书法绘画精品，如隋代展子虔的《游春图》，是山水画发展到一个新阶段的代表，在此以前山水还仅是人物的陪衬，而《游春图》中人与山已有了适当的比例，山水远近关系处理恰当，有“远近山水，咫尺千里”之誉，画面描绘了阳光和煦的春天，翠岫葱茏，碧波荡漾，贵人士子策马游春，使人由此领略到“暖风吹浪生鱼鳞，画图仿佛西湖春”的意境。这山水的开始之作不仅给我们一幅画，而且是一开始即是一种“意境中的山水”，是饱和着画家对自然山水的热爱之情的提炼和升华，对后世山水画创作产生了深远的影响。唐代阎立本的《步辇图》，是流传下来最早的一幅反映我国各族人民要求统一团结愿望的重要画卷，是描绘贞观十五年（641），唐太宗接见吐蕃使者禄东赞迎文成公主入藏时的情景。唐太宗的威严和睦，禄东赞的精干恭敬，礼官肃穆，宫女顾盼，气氛亲切融洽，画风明朗洗练，借汉藏通婚反映出汉藏兄弟民族血肉相连的历史。韩滉的《五牛图》，五头牛一字排开，形成横轴，竟达140厘米，牛的姿势各异，中间一头作正面，其他四牛皆作自左至右的行走姿势，或俯首啮草，或昂首前行，或张口鸣叫，或伸舌舔唇，或似立似行。用色十分得体，虽然都为黄牛，但分为中黄、浅黄、深黄、深褐、花斑，真实自然，浑厚朴实，准确表现出“田家风俗”。其他如五代黄筌的《写生珍禽图》，顾闳中的《韩熙载夜宴图》，宋代郭熙的《窠石平远图》、张择端的《清明上河图》，元代钱选的《山居图》、王冕的《梅花图》等都是弥足珍贵的艺术品，以其历史价值、文物价值、艺术价值吸引海内外游客。

（二）条幅字画是景点厅堂重要饰品

我国古典园林室内布置绘画是不可缺少的，它是厅堂的点睛之笔，决定着厅堂的品位，也表现了厅堂主人的喜好志趣，成为景观的镇景之宝。比如山东曲阜孔府，有大量的名贵字画，多为一代代名家手迹，历代名家的书画珍品，如吕征的鹰石、周之冕的竹石、郑板桥的兰竹、黄慎的人物、罗聘的山水，幅幅精美，神韵各异。有些就是孔府的传人绘制，如七十四代孙“衍圣公”孔繁灏夫人毕景桓绘画的《蝴蝶册》和《花篮册》，其中《蝴蝶册》共绘100余种蝴蝶，晶翅透丽，色彩鲜艳，宛如真蝶。其中最名贵的为元代大书画家赵孟頫的《孔子像》和《三圣图》。后图画中三人站立，中为孔子，左是颜回，右是曾参。孔子正襟危坐，颜回上站，曾参下立，神情庄重，孔子的博大精深，颜回的谦逊，曾参的睿智表现得恰到好处，点到人心，尤其是衣褶潇洒自如，飘逸流畅，富有运动感、节奏感和粗细变化。更可贵者那衣褶竟然是一部《论语》组成，置于放大镜下，是笔画严谨的蝇头小楷，这种别出心裁的传作，丝毫看不出故弄玄虚、标新立异的做作气，而是自然舒展，书法与绘画处理得天衣无缝，相得益彰。试想，在孔府中悬挂这样的画幅，无论是表现厅堂主人的气质，还是表现书画名家的艺术都会让人感到珠联璧合，浑然天成，使人赞叹不已，流连忘返。

（三）宗教壁画

“宗教是人民的鸦片”（马克思），宗教壁画的初衷是宗教教义的形象化的宣传品，但是宗教绘画艺术中体现出的高度艺术技艺，却是宝贵的艺术财富，是人类艺术实践经验的宝贵积累。寺观壁画早期多为洞窟壁画，晚期多为殿观壁画。我国现存的古代壁画较多，如敦煌莫高窟壁画达45000多平方米，麦积山石窟内壁画也达1300多平方米，另外有乾陵永泰公主墓壁画、瞿昙寺壁画、北京法海寺壁画、南禅寺壁画、永乐宫壁画、布达拉宫壁画等。敦煌壁画内容主要是佛教故事，有本身故事，即佛祖释迦牟尼“前生”的故事。“经变”，“经”指佛经，“变”为“变相”、“变现”，即形象化，实际上是佛经的图像化。尊像，即佛、菩萨、弟子的优美形象。供养人像，即当时出钱建窟绘画的善男信女。建筑装饰图案。这些壁画从公元4世纪后开始绘制，延续1500多年，即从南北朝到元，不同时期的不同风格的画家精心描绘，有“东方艺术明珠”之称。比如172窟中的《西方净土变》，以西方极乐世界教主阿弥陀佛为中心，旁侍观音、大势至两大菩萨，有罗汉、天王、夜叉、力士等眷属圣众，大家和谐相处，快乐幸福，伎乐、歌舞、弹唱、宝池莲花、飞禽杂鸟、楼阁台殿，一幅花团锦簇，歌舞升平，气象万千景象，尤其是天女散花，这种传说中的“香音神”居住在风光明媚的宝山之中，不食酒肉，专采百花香露，散天雨花，放百花香，每当鼓乐齐鸣，佛说法至天花乱坠的庄严时刻，她们即出现空中。唐代敦煌壁画的飞天脸形丰满圆润，体态婀娜多姿，临风飞舞，自由自在，飞舞的彩带如游鱼戏水，飞鸟行空，自然新颖，非常美妙。这幅净变图，构图宏伟，气象阔大，人物众多，结构严谨有序，丰富的想象力和熟练的绘画技巧都是空前的。

永乐宫在山西芮城县，是道教宫观。主殿为三清殿，殿内有巨型壁画《朝元仙杖图》即诸神朝拜道教始祖元始天尊的图像，为元代作品，以八个主神，四周围的金童、玉女、天丁、仙侯等近300个天神。画长94.68米，总面积403.34平方米，像一条巨大的彩带，环绕整个大殿。主神稍大，有3米以上，随主诸神高度也在2米多，排成长长的四层，毫无杂乱堆砌之感，庄严的帝君、文雅的玉女、翩翩欲飞的真人、人格化动物，神的面貌神情和颜悦色，或安静，或奋发，或横眉怒目，或温文尔雅，层次分明，前后照应。

（四）汉画像石

全国画像石基地为河南洛阳、陕西米脂、四川雅安、江苏徐州。这是一种特殊的画，原是墓葬石室绘画，特殊的空间位置——棺木内外壁；特殊的表现手法——石刻；产生特殊的效果——埋于地下不易风化，避形水火自然灾变，因而至今鲜亮明晰如初。内容又同中有异——立于墓门的大都是铺首衔环一类带有“门神”色彩的造像，多为图案画，富有装饰性。两壁造像画幅较大，有实际内容，因墓主身份、性格、财势内容各异，手法或粗犷，或细腻，或写意，或写实。

以江苏徐州汉画像石艺术馆为例，向东极目，云龙湖 6.7 平方公里，比起 5.66 平方公里的西湖要气派得多，使人感受到“楚山吴水万里余”的雄浑阔广；向北仰望，如壁陡立的山岩上，消闲的“歌风戏马”，势若蹲猊，使人想起刘邦《大风歌》，项羽戏马台，楚汉雄风登时扑面而来。山麓一字排开三组四合院式的汉代宫室风格的展室里，竟然集中了 330 余方汉画像石，展出的 177 余方条分缕析地镶嵌在展廊和展室内墙壁上，与整个建筑和谐一体，美不胜收。一块块画像石或展现男耕女织的平民怡然自得，或表现举觞飞饮的贵族奢侈无度，或是神话故事的光怪陆离，或是诸侯纷争的金戈铁马，真是异彩纷呈。

我们敬佩汉代能工巧匠反映生活的能力。飨宴会饮、车骑出行、游射回猎、博弈游戏、舞乐百戏、射御比武，几乎无所不包，这是最真实的汉代礼仪、典章制度、衣冠服饰、建筑样式、乐器种类的蓝图。比如《楼宇栉比图》，画面长 3 米，地主庄园内，巍峨的双阙，高大的门楼，鳞次栉比的楼阁显示出钟鸣鼎食的豪富，人物明显地分成两类，宽袍阔袖，峨冠博带的正饮酒作乐，周围有侍女打扇歌舞，来客个个头颅高昂，神态自若。周围忙碌的则短衣粗裙，或宰牲洗刷，或捧馔跪献，低首之态，劳碌之状使人悟到等级森严，贫富不均。

2000 年前的刻工竟如此富于想象，现实和浪漫有机结合。几个平方的天地，简陋的刀凿工具，石质的原色，既要集中概括现实又要驰骋想象，善于夸张，无名的工匠表现出光怪陆离的世界，金乌为日、玉兔为月，伏羲女娲人首蛇身两尾相交，青龙、白虎、朱雀、玄武、鸾鸟、玄鹤、麒麟、腾黄、蝙蝠、九尾狐、福德羊，一个个祥瑞之物折射出人们祈求福寿的心情。如《九鼎图》，传说后人如找到禹铸的九鼎即可江山永固，秦攻取西周取九鼎，其一沉于泗水，画面上已有八鼎，另外一鼎已从泗水被人们用绞关铁索拉出水面，此时一龙跃出，咬断一绳，鼎重落于泗水，再不复出。此图预示了秦江山不固。

艺术上这是绘画与雕刻的结合。将石块磨光或大致凿平，采用阴线刻——以细线刻出物象，细中求力，如高古游丝；浅浮雕——粗犷的石面上凿去多余，物象略作弧面隆起，凝重古拙，粗中有细。飞动线条，立体的物象和谐相配。构图布局重繁密，台阁车马充塞天地，密不透风，高空填以飞鸟祥云，山间饰以走兽松柏，但宾主分明，安顿有致，主题突出，条理愈显，繁而不乱，密而不塞，情感热烈，奔放粗豪，体现了楚汉雄风。如鲁迅所说："气魄深沉雄大。"如翦伯赞所说："一部绣像的汉代史。"

（五）摩崖壁刻

我国人民一直有摩崖壁刻的传统，现存遗存众多，是旅游的重要景观。摩崖壁刻往往随势造型，早期的注重随意象征，以线条块面勾勒出物象的大致轮廓，比如宁夏贺兰山，山中有岩画300多幅和西夏文题刻多处；比如《太阳神》岩画，这是太阳发光的图案，总体轮廓为圆形，但处理成人形，有双眼、鼻、嘴，上部光芒正构成人物头发，类似古代图腾，是研究贺兰山少数民族的历史和艺术的珍贵资料。江苏连云港孔望山摩崖造像，就山石自然形势凿成，画面东西长15.6米，高9.7米，110余尊人像大小不一，姿态各异。专家考证当属东汉晚期的遗存，是我国最早的佛教摩崖造像，早于敦煌石窟200年，称为"九州第一窟"。造像中有佛教题材的三尊立佛，三尊侧卧的佛像，其中最精彩的一组是《涅槃变图》，是利用断崖下的红色石头凿成已入涅的高浮雕的释迦，半身仰卧，丰满庄严，背后的崖壁上，塑刻50余个头像，男女老幼，老少尊卑，头脸各异，神情凄楚，冠服不一，是佛徒对佛圣的深切哀悼。不少崖画采取雕刻和敷彩相结合的方法，如广西宁明县明江两岸的花山、珠山、高山、龙峡等地临江石灰岩峭壁上有许多崖画，画的场面很大，多以刀斧施以粗犷有力的线条，再敷以矿物制成土红颜料的色彩，有的直接以颜料画成，多为作战会师，庆祝大会，集体娱乐的场面，最大的画幅达170米，高44米，共有1300余人，最大的人像高3米，最小的高30厘米，多以高大的人位于人群中央，腰佩刀剑、铜鼓等，其他人物多为双手上举，两脚叉开，齐舞共跳，是研究当地古文化的重要资料。

（六）绘画名人故居

我国绘画名人故居很多，尤其明清时期的重要画家几乎都能寻找到他们的故居，漂泊异乡的作画场所。明清以前由于兵燹战乱频仍，很多故居都难寻真迹，但后人往往依史书记载复建，如四川眉山市的三苏祠，就是改三苏故宅为祠，但现在建筑是清康熙四年（1665）重建的，所幸其中有苏轼书法、绘画拓本，自然引动人们来此凭吊，思考佳山秀水如何孕育一代文豪。明清距现时不远，所以大画家故居比较易于保存，如绍兴的青藤书屋，兴化板桥故居，扬州金农故居等。有些活动场所，如果不是一个画家，一代画家所居，而是先后相继，代不乏人，这样的画家名人故居就有很强的吸引力，比如浙江西湖的西泠印社。首先，它的景致好，濒临西湖，坐落孤山之巅，佳山秀水，林木清幽，亭台楼阁，依山傍水，山坡、水池、曲径、叠石恰到好处，白居易偃息的竹阁，苏东坡题联的柏堂，人行其间立即感到神清目爽。其次，历史悠久，不断有名画家在此主盟，它创于清光绪三十年（1904），当时杭州金石家丁仁、吴隐等在数峰阁研讨印学，继而发起成立金石书画的学术团体，于是振臂一呼，应者云集，到1931年正式成立，公推书画家吴昌硕为首任社长，著名书画家王福厂、李叔同、丰子恺、马公愚多人参加，鲁迅也是座上客，日本著名篆刻家河井仙郎、长尾甲等也远渡重洋，赶来入会，朝鲜印人闵园丁亦成印社国际社友。再次，印社画幅遗墨众多，仰贤亭有名印人丁敬、郑板桥、赵之谦的画像，凉堂上有岳飞草书《洗马赋》碑刻，龙泓洞前有皖派篆刻创始人邓石如的立像、任伯年为吴昌硕所绘的《饥看天画像》。最后，吴昌硕的纪念室，内有日本雕塑家西常雄女士仿照其父朝仓文夫所作吴昌硕像重塑而成的吴昌硕像，吴昌硕曾在此创作，成为一代宗师，其画重神韵气质，挥洒奔放，大笔落墨又能细心刻画。当年他曾在此纵目观望，从层峦叠翠中吸取营养，感到骈罗于胸，爱此清心悦目，怡然自乐，而有“观乐”之说。如今人们重访遗踪，确实感到“西泠山水清，淑人多才艺”，对吴昌硕由衷产生敬佩之情。

中国篆刻，2009年被列入《人类非物质文化遗产代表作名录》。篆刻的书法主要是篆书和镌刻，篆刻艺术史可以上溯到2000多年前的春秋战国时代，包括凿、铸结合，来镌刻碑石，尤其是普遍用于印章艺术。而古代印章以独特的风貌和高度的艺术性，为篆刻艺术奠定了优良的基础。中国篆刻是以石材为主要材料，以刻刀为工具，以汉字为表象的一门独特的镌刻艺术。它由中国古代的印章制作技艺发展而来，它既强调中国书法的笔法、结构，又突出镌刻中自由、酣畅的艺术表达，于方寸间施展技艺、抒发情感，深受中国文人及普通民众的喜爱。

第三节　笔墨纸砚

文房四宝，即笔墨纸砚，是我国古代劳动人民的创造发明，是传统书法、绘画艺术的必备工具，因其历史悠久，品种繁多，制作精良，具有独特的民族风格和工艺规范，已突破了书写工具的实用范畴，成为制造精巧的工艺品，千金不换的收藏品。鉴赏、收藏已成为中国旅游活动不可缺少的内容，而文房四宝的生产地也成为旅游者向往的胜地。

“文房四宝”最初见于北宋诗人梅尧臣《九月六日登舟再和潘歙州纸砚》：“文房四宝出二郡，迩来赏爱君与予。”这里所说的二郡是歙州，主产纸墨砚；宣州，主产纸笔。可见北宋时文人雅士已十分注重文房用具的艺术性，并有专著进行总结介绍，其中宋代苏易简有《文房四谱》，明代有《文苑四先生传》，清代有《纸墨笔砚谱》等，可见文房四宝已作为一种特殊用品登上大雅之堂。早在唐代以前，我国的文房四宝就传入日本、朝鲜及东南亚地区，为这些国家和地区的精神文明的进步、科技水平的提高做出过巨大贡献。

一、纸及纸的生产地

纸是世界公认的我国“四大发明”之一，在笔墨纸砚四种书具中，纸是最晚出现的，但中国的纸在全世界却是最早出现的。尽管东汉蔡伦之前，西汉已广泛采取沤麻、捶麻方法获得造纸的原料，但蔡伦以树皮、麻头、破布造纸是以廉价的材料造出具有实用价值的纸，为纸代替木竹的简牍迈出了决定性的一步。唐代经济、文化的空前繁荣，使纸张中产生出工艺纸一支，其时益州、宣州、越州、杭州、歙州、江州、衡州、蒲州都是产纸佳地，扬州的六合笺，韶州的竹笺，临州的薄滑纸，宣州的宣纸、硬黄纸都是驰名中外的佳纸。各处都因地制宜，蜀中以麻为纸，海人以苔为纸，浙人以麦秸、稻秆为纸。

我国现有的艺术纸张及制纸景点颇多，其中最重要的为宣纸。宣纸大约始于唐代，是从其产地宣州得名，实际上正宗产地仅是泾县的小岭、曹溪一带。这里已成为旅游景点，而宣纸已成为中国书画纸的代名词。其所以成为景点，当然赖于制造宣纸的传说：流传最广的有，蔡伦死后，其弟子孔丹，想寻一好纸画下老师的遗容，因无称心的纸而难以如愿，后来见倒在溪水中的檀树，皮被水浸泡发白而未朽坏，于是用檀树皮造纸。一说是宋朝末年曹大三避乱迁往小岭，因耕地少而檀树多，就以造纸为生，取徽纸、歙纸、池纸之长，制造出别具一格的宣纸，至今泾县纸工以曹姓为多。

泾县所以成为景点，一是在于这里得天独厚的环境，独一无二的青檀树木和当地沙质土所产的稻草，是宣纸中不可缺少的原料。这里的水质优良，新安江水清澈见底，水温适宜，因而纸如玉雪。二是工艺讲究，其中用料为檀皮、嫩竹、稻草，不仅讲究配方，而且对檀木生长年限，檀皮剥取季节，沤泡工艺时间都有具体细致规定，有十八道流程，七十二道工序，前后300余天，所以一直有“一纸之制竟如此不易”之叹。三是纸质优良，洁白度高，一般纸白度仅80%，而宣纸为90%，且润泽清新，长久如新。柔韧，如布帛之织成，坚紧柔软。韵墨，生宣富吸水性，适于书法及写意画；熟宣受明矾浸泡，适宜精工细描的工笔画。受墨后浸透纸背，且不向四周浸散，墨迹在纸上显得格外深厚生动。现今人民大会堂巨画《江山如此多娇》，就是用宣纸中100张“丈二匹”并接。宣纸名贵可见一斑。

除宣纸外，我国还有许多艺术纸的生产基地，有些制作人物及其过程已成为千古佳话。比如蜀笺，唐代时蜀郡是我国重要的产纸地区，其地风俗因白纸不吉利，写诗送人更不相宜，于是兴时造“十色笺”，有深红、粉红、杏红、明黄、深青、浅青、深绿、浅绿、铜绿、浅云十色，实际上是彩色纸。当时一女子薛涛因父死家贫而沦落为娼妓，由于从小爱好诗词，其诗作引起当时名诗人元稹、白居易、杜牧、刘禹锡的注意，于是请她题诗唱和人日多，她就以荷花、鸡冠花花瓣染纸，甚至将小花瓣用胶粘于纸面上，制成薛笺，李商隐赞道：“浣花溪纸桃花色，好好题诗咏玉钩。”宋应星在《天工开物》中说：“薛涛笺其美在色。”1000多年过去了，薛涛的故居已改名“望江楼公园”，她取水制纸的“薛涛井”已成为成都名胜古迹。她的丰神笑貌，望江楼秀丽风光，薛涛笺特产都引起国内外游客的无限兴趣。

宣纸，2006年被列入《世界非物质文化遗产名录》。造纸术是中国古代四大发明之一。宣纸是传统手工纸的杰出代表，居文房四宝之首，具有质地绵韧、不蛀不腐等特点。自唐代以来，它一直是书法、绘画及典籍印刷的最佳载体，至今仍不能为机制纸所替代。宣纸传统制作技艺有108道工序，对水质、原料制备、器具制作、工艺把握都有严格要求。

二、墨及墨的生产地

墨是我国文房四宝之一，自古以来墨有黑色、朱色两大类，实际上墨是黑墨、朱墨、彩色墨的统称。考古发现，我们祖先用墨可追溯到黄帝以前。因在西安半坡村遗址的陶器上，有红、黑、白、灰四色，这是墨色使用的佐证。最早的墨是从天然的植物、矿物中得到的，有“尅树汁为墨”，即以漆树松树的枝干燃成烟后和胶成墨；也有用乌贼腹中墨汁，有“墨马之宝”之说；也有用矿物，如“涅”，即是水中沉淀物，是造墨的材料。汉末是人造墨的转折时期，东汉许慎《说文解字》已有墨的专门词条，“墨者，黑也，松烟所成土也”。清桂馥作注说：“汉以后，松烟、桐煤既盛，故石墨遂堙废。”汉末人造松烟墨的大兴，天然石墨遂被淘汰。此时出现了制墨名家，如韦诞，南齐的萧子良等。史载韦诞制墨时已使用珍珠、麝香贵重药材，有“香墨”之称。开用药于墨的先河。从唐代开始，名家不仅讲究用墨，而且时兴藏墨。《春渚记闻·墨记》中载：“近于内省任道源家见数种古墨，皆平生未见。多出御府所赐。其家高者有唐高宗时镇库墨一笏，重二斤许，质坚如玉石。铭曰‘永徽二年镇库墨’。而不著墨工名氏。”从唐至今，许多名人，各大博物馆都以藏墨为乐事。可见墨已从书写工具而进入艺术珍品之列。

我国制墨之地甚多，上海、安徽、北京、江苏、两广等地区至今是生产墨的基地，有黑墨、加香墨、朱红墨、油墨、红黄蓝白彩色墨，以品种多、产量大、质量好闻名遐迩。其中安徽徽州墨为墨中最佳品，而徽州的“墨游”一直被人们喜欢。分析原因除历史悠久、传说众多外，该景观还具有如下特点：一是此处崇山峻岭，山上特产油松。《歙县志》载，唐代时河北制墨名家奚超、奚廷王圭父子迁居歙县，见此地多山多松，于是就地取材，以制墨为业，很快轰动一时。二是奚墨用料考究，以松烟、麝香、巴豆、犀角、珍珠等十二物为原料，以捣松和胶新技术制墨，因而能防腐防蛀，长贮不变，磨时芳香沁人，写时流畅不滞，所留墨迹光彩照人，经久不褪色，有“坚似玉，纹如犀”之誉，有“黄金易得，李墨难求”之盛。故宫博物院中有一锭乾隆题字的古墨，据说是廷王圭墨。如今的徽州墨厂生产的高级漆烟徽墨，是以桐油烟、金箔、麝香、冰片、公丁香等十几种贵重原料加工而成，色泽黑润，历久不褪，舐笔不胶，入纸不洇，香味浓郁，书写自如。他们生产的“御园图”古墨，六十四块为一系列，墨面雕刻彩绘，有首都的圆明园、长春园、万春园的绮丽风光，其中园林胜景，台榭楼阁，游龙戏凤，是古代流传的墨模翻制，弥足珍贵。

三、毛笔及毛笔的生产地

古人有“笔写万物之珍，叙人与自然之情”之说，毛笔是传统绘画、书法的主要工具，以其历史悠久，制作精良，品种丰富而驰名中外。

我国最早的笔并非毛笔，而是以单一植物材料，木、竹削尖制成，不断进步为以植物为杆，动物毛作尖制成。“笔”的原始形态“聿”，即为会意字，是一手握笔之状。考古发现，我国六七千年前的母系氏族社会就开始用笔，根据是彩陶上几种颜色的图案，非笔难以描绘。毛笔大概在西周时出现，战国时使用已很普遍。晋代张华在《博物志》中说“蒙恬造笔”，说蒙恬在边关守卫，为便于书写，于是以柘木为管，以鹿毛为柱，以羊毛为被，谓之“苍毫”。考古发现秦墓中已出现竹竿毛笔，笔杆下端较粗，镂空成毛腔，笔毛放在腔内。这可以看出毛笔的基本特征，笔杆硬，笔头软，笔头浑圆，笔杆对笔头的夹缠稳定。所以后世尽管有改革，但基本构造却未变化。

毛笔由书写工具而成工艺品当在东汉。汉书法史上最著名的大师蔡邕作书时对文房用具十分讲究，用张芝笔、韦诞墨、左伯纸，他自己还有《笔赋》问世，论述好毛笔当是：以冬天的狡兔毛作笔，削文竹为笔管，加丝漆之缠束形。其时制笔名家张芝本身就是书法家，有“草圣”之称。他所以能写出开一代书风的草书，没有相当的毛笔是不可能的。而不久的晋代，王羲之的《兰亭集序》所以称为书法妙迹，与其使用罕见的鼠须笔有关。

我国现有的制笔基地，有宣笔、湖笔、茅龙笔、妙笔等生产地。

宣笔是我国历史悠久的名贵笔，安徽泾县的宣笔厂以“刚柔得中”、“笔妙如神”而著名。其笔杆有以竹制成的，还有以真玉制成的，如“玉管宣笔”，也有以竹为杆，而以牛角，甚至犀角、象牙作笔杆下端，尤其是较大的斗笔，竹竿为上部可以较细而便于把握，下部则可根据需要制成锥形，便于含更多的毛毫。笔毫多以猪鬃为心，较坚挺，又以羊毫为被，较柔润，这样刚柔相济，也有以北尾狼毫（此处狼一般是指黄鼠狼，少有用真狼毛的），配以豹、石獾等兽毛，还有以婴儿胎发的，取其柔软。宣笔以含墨量大，锐健而韧，刚柔相济而深得书画家爱赏。

湖笔是产于浙江吴兴区善琏镇，其“王一品斋笔庄”已有200多年历史，它生产紫毫、狼毫、羊毫各品。羊毫柔软，贮墨多，适宜草书；狼毫取东北黄鼠狼毛，刚健而富于弹性，适合于写大小不同的字；紫毫以最坚硬的野兔毛制造，适宜写铁画银钩；兼毫，即几种毫相配，扬长避短，刚柔相济。产品远销日本、东南亚、欧美。有“蓼滩碧浪流新韵，空谷幽兰送远香”之誉。

茅龙笔，产于广东新会，是以新会区圭峰山的峰茅草为原料，本是明代学者、书法家陈白沙独创，时呼“茅笔”。可惜新中国成立前即失传，1979年重新试制成功，成为著名书画家喜用的工具。

当然我国生产毛笔的厂家甚多，许多地方都有独特的工艺。有一大批技艺精湛的艺人。毛笔生产基地已成为重要旅游景观，毛笔也成为最受欢迎的旅游纪念品之一。

四、砚及砚的生产地

砚是调色研墨的工具，古人曾视砚为“文房四宝”之首。我国历代传世的名砚，现存的生产砚的场所，生产的砚古朴凝重，千姿百态，是绘画、雕塑的结合体，不仅有使用价值，更有观赏价值。

据说，最早使用的砚是大蚌壳做的。考古发现，砚的使用当始于传说中的黄帝时代，是一种石质研磨器。到春秋、战国时，砚的使用比较普遍，形制也较讲究。由于砚不同于其他文房用具，如笔、墨、纸，装饰性往往和实用性产生冲突，砚则不同，发墨为用的实用性固然重要，但容易满足。外观之美的装饰性则可以因时因人不断翻新出奇。为了达到装饰效果，既可以在自身砚石上进行精雕细镂，也可以利用金银铜铁制作砚盒，其装饰性和实用性不仅不冲突，反而相得益彰，以致后来砚台的优劣成为使用者身份、品位的象征，于是很多能制砚之石被发现，被挖掘，制砚高手代不乏人，各种风格的砚互相媲美，斗妍争奇。有生铁制成的铁砚，铜制成的铜砚，水晶砚、银砚、陶砚、瓦砚、瓷砚、蚌砚、竹砚、漆砚等，但以石砚为最好，石砚有“真材本性”之说。唐代时经过大浪淘沙，为世间公认的砚有四大名砚，分别为良材异彩的鲁砚，历史悠久的端砚，名冠天下的龙尾砚，绿如润玉的洮砚。这几种砚和贵州的思砚，北国的松花石砚，浙江的西砚都是我国砚的珍品，被海内外专家爱赏。

洮砚产于甘肃省临洮县。这里有洮河，河底有石名洮石，有鸭头绿、鹦哥绿与赤紫石，以石质细密晶莹，色彩碧绿，石纹如卷云连绵，发墨细腻著称。由于石处大河之底，求石十分困难，洮砚唐代以后渐趋衰落，但现在洮河流域的人民，开采山头上的鸭头绿、鹦哥绿砚石，又深入洮河急流深底掘采赤紫石，于是生产出式样新颖、别具风格的新洮砚，使失传之艺喜获新生。

山东鲁砚产于潍坊、淄博，此间产红丝石，黄色石面上红绿网状如旋螺，彩纹艳丽，质细且润，贮水不耗，发墨如油。另外金星石、淄石、燕子石、田横石、紫锦石都是名石品，以纹理多样、色彩丰富、石质嫩润、坚而不顽、细而不滑、发墨不损毫而执名砚牛耳。山东制砚技艺很高，砚皆是各种形状，或如一人，或似一叶，或为一禽，或是一兽，赵朴初曾盛赞："道是天成应避席，还推巧手精思；天人合应妙难知。刀裁云被处，神往月圆时。"

龙尾砚产于江西婺源县一带，此处唐至北宋属于歙州，所以龙尾砚又称歙砚。这里有龙尾山，山上石头皎白晶莹，层叠规整，属于板岩，是片页状结构，有五品二十五种之说，五品即眉子石、外山罗纹、里山罗纹、金星、驴坑，共同点是，纹里美如丝罗，叩之声如振玉，贮水不耗，历寒不冻，发墨利笔，温润坚劲。龙尾砚制作充分发挥板岩特长，不镂空浮雕，边刻更少，而是追求清新淡雅、简洁古朴风格，如"团荷""浴牛""双鹤""海鹰""云石"等，充分利用自然石材，注重写意，突出神韵，受到方家普遍赞扬。

端砚为名砚之首，它产于广东端州，砚石产于斧柯山，山势险要，面临大江，采石颇难。李贺有"端州石工巧如神，踏天磨刀割紫云"之说，尤其是下坑石很好，且洞越深石越好，洞中崩塌而出人命事故，所以进洞采石让人胆战心惊，且因石材名贵，开发自元代以来就受官方控制。斧柯山上开采砚石的坑洞，星罗棋布，成为独特的景观。而各洞所产石又各不相同，有青花、蕉叶白、金星点、天青、冰纹、鱼脑、鸲眼、火捺等。这里的石属凝灰岩的水成岩，其中含有辉绿岩的微分子，如微分子高度聚焦成粗点而均匀散布于砚面，就成为微尘青花，用此砚石所发墨光超乎一般。初唐时端砚仍以实用为主，不重装饰，形多如箕。有宋以来以丰富的造型、新颖的构图、精巧的雕工取胜，成为贡品后，更是式样五花八门，成为实用观赏相结合的高级工艺品。端石一般以"眼"分品类，因石嫩者眼多，嫩石细润发墨，所以重有眼者。眼依形分为鸲鹆、鹦哥、雀眼、鸡眼、猫眼、绿豆，眼还有死活之分，圆晕相重、黑黄相间、晶莹可爱谓之活眼。如果青、黄、绿三色相重，自外至心凡九重，眼大者尤为稀有，如果眼布列砚中如北斗星房则更是价值连城。端砚不仅具备了名砚"涩不留笔、滑不拒墨”，发墨细润，不发热，不损墨香特点，而且它外形奇特，雕琢工巧而使端砚成为稀世珍品。

第四节　气韵生动的雕塑艺术

一、雕塑史概述

我国古代雕塑艺术有自己的发展过程，最早的雕塑并不是独立的艺术门类，而是附属于当时的实用工艺，如陶器、玉器、青铜器制作，作为当时人们的必需品，生活用具和祭祀用的礼器，人们已注意器皿的整体造型和在器皿上随形施艺，比如我国新石器时代晚期遗址中出土的大量的兽形陶器，如陶猪、陶狗、陶羊、陶牛、陶鸡、陶鸭等，这些都是人类最早驯化的家禽家畜，在生活中与人们朝夕相处，于是雕塑形象十分生动，商代的“青铜文化”是我国工艺雕刻中的珍贵品，奴隶们把动物形象塑造和青铜器用具结合起来，巧妙地创造出一种象形的青铜器皿，鸟类以鹰凫、鸱鸮等为多见，兽类则以羊、牛、虎、象，比如湖南醴陵出土的青铜象樽，外形如一头大象，而在象的全身雕饰精细的云雷纹、饕餮纹，大象的头部、鼻端雕饰有小动物。可见青铜文化从一开始就注重写实和写意的结合，实用和艺术的糅合。

随着人类文明的进步，雕塑艺术逐渐脱离实用工艺而成为一个独立的艺术门类，秦汉时期，我国古代雕塑艺术大放异彩，尤其是陵墓雕塑，如秦始皇陵的兵马俑。西汉时霍去病陵前的大型石雕。1999 年，西安又在汉景帝陵挖掘出数万兵俑、动物俑，这种大型陵墓组雕群，反映出秦汉时我国雕塑艺术的繁荣。

汉代以后，南北朝时期，随着佛教在中国的广泛传布，洞窟造像艺术风靡，敦煌、麦积山、云冈、龙门石窟，以此为发端，陆续兴建石窟佛像雕塑艺术，无论是形制之大，数量之多，还是造型之精美都使后人叹为观止。

唐代雕塑艺术更加成熟，雕塑明显地分成三个方向，一是帝王陵墓前的大型石雕，陕西关中一带十八个帝王陵墓上都有大量石雕，包括侍臣、鞍马、狮、虎、朱雀，有“唐代露天石刻博物馆”之称。二是以山为材造佛像，如我国古代最大佛像——四川乐山大佛。三是形象优美的陶俑，尤其是“唐三彩”俑，精致优美。

唐代以后，佛教造像仍在延续，但石窟造像已越来越少，而寺庙造像方兴未艾，雕塑有着鲜明的时代风格，从南北朝的骨像清瘦的悲苦形象而发展为唐代体形丰满，面目安详的盛世形象，宋以后宗教进一步世俗化，刻画细腻传神，尤其观音和罗汉像的造型很见功夫，往往注重人物的体态，比例适度，注重容颜，端丽俊秀，表情丰富，成为有淡淡宗教观念、浓浓世俗趣味的欣赏品。

明清时期宫殿、园囿、官署、寺庙、陵墓前的石雕是很见功夫的。如明代朱氏墓葬神道上的石人石兽，形制之大，数量之多，雕镂之精是很为难得的，而同为陵前石雕，不同地域风格不同，南京明孝陵体积丰硕，显得雄大浑厚，注重装饰性；北京长陵注重写实，虽然软弱松弛，缺乏饱满的精神，但以生活为原型，比例恰当，神态安详，接近现实的复制。而最普遍的为坐狮，多为石质，皇宫中还用比石雕复杂得多的铜铸，甚至镏金。此时狮子富于装饰性，头有卷毛，胸悬铃铛，雄狮玩绣球，雌狮则与幼狮顾盼有神，早年“辟邪”神兽那种雄风锐减，已成为装潢门楼、点缀景物的玩物，但精雕细刻，灿烂如锦。

我国古代雕塑从原始社会萌芽，秦、汉、南北朝茁壮成长，隋唐成熟灿烂，五代以后逐渐追求精镂细雕，这既是经济基础在雕刻领域的反映，也是雕塑艺术自身由简单到复杂，由单一到多样的自然演变。不同朝代的不同风格，不同地域、不同工匠的独特创造构成了我国雕塑艺术的丰富性、多样性。我们理应珍惜爱护这一宝贵的文化遗产，为发展我国旅游事业服务。

二、雕塑与旅游的紧密结合

我国的雕塑从题材分有佛像雕塑、建筑雕塑、工艺雕塑、陵墓雕塑等。迄今遗留在地上地下以及收藏在全国各地博物馆中的雕塑艺术宝藏极其丰富多彩。

（一）佛像雕塑

主要有石窟造像、山陵造像、殿堂造像。全国现存的大型石窟群不下百处。如甘肃敦煌莫高窟，全长1618里，至今留有492个石窟，保存有2000躯以上千姿百态的塑像，最大的有33米高，和天安门高度（33米）不相上下，最少的仅十几厘米。时代跨度为北魏、西魏、北周、隋、唐、五代、宋、西夏、元，各代塑像多为泥质彩塑，有佛、菩萨、罗汉、天王、力士等，由于是彩塑，十分注意人物比例和面容。如243窟释迦塑像，为北魏作品，面容庄严谦和，衣纹线条流畅，富有动感，有“曹衣出水”之誉。400多石窟中，唐代即达200多个，如159窟7尊，为佛弟子、菩萨、天王，由于职责使命不同，因而面容、姿势、装饰也不尽相同，衣饰和花纹分明是唐代式样，显然是唐代清晰留影。

摩崖造像南北皆有精品，山西大同云冈石窟依山凿龛，1公里的山崖上密布大小石窟53个，1100多窟龛，造像51000多躯。其中20窟释迦牟尼造像高13.6米，因窟前立壁坍塌而露天结跏趺坐，两肩宽阔，体魄健壮，面庞圆润，鼻梁高直，眉眼细长，十分庄严安详，附近的坐佛，飞天、火焰纹饰，既吸取印度佛教艺术特色，又继承汉画像石高浮雕和阴纹线刻手法，为石窟早期造像的代表作。

除石窟造像外，还有利用整座山雕琢的巨大佛像。四川乐山大佛处南岷江东岸，凌云山西壁，面临大江，依凌云山栖鸾峰断崖凿成的弥勒坐像，头与山齐，脚踏大江，通高71米，肩宽24米，头高14.7米，眼长3.3米，耳长7米，耳孔可并立两人，脚背可围坐百余人，是世界上最大的石刻佛像，从713年开凿到803年完成，耗时90年，俗谓："山是一尊佛，佛是一座山。"

寺庙佛像我国到处皆有，尤其是四大佛教圣地都是不同菩萨的道场，大行菩萨普贤所在的四川峨眉山；大智菩萨文殊所在的山西五台山；大悲菩萨观音所在的浙江普陀山；大愿菩萨地藏所在的安徽九华山都是著名的佛教圣地，有众多佛像，艺术价值极高。

1987年12月，甘肃敦煌莫高窟被列入联合国《世界遗产名录》；2000年11月，河南洛阳龙门石窟被列入联合国《世界遗产名录》；2001年12月，云冈石窟被列入联合国《世界遗产名录》。

（二）建筑雕塑

明清以后，园林建筑雕塑逐渐兴盛起来，窗门隔扇、梁柱斗拱的木雕，门前石狮、屋脊殿角走兽、碑座桥梁、宝塔的石雕，门楼山墙的砖雕都表现出极高的工艺水平。可以说无论是内部空间美还是外部空间的美，很多都是通过雕塑手段实现的。

木雕，江南园林长于木雕，建筑物内部装饰的梁柱、隔扇、罩、门、窗、栏杆、撑牙、挂落、雀替、斗拱等都表现出一种图案美，如长于木雕的浙江东阳，现存卢宅村，是典型的封建家族的聚居点，从普通民宅到卢氏宗祠肃雍堂，集中众多木雕艺术，走廊梁架上刻象头，梁头上雕双鱼，雀替上是蝙蝠浮雕，厅内梁头雕花也是鱼形，则是将大象改为云头，四周方窗外雕金钱如意边框，中嵌杏花花饰，窗下内为板壁，外为花框，是以木棱组合成花纹。檐柱间的挂落皆以镂空花框，翘角处的撑牙以木雕竹节，上刻竹叶浮雕，或以牡丹花做成梁头，使人时时想到变化之趣。细细观察便会发现，挂落纹饰巨部皆为直线，仅在转角处，略具曲折，而细部的雕刻则有方有圆，总的看来比较直率，但刚中有柔，颇耐人寻味。

堂前16根檐柱，除转角处两根外，14根柱前的雀替，正反皆刻有浮雕，为群仙祝寿图，每个雀替上两面各为一个神仙，正厅中间的几个可看出是张果老、汉钟离、曹国舅、蓝采和、何仙姑、韩湘子、吕洞宾、铁拐李。虽然是在一尺五寸宽的雀替上雕刻，但人物眉眼毕现，个性强烈，形态生动，虽为楼堂装饰，但艺术价值极高，使人不由得想起清代任伯年的《群仙祝寿图》。屋内装饰更为考究，正厅两壁及侧楼内部饰以木雕，现存面积约140平方米，其内容是名碑名画，有西岳华山碑：汉隶浅刻，字形端正，线条圆润；苏东坡的石竹，茂竹横于石下，枝干丰满，苍劲有力；宋代文学家韩琦的画竹，竹枝空灵，风旋叶飘，玲珑而又豪放；郑板桥的兰竹，兰香竹影，清风徐拂，精巧绝伦；唐寅的四幅花鸟，紫藤喜鹊，荷花鸳鸯，芦花飞雁，梅花鹤影，四季景色宛然笔底。

砖雕，我国以砖为材砌房造屋历史十分悠久，战国时期宫殿，砖块瓦当上就有高浮雕的角兽造型，以后以砖雕为饰几乎成为建筑时尚。安徽歙县长于建筑砖雕、石雕。如溪南村老屋阁为明中叶建筑群，阁内梁架、斗拱装饰雕刻精美，现今多处住宅仍为水磨砖门楼、门楣，上有磨砖贴面，以藻井纹、象眼纹、八卦纹、冰裂纹、冰片梅等为多，中等住户门对面设有照壁，大户人家门楣、门楼上有砖雕，或佛教故事，或松鹤延年图案，或和合二仙，或牡丹花饰。人物、山水、亭台、楼阁都是在烧好的砖块上刻成浮雕，不仅富于装饰性，而且很有国画韵味。有的住宅砖雕多处使用：月洞空窗，即只有窗框而无窗隔，窗框是用砖片水磨雕刻再拼镶而成，有海棠形、梅花形、荷花形、牡丹形、瓜形，本身就是十分精美的砖雕。什锦镂窗，用特制的小扁砖，水磨光滑，制成榫头，对缝拼接而成，图案形式皆不同，磨制雕刻之精，叠砌之巧，样式之美，构图之难，在他地较为少见。山墙花，如凤穿牡丹的砖刻为等腰三角形的砖雕壁画，牡丹位于顶端，凤凰刻于正中，四周饰以牡丹枝叶和葫芦花藤，皆为高浮雕。可贵的是凤凰羽毛丰满，姿态婀娜，花的枝叶正反卷侧，葫芦藤的疏密错落，花瓣的内外聚散都十分逼真，极富层次。刀工明快，线条流畅，艺术价值极高。

石雕，我国各地均产石，石料常用来作为厅堂殿宇、楼塔桥梁的材料，如河北赵州桥栏板石雕就是“蛟龙穿岩”的形象，虽是栏板装饰，但艺术价值极高，轮廓分明，转折有力，体型矫健，龙头做回顾之状，龙身类似穿山甲之属，刻此形象，分明取其能穿岩通水之意。明清时皇家园林刻意追求石雕装饰，北京圆明园西洋楼、观水法尽管仅剩几根断柱残梁，台基屏风，但皆为高浮雕，这是将西洋雕塑特色结合我国石雕传统工艺，是欧式建筑的民族化。山东曲阜孔庙大成殿的 28 根柱皆为整石刻成，柱高 5.98 米，径长 0.81 米，每柱净石为 3.8 立方米，重 16 吨，仅材料一项就耗资惊人。28 根柱分布殿外周围。东西各 4 根，后檐 10 根，这 18 根都为八棱柱形，水磨光滑如镜，每面浅刻 9 条团龙，这样每柱 72 条，共计 1296 条。应该说1000 多条龙集于一处，又由于是团龙，雕刻之难可以想见。但这些龙首尾相顾，顾盼有神，而每条龙的位置、造型虽出众手，却宛如模制，显出严整的美。前檐的 10 根龙柱更为罕见，不是浅刻——只是在柱的表面，以浅浅的细线表示出龙的轮廓；而是高浮雕——在平面上雕出凸起的龙的形象。由于是高浮雕，所以龙体凸起部分超过龙体的一半，加之这种高浮雕不是在平面上雕琢，而是在圆柱上，让龙盘绕柱体，就更见功力。每根龙柱上是两龙对翔，即从柱中分成两部分，下部龙绕柱升腾，龙首仰望上苍；上部龙绕柱下旋，龙首俯视下界，两龙对视。两龙首之间则是一颗宝珠，珠的周围火焰环绕。龙的周身鳞片严整，形如巨蟒，周围衬以祥云，那祥云有的处于龙体之间，有的则覆盖于龙身之上，吞云吐雾，栩栩如生，威力无比。每根柱的柱脚刻以高山海浪，这样就使龙处于山崖、海水、流云当中，体现出龙“上九天揽月，下五洋捉鳖”的震撼宇宙的威力。柱础则是覆莲柱础，即如同盛开莲花倒覆于地。大成殿的28根龙柱总体一致，但每根都有变化，无一雷同。远远看去，只见28根柱上千龙竞舞，气势雄伟，具有撼天动地的力量。

（三）陵墓雕塑

“视死如视生”是民族传统意识，根深蒂固。大至皇帝，小至黎民百姓都在陵墓内外置放石雕，当然普通百姓是简单的，如徐州汉代的陵墓，皆为石质，棺椁内壁皆施画像石刻。帝王和王公贵族从秦汉以来一般都设石碑、石阙、墓表、石人、石兽。

陕西临潼秦始皇兵马俑仅现在发掘占地2万多平方米，现有的4号坑、1号坑有武俑6000件，2号、3号坑2000件，俑为陶质，即黏土雕塑后入窑烧制。数以千计的大型陶俑，不仅以庞大气势取胜，而且在形象刻画上表现出比较高的写实技巧，这些俑形体高大，一般高约1.8米、马高约1.5米，这一批陶俑形象面貌各不相同，显然系单个塑制，年龄、性格、表情各异，极为生动。如指挥俑相貌魁伟，面部深沉凝重，姿势庄重洒脱，一副身肩重任、决胜千里的豪气；仪卫俑衣袖飘逸，身体线条优美动人，面部端庄儒雅；发辫俑成熟壮实，有丰满的面容，紧张的肌肉，圆睁的双眼，开张的嘴唇，显现出威力无比，疾恶如仇的神情，而发髻俑则是年轻的战士，纯真憨厚而略带稚气。表现出秦代尚武雄风。

汉代霍去病墓前石雕，跃马、伏虎、马踏匈奴、卧马具有独特的雕刻技巧和雄浑博大的气魄，都是以整石雕成，体积较大，最长在260厘米，最高为168厘米，佚名的工匠利用巨型原石的自然形态，拟就大轮廓，仅在关键处施以斧凿，结合圆雕、浮雕、线刻等手法，去粗取精，删繁求简，以自由流动的线与扭曲的团块结合，整体感、节奏感和动力感都很强。

南朝的陵墓石刻在南京丹阳一带，现存石兽为多，梁武帝萧衍墓前天禄、梁吴平忠侯萧景墓前的石狮、梁南康简王萧绩墓前的石狮、陈文帝陈茜墓前的麒麟是代表作，这些石刻都以整块巨石雕刻而成，体形高大，如萧绩墓前的石狮，头部就近3米，造型大都做昂首挺胸、阔步向前姿势，气势极其威武雄壮。在造型手法上更注意夸张变形，突出其矫健有力的外廓。

唐代帝王陵墓很多，在长安附近十八陵皆以山为陵，气势庞大，尤以乾陵现存石刻艺术性最高。陵前雕刻群有华表、翼鸟、鸵鸟、石马、驭手、石人、王宾像、石狮近百件，排列有序，可贵者翼马、鸵鸟都是作为异国远方象征而雕置的，是外国呈送皇帝的礼物，60 个王宾像中，有一些深目高鼻，着外族服装的外宾，反映出四方来朝的盛世威严。唐陵石刻中的石狮艺术价值极高，在写实基础上，为突出其威猛，加以大胆夸张变形，造型呈金字塔形，两足前伸，身躯后蹲，庄重如泰山，神圣、尊严、凛不可犯。唐太宗昭陵前的“昭陵六骏”，是唐太宗生前令名匠将他征战骑用的六匹战马刻成浮雕，分置墓前，即“特勒骠”“飒露紫”“什伐赤”“拳毛䯄”“青骓”“白蹄马”，浮雕略小于真马，三匹做立状，三匹做奔跑状，造型生动，手法简练，神韵英俊。尤其是飒露紫，大将邱行恭正在为马拔出征战中被射入的利箭，由于生理上的剧痛，马身本能地微向后缩，但因是战马，却能坚毅忍痛屹立，刻工表现得十分细腻传神。

我国历代帝王陵墓中，明代皇帝陵寝比较齐全。陵前有巨型石雕群，如南京明孝陵 17 对，北京明十三陵 18 对，湖北钟祥市明显陵、安徽凤阳明皇陵 32 对，江苏盱眙明祖陵 21 对，以祖陵为例，有麒麟两对、狮子六对、望柱两对、马官两对、石马和拉马侍者一对、石马一对、侍从一对、文臣两对、武官两对、太监两对，动物身高近 3 米，人物身高近 3. 5 米，排列顺序先麒麟、雄狮、战马、人物，按马官、侍从、文臣、武将、太监由南向北，即由外向内排列，反映出明代皇家大典的排列顺序，为研究明代皇家礼制提供了实物依据。石刻在手法上运用了圆雕、浮雕、半浮雕技法，体积丰硕，整体的朴素简练和细部的流畅华丽表现了艺人娴熟的技巧和细腻的技法。

（四）五花八门的雕塑

我国雕塑门类众多，既可以石、以木、以砖为材，又可以铜、以铁、以陶、以玉为质，如四川万年寺的普贤铜像，铸造于北宋太平兴国五年（980），高 7. 3 米，重 62 吨，端坐于莲花宝座上，宝座下为一六牙白象，赤铜铸，四壁下部有小佛龛 24 个，各供铁佛一尊，上部横龛 6 道，列置小铜佛 307 个。北京团城承光殿内供奉玉佛一尊，雕琢精美，洁白无瑕，身披袈裟为镏金。衣周嵌红蓝宝石，额饰花边，亦嵌大小不等的宝石，唇施红，眼眉施黑，神态安详，举止飘逸。颐和园有很多露天铜雕，如乐寿堂前两侧对称排列铜铸梅花鹿、仙鹤、大瓶，取“六（鹿）合（鹤）太平（瓶）”之意。十七孔桥前有铜牛一尊，“卧在一个白石座上，从从容容望着湖景，望着远处西山，是两百年前铸铜工人的创作”。（沈从文）

第五节　中西方造型艺术、装饰艺术比较

一、中西方绘画比较

作为视觉造型艺术的绘画，是综合运用线条、形体、色彩、调色、笔触、运动感等艺术语言，在二度空间上表现自然物体的幻象，反映生活和表达情感的艺术。

中西方绘画，画家都是运用线条、形体、色彩、调色、笔触、运动感在二度空间上表现自然物体的幻象，表达人的审美感受艺术。世界绘画大体上可划归为两大系统：东方绘画和西方绘画。东方绘画以中国画为代表；西方绘画以欧洲油画为代表。这里所言中西绘画是指传统的中西绘画，西画是指印象派之前的传统绘画；中国画则指“五四”以前的绘画。

东、西方绘画在长期的发展过程中，由于所使用工具材料的不同和受政治、经济、哲学、宗教信仰以及艺术观念、审美趣味、思维等因素的影响，使得传统的东、西方绘画逐渐形成了各自的特点。传统的东方绘画是在古埃及、波斯、印度和中国等东方文明古国中发展起来的，以亚洲为中心，以中国画为主，作品偏重于表现情感，追求绘画艺术的意境与传神；传统的西方绘画是从古希腊、古罗马发展起来的，以欧洲为中心，以油画为主，作品注重于再现现实生活，追求绘画的思维、理智、认识作用以及形态的写实性。传统中西方绘画间的区别主要表现在以下几个方面：

西方绘画一是重写实，古希腊和古罗马时代的“模仿自然”，文艺复兴时代将这一传统继承发扬并在理论上更加系统化，甚至以解剖学、透视学、光学的研究实践，更使求真性进一步加强。“探究作品功用、印证文化背景、衡量写实程度及分析形式构成。”传统西方绘画则竭力追求对象逼真程度，即“我画我看见的”。传统西方绘画（主要是指欧洲绘画）的作画观念是将人摆在与所描绘的客观对象相对的位置，画家面对客观对象定点观察、定点写生，正如达·芬奇所说：“如同镜中之像的真实再现。”其构成的艺术世界是镜像的、理性的。为了再现人视觉经验如同“镜像”一般的真实，以色彩的明暗造型，画面不留空白，运用透视学原理构图，全方位地表现人视觉感受客观世界的质感、体量感、空间感和色彩的丰富变化，使形象逼真肖似。欧洲的这种再现性艺术传统，虽然经过文艺复兴、巴洛克、洛可可、古典主义、浪漫主义、印象主义等不同风格的大幅

度变化的延续，但其创作观念一直到东方绘画的传入，于19世纪末影响了塞尚、凡·高和高更等一批画家时，才开始有了根本性的变化。二是书画分开，认为一为语言艺术，一为空间形状和颜色。三是重视科学透视，以实验方法和教学方法相结合去观察自然和表现自然。四是画面充实，不同于中国画的空白多。当然，西方现代绘画中对传统艺术规范决裂，比如对于美丑的理解，提出“美的旧准则已不再适用”，而是美变丑，丑变美，美与丑杂交；对于写实的反叛，反映现实不只是客观反映一种形式，可以从主观进行另一种形式的反映，将内容与形式分开，色彩、线条、构图就是一切的思想；表现手法的新奇，画面上假三度空间，透视角度的任意，色彩的单纯、变形、抽象等。五是西方画家在描绘眼中的事物时，是将它们当作“面”来理解的。“面”对于塑造形体要优于“线”，“线”表现得较为抽象，而“面”似乎要具象一些，表现出的东西更容易让人理解。西方风景画家为了靠拢真实的世界，在艺术实践中选择了这种造型手法。随着科学技术的发展，当人可借助望远镜离开地球看宏观世界，也可以使用显微镜看微观世界时，西方随之又出现了表现X光、红外光谱、光速、激光照明效果等用肉眼看不到的内容和画派，旨在进一步从画面上体现科学技术的最新成果。西方艺术家们在对具象写实感到厌倦以后，随之走向了抽象。抽象派与严格地再现客观物象的具象派正好相反，创作方法是使自然现象变形，追求抽象的装饰趣味和视觉效果，或用光色和几何形态的抽象组合形式表现个人主观的思想体验甚至是潜意识、下意识的种种神秘心理。

在漫长的发展历史中，中国绘画形成了鲜明的民族特色，在表现方法、表现形式和总体风格上都与西洋绘画截然不同，因而被中国人亲切地称为“国画”。中国绘画鉴赏一直有“观画之法，先观气韵，次观笔意、骨法、位置、傅染，然后形似”，中国画有周密不苟的工笔写生与不拘形似的写意两类造型，后来的文人画更以“诗书画印”四位一体的综合艺术形态标美于世，体验形体的魅力，发掘其意蕴，这是赏析的基本原则。中国绘画民族风格十分鲜明。

一是“散点透视”，不像西洋绘画那样把“视点”固定在一定的位置上，而是采用“移动透视”“不定点透视”的手法处理构图。如五代顾闳中的《韩熙载夜宴图》，画卷共分五段。每段既互相联系又相对独立，把韩熙载听琵琶演奏、观舞、宴会间休息、听笛子演奏、宴会结束连缀成整体，反映出南唐重要政治家韩熙载沉郁寡欢的心情。这种散点透视使画家在表现比较宏大场面时能避免一个固定观察点的局限，可以更从容、更客观地表现自己想要表现的任何东西。

二是追求神似，注重意境。在中国的传统美术理论中，对空间观念十分注重，宋代郭熙所说的：“山有三远：自山下而仰山巅，谓之高远；山前而窥山后，谓之深远；山而望远山，谓之平远。”这不单是单纯的物理空间观，而是置身于天地间的充满诗意的空间概念，也就是有中国画家寻求的“神游”的意境，并非现实生活的东南西北、前后左右。中国画所要求的画面意境是以有限的画面，表达无限的空间。所以体现在画面上的视觉效果也就不同，中国画讲究天人合一、心有万象、天马行空的创作方法和心态，并视此为作画的最高境界。这种创作观念影响下的中国绘画是自由的、写意的，是以笔墨造型的。所构成的艺术世界是意构的、表情的、意境的。这一表现性的艺术传统一直稳固地延续并发展下来。中国传统绘画在艺术观念上讲究传神、气韵、气势、意境。东晋顾恺之在《魏晋胜流画赞》一书中提出“以形写神”的艺术观念，说的是画家在反映客观现实时，不仅应追求外在形象的逼真，还应追求内在的精神本质的神似。这里的“以形写神”讲的就是传神。南齐谢朓在《古画品录》里有“气韵生动、骨法用笔、应物象形、随类赋彩、经营位置、传模移写”的六法之说。古代的中国绘画将“气韵生动”列为第一要义，此后就一直将它作为品评绘画的重要原则和标准。这里讲的气韵是指绘画作品中所蕴含的生机气势、节奏和意蕴等构成的总体的和谐美，气韵、气势等都是由“气”而引发，“气”是生命构成的本源，是人或自然的生命与精神状态，是艺术创作者精神状态和情感的自然流露。

三是即小观大、情景交融。魏晋尚玄学，影响到山水诗、山水画，使之迅速兴起，玄学贵无尚虚，不是否定现实，而是超越现实，画家的重无尊玄的要义是胸襟的高旷，培养起主观的境界，超越现实而与天地相接，这就是“道法自然”。画家力求“搜尽奇峰打草稿”，利用画面有限的方寸天地，即小观大，方丈蓬莱见一斑，具有很强的概括力和深邃情感的表现力。禅宗的尚空灵、羡玄远、倡顿悟的美学思想与道家贵自然、慕淡泊、重虚无的美学思想交融互补、遥相呼应，激发了中国诗歌、书法、绘画、园林以及音乐等艺术的无限包容性，具体表现为“空纳万境”“小中见大”“天人合一”与“宇宙大化”等特征。同时，也强化了“得意忘形”的审美思想，极大地促进了“虚实相生”这一艺术创造规律的发展，从而在艺术作品的审美价值取向上比较推崇“言外之意”“韵外之致”“不着一字，尽得风流”等玄远淡雅的意境。另外，这种“在空灵中见佛性，在顿悟中体禅悦”的禅宗美学观照精神及其方法，极大地丰富了中国人的审美意识和审美心理活动。中国画家对客观世界的观察不仅当作是有生命的，而且还赋予人格的魅力，使人情、物情相融。如对花鸟虫鱼，是通过把握其神态特征、生机意韵，让人们与之产生喜怒哀乐的情感共鸣。天地山河，本是人类赖以生存的环境和条件，看似无生命，实则有生命，有人比拟：“山以水为血脉，以草木为毛发，以烟云为神采。”人物，则更是重在表现其心灵和情怀。如清代郑板桥的画，粗看是一枝竹，一块石，一丛兰，但表现的却是“四时不谢之兰，百节常青之竹，万古不败之石，千秋不变之人”。画中的景物已不是现实生活中景物的复现，而是客观物象和主观感情融会后的再生。

四是色彩运用中的装饰性和墨彩运用的层次性。色彩运用时绝不是照相式将山水人物的自然色彩复现，而是抓住景物色彩的特征，又融合自己的情感，红花、绿叶、锦鸡、牛、马，其色彩多为理性和感性的综合，常常大胆使用富丽对比色，追求装饰效果，形成工笔重彩，如清·赵之谦《花卉图》“常常以浓艳丰厚的色彩布置了全幅”（郑振铎），或以色直接点簇，或以色调墨，或色墨相互映衬，使色墨对比强烈，增添了画面生机。这种用鲜艳的色彩配合放逸墨色的笔法，表现出国画气韵生动的“气”和“韵”。

五是造型上的线条运用，以墨线为造型的主要手段。西洋画的线条一般只起表示轮廓的作用，而中国画的线条则具有众多的功能，既造型，又表意，而且还具有独立的形式美。线条的运用，使中国画摆脱了对物象光度、色彩的烦琐描绘，着力于对艺术形象的概括提炼，形成了中国画形简意赅的特殊风格。以书法入画，以线的疏密、繁简、曲直、刚柔的变化产生丰富的韵律节奏，且以墨的浓淡、干湿显示出远近、高低、明暗、虚实，甚至大胆地突破写实，以写意取胜，采取夸张、离形、变形等手法追求画面整体和谐效果。

六是诗书画印的紧密结合。诗文、书法、印章都是独立的艺术门类，中国画充分利用它们的艺术特长，使它们成为自己的有机组成部分，从而更增添了自身的民族特色。过去历代有名的书画家都力图把诗书画印结合起来，如王维、苏轼都曾在诗画的结合方面作过一些探索。但是真正自觉地、有意识地把四者结合起来，使之成为一种更加完美、更加多姿多彩的综合性艺术的，当推郑板桥。他在每一件具体作品中都努力把四者熔于一炉，如《柱石图》，画面是一根石柱，笔直刚劲，历经风雨沧桑，斑痕累累，但倔壮峥嵘，棱角毕露，无畏缩颓唐之象，有傲岸不屈之神。题诗是：“谁与荒斋伴寂寥，一支柱石上云霄。挺然直是陶元亮，五斗何能折吾腰？”印章是“富贵非吾愿”。这种以石自比，宁折不弯的气魄风度，通过诗书画印准确地表现出来。

总的来说，传统的中西方绘画是同中有异、异中有同。相异之处则是传统中西方绘画表现形式和表现手法的不同；对空间的处理方法不同；画家的审美基础和艺术观念不同。随着中西方文化艺术的交流，中西方，近现代绘画均已发生了明显变化，艺术家们在艺术表现手法上互相汲取，中西方绘画有相互融合的趋势。

二、我国佛像和国外雕塑美的比较

我国佛像和国外雕塑比，有以下几个特点：一是利用人们心里的等级观念，故意将佛、菩萨、罗汉塑造成大小有别的形体，即使同处一殿，大小悬殊，但拜谒者却丝毫不认为不和谐。二是发明了薄纱艺术，即佛像外罩一层薄薄袈裟，透过薄纱肌肉块面仍很明朗，但又避免局部器官外露造成的不雅，更为含蓄，而薄纱的衣褶如“曹衣出水”“吴带当风”。三是表面为立体，实际都靠壁而坐，正面塑造精细，反面比较粗疏，如浮雕一般。四是雕刻与敷彩结合，一般装金像的眼珠、眼白、眉毛、嘴唇皆敷彩色，这样以俭省的笔墨造成生动的效果。佛像时代感极强，分为南北朝时期的悲惨世界理想化身的佛像；唐代封建盛世曲折反映的佛像；明清时期世俗化的佛像。南北朝像多为石窟像，由于天下大乱，此时佛像形体清瘦，面容悲天悯人，秀骨清相，婉雅俊逸，分明是门阀士族贵族所追求向往的美的最高标准。唐代寺庙林立，“南朝四百八十寺”中佛像众多，盛唐时期佛像是现实世界中的李唐王朝的化身。尽管从宗教艺术的本质看，它只是封建盛世虚幻的颂歌，但是这支颂歌却奏出中国古代佛像艺术的最强音。如龙门石窟中的佛像显得健康丰满，躯体高大，面容庄严典雅，表情温和亲切，似乎极愿接近人们，帮助人们。雕刻手法上，圆刀代替了平直的刀法，不论是形象本身还是衣褶的变化，北魏那种突兀的转折和生硬的棱角已经消失，显得更加光彩照人。明清时期，宗教艺术的世俗化，使佛像艺术更写实，更逼真，更具有人情味。比如云南昆明筇竹寺的五百罗汉彩塑像。麦积山的观音的站像，面形丰满，体态婀娜，温柔娴静，秀丽妩媚，俨然窈窕淑女的化身。在她身上神的形象和气质已大为减弱，成为既有淡淡的宗教观点又有浓浓欣赏趣味的雕塑品。

第十一章 戏曲歌舞文化

〔内容提要〕

戏剧、曲艺、歌舞作为表演艺术是旅游中“娱”的主要内容。首先它们有很强的观赏性。中国戏剧无论是京剧还是地方剧种，都是文学、音乐、舞剧、美术、武术、杂技及人物扮演等各种因素的综合艺术，是长期以来劳动人民和戏剧作者的伟大创造。丰富多彩的形式，被公认为是最具有中华民族特色的文化品种之一。我国是曲艺大国，曲艺形式的多样性，流布地域的宽广性，种类的丰富性，流派的纷呈性都是其他国家曲艺难以比拟的。我国各民族能歌善舞，从最初的和劳动相连，描写佳山秀水，憧憬爱情，歌唱家乡，表现勤劳勇敢，终于加工升华，走向艺术殿堂。尤其是我国的歌舞始终注重自娱性、群体性和民族性，其中的秧歌、花鼓、花灯、旱船、耍龙、舞狮、踩高跷，都是群体参与，大方健美，自娱自乐的形式，民俗味极浓，不仅为当地百姓喜闻乐见，也是异地他国游客情不自禁地参与项目。

〔学习要点〕

- 流派纷呈的戏剧。
- 说透人情的曲艺。
- 清丽典雅的音乐歌舞。
- 中西方戏曲表演艺术比较。

〔思考题〕

1. 为什么说京剧是中国古代戏曲最优秀的代表？
2. 简述我国曲艺的历史悠久，形式多样。
3. 为什么戏剧曲艺的遗存是具有魅力的旅游景观？
4. 为什么说我国音乐自成体系，自有特色？
5. 我国歌舞是怎样注重自娱性、群体性、民族性的？
6. 比较中西方戏曲表演艺术。

戏曲歌舞作为表演艺术对境内外的旅游者有无穷的吸引力，是旅游中“娱”的主要内容。游客不仅可以观赏戏曲歌舞的精华，而且可以参与其间，自娱自乐，甚至有些境外旅游团慕名而来，以研究、学习戏曲歌舞为主要目的。如何挖掘发扬我国戏曲歌舞的优秀传统，使之成为中国旅游独特的内容，旅游工作者必须注意并深入研究。昆曲、古琴艺术、福建南音、粤剧、藏戏、甘肃花儿、西安鼓乐等民间音乐、舞蹈、戏剧、曲艺被列入《世界非物质文化遗产名录》。

第一节　流派纷呈的戏剧

一、戏剧历史悠久，遗产丰富

戏剧是包含文学、音乐、舞蹈、美术、武术、杂技以及人物扮演等各种因素的综合艺术，是长期以来劳动人民和戏剧作者的伟大创造。它丰富多彩的形式，被公认为是最具中华民族特色的文化品种之一。

大约在春秋战国时期，楚国优孟善于音乐和表演，他常在谈笑中规劝教育别人，于是“优孟衣冠”成为后世戏剧扮演的同义语，戏台对联中即有“舞台方寸悬明镜，优孟衣冠启后人”。

最初戏剧为汉代“角抵戏”，演员三三两两，头戴牛角相抵，这颇合“戏剧”的原意，因从造字法讲“戏”从“戈”，“剧”从“刀”，繁体字两字都从“虎”，披着虎皮持着刀枪决斗，不过是模仿战争和决斗。这种形式在汉代十分时兴，汉代百戏，也叫散乐，是民间歌舞、杂技、武术、戏剧等杂耍娱乐节目的总称，“百戏”之“戏”，含有很大的游戏娱乐成分，与今天戏剧有一定距离，但戏剧是百戏一种则是确定无疑的。史载当时的《总会仙倡》演出场面壮观，有布景、歌唱、伴奏、指挥，演员衣着华丽，舞台场面恢宏，艺术水平高超。它将歌唱、杂技、武术巧妙糅合在一起，形成中国戏剧特有的表现形式。

中国戏剧发展到唐代出现了参军戏，一般是两个演员，参军——头脑愚痴，苍鹘——头脑机灵。其后发展为戏剧中的净和丑，一人扮演戏弄者，一人扮演被戏弄者，多为嘲弄赃官，形式有如今天的相声。戏剧形成应为封建社会后期，其发展过程经历了宋、金、元时期的南戏与北杂剧；明清时传奇与杂剧；清代地方戏三个阶段。宋杂剧是各种滑稽表演、歌舞、杂技的统称。此外还有滑稽戏、傀儡戏、皮影等。北宋时盛行于汴梁，南宋时流行于临安，一般4~5人，据史籍记载戏剧名目已逾千种，而且已经商业化，市民中有广泛的观众。元代杂剧是用元曲演唱的戏曲形式。是在金院本和诸宫调的基础上广泛吸收了多种词曲和技艺发展而成。剧本体裁一般每本四折，每折用同一宫调若干曲牌组成套曲，角色有正末、正旦、净等。其时许多文人参与戏剧创作，今知有记载的元杂剧作家在120人左右，著名的有关汉卿、王实甫等。现存作品有150种左右，优秀作品有《窦娥冤》《西厢记》《赵氏孤儿》《李逵负荆》等，多方面反映了当时现实生活，在戏曲史和文学史上都占有很高的地位，对后来戏曲艺术和戏曲文学都有深远的影响，其中不少剧目，现今尚在演出。明清戏曲高潮迭起，明清的传奇是以演唱南曲为主的一种戏曲形式，结构紧凑、整齐，情节复杂，人物刻画细致，曲调、表演艺术、角色分行等都有进一步发展，每本传奇一般分为四五十出不等。明清两代传奇作家今知700余人，作品近2000种，《牡丹亭》《桃花扇》、《清忠谱》等均为著名作品，流传久远。明嘉靖到清乾隆年间最为盛行，形成了五大声腔系统：高腔、昆腔、弦索、梆子、皮黄。从乾隆至道光，各大声腔在"合班"演出中相互影响，形成新的大型剧种——京剧。清末时，民间地方戏纷纷崛起，花鼓戏、采茶戏、花灯戏、秧歌戏都是很有影响的地方戏，可以说中国古代艺术发展到明清，小说和戏剧占据了中心地位，如果说小说代表了中国社会转型期的市民趣味，那么戏曲则是整个古代艺术的总结。

二、京剧，中国古代戏曲最优秀的代表

京剧的产生源于四大徽班进京，这是中国戏剧史上一件划时代的大事，清乾隆五十五年（1790）八月，适逢皇帝八十华诞之期，闽浙总督指令浙江盐务当局承办祝寿典礼，决定选派徽班进京参加庆贺演出。四大徽班指的是三庆班、春台班、四喜班与和春班。他们的勃兴与次第晋京，对国剧京剧的形成至关重要，跟扬州的关系极为密切。

三庆班是乾隆中叶徽戏的发源地安庆组成的戏班。安庆花部合京、秦两腔同台演唱，所以名为"三庆班"。善唱二黄的高朗亭为其主角，在扬州、杭州等地流动演出，声名鹊起。高朗亭生于1774年，大约死于1834年，艺名月官，扬州宝应县人。他专攻旦角戏，主唱二黄，并擅昆曲和小调，以《傻子成亲》一剧名扬南北。进京以后，任三庆徽班班主，成为徽班鼻祖，同时还担任北京的戏曲行会组织"精忠庙"会首，成了梨园领袖。1790年八月，三庆班自扬州启程，进京参加祝寿演出，盛况空前，历久不衰。三庆班留在京都从事营业性演出后，以排演连台整本戏著称。据扬懋建《梦华琐簿》记载，"戏庄演戏，必徽班"。可见徽班独霸京华的盛况，发展到清道光二十五年（1845），三庆班便出现了以程长庚为首席老生演皮黄戏的新局面。

春台班是由徽商江春在扬州创建的。江春本籍徽州，祖孙三代从事盐业。乾

第十一章

隆南巡，唯独他家接驾6次，作为两淮盐商总领，有钱有势，声望极高。他不仅征集本地乱弹，且征聘来自苏州、安庆，乃至四川的著名花部演员组成扬州最大的花部戏班——春台班。春台班演员大多是少年童伶，其中扬州籍有17人，男旦吴福寿16岁成名，小三元14岁成名，范添喜17岁成名。春台班以标新立异、无所不能享有盛名。清嘉庆元年（1796）以后，春台班进京演出同样名噪都下。

四喜班的来历虽有多种说法，但班中多扬州名伶，并在扬州唱，进京前，又曾到扬州演出，这些都是公认的事实。据史料记载，四喜班中的扬州籍名角有姓可考的就有20人之多。四喜班到北京后，以擅长昆曲的演唱而名声大振。有所谓“新排一曲《桃花扇》，到处哄传四喜班”的说法。

和春班的来历也众说纷纭。《中国戏剧史》认为：“和春班是清嘉庆八年（1803）由庄亲王府出资，由安庆艺人组成的。时称‘王府大班’。”但实际上18位名伶中，扬州人就多达11人，以演出乱弹戏《收妲己》一炮打响，一鸣惊人。和春班以武戏最为擅长。

京剧音乐属于板腔体，即全部唱腔由各种板式组成，板式均源于同一腔调。因徽班到北京后是和来自湖北的汉调艺人合作，相互影响，且接受了昆腔、秦腔的部分剧目、曲调、民间曲调融合、演变、发展而成，以徽调的二黄（湖北黄陂、黄冈）和汉调的西皮（西边的曲调）为主，所以有“皮黄戏”之称。西皮有导板、慢板、原板、快三眼、二六、流水、快板、散板、摇板、反西皮等，适合表现活泼昂扬的情感。二黄有导板、回龙、慢板、原板、快三眼、散板、摇板、二黄反调等板式，适合于表现苍凉、深沉的情感。伴奏乐器为胡琴、月琴、京胡，称为京剧三大件，另有南弦、笛、唢呐等管弦乐和鼓、板、大锣、铙钹、堂鼓等打击乐。表演上歌舞并重，融合武术技巧，多用虚拟性动作，节奏感强，扬鞭表骑马，划桨表行船，抬轿动作表坐轿，开关门动作表有门。甚至髯口也表动作，推表沉思，撕表气愤，捋表自得，抖表生气。这“以虚运实”的写意手法，比真实道具更具文化意蕴和艺术品位。是中国古代艺术审美中的尚意追求，是中国戏剧区别于西方戏剧的一个重要方面。念白具有音乐性，有京白、韵白，还有带有地方方言的念白，形成“唱、念、做、打”的有机结合的艺术体系。角式根据男女老少、俊丑正邪分成生、旦、净、丑四个大的行当，每一行又可进行多层次的划分，老生、小生、武生，小生中的中生、冠生、穷生、纱帽生、翎雉生、扇子生，各种角色的性格品行，唱腔念白，动作造型，穿着打扮都有严格规定。京剧服装基本依照明制，描龙绣凤，色泽鲜艳，不分朝代，不分南北东西，不分春夏秋冬，但分汉族和少数民族，分男女，分贫富贵贱。按人物身份有蟒、官衣、褶子、帔等，大都宽袍长袖，劳动人民穿茶衣、老斗衣、袄裤。武将扎靠，民间武将着紧身包衣、包裤、夸衣等。京剧化妆，均有谱式，尤其净丑勾画各种脸谱，以示忠奸善恶，生旦浓妆重抹，也近似脸谱。整脸、碎脸、歪脸、象形脸、六分脸、元宝脸、水白脸、三块窝脸、十字门脸，不同颜色赋予不同含义，红表忠烈正义，白表阴险狡诈，黑表鲁莽豪爽，紫表刚正稳健。京剧重流派，按地域分有“海派”“京派”两大流派，其他生、旦、净、末也有按姓氏分的流派，如四大名旦：梅派梅兰芳，程派程砚秋，尚派尚小云，荀派荀慧生。老生行旦中马派马连良，周派周信芳，言派言菊朋，谭派谭鑫培，杨派杨宝森等，可以说百花争艳，流派纷呈，美不胜收。京剧长于演历史故事，传统剧目有1300多个，常演的有三四百个，其中《将相和》《宇宙锋》《追韩信》；三国戏《群英会》《空城计》《甘露寺》；水浒戏《逼上梁山》《三打祝家庄》《下书杀惜》《打渔杀家》以及其他戏《贵妃醉酒》《二进宫》《拾玉镯》《铡美案》等流行很广。现当代曾有过数次改革，有新编历史剧《海瑞罢官》《杨门女将》和《沙家浜》《红灯记》《智取威虎山》《杜鹃山》《奇袭白虎团》《龙江颂》等，反映革命斗争和现实生活，对京剧艺术改革作了许多有益的尝试。

京剧，2010年11月被列入《人类非物质文化遗产代表作名录》。评价为，京剧，曾称平剧，是中国五大戏曲剧种之一。腔调以西皮、二黄为主，用胡琴和锣鼓等伴奏，被视为中国国粹，位列中国戏曲三鼎甲“榜首”。这是一种融合了唱、念、做、打的表演艺术。在中国各地都有广泛的表演，但北京、天津和上海仍是主要的演出中心。京剧的唱、念主要使用北京方言，剧本则遵循一系列注重形式和韵律的严格规则而创作。京剧被视为中国传统社会戏曲审美理想的集大成者，并且作为中国文化遗产得到广泛认可。

三、丰富多彩的地方戏

我国地方戏很多，大多成熟于清代，据不完全统计，现存地方戏曲剧种有360余种，大河上下，长城内外，白山黑水，无处不有地方戏。昆剧、评剧、豫剧、川剧、越剧、黄梅戏、锡剧、扬剧、粤剧及少数民族戏都是人民群众喜闻乐见的地方剧种。

昆剧早在元末明初即在江苏昆山一带产生，时称昆山腔。最初仅是民间清曲小唱，到明代嘉靖年间，戏剧音乐家魏良辅对昆山腔进行改革，使唱腔委婉，细腻而动听，因喉音婉转，字正腔圆“能谐声律，转音若丝”，“调用水磨，拍挨冷板”。其弟子梁辰鱼谱写第一部昆腔传奇《浣纱记》轰动朝野，从此流传浙江各地并远至北京。大量的文人雅士为其撰制剧本，所以使昆曲有了浓重的文人化倾向，明代汤显祖的《牡丹亭》，清代洪昇的《长生殿》、孔尚任的《桃花扇》相继搬上台，传唱至今。昆曲成了明代中叶至清代中叶影响最大的声腔剧种，兴盛达400年，因其气质高雅清秀有“中国戏曲的幽兰”之称。

昆剧有南昆、北昆两大流派，南昆用苏州官话和方言，北昆用京韵和京白，南昆、北昆在声腔上都以南曲为基础，吸收北曲的杂剧音乐，南曲流利顺畅，宜于表现少男少女爱慕、凄苦、感伤、怀念的感情，节奏舒缓，字稀腔长，旋律优美，悠扬细腻；北曲朴实慷慨，宜于表现金戈铁马，英勇豪壮人和事，声腔激越昂扬，急促与宽松的节奏皆备，富有阳刚之气。昆剧影响很大，在音乐、文学、表演、武打方面都对其他剧种有深刻影响。

昆曲，2001 年被联合国教科文组织列入“人类口头和非物质遗产代表作”。评价为，昆曲又称昆剧、昆腔、昆山腔，是中国传统文化艺术中的珍品。昆曲是现存的中国最古老的剧种之一，昆曲的唱腔具有很强的艺术性，对中国近代的所有戏剧剧种，如川剧、京剧都有着巨大的影响。昆曲表演包括唱、念、做、打、舞等，这些内容亦是培训京剧演员的基本科目。昆腔及其戏剧结构（旦、丑、生等角色）亦被其他剧种所借鉴。

越剧，广泛流传于浙江、上海、江苏、江西、安徽一带，1906 年前后，嵊州市一带民谣、山歌在余姚秧歌班影响下发展形成，最初仅是形成简单的小戏，1916 年进入上海，吸收绍剧的唱腔和京剧的舞蹈，丰富其表演艺术，时称“绍兴文戏”。初以男演员演出，1923 年后全部由女演员组成，称为“文武女班”。抗战期间，“女班”在上海有较大发展，男班和男女合演渐趋淘汰。1945 年袁雪芬组织雪声剧团，对越剧表演艺术作了一系列改革，其后明星辈出，流行地区更为扩大，遍及华东、华北、中南许多城市。主要剧目有《盘夫》《红楼梦》《柳毅传书》《梁祝》《白蛇传》等，曲调细腻柔婉，长于抒情。

梆子戏，流传于我国北方，有山西梆子、河南梆子、河北梆子、山东梆子等剧种，所谓梆子即以硬木梆子做打击乐器以按节拍演唱的剧种，最早渊源于明代陕西、甘肃一带高亢激越的民歌，最初形成的剧种是秦腔（陕西梆子），随后由西向东，分别和各地语音、民间曲调结合而形成不同地域的梆子，形成地方化、多样化的局面。音调高亢激越，生腔刚劲、豪放、开朗、粗犷，旦腔婉转、圆润、优美、流畅，有声遏行云，音若流泉的艺术特色。善于表现宏大的斗争题材，表现慷慨悲壮的情绪，剧目如《潘杨讼》《辛安驿》《杜十娘》《血手印》《三关排宴》《花木兰》《穆桂英挂帅》等。

黄梅戏，流行于安徽、江西、湖北，源于湖北黄梅一带的采茶歌。清道光年间在湖北、江西、安徽三省交界处演唱“两小戏”“三小戏”为主的民间小戏，后吸收青阳腔和徽剧音乐和表演艺术及民间音乐，演出了大戏。由于在安庆地区长期流行，用当地方言讲唱，形成了独特风格。新中国成立后著名演员严凤英在唱腔和表演方面有新的创造，主要剧目《女驸马》《天仙配》《牛郎织女》等广泛流传，使黄梅戏成为有影响力的剧种。

湘剧，戏曲剧种，流行于湖南，渊源于明代，发展过程中吸取多种腔调而形成自己的高、低、昆、乱四大声腔，长于表演，踩鞋路、船路、醉路等表现手法都是其他剧种少见的精湛表演。有《金印记》《四进士》《奇双会》《金沙滩》《骂汉奸》等1000多个传统剧目和现代剧。

粤剧，流行于广东、广西、香港、澳门和美洲、澳洲、欧洲、东南亚华侨居住地区。明清两代，广东本地戏班以梆黄为基础，融汇弋、昆诸腔，并吸收广东民间音乐及流行曲调，遂成为南方一大剧种，唱腔音乐安排采取板腔体和曲牌体混合使用的方法，乐器不但有二弦、高胡、沙鼓等民族乐器，而且有小提琴、萨克斯管等中低音西洋乐器，而表演艺术和舞美、灯光又较多吸收话剧、电影、西洋歌剧特长，角色有末、净、生、旦、丑、外、小、贴、夫、杂十大行当，传统剧目有古老江湖十八本、新江湖十八本、大排场十八本等，该剧受西洋文化和资产阶级文化影响较深，有别于一般戏曲的传统文化。影响较大的剧目有《搜书院》《关汉卿》《山乡风云》等。

粤剧，2009年9月被联合国教科文组织列入《世界非物质文化遗产名录》。评价是，粤剧，又称“广东大戏”或者“大戏”，广东传统戏曲之一，粤剧是用粤语演唱的戏剧样式，有300余年的历史。源自南戏，流行于岭南地区等粤人聚居地。自明朝嘉靖年间开始在广东、广西出现，是糅合唱念做打、乐师配乐、戏台服饰、抽象形体的表演艺术。粤剧吸纳了多元的音乐、戏剧元素，将梆子、二黄声腔与粤方言音韵予以完美的结合，创造性地拓展了中国戏曲的艺术表现，成为中国南北戏曲艺术的集大成者，迥异于中国其他戏曲剧种。

川剧，流行于四川、云南、贵州等地。是外省传入的昆腔、高腔、胡琴、弱戏和四川的灯戏五种声腔艺术，清乾隆以来逐渐合流，形成共同的风格。传统剧目五袍——《青袍记》《黄袍记》《白袍记》《红袍记》《绿袍记》；四柱——《碰天柱》《水晶柱》《炮烙柱》《五行柱》。戏曲语言生活气息浓厚，有较高的文学价值和幽默风趣的特色。表演细腻真实，有完整的自成体系的程式动作，尤其是变脸的表演特技，表现人物内心极度恐惧或愤怒，而且瞬时即变，动作敏捷，扑朔迷离，匪夷所思。传统剧目和新编剧目有《柳荫记》《情探》《拉郎配》《江姐》等，影响较大。

四、戏剧的艺术特色概述

戏剧是古代各类艺术的综合，中国的艺术原则在这里得到一种形式美的定型，即程式化和虚拟性。程式化，即角色分行的程式化，生、旦、净、丑四大基本分行，基本行又可再分，生有老生、小生、武生，小生又有中生、冠生、穷生，每一角色性格，道德品格及唱腔，念白的规定性。与分行相对应的一是脸谱划分，二是穿戴类型，三是唱法分类。另有一些程式动作，如翎子功、扇子功、手绢功、髯口功、喷火、变脸等。动作侦察、巡行、夜行、暗袭、起程、上楼、推门等都有程式，而程式化动作又都是虚拟化，戏台的时间、空间，从一地到另一地，从屋内到屋外都是虚拟动作，一两人当作千军万马，三五步走遍天涯海角，搬重物、嗅花、骑马、摇船都是通过虚拟化动作，调动观众想象，创造出最具文化味的形式美。

中国的戏剧把其他艺术糅合，并使之精致化，音乐、器乐、念白、服饰、文舞、武打，以亮相和定型表演出的戏曲雕塑，可以说、唱、念、做、打，都成为戏剧艺术的重要环链，从视觉、听觉让观众得到全方位的艺术享受。中国戏剧表演艺术把文字、歌舞、杂技、绘画、雕塑有机地融为一体，天衣无缝，具有永久的魅力。

第二节　说透人情的曲艺

一、曲艺历史悠久，形式多样

我国是曲艺大国。其曲艺形式的多样性，流布地域的宽广性，种类的丰富性，流派的纷呈性都是其他国家曲艺难以比拟的。

曲艺是各种说唱艺术的总称，即以带有表演动作的说唱来叙述故事，塑造人物，表达思想感情，反映社会生活。多以叙事为主，代言为辅，具有“一人多角”的特点，部分以代言为主，叙述为辅，分角色拆唱，由于曲艺表演演员少——通常 1 ~ 3 人；化妆简单——仅仅面部略加修饰，衣饰也不分角色变换，多以女旗袍，男长衫，属于清唱、清说一类；场地要求不高——或舞台，或堂会，或庙会，或道边；道具简单——说书人仅用一扇、一帕、一止语，弹词不过是一琵琶、一三弦，相声什么道具也不用，自然易学易传，生命力久远。

曲艺历史悠久，唐代有说唱故事的“说唱”“转变”，说说唱唱，已经具备后来曲艺的雏形，宋代“说话”“鼓子词”“诸宫调”“唱赚”等曲艺形式已很流行，元、明、清三代文人参与写作，出现了“三言”“二拍”这样的话本小说，当时全国已有许多曲种、曲目，代代相传。新中国成立后曾作粗略统计，全国有影响的曲种有 300 多个，有些曲种已十分成熟，影响巨大，如扬州评话、山东快书、相声、河南坠子、京韵大鼓、苏州弹词、四川清音、好来宝、赞哈、大本曲等，这些形式基本都属于说唱，往往说多用散文，唱用方言，所以地方性很强，为老百姓所喜闻乐见。

说书，一般指说唱故事的长篇曲艺，分单说和说唱结合。单说即只说不唱，评话、评书皆属此类，有“大书”之称。而又说又唱的弹词为“小书”。说书种类很多，北京评书、天津评书、扬州评话、苏州评话、南京评话、杭州评话、四川评书、陕北说书等，有的用乐器伴奏，但更多只说不唱，以扬州评话最为著名。明末清初著名说书艺人柳敬亭在扬州演出，以扬州方言说故事，说者为一人。坐说不唱，表演时以扇子、手帕为道具，以止语（醒木）击桌加助气氛，近代康国华、王少堂最为著名，他们多说《三国演义》《水浒传》，以描写细致、细节丰富，着意渲染扬州本地风光和塑造市井“小人物”为特色，具有浓重的苏北地方特色。

弹词，或一人，或二人，或三至五人，以“说噱弹唱”为主要艺术手段，说表注意模拟各种类型人物，比较著名的有苏州弹词、长沙弹词、扬州弹词、无锡评曲、南京白局等，以苏州弹词最为著名。苏州弹词流行于江苏南部、上海和浙江的杭嘉湖地区，清乾隆时比较流行，其形式单档（一人自弹自唱）、双档（两人分操琵琶、三弦演唱）和三人档。艺人边弹边唱，于叙述故事情节中分别模拟各种人物身份、表情、动作，把听众带入书情之中。弹词表演内容大多为家庭伦理、儿女私情、冤案昭雪等故事，最著名的有《三笑》《珍珠塔》《玉蜻蜓》《双珠凤》《白蛇传》等。表演手段为说、噱、弹、唱，其弹、唱是弹词表演的重要手段，曲调动听、音色悦耳、唱词雅致、音韵合辙，尤其苏州方言为吴侬软语，因而委婉细腻，纤柔悠缓，回肠荡气，一波三折，自然从容而又富有韵味。

道情，曲艺曲种，多为单口说唱，演唱者右手击渔鼓，左手打简板，以掌握节奏，无弦乐伴奏，也有弦乐伴奏的道情，内容可以固定唱词，也可见景唱物，曲调活泼、简单、自由。浙江道情中有义乌道情、金华道情、台州道情等；江西道情中有南昌道情、宁都道情、吉安道情等；还有湖北道情、青海道情。道情渊源于唐代《九真》《承天》等，是以道教故事为题材，南宋时始用渔鼓、简板为伴奏乐器，故有“渔鼓”之称。近代各地流行的道情、渔鼓、竹琴、古文皆为同一曲种，道情都和流行地的民歌小调结合，吸收地方戏剧、曲艺的唱调，形成不同的地域风格，多数以唱为主，以说为辅，也有只唱不说的。

大鼓，曲艺一个类别，大约清代形成于山东、河北农村，主要流行于我国北方各省及长江、珠江流域的部分地区。有京韵大鼓、西河大鼓、梅花大鼓、乐亭大鼓、京东大鼓、东北大鼓、山东大鼓、胶东大鼓、安徽大鼓、上党大鼓、湖北大鼓、广西大鼓等数十个曲种。多为一人自击鼓板，另有数人用弦乐伴奏，大都为站唱，题材广泛，多为历史战争和男女爱情故事，因流传地区不同，伴奏乐器、唱腔有别。其中最有名的是京韵大鼓，流传于河北、东北、华北。是清末木板大鼓传入北京后，经改革，吸取京剧发音吐字方法和民间曲调，创造新腔，一般只唱不说，唱词基本为七字句、十字句，一人演唱，自打鼓板，有三弦、四胡、琵琶等伴奏。传统曲目来自《三国演义》《水浒传》《红楼梦》等。

二、戏剧曲艺的遗存，具有魅力的旅游景观

我国戏剧曲艺的遗存戏院、书场、戏楼、戏台几乎遍布全国，有的至今保存完好，很有观瞻价值，是探讨戏曲文化的主要场所。

一种是皇宫、皇家花园、官邸园林中有戏楼戏台，往往十分豪华。如颐和园内的大戏楼，在颐和园德和园内，是慈禧太后为奢侈享乐于清光绪十七年（1891）建，是国内最大的戏楼，面对颐乐殿，重檐三层，高21米，底层舞台宽17米，三层舞台均有天地井连通，可表现升仙、入地、下凡诸情节，底层舞台还有水井、水池，可设置水法布景，南部毗连的两层戏楼是规模巨大的后台。清末时，许多京剧演员如谭鑫培、杨小楼等都曾在此为慈禧演戏。有些富户住宅也有戏台，如扬州何园，是清末湖北汉黄德道台何芷舠的私家花园，花园湖面中有一水心亭，即是戏台，四面临水，借助水音，戏声自然婉转悠扬，而水心亭的东南北三面皆是立体串廊，长400多米，上下两层，可摆酒宴百桌，可坐客上千人，边品酒边听戏，此乐何极？

浙江省是越剧之乡，这里越剧十分普及，许多乡镇都有演出场所，旧社会多在露天，而露天有很多舞台，如亭台楼阁，常常是滨水而建，既可以在岸上观看，也可在湖上停船观赏。鲁迅先生的《社戏》即记载这一情形，而电影《舞台姐妹》曾重现了多个这样的舞台。

书馆，旧时北京等地评书演出场所，一般均设有书台，台的四周装有栏杆，演员在书台上表演，台下置方桌和板凳，做观众座。这种形制不仅北京有，其他省也有，如山东济南“明湖居”即是如此形式，刘鹗的《老残游记》中即有《明湖居听书》一折。到江苏、浙江、上海等地则称书场，旧式书场有演员表演的书台，观众席有条桌、椅、板凳，可边品茶边嗑瓜子边听书。书棚子，北京天桥原为曲艺艺人云集之地，穷苦的露天表演，也有借老板书棚子表演，棚子不过是芦苇搭成，敞口，设有书台，演员在书台上表演，观众席有长桌、板凳，是比较简陋的书场。

撂地，即在庙会、集市、街头空地上的曲艺演出场所，演员平地演出，附近有人租赁给观众桌、凳、座席。不可小看撂地，按当年的规矩，新演员出山必须经过撂地演出阶段后才能进入“戏棚子”，进而进入书场、戏院。

进入近代社会以来，按照西方样式建造剧场剧院，有些保持了民族风格，有些更多的是现代色彩，有些也带有浓重的殖民主义成分。上海大世界是当时较有

影响的游乐场。场内有很多形式的剧场，适合剧团和曲艺杂技的演出，至今仍有吸引人之处。

第三节 清丽典雅的音乐歌舞

一、我国音乐自成体系，自有特色

我国是能歌善舞的民族，各地皆有歌舞，对旅游者有巨大的吸引力。中国古代文献中有对尧舜古乐的记载，说明我国音乐起源甚早，我国既创立了七音阶体系（音乐音阶上的七个级，即简谱上的1、2、3、4、5、6、7），又创立了五音阶体系（五声音阶上的五个级，相当于现行简谱上的1、2、3、5、6，古时候叫宫、商、角、徵、羽）。因中国音乐体系要与哲学阴阳五行相符合，所以地位较高。

我国的音乐一方面以自己为中心独立发展，更多的是依附在文化的方方面面，以游散的形式发挥多种功能。一是仪式音乐，主要用于宗庙祭祀、节日盛典、婚丧嫁娶、寺庙修持。特点一般在严肃场合庄严肃穆，但由此分化出的民乐，指民俗庆典中的音乐。在节庆和民间结婚祝寿时演奏，多以吹奏打击为主，轻松欢快，热闹喧哗，形式自由。二是宫廷舞乐，主要用于皇帝和重臣享乐，这种音乐常和舞蹈结合在一起，如唐明皇的《霓裳羽衣曲》，南唐属臣《韩熙载夜宴图》，其中有乐舞，不仅乐伎歌舞，而且主人也参加击鼓，这种音乐正是在舞蹈的推动下发展。三是声乐，从《诗经》、宋词、敦煌曲子词、元曲、明清戏曲传奇，从宫廷深院到青楼妙曲，从文人低吟到民间俚曲，不同阶层，不同场合皆以此表现情感，宣泄喜怒。四是独奏器乐，这是摆脱了仪式、舞蹈、文学而独立出来的音乐，以琴、筝、笛、箫、二胡等为主要丝弦，配以打击乐器，形成中国非常丰富的音乐曲目，江南丝竹、广东音乐、福建南曲、河北秧歌、川江号子都达到了极高的音乐成就。其中有名的古曲有《广陵散》，是我国古琴曲代表，内容为古代《聂政刺韩王曲》，全曲的主体情绪激昂愤慨，壮阔豪迈，痛快淋漓。古琴曲《流水》以钟子期与俞伯牙高山流水遇知音为题材，表现出坦荡开阔的胸襟和百折不挠、勇往直前的精神境界，表现出对生命力和大自然的热爱和颂扬。琴歌《胡笳十八拍》，相传为汉末蔡琰所作，胡笳是少数民族一种乐器，十八拍即十八段，乐曲描绘她被匈奴族虏获，不得已过自己不习惯的生活。乐曲鲜明显示出塞外草原的风土人情，带有北方民歌开朗豪放特色，着重刻画蔡文姬矛盾不安和悲伤痛苦的内在感情，悲怆凄厉，如泣如诉。琴曲《梅花三弄》，最早为东晋桓伊所作，他是东晋名将，又是音乐家，“三弄”是指乐曲中一个相同曲调在不同段落中重复三次，该曲借对梅花凌霜傲雪的形象描绘，赞扬了梅花洁白坚韧的品格，表现作者刚毅不拔、高洁脱俗的气质。琴歌《阳关三叠》根据唐代诗人王维《送元二使安西》名诗谱写，因个别诗句反复吟咏三遍，故有“三叠”之称。这是真实集中表现具有普遍社会意义的别恨离愁的情感，曲调情意绵绵，真切感人。琵琶曲《阳春白雪》，流传十分广泛，描绘了万物回春，生机盎然的春意景象。古琴曲《十面埋伏》，以楚汉相争为题，表现的内容壮丽宏大，气势雄伟辉煌，使闻者始而奋，既而悲，终而涕泪之无从。丝竹乐《春江花月夜》，又称《夕阳箫鼓》，是糅合了白居易的长诗《琵琶行》、张若虚的《春江花月夜》的诗意，又不受其局限，以优美柔婉的旋律，清新流畅的节奏，鲜明生动的音乐形象，描绘江南春江花月夜的秀美景色，柔风吹，江水荡，两岸山影叠翠，晚归渔翁轻歌曼舞，江中水波荡月，是一幅妩媚诱人的音画。此处我们仅举数曲，管中窥豹，可见我国独奏器乐的丰富多彩，博大精深。

有人曾将中国音乐和西方音乐比较，认为比起西方音乐重和声和配器，我们更注重音乐的旋律，追求的是气韵生动，注重节奏宣泄，尤其是民间音乐、秧歌、腰鼓、锣鼓都是载歌载舞，在喧闹的节奏中表现粗犷的阳刚之气，文人的乐曲不仅注重内心情感，而且更注重理性精神。表现一种民族心灵，民族精神。

古琴艺术，2003 年 11 月，联合国教科文组织将其列入“人类口头和非物质遗产代表作”，评价是，古琴艺术吸纳了大量优雅动听的曲调，演奏技法复杂而精妙，而且有着独特的记谱法，大量乐谱都是人们口头流传下来的。古琴有七根弦，十三个徽，通过十种不同的拨弦方式，演奏者可以演奏出四个八度。古琴是中国独奏乐器中最具代表性的一种。古琴艺术体现为一种平置弹弦乐器的独奏艺术形式，另外也包括唱、弹兼顾的琴歌与琴、箫合奏。

福建南音，（泉州弦管）2009 年 10 月被联合国教科文组织列入《人类非物质文化遗产名录》。评价是，南音也称“弦管”“泉州南音”，南音是集唱、奏于一体的表演艺术，是中国现存最古老的乐种之一。南音用泉州方言演唱，主要以琵琶、洞箫、二弦、三弦、拍板等乐器演奏，以“乂、工、六、思、一”5 个汉字符号记写乐曲。其演唱形式、乐器形制、宫调旋律、曲目曲谱及记谱方式独特，为研究中国古代音乐提供了丰富的历史信息。其音乐主要由“指”“谱”“曲”三大类组成，是中国古代音乐比较丰富、完整的一个大乐种。

西安鼓乐，2009 年 9 月 30 日被联合国教科文组织列入《人类非物质文化遗产名录》。评价是，西安鼓乐是流传在西安及周边地区的鼓吹乐。乐队编制分敲击乐器与旋律乐器两大类，演奏形式分为坐乐和行乐。乐曲结构庞大、风格典雅，是中国传统器乐文化的典型代表，对研究中国古代音乐有着极高的学术价值。西安鼓乐是迄今为止在中国境内发现并保存最完整的大型民间乐种之一，是中国古代传统音乐的重要遗存，被国际音乐界和史学界誉为“中国古代音乐活化石”。

二、我国的歌舞注重自娱性，群体性，民族性

自娱性。最初音乐舞蹈都和劳动相连，比如北方游牧民族放牧歌，在内蒙古、新疆、青海、西藏草原牧区的蒙古、藏、哈萨克、柯尔克孜等少数民族不约而同地存在、发展，多为描写草原、憧憬爱情、歌唱家乡、表现勤劳勇敢，边弹边唱，边舞边歌，以悠长舒缓曲调表现热情、豪爽的民族性格。

汉族的舞歌，其中秧歌、花鼓、采茶、花灯、旱船、莲湘、耍龙、舞狮、麒麟、高跷，可谓山花烂漫、异彩纷呈。但有一个共同特点都是在场头、街头自娱自乐，有的艺术水平很高，有的近于稚拙可笑，但重在参与，是快乐心情的自然流露，显得大方自然，乐观自适。尤其是以山为背景，以水为依傍，人与自然交融在一起，演员和观众交融成一片，无观看舞台的拘谨，有自娱自乐的轻松活跃。近年来都市文化中广场音乐也正在兴起，上海外滩经常举行广场音乐会，几千人同歌同舞，十分壮观。

群体性。我国的歌舞很多都和喜庆有关，不仅岁时风俗中的端午、中秋、春节总是要在繁忙一段以后，寻求快乐，造成张弛有度、劳逸结合的生活节奏。同时喜庆丰收、花朝月夕、工程完工、事情顺利、民族节日、迎神赛会、新船下水、结婚娶亲、庆祝寿诞都以歌舞形式以示庆祝，此时的歌舞体现出很强的群体性，其中最有代表性的是太平鼓，这是汉满民间传统的娱乐习俗，流行于东北、北京、内蒙古、陕甘宁地区，如陕北腰鼓、安塞腰鼓、山西锣鼓，活动往往从正月初一开始，正月十五元宵节为高潮。太平鼓最早起源于唐朝，本为乐舞，后用为腊鼓，宋代称为“打断”，到明代时民间已很流行，鼓形制多样，有扇形、圆形、桃形、柱形、扁形，框为木质，羊皮蒙面，击鼓用键，键为竹质，如筷，表演时，一面大鼓，直径可逾米，周围则是小鼓，持伞张开指挥，有的还伴以锣、钹，可以是一个单打、二人对打，但最热烈的是众人群打。常常是一村一寨，甚至是邻村邻寨一起来会鼓，几百只鼓，甚至上千只鼓，头顶蓝天，脚踩黄土，背倚山陵，鼓点整齐，边鼓边舞，大方健美，动作中的“白马分鬃”“鹁鸪旋窝”“鹞子翻身”“剪子交”“龙摆尾”，娴熟而优美，音响宏壮，震天撼地，奔放跳跃，气氛热烈。把舞蹈、武术等动作融会其中，有放有收，有张有弛，变化多端，气势磅礴。

民族性。我国是多民族国家，56 个民族 56 枝花，每个民族都能歌善舞。新

疆维吾尔族的赛乃姆，舞蹈轻巧、优美，以旋转、快速、多变著称，伴奏多以手鼓“达甫”，鼓边木框镶有的活动小铁环，随着鼓声铿锵作响。特点是身体各部位都有运动，如头、肩、手、腕、腰、小腿配合巧妙，运用细致，明快活泼，步伐轻盈，舞姿变化丰富。四川凉山彝族火把节，每到傍晚男女老少燃火把奔驰田间，身穿节日盛装的青年男女在篝火旁载歌欢唱。藏族锅庄舞，锅庄即圆圈歌舞，多为围着寨房的火塘锅庄周围跳，故名，跳时两人领唱，且歌且舞，自左而右，先慢后快，四步一顿，时而两臂撒开，时而两手合十，仿佛是喇嘛祈祷。动作常见的是弓腰、转身，舞姿多模拟大鹰姿势，矫健奔放。土家族的摆手舞，以锣鼓伴奏跳舞，双手在不过肩的部位摆动，有单摆，双摆，回旋摆，动作都不脱离农事劳动。朝鲜族的刀舞，刀是特制的富有美感的短刀，舞时手上握刀，灵活转动，银光闪闪，发出刷刷的声响。白族的霸王鞭，这是带器械的舞蹈，取长约1米，比拇指稍粗的香笋竹，中部镂成九个长方形孔，每孔中各穿两枚铜钱，舞时因铜钱顺势而动，发出错落有致的金属撞击之声。霸王鞭多为女子用，舞时，以鞭敲击肩、臂、胸、脚等部位，配以双肩微颤和肩腰晃动，形成舞、打、跳、跃的连续动作。有仰俯伸屈、辗转反侧的独特美感。

“新疆维吾尔木卡姆”2005年11月入选联合国教科文组织第三批“人类口头和非物质遗产代表作”。评价是，它是流传于中国新疆各维吾尔族聚居区的各种木卡姆的总称，是流传于新疆各维吾尔族聚居区的“十二木卡姆”和“刀郎木卡姆”“吐鲁番木卡姆”“哈密木卡姆”的总称，主要分布在南疆、北疆、东疆各维吾尔族聚居区，在乌鲁木齐等大、中、小城镇也广为流传。也是集歌、舞、乐于一身的大型综合艺术形式。

蒙古族长调民歌，2005年11月中国、蒙古国联合申报的“蒙古族长调民歌”入选联合国教科文组织在巴黎总部宣布的第三批“人类口头和非物质遗产代表作”，评价是，长调的历史可以追溯到2000年前，13世纪以来的文学作品中已有记载。直至今日，长调仍保留着丰富的不同地域的风格。蒙古国和中国北部的内蒙古自治区牧民的社会和文化生活中，在表演和当代音乐创作中，长调都扮演着主要角色。蒙古族长调以鲜明的游牧文化特征和独特的演唱形式讲述着蒙古民族对历史文化、人文习俗、道德、哲学和艺术的感悟，所以被称为“草原音乐活化石”。

侗族大歌，2009年被列入《世界遗产名录》。评价是，侗族大歌是无伴奏、无指挥的侗族民间多声部民歌的总称。包括声音歌、叙事歌、童声歌、踩堂歌、拦路歌。侗族大歌无论是音律结构、演唱技艺、演唱方式和演唱场合均与一般民间歌曲不同，它是一领众和，分高低音多声部谐唱的合唱种类，属于民间支声复调音乐歌曲，这在中外民间音乐中都极为罕见，侗族大歌不仅仅是一种音乐艺术形式，对于侗族人民文化及其精神的传承和凝聚都起着非常重大的作用，是侗族文化的直接体现。

花儿，2007 年入选“人类口头和非物质遗产代表作”。评价是，花儿产生于明代初年，即公元1368 年前后，是流传在中国西北部甘、青、宁三省的汉、回、藏、东乡、保安、蒙等民族中共创共享的民歌。“花儿”唱词和曲调分“河州花儿”和“莲花山花儿”两大类。因歌词中把女性比喻为花朵而得名。它用汉语演唱，音乐上受羌、藏、汉、土以及穆斯林各民族传统音乐的影响。花儿结构分两段，前段比兴、后段是歌唱的主题内容。曲调具有浓郁的抒情性，演唱时用宁夏方言，有浓郁的地方气息。

蒙古族呼麦，2009 年被列入《世界遗产名录》。评价是，呼麦是蒙古族人创造的一种神奇的歌唱艺术：又可以分为“泛音呼麦”“震音呼麦”“复合呼麦”等。声部关系的基本结构为一个持续低音和它上面流动的旋律相结合，一个歌手纯粹用自己的发声器官，在同一时间里唱出两个声部。在中国各民族民歌中是独一无二的。呼麦是蒙古族人杰出的创造。它传达着蒙古族人民对自然宇宙和世界万物深层的哲学思考和体悟，表达了蒙古民族追求和谐生存发展的理念和健康向上的审美情趣。

三、音乐歌舞已成为旅游景区文化开发的重要内容

近年来，我国各地推出了与当地特色结合、与景区紧密结合的大型实景演出，西安的《长恨歌》《梦回唐朝》，广西的《印象·刘三姐》，深圳的《千古风流》，云南的《印象·丽江》，杭州的《宋城千古情》《印象·西湖》，上海的《时空之旅》，北京的《北京之夜》《禅宗少林·音乐大典》《大宋·东京梦华》《丽水金沙》《天骄·成吉思汗》《印象·井冈山》《道解·都江堰》等先后诞生，极大地激活了旅游市场。目前，国内旅游演艺节目和实景演出具有以下特征：一是大规模。据不完全统计，全国200 多家上规模的旅游演艺节目的资金投入接近20 亿元，观众达到1.6 亿人次。旅游演艺不仅带动了就业，还给景区带来了门票之外的收入来源。二是大手笔。目前，国内新上的旅游演艺项目投资巨大，几乎都是千万元以上，不少地方同时上了几个超亿元的项目。三是大潜力。2006 年我国主要景区旅游文化演出达26.8 亿元，旅游文化演出的拉动力是很大的。全国竟然有200 多个旅游演艺节目，几乎每一个著名景区都有自己的演艺团队，而景区也越来越注重挖掘景区的内涵，使景区产品跟文化内涵实现有机统一。其共同特点：大规模场面、庞大演出阵容、高科技应用等，是由人、景和光影构成的“视觉盛宴”，用演艺的形式把当地独有的文化、风情展现出来，让游客有更多的体会，甚至出现了演出比景点本身还吸引人的现象，得到了众多海内

外游客的赞誉。

1982年西安推出的《仿唐乐舞》是我国推出的第一个旅游演艺项目，当时并不是完全针对旅游市场的商业行为，更多的是供政府首脑观看。即使这样，《仿唐乐舞》在20世纪80年代仍然风靡一时，如今已成为陕西重要的旅游文化品牌之一。但真正掀起我国旅游演艺热潮的是《印象·刘三姐》。2004年在桂林阳朔推出，以1.654平方公里水域为舞台、12座著名山峰为背景，由我国著名导演张艺谋出任总导演，历时五年半努力制作完成。它集漓江山水、广西少数民族文化及中国精英艺术家创作之大成，是全国第一部全新概念的“山水实景演出”。演出集唯一性、艺术性、震撼性、民族性、视觉性于一身，是一次演出的革命、一次视觉的革命。2004年11月以桂林山水实景演出《印象·刘三姐》为核心项目的中国·漓江山水剧场（原刘三姐歌圩）荣获国家首批文化产业示范基地。目前已成为国内文化产业的成功范本。到2008年年底，《印象·刘三姐》演出总场次近2000场，观众约300万人次，票房收入约6亿元。

禅宗少林音乐大典是大型户外实景文化演出，演出地点是在登封西10公里的大仙沟，180度的全景视觉，美轮美奂的山林清泉，若隐若现的古刹禅院，构成了演出的真实背景。实景流动立体声音响与现场的水声、风声、虫鸣等自然声构成全景式立体声场。结合宏大的艺术灯光工程，使沉睡万年的中岳重放异彩，映照人间。《水乐》《木乐》《风乐》《光乐》《石乐》五个乐章，以禅宗的理念引领奥妙的少林功夫，揭示人们生活中要直面生命本体，觉悟人性。演出所蕴含的宽怀、慈悲、和平、圆满的精神境界，超越了国家与种族的界限，对今天经济一体化世界的浮躁有着抚慰作用。是中国文化在其发祥地向世界文化的一次召唤。大气魄、大阵容、大气场，风致震撼、荡涤心灵。

实景演出的成功具有不可复制性，不是所有的地方都适合发展，需要看游客规模、气候条件、民族文化、名导效应、艺术创新、政府支持和市场运作等各方面的条件是否成熟。这是大运作、大手笔的实景演出，需要高投入，据了解，《印象·刘三姐》投资6000万元，《印象·海南岛》投资近2亿元……高投入与低收益的强烈反差也引来质疑：盲目跟风、简单重复、浪费资源，“克隆潮”，演出从形式到内容大同小异，表现手法老一套；只考虑演出效果，不考虑投资利益。专家惊呼大型实景演出路在何方？其实旅游的本质特征是文化，现代旅游业竞争的核心要素是文化内涵的竞争，文化是旅游的灵魂。大型实景演出需要的是创意，可以从方法上去学习，但一定要避免形式上的模仿和重复，只有在前人的基础上进行创新，才能真正打造出品牌。当前，旅游业进入了一个大调整、大发展时期，旅游业和文化产业的关联度越来越高，文化与旅游相结合是当下在各景区流行的提高旅游品质与竞争力的重要方法之一。然而，随着大型实景演出的增多，由于演出本身存在的缺陷和人们的审美疲劳，实景演出在许多旅游景区的经济效益并不理想。要充分考虑地域、文化、市场等多种因素，不可盲目跟风。进一步改进创新旅游演艺产品，尽量避免旅游产品的雷同，力争实现错位经营。

第四节　中西方戏曲表演艺术比较

当今世界有两大戏剧基本系统，它们是以中国戏曲为代表的东方戏剧艺术和以欧洲话剧为代表的西方戏剧艺术。这两大艺术在长期发展中形成了各自的特点，不论从文学还是艺术角度都具有独特的魅力。

戏曲是中国传统民族戏剧，如果从12世纪初期确立的最早成熟的中国戏曲艺术样式“南戏”算起，它已经经历了8个世纪的漫长历史，至今仍一直流布整个中华大地，并形成不同地区有着不同音乐曲调、语音语言、表演风格的多达300余种的剧种类别。目前，中国戏曲尽管面临现代社会发展与现代艺术崛起的严峻挑战，碰到一些困难，但它依然具有顽强的生命力，仍旧是中国大多数百姓经常观赏的舞台艺术，处于中国剧坛盟主与中国文化“国粹”的地位。

西方戏剧最早可以追溯到2400年前。古希腊戏剧家埃斯库罗斯、索福克勒斯、欧里庇得斯的作品《被缚的普罗米修斯》《俄狄浦斯王》《美狄亚》，它们无论从内容到形式都已达到相当高的艺术水准，为后来戏剧在世界范围的普及、提高和发展奠定了基础，树立了典范。西方戏剧在经历了14世纪的“文艺复兴”和18世纪的“启蒙运动”后，特别是经历了工业革命、后工业革命的洗礼，经历了两次世界大战和若干以民族解放或者是民族独立为重要目的的局部战争后，更加趋向于现实主义。

一、中西方戏剧的相近特性

（一）综合性

早期中西方戏剧都具备综合表演的特征，其舞台形式都是诗、歌、舞各种表演手段交融运用，体现了混融并包的戏剧观念。这是早期中西方戏剧共有的特征，也是其魅力所在。

（二）程式化的抽象表现法

中国戏曲强调表现形式的程式性，在漫长的发展演变过程中，它的综合表演技巧越来越向着高难度的方向发展，越来越难以掌握，这限制了它表演的即兴性和随意性。中国戏曲基本上不是一种临场创作的戏剧，它的演出需要训练有素的演员来承担，而训练往往需要长年的时间过程。训练是按照累世经验和传统艺术格式进行的，这些经验和格式就构成了表演程式。

以西方传统戏剧样式而言，歌剧是文学（诗歌）、音乐（声乐与器乐）、表演、舞蹈（民间舞与芭蕾）、美术（化装、服饰、布景）等的高度综合，古典芭蕾（舞剧）是文学（脚本）、舞蹈、哑剧表演、交响音乐、美术（服饰、舞美和伴舞队的造型及构图）等的高度综合，就连话剧，也是文学、形体动作、语言艺术、美术等，甚至还有音乐、舞蹈的密切综合。歌剧的音乐结构，声乐样式（朗诵调、咏叹调、咏叙调），与声部（高、中、低声部）编配，芭蕾的舞蹈形式（独舞、双人舞、三人舞、四人舞和群舞）和段式结构（出场、慢板、变奏、结尾）等，都有其相当严格的程式。

（三）写意性

中国音乐、舞蹈艺术，如绘画、书法、建筑等，都很讲求所谓“神似”，而不强求“形似”；很看重“意象”，而不斤斤计较“具象”，很重视集中显示对象的本质特征，而不面面俱到地描画对象的所有细部真实。理论家们把这种特征概括为“写意性特征”。中国戏曲上的写意性主要有三方面的含义：一是示意性的舞台指示，二是虚拟化的戏剧行为，三是超脱性的时空观念。

西方戏剧虽然以写实为主要特征，但也以不同程度变通方式体现出它的写意性。比如芭蕾舞剧，它的虚拟与示意性动作不少于中国戏曲。舞台写意性表现，也被近代世界许多话剧大师，如布莱希特、梅耶荷德、桑顿·怀尔德（Thornton Wil-dre）、让·热内（Jean Genet）等所热衷倡导、广泛运作并用之有效。

二、中西方戏剧的区别

（一）分类原则不同

西方戏剧剧种有明显的划分，悲剧即悲剧，喜剧即喜剧，没有交融。中国戏曲所有戏剧内容，都始终交融着悲喜成分，表演总体风格亦庄亦谐，即使表现剧中人物曲折经历和不幸遭遇的剧目，也不排除“喜剧”内容与表演成分，结局又多以“大团圆”的皆大欢喜告终。所以中国戏曲无法如西方戏剧那样，用剧情性质和剧中人物命运，把它截然区分为“悲剧”“喜剧”“正剧”等不同类型。某些试图用上述戏剧分类原则使中国戏曲“对号入座”的做法，实在让人觉得别扭。

（二）艺术表现形式不同

中国戏曲是一种与西方戏剧特别是西方写实主义话剧有着本质区别的戏剧艺术。中国戏曲基本是一种表现艺术、表演戏剧，西方话剧则是再现艺术、叙事戏剧。中国戏曲艺术的基本取向是要表演，西方话剧艺术的主要目标是讲故事；中国戏曲是为表演而叙事，西方话剧是为叙事而表演。戏曲艺术家的主要目标，则是充分展示自身艺术魅力，调动观众艺术想象与共鸣，抵达人格陶冶和审美愉悦的情境；而话剧艺术家的主要职责，是通过必要的艺术手段，铺陈剧情，刻画人物，震撼观众心灵，以传递剧作家的道德精神力量，从而把人们引向思索与推究哲学命题的天地。

（三）演员表现生活途径不同

中国戏曲为了表现生活，在演员表演与生活对象之间设置一个不可跨越的中介——角色行当。戏曲演员表现生活是通过角色行当表演的间接途径来实现，表演者与表演对象之间是三度关系。中国戏曲演员只有在准确把握角色行当表演程式和充分展示角色行当魅力的前提下，方能实现其表现生活的最终目的。西方戏剧是通过演员形体、动作、语言或歌唱表现生活形态的艺术。西方话剧表演，不管如斯坦尼斯拉夫斯基倡导的“体验”艺术，还是如布莱希特强调的“表现”艺术，都不曾反对表演对生活进行直接对话和加工。话剧演员表演的对象，是生活原生形态，表演者与表演对象之间是二度关系。这种中西戏剧表现生活途径的截然区别，恰好体现了中西戏剧的本质不同。

（四）戏剧结构原则不同

中国传统戏曲或者以表演场次的主次顺序（宋金杂剧、院本），或者以歌唱音乐的宫调体式（元明杂剧），或者以角色登场的断续形式（南戏、传奇），作为戏剧结构标志。总之，中国戏曲的结构原则是表演样式而非戏剧内容。西方话剧以戏剧冲突展开层次与剧情发展段落作为戏剧结构原则，进行时空、场景转换和场次切割。

（五）剧场形式不同

中国戏曲剧场形式具有很大的随意性，或搭台，或撂地；或室内，或野外；或剧院，或茶楼，或酒肆等都可表演戏曲。表演一出相同的剧目，既可采用观众三面绕看的传统“伸出式”舞台，也可采用单面直观的现代“镜框式”舞台。戏曲与剧场形制之间，无完全的依存关系。中国戏曲要求的只需给它提供一个足够展现自己艺术风采的空间即可。西方戏剧追求“三一律”和写实主义，多采用围堵剧场与“镜框式”舞台，以“幕”作为基本组织单位，采用板块接近式的结构，一幕一景，将剧情的发展切割成若干幕，让戏剧矛盾在若干个板块中做网状交织，以板块的组织来完成全剧，来快速推进剧情发展。

第十二章　工艺美术文化

〔内容提要〕

工艺美术文化，这一独特的艺术品种，在我国各种美术形式中历史最为悠久。历代保存下来的瓷器、景泰蓝、漆器、玉器、织绣、金银器、青铜器、象牙雕、犀角雕、家具工艺、民间泥塑都以独特的民族风格成为稀世珍品。我国的旅游工艺品门类十分丰富，既有高档质料的，如玉器、漆器、金银器，又有普通材料的，如竹、藤、草、柳、棕的编织工艺。质料虽有名贵普通之别，但制作技艺却各有高招，剪、扎、编、织、绣、雕、绘，勤劳智慧的中国人在长期丰富的艺术实践中，在体现实用和审美相结合，工艺技术与艺术设计相结合方面，创造了许多优秀的范例，形成我国工艺美术优秀而深厚的艺术传统，尤其是青铜、陶瓷、漆器、玉器、织绣等工艺，在世界物质文化史上具有重要地位，在世界旅游工艺品市场中也具有举足轻重的作用。可喜的是专题工艺品生产城市，特色工艺作坊，乡村手工艺场所，少数民族手工艺村寨都成为游客喜爱造访之地。

〔学习要点〕

- 工艺美术发展简史与精品举例。
- 工艺美术的特征。
- 工艺美术展示的多样性。
- 中西方工艺美术文化比较。

〔思考题〕

1. 为什么说我国的工艺美术源远流长？
2. 列举工艺美术精品青铜器、金银器、景泰蓝、象牙雕、犀角雕、惠山泥人，并说明各自的特点。
3. 举例说明工艺美术地域广泛性、风格独特性、品种多样性特征。
4. 举例说明工艺美术展示的多样性。

工艺美术是观赏性和实用性的结合，但其实用性又逐步让位于观赏性。钱钟书说："古人屋宇、器物、碑帖之类，流传供观赏摩挲，原皆自具功能，非徒鉴析之资。人事代谢，制作递更，其初因用而施艺，后遂用失而艺存。"值得注意的是，中国儒家一向"重政务、轻自然、斥技艺"，不仅自然知识，而且生产技艺被排除在读书人的视野之外，成为士林不齿，社会藐视的行当。而今天，这一观念并未彻底改变，传统工艺的人亡艺绝就是明证。因此昔日工艺美术的精品已成为旅游者向往的观赏精品，以独特的民族风格成为稀世珍品，如今在全国各大博物馆展出，吸引着海内外宾朋慕名一睹为快。专题工艺品生产城市、特色工艺作坊、乡村手工艺、少数民族手工艺村寨都成为游客喜爱造访、购物之地。中国蚕桑丝织技艺、南京云锦、浙江龙泉青瓷、剪纸、雕版印刷等民间工艺被列入《世界遗产名录》。

第一节　工艺美术发展简史与精品举例

一、工艺美术源远流长

工艺美术是一个独特的艺术品种，在我国各种美术形式中历史最为悠久。原始社会时期人们的艺术兴趣，主要集中于对物质产品进行美的加工，主要是三方面：一是劳动工具，其规律是由不固定进步为固定，由不整齐进步为整齐，由非对称进步为对称。二是陶器制作，5000 多年前的彩陶，造型优美，纹饰繁丽多彩。由在立体器物上进行可触性雕塑，到在平面感觉上进行可视性绘画。三是由实用转为装饰，18000 年前的山顶洞人已有一些简单的装饰品，石珠、骨坠、兽齿，在磨制、钻孔、着色方面力求美观。可见工艺美术一开始就注意了实用性和装饰性，起点就不仅从功利出发，而是注重美的追求。值得注意的是，先人不仅利用最普通的质料，而是注意使用高档质料进行美术工艺的制造。距今 5000 年的新石器晚期玉石工艺就得到了发展，而且形成高潮。考古发现，东北地区红山文化，长江中下游良渚文化，山东、陕西等地区的龙山文化，湖北石家河文化均出土大量玉器，不仅用于工具、佩玉、礼器，还用于丧葬，形成了礼器、配饰、丧葬等用玉体系。到商周两代，玉器使用已进入了人们生活的各个领域，礼仪用具、配饰、生活用品中的玉制品是公认的上品，普遍运用于外事往来、亲友馈赠、喻事拟人、赞赏称颂，玉成了人们公认的工艺珍宝。

夏商时代由于人们熟练地掌握了青铜冶炼、成型铸造，创造了足以代表我国奴隶社会高度发展的文化艺术的青铜艺术。青铜艺术的工艺品是奴隶主日常生活用具，造型新颖，种类繁多，不仅有烹饪用的，盛食用的酒器、容器，而且还有宴会中的乐器。

战国、秦汉时期，我国的漆器工艺发展到相当的高度，有生活用具、兵器、棺木、镇墓兽、钟架锦瑟、脱胎漆器，有了施金彩漆，金银铜扣，并使用金箔贴花、金银琉璃镶嵌、玳瑁镶嵌等新的装饰手法。

从战国开始，我国的织绣工艺很发达，其中的高级纺织品，除供国内人们享用外，还进入国际社会，汉代通向中亚欧洲的“丝绸之路”即是明证。

隋唐时代，我国古代劳动人民伟大发明之一的瓷器，其生产和工艺水平日益成熟，到了宋代，更是高度发展，全国各地有了许多各具特色的名窑。产品远销世界各地，中国有了“瓷器之国”的美称。

元明清时期，我国的各种工艺美术进入百花齐放的时代，无论是产品之精、品类之繁，无不超越前人，达到了“叹为观止”的地步。瓷器、景泰蓝、漆器、织绣、金银器、犀角雕、象牙雕、家具工艺、民间泥塑都以独特的民族风格成为当时的精品工艺。这是十分宝贵的艺术遗产，我们理应继承保护，为发展旅游服务。

二、工艺美术精品举例

我国的工艺品门类十分丰富，按质料分有陶器，瓷器，玉器，青铜器，漆器，玻璃器，织绣，家具，景泰蓝，竹、藤、草、柳、棕编织工艺，泥塑，木雕等民间玩具、剪纸窗花，等等。按制作技艺又分为剪——剪影、剪花、剪纸；扎——纸扎、草扎、竹拼、车木、花灯、风筝；编——绳结、草垫、竹编、柳编、线编、手绣、地毯；织——蜡染、扎染、挑花、织锦、花边、花绸、壁挂；绣——蜀锦、云锦、缂丝、苏绣、湘绣、发绣、绒绣、筒裙、围腰、花帽、坎肩；雕——木雕、漆雕、竹雕、根雕、石雕、玉雕、牙雕、骨雕、角雕、砖雕、果核雕；塑——泥塑、瓷塑、金属铸塑、面塑、米塑、酥油花、冰雕；绘——岩画、壁画、纸马、铁画、内画壶、纸织画、羽毛画、贝雕画、麦秸画、树皮画、糖画、彩蛋。勤劳智慧的中国人在长期的丰富的艺术实践和工艺生产过程中，在体现实用和审美相结合、工艺技术与艺术设计相结合方面，创造了许多优秀的范例，形成我国工艺美术优秀而深厚的艺术传统。尤其是青铜、陶瓷、漆器、玉器、织绣等工艺，在世界物质文化史上占有重要地位。

（一）“武威兵马俑”青铜器

青铜工艺始于夏商，是铜和锡的合金，它既可以作礼器，也可以作炊具、乐器、工具、车马器，等等。甘肃武威市1969年出土的青铜质汉兵俑，同时出土的还有汉青铜器“马超龙雀”，艺术价值极高。

兵马俑比秦陵兵马俑小，一般在50～80厘米，车马同比例缩小。它们大体分三类：一类奔马，以模具一次铸成；二类骑兵执械俑，马、俑一次铸成，武器则是以后安插；三类马拉战车俑，分多次铸造，人、车、马铸造成型后组合。整个俑阵设计追求整体效果，采用以静寓动的艺术手法，虽是直立静止形体的重复排列，但使人感到只要一声令下，千军立即进发。

战马塑造浑厚朴实，全身比例匀称合度，连肌肉、骨骼、筋脉都非常逼真。匹匹战马眼似铜铃，鼻骨隆突，双耳耸立。或头微上扬，长尾飘逸，一副神采飞扬之态；或四足站立，前腿如柱，后腿似弓，大腿下部和小腿瘦劲，四蹄厚重硕大；或前腿略略抬起，张嘴嘶鸣，分明急不可耐，似乎一声令下就如离弦之箭，驰骋疆场，表现出内在的力量速度和锐不可当的气势。刚劲性格和矫健风姿使人联想到它们在战争中冲锋陷阵、奋鬣嘶鸣的英迈神情。

兵俑线条简洁明快，形态富于个性，这些骑兵，尽管身穿战袍，不着铠甲，但皆紧身轻软，很有“胡服”的味道，兵俑执器皆为长器，有刀斧戈矛枪，富于变化；器杆皆细长笔直，且略前倾，似有千斤之力，表现出战士严阵以待、高度警惕的神情。

汉俑和秦俑最大的不同是改雕塑形为模制形，塑造者在制范（铸铜俑的模具）时就注意人物的表情。指挥俑相貌魁伟，面部深沉凝重，姿势庄重洒脱，一副身负重任、决胜千里的豪气；驭手俑镇定自若，面部端庄平静，分明是受将帅感染而风雨不动；骑士俑是军队中坚，成熟壮实，有丰满的面容，紧张的肌肉，圆睁的双眼，开张的嘴唇，表现出威力无比、视死如归的神情。对兵俑面部五官的刻画在铸造成形后，局部还进行修描，使之更加逼真传神，这充分显示了青铜器造型艺术的时代风格。汉代青铜兵马俑题材的无拘束，风格的非程式化已脱离了古代青铜艺术的古朴阶段。

（二）“金瓯永固”金杯

中国的封建王朝历经2000多年，各朝各代，十分注重祭祀礼仪，祭天祭地祭山祭水，于是北京至今还有天坛、地坛、日坛、月坛、社稷坛，这些都是皇帝祭祀之地。与此相应要制造许多礼器，尤其是明清，金器制作的工艺登峰造极，“金瓯永固”是其代表。

该杯通高12.5厘米，口径8厘米，足高5厘米，为清朝皇帝每年正月初一开笔仪式时专用，是清帝世袭之物。取此名字，是以金瓯（盆）喻国家疆土完整，固若金汤，长治久安。开笔仪式即元旦子时，在故宫养心殿东暖阁点燃蜡烛，在此杯中注入庆贺新岁的屠苏酒，皇帝手执刻有“万年青”字样毛笔，书写“天下太平”“福寿长春”。该杯是所有礼器中最重要的，因从此之后，皇帝御笔将要批阅奏章，起草文告，关系国计民生。可惜该杯袭用到乾隆时已有所破损，于嘉庆二年（1797）重新制作。据内务府档案记载，重制工作由乾隆亲自过问，竟然一次批出“九成金二十两，正（珍）珠大小十一颗，红宝石大小九块，蓝宝石十二块，碧牙玺四块”。精心制成新的“金瓯永固”金杯。

该杯整体造型采用青铜三足鼎式，杯体采用几何形体组合，形态庄重典雅。外表纹饰极富层次，杯腹为浮雕百花争艳图。中为牡丹，周围以荷花、菊花、梅花图案围聚，成众星捧月之势，寓意春夏秋冬四季平安。每朵花则以红蓝宝石珍珠作花蕊，珠圆玉润。杯下是三足，与杯腹衔接处也嵌珍珠，与中心珍珠相应，杯口中间对称镌刻阳文“金瓯永固”四字。

杯鋬（pàn，器物上用手提的部分）是两条向上的龙，龙嘴、龙爪与杯连接，自然而实用，龙头略超出杯口，龙额上各嵌一珠，遥相呼应，又与杯腹、杯脚珍珠照应。

该杯采用青铜器的造型，金银器的打制，景泰蓝的用色，珠玉的镶嵌，将诸种工艺的技法综合运用于金器之上，自然随意，相辅相成，确是巧夺天工。

（三）“凫樽”景泰蓝

景泰蓝又名掐丝珐琅，是中国传统金属工艺之一。我国元代已有珐琅制品，技艺到明景泰年间十分成熟。它以多彩而坚实的瓷（珐琅瓷）铜相结合的工艺手法享有盛誉。最初因产品多用蓝而称为景泰蓝。故宫有景泰蓝凫樽，通高30.5厘米，清乾隆年间作品，不是北京造，而是扬州工匠完成的。清内务府档案称之为：“扬州制品的代表作之一。”据载，其时全国有四大景泰蓝生产基地：北京、扬州、广州、九江。扬州的产品镀金厚重，造型华美，色彩和谐，掐丝图案丰富多变，扬州著名艺师王世雄，乾隆间京都称之“珐琅王”。

凫樽设计精巧，造型新颖，采取的是组合之法，下部是一凫鸟，凫背则负酒樽，利用凫足为樽足，使樽很稳重，又以尾翼倒卷拖地，使其更稳。按常规，樽当有对称的鋬，凫樽则将鋬处理成上下两部分，呈不对称形，上部为凫头凫颈，下部为凫尾，而凫头凫尾呈中心对称的“S”形，线条十分流畅。凫形制造浪漫，鸭头，鹅蹼，凤尾，孔雀翅，又富仙鹤自负韵味，极富想象力。

点蓝也有特色，总体看，下部凫座以宝蓝为主，深而发亮，显得厚重，樽则以湖蓝为主，浅而放光，显得空灵，色彩绚丽，强弱有致。在樽口、凫首、凫足都镀金，出现了大面积的金色块面，显得金碧辉煌。

（四）“月夜清游图”象牙雕

我国象牙雕刻的历史十分悠久，明清时，象牙雕刻技艺高度成熟。象牙质地细腻、致密，色泽牙黄，淡雅富有光泽，硬度大，便于施艺。象牙工艺以其质料名贵和工艺精细成为古雅玲珑的工艺精品。象牙雕刻形式多样，一般有利用整个象牙雕刻，将象牙裁成局部板块雕刻，将象牙抽成丝篾编织，或将象牙制成人物粘贴成新的画面。“月夜清游图”这件象牙雕作品，纵39.1厘米，横32.9厘米，厚3.2厘米，藏于故宫，为清代作品。它不同于一般象牙，而是将象牙制成人物后，再行粘贴组合成新的画面，这是在明末才逐渐兴起的“周制百宝镶嵌”。

清代钱泳《履园丛话》载，明代扬州漆器艺人周翥发明了该工艺，故名“周制”。其法以金银、宝石、珍珠、珊瑚、碧玉雕成山水、人物、楼台，嵌于檀、梨漆器之上。

《月夜清游图》共12幅，正月深院赏梅、二月春昼观弈、三月戏耍秋千、四月观赏玉兰、五月池塘消夏、六月柳塘采莲、七月桐荫乞巧、八月高台玩月、九月秋庭赏菊、十月明窗刺绣、十一月冬闰鉴古、十二月松阶扫雪。是清内务府员外郎管理画院处陈枚画，绢本工笔设色，然后由陈祖章（广东人）、顾彭年（江南人）两名手按扬州周翥制漆器方法制作牙雕。其法是先用象牙雕刻成形，然后约略敷彩勾出人的眉眼，再镶嵌珊瑚、翡翠、玛瑙，使诸美融为一体。作者故意将时间安排在夜晚，一群婀娜少女，为梅的冰肌玉骨吸引。作者以两树蜡梅为背景，观梅亭、深院仅露局部，寒梅不敷彩，利用象牙原色与蜜蜡相仿，形成疏影横斜、暗香浮动效果。十个仕女分成远近两组，高处观梅亭内4个女子正赏梅，而低处6个女子刚入院中，高处翘首盼望，入院仕女提灯行走，既相互照应，更增加了动感。不仅个个仕女体形身段、动作举止、面容皆不同，而且细部的一朵朵梅花正反仰侧皆有别。女子的手炉、宫灯、衣带、衫领则以珊瑚、紫英、玛瑙镶嵌，但又以象牙为主，仅在关键处点缀一二，恰到好处，为画面增添不少色彩，同时也区别于工笔重彩的平面效果，而有了立体感的丰满，别有一番风味。

（五）“仙人乘槎”犀角雕

犀牛角质地致密、细腻、坚硬，是雕刻的极好材料。犀牛在古代被视为神异之物。人们往往比喻恋人的心像灵异的犀角一样，自有一线相通。所以唐诗人李商隐《无题》诗云：“身无彩凤双飞翼，心有灵犀一点通。”

犀角艺术品是名贵材料和高超工艺的结合，特别珍贵。犀角雕“仙人乘槎”为雍正年间的作品，高11.1厘米，长21.1厘米，宽6.6厘米，现藏于故宫。它是依据完整犀角雕成，整体形态上明显看出犀角形状。这个犀角色黑如铁，黄如粟，上下相透，云头两脚分明，有通天花纹，为犀角之上品。作者将稍粗糙的角根处理成槎（木筏）、河浪，而将细腻的角尖处理成仙人的头部，恰当利用犀角的自然七色，又发挥犀角不同部位的雕刻特长，可谓用心良苦，巧夺天工。

主体为槎和仙人。槎的刻画借用树根雕的技艺。古代工艺理论认为对兽角、牙、骨雕刻应该在玲珑剔透上下功夫，使之显示出如英德石、太湖石一般的瘦、透、皱、漏的特点。这件艺术品，巧妙利用自然，木筏是由森林中的老树根制成，这树根分明已逾千年，风摧雨蚀，蛀空呈自然船形，仙人信手拈来，化废为宝，显示出仙人神力无边，衬托出仙人长生不老。从艺术上看，犀角虽整体厚实质朴，但偏偏处理成老干虬枝，苍劲古拙。下部虽空，上部枯木逢春，枝繁叶茂，枝上又有一小猕猴戏闹。猴树融为一体，树为槎的背景，点明仙人生活在深山老林，槎下则是水波。由于整个造型故意翘起，使人联想到这不是在湖河中荡漾，而是从深山涧水中顺流而下，有飘飘欲仙的感觉。

如果说槎故意采取根雕的造型，那么仙人则借用石雕镌刻之法，注重人物的形神。仙人稳坐槎中，尽管山泉奔涌，但镇定自若，处变不惊，览沿途秀色，恬适自在。人物躯体合度，比例匀称，衣锦薄而软，似可揭起，衣褶线条简洁。尤其是面部，慈眉善目，长髯过胸，如闲云野鹤，无拘无束。透过表情，使人产生无尽的联想。

（六）“贵妃醉酒”惠山泥人

无锡的惠山泥人十分有名，这一传统的民间工艺起源于明末清初，至今已有400多年的历史了，是我国艺苑中的一朵奇葩。

惠山黏土经水调和，揉搓拍掼，潮时可随意造型，干后又不断不裂，是天然的取之不尽的玩具材料。世居惠山的民间艺人首创了泥人，代代相传并不断创新，使各式各样的泥玩惟妙惟肖，活灵活现，逗人喜爱。

传统的惠山泥人多选择人物、飞禽、走兽，最初创作皆为手捏，只有成批生产时才用印坯。造型是泥捏的最初工序，材料可雕、可塑、可捏，但由于湿度大，制作物品不宜过分纤细，所以造型时多采用浪漫夸张的手法。一是对人体主要部分特别是面部精描细绘，如“贵妃醉酒”，贵妃是鸭蛋脸，翘鼻子，樱桃口，丹凤眼；高力士则以戏剧二丑形式塑造，增强了喜剧效果。二是突出整体造型而弃细枝末节，贵妃身材故意塑造得修长婀娜，而高力士呈蹲跪状；贵妃口衔酒杯，高力士双手捧起衣襟，随时准备接住贵妃落下的酒杯。贵妃身体略前倾，头略低，而高力士则略后仰，头向上仰视，其眼神集中酒杯之上。对于其他部分，如颈项缩短，四肢缩短，手仅略有大概，似乎是写意画。三是突出装饰中最富特征的，贵妃的珠冠并不如戏剧道具满头珠翠，而是仅用圆雕的珠彩、绒球，浮雕的晶珠，耳旁垂下的两绺流苏，突出了贵妃的雍容华贵。高力士则突出他颈后插于领内的拂尘和太监的官帽，总体造型中突出了一个“圆”字。

惠山泥人的色彩非常鲜明，在敷彩过程中采用装饰画的方法，其色块都是原色调，块面与块面之间泾渭分明，勾线、绘花也是在底色上叠加，不分明暗深浅。用色比较鲜亮，贵妃主色调是朱红，夹以粉红、梅红，突出少妇的华贵之气。而高力士则以湖蓝中黄，更衬托出贵妃的无限娇羞。

惠山泥人十分注意彩绘，属于“塑三画七”的制作方法，即塑造时仅仅是人物的大概，而形象的特征主要靠手工彩绘。面部的彩绘是最见功力的，眼廓、眉毛、嘴唇、鼻线都靠匠人一笔画成，落笔即成，不能涂改。衣服的纹饰则采用图案方式，袖口、衣摆、领口、腰带都以流畅的线条精心勾勒，恰到好处。戏文中的故事经惠山的匠人以泥塑方式的再创造，便成了淳厚的风俗画。这是写实与夸张的结合，也是泥塑与绘画艺术的融会。

（七）“明皇帝妆花五枚缎龙袍”南京云锦织造技艺

南京云锦、四川蜀锦、苏州宋锦、广西的壮锦并称“中国四大名锦”，居首的云锦，在元、明、清三朝都是皇家御用品贡品。江宁织造府就是专门为皇家采买制造江南丝织品，云锦是其主要内容。

南京云锦织造技艺有着完整的体系，存续着中国皇家织造的传统，是我国优秀传统文化的杰出代表，是中国织锦技艺最高水平的代表，是中华民族和全世界最珍贵的历史文化遗产之一。它用蚕丝线、黄金线和孔雀羽线等材料织出如皇帝龙袍一样的华贵织物，它将“通经断纬”等核心技术运用在构造复杂的大型织机上，大花楼木织机高 4 米、长 5.6 米、宽 1.4 米，共由 1924 个部件构成，极为精细巧妙。由上下两人手工操作，两位师傅共同协作完成，织机上方的师傅为拽花工，控制云锦图案；下方的师傅为织手，控制云锦颜色，两位师傅密切配合，每天工作 8 小时，也只能织出 5 至 6 厘米长的云锦，故有“寸锦寸金”之说。近年来，复制了定陵的“孔雀羽妆花纱龙袍料”“定陵明皇帝妆花五枚缎龙袍”等多件云锦珍品。现在这件明黄色的龙袍保存在定陵，并荣获第六届江苏省轻工优秀新品奖和 2002 年“华艺杯”铜奖、罗地妆花大龙获江苏省技艺成就奖。

2009 年 9 月，中国南京云锦织造技艺成功入选《人类非物质文化遗产代表作名录》。

第二节　工艺美术的特征

一、地域广泛性

以彩陶为例，是以陶土做成器具、人物，或以雕刻，或以彩绘，在干陶坯上绘制各种装饰纹样，入窑烧制，彩绘纹样不易脱落，我国彩陶形式多样，分布地区极广，黄河流域仰韶文化的半坡类型、庙底沟类型，马家窑文化的马家窑半山、马厂类型，齐家文化，大汶口文化，长江流域的屈家岭文化，彩陶都很有成就。唐代以唐三彩为代表的陶器至今在洛阳一带继承发展，已成为很有影响力的工艺品，明清两代极负盛名的江苏宜兴紫砂陶器，至今已成为世界收藏家所青睐的艺术珍品。宜兴可谓“家家做坯，处处皆窑”，在宜兴丁山蜀山一带，匠人将紫泥、朱砂泥、团山泥混合炼熟，制成瓜壶、树段壶、仿古提梁壶。刻上古诗、山水、花鸟虫鱼，配上印章，经过焙烧，一件件集雕塑、书法、绘画、金石于一身的工艺品诞生了。由于紫砂壶表里不施釉，透气性能好，用它贮茶不变色，不变馊，用久的壶，内壁气孔积满“茶锈”，就是不放茶叶，冲入开水也能喝到清香的茶味，故有“神壶”之称。

考古发现，宜兴紫砂陶始于北宋，采用宜兴特产紫砂泥烧制而成，质地精密，造型大方，装饰淳朴，民间风味极浓。南宋时技艺传入日本，至今日本仍视紫砂壶为珍品，其后又与茶叶一起传入西方，被西方人称为“红色瓷器”。

包锡紫砂壶是清代珍品，高9.4厘米，口径7.1厘米，为紫砂与玉器、锡器的组合件，也是诗书画印的结合体，甚为难得。现藏扬州文物商店。这是一件组合壶。即紫砂壶体，外包锡壳，嘴、柄、钮又为玉琢，即紫砂、金属、玉器三者的完美组合。清嘉庆以前，陶壶皆单独陶质，较少与金属、玉琢结合，嘉庆至清末，陶壶装饰出现了金银丝镶嵌等新工艺，将金属工艺、玉雕工艺巧妙结合在陶艺之中，其中最著名的砂艺作者是杨彭年，而该壶的内壁钤镌“杨彭年制”，可谓名手制名壶。主体壶腹为紫砂，砂质无土气，泡茶味不走，盛茶不渗漏，贮茶不变色，壶面为锡皮，这样可达到寒冬不易冷，盛夏不炙手，注不裂，无破忧。玉嘴、玉柄、玉钮，不仅使壶雍容华贵，将紫砂与玉相提并论，而且玉柄不烫手，玉嘴不烫嘴，玉钮不炙指，很有实用价值，摩挲赏玩，光滑润泽，使人顿生爱不释手之感。

诗书画印的结合。该壶很注意将诗书画印结合于陶艺之上，因杨彭年与著名篆刻家、画家陈鸿年友善，在陶壶表面上表现诗书画印艺术，使紫砂陶艺术提高到一个新的档次，有“壶随字贵，字依壶传”的评价。该壶外形为竹节，中腰、顶边、底边凸起，形同竹节，这三道凸起的竹节的紧紧束缚既增加了壶的牢度，又使外形模拟自然之竹，与文人雅士爱梅竹紧密相连。壶一面錾梅花，这样梅竹报春之意顿生，因紫砂壶历来强调“图必有意，意必吉祥”，外形、镌刻、诗意应相辅相成，围绕中心，尽管外表字迹已模糊，但断续字句看出“竹坚贞”“爱此其绿，揾彼君子”“注兹之福”，是歌颂竹的坚贞，抒发爱壶爱茶的逸趣，与壶形，与镌画是一致的。而在选择玉料时，故意选择与锡壶相近的色玉，又有所变化，壶柄选青玉中多褐的，壶嘴选青玉中有淡淡褐纹的，而壶钮则是纯净的青玉，似乎是壶的点睛之笔。把玩此壶，确实感受到“此间茶具称为首”的不虚。

二、风格的独特性

以玉器为例，从历史来看，史前文明即有玉器；从玉器质料来看，有新疆和田玉、南阳玉、岫岩玉、青海玉；从功用看，有陈设类、器具类、文具类、配饰类、礼仪类、生活用品；从加工地域看，广州、北京、扬州、西安、湖北、河南等地皆能琢玉，但各地风格不同，如广州擅长玉球，能利用一块玉，由内向外雕琢成几十层玉球，球球密合并能转动，发出金石之声。有的地方喜做小件，玲珑剔透，如湖北曾侯乙墓中曾出土战国时玉器200余件，主要有璧环、璜、玦、佩、梳、带、钩，有的地方则喜欢做大件，尤其是江苏扬州，长于山子雕，国内大型玉件皆为扬州玉工完成。

明末清初，扬州玉雕以玲珑秀丽的风格独领玉坛风骚。论品种，诸品皆备，有观赏型的炉、瓶、灯、塔、花卉、鸟兽；有实用型的碗、瓶、壶、杯、水盂、镇纸；有仿古器物熏、鼎、卣；人体型的神、佛、女、童。论技艺，造型优美，精琢细镂，规整古朴，典雅秀丽；论影响，艺誉海内，名重京师，多次承担宫廷陈设玉器的造作。现今故宫博物院中，盘碗、动物、如意等有多少是出自扬州匠人之手未见详细记载，但清宫近十件大型玉器中，却多半出自扬州匠人之手，如历代馆中的《会昌九老图》《关山行旅图》玉山，珍宝馆中《大禹治水图》玉山，均为扬州人琢制。其中《大禹治水图》以新疆密勒塔山白玉琢就，制成后高2.24米，最宽处0.96米，重10600斤，是我国最大的一件玉器。该件工艺由乾隆直接过问，当玉料运至北京后，乾隆命内务府设计画稿，以宋人画幅《大禹开山图》为蓝本，经高宗审示定名“大禹治水图”，其后玉料、蜡样连同图纸一齐运至扬州，御敕“着两淮盐务承办”。扬州玉匠用近6年时间，86000多个工日，耗资7280多两白银，玉山刻画了在山岭重叠、洞壑幽深的艰苦条件下百姓开山辟水，兴修水利的情景，其场面壮观，气势磅礴，风情如画，技艺精湛，使乾隆赞叹不已，亲笔撰写《题密勒塔玉山大禹治水图》诗一首及其注释，共1700多字，刻于玉山上端，成为迄今我国最大的一件玉器，有“玉器之王”之称。

扬州的玉器中最著名的形式是：

山子雕，在全国独树一帜。其特点是保留和利用玉料天然优美的外形，形成山势，再随形施艺，将人物山水、亭台楼阁、珍禽异兽、树木花草等物象会聚于玉山上，层次重叠，绕山一周，如见一国画长轴，首尾衔接，过渡天然，意境深远。此种山子雕需将立雕、浮雕、镂空雕技法精心运用，并要恰当处理玉石天然色彩，并能避让改造玉石裂印、瑕疵，去脏遮绺（玉的裂纹），使之美玉无瑕，比如1986年完成的《石刻聚珍图》和1989年完成的《大千佛国图》即是这种技艺的代表作。

《石刻聚珍图》通高120厘米，宽90厘米，厚60厘米，重1000多公斤，是我国新疆玛纳斯高山产的墨绿石的天然碧玉。这一玉山以中国著名的佛教石刻艺术为题材，将四川乐山大佛、大足石佛、河南洛阳龙门大佛、山西大同云冈石佛之精英集于一身，以高山峻岭，映带清流衔接勾连，以嘉木芳卉、飞鸟虫鱼烘托，构成美的和谐。琢玉艺术家黄永顺领衔雕琢，另七位艺师辅助，历时近两年，将传统的圆雕、高浮雕、镂空雕、内雕、外雕技法熔于一炉，以工艺美辉映玉石的天然美，加之赵朴初先生亲笔题词“妙聚他山”，镌刻于玉石之端，珠联璧合，被外报评论为：“是继中国乾隆年间制成的《大禹治水图》之后200年来仅见的玉雕珍品。”我国党和国家领导人赞赏“这座玉石是我国的国宝”，在北京展出时荣获金杯奖，被国家作为当代艺术珍品收藏。

三、品种的多样性

以漆器为例，它是我国主要工艺品之一。它利用具有高度黏合性和耐酸耐碱的天然漆，通过多种工艺手段，运用雕刻彩绘手法制成的精美器具。历史十分悠久。从地下考古发现，早在2400多年前的战国墓葬中就发现彩绘漆器，一个较大型的汉墓，往往有数百件漆器出土，多为实用漆器。从唐开始，我国漆器由实用转向观赏，成为艺术品。据《新唐书·地理志》载，杨贵妃所用“奇器异服”中包括漆器。不仅国内大量需求，而且漆器及其技艺传向国外，尤其是日本，奈良的唐高僧鉴真大和尚的干漆夹纻雕像即是代表性的作品。明清是漆器的全盛时期，出现了很多能工巧匠，如明代中叶，创“百宝镶嵌”的周翥；明末清初，创“点螺”漆器的江千里；清代中叶，创漆砂砚的卢映之、卢葵生祖孙等，人人有高招，个个有绝活，在海内外闻名。

我国漆器品类繁多，分布亦广，但总体上分四大派系：北京以雕漆出名；福州重脱胎漆器；成都以填彩为特色；而扬州擅长百宝镶嵌、点螺，另外红雕漆、画彩、螺钿等无一不备，形成品类丰富，技法多样，地方风格鲜明的特点。

从古到今漆器门类有，日常用具：扆、案、几、箱、枕、尺等；饮食用具：碗、盘、壶、勺、杯等；配械用品：琴、弓背、箭服、剑鞘、砚、盒等；随葬用品：漆棺、面罩、俑等。现今继承创新，品种已发展到300多个，主要是观赏性的摆件：桌屏风、地屏风、挂屏风、花瓶、香炉等；豪华型的家具：电视柜、啤酒柜、书橱、多宝橱、桌、椅、几、凳；日用品：盘、碗、盒、烟具；文房装饰：琴、砚、文房四宝盒、项链、耳坠、手镯等，将实用性和观赏性融为一体，受到各界人士的欢迎。

刻漆。先以木坯作胎或夹纻脱胎（用麻布和漆灰在木质或泥质的模型涂粘成形，然后脱去模型，即成漆器的骨，这种漆器称脱胎漆器），涂漆若干层，有的器物要涂200多层。传统的屏风多用乌黑发亮的漆为底，而炉瓶多以大红的漆为底，如果是挂屏、台屏，此时在漆面上勾出画面轮廓线条，而将线条之外的部分铲去，在铲去的部分中填上色彩，以色调丰富，刀工入微，线条流畅取胜，颇有壁画的味道，所不同的是有了立体感；如果是红雕漆的屏风，或炉瓶，则要做出浮雕，浮雕又分线雕、浮雕、高浮雕等技法，形成光滑圆润的花纹，层次清晰的画面，如1991年完成一对红雕漆大花瓶“江天一览”，瓶身高2米，周长2.8米，运用传统的干漆夹纻法脱胎造型，髹涂朱漆400多层，漆厚2厘米，历时两年半，以万里长江为题材，以中国画散点透视、高远构图手法把上游山峦起伏、飞瀑激流，中下游江面辽阔、水天一色之状巧妙地再现出来。主体位置的岳阳楼、黄鹤楼、滕王阁等名胜古迹，两岸的树木葱茏，水石激越，花瓶颈部象征中华文化锦纹、龙纹图案无不高妙无比，在第九届中国工艺美术百花奖评比中，被评为希望杯奖。

在雕漆技艺中，嵌玉和骨石镶嵌等名贵品种，源于明代中叶周翥开创的“百宝镶嵌”技艺，以红雕漆的版面为背景，用金珠、碧玉、宝石、象牙、螺钿制成花鸟虫鱼、山水人物，镶嵌在雕漆背景上，利用其天然色彩，构成五彩斑斓的画面，金碧辉煌，万宝庄严而又永不变色。首都人民大会堂有《和平颂》《喜鹊登梅》两件雕漆嵌玉大挂屏，陈列于江苏厅。两挂屏画稿由著名画家陈之佛绘，高3.5米，宽2米，锦纹雕漆作为背景，镶嵌物体全部用名贵玉石琢制，和平鸽用紫花翡翠，鸽的嘴腿用红珊瑚，喜鹊用白玉和车渠制成，梅花用绿翡翠，桃花用芙蓉石，牡丹用珊瑚、玛瑙，天然材质加精湛技艺，使整个漆雕灿若云锦，春意盎然。骨石镶嵌，在镶嵌的材料上改名贵的玉为较普遍的牛角、兽骨、青田石、寿山石等，但由于运用了薄浮雕、半浮雕以及立体雕的高超技艺，镶嵌于平面的漆器上，以底色的墨黑油亮反衬骨石的五彩，富于质感而生动逼真。1978年制作了《满园春色》大屏风，长4米，高2.2米，是近年来全国造型最大的漆器屏风。1987年，美国总统里根的朋友克劳财团的克劳先生的夫人和儿子访问扬州时，遵父嘱买了这一屏风，在美国上层传为佳话。

平磨螺钿镶嵌。将蚌壳、云母、石决明、海螺等材料制成片状，按画面平嵌在漆面上，看上去五光十色，层次分明，手抚之则光滑异常，一平如镜，故称平磨螺钿。20世纪70年代制作的《南京长江大桥》大地屏，用夜光螺组成大桥雄姿，桥下烟波浩渺，夜空烟花怒放，夜景中的大桥如彩虹卧波，祥龙飞舞。“点螺”漆器是平磨螺钿中的珍贵品种，它选择各种自然色彩的贝壳、夜光螺为材，精制成细于发丝、薄如蝉翼的螺片，点嵌在乌亮的漆坯上，组成图案，由于是一片片、一丝丝、一点点地点嵌，故称点螺。比如柔性漆器卷轴画《烟花三月》，长168厘米，宽30厘米，卷放舒展自如，将30多万片细如毫发，小到针尖的螺片镶嵌其上，做工精巧，为世人所赞叹。1979年，邓颖超访问朝鲜时，携带《锦绣万年春》点螺台屏，以孔雀为主体，衬以松竹梅图案，体现中朝人民友谊锦绣万年，该工艺品精巧绝伦，随不同角度光彩照耀，闪烁变幻，异彩纷呈。现珍藏在平壤锦绣山议事堂礼品室中。

漆砂砚。原为明人漆器大师卢映之、卢葵生创制，后失传，近年来，扬州漆器厂继承师法，挖掘创新，不仅制成漆砂砚，而且将点螺、木雕诸美集于一砚，将实用功能与造型艺术融为一体，令世界工艺界瞩目。它以西汉金丝楠木为胎，砚身用整木雕制，砚盒则用点螺工艺，砚面采用高岭土和其他金属化工材料与生漆精心配制而成，状似澄泥，姿质滋润，不滑不滞，坚固耐磨，发墨不伤毫，宿墨不干涸，低温不冻结，为书法家所青睐。其整体设计清雅秀逸，趣味隽永。如1986 年制成的《泰山览胜》漆砂砚，以泰山极顶红日东升为题材，长 84 厘米，宽 51. 2 厘米，高 10 厘米，其体积之大，取材之精，工艺之巧，为当今漆砂砚之最，当该砚送北京中南海勤政殿时，杨尚昆、李鹏等很有兴味地观看，并给予殷切的赞勉。

第三节　工艺美术展示的多样性

我国古代工艺美术和现代工艺美术如汪洋大海，其品种之多、数量之众、质量之精令世人叹为观止，几乎每年都有考古发现，从地下尘封的城堡墓穴中发现许多艺术珍品，这是我国旅游业得天独厚的资源。

历史上艺术珍品由于政治动乱，天灾人祸，丰富的工艺美术至今大多只存其目，秦代阿房宫被楚人一炬，可怜焦土；汉代董卓之乱，图书缣帛半皆遗弃；隋炀帝所聚图书珍室被颠覆而沦丧；唐文物至武则天而烧失。几乎历代都有破坏，即使不易毁灭的敦煌、云冈、龙门、麦积山又被殖民主义者和资本家掠夺不少。新中国成立以后，文物考古大量科学发掘，辉煌多彩，琳琅满目的地下藏品重见天日，文物保护成绩斐然，多样性的工艺美术的展示为旅游业创造勃勃生机，吸引着海内外宾朋慕名一睹为快。

一、最大的博物馆——故宫博物院

工艺美术精品的集中展示场所。我国各省市几乎都有博物馆，其中有综合博物馆，也有专题博物馆，大都陈列古代文物，即古代工艺美术精品，但最大博物院为故宫博物院。

故宫博物院始建于 1925 年 10 月 10 日，明清两代，故宫收集和制造的文物极为丰富。1948 年，部分运往台湾，大部分仍在故宫保存，抗战胜利，尤其是新中国成立后，陆续以接管、收购、接受捐献等方式收进相当一部分，现收藏文物总数将近100万件。其中书法绘画近10万件，铭刻6万多件，金属器3万多件，雕塑近2万件，陶瓷35万多件，织绣13万多件，玉石器、漆器、珐琅器、玻璃器、文具及雕刻工艺品近15万件，珍宝、配饰、武器、乐器、钟表仪器、生活用具等宫廷器物近10万件。

故宫工艺美术的展示方式分两种，一种为原状陈列，一种为专馆陈列。

原状陈列即按清代皇室使用的各个宫殿，基本按原貌布置陈设。中路太和殿、中和殿、保和殿、乾清宫、坤宁宫，西路的储秀宫、体和殿、翊坤宫、长春宫、体元殿、太极殿、养心殿。其中陈设有宝座、围屏、床炕、桌椅，室内摆设书画、钟表、宫灯、盆景、古玩都陈列在原来位置上，其中不少是稀世珍宝，如太和殿中的宝座即为明清两代皇帝使用过的龙椅。乾清宫中"正大光明"匾是清顺治皇帝御笔所书，一直挂到现在未动。

专题陈列馆，即每馆仅展示某一种类的工艺品，如历代艺术馆，陈列从秦到清历代艺术精品1000多件，堪称宝中之宝。青铜器馆，展出从商周到战国青铜器400件，有器物、货币、印玺、符节、衡器。陶瓷馆，展示原始社会到封建社会后期的各类瓷器，彩陶、黑陶、白陶、青瓷、白瓷及各种窑口、各色釉彩、各色形制的瓷器精品700多件。工艺美术馆，展出漆器、玉石器、玻璃器、珐琅器、金属器、文房四宝、竹雕、木雕、牙雕等。钟表馆，展出清代乾隆和嘉庆时期中国和英国、法国、瑞士制造的各种钟表。珍宝馆，展出清宫收藏的金银玉翠、奇珍异宝制成的礼器、祭器、冠服、装饰品、生活用品及宫内的陈设品。铭刻馆，展出商代至清代的石刻、碑帖、印玺、砖刻珍品。明清家具馆，展示明清两代皇家收藏的桌椅床案等家具。清代宫廷戏曲陈列馆，展出清代宫廷戏曲资料，有戏衣、道具和戏画。清宫玩具陈列室，展示清宫收藏的玩具，大多是18、19世纪瑞士、法兰西、英格兰、德意志制造和清宫造办处、广东民间制造的玩具。紫禁城宫殿建筑展。另外还有临时展出。

可以说这里的工艺美术展览地址选择在明清两代的宫殿建筑群，原状陈列工艺品是最直接也是最形象的工艺品的作用的表述。而专题陈列则是体现中华工艺的博大精深，无论是供高层次游客的研究探秘，还是一般游客的观光欣赏都具有永久的魅力。

二、专题工艺品的生产城市——景德镇

我国有许多工艺品的生产城市，在国内外享有盛名，玉器、漆器、金银器、景泰蓝都有专门城市生产，这些城市也就成了旅游热点城市，如瓷都景德镇。

景德镇是驰名中外的瓷都，产品"行于九域，施及外洋"，进入景德镇，到

处是瓷，不愧“瓷业高峰是此都”。该地从东汉起制陶，唐代时窑民陶玉将所制瓷器献给唐高祖李渊，被称为“假玉器”。宋代真宗景德年间派官吏到此管理瓷务，在瓷上书写“景德”，于是此镇改名为景德镇。此处瓷土质细腻，颜色洁白，尤其是高岭村土更是瓷土中最好的。此处瓷器“白如玉、明如镜、薄如纸、声如磬”。这里有大小瓷厂 100 多家，年产瓷量达 3 亿多件，其中一半远销世界五大洲 100 多个国家，瓷器中的日用瓷由普通瓷、粗瓷向高级瓷、细瓷发展，由单件向成套发展，大到厅堂壁画，客店招牌，小到桌上摆设，儿童玩具都能生产，仿古瓷、艺术瓷、家用瓷、高档瓷都名闻海内。其中名贵的有：青花瓷，白瓷青花，画面布局合理，构图新颖，楼阁亭台、树木花卉、珍禽异兽、山水景物、轻舟小桥、人物故事皆能入画。玲珑瓷，瓷坯上进行镂雕，使花纹变薄近于透明，施釉后图案晶莹璀璨。粉彩瓷，即在瓷上施彩勾画人物山水，色彩丰富，画工细腻，可再现古今名画，如“红楼梦”“三打白骨精”“奔马”等，绘画、诗词、书法、金石交相辉映。雕塑瓷，有圆雕、捏雕、镂雕、浮雕等艺术，品种有神佛、历史故事、戏剧人物、飞禽走兽，如《水浒传》一百单八将，各具个性，栩栩如生。在景德镇不仅可看到瓷器工艺品，而且可以体会到瓷文化的风俗民情，这里的 100 多个瓷厂各有特色，整个生产流程非常繁杂，部分工序可以让游客参与制作，并可将作品带走。步入街市，到处是瓷器商店，光彩耀眼，琳琅满目，一声接一声的吆喝推销，热情得使游客驻足流连，而景德镇附近的东河、西河、南河都是来往船只，所运皆是瓷器，可以说这里无家不瓷，无业不瓷。而“景德镇陶瓷馆”，陈列着该地的各种瓷器，“集历代名瓷于一室，述千年历史于一时”，让你饱眼福，长见识。

龙泉青瓷传统烧制技艺，2009 年 9 月，被正式列入《人类非物质文化遗产代表作名录》，成为全球唯一入选“非遗”的陶瓷类项目。该技艺是一种具有制作性、技能性和艺术性的传统手工艺，制作与技能性主要表现在原料配制、成型装饰、高温烧成等方面。龙泉青瓷烧制技艺服务人类生活，其成品具有独特的审美价值。陈设瓷、装饰瓷、茶具、餐具等，是烧制技术与艺术表现的完美结合。龙泉窑烧制的“粉青”“梅子青”厚釉瓷，淡雅、含蓄、敦厚、宁静，是中国古典审美情趣的表现。

三、特色的工艺作坊——苏州刺绣厂

由于工艺品制作多为手工，尤其是高档工艺品都是艺人辛劳数月甚至数年制成，其生产过程很值得参观，游客也以一睹艺人精湛技艺为快，比如刺绣，我国的湘绣、蜀绣、粤绣、苏绣，在其产地长沙、成都、广州、苏州都是家家户户绣，姑娘个个绣，十分普及，艺工们各有高招，斗妍争奇。以苏州为例，1000

多年前就有很高的水平，清代时，苏州被称为“绣市”，苏绣有“精、细、雅、洁”的佳评，尤其是清末民初沈寿，创立仿真绣，表现油画、照片人物、风景山水。如果现场参观，艺人们端坐于花绷前，全神贯注，飞针走线，看似线条纵横交叉，似乎毫无规则，远看却神态逼真，既有刺绣风韵，又有油画趣味。双面绣《猫》是苏绣中的珍品，双面绣是指在一次性操作中完成，正反两面在色、形、大小及针脚排列诸方面完全相同的绣品。《猫》周身采用100多种色线，依据毛的长势和肌理，由粗到细，层层绣出，尤其边沿的飘毛绣工尤为细密，猫眼使用双色线多达15种，丝线的光泽回动，增加了跃动态势，使人感到猫眼似乎窥视周围世界的动静。让游客参观制作过程，就是让其领略“东方艺术明珠”的风采。

四、乡村手工艺——河北农村剪纸

我国广大农村有很多民间手工艺品，花灯、果核雕、竹刻、泥捏、布娃娃、剪纸，这些质朴的，充满乡土气息的手工艺品都是就地取材，原材料很简单，但经村民精思巧慧，就能化腐朽为神奇。比如春节之前，如果到河北农村去，正是农闲，就在农村大场上。背倚高山，面临小河，数十个妇女团团而坐，就是一把剪刀，一张红纸，不用笔做勾描，随手剪出人物、动物、文字，其速度之快，花式之多，构图之巧，令人叹为观止。比如十二生肖，他们能以故事为题材，将人物和动物和谐相配，如关云长骑马横刀过五关（马），苏武牧羊（羊），武松打虎（虎），时迁偷鸡（鸡），牛郎织女（牛），苏轼赋鼠（鼠），哪吒闹海揍龙（龙），孙悟空偷吃蟠桃（猴），嫦娥奔月（兔），白娘娘显蛇形吓坏许仙（蛇），樊哙屠狗（狗），八戒招亲（猪），十二个故事组成生机勃勃的画面，线条质朴，形象生动，乡土气息引动中外嘉宾纷至沓来，甚至参与其间，自娱自乐。

中国剪纸，2009年9月入选联合国教科文组织《人类非物质文化遗产代表作名录》。评价是，中国剪纸是用剪刀或刻刀在纸上剪刻花纹，用于装点生活或配合其他民俗活动的一种民间艺术。在中国，剪纸具有最广泛的群众基础，它交融于各族人民的社会生活，是各种民俗活动的重要组成部分。其传承赓续的视觉形象和造型格式，蕴涵了丰富的文化历史信息。表达了广大民众的社会认识、道德观念、实践经验、生活理想和审美情趣，具有认知、教化、表意、抒情、娱乐、交往等多重社会价值。

五、少数民族手工艺村寨——贵州苗族、布依族蜡染

贵州的蜡染，即是长期生活在贵州山区的苗族、布依族妇女的普遍技艺，这里的妇女从小学习蜡染，图案素材大多取自生活，如花鸟虫鱼。但由于各人观察

不同，世世代代相传的技艺风格不同，于是粗细、大小、疏密不同的蜂蜡点于布上，以植物蓝靛做染料，点蜡处为布的本色染不上色，则形成花纹，由于多次染色后，蜡层自然龟裂，蓝靛随裂缝渗透，留下人工无法描绘的图纹，千变万化，达到相当高的艺术造诣。现在丹寨地区已将此作为旅游项目，游客参与其间，十分有兴味。

类似的村寨很多，如白族蝴蝶花扎染，贵阳花溪苗族挑花，白族挑花手帕，彝族七色挑花手帕，苗族织花带，傣族织绣挎包。游客们到此观瞻，赞叹姑娘们的心灵手巧，欣赏充满少数民族审美习俗的织品，慷慨解囊，作为纪念品带回家乡。

黎族传统纺染织绣技艺，2009 年 10 月被联合国教科文组织正式批准列入《急需保护的非物质文化遗产名录》。评价是，黎族传统纺染织绣技艺是中国海南省黎族妇女创造的一种纺织技艺，黎族妇女从小就从母亲那里学习扎染经纱布、双面绣、单面提花织等纺织技艺。母亲们通过口传心授，传授技能。它集纺、染、织、绣于一身，纺纱，即把棉花脱子；抽纱，把纱绕成锭；染色，黎族传统的染料有植物染料、动物染料和矿物染料三种。用棉线、麻线和其他纤维等材料做衣服和其他日常用品。

第四节　中西方工艺美术文化比较

我国工艺美术是独特的艺术品种，在我国所有美术形式中，历史最为悠久。对国内外游客吸引力很大，但中西方工艺美术文化差异很大。

首先，购物行为的差异。中国人自小形成的依附权威、追求既定目标的教育方式使得中国人容易形成“求同”的思维方式，善于寻找共性。西方人的教育方式强调技巧的培训和独创观念的培养，因此在思维方式上喜欢张扬个性，寻找差异而不愿意雷同，因此最擅长展现自我。购物中中国人是求同，比如在旅游景点，某件旅游纪念品，一个买，个个买，而且喜欢征求别人意见，别人认为好，他也认为不错。西方人求异，他们只挑自己喜欢的，无须得到别人认同。

其次，对旅游工艺品看法的差异。最初西方人重实用，认为工艺品实用即美，把实用工艺和陈设工艺分开。而中国人认为文物昭德，注重工艺品的观赏价值，但随着时间的推移也有意无意地效仿西方，将实用工艺和陈设工艺分开，只是仍然打上“德”的烙印。

再次，工艺品风格的差异。中国的工艺品呈凝滞状较多，如早期的家庭供养的佛像，但随着时间的推移逐步注重飘逸，如明清时期的观音像，优雅多变飘逸活泼。而西方一开始也是线条直陈，结构对称，如17世纪以前，巴洛克风格的工艺品，但随着时间的推移，尤其是中国瓷器形成和发展，传到欧洲以后，其质地、光泽、纹饰对18世纪的欧洲艺术产生很大影响，因而以作风清雅、洗练生动、色调清淡、光泽柔和、曲线优美、非对称为美，比如以法国为中心的洛可可风格。

最后，静态的陈列与动态操作的差异。可以让游客自己参与，以激发购买欲。比如大连玻璃吧，“吧友”可借助一根长铁管从窑中抽取熔化的玻璃，先吹成基本形状，然后在模具中定型放在保温箱中冷却，再给割口打磨，玻璃器皿才能诞生，在老师全过程指导下，谁都渴望一试。自然试过要买精品，同时要买走自己的试验品。再比如北京王画廊咖啡吧，四壁挂满了大小不一的画品，或朴拙，或现代，或油画，或国画，或木雕，或广告画，或民间乡绣品、或工艺画，既展出又销售，又教你涂脂抹粉，制作画板，加轴裱画，艺术设计，任你自由选择，驰骋想象。

针对西方游客购买时的求异性和中西方工艺美术审美的互通互融性，我们应该大力挖掘传统的工艺品，注重不同档次，不同类别，以功能美、形式美和质地美的工艺品的基本审美特征，通过场所的精品陈列，以其纪念性、陈设性、装饰性和观赏性的审美价值，唤起西方游客的购买欲。

第十三章　花鸟虫鱼文化

〔内容提要〕

我国是花的国度，素有“世界园林之母”之称，而园林是靠花鸟虫鱼装扮的。我国人民历来有莳花种草的习惯，他们不断地发现，又不断地培育良种，才形成今天春夏秋冬四时鲜花，梅兰竹菊百种花卉，乃至水中的花——鱼、空中的花——鸟、草中的花——虫也异彩纷呈，它们装点着园林环境，成为最有吸引力的旅游资源之一。在长期培育中，花鸟虫鱼因自然淘汰和人工驯化，花木有了盆景，鱼有了金鱼，鸟有了笼鸟，虫有了盆虫，这是对花鸟虫鱼的精化、雅化、艺术化。

艺术家是独具慧眼的，书法、绘画、雕塑、工艺、建筑无不以花鸟虫鱼为题材，写花之多，用花之巧，摹花之工，拟花之切，为我们留下艺术之花的瑰宝。托花寓意、缘花抒情，花神、花仙、花翁、花姑，一个个美好形象使人难以忘怀，花容、花颜、花韵、花趣，一缕缕高雅情思给人以美的享受。可以说，无论是从多样性还是从特色性上看，花文化已成为我国的旅游资源，尤其是生态旅游资源的重要组成部分，挖掘花文化的内涵是我们义不容辞的责任。

〔学习要点〕

- 花。
- 鸟。
- 虫。
- 鱼。
- 花鸟虫鱼文化。

〔思考题〕

1. 简述我国的传统珍贵名花名木。
2. 简述我国盆景的艺术特点。
3. 简述我国的花木景观。
4. 简述我国千姿百态的观赏鸟。
5. 简述我国自然保护区观禽。
6. 简述我国山东宁津斗蟋蟀、云南大理蝴蝶会。
7. 简述我国浩如烟海的花鸟虫鱼文化。
8. 简述花鸟虫鱼作为题材的工艺品。

第一节　花

一、我国是花的国度

我国素有“世界园林之母”之称。而园林主要内容即是花，花是美的象征，赏花是美的享受。我国幅员辽阔，动植物资源十分丰富，春光融融，桃红柳绿，牡丹富贵，芍药娇艳；夏日炎炎，荷花亭亭，茉莉香浓，紫薇凌风；秋风阵阵，菊傲霜霰，丹桂飘香，海棠美艳；冬雪飘飘，寒梅吐蕊，水仙凌波，天竺绽果。

我国人民历来有莳花种草的习惯，不断地发现，又不断培育良种，有被子植物25000种，裸子植物240种，才形成今天春夏秋冬四时鲜花，梅兰竹菊百种佳卉，乃至水中的花——鱼、空中的花——鸟、草中的花——虫，这些花卉装点着园林环境，成为最有吸引力的旅游资源。在长期培育中，人们又把花鸟虫鱼由自然的淘汰，而变成人工的驯化，于是花木有了盆景，鱼有了金鱼，鸟有了笼鸟，虫有了盆虫，这是对花鸟虫鱼的精化、雅化、艺术化。自然界自生自灭的动植物，登堂入室，成为“座上客”、玩物、宠物。

艺术家是不甘寂寞的，书法、绘画、雕塑、工艺、建筑无不以花为题材，写花之多，用花之巧，摹花之工，拟花之切，为我们留下艺术之花的瑰宝。而文学家们更是对花流泪，见鸟惊心，翻开一部文学史，从《诗经》《离骚》到汉赋、唐诗、宋词、元曲、明传奇、清小说，几乎无一名作家不写花，咏花，或托花寓意，或缘花抒情，花神、花仙、花翁、花姑，一个个美好的形象使人难以忘怀；花容、花颜、花韵、花趣，一缕缕高雅的情思给人以美的享受。可以说无论是从多样性特色性上看，花文化已成了我国的旅游资源，尤其是生态旅游资源的重要组成部分，挖掘花文化的内涵是我们义不容辞的责任。

二、国花、省花与市花

国花，是一个国家在植物资源或传统栽培发展方面的一种象征，更是一个国家在文化积淀和精神风范方面的象征，正由于国花是一种民族花卉代表自己国家的品格或风范。所以国花选择十分慎重。

我国曾于20世纪80年代举办过两次民间性质的花卉评比，第一次是梅花夺魁，牡丹屈亚；第二次则是牡丹称主，梅花位次。1994年全国人大八届二次会议，时任农业部部长的何康联合其他30位人大代表，向全国人大正式提出《关于尽快评定我国国花的建议》议案，人大责成中国花卉协会负责具体实施。评选国花活动在全国范围内展开，当时对参选花卉主要有三个要求：一是土生土长，地道的中国花；二是寓意明白，在文化积淀、历史渊源等方面能代表中国的风范；三是栽培广泛。民意调查，能在国花这顶桂冠前一争伯仲的，只有牡丹、梅花，但谁伯谁仲，几乎很难评定，过后由各省、市、自治区参加投标，评选国花，此时出现两种意见，赞成一国一花——牡丹有 18 个省，赞成一国四花——牡丹、荷花、菊花、梅花有 8 个省，全国国花评选领导小组决定国花为牡丹，兰花、荷花、菊花、梅花依次为我国春夏秋冬四季名花。可惜 1995 年，全国人大八届三次会议将农业部国花评选结果暂时搁置起来。

牡丹，国色天香，尽管"东风细细商量"，牡丹未被人大以法律的形式"册封加冕"，但从古至今，牡丹是人们心中当之无愧的国花。牡丹为我国特产，为十大传统名花之冠，栽培应用历史已近 2000 年，其花形姿色韵香均属上乘。做观赏用始于隋，盛于唐，牡丹花开时，京城洛阳轰动，"花开花落二十日，一城之人皆若狂"（白居易），皇宫御苑，豪门林苑，古寺楼台，百姓小院，处处观赏佳葩，真正是"天下真花独牡丹"，其时一株名牡丹价值甚至相当于十户中等人家的一年的赋税。

牡丹品种繁多，"姚黄"，色泽鹅黄，花逾一尺，瓣如蜡质，光彩照人；"魏紫"，色泽深紫，层叠高耸，每朵花花瓣达六七百片。牡丹花色有红、粉、紫、黄、白、蓝、绿及墨色，以绿色（"豆绿"）和墨色（"墨洒金"、"乌龙卧墨池"）尤为罕见。以花朵硕大，花容端丽，雍容华贵为花中之王，更以文人雅士咏诗作赋，挥毫作画而蜚声中国文坛。

牡丹当之无愧我国的国花。

省花、市花是一个省市的标志，现将各省、自治区、直辖市和重点旅游城市的省花、市花罗列如下：

月季：北京、天津、郑州、宜昌、衡阳、安庆、阜阳。

茶花：云南、重庆、昆明、宁波、温州、金华、景德镇。

杜鹃：江西、贵州、珠海、韶关、三明、无锡、长沙、大理、九江、丹东。

玫瑰：黑龙江、乌鲁木齐、兰州、银川、沈阳、佛山、拉萨。

石榴：西安、黄石、荆门。

桂花：广西、桂林、杭州、苏州。

菊花：开封、中山、南通。

荷花：湖南、济南、肇庆、许昌。

紫薇：安徽、安阳、襄樊、咸阳。

梅花：湖北、武汉、无锡、南京。

栀子花：岳阳、常德、汉中。

木棉花：广东、广州。
凤凰木：汕头。
宝巾花：深圳、惠安。
兰花：四川、台湾（蝴蝶兰）、绍兴。
牡丹：河南、洛阳。
迎春花：鹤壁。
广玉兰：上海、浙江。
茉莉花：福州。
刺桐花：泉州。
水仙花：福建、漳州。
琼花：江苏、扬州。
蜡梅：河南、镇江。
红继木：株洲。
君子兰：吉林、长春。
芙蓉花：成都。
丁香花：西宁。
红柳：格尔木。
大丽花：张家口。
小丽花：包头。
黄刺玫：阜新。
紫荆花：香港。
太平花：河北。
榆树梅：山西。
马兰、金老梅：内蒙古。
天女花：辽宁。
芍药：江苏、扬州。
黄山杜鹃：安徽。
百合：陕西。
枸杞：宁夏。
香荚蒾：甘肃。
绿绒蒿：青海。
雪莲花：新疆。
珙桐：贵州。
报春花：西藏。

定为省花、市花一般说具备如下条件：一是花的自然美，即姿美、色美、味香，为何我国十大名花纷纷被省市选中，正是因为这些花得到这些省市人民的普遍喜爱，广为栽培。二是地域性强，宁夏的枸杞，新疆的雪莲，西藏的报春花，江苏的芍药，安徽的黄山杜鹃都是地域性较强的花卉，气候、土壤适合于那些花卉的生长，因而成为省市的象征和代表。三是文化内涵丰富，几乎每一省市的名花都与当地文化有紧密联系，历史悠久，故事动人，这些花卉已超出一般植物的概念，而是成为当地人们情感的寄托，如洛阳的牡丹与武则天有关，扬州的琼花与隋炀帝有关，杜鹃与望帝有关，兰花与屈原有关，花木有心智和良能，有感悟和情义，花木有了人格化的升华，在花木身上折射出人们的好恶喜乐。

三、传统珍贵名花名木

我国传统名花很多，有不同分类。

按品种名贵分，洛阳、菏泽牡丹，有花王之称；扬州芍药，有花相之称。

按结果分，有花木五果：桃、杏、梨、李、石榴。

按四季分，春花为春梅、桃花、海棠、牡丹；夏花为石榴、荷花、紫薇、百合；秋花为菊花、芙蓉、桂花、玉簪；冬花为蜡梅、天竺、瑞香、迎春。

按人们对花的情感分，有花中四君子。梅花，不畏严寒，铁骨冰心；兰花，姿态端秀，清雅高洁；竹，劲节可风，潇洒不俗；菊，傲霜挺立，甘于淡泊。

这些花木所以受到人们喜爱，有如下原因：一是品种多，易驯化培育，不少花都是受千年甚至更长时间的驯化淘汰，才形成今天的繁花似锦，斗妍争奇。如菊花，在我国已有3000年历史，历代花工精心栽培，不断发生变异，品种不断发展，清朝《群芳谱》载有300多个品种，现在有1000多个品种，帅旗、柳线、紫荷、麒麟角、猩猩冠、黄金印、西施浣纱、孔雀开屏、珠帘飞瀑。赏花形，荷花形、莲座形、球形、松针形、垂枝形，形诱人；数花瓣，管瓣、匙瓣、莲瓣、瓢瓣，瓣瓣娇美；论颜色，赤橙黄绿青蓝紫，色生光。秋风过园，金菊齐放，有的柔媚妖艳，有的刚健挺拔，有的像夏荷出水，有的似霜梅傲雪。从古到今，赏菊、吟菊、画菊、论菊，确实是“浓淡神会风前影”，“此花开后更无花”。

二是民族性，花富有人的情感，许多花卉寄托着人们的感情和理想，甚至是若干代人的共同呕心沥血，才形成今天的花荣卉茂，确实具有一定的民族性。比如古莲，唐代时鉴真东渡，曾带去中国的莲花种子，千多年来，在日本奈良招提寺内一直生长，称为“唐招提寺莲”和“唐招提寺青莲”。1918年初夏，伟大的革命先行者孙中山先生到日本，将我国辽东半岛挖掘出的1000多年前的古莲子，人称长命种子的四粒古莲送给田中隆先生。田中隆先生和其子两代人共同努力有了收获，1972 年，其子田中隆宽将四粒送给中国人民。1963 年，日本荷花博士赠送中国“大贺莲”，这是日本千叶县发掘出的 2000 多年前的古莲子。1965 年，武汉植物研究所，以大贺莲和普兰店出土的古莲子杂交，取名“中日友谊莲”，并转赠日本朋友。可惜“文革”中“中日友谊莲”惨遭厄运，荡然无存。1979 年邓颖超在日本参观，大贺博士学生委托奈良招提寺长老森本孝顺将“中日友谊莲”“唐招提寺莲”“唐招提寺青莲”赠送邓颖超。莲花不仅成了中国民族性象征，而且成了中日友谊的纽带。

三是群众喜闻乐见。花月之景，人共美之，历代百姓赏花爱花，将春花开放时节以小寒至谷雨共八气，一百二十日，每五日为一候，共二十四候，每候应一种花信，小寒一候梅花，二候山茶，三候水仙；大寒，一候瑞香，二候兰花，三候山矾；立春，一候迎春，二候樱桃，三候望春；雨水，一候菜花，二候杏花，三候李花；惊蛰，一候桃花，二候棠梨，三候蔷薇；春分，一候海棠，二候梨花，三候楝兰；清明，一候桐花，二候麦花，三候柳花；谷雨，一候牡丹，二候荼蘼，三候楝花。“谁能腰鼓催花信，快打《凉州》百面雷”，花朝月夕，踏春赏花一直是民间乐事，尤以农历二月十五日为“百花生日”，即“花朝节”，士庶游玩赏春达到高潮。

人花沟通，人花一体历来是我们民族传统，古代宫廷中有司花之官，民间则有主管花的开落的主管，称“花神”和“司花之神”，还有百花之神、十二月花神之说，并将一花与一人紧密相连，并分男女，司花男神和司花女神是：正月梅花何逊，寿阳公主；二月兰花屈原，杏花阮文姬；三月桃花刘晨、阮肇、息夫人；四月牡丹李白，蔷薇丽娟；五月榴花孔绍安、魏安德王妃李氏；六月莲花王俭、晁采；七月鸡冠花陈后主，玉簪花汉武帝李夫人；八月桂花郤诜、唐太宗贤妃徐氏；九月菊花陶渊明、晋武帝左贵嫔；十月芙蓉花石曼卿，飞鸾、轻凤；十一月山茶花汤若士、杨太真；十二月蜡梅花苏东坡、黄山谷，水仙花梁玉清。人过世后能够变成花精花神，实在是百姓对这些历史名人深深怀念，并希望其精神不死。

四、盆景艺术，有生命的艺雕

盆景有“无声的诗，立体的画，有生命的艺雕”之称，以小观大，达到一勺则江湖万里，一石则太华千寻的效果。

我国盆景历史悠久，7000 年前新石器时代的浙江余姚河姆渡遗址便出土过刻画在陶片上的盆栽植物图案，表明盆栽历史以及植物的人工栽培历史的悠久。唐代时，盆栽技艺相应有了发展，宫廷中以此为装饰观赏，如乾陵章怀太子李贤的墓中即有侍妇手捧盆景的壁画。而文人开始摆弄盆景，王维即喜欢养盆景，李贺还有描写盆景的诗。宋代时“盆景”一词首次出现，苏轼文中有“芭蕉初发分种，以油簪横穿其根二眼，则不长大，可作盆景”。他本身也是盆景迷。明代盆景艺术大盛，我国现有的盆景中即有明代的精品，如扬州的驸马柏，苏州的“秦汉遗韵”的圆柏，据说都有500多年的树龄。清代，盆玩之风大盛，凡园林必备盆景，此时盆景大致成熟与定型，并形成了各异的风格和纷呈的流派。

现今人们将中国盆景中的树桩盆景，分为扬派、苏派、岭南派、海派、川派五大流派。以广州佛山为代表的岭南派，制作树桩盆景重剪裁技巧，截枝蓄干，重整体构图布局，造型或苍劲雄浑，或潇洒轻盈，富有山林野趣，形似大树的缩影，追求回归自然，减少斧凿痕迹，且表现刚劲挺拔，飘逸豪放的意境。川派即四川成都派，常以春梅、蜡梅、罗汉松、刺柏、海棠为材，既有自然式，即保持树桩的原形，更加天然风趣，饶有画意，又有规则式，或平枝式，或半平半滚，或滚枝式，都能发挥树桩自身之长，又能夸大其长，且不露“做手”，使之苍古雄奇，越老越茂，越老越奇，姿态完美，古雅可爱，别具一种美态风姿，既有美好的造型艺术，又有一定的思想内容。以江苏扬州和南京为代表的扬派，以松、柏、榆、杨为主要树种材料，桩景造型结构严谨，扎枝成片，讲究攀扎技巧，有所谓一寸三弯的扎法，特点是层次分明，讲究诗情画意，舒展得势，虚实相生。以江苏苏州、上海、浙江杭州等地为代表的苏派，桩景造型兼有岭南派和扬派所长，剪扎并用，配合恰到好处，使桩景层次分明又生动活泼，明快流畅。除岭南派、川派、苏派外，还有徽派、海派、广西派、福建派、北京派、浙江派等，这种流派纷呈的局面表明了我国盆景艺术日新月异，发展蓬勃。

纵观全国诸多流派盆景，可寻求其共同规律，盆景之所以成为艺术，既有悠久历史可以自豪，又长于不断创新值得称道，它收天地于一盆，包四季于方寸，争奇斗胜，代有人出，这种造型艺术、布局、形象、色彩、主客、韵味又因时因地因人而异，南北分野，流派纷呈。可以说这是一种人类的共同美，符合孟子所说：“口之于味，有共嗜焉。”就传统而言，“参照画意”“借助诗情”“模仿园林”，它吸取众多艺术之长，而盆景造型技巧，如“一寸三弯”“一波三折”“方拐”“游龙”“滚龙”，看起来各自标新立异，实际上都是“S”形或圆形在起作用，“最美的线是波状的线条，它体现了一种反复，一种变化统一的规律”（英国美学家霍加斯）。认识盆景的美，将盆景美化为旅游资源，使游客受到美的教育，得到美的愉悦是我们的责任和义务。

五、花木景观，五彩缤纷

树木葱茏，繁花似锦，方能显出园林的秀美，园林中总是长于栽种能够室外生长的花木，以造成春有花，夏有香，秋有果，冬见绿的效果，一花一木，一草一卉往往恰到好处，点到人心，松柏之苍劲，翠竹之潇洒，杨柳之多姿，海棠之富贵，兰花之典雅给人们多种审美感受，造成良好的生态环境，令人精神焕发，游兴倍增。同时还可吸引飞禽造成生机盎然，鸟语花香的气氛，也给山水建筑作陪衬，使之如诗如画。

我国还有很多植物特色景观，专门是观赏花木的。

有的是一个省的植物景观，如湖北神农架3250平方公里，是原始森林，有“绿色宝库”之称，野生植物200多种，属于世界稀少、我国特有的有30多种，野生动物500多种。云山茫茫，烟树苍苍，一望无际，无数古树参天覆地，各种花草，争艳竞芳。相传远古时神农氏曾在此遍尝百草，医治百病，搭架上下采药，故有神农架之称。另外东北的林海，内蒙古大草原都是著名的生态旅游佳地，以其壮观宏大具有永久的魅力。

有的是一个市的植物景观，如黄山上的奇松，昆明的山茶花，广州的花市，漳州的水仙花，洛阳的牡丹花，扬州的芍药花，宝应的莲花，花开之日，满城皆花，成为闻名遐迩的旅游盛会。如广州花市，正处于年宵，一是花多，公路上的车，江河中的船满载鲜花盆栽，从附近顺德、高要、清远、四会等市、区一齐运集广州，十里花街两旁布满了鲜花，如同一片片花海。二是品种多，南国春早，北国尚是冰天雪地，这里已是春意盎然，不仅春花而且四季之花，几乎同时开放，牡丹、吊钟、水仙、大丽、梅花、菊花、山茶、墨兰应有尽有，花类多，果类也多，金橘、四季橘、吉庆果、香橼、佛手、金弹子，千花万蕊，硕果累累。三是举城若狂，辛苦了一年的广州人乘着春节休假，逛花市，观花买花，花树举在头上，盆花托在肩上，人流成了花流。亚非欧美的国际友人也乘着花节，陶醉在东方节日的情调中，广州花城已成为各国游客在中国农历春节首选的游览胜地。

季节观花胜地。春季云南大理观茶花，“大理三月赶花街”，到了三月，从十五开始一连七天的三月街，家家户户尤其是白族同胞，几乎家家院内是繁花，户户门外有清流，他们把自己栽种的花卉摆到门前，分明是要同别家比一比，赛一赛。有梅花：红梅、白梅、绿梅、朱砂梅，一树一树，满树繁花密朵；有玉兰、迎春、杜鹃，当然最多的是茶花：蝴蝶翅、大玛瑙、雪狮子、大紫袍、童子面、恨天高，小的尺把高，几十朵，大的几十丈高，丽江上就有上千年的万朵茶，树干两人抱不过来，开起花来，成千上万朵，人称万朵茶。茶的颜色有紫、白、粉、红，最奇的是在一棵茶树上嫁接，嫁接后一株树可开数万朵五彩缤纷的花朵。云南人真会赏花，每到三月街这一节日，边疆各族人民聚在一起，以民族最出色的舞蹈，最动听的音乐表现炽热情感，吹长号，弹琵琶，敲腰鼓、吹芦笙，跳起铃鼓舞、多耶舞、凳舞、刀舞、蜡条舞、狮舞、龙舞、鹿舞。斑斓的服饰，急促的旋律，呢喃的歌声与茶花相辉生映，民族感情在三月街得到最充分的交流。

夏日观荷，颐和园昆明湖、杭州西湖、圆明园福海、武汉东湖、湖南洪湖、江苏宝应湖都是观荷所在。这些荷景，一是观气派，江苏宝应湖称为荷藕之乡，这里有荷10万多亩，湖边沿岸荷花自然开放，由于水深，农民并不掏藕，于是越长越盛，乘舟湖中前行，两旁荷香阵阵，花摇叶动，数百里无处不见荷，无处不闻香。而湖滩地略加改造便成荷池。这是特有的荷花品种，中伏花香藕，中秋前后的中秋藕，寒露以后的红锈藕，来年春季的老藕，从夏徂秋几百数千亩荷花连成一片，田田的叶子，肩并肩密密紧挨，层层碧玉中怀抱朵朵白花，有的袅娜开放，有的羞涩地打着骨朵，碧叶滚珠，粉荷垂露，白荷带雨，晶莹无瑕，真正是"接天莲叶无穷碧，映日荷花别样红"。穿行于莲花荷叶之间，身临仙境，妙不可言。看姑娘采莲，小伙挖藕，如诗如舞，生活情趣极浓，其壮观气势实在是"风光不与四时同"，最是难见的蔚为大观的风景效果。武汉东湖的植物研究所，观荷花则是看品种荷，单瓣、多瓣、重台、千瓣——花形娇美；深红、粉红、乳白、淡绿、复色——色彩娇艳；二芯的并蒂莲，三芯的一品莲，四芯的四面莲，五芯的五子莲，莲的姊妹确是出水芙蓉，嫩蕊摇黄，莲蓬叠翠，香远益清，身临其境，暑气全消。

秋日赏菊观枫，我国人民除了秋日喜欢菊花外，还喜欢登高攀山，于是秋日登南京栖霞山观红枫和登北京香山观红叶即成为秋日盛事。北京香山绵延数百里，这里漫山遍野，栽种青松、红枫，气候变冷，万木凋零，唯松之青，枫之红使人体会到"秋天里的春天"。除枫叶外，还有香山红叶，即是红树的叶，叶子是圆的，经霜后通红通红，且有香韵，淡淡的，却是经久的。面积大，红树多，无边无际，一眼看不尽，比樱花更红，比桃花更密，大红锦簇，春天也比不上它热闹，青松为伴，青红相间，那是红花对绿叶的爱，浓淡相宜的美，从朝霞初起到夕阳西下，交相辉映，向空中反射出种种奇丽多姿的色彩。

冬日观梅，梅为我国特产树木，由于是冰中育蕾，雪里开花，不畏严寒，独步早春，历来被人们象征刚强意志和崇高品质。我国赏梅之地甚多，梅园、梅岭、梅坞、梅亭到处皆是，而杭州西湖的孤山、武昌东湖梅岭、苏州的邓尉、无锡的梅园，都是观梅所在，每逢梅花盛开，香雪成海，醉人心目。以苏州邓尉山"香雪海"为例，这是一个伸进太湖里的半岛，山岭叫光福山，邓尉山就处在光福群山之中。这里梅林如海，早春时节，他处寒威犹存，此处梅花却是冒着风霜而开，繁花似雪，冷艳冰肌，暗香浮动，飘逸数里，人称"香雪三十里"。这里梅种之多，花色之繁，实为少见，既有候梅、朱梅、紫光梅、同心梅、紫蒂梅、丽枝梅、胭脂梅等古老树种，又有近人所分的骨里红系、台阁系、鹤顶系、垂枝系、江梅系、龙梅系、锦叶系、常梅系、杏梅系中诸多佼佼者。花头大而微红的“玉蝶”；花开朵朵向下的“照水”；一蒂双实，重叶数层的“鸳鸯”；一花三实，实小不堪啖的“品字”，花开后，芯芯复有小蕊再放的“台阁”；树枝如柳枝下垂的“垂枝”。千姿百态，斗艳争奇。此处群峰如黛若翠，梅花似雪如海，万顷太湖，水天一色，古塔巍峨，雄居山巅。山湖毓秀佳景，宛如山水梅花辉映的画卷。

第二节　鸟

一、千姿百态的观赏鸟

鸟是人类的朋友，它是大自然的美妙歌手，又是嗜食害虫的益鸟。我国野生鸟类有1000多种，其中有100多种欣赏鸟成为旅游的重要资源，深受海内外宾朋喜爱，并作为旅游商品，受到游客的青睐。

我国历来对观赏鸟有要求，《花镜》中说：“枝头好鸟，林下文禽，皆足以鼓吹名园，针砭俗耳。故所录之鸟，非取其羽毛丰美，即取其音声姣好；非取其鸷悍善斗，即取其游戏绿波……”

按照上述标准，我国的鸟类具有观赏价值的有林禽、水禽、猛禽。

水禽中鸳鸯、丹顶鹤、天鹅最为人们喜爱。鸳鸯雌雄异色，它们繁殖在东北，越冬在福建、台湾等地，为国家二级保护动物。它们可随处栖息，溪流、沼泽、湖泊皆是它们生活的场所，它们羽毛美丽，尤其是雄鸟，羽毛华丽绚烂。它们多成双成对，人们以为偕老白头，其实这是一种误解，雄鸟在越冬地寻找配偶，4～7月回到繁殖地交配后，雄鸟离去，由雌鸟独自在水边面水的高树洞中营巢，产卵6～10枚，孵化期28天左右，然后小鸟随母亲生活，秋季随母鸟集群南飞。由于鸳鸯传说优美，所以从西汉起鸳鸯即被人工饲养，至今沿袭，一般园林中皆养鸳鸯，“翠翘红颈覆金衣，滩上双双去又归。长短死生无两处，可怜黄鹄爱分飞。”（吴融）天鹅，我国产三种天鹅，在内蒙古、东北等地繁殖，在长江中下游越冬，它喜欢在岸边水生植物丰富的湖泊和沼泽地栖息，在宽阔的水面长距离滑走和漂浮，冬时结数百成千大群，鸣声似喇叭。成群天鹅悠然游弋于碧波之上，洁白如云，十分美丽，而它又是飞得最高的鸟类之一，成为纯洁善良，高尚的象征，古人即有“鸿鹄相随飞，飞飞适荒裔。双翮凌长风，须臾万里逝”。（阮籍）

林鸟中百灵是美丽的鸟，分布在我国内蒙古、河北等地，栖息于草原，春时分散，秋后集群生活。百灵很美，眼部有一条从眼睑一直到脑后的白眉，颈有明显的黑项圈，顶羽紫褐色，鸣声音韵婉转，嘹亮持久，尤其是雄鸟，鸣声多啭，还能效仿各种动物叫声。芙蓉鸟，又名白玉鸟、金丝雀，体羽有黄、白、橙、红多色，雄雌同色，羽色美丽，体态优雅，鸣声婉转动听，惹人喜爱。孔雀，栖居在海拔2000米以下开阔的稀林草原地带，常一雄多雌活动。雌雄异色，雄鸟头上有一簇冠羽，呈翠绿蓝色，尾部复羽特长，长达160厘米左右，分布在我国云南南部，数量稀少，为国家一级保护动物。它两脚强健，奔跑如驰，能飞翔30米高，几百米远。春季求偶时，雄鸟尾部复羽上翘“开屏”，两翅下垂，羽梢震颤。

二、秀鸟鸣禽的笼养

笼养林鸟历来是有趣的民俗，观赏养鸟过程也是亮丽的风景线。我国北京、浙江、江苏、山东都有笼养鸟雀的习惯，鹦鹉、乌凤、秦吉了、鸲鹆（八哥）、鸽、画眉、黄头、巧妇鸟、护花鸟等都是百姓喜欢的。北京、上海、南京、扬州、苏州都有鸟市。

旧时，扬州同北京、上海一起，被人们誉为全国三大著名养鸟盛区。三地鸟类品种繁多，金丝雀、画眉善于鸣唱；百灵、云雀能歌善舞；八哥、鹦鹉模仿人言；娇凤、八色鸟羽毛艳丽；喜鹊、相思寄托情思；黄雀、蜡嘴还具有衔牌做戏的特技。

三个地方的人养鸟考究，鸟笼或方形，或柱形，或鼓形，青竹篾打磨得光滑如镜。挂钩、笼底、笼门装饰精细典雅；养鸟工具，加水壶、加食匙、蛋米缸、水罐、鸟食筛子、取蛋勺子，或陶或瓷，或铜或银，甚至用象牙雕成，金丝嵌就；鸟食不可随便，百鸟百食，食谷类的那是粟米、谷子、小米，淘尽晾干，蛋清搅拌，马虎不得；食虫类的得喂蚜虫、椿象、甲虫、金针虫、槐树虫；八哥喜欢吃肉，而且要精肉。

驯鸟可是大学问。口传心授，代代相传，悟出了乐趣，总结出讲究，形成了风俗。先说养鸟的对象，过去是“大少爷的百灵、无赖的画眉、太监的秀眼、小孩的麻雀、理发的八哥”。不是圈内人，别养圈内鸟。选鸟，大学问，就说画眉，要文的还是要武的？文的只唱不斗，叫时头上仰而不下俯，尾下钩而不摆动，气质文雅；武的能唱又能斗，有谣说。“身似葫芦尾似琴，颈如削竹嘴如钉。再添一对牛筋腿，十笼打斗九笼赢。”再说“学口”和“逗鸟”，画眉要学会喜鹊、山雀、黄雀、鹦鹉的叫，这是初步的；再学公鸡打鸣，母鸡下蛋，猫叫狗吠，继而学火车汽笛，汽车喇叭，小孩哭闹，这就有意思了，叫“出花”。接着练“入棚”，茶楼酒肆，屋檐口一溜边摆开30只鸟笼，跟大伙儿一块唱，一唱几个钟头，别的鸟停了，叫不动了，你却越唱越精神，你就是冠军了，这是文的。武的驯“打斗”“隔丝斗”，两画眉在各自的笼子里，两笼靠近，两画眉扑上笼丝，隔笼撕咬，出爪助战，啄眼睛，抓羽毛，胜了振翅歌唱，败了你趁早回吧！“打滚笼”，两笼笼门相对，打开笼门，好家伙，一画眉冲进去，互相冲锋，肉搏斗殴，不斗个你死我活绝不罢休。旧时这是赌博用，如今不兴了，而“黄雀衔牌”的算命也不过是骗人的。不过“蜡嘴衔弹”那是真功夫，抓一把小弹子，逐个抛入空中，蜡嘴鸟瞅着弹子落下，冲入半空衔住，那一瞬间，在场观众无一不乐。

三、禽鸟打斗的观瞻

民俗中常有禽鸟打斗的表演，至今已成为旅游特色项目。如斗鸡，在世界很多地方盛行，如印度尼西亚的巴厘岛。其实斗鸡在中国古已有之，《左传》上就有记载，其时齐国临淄斗鸡成风，几乎无人不与，成为时尚。尤其是清明节，正值清寒，最宜斗鸡，韩愈、孟郊《斗鸡联句》云：“天时得清寒，地利挟爽垲。”现在北方集会之地，还兴斗鸡之风。公鸡好斗成性，同类相逢，逼视不让，尤其是用于斗鸡的种鸡，更是凶狠暴戾，两强相见，鸡冠高翘，血眼暴突，嘴啄爪抓，场上尘土飞扬，羽毛散落，斗鸡不惜死活，相斗不休，场面惊心动魄。斗鹌鹑，鹌鹑头小尾短，雄性好斗，史载唐玄宗时，西凉人进献鹌鹑，鸣金击鼓，鹌鹑即随着节奏快慢进退趋止，争斗逐胜。斗鹌鹑最盛当是清代，时节是霜降以后，清葛元煦《沪游杂记》中有“沪上霜降后喜斗鹌鹑”。斗鹌鹑时，两鹌鹑嘴啄爪抓，交缠在一起，黑影一团，时而为一，时而为二，或如飞燕掠水，或似黑地昏天，场面十分精彩。

四、放飞禽鸟的乐趣

最常见的是信鸽比赛，几千只，甚至上万只善于长途飞行的信鸽，从各地拢来，编号同时放飞，一个个信鸽便凭借直觉灵气，回到原来城市，以回收时间先后决名次高低。当笼门开启，鸽子迅速升腾飞上高空，相互竞逐，渐渐地成一个个小的黑点，继而消失远方。最好的信鸽曾以40小时飞翔1000公里的纪录创造了最好成绩。近日，许多广场、公园都推出了广场鸽游览项目，鸽与人和谐相处，停在游客手上吃食，陪游客摄影玩耍，在你身边飞来蹦去，一幅人鸟共乐的情景。

禽鸟放飞是可以培养的。近日江苏高邮马棚乡推出野鸭放飞的生态旅游项目，从美国引进的绿头鸭，经过驯化，完全听人指挥，鸭司令陆高忠饱经风霜，野鸭熟悉他的身影，熟悉他的吆喝，更喜欢他如天女散花般洒向野鸭的一把把食料，只要他一扬动电喇叭，响起《杨柳叶子青》，远处天空中出现了一个个小黑点，继而黑点越来越大，如浮动的云彩，野鸭从天空俯冲而下，游客把玉米粒洒向空中，野鸭边吃边嘎嘎叫唤。陆高忠再一吆喝，一曲《拔根芦柴花》，芦苇丛中，茂草深处，一只只老鸭不约而同向前游来，每个老鸭后面都是几十只小鸭，如同受检阅的部队向游客涌来，临到岸边时，自由自在地嬉闹、遨游、抢食、嗷叫，人与禽的距离立即缩短了。

五、自然保护区观禽

江苏盐城国家级珍禽保护区，南至东台，北至响水，总面积超过 4500 平方公里，是联合国教科文组织“人与生物圈计划国际协调委员会”会员，这里水草丰茂，水生物充足，具有优美的滩涂风光和适宜的自然环境，每年冬天，数以万计的丹顶鹤来此越冬，还有白鹤、白枕鹤、白鹳、黑嘴鸥等近 40 种国家保护的一类、二类珍稀动物，是名副其实的鸟类王国。丹顶鹤身高 1.5 米，体重 11 公斤左右，头顶上有鲜红的皮肤裸出，体羽洁白，颈部和次级翼镶以黑边，体态优美，举止温雅，舞姿绚丽，鸣声嘹亮，其寿命可长达 60 年，是高尚、吉祥、长寿的象征。

青海省青海湖有鸟岛，分南北两岛。南岛平旷，是斑头雁和棕头鸥的生活地。鸥雁为邻却不相杂，棕头鸥团结得紧，相聚一团，仿佛在一个圆形广场聚会。斑头雁则环居一周，宛若兵临城下，各自为营，但有单兵误入敌营，对方便客客气气地逐它出境。鸥、雁的爱情专一，妻子孵化，在沙窝里，忍受烈日的烘烤，抵御着海风的侵袭，丈夫很通情达理，除了出海采食，日夜不离左右，迈着八字步，围绕妻子，时刻警惕。北岛面积大，高耸，岛上是峻峭的岩石，此岛独住丹顶鹤，它们在峭壁岩缝里生活，白天或伫立岩石，仰望四方；或上下翻飞，扶摇天际；或俯冲戏水，结伴遨游。为了观光不影响鸟的生活，如今南岛有地下观光厅，环形窗颇似碉堡的枪眼，鸟的一举一动皆历历在目。

云南滇西洱源县境鸟吊山上，有一年一度万鸟朝凤的盛会，农历七、八、九三个月，鸟类迁徙必经此地，因此地是小罗坪山中段，两峰之间有一个 100 来米的大垭口，适合于鸟类通过，附近有一大块宽阔的平地，不远处就是洱海、剑湖，是鸟类觅食休息的好地方。每到夜晚，平旷的场地上升起 100 多个火堆，鸟见火就停下来，先是一两只，接着是一队队，一群群，向火堆蜂拥扑来。鸟群有的在云霓中嬉戏啁啾；有的在山岭上空低低飞翔；有的急飞而过，如急风暴雨；有的扑向火堆，甚至钻进猎人衣裤。这时鸟吊山成了百鸟的世界，种类繁多，颜色不一，布谷、鹦鹉、蜡嘴、鹧鸪、斑鸠、绣眼、秧鸡、海鸥、燕虎 100 多种。

"领腰"的大鸟有小山羊那么大，"豆雀"的小鸟只有蝴蝶那么小，因此鸟吊山观鸟和看捕鸟实在是一大乐事。

第三节　虫

一、逗人喜爱的鸣虫

我国的昆虫历来是中国文化的重要组成部分，螳螂、纺织娘、蟋蟀、蜜蜂、蝴蝶、金铃都是人们喜爱的。

蟋蟀南北皆有，好蟋蟀的要求是个头大，宁津蟋蟀头大、项阔、腰圆，体形高厚。皮色美，青虫、黄虫、红虫、白虫皆有名种，以皮色鲜艳，乌头金翅、乌头银翅、紫头青背、麻头青金翅为贵。叫口好，如银铃般脆，如钟声般悠，如琴声有韵味。格斗本领强，好蟋蟀要有坚强斗性与耐力。凶悍顽强，皮厚牙坚，两虫斗得筋疲力尽时能使出绝命口，落口极重，夺得最后胜利。

金铃，亦属蟋蟀科，长江南北为多。体长5毫米左右。触角长，最长可达40毫米。翅色金黄，身体黄褐。鸣声清脆似铃，平时右翅伏盖左翅，由两翅的音锉和刮器互相摩擦，振膜共鸣而发声。有趣的是雌雄虫个体相处，铃声则轻幽如细语，两雄相遇，则互相引吭高歌。它一般一天能唱五个小时，两分钟一歇。蓄于牛角、象牙制成的小巧精致的盒中，聆听清柔如吟的鸣声，实在是一种野趣。

蝴蝶，蝶是昆虫中最美丽的一类，世界上蝴蝶14000多种，我国有1300多种，它色彩艳丽，后翅有尾坠，姿态十分秀美。蝴蝶大小皆有，小不足厘米，大可达30厘米，广泛分布在我国温热带地区。由于凤蝶在日光下追逐求偶，雌蝶放出激素，吸引远处雄蝶赶来相会。此时百蝶恋花，空中开放飘动的花朵，五彩缤纷，红霞万朵。

二、山东宁津斗蟋蟀

我国蟋蟀文化发源于长江、黄河流域，南方以江苏、浙江、上海为代表，北方以北京、天津、河北、山东为代表，真正蟋蟀产地以山东齐鲁大平原闻名全国，又以宁津为蟋蟀王国王冠中的宝石，是历代帝王斗蟋蟀进贡的名产地，又是当今斗蟋蟀之风盛行之地。1990年亚运会特设龙潭大江南北蟋蟀大赛，宁津蟋蟀出尽风头，有人还为其总结斗咬的类型——进攻型、防守型、防守进攻结合型，还有斗口分类——文口武口，细分为双做口、造桥夹、两拔夹、磨盘夹、链条箍、狮子抱腰、仙人躲影、黄头儿滚等，不仅国内游客感兴趣，而且境外游客也有兴味。

三、云南大理蝴蝶会

云南大理有蝴蝶泉，明代徐霞客有过描写“泉上大树，当四月初，即发花如蛱蝶，须翅栩然，与生蝶无异；又有真蝶千万，连须钩足，自树巅倒悬而下，及于泉面，缤纷络绎，五色焕然”。这里气候温煦，植物繁茂，土地肥腴，适合蝴蝶繁殖。这里蝴蝶品种繁多，有大如车轮者，亦有小于铜钱者，弄蝶、凤蝶、绢蝶、粉蝶、眼蝶、环蝶、蛱蝶、斑蝶等几乎都能在此找到代表品种。数量多，春日每到蝴蝶会时，一群群，一堆堆，上下翻飞，左右盘旋。在花丛树影中扇动彩色翅膀，闪得人眼花缭乱。甚至能堵住路，拦住山，层层叠叠，密密匝匝，数以万计，种以千数，如雪片在天空飞舞，与鲜花、祥云交融在一起，完全是童话的世界。

第四节　鱼

江海汪洋，鳞介之属无穷，但皆是席上珍肴，总非芳塘碧沼之美观，取一二有色嘉鱼任其穿萍戏藻，养鸣蛙鼓，听其朝吟暮唱，是水乡活泼之趣，也是园林所不可或缺的景观。

如今西湖花港观鱼取草鱼、鲤鱼、鲫鱼之变种者，或色泽鲜红，或色彩金黄，鱼重一二十斤，在水中穿行，亦与游客嬉戏，吞食游客所扔食物，平添了不少游玩的乐趣。

当然中国人还是喜欢中国金鱼，我国金鱼历史悠久，大约有千年历史，宋前多池沼养殖，近土鱼色不易鲜红，宋后以缸养无土则色红艳。它是由鲫鱼驯化而来。经家化、杂交、选种，单尾变多尾，红黄色变多色，形成了体态奇特色彩丰富的观赏鱼种。

江苏扬州是我国重要的金鱼生产之地。

扬州金鱼养玩历史悠久。清李斗《扬州画舫录》，现代王振世的《扬州览胜录》中均有记载，王氏在该书中列“金鱼市”专章说：“金鱼市在广储门外。沿城河一带人家以蓄金鱼为业，门内筑土为垣，甃砖为池，池方广可三四丈，并置砂缸多只，分蓄金鱼。大者长盈尺，小者一两寸。鱼类共七十二种，有龙背、龙眼、朝天龙、带球朝天龙、水泡眼、反腮水泡眼、珍珠鱼、南鱼、紫鱼、东洋红、五花蛋、洋蛋、墨鱼等，名目繁多，不可枚举。各省人士来扬游历者，多购金鱼携归，点缀家园池沼，每岁春二三月，养鱼人家往往运到沿江各埠销售，亦有远至湘鄂者。清乾隆间，善养金鱼者有柳林茶社主人朱标。柳林故址在史阁部墓侧，当时有文鱼、蛋鱼、睡鱼、蝴蝶鱼、水晶鱼诸类。梦香词云：'小队文鱼圆似蛋，一缸新水翠于螺。'"

扬州现时金鱼集中梅岭一带，品种有狮子头、鹤顶红、红龙睛、黑龙睛、蝴蝶尾、朝天龙、红绒球、五花蛋、铁包金、红水泡、红丹凤、五花珍珠、五花丹凤、红白珍珠、五花高头等，品种逾百。他们注意金鱼良种提纯复壮，实施两次淘汰，三次筛选，科学杂交。同时从外地引进多种科学养殖方法，比如"朝天龙"和"鹤顶红"杂交培养出全国独有的新品种——"凸眼一颗红"，鱼头部分双眼凸出，且眼珠朝天向上，如两盏灯笼，龙睛转动，充满生机，头顶部一颗红斑，几乎呈方形，体白印红，似白纸上盖着的一方印章，很有个性。销路远达湘鄂，以颜色鲜艳，体肥形正，尾分四开而闻名中外，成为全国诸多园林不可缺少的观赏鱼。

第五节　花鸟虫鱼文化

花卉是人类在大自然中最早和最经常遇到的审美对象，自然是人的无间的伴侣。见花流泪，对月伤感，"感时花溅泪，恨别鸟惊心"。人生的盛衰荣辱，人情的喜怒爱恨，无不寄寓于花，象征于花，移情于花，人们培植、供奉、欣赏、吟咏、绘画、工艺，簇拥出花团锦簇丰富多彩的花文化。

写花著作。有总说花的《花疏》《花经》《花镜》《花历》等十余种；有专述一类花的，如《兰谱》《菊谱》《梅谱》《海棠谱》《牡丹谱》《芍药谱》；有写地方花的，如《洛阳牡丹记》《扬州芍药谱》《南方草木状》；有搜集花的诗歌、文章的，如《群芳谱》《广群芳谱》，这些著作是历代花工花农经验的总结，其中不少是文人参与，如南宋文学家范成大就写过《石湖菊谱》。

一、咏花鸟虫鱼的诗歌

《诗经》开始就有"桃之夭夭，灼灼其华"，以后历史名人无不以咏名花为能，名花无不被名人所吟咏。"红入桃花嫩，青归柳叶新"（杜甫），"桃花历乱李花香"（贾至），"窥窗映竹见玲珑"（韩愈），"蕙兰有恨枝尤绿"（欧阳修），"日边红杏倚云栽"（高蟾），"一树樱桃带雨红"（冯延巳），"芭蕉分绿上窗纱"

（杨万里），“平铺新绿水蘋生”（白居易），“岸苇新花白，山梨晚叶丹”（郑愔），“丛兰浥露似沾巾”（刘禹锡），“有情芍药含春泪，无力蔷薇卧晓枝”（秦观），“试问卷帘人，却道海棠依旧”（李清照），“却看扬花自在飞”（王令），“木末芙蓉花，山中发红萼”（王维），“唯有牡丹真国色”（刘禹锡），“荷香随坐卧，湖色映晨昏”（刘长卿），“桂子月中落，天香云外飘”（宋之问），“江云漠漠桂花湿，梅雨翛翛荔子然”（苏轼），“黄花金兽眼，红叶火龙鳞”（杨显之），“折得疏梅香满袖”（晏几道）。

颂鸟的诗文很多，“鹤鸣于九泉，声闻于天”（《诗经》），“半壁见海日，空中闻天鸡”（李白），“大鹏一日同风起，扶摇直上九万里”（李白），“燕子家家入，杨花处处飞”（孟浩然），“莺嘴啄花红溜，燕尾点波绿皱”（秦观），“漠漠水田飞白鹭，阴阴夏木啭黄鹂”（王维），“舍南舍北皆春水，但见群鸥日日来”（杜甫），“尽日无人看微雨，鸳鸯相对浴红衣”（杜牧），“三春时有雁，万里少行人”（王维），“清禽百啭似迎客，正在有情无思间”（范成大）。历代文学家赋予鸟以人的情感，精细描摹人鸟相处中的相得相乐。

关于昆虫早在《诗经》中就有描写，而唐诗宋词更是突破了昆虫自身习性的范畴，精细地描写其形态神韵，并由对昆虫的功用的认识到欣赏其美丽的体态，进而进行斗击，搏戏，与此相关的器具场所，出现了总结其经验的书籍、绘画，形成了独特的虫文化。有关虫文化的诗歌文章很多，“蟪蛄不知春秋”（庄子），“夏虫不知冷冰”（裴松之），“稻田深处草虫鸡”（陈与义），“风轻粉蝶喜，花暖蜜蜂喧”（杜甫），“穿花蛱蝶深深见，点水蜻蜓款款飞”（杜甫），“西陆蝉声唱，南冠客思深”（骆宾王），“莫倚高枝纵繁响，也应回首顾螳螂”（陆龟蒙），“促织甚微细，哀音何动人”（杜甫），“暗飞萤自照，水宿鸟相呼”（杜甫）。诗人笔下的昆虫真是有灵有性，有情有义。

描写鱼的诗歌不少，但多为笼统地咏鱼，如“鱼戏新荷动，鸟散余花落”（谢朓），“鱼跃青池满，莺吟绿树低”（李白），“细雨鱼儿出，微风燕子斜”（杜甫）。也有写具体鱼种的，如“兰溪三日桃花鱼，半夜鲤鱼来上滩”（戴叔伦），“红鲤二三寸，白莲八九枝”（白居易），“西塞山前白鹭飞，桃花流水鳜鱼肥”（张志和），“晓日照江水，游鱼似玉瓶”（苏轼），“好是日斜风定后，半江红树卖鲈鱼”（王士禛）。描写金鱼的也有，其中有名的是朱之蕃的《金鱼》诗：“谁染银鳞琥珀浓，光摇髻鬣映芙蓉。清池跃处桃生浪，绿藻分开金在熔。”

二、花鸟虫鱼为题材的散文、小说、戏剧

屈原《离骚》咏兰花，周敦颐的《爱莲说》颂莲花，陶渊明的《归去来兮》赞菊花，郭沫若先生有过《百花齐放集》，鲁迅先生20岁就作《惜花四律》，他

在家中百草园广种花木，还订正过清人陈淏子《花镜》的舛误。古往今来，《红楼梦》写花创造了极致，在《红楼梦》中，不少章节以花为题材，整章整节的就有二十七回"滴翠亭杨妃戏彩蝶，埋香冢飞燕泣残红"，三十七回"秋爽斋偶结海棠社，蘅芜院夜拟菊花题"，四十一回"栊翠庵茶品梅花雪"，七十回"林黛玉重建桃花社，史湘云偶填柳絮词"等十多回，至于散见各章的游春踏青、探雪赏梅、采花扑蝶更是随处可见。曹雪芹把花作为情节内容，以花显示人物性格，借花表达作者爱憎，喜时以花为戏，悲则以花志痛，从某种意义上说，《红楼梦》也是花的梦。

古代神话小说《山海经》就写到多种怪异的鸟，不仅外形奇特，而且技艺非同一般。《聊斋志异》的作者蒲松龄在书中写了许多鸟，如《禽侠》，其中的鹳鸟本想与世无争，但青蛇都视软弱为可欺，得寸进尺，残害鹳子，鹳在忍无可忍的情况下寻求报仇之法，清来大鹏侠鸟，以爪击蛇，蛇首立坠，这里的鸟已是矢志不渝，斗争到底的形象。蒲松龄是爱鸟的，他知鸟懂鸟，对于民间闻鸟语、驯鸟言的风俗极感兴趣，一入笔端妙趣横生，在《鸟语》中他居然借闻鸟语的奇技揭露县令的贪心，"蜡烛一百八，银朱一千八"，弄得县官狼狈不堪，这里的鸟不仅有良心，而且有胆识，简直是正义的化身。

《聊斋志异》中关于虫文化有不少脍炙人口的篇章，如《螳螂捕蛇》《蛐蜒》《促织》《蛤》《放蝶》《藏虱》等，尤以《促织》寓意深刻，流行久远。在中国的昆虫文化中，蟋蟀文化最具中国色彩，宋代贾似道曾写《促织经》，其后各代都有蟋蟀谱，皆对蟋蟀的生态环境，土壤气候，营养化学进行介绍，又以彩色图像、散文诗歌的文艺形式表现。而文学作品中，精细描写蟋蟀文化的首推蒲松龄的《促织》，通过成名一家的悲欢写出了封建时代斗蟋蟀成风，玩物丧志，甚至借虫戏欺骗戕害百姓的罪恶，字里行间介绍的斗蟋蟀风俗民情却又使人耳目一新。这位文学家对花鸟虫鱼的描绘如鲁迅先生所言，"使花妖狐魅，多具人情，和易可亲，妄为异类。而又偶见鹘突，知复非人"。

三、花鸟虫鱼为题材的画科

与山水画、人物画并列，历代皆有高手。花鸟画从工艺装饰中分脱出来而成为独立画科当从隋唐始，之前顾恺之、戴逵等尽管有过花鸟题材，但仅为陪衬。中晚唐时，一批知名花鸟画家出现，如薛稷以"画鹤知名"，李煜"工画蝇蝶蜂蝉之类"，白旻工画鸟鹊。其中边鸾是花鸟画大家，美术史上奉为花鸟画之祖，"长于花鸟折技，草木之妙，未之有也，或观其下笔轻利，用色鲜明，穷弱毛之变态，奇花卉之芳妍"。五代两宋，在中国花鸟画史上则是一个极盛的时代，成熟的时代。江南花鸟画坛上主将是郭乾晖、钟隐、李煜、唐希雅等，尤以徐熙成就最大，最典型，有“徐派”之称，“多状江湖所有汀花野竹，水鸟渊鱼”，他赋予自然野物以生命，追求它们的天趣和清秀，对后世影响很大。另一代表人物是黄筌，他多写禁苑珍禽瑞鸟，奇花怪石，金盆鹁鸽，纯白雉兔，桃花雏雀，孔雀龟鹤，芍药、牡丹，御鹰瑞鹿，他不以墨线勾廓，而纯以色彩晕淡，五彩布成花鸟，色如初开，极有生意。到宋徽宗时，他带头作画，并设宫廷画院，他的画作中最优美的是花鸟画，现存的《蜡梅山禽》《杏花鹦鹉》，用笔精练准确，绘出了蜡梅、萱草和杏花形象，塑造了五色鹦鹉和白头翁美丽的外形，也画出了鸟语花香的境界。他的倡导培养出一批优秀画家，如孟应之、刘益、马贲、富燮等，使南宋花鸟画达到了辉煌的巅峰。

说到画鱼当推北宋刘寀，他是文人画鱼的集大成者，中国的鱼画实际上有生殖繁盛、福泽绵绵和丰余富足的祝福，刘寀画鱼，喜画水中游鱼，成群穿波，或横流而过，或潜游寻觅，或张口唼喋，或摆尾洄游。他的《落花游鱼》《群鱼戏藻图》后人评价不是同于俗人皆出水之鳞，而是能画出鱼在水中荇藻间游泳的生动之态，“画水中鱼，虽风萍水荇，观之活动，至于鳞尾性情，游潜回味，皆得其妙”。

四、花鸟虫鱼为题材的工艺品

早在公元前16世纪以前的新石器时代，彩陶的图案纹样就有人面纹、鹿纹、鱼纹、蛙纹、鸟纹、蜥蜴纹。当农业有了发展，植物纹样出现，有像稻麦粒的，也有像叶子、花瓣的。纹饰有几何纹的，既有对称的组合，也有不对称组合，同一花纹组合成一条完整的带状花纹，不同的两种花纹相互连接起来合成一组花纹。也有写实纹的，如鸟的伫立张望，振翅欲飞，迎空翱翔，形态十分生动。其后的玉器、漆器、瓷器、木雕、石雕等工艺品无不以花鸟虫鱼为题材，表现出人类的共同美，具有永久的魅力。

第十四章　旅游主体消费文化

〔内容提要〕

旅游消费文化是社会文化的一个重要组成部分，指在特定的历史环境中，受经济发展水平和民族传统文化的影响，在现代意识支配下，人们在旅游消费活动过程中逐渐形成的一种消费理念，与之相适应的制度和组织机构，以及反映在物质产品上的文化层次和文化趋向。

旅游是文化消费，其消费理念古今不同，中外有别。

〔学习要点〕

- 旅游主体消费文化的本质和表现。
- 旅游消费文化的影响因素。
- 旅游消费文化的特点。
- 中西方旅游消费文化的差异。

〔思考题〕

1. 认识旅游消费的本质和表现。
2. 为什么旅游不仅拉动消费也促进投资与出口？
3. 简述旅游消费文化的内涵及其基本特性。
4. 简述旅游消费文化的功能。
5. 简述旅游消费文化的影响因素。
6. 简述传统文化理念对旅游消费的影响。
7. 简述现代文化理念对旅游消费的影响。
8. 如何把握旅游消费文化特点推进旅游发展？
9. 如何培育可持续发展旅游消费理念？
10. 简述旅游消费文化科学行为的构建。

旅游不仅拉动消费，也促进投资与出口。

乡村旅游、旅游小镇建设、大型旅游景区开发、休闲度假区建设、医疗健康旅游和养生养老旅游、文化旅游、生态旅游、海洋旅游、在线旅游、大型旅游演艺项目、旅游商品和户外休闲用品、自驾车和房车营地、大型旅游装备制造业等正在成为旅游投资的热点领域。

出口拉动。随着出境旅游的大规模快速增长，开拓旅游外交，构建旅游对外开放新格局成为必要。未来的旅游工作，正围绕“一带一路”倡议开展国际旅游合作；突出大国间旅游合作；深化与目的地国家的旅游合作；深化与联合国世界旅游组织的合作，推动跨境旅游的发展；加强与发改委、公安部、外交部、商务部等部门的合作，与周边国家之间形成良好的跨境旅游合作关系，分步落实特殊的旅游方式和政策。

第一节　旅游消费的本质和表现

一、旅游消费文化的内涵及其基本特性

（一）内涵

文化包含三个层次：第一层次是器物层次，它包括生产、生活的工具，如中国人用筷子、西方人用刀叉；第二层次是组织层次，它是指怎样把个人组织起来，在一个社会里共同生活以及他们之间怎样互动，它包括政治组织、生产组织等；第三个层次是思想价值观念层次，其内涵极为丰富，如它包括这样的价值判断：什么是善，什么是恶等。这三个层次是一个有机整体，不可分割。

旅游消费文化可分为旅游消费主体文化和客体文化，旅游消费主体文化是指消费者（或消费市场）在旅游消费中所表现的某种文化特性，这种特性通常表现为一定的消费心理和需求；旅游消费客体文化是指反映在产品上的文化层次和文化趋向。

（二）基本特征

1. 普遍性

一是旅游的普遍，随着经济社会的发展，人们有了闲钱、闲时、闲心，旅游

越来越成为人们生活中不可或缺的组成部分。旅游业已成为重要的经济产业，而且将保持强劲、持久的增长势头。二是旅游活动受旅游消费文化制约，介体设计的旅游产品，主体的选择和对旅游活动的评价，都受到旅游价值观和旅游消费心理等因素的影响。三是旅游消费文化表现在旅游活动的各个环节，影响旅游活动的全过程。

2. 多样性

纵向分析，处于不同社会历史发展阶段，具有不同社会发展水平的人们，有不同的旅游消费文化；横向分析，不同地域，由于不同的自然地理环境、物产和民俗风情，形成不同的旅游消费文化。如发达国家与地区和不发达国家与地区的旅游消费文化水平有较大差异。同一地区、相同环境下，生活在相同社会发展阶段的人们，由于个性特征不同都会有不同的旅游消费文化。

3. 易变性

旅游消费文化是在一定的环境和条件下产生的，除自然地理环境变化十分缓慢以外，其他环境和条件都在迅速变化，尤其是社会生产、科学技术、经济基础、社会政治制度等变化尤其迅速。这些变化必然促使旅游消费文化不断变革，使人们的旅游消费观念、价值取向、审美意识、消费习惯、消费知识等不断变化，导致旅游文化消费的易变。

4. 引导性

旅游消费文化中所包含的消费价值判断、指导思想与行为准则等，是人们进行旅游活动最重要的坐标和指针，它在无形当中引导人们选择相应的旅游产品进行消费，同时制约着那些不符合当前旅游消费文化的旅游产品的开发和生产，从而使整个旅游业健康地发展。

5. 趋向爆发性

旅游消费活动受众多因素的制约和影响，非常敏感，一次突发事件，可能导致旅游消费的突然冷淡，如印度尼西亚巴厘岛事件。也可能因为机会的出现，使旅游消费变得火热，如青藏铁路的开通，这就形成了一种爆发性旅游文化现象。

二、旅游消费过程文化类别

（一）购买前的旅游决策文化

即旅游消费者在旅游客源地对旅游方式和目标的选择过程，包含旅游需求的产生、旅游信息的收集分析、预测旅游结果、分析利弊条件等几个环节。从根本上来说，影响旅游者做出不同旅游决策的关键在于其不同的文化背景。

（二）购买中的旅游消费文化

即旅游者的旅游计划和决策的实施过程、体验过程。这个过程从旅游消费者从客源地向目的地进行空间位移的旅途开始，持续到旅游者到达旅游目的地完成旅游体验。这一阶段不同文化背景和文化素养的旅游者所获得的旅游体验在深度和广度上都会有较大差异，有特殊文化经历的旅游者往往会“托物寄情”。

（三）购买后的总结回馈文化

即旅游消费者从目的地返回到客源地之后的阶段，旅游消费者会对旅游经历是否愉快、旅游服务是否满意、旅游需求是否得到充分满足等方面进行总结评价，而这个反馈过程会直接影响到旅游消费者是否进行下一次旅游消费的选择。

三、旅游消费文化的功能

（一）人力资本功能

人力资本的核心是知识、技能和文化素质，旅游消费文化作为一种精神文化，具有感染和教育的作用，能有效地提升旅游者和旅游从业人员的综合素质，为旅游业的持续发展提供强大的人力资源保障。同时，也能使整个社会的人力资本得以提升，为社会经济的发展提供高素质的人力资源。

（二）社会文化功能

我国自古以来就非常关注消费行为对社会经济、政治、文化和风气的影响，“玩物丧志”“成由勤俭败由奢”等古训就反映了这一传统思想。一般来说，节俭、文明、健康的消费行为表征着良好的消费文化，能优化社会风气和文化氛围，有利于政治清明和人的身心健康。旅游消费的健康，能促进社会文化向着良性循环的方向发展。

（三）指导旅游生产和消费的功能

旅游生产的最终目的是市场消费，所以旅游生产过程离不开旅游消费文化的引导。旅游企业要根据旅游消费文化的特点组织生产，生产旅游者真正需要的旅游产品。同时，旅游消费文化从消费哲学、消费道德、消费价值取向、消费行为、消费心理、消费品位等方面制约或者引导旅游消费。有什么样的旅游消费文化，就会产生什么样的旅游消费，旅游消费文化对旅游生产和消费的全过程都具有重要影响。

（四）生态环境功能

随着旅游消费规模的不断扩大，对于生态环境的影响正日益凸显出来，旅游消费过程既从自然中索取，又向自然中排放，由此产生了巨大的生态效应。生态环境变化受到人类现有旅游消费文化的深刻影响。合理的旅游消费文化能保护资源、积累资金和经验，促进旅游业健康、持续发展；相反，不合理的旅游消费文化会造成对资源的掠夺性开发，引发资源枯竭、物种灭绝和荒漠化等危机。因此，倡导健康的旅游消费文化，能够促进生态环境的良性循环。

第二节　旅游消费文化的影响因素

传统文化理念对当今的旅游消费有何影响？现代文化理念对今天的旅游消费影响表现在哪些方面？

先从互联网技术与旅游说起。“几年后，只要带上手机，就能行遍海南，游遍海南，住遍海南。”马云 2014 年在海南演讲时的这句话揭示了当下的旅游趋势，移动互联网允许人们足不出户搞定旅游相关的一切。2014 年是国家旅游局确定的智慧旅游年。在信息化时代走“智旅”之路，已经成为诸多涉旅企业的必然选择。

相比往年，2019 年国内旅游的一大亮点就是在各类旅游度假产品中，来自网站和手机渠道的预订量占到 8 成以上，其中手机客户端的预订人数相比上年更是增长了 100 倍。

海南省旅游委主任陆志远说，随着移动互联网技术发展，网络交易市场规模不断扩大，网络消费市场呈现爆发增长的迹象。旅游企业若掌握网络营销、网络管理和网络服务，就能找到发展的核心生产力。而随着在线旅游市场规模日渐扩大，智慧旅游营销成为打开市场的金钥匙，谁在智慧旅游营销中抢占先机，谁就能在未来旅游业获得发展优势。

一、传统文化理念对旅游消费的影响

消费文化是人们在长期的经济生活中所形成的对消费的一种相对稳定的共同信念。消费文化包括：物质消费文化、精神消费文化、社会关系消费文化。中国传统的消费文化正是从基本物质消费的需要到注重精神消费，并发展到今天日益受宠的社会关系消费。消费理念，即是指消费观念、消费原则、消费导向等。

中国传统文化与价值观对当今的旅游消费者行为的影响很大。消费是人类生存的基本条件，是人类社会活动的重要组成部分。消费观的形成，不仅受到收入水平、物价水平等因素的影响，而且受到每个人所处的家庭和社会经济环境以及民族传统文化、个人文化素质、宗教信仰等非经济因素的影响。中华民族有着悠久的文化，核心价值就是中华民族在一定历史时期内形成并被广泛持有的居于主导地位的一些基本的价值观念，这些观念很大程度上影响我们现在的消费行为和习惯。

（一）勤俭与知足自得的品质对旅游产品购前行为的影响

中国传统文化中存在“存天理，灭人欲”的价值原则，因此，在家庭和个人消费上强调节欲勤俭，主张精打细算，量入为出，反对奢侈浪费，反对及时行乐的生活态度，从而使收入变化对购买决策具有迅速和直接的影响。由于古代生产力较为落后，又由于天灾人祸等因素造成产品的缺乏，以及百姓经济购买力不足，促成了勤俭习惯的形成，人们只要“知足”便“自得”。认为旅游，尤其是境外旅游、休闲旅游是奢侈性消费。随着经济的发展，人们消费观也有很大变化，虽然勤俭观还在极大范围内制约人们的消费模式，但是现在中国的消费观，已不单单是勤俭和知足自得，而是有了不同的消费倾向，已经出现大批超前消费的人群。

旅游兴趣和决策不仅体现在旅游个体的差异中，还存在于旅游群体中。旅游群体的文化差异最突出地表现在中西方旅游群体之中，这是截然不同的两大文化传统所致。中国古语云，“父母在，不远游，游必有方”，中国传统文化有内向的倾向，好静不好动，同时在思维方式上追求整体性，强调人与人之间的相互合作；而西方传统文化具有较明显的外向倾向，强调支配自然，崇尚冒险精神，追求个性自由，不仅要征服自我，还要征服世界。

（二）先义后利的价值取向对旅游过程行为的影响

对义利关系的处理集中体现了伦理道德的价值取向。应该说，先义后利、以义制利是中国传统义利观的核心，是始终居于正统地位、对中国传统文化影响最为明显的一种义利观。在现实的厂商和消费者博弈之中，往往聪明的厂商将“义”与“利”并重，为了长远利益厂商愿意放弃眼前局部利益，维护消费者的“利”，“义字当先”也就成了诚信的体现。对于消费者，得到了厂商的“义”，得到了应有的“利”。因而，消费者往往去购买那些有诚信的厂商的产品，注重厂商售中和售后的承诺和服务。

认识旅游消费过程中“义”“利”的差异，如有的旅游者会特别关注历史悠久的古迹，而有的旅游者更喜欢欣赏大自然的壮丽。即使面对的是同一个景物或者享受同样的服务，不同旅游者获得的审美感受也存在深度和广度上的差异。上述差异源于旅游者的文化修养、文化经历、文化经验、从事职业和当时的情绪等综合性的文化因素的不同。

如对欧美旅游者，旅游产品的设计往往是注重自然景，形式上随意、自由和放松，而非周到服务，否则就是侵犯和缺乏尊重；而对于中国游客，则要精心安排著名文化景观，文道结合的景观，资深导游全程陪同，提供优质服务。满足他们思想上游览古人故居或者走走古人经历过的山川水脉。物质上，购买具有特色的或者地域性的物品可以增加对游览地的了解，加深感情。如果照搬欧美的程式，就事倍功半，甚至有偷工减料、欺诈之嫌。

（三）以和为贵的理念对旅游产品购后行为的影响

中国文化注重和谐与统一，这是中西文化的一个重要差异。以这种“和”与“贵”思想去对待不同民族和文化的价值观方面，就是提倡平等待人，承认其他民族和文化的价值不同，主张不同民族或群体之间思想文化的交互渗透和包容。在人与人之间体现得更为明显，在商品交易中尽可能的“和气生财”，中国人习惯了平和心态的消费模式。“以和为贵”自然就成了一条潜规则。20 世纪 90 年代以前，大多数消费者在遇到不满意的消费时，甚至在自己的权益受到损害时，往往是忍气吞声，只会向朋友、同事或其他熟人倾诉不满，而很少通过合法投诉等途径获得权益的保障。现在，这种情况虽已有了很大的改善。但是，改变非常缓慢，而进一步的改变也将是一个长期的过程。原因之一就在于“和为贵”“息事宁人”的传统思想仍然根深蒂固。

二、现代文化理念对旅游消费的影响

20 世纪 80 年代，由于我国旅游业以前所未有的速度飞速发展，时代的进步，域外的影响，现代文化理念对旅游消费的影响，尤其对年轻一代旅游者的影响是巨大的。我国改革开放以后，尽管存在城乡差距、贫富差距、收入差距，但旅游消费文化发生了前所未有的变化。

（一）物质生活消费文化时代——黜奢崇俭受到冲击

物质消费文化当然追求的是物质方面的满足，是典型的实用型消费。中国传统消费文化提倡黜奢崇俭的生活方式，曾把节俭与否作为一个国家存亡的重要前提。节俭固然是中华美德，但是却往往以抑制人的正常欲望为前提。中国传统的消费文化价值取向是趋于保守，追求实用。黜奢崇俭的提倡加之低水平的社会生产力，造就了中华民族艰苦朴素的生活方式。人们的消费理念为节制当前消费，重视储蓄，抵制暖衣饱食之外的消费，因而在很大程度上抑制了消费，限制了消费视野，不利于消费结构的调整和提高消费水平。消费方式仅仅停留在基本的生活物质需要，以吃穿为主的生活格局，对奢侈的旅游消费无从谈起，旅游消费理念在这一历史阶段还没有形成。可喜的是，这一方式将要寿终正寝。

（二）精神追求消费文化时代——适度消费成为中老年的首肯

随着时代的变化，我国由计划经济全面转向市场经济，经济结构的不断优化，居民的生活水平和生活质量也有了明显的改善。即使是中老年人，其消费理念逐步走向“适度消费”，消费的选择已不仅仅满足于物质层面的资料消费，精神层面的文化消费、休闲消费也日益呈上升趋势，精神消费成为消费的热点、消费的时尚、消费的新宠。同时，旅游消费理念初步形成，旅游的愿望越来越强烈，旅游人数逐年增加，这说明人们在满足了最基本的需求后更注重精神文化方面的消费。旅游观光被大部分人所追捧，并成为有品位、有能力的象征，成为时尚、流行的休闲方式，旅游消费被提到议事日程。消费行为的目标，就是要在物质的、精神的和劳务的消费中得到最大的满足，追求效用的最优化，即实现幸福的最大化。

随着客观上经济的发展和社会的进步，产业革命对城市化进程的加速，蒸汽机技术在交通运输中的应用，主观上人们对久居地以外地方的向往和人的主体精神的觉醒，使大规模的人员流动成为必然趋势。浪漫主义运动掀起后，回归自然、崇尚原始成为人们的审美态度。适度消费能够感受到的大自然比眼前的尘世有着宽广得多的胸怀和气度，以自然的容纳改变人们对理想的焦灼的盼望，把人迹罕至的地方和已成陈迹的年代不详的历史理想化。因此，广泛化和规模化的旅游活动正是让人们返璞归真，回归大自然。

（三）社会关系时尚消费文化时代——过度消费成为青年人的时尚

对于年轻一代，他们张开双臂，迎接新消费时代的到来，处处映射出社会关系的消费、多元化的消费。从讲究品位的中产阶层消费到寻求潇洒的“月光族”，从有形的物质消费到无形的精神消费，逐步演进到今天的社会关系消费。这种社会关系消费文化是通过使用和消费商品来展现自己的社会身份，构筑自己在社会中的地位，建立社会联系。同时，人们的旅游消费理念发生了巨大的变化，从原来旅游观光的单一要求发展到今日对旅游消费文化的需求甚至是消费主义思想的蔓延。旅游消费需求呈多样化、多角度、多维度发展开来，休闲旅游、观光旅游、解压旅游、个性旅游、豪华旅游、侈靡旅游、太空旅游等，各种旅游文化的兴起给旅游业带来了巨大的商机，也给社会带来了前所未有的挑战。

旅游作为一种消费活动，是现代人休闲文化的一种方式。现代旅游消费变成了一种时尚。人们在生产的同时也更多地关注休闲消费的方式。旅游消费与其他体力生产方式的不同在于它是一种经验和对独特文化的愉悦体验。闲暇时间不再被浪费掉，而是重新被利用来进行享受和消费活动。假期的自由时间依然是度假者的私人财产，可以自由地被占用来重新进行消费。休闲的本质含义是对非生产性时间的消费。在现代符号编码的系统中，人们所消费的产品可以显示出自身的身份地位，所以炫耀性消费成为必然趋势。餐饮、住宿、交通、购物、娱乐、景观审美的重新编码形成了一个大旅游的循环编码。正是在文化空间的横向跨越上，人类实现追求自由和完善自身的本质属性。

第三节　旅游消费特色文化推进旅游发展

把握旅游消费文化特点，推进旅游发展，认识旅游消费文化的发展趋势，认识旅游消费行为的文化走向。

中国游客到日本抢购生活用品，从电饭煲到马桶盖，品种是五花八门。除了几年前就开始走俏的电饭煲以外，日本的温水洗净马桶盖又突然人气大增，成为不少人赴日购物清单上的首选。有人甚至一次买两三只带回去，这种带杀菌、除臭、加热、冲洗等功能的马桶盖价格不菲，即使享受8%的消费税减免，售价也在2000元人民币左右。携带起来并不是很方便的电饭煲大受欢迎，售价1万多元人民币的电饭煲每天能卖出十几台，买主80%来自中国。一些看似技术含量并非很高的小电器和家居用品也备受追捧。如剃须刀、保温杯、美容棒、陶瓷刀等，贴心的设计或特殊工艺，成就了赴日购物的新动向。

日本商品的技术与国内还是有点差别，质量也好一些，还有最好的（产品）是留在（日本）国内卖的传闻。导致游客哪怕提着重一点也愿意在日本买了带回国。具有讽刺意味的是，赴日游客抢购的马桶盖，部分竟然是杭州产。中国网友吐槽："这是一只马桶盖的日本自由行。"

2019年国庆期间，出境旅游消费归于理性，除了像以往比较受欢迎的国家，泰国、马来西亚、新加坡等国家之外，像捷克、奥地利、波兰等小众的旅游国家也迎来了大批的中国游客，中国游客增长幅度超过了两位数。中国游客显得理智多了，不再盲从消费，用不到或者不实用的东西已经吸引不了他们，他们只会根据自己的需求合理地规划出行。

一、旅游消费文化的发展趋势

第二次世界大战以后，对话代替了对抗，尽管局部地区战乱不断，但整个世界的和平与发展成为主流，这就为世界旅游业的迅速发展提供了条件，国际旅游几乎每10年便增长一倍。1950年国际旅游仅0.25亿人次，1960年跃升为0.73亿人次，而到2005年已达8.6亿人次，55年中增长了30多倍。国际旅游收入从1950年的21亿美元到2005年的6820亿美元，增长了300多倍。据世界旅游组织称，世界旅游业收入已经占到世界服务业总收入的33%。2010年为全球的经济贡献了5.8万亿美元，支持了2350万人的就业。

中国2012年已超越美国等国，成为世界第一大国际旅游消费国。中国人

2012 年在海外旅游消费额达 1020 亿美元，创下历史纪录，比 2011 年的 730 亿美元海外旅游消费额增长了近 40%。近年来，随着居民消费能力的提高、出国旅游意愿的提升以及签证制度的不断便利化，出境旅游持续火爆，保持高速增长趋势。

2019 年国庆 7 天长假，全国各个城市共接待国内游客人数约 8 亿人次，和 2018 年同期相比，增长了 7.81%。国内旅游收入高达 6500 亿元，同比上涨了 8.5%。其中长假的最后 1 天，也就是 10 月 7 日当天，全国接待国内游客人数 5097.3 万人次，同比上涨了 8% 左右。仅是 10 月 7 日这一天，国内旅游收入就高达 407.8 亿元，同比上涨了 10% 左右。出现两个特点：一是游客不仅是出去简单的所谓游山玩水，更不是简单的吃喝。很多人选择的出行地点带有文化特色。大约 66.4% 的游客参观了当地的人文旅游景点；59.45% 的游客参与了历史文化街区的活动。二是这一次的国庆黄金周出行，更多的假日旅游结合了庆祝活动，多了红色价值。有 78.84% 的游客参与了各种国庆庆祝活动，瞻仰著名的爱国主义景点，红色旅游景区、博物馆等文化景点都迎来了客流的高峰。爱国情怀引领着整个旅游市场。

根据世界旅游组织的预测，旅游消费文化将呈以下发展趋势：

（一）全球化消费和本土化消费

世界各国尤其是发展中国家加速与国际接轨的步伐，使得“宇宙地球”变成了“村庄地球”，全球化的旅游消费更加容易，同时旅游消费更加具有国际化理念和标准。另外，旅游消费往往是新、奇、异的追求，新奇异来自于本土化文化，所以旅游消费也会呈现出对于本土化的热衷。

（二）大众化消费和个性化消费

旅游消费一方面需要有大众化的舒适安全感，而且受大众强势文化的影响，容易形成大众化消费。另外，寻求特殊旅游经历的自助旅游越来越多，据美国斯坦福大学的研究发现，这类消费占 10% ~15%，他们的消费选择呈现出强烈的个性化，自己享受其中，却不能为更多人理解或接受。

（三）批量化消费与定制化消费

由于大众化旅游需求的产生，更多的旅游消费群体有共同的旅游消费需求，这个群体集中在一起消费，形成批量化消费，使用统一的产品和服务。此外，个性化的旅游消费，需要特殊的、专项的旅游产品和服务，往往采取定制消费来满足旅游者的需求。

二、旅游消费行为的文化走向

时代背景、社会思潮也会影响旅游者的旅游消费过程。由于不同时代社会生产力发展水平的不同，旅游者所掌握的物质条件也有所差异，因此旅游消费行为具有鲜明的时代性。不同时代有不同的文化思潮和文化氛围，人们的旅游审美相应有不同的特点。

当前，我国旅游业正在以下几个方面形成热点：①小康社会小康旅游。两个"一百年"提出了全面建设小康社会的奋斗目标，旅游将成为小康生活的一个重要内容，科学发展旅游，可持续发展旅游，成为实现小康生活的重要途径。②国内旅游持续升温，地域的广泛性增强，形成了冷点升温、温点变热、热点更热的格局；时间的均衡性增强，出现淡季不淡，旺季更旺的变化。③旅游竞争的形势激烈。各地出现一些创造性的竞争方式，形成一些行之有效的做法。④国内区域旅游合作初见成效。目前长江三角洲区域旅游合作已经成形，珠江三角洲区域合作相对比较成熟。环渤海旅游圈也在逐步运作，尤其是京、津、冀的合作逐渐紧密。⑤古村、古镇与古院落整体开发，使人们看到了历史遗产和传统的价值，提高了对文化传统的自豪感，增强了对历史建筑物和周围环境的保护意识，增加了开发旅游产品的积极性。⑥一些节庆活动逐渐成熟，并成为旅游的热点。⑦最佳旅游城市的都市旅游将成为我国旅游发展的新热点。三峡旅游、工农业旅游、东三省旅游、港澳台旅游发展前景辉煌。⑧旅游投入升温，各类资金加速进入旅游领域，呈现出多种渠道、多种方式、多个领域的特点。⑨旅游研究受到重视，并将吸引更多的单位和个人加入到旅游研究的队伍中来。⑩旅游立法建设步伐加快；重视危机管理，增强抗风险能力；出境旅游及其经营的限制正不断放宽。几年来，我国旅游发展的历史证明，中国旅游发展的春天来到了。

随着社会经济的发展，人们的经济条件和文化水平不断提高，旅游需求也越来越强烈并且日趋多样化和细分化。

（一）旅游消费主体范围在不断扩大

随着旅游业的发展和旅游服务质量的不断提高，旅游的方便性和舒适性日渐增强，更多人开始关注旅游消费：从年龄段看，不同年龄段的人尤其是老人和儿童都大量加入了旅游者的行列；从社会阶层看，旅游日渐成为大众的文化消费；从世界范围看，发展中国家的国力日益增强，旅游需求和旅游消费日渐扩大，从而使世界范围内的旅游消费主体群在不断增大。由于世界范围内全民参与旅游，原来的大众旅游市场也不断进行着分割和细化，出现了很多较小规模的专门市场，如蜜月旅游者、商务旅游者、休闲养生旅游者、老年旅游者、女性旅游者等，而每一细分的小市场由于其不同特点和特殊要求，也导致了旅游需求的多样化。同时，旅游消费需求的多样化以及旅游市场的细分化，也充分体现出旅游主体消费行为方式的文化特征。

（二）消费者对旅游功能的需求日趋多样化

随着旅游者的文化水平和参与意识的不断增强，对旅游功能的需求也日趋多样化。以前的旅游消费大多关注对自然景观的形式美的欣赏，对人文景观的工艺美、意境美和民俗风情等的欣赏较少，而现代人在旅游消费中越来越重视对旅游服务的审美感知和评价，旅游服务的审美进而成为旅游需求的重要组成部分。此外，旅游者在旅游消费中不仅关注审美的需求，交友、养身等需求也成为旅游消费中的新需求。不少旅游者渴望在旅游过程中结识志同道合的朋友，还有不少旅游者希望通过旅游达到休闲和养生的目的。现代社会中奖励旅游日渐流行，很多公司和单位将奖励旅游作为增强团队合作精神、提高团队凝聚力的重要途径。

（三）旅游消费内容多样化

由于旅游需求和旅游市场的多样化和细分化，旅游消费内容也相应地呈现出多样化的趋势，一方面传统旅游形式在复兴，另一方面新型旅游产品也在不断出现。就传统旅游形式的复兴而言，传统的观光旅游仍是旅游形式的主流，但观光旅游的形式和内涵却随着社会文化的进步发生着变化。传统的观光旅游对于异质的文化大多停留在观赏的层次，而现代旅游者更注重对异质文化的体验、探索和经历，不仅要通过旅游增长见识，还要进一步学习和理解异质文化，使自身的文化与旅游地文化进行交流。从文化角度看，这正是旅游者追求自我完善、提升自我素质的一种体现。另外，流行娱乐文化正在成为人们旅游选择的新热点，像影视拍摄基地、热门影视的故事发生地等已成为许多旅游者追捧的旅游目的地。与此同时，新型旅游产品不断涌现，并越来越引起人们的关注，如文化旅游、家庭旅游、养生旅游等。随着现代旅游者的需求正日趋多样化，文化旅游动机也在不断强化，许多旅游者出于对新知识寻求的渴望，希望学习和探索异国他乡的文化、历史、艺术等，因而，文化旅游日趋成为颇受旅游者青睐的旅游形式。

（四）旅游消费方式多样化

旅游消费方式正呈现多样化的态势，包括自助游、全包价旅游、巡游、汽车自驾游等。

三、培育可持续发展旅游消费理念

联合国教科文组织等召开的“可持续旅游发展世界会议”指出，“旅游具有双重性，一方面能够促进社会经济和文化的发展；同时，旅游业加剧了环境损耗和地区特色的消失”。所谓“可持续旅游发展的实质就是要求旅游与自然、文化和人类生存环境成为一体，自然、文化和人类生存环境之间的平衡关系使许多旅游目的地各具特色，旅游发展不能破坏这种脆弱的平衡关系”。改革开放以来，旅游消费不仅成为一种强大的经济力量，还成为一种时尚的生活方式，旅游消费理念在不知不觉中改变。但是，我们也应看到，旅游消费带动经济发展的同时对于生态环境、旅游资源的影响也日益凸显出来。不合理的旅游开发对生态环境的保护产生了巨大的冲击，威胁着旅游业的长远发展，追求可持续发展目标已是环境保护的基本诉求。

（一）旅游消费环保理念的觉醒

近年来，由于旅游企业环保意识淡薄，肆意开发，严重破坏了自然环境。如“奇秀甲东南”的武夷山，由于盲目砍伐森林，使其精华九曲溪的水位急剧下降，严重影响了武夷山的景观价值。又如，敦煌莫高窟在短短 6 天接待游客 19000 人，在门票收入颇丰的同时，文物专家却感到忧从中来，因为不可再生的敦煌壁画正在受到人为的破坏，游客的呼吸和汗液的化学作用使石窟的壁画受到严重损害。事实上，游客人为的涂抹刻画、触摸等行为对历史古迹和文化遗址造成的破坏，都是游客环保理念薄弱的表现。殊不知由于国民生态意识和生态道德的缺乏，大量的人口带来的拥挤混乱和每个人的人为破坏以及交通工具和人群集中带来的大气污染、噪声污染、视觉污染等，日积月累，对旅游景区环境都会带来不可逆转的破坏。因此，我们应该加大宣传引导和教育力度，向公众传播旅游资源管理和环境保护的法律知识，使人们正确认识旅游资源的不可再生性、旅游资源的脆弱性、旅游资源的稀缺性和旅游资源的珍贵性，树立旅游消费的环保理念，提高旅游消费素质。

（二）旅游消费科学规划理念的落实

规划是旅游业发展中必不可少的环节。科学规划是旅游资源提升竞争力、获取更大市场份额的基础所在。一些旅游开发商单纯追求经济产出，对旅游资源过度开发利用，甚至造成资源枯竭和环境恶化。云南大理石享誉中外，但近年来的大量开采，严重影响了苍山山体景观及植被，水土大量流失，加快了洱海的淤积。这是由于在旅游开发之初并没有列入规划考虑，也没有相应的生态环境保护措施，造成现在环境污染日益严重。还有一些企业无视历史文化带给我们的宝贵财富，对珍贵名胜古迹进行改造，使其历史风格遭到破坏，文化底蕴不复存在，文物价值损失不可估量；风俗民情，尤其是少数民族的行为习惯受到外来文化的冲击，特色传统文化被淡化甚至同化；文化载体失去了传统赋予的意义，旅游目的地居民原有的价值观念、风俗习惯、生活方式发生巨大变化。由此可见，旅游企业在追求利润最大化、政府在追求经济回报的过程中，忽视了旅游地社会文化和资源环境的建设与保护，开发旅游资源急功近利，缺少长期规划，缺少战略眼光，造成旅游开发如火如荼的表面繁荣。固然，无论是追求利润还是追求经济效益都没有错，但是我们不应该以牺牲古物文化、牺牲生态资源为前提。我们应该坚决杜绝没有科学思想的开发、没有文化内涵的扩展、没有管理规划的膨胀、没有发展方向的增长，使科学旅游消费规划理念真正实现。

（三）旅游消费可持续发展理念的实现

面对旅游业的生态破坏和环境污染，我们提出了旅游消费的可持续发展理念。“可持续发展是以人的发展为中心的人与自然、人与人的协调与永续相统一的延续不断地发展。”在追溯资源与环境等何以因人们不珍惜而遭受严重破坏或浪费时，可以给出两个回答：①认识原因，即人们不了解资源的稀缺性，不懂得生态环境对于自身和生存发展的重要性，故而在“自然资源无限”“自然容纳消解废弃物的能力无限”两种意识的支配下，集全力于解决如何征服自然的问题；②利益原因，即人们了解资源是稀缺的，生态环境对人是重要的，但从利益角度考虑，珍惜资源和保护生态环境对自己“内部不经济”，故而明知故犯。针对上面两个原因，我们可以看到，旅游者的消费理念的形成不仅仅是由于主观的“无知之境”，还有社会及旅游企业造成的“客观所为”。因此，我们应提高旅游消费可持续发展的理念意识，认识到对不可再生的旅游资源进行保护的重要性。目前，加强旅游环境的保护已成为社会的共识，可持续发展已成为我们的历史责任。

（四）旅游消费文化科学行为的构建

1. 加强宣传教育，提高全民旅游消费文化意识

这是发展社会主义文化的出发点和落脚点，故必须始终用先进的文化引导人。发展先进的旅游消费文化也就是要发展面向现代化的、未来的、民族的和科学的旅游消费文化。反对带有封建思想的、狭隘的、不科学的旅游消费文化。考虑到我国人口多，人民生活水平刚刚进入小康阶段，因此必须要反对照搬发达国家的旅游消费文化和模式，应该建立具有中国特色的旅游消费文化。而教育的目的就是要形成科学的旅游消费观，提高生态旅游消费在旅游消费中的比例，鼓励人们进行寻求“本真”，强调精神升华的旅游活动。

2. 运用激励约束机制形成科学的旅游消费文化

关于“自律”与“他律”原则，道义论强调要靠人们内心的道德和良知，而近代功利主义伦理学则突出强调外在制裁的作用，而现代学者更多强调“内在的约束力”和“外在的强制力”的有机统一。在培育道德良知的同时用外在强制力，即强调用法律的、经济的、舆论的手段，使人们从其不好行为的后果当中感受到制裁带来的痛苦，而且要使惩罚和谴责所带来的痛苦大于其所获得的利益和快乐。形成先进的、科学的旅游消费文化，运用激励约束机制，用足够的净收益去激励人们，使人们进行科学的旅游消费。

第四节　中西方旅游者旅游消费文化差异

（一）中西方旅游者在旅游目的地的选择上存在差异

中国旅游者喜欢较为成熟的旅游区，如自然景观中风景优美的名山大川，人文景观中历史悠久的文化古迹。中国旅游者还有很强的乡土宗族意识，热衷于回家看看熟悉的山水。相比之下，西方旅游者信奉天人对立的自然价值观，富有探险的精神，喜好新奇独特的事物，因此更偏重于不同寻常的旅游目的地。

（二）中西方旅游者在旅游方式的选择上存在差异

中国旅游者习惯于结伴同游，近程旅游通常是全家同游或亲朋好友一起出游，在远程旅游尤其是出境旅游时，一般选择跟旅游团出行。相反，西方旅游者则偏好个人单独出游，尽情享受个人的自由时间和空间，而且一般选择自由人模式，即只预订住宿和交通的自助旅游方式。

（三）中西方旅游者在旅游消费支出上存在差异

勤俭节约一向是中国人崇尚的传统美德，中国旅游者讲究的是经济实惠，尤其是住宿和交通，而西方旅游者更关注服务质量的高低，因此在旅游消费中交通和住宿的支出比例较高，同时注重旅游中的求知、健身、探险的支出。

（四）中西方旅游者在旅游消费习俗上存在差异

比较传统的中国旅游者讲究出门前看皇历，选择黄道吉日出行，尤其喜欢在带有6、8等吉祥数字的日子出游，在住宿时也喜欢选择带有这些数字的楼层或房间；西方旅游者则对数字13较为忌讳，因此会尽量回避与13相关的时间或地点。

（五）中西方旅游者在旅游餐饮文化上存在差异

中国自古以来就崇尚“民以食为天”，对菜肴的要求是色香味俱全，在烹制的过程中会采取煎、炒等复杂的加工手段，满足菜肴的美味，但对菜肴的营养成分却有较大的破坏，进餐时一般是一桌人围坐，在同一个餐盘里选取食物。而西方人对饮食更关注的是科学和营养，讲究饮食的搭配，进餐时实行分餐制。

总之，中西方旅游消费者的旅游消费行为存在较为明显的差异，而这种差异来源于各种因素对旅游者消费行为的不同影响，其中最根本的影响是文化因素的影响。因此，旅游消费行为中的文化倾向和文化特征显得非常突出。

第十五章　旅游主体审美文化

〔内容提要〕

旅游者是旅游的主体，其旅游动机各不相同，审美动机是旅游动机中的优势动机。是人们进行旅游观赏活动的内在驱动力。

旅游从业人员需要了解、认识不同的游客的审美差异，任何一个旅游工作者都应探究这种审美动机的差异，引导和满足旅游者审美动机的责任。同时也有引导旅游者尊重目的地居民的审美习惯的义务和责任；更有教育旅游者爱护美的旅游资源的义务和责任。

〔学习要点〕

- 不同的旅游者的审美差异。
- 探究差异化的审美动机。
- 引导和满足旅游者的审美动机。
- 教育旅游者尊重目的地居民的审美习惯的义务和责任。
- 教育旅游者爱护美的旅游资源是义务和责任。

〔思考题〕

1. 如何尊重不同旅游主体的审美需求？
2. 怎样培养旅游者灵活掌握运用旅游观赏原理？
3. 游客如何保持最佳的情绪、游兴？
4. 如何对旅游者进行心理调适？
5. 如何引导旅游者尊重目的地居民的审美习惯？
6. 为什么说目的地居民的审美习惯是独特的社会旅游资源？
7. 怎样教育旅游者爱护美的旅游资源？
8. 如何认识旅游实践的偏颇？

旅游者是旅游的主体，其旅游动机各不相同，审美动机是旅游动机中的优势动机。

不同的旅游者有着审美差异，工作者应引导旅游者辨析自然美、社会美、艺术美、生活美的各种表现，继而通过讲解引导和满足旅游者的审美动机。在旅游过程中，引导旅游者尊重目的地居民的审美习惯，教育旅游者爱护美的旅游资源。

第一节 尊重不同旅游主体的审美需求

不同的旅游者总有着审美差异：有人偏好欣赏自然美，有人侧重于体察社会美，有人希望享受艺术美，有人追求文化生活美。探究这种审美动机的差异，任何一个旅游工作者都有引导和满足旅游者审美动机的责任。同时也有引导旅游者尊重目的地居民的审美习惯义务和责任，更有教育旅游者爱护美的旅游资源义务和责任。

有人提出旅游中出现了“土豪审美需求”的泛化，这是需要引起重视的现象。

美国社会心理学家马斯洛的“需求层次理论”，指出人的需求的六大方面，由低到高分别是：生理需要、安全需要、社交需要、尊重需要、美的需要、自我实现需要。其中，对美的需求属于较高层次的精神需求，是改善人的生活质量的重要因素之一。旅游审美需求由于审美本身的自由愉悦性而成为其他各种需求的内在动因。那些乘豪华客车、下榻高级宾馆的旅游者，审美需求几乎泛化为其他需求的“指令性原则”。即他们要求一切活动都具有美感，哪怕最基本的实用需求，从房间的色彩、餐厅桌布、饮食的器皿到卫生间的设施都要符合美的规律。而对文化内涵几乎茫然无知。

需要、动机等方面表现了旅游者的个性倾向性。旅游审美活动是旅游审美需求与动机所诱发和促成的结果。

旅游者的旅游动机是各不相同的，如健康动机、文化动机、探险动机、社会交往动机、声望动机、审美动机等，诸多动机中，审美动机是旅游动机中的优势动机，我国的名山大川、历史文化名城、名胜古迹、民族风情至今仍为游客向往，这是因为这些旅游目的地总是将历史文化和山川形胜有机结合，具有丰富的审美价值和强烈的吸引力，从而最大限度地激发起人们的观赏欲望和猎奇心理。但是不同的游客总有着审美差异，有人偏好欣赏自然美，有人侧重于体察社会美，有人希望享受艺术美，有人追求文化生活美。为何会出现审美动机的差异，值得探究。

一、认识自然审美型

生态旅游是一种欣赏和研究自然、野生动植物等自然生态景观以及探寻、了解、研究当地的人文生态景观为主的旅游活动。生态旅游是指在保护好自然资源的前提下，从事对环境和文化影响较小的游乐活动。生态旅游是常规旅游的一种特殊形式，游客在欣赏和游览古今文化遗产的同时，置身于相对古朴、原始的自然环境中，尽情观察和享受旖旎的自然风光和野生动植物。1993 年，生态旅游协会为生态旅游下的定义是：生态旅游是一种具有保护自然环境和维系当地人生活双重责任的旅游活动。生态旅游没有要求每一位旅游者都成为职业科学家、艺术家和哲学家，但整个游览过程处处蕴含着一种科学、美学和哲学的潜质，其主旨就在于生态旅游的参与者有机会使自己沉浸并陶醉于一种都市环境难以提供的自然状态之中。随着旅游业的不断发展，越来越多的旅游者的欣赏品位也在不断提高，他们已不满足于传统的旅游形式，而是以生态旅游这种更贴近自然的形式实现回归自然、返璞归真的梦想。

旅游者审美动机指向自然的欣赏活动，这当然是山水物质对旅游者的吸引。一是因为山水的质美，如山景，总是有着奇峰怪石飞云瀑布美树。二是因为山水的个性美，泰山之雄、华山之险、嵩山之峻、雁荡之奇、青城之幽、峨眉之秀、千山之丽、黄山之雅。为什么很壮观的山却能使游人以一个字概括，而且能得到大家的认同，实际上这一字千金，大体上勾画出山水特具的美学风貌。三是山水具备变化美，春夏秋冬、早晚晨昏、风晴雨露，各有奇姿，倏忽变化，美不胜收，“风光不与四时同”（杨万里）、“横看成岭侧成峰”（苏轼），所以有无穷魅力。四是自然和人文的结合美，自然景区总是建造着亭台楼阁、桥梁阶梯、碑石栈道，景点中的山水花木都引起过文人的咏诵、游客的赞美，代代相传的故事传说使景观蒙上神秘色彩，披上高雅的外衣。多方面的因素都容易激发起旅游者的审美动机。

二、认识艺术审美型

中外旅游者崇尚我国传统艺术者大有人在。希望在中国具体的社会与文化氛围中，目睹中国艺术的美学风采。这是因为中国传统艺术，如诗词文赋、书画雕塑、戏曲歌舞、工艺美术、园林建筑，不仅在世界艺术之林中占有相当重要的地位，而且具有丰富而独特的审美价值。

中国的旅游文化艺术内涵十分丰富，我国的文物古迹、文学艺术、民俗风情、科技思想构成以古老东方文化为特色的国度形象决定了我国旅游发展必然带有浓厚的传统文化色彩，对艺术审美型的旅游者具有极大的吸引力。因为旅游是人类文明的体现，是广义的文化艺术活动，它是文化艺术的消费，又是文化艺术的创造。可以说旅游最本质的特征就是旅游者变换原有的文化艺术环境，探奇求知，变换生活节律，以吸取其他地域的文化艺术。无论是有意识还是无意识，旅游活动都是为了满足文化艺术精神的需求。

尤其是中国艺术，在其创造过程中，其中有一部分打上了阶级的、政治的印记，但更多的是追求一种人类共同美，如书法、花鸟画、工艺美术等，今天的旅游者在观赏这些传统艺术时，其审美感常常是淡化这些艺术创作时政治的、阶级的背景，突破了时间和空间的界限。努力挖掘艺术自身的美、人类的共同美。这些艺术遗存、艺术精品，如园林、工艺不仅引起专家学者进行深入研究，而且也为普通旅游者赞叹不已。如民间工艺品，因其造型优美、工艺精巧、风格独特，兼容观赏和实用两种审美价值，对旅游者无疑具有较强的审美吸引力，诱发其购物欲。

武术气功康复旅游。中国的针灸、气功、武术文化等在世界享有盛誉，结合这种优势开发保健旅游，对我国旅游业的发展具有十分重要的意义。它的开发，将有利于充分利用我国保健旅游资源，进一步完善我国旅游产品结构，增强我国旅游产品的吸引力和竞争力，从而有利于我国国际旅游市场的开拓。另外，保健旅游主要是把旅游与学习中华武术、气功、医术交流及治疗等结合起来。开发它，需要各个部门、各个行业，也包括民间艺人、团体、组织以及各行业专家的充分配合。

古已有之的武术气功馆，在改革开放的大潮中，不仅焕发了青春，而且以其特有的魅力在我国保健旅游中大显身手，吸引着越来越多的海外人士和游客。名震华夏、高手辈出的河南温县，是陈氏太极拳的发祥地。自1983年对外开放后，每年都有大批外国朋友慕名而来学习太极拳。嵩山少林武术独树一帜，更是我国古老而著名的武术流派，现已为国内外广大武术爱好者所瞩目。有关部门先后在这里办起了5所正规武术学校，面向海内外招生，学员已在万人以上。国家还投资在少林寺东侧建起了“嵩山少林武术馆”。现在，少林寺以其“武”名，每年吸引着约200万游客到此观光，并使少林武术走向了世界。

三、认识社会审美型

如果说旅游者的艺术审美型是对文化的心态文化层（即精神文化层）产生审美兴趣，那么社会审美型则是对制度文化层和行为文化层产生审美兴趣。为什么少数民族的风俗民情，相对于现代社会的行为习惯分明落后，但旅游者却偏偏愿意深入边陲少数民族聚居地审视、观察和体验其社会制度、结构、人情、伦理、道德、民风与生活方式。其原因是当前的世界现状还不能说某个国家已构建出理想而完美的社会，使所有社会成员的需求得以完满地实现。尤其是高度发展的经济和技术条件下人们需要高情感，但现实中情感的冷淡、心理的焦虑、精神的贫乏、生活的孤寂导致人性的严重异化或扭曲，在发达国家尤其如此。因此人们总渴望到别的社会中寻求一种补偿，尤其在风俗民情方面，通过对其他民族和地区风土人情的考察，来反观自身生活状态，从而感受生活的意义。

刘毅同志曾为《中国民俗·旅游丛书》题词："民族文化、民俗风情，是具有强大吸引力的旅游产品，要努力开发它、完善它、精化它。"我国是多民族的国家，"五十六个民族，五十六朵花，相亲相爱如兄弟，共同祝愿中华"。同一个民族具有共同语言、共同地域、共同经济生活方式、共同文化特点、共同心理素质、共同社会民俗文化现象，这种文化的共同性是民族群众智慧的结晶，同时又供人民群众享受和利用，传承于民间的大部分民俗文化活动，带有极其浓厚的娱乐性质，尤其是节日民俗文化和竞技民俗文化最为突出，是十分重要的旅游文化资源。

民俗文化的范围很广，民族成员的居住、服饰、饮食、生产、交换、交通、工艺、家庭、村落、结盟、社会结构、岁时风俗、婚丧嫁娶、道德礼仪、禁忌习俗、口头文学、心理特征、宗教信仰、审美情趣，方方面面都反映了各个民族的特点。地域风俗、时令风俗、行为风俗，在时间上的传承，在空间上的播布，形成了风俗的类型或模式，民俗的社会性、稳定性、传播性、变异性对旅游者很有吸引力，原因是各地的民俗对旅游者有一种新奇感，与生活贴近，十分有趣，最易使旅游者产生认同，便于他们参与，亲身体验异地的文化特征，自然感到新奇而又高兴。对民俗文化的开发、完善、精化就是对健康的、具有进步意义的民俗发扬光大，对那些严重摧残或伤害人们身心健康的陋俗加以革除，这样民俗就可以成为最活跃的旅游资源，与民俗相关的食、住、行、游、购、娱的方方面面就会发挥综合作用，使之成为与山水、文物古迹并驾齐驱的重要旅游产品。

乡村旅游，是以乡村自然、文化资源为载体，以城市居民为目标市场，以满足旅游者娱乐、求知和回归自然等需求为目的的一种旅游方式。它是将农业生产、农村生活和农村环境三者合为一体的旅游开发模式；是加强城乡居民感情沟通、体验古老乡村劳作、了解风土民情、领略田园风光和回归自然的最佳方式之一；它迎合了近几年来兴起的"生态旅游""绿色旅游"的时尚潮流，拥有广阔的市场空间和发展前景。

四、认识休闲审美型

休闲旅游与一般旅游的差别在于其具有明显的休闲特征。所谓休闲，法国社会学家约弗尔·杜马慈迪埃（Joffre · Dumazedier）在《走向休闲的社会》一书中将其定义为：个人从工作岗位、家庭、社会义务中解脱出来，为了休息、消遣，或为了培养与谋生无关的智能，以及为了自发地参加社会活动和自由发挥创造力的总称。可见现阶段休闲的本质可概括为8小时以外恢复身心、发展自我的活动。休闲旅游与一般休闲的区别在于它必须是异地活动，即消费者必须离开居住地到异地一定时间以上（如过夜或8小时以上），这是积极、主动休闲的表现，属于高层次的休闲活动。

休闲旅游在我国出现有其现实社会因素。第一，随着我国经济发展，生活、工作节奏的加快，社会竞争意识的增强，人们普遍产生了休闲的需求。第二，人们的旅游意识增强。据苏文才等1996年对上海市民的调查，期望周末能外出度假的旅游者已占调查总人数的92%。第三，休闲旅游是休闲与旅游的结合，1995年5月1日起我国实行双休日工作制，为这种结合提供了媒介。

休闲旅游已成为今后旅游的趋势，这是因为现代社会快节奏的工作、生活，人们盼望寻求一种安逸、安静、安闲、安稳的生活环境，得到生理快感，引起精神上的愉悦和轻松恬静的情趣，实际上是对文化中基础层面物态文化层（即吃、喝、穿、住）的需求。

保健旅游。久居都市的人们，总向往到空气较为清新的大自然里去锻炼身体。而著名的园林景区、自然保护区、避暑疗养地，以其清新的空气、适宜的气候、丰富的景观，吸引着中外旅游者。在这种优良的环境中，保健旅游更是枝繁叶茂。保健旅游主要是让旅游者在旅游过程中一边旅游，一边学习武术、气功和进行医学学术交流及求医治疗等活动，进而使旅游者在旅游过程中，既了解了中国的传统文化，又学到了一些健身养生的方法，是一种既达到旅游目的，又达到健身目的的专项特殊旅游项目。其开发可通过旅游部门和医疗机构的配合和合作，采取在著名风景区、自然保护区、饭店、康复中心等地开展保健之旅的方式。如在北戴河风景名胜区，就开辟了以服务海外人士和外国驻华人员及家属为主的"国际气功康复旅游"，教授各种气功功法，实施多种传统医疗措施。庐山推出了各种康复理疗、中医之旅，包括气功、针灸按摩、医疗保健操、太极拳、中药、矿温泉浴、药膳等。

以上四种审美动机尽管互相有别，各有侧重，但对旅游审美主体往往彼此交融在一起，旅游工作者应该善于将多种美融合在一起，使旅游者时时感到新奇巧趣，得到立体的审美享受。

第二节　培养旅游者灵活掌握运用旅游观赏原理

旅游业从人员如何引导旅游者积极审美是一个全新的课题。对于观赏性旅游，导游人员应该掌握不同观赏方法，通过审美的联想、移情、距离等方式调动旅游者审美心理因素，引导旅游者理解和欣赏景观对象的审美意味，丰富深化他们的审美感受。尽管观赏景观之美的方法很多，但总离不开状态、角度、时间、距离等条件。

先从例子谈起，看导游人员应在参与性游乐中发挥的作用。

旅游不仅指游山玩水，也指游乐、游戏、游艺、竞技等参与性旅游。目前的导游人员基本上是在观赏性游乐中发挥作用，而对竞技性游乐、机巧性游乐（包括摸彩、猜谜、填字、射覆、套圈、猜枚等民间流行的小活动和节日游艺会等大型游艺活动，电视台组织的幸运欢乐游艺活动）、玩要性活动（游戏、游艺活动，既包括传统的杂要、马戏，也包括电动、电脑现代游戏，既有小型的滚筒、爬杆、滑梯等比较平和的游戏，也有飞车、转椅、滑车，甚至有外国游乐园的海盗攻城、猛兽戏客、鬼怪游街等，以荒诞和夸大、制造恐怖气氛吸引游客）多为参与性，旅游业人员如何引导游客积极审美还是一个全新的课题。

如何培养旅游者灵活掌握运用旅游观赏原理？

一、了解观赏状态

常用之法有动态观赏和静态观赏。俗话说“大景宜动观，小景宜静观”。大景比如看山水，范围很大，只能采用移步换形之法，一路走着看景，甚至可以骑马、乘车、驾船，随着人移景异的感受，获得一种空间进程的流动美，“两岸青山相对出，孤帆一片日边来”和“两岸猿声啼不住，轻舟已过万重山”都是动态观景的快感。动态观赏看大景、看全景、走马观花，仅是看的轮廓，看的变化，而要看细部则要定心定身，多角度地观赏景物细部，如看园林、工艺品、泰山日出、黄河金带都要固定一处，通过一个时段的观赏进行联想比较，体验美感，“接天莲叶无穷碧，映日荷花别样红”“横看成岭侧成峰，远近高低各不同”，当是静观的快感。动静之法因人、因景、因时而定，灵活运用，可以调节旅游者不同审美享受，更好地把握景物多侧面之美。

二、认识观赏距离

观赏风景时，一是选择最佳距离，如看全景距离当远，看局部距离当近，看壮美距离当远，看秀美距离当近，所谓“月下看美人，马上看壮士”“近看美人远看花”。二是选择最佳角度，黄山上“松鼠跳天都”，在玉屏山山麓看效果很好，“猴子观海”一定要在西海看才逼真。三峡“神女峰”神女、“兵书宝剑峡”的悬棺必须在特定的角度才能看得真切。三是观赏距离必须结合心理距离，同样是大海，未见过海的会欣喜若狂，感到天高海阔，而如果有过亲人在海难中丧生，必然恐海、畏海、恐火、恐黑，产生恐慌和怨恨。这就是康德的“无利害而生愉快”。如何让游客超脱于日常生活中功利、伦理、社会的干扰，能超然物外地进入审美境界，导游人员必须时时注意通过讲解和关心使游客切断原有的紧张、烦琐、烦恼、痛苦，获得新的心理平衡，尽情享受旅游之美。

三、认识观赏时机

一是要选择好时机，选择最佳季节，夏日趋凉、冬日近暖本是人之常情，但也有冬日趋极冷之处，以求真正享受冰雪之乐的。应该说，春夏秋冬，早晚晨昏，阴晴雨露，虽都可看景，但毕竟有最佳时机，“毕竟西湖六月中，风光不与四时同”“二十四桥明月夜”“烟花三月下扬州”，都是指明了时间季节。有些景只有在特定时段才会叫人赏心悦目，钱塘海宁盐官镇观潮必须是“八月十八日，壮观天下无”，八堡的东潮、南潮的汇合相吻的“碰头潮”、盐官的“一线潮”、老盐仓的回身反扑的“半夜潮”都是即时即地的壮观。二是要注意气象变化，故宫的整体效果必须在晴天下午 4 时，从景山顶观望，此时错落有致、鳞次栉比、宏伟壮观的宫殿尽收眼底。蓬莱的海市蜃楼、峨眉山顶的佛光本身就是光照的转换，岂能错过；黄山美景就因云雾缭绕才会让人回味无穷；庐山之美当在云雾蒸腾之时，那含鄱口才会气象万千。有时，美景确实稍纵即逝，几分钟甚至是几秒钟，导游人员只有十分熟悉游览景点，并掌握好观赏时机，才能捕捉到绝妙美景，使旅游者终生回味。

四、了解观赏节奏

生理节奏正常，人体内部功能才会处于稳态；心理节奏适度，人的内心生活才会趋于平和；观赏节奏适宜，人的审美需求才会得到满足。

“文武之道，一张一弛。”虽然观赏节奏可依据人的年龄、体质、审美情趣、情绪而定，但一般来说，游玩毕竟不同于工作，本身就是为了轻松愉快和精神享受，活动安排太紧太密，观赏速度太快，一味地“动如脱兔”必然使游客疲于奔命，苦不堪言，不仅使其身心疲劳，而且影响其情绪，劳而无功。有时让旅游者“静如处子”，小憩品茗，有张有弛，劳逸结合，有急有缓，快慢相间都是多年来导游人员对游客进行生理和心理调适的甘苦之谈。其中导和游结合更为重要，该讲不讲不行，不必要讲喋喋不休也不行，“莫学蛤蟆日夜吵，当效雄鸡一声啼”，应该是恰到好处地，适时点拨，可起到强化游览效果作用，留出时间让旅游者去思去想，旅游者更能调动起游兴。书法、国画强调“密不容针，疏可走马”，意即实处浓墨重彩，虚处淡墨略染，只有密与疏、虚与实、看与听、导游讲解与游客思考、导游导演与游客参与，安排得恰到好处，才能点到人心，收到事半功倍之效。一句话，一切从审美主体游客出发，组织好旅游者的旅游审美活动，让游客顺乎自然，轻松自如，身心都感到美的愉悦，才是上乘导游活动。

五、旅游者如何保持最佳的情绪、游兴

精神饱满、游兴很高，并不时产生新的游兴，是旅游活动成功的基本条件。

兴趣是动机中最活跃的成分，人们的兴趣受地位、职业、年龄、文化水平的影响，也受所处环境的影响和制约。游兴分直接游兴和间接游兴。直接游兴是景物的形象、知名度（如黄山、长城）及特定旅游活动（如探险、放风筝）引起的兴趣。间接游兴是由于受别人感染影响而引起的兴趣，如导游的讲解、同团游客的影响。导游人员必须让旅游者知道如何保持游兴：①要有热情，不要对什么东西都冷漠，一副“曾经沧海”的架势，而是深入其中，每一个景点总有动人之处，不是缺少美，而是缺少发现，只有静下心，仔细观赏，定会有“众里寻她千百度，蓦然回首，那人却在灯火阑珊处”的惊喜。②要克服自以为是，耐心听导游讲解，听周围旅游者分析。导游任务之一就是调动旅游者的游兴，他们往往会选择观赏景点的最佳角度，掌握空间距离和位置，把握观赏时机、观赏节奏，让你得到愉悦。他们毕竟是“十年磨一剑”，反复实践后才琢磨出方法来。一句话，导游人员进行心理调适，就是要让旅游者懂得：在旅游过程中，一定要真正从心理上超脱于日常生活中功利的、伦理的、社会的考虑，超然物外，独立地、自由地进入审美境界，才能尽情地享受美，真正获得观赏景观的愉悦，只要你暂时切断与紧张、烦琐的日常生活和工作的关系，暂时摆脱烦恼和不愉快的心情，就能在旅游中获得新的心理平衡，获得赏美带来的欢快。

六、善于对旅游者进行心理调适

为使导游工作具有针对性，导游人员必须懂得心理学，并能将心理学运用于导游工作中。首先，要求导游人员具有良好的感知能力和观察能力，善于感知和观察旅游者的心理反应，及时调整自己的导游内容，使旅游者在游览中得到身心

满足，感到愉悦。其次，导游人员还应该具有良好的注意能力，这不仅要求导游人员在工作时必须集中注意力，把自己的心理活动稳定地、自觉地指向并集中在旅游环境、服务对象以及自身的导游讲解行为上，即导游人员要有良好的注意品质、有明确的注意范围和注意的稳定性。而且要求导游人员合理分配注意力，即在同一时间内把注意力分配到两种或几种不同的对象或活动上。最后，导游人员还应该有良好的意志品质，主要表现在自觉性、果断性、坚持性和自制性几个方面，能克制自己的感情，对旅游者始终保持良好的情绪，态度热情地投入工作，正确对待各种精神污染和物质诱惑，并能在遭遇特别险情或事故时镇静、沉着、临危不乱、化险为夷。

旅游活动中，旅游者的旅游动机之一就是变换生活环境，而变换的目的就是调节生活节律，不同的外部立场，对产生心理需要是有很大影响的。因为长期在一处生活，尤其在喧闹城市生活，紧张的工作节奏和生活节奏带来心理上的单调感和枯燥感，造成心理压力和心理疲惫。紧张的劳动和工作需要体力和精力的巨大消耗，造成人们体力和精力的疲惫。因此旅游就是暂时摆脱这种环境，寻求一个新的环境条件，改变生活内容，进行新的生活经历，使紧张的神经得到松弛，体力和精力得到恢复，身心活动节律得到调节，使之在旅游活动完成后能以充沛的精力、良好的心态投入新的工作、学习和生活之中，这就是心理调适。

导游人员就是要通过旅游使旅游者摆脱世俗环境，娱乐、实现威望、表现自我、回归本真、密切亲友关系。这是多层次、多形式、多角度的心理调适的行为，尤其是旅游者从一个固有的生活圈子进入新的圈子，并且要不断变化这种圈子，如乘车、乘机、乘船、住饭店、到景点玩都是和不断变化的群体打交道，导游人员就是要善于让旅游者调适自己的心理，能够随遇而安而不自寻烦恼。

第三节　引导旅游者尊重目的地居民的审美习惯

认识旅游目的地的人们依靠自觉遵行的“俗”维持群体的稳定和安定，用传统的仪式活动调节人与自然、人与群体、人与人的各种关系。这种民族的、时代的文化既有物质的标识、制度的规范，又有具体社会行为、风尚习俗的鲜活体现。明确任何一个旅游工作者都有引导旅游者尊重目的地居民的审美习惯的义务和责任。

从丽江古城空心化的教训谈起。如果不尊重当地居民的审美习惯，将带来严重的后果，如丽江古城由于盲目地将原住的纳西族人口迁出来，毁去原真性住宅，搞了许多假古董，牵一发而动全身，结果世界遗产的真实性变味了，这是典型的无知，这和保护世界遗产的初衷完全背离，2007 年联合国世界遗产大会上它和中国的其他 5 处“世遗”同时被亮黄牌，限期改正。

如何引导旅游者尊重目的地居民的审美习惯？古人说，“五方之民皆有性也，不可推移”“是以百里不同风，千里不同俗”。都是先辈对风俗文化的明确指认。任何地方的人们依靠自觉遵行的“俗”维持群体的稳定和安定，用传统的仪式活动调节人与自然、人与群体、人与人的各种关系。这种民族的、时代的文化既有物质的标识、制度的规范，又有具体社会行为、风尚习俗的鲜活体现。任何一个旅游工作者都有引导旅游者尊重目的地居民审美习惯的义务和责任。

一、认识目的地居民的审美习惯是独特的社会旅游资源

几乎每个民族都有独特的审美习惯，代代传承，涉及原始崇拜、宗教信仰、生活习惯、禁忌习俗。

禁忌原是古代人出于对超自然力量的敬畏而采取的躲避措施，禁忌对人群起着规范与限制作用，尽管随着科学的进步，许多禁忌被打破而消失，但不少禁忌仍留在民俗中。其中有语言禁忌，也有行为禁忌，表现在食、住、行，生老病死，婚丧嫁娶中。体现人们趋吉避凶的心理。有些是可以理解的，如喜庆场合不讲不吉利的话，人死了不要调侃取笑，尤其是少数民族，如藏族人热情好客，尊敬长者，行坐言谈，长者为先；忌直呼姓名，名字后加“啦”，如“次仁卓玛啦”；迎送客人，躬腰屈膝，面带笑容；室内就座，盘腿端坐，忌东张西望，双腿直伸，脚底朝人；接受礼品，双手去接，奉献礼品，躬腰双手高举过头；敬茶酒烟时，要双手奉上，手指不能放在碗口。

二、引导旅游者尊重目的地居民的审美习惯

旅游审美从来都不是一种单纯的审美活动，它同时也伴发着求知和向善活动，因此，美感的获得不是通过单纯的审美过程就能实现，它必须与求知和向善结合起来，才能获得更大的美感和愉悦。引导旅游者尊重目的地居民的审美习惯在于求知的引发，由新奇的追寻使人产生对美的追求，谢灵运在《登江中孤屿》中指出漫游中最大的乐趣是能“怀新”和“寻异”。求新、求奇等求知欲望，直接带来了审美的愉悦即美感。在审美过程中，又常常引起善的升华。在旅游审美中，自然而然地发生美善的转化。中国古代常常强调以美来塑造善。孔子很早就提出了“比德”的观念，倡导通过学习山水的德操而使旅游者产生同样的操行。《离骚》用“蒹艾”喻小人，以“芳草”喻君子，便是“比德”观念的表现。

时至今日，人们仍在对象上附以传统的隐喻意义，以松柏喻坚贞，兰竹喻清高。表明人们对自然美的感受已与实用感分离，开始转为道德情感的满足，另外则证明了美善之间转换的可能性。向善不仅无损于审美，反而能使审美获得更大的成功。

（一）要博爱不要歧视

旅游是文化空间的跨越，是旅游主体对异质文化的追寻和审美，目的是在旅游中产生对于其他民族和文化的了解，产生博爱之心。不少旅游者正是在对低势位文化民族的游览中，塑造了济人危难的品格，捐款捐物，有的甚至作为志愿者无偿地前往非洲等文化落后地区去服务。而有不少旅游者则对落后民族百般歧视，上海租界的公园在中华人民共和国成立前曾堂而皇之地挂出“华人与狗不得入内”的牌子。

（二）要显现文明而不要放纵蒙昧

旅游主体的旅游愿望和求胜意志，使他们超越了家园，寻求真善美的陶冶，使自己一步一步成为完善和文明的人，然而，也有一些旅游者抛弃文明，以野蛮和粗俗无礼的行为对待旅游地的居民，显露出他们的倒退和人格异化。比如，一些旅游者在目的地中粗鲁无礼，他们有的一把推开妇女抢先上车，有的从车窗外扔进行李来抢占座位，有的把空饭盒随便扔出窗外，或在公共厕所里乱涂一气，有的则光着上身到餐馆进餐。在动物园里，明明看见长颈鹿馆前有一个告示牌，要求游客不要喂东西给动物，然而，一些游客却置之不理，“煎饼、牛皮糖、饭团、碎纸片……乱七八糟的东西被人交替地塞进长颈鹿嘴里”。有的不顾少数民族的生活习惯，偏偏要故意破坏少数民族的禁忌习俗。如景区的城市化倾向，将使自然景区和区中居民的观赏价值大大降低，最终失去对旅游者的吸引力。另外，旅游开发商出于利益的驱动还调整传统生活方式，让服饰、歌舞、节庆和手工艺品等带上利益的色彩来迎合旅游者的需要，使景区的特色文化受到冲击。甚至他们以金钱为诱饵，在落后的地区买欢求乐，下流无耻。他们没有在旅游这种崇高的活动中铸造自己的人格，反倒暴露了他们的自然本性，显现出蒙昧和野蛮，使旅游目的地的居民瞠目结舌。

（三）要流芳而不要遗臭

旅游主体有着超越有限的强烈愿望，他们通过文化空间的跨越和对风景名胜的游览，以使此生此世完美无缺。然而，不少旅游者在美丽的景区乱刻乱画，“到此一游”的涂鸦之笔到处可见，正如臧克家所说的“把名字刻在石头上的人，名字比尸首烂得更早”，这些旅游者把自己的名字刻在珍贵的文物身上的行为，实际上破坏了人类创造的文明成果，使自己遗臭万年。

（四）要自觉不要损人

旅游活动能使个人超越狭隘和鄙陋，超越一己私利，而心生为天下求公道的理想和抱负。而有的旅游者则贪图小利，不惜使自身的荣誉受到损害。如一些中国旅游者在美国时，利用高档商品一个月内可以无条件退货的规定，在旅游前购买高级摄像机和照相机，一个月旅游结束后，便将商品退掉，免费使用了一次摄像照相设备，贪此蝇头小利而给中国人的形象抹上了黑污；有的旅游者故意搞恶作剧，戏弄空姐，当飞机起飞后，几个人同时告诉空姐，“有人要劫机”，飞机只好重返停机坪，这种“劫机谣言”的结果是几个人被治安处罚，所属的旅游团也被带离飞机；有的旅游者在路途上遇见他人遇难，生怕沾上麻烦，脚底抹油，溜之大吉；更有旅游者打着探险的招牌，募集资金，中饱私囊，而丝毫不见其有“探险”之举；还有以旅游开发为名，骗取贫困地区居民的活命钱，挥霍滥用。

旅游主体人格的异化，不尊重旅途中旅游业工作人员和目的地居民的审美习惯，是旅游活动中产生的负面效果，它作为旅游文化中的亚文化现象应受到我们的足够重视。

第四节　教育旅游者爱护美的旅游资源

美是天地间普遍存在的事物，它没有个人利害和功利关系，不是自私的享受，而是一种共同的乐事。通过学习，应自觉提倡美育，尤其是提倡旅游审美，说明审美乃是旅游主体必备的素质之一，是旅游者文化人格重要的构成要素，其重要表现就是爱护美的旅游资源。

先从我国古代保护自然方面的作为说起。

古代有一个重要观点，就是孟子提出的不违天时观念。《孟子·梁惠王上》篇在谈到如何实施王道政治时说过这样的话：“不违农时，谷不可胜用也；数罟（过密的渔网）不入洿池，鱼鳖不可胜食也；斧斤以时入山林，材木不可胜用也。”这些话虽强调的是如何合理利用自然资源，但还是包含着明显的保护自然意识在内的。孟子所言在古代有相当的代表性，如先秦时期，大规模的狩猎活动一般安排在秋冬季节进行，砍伐树木也一般在同样的时候，都含有着“以时”观念在内。以后的朝代，文献记载也有一些由政府下发的有关禁止擅自砍伐山林的诏令。在很长时间里，山岭资源归王朝所有，在一定程度上保护了森林不被滥砍滥伐的伤害；汉代长安一带皇家大规模的园囿，对保护西北环境也有相当的意义；历代皇帝和王公贵族的陵寝，也都讲究植树造林；南北朝至唐朝中期的甘陕交界地带设有规模庞大的养马场，保护了黄土高原的植被；明朝初年由政府领导的植树造林运动，从南京渐次推广到全国范围，仅洪武年间的植树就达10亿棵。这才有今天的青山绿水、鸟语花香。我们必须爱护这些非常宝贵的旅游资源。

如何教育旅游者爱护美的旅游资源？

自然景物和人文景观的审美，对旅游者的审美素质起到了难以言说的陶冶作用。由于旅游审美是一种轻松自在的审美活动，因此它能在不知不觉中使旅游者的性情受到塑造。所以不少人提倡以美育来培养人的素质。蔡元培曾著《以美育代替宗教说》一文，通过美的普遍性原理，证明美具有广泛的美育功能，从而提出用美来塑造人性。

由于我国旅游业的开发史较短，目前尚为发展中国家旅游开发模式，人们对旅游与环境之间的关系缺乏科学的理解，环保意识淡薄，强调到大自然中旅游，强调对旅游资源的开发而忽视了旅游本身对环境的影响和资源的破坏，从而形成我国旅游可持续发展的障碍，甚至已经给生态环境造成了较严重的破坏，其原因既有历史的传承，又有现实的异化，必须予以正视。必须达到发展与环保的平衡点——环境在由破坏到修复，再到改善，达到向好的方向转化。

一、认识旅游实践的偏颇

（一）客体开发规范的缺失

由于我国旅游业的开发史较短，强调对旅游资源的开发而忽视了旅游本身对环境的影响和资源的破坏，从而形成我国旅游可持续发展的障碍，甚至已经给生态环境造成了较严重的破坏，其原因既有历史的传承，又有现实的异化，必须予以正视。

有报告显示，我国目前的生态环境状况是：部分在改善，整体在恶化，大部分生态系统处于退化中。旅游开发部门、开发商、旅游者，不仅不顾景区环境的承载力，而且不顾当地居民的反对，不惜以牺牲千年传承民族审美习俗为代价，据我国人与生物圈国家委员会对全国100个省级以上自然保护区的调查发现，22%的自然保护区遭到了不同程度的破坏，11%出现资源退化，44%存在垃圾公害，12%出现水污染，11%有噪声污染，3%有空气污染。与20世纪70年代相比，长江流域的水土流失面积增加了1倍；全国森林面积减少了10%；四川大熊猫栖息地面积减少了55%；卧龙自然保护区大熊猫安全活动范围缩小了30%，青海湖鸟岛自然保护区的鸟种群数量下降了70%。我国许多旅游风景区、自然保护区生态环境也出现不同程度的环境退化问题，废气、废水、废物的“三废”污染，噪声污染，植被覆盖率下降，水土流失加重，动植物有效保护范围缩小。我国生态旅游开发规划管理缺乏统一布局。据统计，约48%的自然保护区规划没有纳入地方政府的发展规划。在总体规划中缺少长远的规划目标，在具体规划上又照搬一般的旅游规划，缺少旅游资源保护和恢复的内容，缺少对可持续性的考虑，缺少科学有效的论证，缺少当地居民的公众参与。一些地区的规划由开发商、投资者自已制定，他们往往从本部门或本企业的利益出发，以能够获取批准权为出发点，把投资集中在能较快、较多地产生经济效益的环节，而没有或很少考虑保护环境的投资成本问题，没有把环境效益、社会效益和经济效益结合起来通盘规划，这些开发是以环境的损坏和景区发展后劲的丧失为代价的。许多开发商不顾生态旅游的质量及其基本原则盲目开发，在生态旅游实践中以接待定开发，不注意资源保护，导致环境质量下降。

（二）介体运作规矩的丧失

旅游经营者可持续发展意识淡薄，许多生活在自然景区的当地人由于缺乏环保意识，对自然资源掠夺性开采造成的破坏让人触目惊心。

过分追逐商业利益，热衷于旅店、餐厅、商店的建设，盲目扩大旅游区、盲目修建旅游设施。人为修建过多的模仿性极大、格调低、缺少趣味性、粗制滥造、与周边自然景观不和谐的人造景观，造成景区在自然景观中演变出大量的城市化、商业化景观空间，大大降低了生态景区的美学价值。更有61%的景区存在建筑物的线条、形态、颜色和质感与生态旅游区的自然景观和人文背景极不协调的现象，破坏了旅游区景观的整体性和协调性。不少饭店、城市餐馆的污水和垃圾未经处理，随处排放，低级粗糙的商业化景观泛滥，与环境很不协调。

（三）主体行动道德的差失

由于我国人口众多，旅游业发展迅速，而又缺乏规划和管理，国民的生态意识较差，可以说旅游到哪里，生态破坏和环境污染也就到哪里。驰名世界的黄山、庐山游客丢弃垃圾随处可见，甚至连“世界屋脊”喜马拉雅山，游客也留下了各种饮料瓶、包装等垃圾，致使那里不得不花费巨资去清除。有的自然保护区内旅游人数超过了生态环境容量，如长白山自然保护区日游客人数达6000人次，鼎湖山自然保护区达上万人次。自然保护区的过渡区甚至核心区也开展生态旅游，严重影响了原有的生态环境，加速了珍奇生物的减少和灭迹。

环境道德是社会主义道德体系中不可或缺的组成部分，是为满足人类持续生存与持续发展的需要，适应环境的客观要求而建立起来的新型行为规范，其目的在于培育善待环境的道德情感和道德习惯，建立与环境承载能力相协调的生产方式、生活方式与思维方式，是实现可持续发展的重要保证。面对日益严重的生态环境污染和自然资源耗竭的问题，我国政府采取了一系列应对措施，但环境法制建设与法治效率远不能满足可持续发展的要求，“政府失灵”“市场失灵”以及“制度失灵”的现象时有发生，环保意识普遍低下，环境道德缺失。社会公众对环境保护不仅参与度低，具有较强的“依赖政府”倾向，而且缺乏应有的环境道德与环境责任感，对自身不利于生态环境保护的行为不加约束，一部分人甚至为了个人或局部的眼前利益，直接参与了生态环境的破坏，而且不仅仅是个体而是集体行为，对破坏者熟视无睹，听之任之，不多管闲事，这种集体无意识的道德缺失使得我国环境政策的实施成本相对较高，生态环境保护推进缓慢。

二、教育旅游者爱护美的旅游资源

（一）加强旅游环境教育，提高全民环保意识

由于旅游是一种新兴的活动形式，出现的时间比较短，因而社会各界对它的内涵及其运行规律都不甚了解，这就给旅游尤其是生态旅游的开展带来了困难。社会公众普遍缺乏真正的生态旅游意识，一些理念仅仅停留在口头上，在实践中根本无法落实，使得实践中的生态旅游很容易走样，因此，加强对全民的生态环境教育非常重要。各地应通过报刊、电视等多种渠道加强宣传；把生态教育和生态道德教育纳入国家教育计划，在小学、中学和大学国情教育中增设这方面的教育内容，灌输可持续发展的思想和意识。政府要有组织地定期进行社会宣传，利用各种形式，如公益广告、免费知识讲座、环保展览、生态大篷车等不断冲击大众的落后意识。只有公众理解了环保的重要性，树立了环保意识，才会自觉行动起来保护生态环境。

对于景区各级领导者和一般从业人员必须进行岗位培训，加强其对有关政策法规、运营规律、操作程序及相关专业知识的了解，要让他们认识到生态环境对旅游经营的重要性，认识到保护环境的责任感，尽量采用节约型、环保型新技术，并能用环保知识指导旅游者的旅游活动和旅游开发商的投资。

对于进入旅游区的旅游者更要全程实行生态教育。一方面，充分发挥生态旅游中导游的服务和管理职能，教育旅游者；另一方面，要加强景区内旅游专业性解说的规划设计，如增加资料图片，在景区醒目处设立标语牌、宣传画和公益广告等，使旅游文明行为潜移默化、深入人心。在印制的门票和导游图上加印提醒旅游者文明行为的提示语句，使旅游者一进入景区就开始接受旅游文明教育和提示。2006 年 9 月 22 日，中央文明办和国家旅游局联合公布了“提升中国公民旅游文明素质好建议（20 条）”，对导游人员提出更高的要求，不仅自身要做到，还要正面引导旅游者文明旅游，以期提高旅游者的素质。

对旅游地的当地居民要宣传环保知识，帮助他们树立环境保护的法制观念，改变不良习惯，并自觉地成为保护当地生态环境的卫士。只有建立当地居民对生态旅游开发的认同感，才能使他们主动参与到旅游资源的开发、旅游环境保护和旅游发展的决策中来，并自觉地对决策方案和执行过程进行监督。

（二）科学制定规划，保证资金投入

做好旅游开发整体规划，不仅是旅游开发取得成功的保障，也是预防资源和

环境遭到破坏的重要措施。在旅游规划之前，进行可行性研究，对旅游资源价值和市场潜力以及旅游开发将会造成的环境影响等方面进行调查和评估，制定符合旅游目标的土地利用规划、景观规划、水资源和能源规划、环境保护规划等各种专项规划，对旅游活动可能造成的所有危害做好充分的准备，并采取措施减少或避免。在规划过程中要注意听取各利益主体的声音，并在规划中得到协调。同时作为专项规划的生态旅游规划应与当地的社会经济持续发展目标相一致，服从于保护区或者森林公园等的总体规划。

在旅游资源开发过程中必须遵循生态经济原则。在景区配置上要注意景观的多样性，避免以破坏自然景观为代价大搞人工景观，在修路、架索桥及建立宾馆、饭店等生活区时要与自然景观协调互补，体现天人合一的理念。必须服从当地经济总体规划，并保证开发所能带来的收益高于所付出的成本。特别要对生态旅游区进行合理的功能分区，将其划分为四大区：核心区（绝对严格保护）、缓冲区（核心区外围）、旅游区和生活服务区。如德国的阿尔卑斯山国家公园的面积达 300 平方公里，公园内并无一条索道，若干条索道都是建在公园之外，这种发挥功能分区、区内观景、区外经商的优良传统，值得借鉴。

从 2001 年起，福建、浙江先后建立生态补偿机制和政策。福建从省级财政收入中逐年增加安排森林生态效益补偿金，使省级生态公益林补偿标准达到 5 元/亩的国家级标准，2007 年再度提高到 7 元/亩，并规定各区市都要承担生态公益林补偿资金，以城市工业和生活用水量为依据，体现森林生态效益有偿使用精神和受益者合理分担的原则。而农村和农业用水则不承担，体现了“城市反哺农村，工业反哺农业”的要求；2005 年，浙江也出台了《关于进一步完善生态补偿机制的若干意见》。让绿色有价，因而保护旅游资源的资金有了保障。值得他处效仿。

（三）强化法制观念，加大执法力度

由于旅游区涉及的生态系统多为脆弱敏感地区，因此一定要加强环境立法和管理，制定和完善旅游资源开发的政策法规，努力使旅游的各项工作纳入法制化的轨道，做到依法建设、依法经营和依法管理。严格执行和遵守我国的《环境保护法》《森林法》《文物保护法》《野生动植物保护法》等与旅游密切相关的环境保护法律和法规。要根据旅游出现的新问题不断完善相关法规，而各旅游区也可根据自己的情况制定和完善旅游区的规章制度，并结合旅游的实际运作，以地方新的法规补充国家法律，使旅游有章可循、有法可依，对违反法规的开发行为和破坏自然资源的行为进行严厉惩罚。

坚决打击滥砍、滥伐、滥捕、滥猎等破坏生态旅游资源的行为，加大执法力度使其承担相应的民事和刑事责任；对不按规划要求乱开乱建并导致自然景观资源被严重破坏的森林公园及生态旅游项目进行必要的整顿，使其尽快走上一条健康的发展道路；采取严厉的经济惩罚手段制止游人乱扔垃圾、随地吐痰、践踏花草、乱刻乱画等污染和破坏旅游资源和旅游环境的不文明行为，对污染和破坏旅游环境的企业或个人要实行重罚。定期清理整顿旅游管理队伍，系统地对管理人员进行法制、旅游政策、生态、环境、管理方面的专门培训，要求旅游管理人员具备一定的素质和岗位任职条件，以提高管理人员的专业技能和管理水平，提高管理效益。

（四）自觉执行境内、境外文明行为规范

旅游活动的审美过程不仅能满足人们爱美、求美的需求，还应该净化情感，陶冶性情，增长知识，改变不良习惯。2006 年 10 月 2 日，为提高公民文明素质，塑造中国公民良好的国际形象，中央文明办、国家旅游局联合颁布《中国公民出境旅游文明行为指南》《中国公民国内旅游文明行为公约》，公民旅游应自觉执行。

附：

一、中国公民国内旅游文明行为公约

营造文明、和谐的旅游环境，关系到每位游客的切身利益。做文明游客是我们大家的义务，请遵守以下公约：

1. 维护环境卫生。不随地吐痰和口香糖，不乱扔废弃物，不在禁烟场所吸烟。

2. 遵守公共秩序。不喧哗吵闹，排队遵守秩序，不并行挡道，不在公众场所高声交谈。

3. 保护生态环境。不踩踏绿地，不摘折花木和果实，不追捉、投打、乱喂动物。

4. 保护文物古迹。不在文物古迹上涂刻，不攀爬触摸文物，拍照摄像遵守规定。

5. 爱护公共设施。不污损客房用品，不损坏公用设施，不贪占小便宜，节约用水用电，用餐不浪费。

6. 尊重别人权利。不强行和外宾合影，不对着别人打喷嚏，不长期占用公共设施，尊重服务人员的劳动，尊重各民族宗教习俗。

7. 讲究以礼待人。衣着整洁得体，不在公共场所袒胸赤膊；礼让女士；不讲粗话。

8. 提倡健康娱乐。抵制封建迷信活动，拒绝黄、赌、毒。

二、中国公民出境旅游文明行为指南

中国公民，出境旅游，注重礼仪，保持尊严。
讲究卫生，爱护环境；衣着得体，请勿喧哗。
尊老爱幼，助人为乐；女士优先，礼貌谦让。
出行办事，遵守时间；排队有序，不越黄线。
文明住宿，不损用品；安静用餐，请勿浪费。
健康娱乐，有益身心；赌博色情，坚决拒绝。
参观游览，遵守规定；习俗禁忌，切勿冒犯。
遇有疑难，咨询领馆；文明出行，一路平安。

第十六章　旅游企业文化

〔内容提要〕

著名学者于光远先生曾经指出："旅游业是带有很强的文化性的经济事业，也是带有很强的经济性的文化事业。"旅游业是以游客为导向的服务性行业，全体从业人员应认识旅游企业文化的内涵和特征，确立"游客至上"的价值观并提供相应的优质服务，以期满足游客感受和体验异地文化的审美需求。

旅游业作为一个以游客为导向的服务性行业，需要全体从业人员认识旅游企业文化的内涵和特征，确立"游客至上"的价值观并提供相应的优质服务，以期满足游客的审美需求。

旅游业需要全体从业人员确立"游客至上"的共同价值观并提供相应的优质服务，以期满足游客的审美需求；旅游工作者作为重要的服务中介，是文化的使者，这是每一个旅游从业人员应该追求的最高境界；旅游工作者在向旅游者阐述、介绍丰富的旅游资源时，在热忱地为旅游者服务时，应该有一种趋善求美的心理素质和自强不息的精神，有一定的审美悟性和美学修养，这样就能很好地完成自己的工作。因此，作为一名旅游工作者，全方位提升自己的文化素质和修养，尤其是审美素质和修养显得尤为重要。

〔学习要点〕

- 旅游企业文化的内涵和特征。
- 审美意识培养。
- 形象美培养。
- 心灵美培育。
- 语言美锻炼。
- 行动美训练。

〔思考题〕

1. 如何认识旅游企业文化的内涵和特征？
2. 如何认识旅游企业文化的特征？
3. 为什么说文化性是旅游企业文化的固有特征？
4. 为什么说涉外性是旅游企业文化的重要特征？
5. 简述旅游企业文化的培育方法。
6. 如何提高旅游工作者的审美能力？
7. 如何提高旅游工作者的语言技巧？

旅游企业是现代企业的一部分，认识它的企业文化有着一般企业文化的共性，同时认识行业的特殊性带来的文化特殊性，认识旅游企业文化是指某一旅游企业在其发展过程中形成的价值观念、行为准则及其在规章制度、行为方式、物质设施中的外在表现，其内核是精神文明与价值观念。

国发〔2009〕41号《国务院关于加快发展旅游业的意见》第一次对旅游产业提出，旅游是为了满足人的物质和精神需求，旅游业是传播文明、交流文化的产业。旅游产业文化内涵的深浅程度是产业质量水平的一种评价标准。“把提升旅游业的文化内涵贯穿到吃住行游购娱各环节和旅游业发展的开发、建设、经营、管理、服务全过程”，这不是增加几个文艺表演、办几个节的事，是一种发展方式的转变。这个要求还有待从业者深入认识和理解。

旅游企业文化上有着一般企业文化的共性，如无形性、软约束性、相对稳定性和历史的连续性、独特性、创新性等。但由于行业的特殊性，在企业文化上，如产品性质、市场环境、经营管理过程、顾客群等基本条件上也有着自己的个性特点。旅游企业文化是指某一旅游企业在其发展过程中形成的价值观念、行为准则及其在规章制度、行为方式、物质设施中的外在表现，其内核是精神文明与价值观念。

旅游业应满足游客的各种合理要求，尤其是审美需求。旅游工作者作为重要的服务中介，对于提高旅游主体的旅游审美效果有着重要的作用。从这个角度看，旅游工作者是美的使者，这是每一个旅游从业人员应该追求的最高境界。作为一名旅游工作者，在向旅游者阐述、介绍丰富的旅游资源的时候，在热忱地为旅游者服务时，应该有一种趋善求美的心理素质和自强不息的精神，有一定的审美悟性和美学修养，才能很好地完成自己的工作。因此，旅游工作者全方位提升自己的素质和修养，尤其是审美素质和修养显得尤为重要。

第一节　旅游企业文化的内涵和特征

一、服务性是旅游企业文化的基本特征

与工商企业不同，旅游企业所提供的商品是满足游客多方面需要的商品（包括有形商品和无形商品），而其主要特点还是出售无形的商品即服务。服务是旅游企业的本质。旅游服务工作要遵循的基本原则是：“宾客至上”原则、“服务至上”原则、“为大家服务”原则、“维护游客合法权益”原则、“规范化服务与

个性化服务相结合”原则。这是旅游业的服务宗旨、服务人员的行动指南，也是工作中处理问题的出发点。顾客是上帝，旅游工作者理应向旅游者提供真诚、热忱、超常的服务。

旅游企业的服务是综合性服务，与其他行业的服务相比，它具有服务的非单一性和购买的非一次性的特点。要为游客提供食、住、行、游、购、娱等多种项目的服务；旅游服务项目的综合性要求旅游企业之间相互协调、共同配合。如果某一种服务项目不能满足游客的需要，不仅会直接损害旅游者的消费利益，也会直接影响企业旅游服务的整体水平。对于旅游企业而言，就是要树立宾客至上的观念，热心为客人服务。旅游服务工作是“人对人”的服务，所以对旅游企业员工来讲，情感、心态和技术非常重要。旅游企业文化的服务性特征，决定着旅游服务必须重视细节。在旅游服务中，往往会由于一个细节不到位而造成功亏一篑的结果，因此有人说旅游服务是“100－1＝0”“细节决定成败”之说特别适合旅游行业。旅游服务应注重把每一个简单的事情做到位，关注小事，成就大事，应该成为旅游企业文化理念的重要组成部分。因此必须塑造优秀的旅游企业文化，帮助员工牢固地树立服务意识，以良好的精神面貌做好旅游服务工作。

二、文化性是旅游企业文化的固有特征

21 世纪旅游业的发展既带来机遇，也带来挑战，旅游服务向高科技化、高知识化、方法多样化的方向发展，旅游本身就是知识密集型的服务工作，是提供知识性服务，是高智能、高技能的服务。旅游经营只有体现出不同的文化特色才能吸引旅游者，从而提高旅游企业的经济效益。在一定意义上说，文化是旅游业的灵魂。正因为旅游的文化属性，要求旅游企业要具备浓厚的文化意识。一方面，旅游企业为旅游者提供具有一定文化品位的旅游产品。实践证明，旅游产品的文化性越强，文化品位越高，就越受旅游消费者欢迎，社会经济效益也就越好。例如，旅游饭店为了形成自己的特色品牌，不仅在建筑设计、装修和各种设施上下功夫，以体现自己的文化特色和民族风格、地域风格，而且在客房、餐饮及整个服务过程中，也表现出相当的文化艺术品位。大型游船也用文化包装自己（如长江三峡的“三国号”游船等），以彰显特色。另一方面，旅游企业形象塑造要体现文化内涵。良好的形象是旅游企业发展的生命线，旅游企业的形象不仅表现为有形的、看得见的外显事物，而且体现着无形的内在素质，是旅游企业的实物要素和情感要素留给社会公众的总体形象。旅游企业形象的构成要素的本质属性无一不是文化内涵的反映。因此，塑造旅游企业的良好形象，必须注重丰富和深化文化内涵。

三、涉外性是旅游企业文化的重要特征

随着国际旅游市场的形成，世界各国之间的文化交流更为广泛，旅游企业文化的发展趋势是世界文化一体化（主要是指管理文化方面）。旅游组织的等级化、国际性联号酒店的发展、旅游信用卡在世界范围的通用等，都是其世界性的体现。在我国所有的行业中，旅游行业是较早与国际惯例接轨的行业之一。但应该看到，旅游企业文化的涉外性或世界性，使旅游企业文化营销更为困难。由于旅游企业的行业特殊性，面对的是来自世界各地的旅游者，文化环境的差异造就了旅游者在语言文字、审美情趣、价值取向、思维方式、道德风俗等方面的不同特点。旅游企业要想在经营活动中满足各国旅游者的不同需求，就必须树立开放意识和全球意识，善于进行文化的综合分析，培养跨文化交流的能力，根据各国文化的差异性判断各国旅游者需求的差异性，为海内外旅游者提供有针对性的服务。

第二节　旅游企业文化建设

一、旅游企业文化建设的内容

旅游企业文化建设是指企业成员有意识地培育优良文化、克服不良文化的过程。主要内容有：

（1）培育具有优良取向的价值观念，塑造杰出的旅游企业精神；
（2）坚持以人为中心，全面提高旅游企业员工素质；
（3）提倡先进的管理制度和行为规范；
（4）加强礼仪建设，促进旅游企业文化的习俗化；
（5）改善物化环境，塑造旅游企业的良好形象。

二、旅游企业文化建设应遵循的原则

（一）人本原则，“以人为本”的管理理念是旅游企业最成功的经验

从人出发，以人为根本，采用一切行之有效的手段和方法，深入发掘人的潜能，充分调动人的主动性、积极性和创造性，引导员工实现企业利益目标，实行企业与员工“双赢”的方针，即“员工为企业创造效益”“企业让员工得到发展”。

（二）创新原则，追求新异是旅游的主要动机之一

创新是旅游企业文化建设的灵魂。旅游企业在企业文化建设中应具有创新意识和创新精神。在企业价值观念创新的同时，开展一系列有特色和有吸引力、有影响力的旅游活动，开发独特的旅游产品，开展有特色的旅游服务，使企业文化富有长久的生命力。

（三）独特原则

旅游企业在企业文化建设中要遵循独特性原则，根据自己的行业特点和本企业的实际，在形象塑造的理念识别、行为识别、视觉识别等各个层面都要保持特色和个性，使之具有吸引力、感召力和竞争力。

三、旅游企业文化建设的主要方法

（一）领导身体力行（领导垂范法）

旅游企业的领导者是旅游企业文化的倡导者和塑造者，更是旅游企业文化的实施者。旅游企业主要领导要重视企业文化建设，并在组织机构的建设上落实。在实际工作中，一方面，领导通过归纳提炼，将旅游企业文化升华，并通过宣传鼓动，使企业文化精神在本企业得以落实；另一方面，旅游企业领导自己的作风、行为在企业文化建设过程中起着潜移默化、率先垂范的作用。大量事实说明，企业的价值观和行为规范真正成为企业员工观念和自觉行为，不是靠行政命令和强制性压力，而是极大程度上依赖企业领导对员工的感染力。因此旅游企业领导言传身教、身体力行，是旅游企业文化建设中最关键的环节。企业领导人的一项重要工作就是要做企业文化的“传教士”，国外旅游公司或旅游企业的培训活动很多，培训的主要内容之一是讲授旅游企业文化，而且公司或企业的最高领导要亲自讲课，向员工灌输该公司的企业文化，使员工认同企业文化。

（二）典型示范引路（楷模带头法）

在塑造优秀旅游企业文化的过程中，英雄模范人物是“排头”，起着带头引导作用、骨干作用和示范促进作用。英雄模范人物是旅游企业文化的生动体现，他们为全体员工提供了角色模式，建立了行为标准。通过他们，向外界展示了旅游企业的精神风貌，也给全体员工提供了学习的榜样，英雄模范往往成为一个旅游企业文化的具体象征。在建设旅游企业文化中，要特别注意发现典型，培养、宣传企业自己的英雄模范人物。

（三）关键事件教育（利用事件法）

旅游企业价值观的揭示、行为规范的形成以及企业成员间相互理解的产生，往往是通过一些关键事件。例如，当旅游企业面临危机时，领导处理危机的方式、企业员工的反应，往往会导致新的判断准则、行为规范和工作程序的产生，

并且由此显示企业最重要的基本价值观念。实践表明，不失时机地抓住关键事件，对于旅游企业文化的塑造和传播有着非常重要的作用。

（四）利用教育培训和“传说”“故事”（广泛教育法）

旅游企业文化建设要实行广泛教育的方法，发挥教育培训和“传说”“故事”的作用。旅游企业在招聘员工时要进行教育培训。首先是“入模子”的教育，采用丰富而有成效的形式让本企业的文化理念深入人心，即进行“洗脑”；其次才是业务知识的培训和操作技能的培训。旅游企业文化的价值观往往会反映在旅游企业的一些“传说”（口传事迹）和“故事”当中。在一个有强有力文化的旅游企业中，“传说”和“故事”往往很多，如旅游企业如何艰苦创业，如何对付竞争对手，如何在经济困境中走出低谷，如何发展新产品与开拓市场，每一个事件都会留下一串故事。旅游企业经历的事件越多，旅游企业文化就越成熟，留下的“传说”和“故事”也就越多。尽管有些事迹很平凡，但生动感人，富有教育意义，如美国某饭店门口立有一个在此店工作过48年的门童的塑像，他能记住入店的每个客人的面孔甚至名字，用心去做事，敬业爱岗。通过“传说”“故事”，可以广泛地在员工中传播企业的思想意识和价值观。这种方式对新加入旅游企业的成员理解本企业的文化背景尤为有效。

（五）仪式强化（载体传播法）

旅游企业文化的生长不是空泛的概念演绎，而要通过各种具体的活动和一定的形式来催化，如表彰会、庆功会、职代会、团拜会、联谊会、运动会、歌舞会等。这里，起着重要作用的是旅游企业的仪式和典礼，它是价值观的载体，使价值观外在化。如日本旅游企业广泛实行的“朝礼”——在上班正式工作前15分钟由领班带领员工进行“店训”或“社训”朗诵等活动，我国某些饭店、景区的“迎宾仪式”，都从某个方面昭示了本企业的文化。仪式是一种动态的文化，可将“道”转化为“行”，而且它有形、具体，具有很强的可操作性，便于旅游企业运作；一些大的庆典仪式具有戏剧化的特征，可对旅游企业文化起到强化作用。总之，可以借助规章制度强化、良好风气定势化、英雄模范人物人格化、群体活动共识化、仪式与器物情境化等途径来培育优良的旅游企业文化。此外，文化建设还应突出民族特色、时代特色、以人为本，从现代经营的观点看，文化不仅把旅游企业看成人们谋生的场所，而且把旅游企业看成是职工实现自己的抱负、社会责任感和社会历史使命的组织。人是企业的中心，一切为了人，一切关心人，一切尊重人，一切引导人，一切塑造人，应是现代旅游企业文化的基本理念。

第三节　旅游企业文化培育

旅游业作为一个以旅游者为导向的服务性行业，通过学习，需要全体从业人员确立“旅游者至上”的共同价值观并提供相应的优质服务，以期满足旅游者的各种合理要求，尤其是审美需求。

一、审美能力的培养与提高

审美能力就是识别美、欣赏美、评价美、创造美的能力。具体来讲审美能力包括审美观察力、审美感受力、审美鉴赏力、审美想象力、审美理解力、审美判断力以及审美创造力等综合能力。

审美能力对旅游工作者来讲更为重要，他担负着接待服务工作和满足旅游者审美需求的任务。他不仅是一个审美者，还是美的传播者。旅游工作者指导、引导、服务的水平直接影响旅游者的审美效果。这就要求旅游工作者必须不断提高自身的美学修养和审美能力。审美能力的提高不是一蹴而就的，需要具备广博的知识，需要文学、艺术、历史、哲学、美学、心理学、民俗学乃至宗教学等人文学科的丰厚知识。只有通过不断的学习积累，加上直观体验，才可以在从理论到实践，又从实践到理论的反复训练中不断积累自己的审美经验，加强自身的审美能力。

要培养自身的审美感受力还要主动培养审美观察力。即培养审美主体善于从不同的审美对象中发现、寻找其独具的特点和风格的观察力。音乐家对音响的敏感，画家对色彩的感知，文学家对意境、典型的把握的惊人敏感性、准确度，似乎是一种天才，实际上主要靠艺术家后天的素养积累和对审美器官长期和严格的训练。提高观察能力，加强艺术修养和锻炼是非常有效的。只要我们反复实践，不断努力，审美观察力就会逐步得到提高，审美感受力就会逐渐变得丰富、深刻和健全。

培养自身的审美感受力要多接触美的事物。这不仅依赖于才智和教养，还要依赖其感官感知美和领会美，因而直接接触美的事物，直接感知周围世界的美，是审美感受能力提高的重要途径。例如，当徐霞客目睹黄山万峰起伏、云雾奔腾的迷人景色时，他不禁“狂叫欲舞”起来，这就是黄山给徐霞客带来的强烈美感。不身临其境，光是依靠间接经验是无法获得这么强烈的审美体验的。因此旅游工作者要想提高自己的审美体验层次，就得首先培养和提高自己的审美感受力。这需要在浪迹山水、漫步园林的过程中，充分利用自己的全部感官，立体性地探寻层峦叠嶂的空间构景，体味江河飞瀑的生命律动，倾听幽林鸟鸣的空灵乐音，观赏亭台楼阁的诗情画意。总之，通过无数次游览观赏和物我交流，这些经验将化成审美感受能力中相对稳定和持久的组成部分。

以导游的服务艺术为例。旅游工作者的许多工作实质上是一个艺术性的再创造过程。即在旅游实践中敏锐地追求新颖而有意义的审美对象，并对它们进行大胆的再创造。旅行社的导游可以凭借艺术化的语言、故事化的讲解，联系实际的体会，借鉴前人的相关经验，参照旅游者的审美需要，运用相应的观赏原理，化景物为情思，变实景为虚景，使旅游者在悠然自得的气氛和随心所欲的游览中，得到审美上的满足、情感上的陶冶，乃至精神上的升华。比如，游览北京故宫，若导游本人鉴赏力高，对宏伟的建筑形式、精巧的建筑结构、内涵的象征意味等，具有深刻的了解和真切的感受，并能遥想昔日皇帝的赫赫权威，联系宗法制度的森严等级，用富有情感色彩的语言娓娓述来，想必会引起旅游者的观赏兴趣或思旧怀古之情，从而加深他们对这座古建筑群的历史价值与艺术意味的理解。

二、形象美塑造

对于旅游服务业来说，旅游工作者的仪表如何，不仅代表着自身、企业、国家形象，展示着人格、国格和企业的信誉与尊严，还体现着社会的文明程度、道德水准，反映着民族和时代的精神风貌。为此，旅游服务人员必须要有一个清晰、强烈的形象意识。在旅游审美活动中，旅游工作者是旅游者直接的审美对象。在每一次旅游过程中，旅游工作者应当以其得体的姿态、优雅大方的风度以及言谈举止把旅游者吸引住。这就要求旅游从业人员要全力塑造美的独特形象，展示自身的独特风采，满足旅游者的审美要求。美的形象总体要求可概括为：容貌端庄、举止大方、不卑不亢、态度和蔼、待人诚恳、服饰规范、整洁挺括、打扮得体、淡妆素抹、训练有素、言行恰当。

（一）仪表美的培养

仪表是指人的外表，包括容貌、服饰、姿态、风度等方面。仪表是一个人精神面貌、内在素质的外在表现。真正的仪表美是内在美与外在美的和谐统一，慧于中才能秀于外。因为人们可以通过仪表修饰折射出其精神状态和礼仪素养，更深层次地美化形象。修饰仪表，体现了一个人的自尊、自爱和对社会、对他人的尊重，本身就是一种礼仪。仪表修饰在社会生活中会产生不可低估的作用，有助于社交的成功和事业的顺达。“以貌取人”是不足取的，但却是实实在在地存在着，并且相当普遍，相当根深蒂固。仪表端庄、穿着得体者比不修边幅的人更有教养，也更懂得尊重别人，这已成了一般人的思维定式。人们在较短时间内判断一个人，靠的既不是背景材料，也不是时间的考验，而是强烈的“第一印象”。这个“第一印象”，往往是在视觉器官与观察对象的外表形态相接触的一瞬间产生的。根据“晕轮效应”，一旦“第一印象”产生，在一定时期内就很难改变。旅游工作者作为旅游者直接体察到的最初对象，必须自觉地重视自己的仪表，要设法给旅游者留下一个美好的第一印象。好比一个演员，一上舞台，一个亮相，就能吸引住观众，这对以后旅游接待的过程将起到积极的诱导作用。一般而言，人的仪表美是形体美、服饰美、发型美的有机综合。是一个人精神面貌的外在表现。人的仪表往往与其生活情调、思想修养、道德品质和文明程度密切相关。

（二）行动美历练

行动美是精神面貌的外在体现，是人的形与体、动与静的结合。英国哲学家培根认为：“在美方面，相貌的美高于色泽的美，而秀雅得体的动作的美又高于相貌的美。”这是美的精华，是绘画所表现不出来的。姿态动作的美，是身体各部分的配合而呈现出来的外部形态的美。这是一种综合的美，这种美应该是身体各部分器官相互协调的整体表现，同时也体现了一个人内在素质与仪表特点的和谐。人的行动也是传达人的感情的“天线”，是情感表达和交流的重要形式。人的身体的每一个姿态变化通常都饱含着交际者丰富的情感。

一个人的行动美包括他所有的行为举止：正确的站姿、端庄的坐姿、优雅的走姿、恰当的手势、真诚的表情等。在人际交往中，一个人的举手投足、一颦一笑之间，会自然流露出他的气质风度、礼貌修养和所要传递的信息。这种语言虽然无声，但往往比有声语言更真实、更富有魅力。一般说来，对姿态的基本要求是：站有站相，坐有坐相，举止端庄，自然得体，优美大方，彬彬有礼。

在社会交往中，雅俗的表现与显露，动作、姿态也是一个重要的衡量标志。一个人的动作、姿态在礼节上是一种文明修养的表现，也是一个人良好素质的反映。比如，旅游工作者步伐矫健、轻松敏捷，能让人感到年轻、健康和精神焕发；步伐稳健、端正有力，给人以庄重、沉着和自信的印象；忸怩作态、步履蹒跚、弯腰弓背、摇头晃脑，往往给人以丑陋庸俗、无知浅薄或是精神压抑的印象。在客人面前打喷嚏、打哈欠、伸懒腰、挖耳鼻、剔牙、打饱嗝儿、搓泥垢、修指甲、乱扔果皮和烟头，这些都是缺乏教养、低俗轻浮、散漫不羁的举止。旅游工作者对于站姿、坐姿、走姿应非常注意。

（三）风度美培育

风度是一个人在长期实践中形成的性格、气质、文化水平、道德修养的外化，是一个人自身所具有的较为稳定的行为习惯、性格品质、情趣素养的外在表现形式。由于人的性格、气质不同，内在修养不一，行为习惯各异，因此每个人的风度也不尽相同。良好的风度是以个人良好的文化素养、渊博的学识为基础的，那些胸无点墨、不学无术的人，任凭他仪表之美丽，也不可能具有美好的风度。同仪表美一样，风度美也是社会生活美的一项具体内容，但它比前者更加含蓄蕴藉，它是人类按照美的规律，实现自我认识和自我完善的产物。风度是良好素质的外显方式，是形象塑造的重要因素，是成功交际的必要条件。在日常交往中，风度的构成要素有：端庄、洒脱的仪表；大方、得体的举止；文雅、幽默的谈吐；严谨、朴实的作风；有理有节、不卑不亢的态度等。

有风度的人必然是仪表端庄、洒脱的人。风度美要求在交往活动中仪表要整洁、美观，姿态要端正、自然。仪表堂堂能使人精神振作，自信心也油然而生；端正的姿势能使人产生一丝不苟和受到尊重的感觉。

有风度的人必然是举止大方、得体的人。风度美要求在交往活动中行为举止镇定自若、从容不迫、落落大方、不紧张、不拘束，并注意举止行为规范，积极适应各种环境。

有风度的人必然是谈吐幽默、文雅的人。风度美要求在交往活动中具有较强的口头表达能力，温文尔雅、善于辞令；与人交谈坦率而不粗俗，活泼而不轻佻，不哗众取宠，更不在谈吐中夹杂低级庸俗的内容。

有风度的人必然是作风严谨、朴实的人。风度美要求在交往活动中待人接物细致认真而不粗心大意；大方坦然而又谨慎行事；品行庄重，办事有条有理；讲究仪态美但不浮躁；不做华而不实的表面文章，谦虚朴实，给人以亲切感。

有风度的人必然是态度不卑不亢的人。风度美要求在交往中不妄自菲薄、低三下四、见利忘义、丧失人格，而是自尊、自重、自爱、自强；不趾高气扬、盛气凌人、目中无人、自高自大，而是以尊重、平等、善意、友好的态度与人相处。

风度固然和一个人的思想文化修养有密切联系，在很大程度上反映人的内在美，但它总是通过人体的活动，如站态、坐态、走姿和其他体态语言，如手势、表情等可视因素表现出来的。良好的风度是需要长期的培养和修养的过程的。首先要加强自身的内在涵养，然后这种内在美才可能转化为良好的风度。风度美是一个人外在美与内在美的总和，是一个人的整体之美。“诚于中而形于外”，讲的就是这个道理。

旅游从业人员的风度，主要指服务人员在待客接物中所表现出来的动作和姿态。一般来说，旅游工作者的站姿要给旅游者挺拔、舒展、健美的印象。行姿要“轻、稳、灵”，不要给旅游者留下风风火火、忙乱无章的感觉。坐姿要稳，身体微微前倾，并注意手脚的位置，要表现对旅游者的尊重与期待。服务人员的行为风度能体现出他的文明程度，它是旅游者评价服务人员态度和企业面貌的重要标志之一。旅游工作者凭借大方文雅、热情庄重、处变不惊、彬彬有礼、落落大方、精神饱满、优美挺拔、精力旺盛、自信友好的风度，就能使旅游者内心深处产生良好的感觉。相反，服务员举止轻浮、言谈粗鄙，则会使旅游者产生不良的感觉，难以接受其服务。一位温文尔雅、活泼潇洒、风度翩翩的旅游工作者，他在举手投足之间，都会给旅游者以直观的愉悦美感和一定的影响力。

三、形象塑造的基本原则

形象是可以设计的。人们可以通过主动的个人形象设计，扬长避短，塑造自己的形象。良好的形象是一个综合指标，它不是指拥有一个标准的身材、漂亮的脸蛋，不是指穿着华丽时髦的服装，也不是指满身珠光宝气。良好的整体形象是指各种因素相互协调所创造的整体效应。形象美是可以创造的，但必须以自身条件为基础，针对自身的特点，恰到好处地进行自我设计，形成和谐的整体美，这样才能塑造出良好的社交形象。旅游工作者的形象塑造涉及一系列应用美学与服务艺术的基本原则。

（一）灵活与适度

旅游业作为一种涉外行业，入职员工应当适当考虑人体的美感因素与游客的审美期望，但不可过分拘泥于人为的设定标准，如男性必须不低于 1.70 米，女性不低于 1.65 米等条件，而应采取一种富有弹性或灵活性的人体美学参数，只要身体发育正常、形体匀称、动作敏捷，便可录取使用。因为，旅游从业人员的外在形体美尽管能够产生审美视觉上的“光环效应”，能够给予游客最初的审美愉悦，然而，随着服务过程的展开、认识的深化、实用目的的追求，客人对形体美的关注会逐渐淡化，而对服务态度美和技能美的审视则不断增强。

（二）与环境和谐

与环境和谐主要指旅游接待人员的工作服饰与工作环境在风格上彼此和谐。服饰与环境的和谐美还反映在色彩的均衡方面。这涉及亮、暗、冷、暖等色调的互补关系或调配方式等问题。例如，饭店员工的服饰在用色上以中性或调和色为宜，这样便于创造一种平稳柔和的视觉效果，有助于宾客在轻松安静的氛围中解除身心的疲劳与紧张。但要看到，饭店的部门众多，功能各异，因此在色调上要讲究多样化，如前厅要求华贵庄重，餐厅要求清洁明快，客房要求柔和安静，舞厅则可以热烈活泼。

（三）含蓄为美

含蓄作为中国传统的审美趣味与标准，不仅是艺术美所追求的境界，而且是服饰美所追求的境界。就我国旅游工作人员的服饰而言，含蓄的样式是值得推崇的。目前，某些饭店宾馆的服饰盲目求“洋”，一味袒胸露背。这种无视东方人身材体形与忽视民族审美意识的做法，一方面无益于创造积极健康的审美环境，另一方面也未必能够满足客人的审美需求。当然，我们强调含蓄美，并非恢复封闭式的衣着旧俗，而是倡导“万绿丛中一点红，动人春色不须多”的美学风范，解决好藏与露的适度关系。既露又藏，亦实亦虚，朦胧含蓄，婉约雅致是上品。

（四）整洁为美

整洁为美的原则适用于各类旅游工作者。在旅馆饭店，尤其在与客人直接接触的部门，如餐厅和酒吧，整洁可谓仪表美的先决条件。如果失去整洁，其他形式美感也就无从谈起。因此，外表、服装要整洁；手要清洁，指甲要修剪；头发要清洁，要去掉头皮屑，如此种种。只有注意到清洁，才能使客人不仅享受到形式美感，而且心理上也会产生一种信赖感及安全感。反之，不仅影响到个人形象，也会致使企业形象与市场经营蒙受不必要的损失。

（五）多样的统一

关于旅游接待人员的服饰，一般根据各行业的实际情况而定。如空姐的服饰讲求标志与款式的统一；导游、翻译的服饰相对宽松，只讲求标志的相对统一。而饭店员工的服饰则要求多样的统一，门卫、前厅、客房、餐厅、酒吧、商品部、健身房等部门，其服饰应当风格多样，款式不同而又局部统一。这会给客人一种鲜活多变而又和谐一致的视觉美感。人们普遍忌讳色彩单一、形式刻板、格调俗腻的环境和事物。如果总是看到同一式样、同一色调的事物，生理上就会产生疲劳感，心理上也会相应地产生一种厌倦感。因此，饭店宾馆从业人员应当充分应用服饰美学多样统一的原理，尽力创造一种能够满足客人视觉审美需要的环境，这对塑造企业形象和吸引客源是有一定意义的。

（六）个性与共性的统一

旅游工作人员的仪表服饰应遵从个性原则，即根据个体的特点来设计。但在一般情况下，要从工作性质考虑，对旅游从业人员的服装、发型做出相应的共性规定。如头发的长度，“男不过耳，女不过肩”。这种合乎功能目的性的规定，一方面符合行业要求，另一方面会给人一种干净利落、潇洒敏捷、精明强干的心理感受。

必须指出，旅游工作者在塑造形象时，绝不可只注意形体、服饰和发型，而忽视了与形象仪表美密切关联的风度、言谈与举止的塑造。旅游接待人员的形象美也只有与实际的服务艺术融合起来才有意义。也就是说，任何脱离工作职能的美的修饰打扮是没有意义的。

四、心灵美培育

人的美除了人体美之外，还包括人的心灵美。心灵美是指一个人内心世界的美，它表现在品德、情操等素质方面。高尚的品德和情操，在人的言行中表现出来，就是一个人的心灵美。所以说，心灵美是人的思想、情感、意志、行为之美的综合表现。日常的社会生活，就像一面镜子，它能清晰地照出一个人心灵的美与丑。集体感、正义感、热爱劳动、明辨是非、对本职工作的责任感、进取精神等，都是一个人品德和情操的表现。

古希腊柏拉图曾说，“应该学会把心灵的美看得比形体的美更为可贵”，他认为最美的境界是心灵的优美和身体的优美和谐一致。德国诗人海涅也说过：“在一切创造物中间没有比人的心灵更美、更好的东西了。”中国古代思想家孟子提出“充实之谓美”，所谓“充实”也是指道德品质。通常从社会学来讲人的美时，总习惯于把仪表美归于表层的美，而把心灵美称为深层的美，这二者的和谐才是一种完整的美。也就是说，心灵美是人的其他美的真正依托。

人的心灵美具有持久性，心灵美不像形体美那样易于消逝。人的心灵美的持久性是因为人的品德具有相对的稳定性。当我们评价一个人是否美时不光看其外在表现，更重要的是看其内在美，即心灵美。所以莎士比亚说：“没有德行的美貌，是转瞬即逝的；可是因为在你的美貌之中有一颗美好的灵魂，所以你的美丽是永存的。”

所谓“心灵美”并不是抽象的，不可感知的。心灵美的显现是生动丰富的。心灵美主要是通过表情、动作、语言、风度等表现出来。所谓“征神见貌，情发于目”（魏刘劭《人物志》），就是指人的思想感情常常自然流露于外形以及体态动作，成为心灵的光辉。

旅游从业人员作为旅游者的直观审美对象，其心灵美也是被关注体察的要点。旅游工作者的心灵美主要体现在所提供的优质服务上。旅游系统在行业内对旅游工作者所提出的许多职业道德方面的规范要求，如积极热情、任劳任怨、关心游客、讲解认真、和颜悦色、热情服务、关心他人、不收小费、不倒换外币、不收取回扣、不做任何有损国格与人格的事等。从表面上看，这些都是对旅游服务的规范要求，而实质上是旅游从业人员塑造和培育心灵美的起点。因为旅游工作者从某种意义上说，是职业外交官、是不出国的使者、是友谊的播种人。他的一言一行代表祖国的尊严和人民的形象。一个人只有遵守行业的职业道德，才有可能追求自身的完善和人格的完美。

旅游工作者对自身心灵美的培养，关键在于培养人道主义精神以及助人为乐的情操。他们的心灵美一般是通过具体的服务表现出来的。旅游者对接触到的旅游工作者总是“听其言，观其行”。因此，对于心灵美的感性形式，即语言美与行为美，应给予足够的重视。所谓“诚于内而行于外”就是这个意思。因此，每一个旅游工作者在工作中，要力求达到心灵美、形体美、仪表美、语言美的和谐统一，既要秀于外，又要惠于中。

总之，每个旅游工作人员在追求个体美的过程中，要避免重外轻内的现象。契诃夫说过："人的一切都应该是美丽的：面貌、衣裳、心灵、思想。"一个人形象美与心灵美的和谐一致，是最美的境界。因此，旅游工作者，在追求个体人格完善过程中，要力求做到仪表美、风度美与心灵美的和谐统一。

五、语言美锻炼

语言是人类主要的交际工具，是传达思想、情感与态度的媒介和符号。对旅游工作者而言，语言艺术至关重要，它是旅游工作者对旅游者进行导游讲解、文化传播、思想交流、实现沟通的富有表达能力的生动形象的口头语言、态势语言和书面语言等信息符号的总和。尤其是口头语言，它是一门综合性、实践性很强的艺术，有着独特的魅力。它直接影响到旅游审美信息的质量和旅游者审美感受的满足。

（一）旅游服务语言的特点

著名美学家朱光潜曾说："话说得好就会如实地达意，使听者感到舒适，产生美感。这样的说话就成了艺术。"所谓"达意"即要求发音清楚，用词准确。"舒适"则要求声调柔和悦耳，言辞娓娓动听，节奏抑扬顿挫，风格诙谐幽默。旅游过程实际上是一种追求美、享受美的过程。要使旅游者能够从中得到美的陶冶和享受，必然会对旅游工作者的语言提出很高的审美要求。假如游览景观美不胜收，而导游语言却平淡乏味，试想那将给旅游者留下多大的遗憾。幽默的语言能活跃气氛，驱赶游客由于舟车劳顿所带来的疲惫情绪，刺激游兴、融洽感情。导游界有句话，叫"江山美不美，全靠导游一张嘴"。

"登山则情满于山，观海则意溢于海。"因此，旅游工作者要通过具有形象、传神、鲜明、生动的语言，在语音、语意、词汇、句式方面多下功夫，以求产生生动别致、栩栩如生、情趣盎然、流畅得体的美感。使旅游者在欣赏中领悟美、创造美，得到完满的审美体验。

要具有美感性、趣味性、知识性、礼貌性、修饰性、针对性。旅游从业人员要做到：在人际交往中谈吐文雅、语调轻柔、语气亲切、态度诚恳、讲究语言艺术。归纳起来，服务时要有"五声"：宾客到来时有问候声、遇到宾客时有招呼声、得到协助有致谢声、麻烦宾客有致歉声、宾客离开时有道别声。与此同时，要杜绝使用"四语"：不尊重宾客的蔑视语、缺乏耐心的烦躁语、自以为是的否定语、刁难他人的斗气语。每位旅游从业人员首先要明确自己的身份和地位，明确自己的工作任务和岗位职责。这样才能做到不说有损于宾客自尊心的话，不与宾客争吵，不发生失礼的鲁莽言行。所以说，旅游从业人员的语言修养十分重要，正确、得体地使用礼貌服务用语应成为每一个旅游服务接待人员的职业习惯。

（二）提高旅游工作者语言技巧的基本原则

语言艺术是一门实践性很强的综合艺术，旅游工作者要使自己的语言表达更加丰富，更加有魅力，关键在于掌握其规律，并恰到好处地使用，这样才能获得良好的效果。旅游工作者的语言艺术不能靠单纯模仿，应该在实际工作中多自己寻找、自己加工，形成个人独特的风格。

1. 力求实现与旅游者的感情共振

旅游工作者要与旅游者实现感情共振，首先要站在旅游者的立场上接待旅游者，并提供富于人情味的服务。其次，要以情感人、以情动人，使旅游者感受到一种轻松、亲切、融洽的气氛，真正享受旅游的乐趣。另外，还要注意尽可能与旅游者去共同感受。例如，导游人员引导旅游者游览的景观，往往是导游员去过多次的地方，而旅游者却往往是第一次。导游人员在讲解时应该以高度的责任感积极调动自己的情绪，应该充满激情、兴致勃勃。

2. 多方面考虑旅游者的各种文化背景

旅游者来自不同的国家或地区，具有不同的风俗习惯、宗教信仰、不同的年龄、性别、职业、兴趣以及个性，受教育程度会有所差异，旅游动机也会有所不同，上述种种因素往往构成了旅游者的各种复杂的文化背景。旅游工作者在旅游接待过程中必须全面考虑这方方面面的因素，选择使用旅游者最容易理解、接受的交际内容和语言表达方式，这样才能与旅游者在情感方面达到最大限度的沟通。

3. 根据特定语境中的突发情况进行灵活发挥

根据特定语境中具体情况进行灵活发挥，包含两方面的内容：一是要借境生情，因地制宜，因时制宜；二是要讲究说话的技巧。就是面对一些突发性的、消极的情况要善于随机应变，灵活应对。比如，旅游车在一段坑坑洼洼的道路上行驶，游客中有人抱怨。这时，导游即景生情地说："请大家放松一下，我们的汽车正在给大家做身体按摩，按摩时间大约为10分钟，不另收费。"旅游者听罢忍俊不禁。这位导游人员借题发挥，一定程度上化解了不利因素，赢得了主动。可见，在实际接待过程中，经常会遇到许多意外的难题，如果能够根据具体情形巧妙地进行发挥，往往能够消除旅游者的不满情绪，调节气氛，创造出种种意想不到的情趣，缩短自身与旅游者的心理距离。

4. 充分调动言语交际的各种表达技巧

充分调动言语交际的各种表达技巧，称呼、问候、寒暄、交谈、质疑、应对、说服、拒绝、接近、慰藉、赞扬、叮嘱、引导、讲解、告别等各个接待环节都要注意表达技巧。称呼要得体，问候要周到，寒暄要热情体贴，交谈要融洽和谐，质疑要恰如其分，应对要灵活巧妙，说服要入情入理，拒绝要诚恳得当，接近要真诚礼貌，慰藉要真挚亲切，赞扬要真切自然，叮嘱要诚挚而有分寸，引导要迎合需要，讲解要生动有激情，告别要得体真挚。

5. 充分调动各种非语言因素

充分调动各种非语言因素，主要是要善于运用类语言、体态语等各种辅助手段进行表达，有效地帮助语言表达创造出亲切融洽的交际气氛。

巧妙使用类语言营造融洽的交际气氛，主要是运用音色、音调、语速、停顿、语气等各种因素，积极创造声音的表情。其中最重要的是巧妙运用特定语调、语速、停顿、音色等因素来表达亲切的口吻。比如，音色的控制，主要是使音色柔和。音色太尖利，会使旅游者神经紧张；若过于低沉，又会给旅游者无精打采的感觉，甚至会使旅游者厌烦。而柔和的音色，则会带给旅游者亲切自然、轻松自如的感觉。

运用体态语主要是要善于运用面部表情语，最重要的是善于运用目光与微笑。旅游接待人员运用目光语要得体适度，尽可能传达出一些发自内心的关心、好感等信息，使旅游者感到被关注、被关照的愉悦。微笑，在旅游过程中，可以说是协调旅游工作者与旅游者关系的最有效的润滑剂。一个笑容可掬的旅游接待人员总会给旅游者以亲切、友好、礼貌、周到、可以信赖的良好印象，从而有效缩短双方的心理距离。

第四节　旅游企业文化管理水平提高

旅游是一项综合性的社会经济活动，涉及社会经济、政治的各个方面。了解旅游管理是对旅游活动这一社会经济行为进行的管理。它是从整个旅游部门的全面性出发，按照客观规律的要求，运用科学的方法，对旅游事业进行的决策、计划、组织、监督和调节的活动。旅游管理具有丰富的内涵，涉及对旅游者活动的管理、对旅游服务企业的管理、对旅游资源的管理、对国家旅游政策的管理等各个方面。

如何在新形势下求得生存发展确实是旅行社面临的新考验，上海在这方面改革开放的步伐较快，认真进行网络化、集团化、连锁化经营，以品牌效应、良好的社会形象、精心的产品策划赢得市场。2002 年年初，上海率先改革，上海旅委宣布旅行社对外开放 9 条政策，成为旅游市场的实质性举措。这 9 条措施包括：进一步向外省市旅行社企业开放上海旅游市场；进一步向欧美日本扩大旅行社业对外开放；鼓励和支持上海有条件的旅行社企业走出去开拓国际国内市场；

从市场准入、企业人员户籍和居住、收费、银行贷款等方面享受市政优惠政策。这些都是有效之举。

一、旅游管理的作用和任务

旅游是一项综合性的社会经济活动，旅游管理的作用主要体现在：维护国家声誉，促进旅游业发展；防止和减少旅游业内耗，提高旅游经济效益；调整和合理安排旅游业内部结构，促进旅游事业协调发展。

旅游管理的任务体现在制定和颁布旅游业发展的政策法规、建立健全旅游管理的各级领导机构、维护旅游行业的整体利益、保护旅游消费者的合法权益等方面。旅游管理的目标也是非常明确的：第一，促进旅游活动健康发展，提高人民生活质量；第二，科学确定旅游产业发展目标；第三，改革与完善旅游宏观管理体制，组织好相关产业部门的分工与协作；第四，提高旅游企业经营管理水平，增加企业效益。

二、旅游管理的特点

旅游管理作为管理的一个领域，具有管理活动的一般特征，如管理的系统性、综合性、科学性与艺术性等。同时，旅游管理作为管理的一个特殊的领域，又有着自己鲜明的特点。

（一）旅游管理的综合性

旅游管理与其他领域的管理相比，综合性的特点更加突出。旅游活动是一种综合性的活动，旅游业也是综合性的服务业。为满足旅游者食、住、行、游、购、娱的多种需要，需要饭店、旅行社、交通、建筑、园林、公安、文化管理等各种部门和行业密切协作，共同提高服务的质量。因为实现旅游活动必然涉及政治、经济、文化、历史、地理、法律等诸多社会领域；旅游经营活动也必然涉及与之相关的交通、商品、邮电、海关、工艺、园林、保险等各行各业；旅游行业本身也存在旅行社、旅游饭店、旅游车船队、旅游商品、旅游风景名胜区等许多不同部门。由此可见，旅游业是一个把诸多专业化分工的部门和行业综合到一起进行协作经营，共同形成专业化协作的综合性社会行业。因此，只有在科学管理的基础上，旅游行业的工作才能正常运行。这样，旅游管理者就要掌握和熟悉各个行业的知识和技术。因此，旅游管理需要精通，或者最起码了解各方面知识的“通才”。

旅游管理的综合性还体现在管理方法上，旅游管理运用社会科学、自然科学、技术科学的原理和方法，从不同国家、不同地区、不同部门、不同企业的旅游管理实际出发，研究旅游现象、旅游管理发展变化的规律，为制定和执行旅游管理的各项方针政策，提高旅游管理水平，促进旅游事业的发展服务。

（二）旅游管理是科学性与艺术性的统一

管理学是一种科学，是对客观事物及其规律的真实反映，是一种反映了客观规律的综合的知识体系。旅游管理是管理学系统理论的具体应用，因此旅游管理也是一门科学。同时，旅游管理又是一门艺术。这里所说的艺术是指旅游管理使用技巧的完美程度，即能够熟练运用所掌握的旅游管理学知识并通过灵活的技巧来达到某种目的或效果。要有效地进行旅游管理，必须学会把知识运用于实践的相应技巧。学会了所有的管理原则，不一定能够很好地进行管理，重要的是培养灵活运用管理理论的技巧。有很多管理者谈起管理理论满腹经纶，在实际管理工作中却四处碰壁，就是因为他们不懂搞管理既需要高深的理论，又需要高超的应用技巧。

（三）工艺技术性

旅游业是一个先进设备与手工操作并存的行业，许多服务项目仍需要从业人员的劳务活动和手工操作来完成，因而旅游管理的工艺技术性较强。如导游艺术、室内环境艺术、烹调技术、驾驶技术等，都需要靠手工操作进行。在设施、设备基本完善的条件下，旅游业的工艺技术水平和以手工操作为主的劳务质量，直接影响到管理质量水平的提高。

三、按照“美的规律”来管理

旅游业，不仅要按照“美的规律”来建造，而且要按照“美的规律”来管理。目前，我国许多旅游企业突出存在着设施档次高、管理水平低的现象，这就更加突出了研究管理美学的必要性和迫切性。现代旅游业的发展要求旅游企业从事管理工作的人员从社会、劳动、生活和个体审美化的大趋势出发，自觉地提高管理美学的意识，一方面，搞好物业管理，使建筑外部环境、内部装潢陈设、员工服饰、劳动条件、餐具菜肴等，都符合实用和美观的标准。另一方面，要搞好人员管理工作，使员工的服务态度、服务技巧、言语行为、特别是精神风貌等，都符合职业的规范与要求。总而言之，运用管理美的目的在于培养员工健康的心理环境，进而确立企业共同的价值观念，激发劳动和创造的热情，增强企业发展的活力。

对于具体的旅游服务企业，管理者能够熟练掌握、率先垂范，从技术美和劳动美的角度训练和要求员工，鼓励他们精益求精，保持热情的服务态度，确立以企业为荣与宾客至上的价值观念，采取一切可能的措施激发和维系员工的工作积极性和创造性。在这方面，常见的物质与精神激励方式包括评选技术标兵、优秀服务员或劳动模范，召开表彰会，奖励度假旅游或提供学习深造机会等。

针对员工的问题行为，管理者会遇到大量思想工作要做，因为简单地使用惩罚手段仅能起到暂时的作用，这样做久而久之反而会物极必反，使企业凝聚力减弱，或造成过多的“跳槽”现象。能否取得预期的效果，不在于简单粗暴的训斥、威胁或空洞的说教，而在于管理者能否处理好自身与工作对象的关系，能否把自己的工作化作“随风潜入夜，润物细无声”的“春雨”，使自己的所言所为能够打动对象，努力实现思想工作的审美化。当然这一切都需要真诚、善意以及技巧。

第五节　现代旅游企业文化发展趋势

文化是一切经济发展包括企业发展的后援保证和后劲所在。通过学习认识如何把文化融合到经营管理之中，加强旅游企业文化理论研究与实践。

在强手如林的当今时代，面对竞争激烈的市场，可以说，先进的企业文化是企业克敌制胜的法宝。把文化融合到经营管理之中，重视经济发展中“文化力”的作用，是现代企业经营管理发展的需要，也是企业经营管理发展不可逆转的趋势。旅游业是文化性很强的经济产业，理应重视企业文化建设。然而，与我国旅游业取得飞速发展状况形成巨大反差的，是我国旅游企业成长的速度相当缓慢，这是颇令人遗憾的。其中重要的原因是我国的不少旅游企业还不够成熟，尤其还没有在企业文化建设上下功夫。企业文化作为一种先进的现代管理理论，在我国管理实践中越来越显示出强大的生命力。加强旅游企业文化理论研究，不断总结和创造新的管理经验，切实为深化改革和社会主义市场经济服务，是旅游界、管理界和理论界的一项重要任务。将企业文化建设付诸实践，更是我国广大旅游企业任重道远的责任。

（一）更加注重管理创新

创新管理主要表现在以下几个方面：观念创新、产品创新、技术创新、运作创新、价值创新。尤其是信息技术使用，旅游企业的网站都有了产品介绍、网上预订、网上自助旅游等功能，随时反馈游客的咨询，给予游客及时的回复，天天更新网站的内容，使游客通过电脑、手机了解最新的旅游信息，并顺利在网上查询与购买。

面对入关后的形势，旅游企业正在走网络化、集团化、连锁化经营之路，从根本上摆脱一方面产业市场大，另一方面旅游企业小、散、弱、差的窘境。发展旅游联合体使原本孤军奋战的中小企业联盟，通过资源共享、优势互补而扩大知名度；采用团体采购，实现成本节约，获得批零差价利润；实现体内业务循环，提高市场竞争力，谋求更大的利润空间，获得垄断利润。联合体核心竞争力 = 管理 + 品牌 + 质量，管理的核心是体制机制；品牌的核心是诚信经营；质量的核心是满意服务。以统一商标、统一标识、统一质量扩大联合体的知名度、美誉度，实现信息化、专业化、规模化和现代化。

（二）更加注重培养学习氛围

20 世纪末最成功的企业是学习型组织，它不仅被视为业绩最佳、活力最强、竞争力最强、生命力最强，更重要的是使人们在学习的过程中，逐渐在心灵上潜移默化、升华生命的意义。所谓学习型组织，就是在发展过程中不断适应环境变化和具有持续变革能力的自适性组织。具体讲，是指通过培养整个企业的学习气氛，充分发挥员工的创造性能力而建立起来的一种有机的高度柔性、符合人性并能持续创新发展的组织。

企业竞争说到底是学习力的竞争。学习对组织的持续发展至关重要，新经济环境下最成功的企业仍然会是学习型组织，学习型组织在旅游企业文化建设中必将进一步受到关注。这是由旅游的文化属性和旅游市场的多变特性决定的。优秀的旅游企业必须成为不断适应环境变化和具有持续变革能力的自适性组织。

（三）更加注重有机结合生态文化

生态文化是一种新型的管理理论。生态文化属于生态科学，主要研究人与自然的关系，体现的是生态精神。而企业文化则属于管理科学，主要研究人与人的关系，体现的是人文精神，但是本质上二者都属于一种发展观，运用系统观点和系统思维方法，从整体出发进行研究，以持续发展为目标。旅游企业文化发展的诸多方面，需要以生态文化来与之结合。因为，第一，有些旅游企业，如旅游景区景点、旅游饭店等，在发展中忽视了对周边环境的影响，为环境的恶化及末端治理付出了沉重的代价；第二，现代消费群更青睐绿色产品，旅游企业应提高旅游产品的生态含量；第三，旅游企业要实现可持续发展，“生态化”是其必由之路，生态文化融入企业文化后不仅可扩大旅游企业文化的外延，而且有利于旅游企业树立良好形象。

（四）更加注重树立良好的企业形象

旅游企业形象直接与旅游企业的兴衰、优劣相联系，旅游企业的知名度与美誉度有机结合构成了企业在公众中的形象。良好的知名度与美誉度是旅游企业巨大的无形资产与软实力，如果声誉卓著，旅游企业就能招揽更多的优秀人才和顾客，能吸引更多的投资，能得到社会的广泛支持和帮助。

经济全球化使得竞争更为激烈，旅游企业要脱颖而出，形象战略尤为重要，它是旅游企业在市场经济中运作的实力、地位的体现。

（五）更加注重企业精神与企业价值观的人格化

价值观是企业文化的核心。旅游企业要努力培育“荣辱与共”的价值观，使全体员工增强主人翁意识，与企业同呼吸、同成长、同发展、共命运，注重旅游企业精神与旅游企业价值观的人格化，实现“人企合一”。对职工的工作赋予挑战性并不断激励，使他们对工作经常保持新鲜度，可使责任感在无形中得到加强。

（六）更加重视“人本管理”

商业化管理的本质特征是以物为中心，以全面追求利润最大化为目标，忽视人的因素，在管理上迷恋于铁的纪律、绝对服从和至高无上的权威。这里，劳资之间变成了纯粹的雇用与被雇佣关系。旅游企业文化绝对不是片面的发掘职工体力和精力，更重要的是发掘职工的智力资源或发挥员工的聪明才智，更注重人的因素。况且，企业文化理论的本质特征是倡导“以人为中心”的人本管理哲学，反对“见物不见人”的理性管理思想，主张将培育进步的企业文化和发挥人的主体作用作为企业管理的主导环节。所以，作为劳动密集型行业的旅游企业，不能再受商业化管理思维的束缚，在企业文化建设中，要把主要精力投向人，大力加强“人”的建设，切实做到“以人为本”。

（七）更加注重“智慧旅游”

“智慧旅游”是一个全新的命题，它是一种以物联网、云计算、下一代通信网络、高性能信息处理、智能数据挖掘等技术在旅游体验、产业发展、行政管理等方面的应用，使旅游物理资源和信息资源得到高度系统化整合和深度开发激活，并服务于公众、企业、政府等的面向未来的全新的旅游形态。它以融合的通信与信息技术为基础，以游客互动体验为中心，以一体化的行业信息管理为保障，以激励产业创新、促进产业结构升级为特色。智慧旅游，就是利用移动云计算、互联网等新技术，借助便携的终端上网设备，主动感知旅游相关信息，并及时安排和调整旅游计划。简单地说，就是游客与网络实时互动，让游程安排进入触摸时代。

智慧旅游是以云计算为基础，以移动终端应用为核心的，以感知互动等高效信息服务为特征的旅游信息化发展新模式，核心是以旅游者为本的高效旅游信息化服务。智慧旅游的建设与发展最终将体现在旅游管理、旅游服务和旅游营销三个层面。

18 个城市入选首批“国家智慧旅游试点城市”，这 18 个城市分别是：北京、武汉、福州、大连、厦门、洛阳、苏州、成都、南京、黄山、温州、烟台、无锡、常州、南通、扬州、镇江、武夷山。

智慧旅游利用信息化的技术，把一些旅游资源进行整合，然后为广大游客量身定做，提供适需对路的旅游产品。如澳门2012年接待内地旅游者1000多万人次，它的信息平台能够体现各省的具体人数及排名。但在国内许多旅游城市每年接待的旅游者数量远高于澳门旅客人数，可他们分别都来自哪里，各有多少人，不清楚；客源地构成情况、旅游者指向及发展趋势不明朗。由此很难开发出具有针对性适销对路的旅游产品。

借鉴美国旅游的网络化。美国旅游研究机构从1998开始每年对消费者旅游预订行为进行调查，发现将传统代理商作为通常购买渠道的消费者比例从1998年超过50%持续下降至2004年的低于20%，越来越多的消费者选择通过互联网方式（包括旅游代理商网上直销和在线旅游代理商）进行购买。不过这一趋势在2005年第一次得到扭转：选择传统代理商的比例在这一年有了少量上升。这样，在经历了1995~2004年长达10年的艰难困苦以后，美国传统代理商，其中大部分是中小型代理商，终于完成了一次胜利归来。

（八）更加注重开放

以美国运通旅行社对中国的文化贡献说明旅游注重开放的重要性。

1918年，美国运通公司已在上海成立代表处，发展业务。美国运通公司凭借其已有的服务机构和正在发展的合作项目，在中国建立了一个最广泛的旅游和财务服务网络。运通公司是最早在中国为其全球客户提供服务的公司之一，1979年运通公司在北京成立了第一个代表处，此后分别在上海、广州和厦门开设了代表处，并有中国国际旅行社（国旅）办事处作为其旅游代理，遍布全国各地。

运通公司多年来致力于增进和加强中美关系，多次与美国其他大公司一起向美国政府积极呼吁给予中国最惠国待遇，运通公司是美中贸易协会及美中关系全国委员会成员之一。

运通公司对中国旅游业的贡献：

1987年，运通公司在故宫开展"文物保护计划"。运通基金会出资为故宫制作了第一个有三种语言（英文、中文和日文）的指示铜牌，引导游人参观故宫。

1992年，运通公司在北京与中国旅游学院合办了旅游培训中心。到目前为止，这一中心已为旅游业的900多名管理人员提供了培训。

美国运通卡被原国家旅游局指定为1994~2000年中国官方旅游信用卡。运通负责组织一系列市场推广活动来吸引各国旅游者来华旅游。这个促销活动的开启项目之一是为可能来华旅游的北美旅游者印制了一个24页的旅游指南。

2002年1月，运通公司与中国国际旅行社总社（国旅）一起创建了国旅运通旅行社有限公司，这是中华人民共和国首家中美合资的商务旅行社。合资公司为跨国公司、地区性公司以及国内公司提供商务旅行管理服务，包括办理签证、国际及国内机票预订、酒店预订、会议服务以及其他地面服务的安排。第二家及第三家合资旅行社为国旅运通航空服务有限公司及国旅运通华南航空服务有限公司也分别于2002年12月在上海及2003年2月在广州成立。

2003年，运通向中国红十字会捐资2.5万美元，支持中国政府和人民抗击“非典”。

2004年，运通向国际青年成就中国捐赠10万美元用于启动中国“青年理财”课程。

运通公司作为“世界文化遗址保护计划”的主要倡议者，自1997年以来通过该计划资助修复中国的濒危古迹。其中包括：四川省的三星堆（1997年），北京市先农坛的具服殿（1998年）和神厨（1999年），山西省榆次区城隍庙的玄鉴楼（2000年），北京市先农坛的庆成宫（2001年），云南省的沙溪古镇集市（2004年）。

主要参考文献

朱希祥：《中西旅游文化审美比较》，山东师范大学出版社，1998
安旭：《旅游文物艺术》，南开大学出版社，1990
李振锡：《异域风情》，内蒙古人民出版社，1986
北京大学哲学系美学教研室：《西方美学家论美和美感》，商务印书馆，1980
钱谷融：《当代作家国外游记选》，上海文艺人民出版社，1986
叶朗：《中国美学史大纲》，上海人民出版社，1985
［德］黑格尔：《美学》，商务印书馆，1979
全国中师美术教材编委人民会：《美术鉴赏》，人民美术出版社，1983
宗白华：《美学与意境》，人民出版社，1987
宗白华：《美学散步》，上海人民出版社，1981
［法］罗丹、［法］葛赛尔：《罗丹艺术论》，人民艺术出版社，1978
马桂茹、张文俊：《仪表美与训练》，中国旅游出版社，1993
乔修业：《旅游美学》，南开大学出版社，1990
施昌东：《“美”的探索》，上海文艺出版社，1980
杨镜江：《文化学引论》，北京师范大学出版社，1992
刘云德：《文化论纲》，中国展望出版社，1998
司马云杰：《文化社会学》，山东人民出版社，1986
林同华：《审美文化学》，东方出版社，1992
喻学才：《中国旅游文化传统》，东南大学出版社，1995
刘天华：《生活中的旅游审美》，山东科学技术出版社，1987
何建民：《旅游现代化开发》，经营管理学林出版社，1989
成敏等：《中外古典艺术鉴赏辞典》，学苑出版社，1998
马波：《现代旅游文化学》，山东青岛出版社，1998
张岱年、方克正：《中国文化概论》，北京师范大学出版社，1994
陈从周：《园林丛谈》，上海文化出版社，1980
张广文：《中国玉器鉴定与欣赏》，上海古籍出版社，1999
徐世康：《荆楚名胜概览》，湖北科学技术出版社，1999
丁家桐：《扬州八怪》，苏州大学出版社，2001
葛晓英：《中国名胜与历史文化》，北京大学出版社，1999
丘恒兴、陈增喜：《中国民俗》，旅游教育出版社，1998

冯天瑜：《中国古文化奥秘》，湖北人民出版社，1995
杨滕西：《中国当代游记选》，中国旅游出版社，1982，
张家骥：《园冶全释》，山西人民出版社，1993
杨廷宝、戴志慈：《中国大百科全书．建筑园林城市规划》，中国大百科全书出版社，1988
刘敦桢：《苏州古典园林》，中国建筑工业出版社，1997
潘宝明：《维扬文化概观》，南京师范大学出版社，1998
潘宝明：《中国旅游文化》，中国旅游出版社，2001
潘宝明：《家庭旅游》上海科技出版社，2001
潘宝明：《扬州风物》江苏古籍出版社，2002
潘宝明、朱安平：《江苏旅游文化》，中国轻工出版社，2003
潘宝明：《厨房管理》中国旅游出版社，2005
潘宝明：《旅行社管理》，华中师范大学出版社，2006
潘宝明、王璇璇：《园林欣赏与导游》，旅游教育出版社，2006
潘宝明：《饭店行政总厨实务手册》，旅游教育出版社，2007
潘宝明、王璇璇：《水景欣赏与导游》，旅游教育出版社，2007
潘宝明：《旅游美学》，中国商业出版社，2008
潘宝明：《导游业务》，中国商业出版社，2008
潘宝明、朱安平、邓妍：《红楼梦花鸟园艺文化解析》东南大学出版社，2009
潘宝明、朱安平：《扬州之旅》东南大学出版社，2009
潘宝明：《江苏休闲农业与乡村旅游》东南大学出版社，2012
潘宝明：《漫游扬州》中国旅游出版社，2012，
潘宝明：《扬州名胜大观》苏州大学出版社，2017，
周兴、潘宝明：《大学语文》，东南大学出版社，2007
刘敦桢：《中国古代建筑史》，中国建筑工业出版社，1984
陆慰萱、赵杰、姚济民、侯永麟：《游记选读》，上海教育出版社，1984
刘筱蓉、万建中：《赣江流域的民俗与旅游》，旅游教育出版社，1996
萧放：《荆山楚水的民俗与旅游．》，旅游教育出版社，1995
段友文：《汾河两岸的民俗与旅游》，旅游教育出版社，1995
苏韶芬：《八桂边寨的民俗与旅游》，旅游教育出版社，1996
王天津：《明珠海南的民俗与旅游》，旅游教育出版社，1996
江曾培、郝铭鉴、孙颙：《文化鉴赏大成》，上海文化出版社，1995
周兴俊：《中国名胜古迹大观》，国际文化出版公司出版，1996
董天策：《仁者的乐趣——山水泉石》，四川人民出版社，1996
谢贵安、华国梁：《旅游文化学》，高等教育出版社，1999
吴新雷：《文学胜迹博览》，江苏古籍出版社：2000
王宁：《中国文化概论》，湖南师范大学出版社，2000
《旅行家》杂志编辑部：《美哉中华》，中国青年出版社，1984
国家文物事业管理局：《中国名胜词典》，上海辞书出版社，1981
天津人民出版社：《祖国锦绣河山》，天津人民出版社，1975

后　记

旅游是人类文明的体现，是广义的文化活动，它是文化的消费，又是文化的创造。可以说旅游最本质的特征就是旅游者变换原有的文化环境，探奇求知，变换生活节律，以吸取其他地域的文化。无论是有意识还是无意识，旅游活动都是为了满足文化精神的需求。

根据国际规律，人均 GDP 超过 1000 美元时，国民的旅游消费将进入启动期；人均 GDP 达到 3000～5000 美元时，就将进入休闲消费、旅游消费的爆发性增长期。中国 2001 年年末人均 GDP 首次超过 1000 美元大关，从旅游行业收入数据看，2002 年起中国旅游消费启动的迹象已经比较明显；2008 年人均 GDP 首次超过 3000 美元；2010 年年末接近 4000 美元，已触及休闲、旅游消费爆发性增长的中低线；2019 年，我国国内生产总值接近 100 万亿人民币，人均迈上了 1 万美元的台阶。中国旅游行业已进入新一轮快速增长周期。

2009 年 12 月 1 日，国务院发布《关于加快发展旅游业的意见》。(以下简称《意见》) 这是新时期国务院对旅游业发展的第一个文件，党中央国务院在历史发展的每个重要时期都对旅游业提出新的要求，这次《意见》有鲜明的新时期特点，具有强烈的里程碑意义。21 世纪，中国将成为世界最大的旅游市场，无论是海内外佳宾慕名而来，激活中国的旅游资源市场，还是中国公民走出去，到异域观光旅游，中国的游客将成为世界旅游业潜在的客源市场。如何使来中国的游客游有所值，不仅需要让他们睁开眼看中国，更需要通过书籍、影视声像深入浅出、全面细致地介绍中国文化，只有你懂中国旅游文化，才能通过你的服务使游客了解中国旅游文化。而未来承担旅游业栋梁重任的大学本科学生应以高于现有业内人员的素质进入这些岗位，这样我们不仅可以有经济实力、管理实力而且有文化实力在竞争中立于不败之地。实现《意见》要求的目标——旅游服务质量明显提高，市场秩序明显好转，可持续发展能力明显增强，到 2020 年我国旅游产业规模、质量、效益基本达到世界旅游强国水平。对于一般的读者，通过旅游文化知识的学习也可以充实自己，为自己现在和未来的旅游活动打下坚实的基础，可以提高旅游活动的质量，更重要的是可以通过文化的学习和旅游的印证充实自己，丰富自己，提高自己观察力、欣赏力。基于这样认识，20 年前，我们编撰《中国旅游文化》，主要对旅游客体，即旅游资源进行归类介绍、分析，指出相关文化与旅游结合的特点和规律。20 年来，作为旅游专业本科、专科、中专师生的教材，也作为其他专业大学生素质教育教材，旅游业从业人员必备书籍，青年学生素质教育读物，中外旅游爱好者必读，该书从第一版起，就在欧美、东亚图书市场销售，颇受各国读者，尤其是华裔读者欢迎。

本书主编潘宝明，教授，硕士生导师。江苏作家协会会员，江苏红楼梦学会会员。扬州大学风景园林设究所副所长，扬州大学旅游学院旅游文化研究所所长。旅游管理、园林规划两专业的方向带头人。承担硕士生的中西方旅游文化比较研究、旅游规划、旅行社管理研究等课程的教学。承担并完成科研项目有：江苏省哲学社会科学“十五”规划基金项目：江苏生态旅游资源综合开发和利用研究；江苏省委宣传部：江苏文化资源的继承、弘扬和区域特色文化建设的构想；江苏省社科院大运河文化带建设研究院 2019 年度智库专项研究课题：以扬州、镇江为支点推动大运河文化带与长江经济带建设路径研究；江苏省教育厅高校科研项目：地少人稠、经济发达省份生态旅游的培育与开发；江苏省社科联：江苏非物质文化遗产的保护和弘扬研究；扬州市社会科学重点研究课题：整合旅游资源，培育旅游支柱产业，推进旅游名市建设，非遗的保护与开发等项目。承担并完成横向科研规划项目有：镇江市人民政府：镇江征润州生态农业、生态旅游项目规划；南通市人民政府：南通张謇纪念馆扩建工程策划方案；六合人民政府：南京六合水利旅游的规划；扬州人民政府：城市大园林研究；泰州人民政府：泰州江苏农业开发区旅游规划项目；广元市人民政府：四川剑门蜀道风景名胜区旅游开发详细规划；苏州市政府项目：苏州山塘区旅游规划开发等。出版的文化、旅游著作有：《中国旅游文化》《江苏旅游文化》《大学语文》《旅游美学》《家庭旅游》《扬州之旅》《扬州风物》《维扬文化概观》《旅行社管理概论》《导游业务》《园林欣赏与导游》《水景欣赏与导游》《红楼梦大观》《红楼梦花鸟园艺文化解析》《厨房管理》《饭店行政总厨实务手册》等。

胡湛老师长期从事旅游教育，长于旅游管理、旅游经济、旅行社管理、旅游饭店管理的研究，本书的旅游主体消费文化、旅游主体审美文化、旅游企业文化的三章由其撰写。

徐晓庆老师长期从事旅游教育，长于旅游文化、民俗的研究，本书的旅游民族文化、民俗文化的两章由其撰写。

孙波老师长期从事旅游教育，长于旅游聚落文化研究，本书的聚落文化专章由其撰写。

李维冰老师长期从事旅游教育，长于饮食文化研究，本书的饮食文化专章由其撰写。

本书适合旅游高等教学，也可供旅游相关专业人士参考之用，亦可供海内外群众、游客阅读。

中国旅游出版社对此书的出版和反复再版倾注了巨大的热情，在此深致谢忱。

本书在编撰过程中参考了相关的论著，爬罗剔抉，集思广益，国内外的先哲为本书的完成提供了很大的帮助，参考的文献已在书中列目，在此深表谢忱。

编　者

2020 年元月